# 화폐전쟁 4

| 전국시대 |

**HUO BI ZHAN ZHENG 4** 货币战争 4 – 战国时代

쑹훙빙 지음 | 홍순도 옮김

# CURRENCY WARS

# 화폐전쟁

## 4

## | 전국시대 |

RHK
알에이치코리아

필자는 이 책에서 미국과 유럽 및 아시아의 문제를 분석하는 세 가지 시각에 대해 소개하며 "미국의 문제는 경제에, 유럽의 문제는 정치에, 아시아의 문제는 역사에 있다"고 지적했다. 현재의 상황을 보면 필자의 예측이 대충 맞아떨어진 것 같다.

미국의 경제 문제는 1971년을 기점으로 국제 통화 시스템이 근본적인 변화를 일으키면서 달러화 발행 담보물이 금에서 미 국채로 바뀌었기 때문에 생긴 것이다. 달러화가 주요 국제 준비통화 지위를 부여받으면서 세계 각국은 별 수 없이 통화 발행 메커니즘을 바꿀 수밖에 없었다. 이로 인해 채무 화폐 제도가 전 세계에서 성행하기 시작했다. 달러 기축통화 체제에서 미국의 경제 성장 모델은 자본 중심에서 채무 중심으로, 실물 생산 위주에서 자산 팽창 주도형 모델로 바뀌었다. 지난 40년 동안 미국이 축적한 거액의 채무는 2008년 미국발 글로벌 금융위기의 원흉이자 잘못된 경제 성장 방식에 대한 한 차례의 총결산이라고 해도 좋다. 더 안타까운 것은 위기가 아직 끝나지 않았다는 사실이다. 필자는 2008년 금융위기 발발 전에 '지진(서브프라임 모기지 사태), 쓰나미(디폴트 사태), 화산(금리 전쟁), 빙하(달러화의 몰락)' 등 이른바 '4단계 위기론'을 예언한 바 있다. 이 가운데 서브프라임 모기지 사태와 디폴트 사태는 이미 현실로 나타났다. 그리고 다음 위기는 아직 찾아오지 않았다. 그렇다고 해서 마음을 놓기는 아직 이르다. 미국이 시행한 세 차례의 양적 완화(QE, Quantitative Easing) 정책은 단지 달러화 증발을 통해 위기의 도래를 지연시키는 효과만 있을 뿐 근본적인 해결책이 아니기 때문이다.

미국 연방준비제도이사회(FRB, Federal Reserve Board)의 역사상 유례 없는 양적 완화 정책 덕분에 미 국채 금리는 더 이상 인하하기 힘들 정도로 하락했다. 더불어 달러화 자산의 가격은 미친 듯이 상승해 실물경제가 버텨낼 수 있는 최고 수위에 이르렀다. 이제 남은 것은 하이퍼인플레이션뿐이다. 현재 미국의 인플레이션율은 그다지 높은 편은 아니다. 그래서 많은 사람들은 일말의 요행을 바라고 있다. FRB가 무한대로 달러화를 찍어내도 물가가 갑자기 폭등하지 않을 것이라고 말이다. 또 만일의 경우 인플레이션이 발생할지라도 FRB가 대차대조표를 축소하는 방법으로 쉽게 물가를 잡을 수 있을 것이라고 생각한다. 그러나 정말 이렇게 생각하면 큰 오산이다.

두 차례의 양적 완화, 즉 QE1과 QE2가 벌크 상품 가격의 폭등을 초래한 이유는 미국 내 신용의 대폭적인 확장 때문이 아니다. 저금리 통화 정책 때문에 대량의 달러가 미국을 탈출해 해외로 빠져나가면서 각국 통화와 신용을 팽창시키고 국제 벌크 상품 가격의 상승을 유발한 것이 주요 원인이다. 이 현상은 중국에서 특히 두드러진다. 달러 유동성 과잉에 중국 정부가 도입한 4조 위안의 경기 부양책까지 한몫 거들면서 중국의 신용 확장 규모는 14조 위안에 달했다. 이는 국제 벌크 상품 가격의 폭등을 크게 부채질했다. 게다가 3차 양적 완화(QE3)는 언제 끝날지, 그 규모가 얼마나 클지 아직 미지수다. 따라서 QE3로 인해 발생하는 유동성 과잉 문제는 두 차례의 양적 완화 때보다 훨씬 더 심각할 것으로 우려된다. 전 세계적인 하이퍼인플레이션은 불가피하다.

세계적인 인플레이션이 기승을 부리기 시작하면 미국은 압력을 못이겨 금리를 인상할 것이다. 이렇게 되면 생산성 성장에 기반을 두지 않고 오직 저금리 정책에만 힘입어 상승했던 달러화 자산 가격은 하락하기 시작할 것이다. 이때 FRB가 인플레이션을 잡는답시고 대차대조표를 축소하는 것은 자산 가격의 하락을 부추기는 꼴밖에 안 된다. 미국 경제는 큰 타격을 입을 것이다. 요컨대 FRB가 인플레이션을 억제하는 것은 말처럼 쉽지 않다. 그렇다고 달리 뾰족한 방법도 없다.

전 세계 투자자들이 달러화 자산을 선호하는 이유는 미국에 특별한 감정이 있어서가 아니다. 달러화 자산의 가치가 꾸준히 상승할 것이라는 기대감 때문이다. 달러화 자산 가격이 상승할수록 이 자산에 투입하는 달러 규모는 증가한다. 따라서 세계 달러 수요도 증가하기 마련이다. 이와 반대로 달러화 자산 가격이 하락할 경우 세계 달러 수요도 빠르게 하락한다. 이 경우 미국은 손실을 막기 위해 금리를 인상해야 한다. 그런데 금리 인상은 달러화 자산 가격의 하락을 한층 더 부추긴다. 그래서 '인플레이션 악화-금리 인상-자산 가격 하락'의 악순환이 계속된다. 이때 정부의 고금리 정책은 달러화의 역류를 이끌지 못하는 것은 말할 것도 없거니와 오히려 달러화 자산 가격의 하락을 가속화하는 부작용만 낳을 뿐이다. 이것이 금리가 계속 급등하다 최종적으로 화산처럼 폭발하게 되는 원인이다. '높은 채무, 높은 인플레이션, 고금리와 낮은 자산 가격'으로 이뤄진 악순환의 고리는 달러화 수요를 크게 위축시켜 위기의 마지막 단계인 달러 빙하기를 초래할 것이다.

'금리 화산'과 '달러 빙하'는 세계 경제에 2008년 금융위기를 훨씬 능가하는 엄청난 타격을 줄 것이다. 그리고 중국과 아시아 경제는 이 위기의 최대 피해자가 될 것이다.

유럽의 문제는 정치에 있다. 2011년 유럽 채무 위기가 발발하면서 글로벌 경제는 회복 가능성이 묘연해졌다. 자연스럽게 '유로존 붕괴론'이 고개를 쳐들었다. 유럽발 충격파로 인해 전 세계 경제에 한파가 몰아쳤다.

이른바 '유로화 위기'는 유로 배후의 담보 자산 위기가 원흉이다. 유로화의 지탱 근간은 유로존 역내 17개 회원국의 국채를 핵심으로 하는, 각 회원국의 세수입을 담보로 삼은 자산이다. 각국의 세수입은 경제 활동을 기반으로 축적한 것이다. 따라서 표면상으로는 유로존 위기가 국가마다 서로 다른 재정 정책 때문에 발생한 것 같지만 사실은 북유럽과 남유럽 경제 성장 모델의 불균형이 근본적인 원인이다.

유로화 탄생 이후, 유로존 역내의 독일과 네덜란드를 비롯한 북유럽 가맹국들은 낮은 인플레이션, 저금리 정책 환경을 충분히 활용해 산업 경쟁력을 크게 강화했다. 채무 주도형 성장 방식을 고집하는 남유럽 가맹국들은 자국 통화를 평가 절하할 수 없기 때문에 북유럽 가맹국들과의 산업 경쟁에서 뒤처질 수밖에 없었다. 이 유리한 기회를 꽉 움켜쥔 독일은 값싸고 질 좋은 공산품으로 남유럽 시장을 공략해 거액의 무역 흑자를 기록했다. 더불어 경제 활성화와 양호한 재정 상태를 유지했다. 이에 반해 북유럽 국가들과의 경쟁에서 패한 남유럽 국가들의 실물 경제는 점차 만신창이가 됐다. 그러나 그 대신 유로존의 저금리 환경을 이용해 부동산 버블을 만들어냈다. 나아가 자산 버블로 소비를 진작해 경제 번영을 이끌었다. 이로써 실물 경제 기반의 성장 모델은 점차 자산 팽창형 경제 성장 모델로 대체되었다.

남유럽 부동산 시장이 전례 없이 활기를 띠고 자산 가격이 끊임없이 상승하면서 북유럽 공산품에 대한 수요도 폭발했다. 이렇게 해서 북유럽 경제는 순풍에 돛 단 듯 고속 성장을 거듭했다. 다른 한편, 남유럽 자산 버블의 거대한 유혹을 받은 북유럽의 잉여 자본 역시 물밀 듯이 남하하면서 남유럽 자산 가격 폭등에 일조했다. 붙는 불에 부채질하듯 비단에 꽃을 더하듯 남유럽 경제는 한동안 전례 없는 번영을 구가했다. 자산 팽창형 성장 모델의 최대 수혜자이자 피해자는 스페인과 그리스라고 단언해도 좋다. 이들 국가의 경우 부동산 폭등, 자산 가격 상승, 해외 자본의 대규모 유입에 힘입어 소비 규모가 엄청나게 늘어났다. 국가의 세수입도 대폭 증가했다. 그러나 무역 적자 확대, 무절제한 재정 지출, 부채 규모 급증 등 부작용도 만만치 않았다.

남유럽의 '빌려온 번영'은 빠르게 왔다가 또 빠르게 사라졌다. 부채 성장 속도가 수입 성장 속도보다 훨씬 더 빠른 상황에서 자금 사슬이 끊어지는 것은 시간문제였다. 2011년, 자산 거품이 빠지면서 남유럽 각국은 자산 가격 폭락, 소비 위축, 투자 부진, 실업률 상승, 세수입 감소, 무역 침체, 자본 탈출 등 위험한 국면으로 치달았다. 주권 국가들의 신용도 위태위태해졌다.

유럽 채무 위기의 본질을 제대로 파악한 사람이라면 '유럽공동재정연맹', '유럽은행연맹', '유로유로채', '유럽 안정 메커니즘' 등 임시 방편책으로는 유럽의 위기를 해결할 수 없다는 데 공감할 것이다. 이런 정책으로는 유럽 경제의 진정한 회복을 꾀할 수 없다는 것에도 고개를 끄덕이지 않을까 싶다.

그러나 현재 유럽연합이 추진 중인 다양한 위기 대응책은 예상 밖의 효과를 가져올 수도 있다. 이를테면 '유럽공동재정연맹'은 장차 유럽연합의 '단일 재무부'로 탈바꿈해 유럽 각국의 재정 주권을 통합·관리할 것이다. 그리고 '유럽은행연맹'은 각국의 금융 감독 주권을 독점할 것이다. 또 '유로유로채'의 발행 목적은 각국의 신용 주권을 회수하기 위한 것이라고 볼 수 있다. 게다가 유럽중앙은행은 이미 화폐 발행권을 손에 넣은 상태다. 요컨대 유럽연합 회원국들은 이번 위기가 끝난 뒤 자국의 금융 주권을 완전히 상실할 것이다.

어쩌면 유럽 채무 위기는 유로존 붕괴로 이어지지 않을지도 모른다. 위기가 개혁의 계기로 작용해 유럽 각국이 스스로 금융 주권을 내놓고 최종적으로 '유럽합중국'이라는 통합체가 탄생할 수도 있다. 그렇다면 이번 위기의 최대 수혜자는 누구인가? 각국 정부인가? 물론 아니다. 이들은 위기 때문에 국가의 주요 권력을 거의 다 잃게 될 것이기 때문이다. 각국 국민인가? 역시 아니다. 각국 국민은 불쌍한 피해자일 뿐이다. 이번 위기의 최대 수혜자는 바로 '자본'이다.

다른 시각에서 보면, 유럽 채무 위기를 금권과 주권의 겨룸으로 풀이할 수도 있다.

자본의 최고 의지는 자본을 구속하는 모든 속박에서 벗어나 화폐로 경제를 통솔하고 경제로 정치를 지배하면서 금권이 천하에 군림하도록 하는 것이다. 그러나 현실은 다르다. 국가와 국가 사이에는 국경 장벽에 의해 또는 금융 규제에 의해 자본의 자유로운 이동이 불가능하다. 또 한 국가 안에서는 위로는 의회, 아래로는 노동조합 그리고 높은 세수와 복지 정책 때문에 자본이 이익을 좇아 마음대로 이동할 수 없다. 따라서 유럽 각국의 주권 개념을 약화시키고 주권의 경계를 없애면서 주권 권력을 폐지해 하나의 통합체로 만든 유럽 대륙, 즉 자본이 그 누구의 통제도 받지 않고 자유롭게 이동할 수 있도록 화폐가 최고 통치자로 군림하는 광활한 대륙이 바로 '유럽합중국'의 이상향이라고 하겠다.

　'유럽합중국' 탄생이 금권에 의해 이뤄진 필연적 결과라면 지역 단일 화폐로 첫선을 보인 유로화는 세계 단일 화폐로 향하는 길에서 중요한 이정표라고 해도 과언이 아니다.

　최근 댜오위다오(釣魚島)를 둘러싼 중국과 일본의 첨예한 대립, 한일 간 독도 분쟁, 갈수록 복잡해지는 남중국해 문제 등 일련의 사건 때문에 아시아 지역에서 긴장이 고조되고 있다. 아시아의 최대 문제는 과거사로 인한 영토 분쟁과 여기서 비롯된 민족 간의 감정적 대립이다. 상황이 더 악화될 경우 아시아 각국 간 경제 협력에 심각한 타격을 줄 수도 있다. 제2차 세계대전이 종식된 지 60년이 넘도록 아시아는 아직까지 영구적 평화 체제를 구축하지 못했다. 그래서 이 책의 마지막 부분에서 필자는 아시아가 달러와 유로 및 기타 통화 블록의 도전에 어떻게 맞서야 하는지 중점적으로 분석했다.

우리는 이미 화폐 전국시대에 진입했다. 이런 시대를 대비해 충분한 준비를 갖췄는지 여부는 각자 개인의 몫이다.

2008년 9월 시작되어 전 세계를 강타한 금융위기는 세계 경제가 영원히 번영할 것이라고 믿어 의심치 않던 사람들의 꿈을 무참히 짓밟아버렸다. 이로써 줄곧 순탄하게 추진되던 글로벌화의 조류는 30년 이래 가장 강력한 역류(逆流)에 부딪혔다. 이에 2009년 세계 각국 정부는 기울어진 대세를 만회하고 기존의 경제 성장 방식을 계속 유지하기 위해 지금까지 없던 확장적 재정 정책과 양적 완화 정책을 잇달아 도입했다. 이 같은 노력에 힘입어 세계 경제는 최근 3년 사이 뚜렷한 회복 조짐을 보이는 듯했다. 그래서 '포스트 위기 시대'의 경제에 대한 낙관적 전망이 나오기도 했다. 그러나 2011년 미국과 유럽의 채무 위기가 동시에 불거지면서 세계 경제에 다시금 빨간불이 켜졌다. 사람들은 비로소 세계 경제는 아직 진정한 회복기에 진입하지 못했다는 사실을 확실하게 깨달았다. 더불어 경제의 급성질환이 만성질환으로 이행하는 기나긴 과정이 그저 시작됐을 뿐이라는 사실 역시 깨달을 수 있었다.

현대인은 역사에 대한 깊이 있고 광범위한 이해가 부족하다. 그 때문에 안목이 좁고 경솔하다. 눈앞의 성공과 이익에만 급급하다. 한마디로 모두가 똑같은 고질병을 앓고 있다고 해도 좋다. 현대인은 항상 사업이나 번잡스러운 일 때문에 바쁘다는 핑계로 마음을 차분히 가라앉히지 못한다. 문제의 근원을 생각해 볼 여유는 더더군다나 없다. 게다가 매스컴에서는 매일 '쇼킹'이라는 말이 과하지 않은 뉴스를 대량 생산한다. 사람들의 사유는 갈수록 혼란스러워지고 조급증만 늘어난다. 그럼에도 불구하고 귀중한 시간을 쪼개서 문제의 근원을 파헤치려는 사람은 대단히 적다. 아니, 없다고 하는 편이 옳을 듯하다. 하물며 아래와 같은 의문에 대해 고민하는 사람이 얼마나 있겠는가.

세계 경제를 지탱하는 미국 경제는 과연 앞으로 다시 침체에 빠질까? 2012년 이후에도 미국의 국채 상한(上限) 증액 논란이 다시 불거질까? 유럽의 채무 위기는 전면적으로 본격화될까? 유로존 붕괴 시나리오는 과연 현실화될까? 중국은 이런 위기에 빠져 있는 유럽을 구하려 할까? 중국의 부동산 거품은 진짜 붕괴할까? 중국 경제는 경착륙할까, 아니면 연착륙할까? 또 중국은 인플레이션을 어느 정도 효과적으로 억제할 수 있을까? 어마어마한 외환보유고는 과연 어떻게 처리할까? 위안화는 최대 얼마까지 평가 절상될까? 위안화의 글로벌화는 성공할 것인가?

이토록 복잡한 문제에 대한 해답을 찾으려면 어떻게 해야 하는가? 아마 역사를 참고하지 않은 채 무턱대고 생각만 한다면 머리가 터져 버릴지도 모른다.

사실 세상에는 신기한 일이 그렇게 많지 않다. 위에서 언급한 문제들의 해답은 역사 속에서도 충분히 찾을 수 있다. 우리의 임무는 다른 것이 아니다. 바로 역사 속에서 그 해답을 찾는 것이다. 역사를 연구하면 현재 전 세계가 직면한 위기에 어떻게 대처해야 할지 뚜렷한 해답의 맥락을 발견할 수 있다. 물론 역사는 단순한 반복이 아니다. 그러나 인간의 본성은 변하지 않는다는 것을 알아야 한다. 인간의 본성이 역사 속에서 똑같은 형태로 반복되기 때문에 인류 역사도 주기별로 비슷한 양상을 나타내는 것이다. 아무래도 인류의 경제사와 화폐사는 제한된 자원으로 인류가 부의 극대화를 실현하고 부의 분배와 권력을 쟁취하기 위해 노력한 역사라고 할 수 있기 때문이다.

이 책은 '전국시대'라는 부제가 암시하듯 기축통화를 둘러싼 화폐전쟁이 뼈대를 이룬다. 미국이 영국의 금융 패권 지위를 빼앗기 위해 꾸민 계략, 미국의 화폐 전략가들이 달러화로 영국 파운드화를 꾸준히 잠식한 과정 등을 가장 먼저 다룬다. 또 영국이 파운드화의 기축통화 및 결제통화 지위를 빼앗긴 다음 이른바 '제국특혜제(Imperial Preference System)'라는 정말 기발한 수단으로 달러화에 반격을 가하고, 달러화를 다시 한번 '고립주의'의 나락에 빠뜨린 과정 등의 내용 역시 흥미진진하게 기술한다. 바로 이런 달러화와 파운드화의 치열한 패권 다툼으로 말미암아 1930년대 세계 금융 권력은 공백 상태에 빠져들 수밖에 없었다. 따라서 전 세계적인 대공황 역시 격화되었다.

제2차 세계대전은 미국이 파운드화의 할거 국면을 타개하는 데 절호의 역사적 기회로 작용했다. '대서양헌장'과 '무기대여법(Lend-Lease Program)'은 프랭클린 루스벨트 대통령이 파운드화라는 할거 세력을 없애기 위해 도입한 예리한 수술용 메스와 같았다. 결과적으로 미국은

'금을 끼고 각국을 호령하는' 목적을 달성했다. 달러본위제의 '브레턴 우즈 체제'를 확립한 것이다.

당시 루스벨트 대통령은 소련보다는 영국을 더 견제해야 할 대상으로 생각했다. 그러나 해리 트루먼 대통령은 그렇게 생각하지 않았다. 미국과 소련의 냉전이 펼쳐진 근본 원인은 다른 데 있지 않았다. 트루먼 대통령이 전임 루스벨트 대통령의 구상을 뒤엎고 소련을 지나치게 몰아붙였기 때문이라고 단언해도 좋다.

그럼에도 스탈린은 달러화 제국의 판도에 들어서는 것을 거부했다. 소련이 미국과 손잡고 세계를 나누어 다스리는 시나리오는 이로써 완전히 가망이 없게 됐다. 미국이 주도하는 국제통화기금(IMF)과 세계은행(World Bank)에 가입하지 않겠다는 소련의 이런 갑작스러운 변덕은 궁극적으로 냉전의 도화선이 되었다. 또 조지 케넌(George Kennan)이 모스크바에 8,000자에 달하는 '긴 전보(long telegram)'를 보낸 요인이 되기도 했다. 미국 정부가 소련에 대한 강경책을 확립한 직접적인 원인은 바로 여기에 있었다. 이때부터 미국의 달러화와 러시아의 루블화는 치열한 경쟁을 벌이기 시작했다.

제2차 세계대전 종식 후 프랑스는 패전국 독일의 루르-자르 공업지역을 강압적으로 점령했다. 미국도 독일을 철저히 농업 국가로 전락시켜 재기하지 못하도록 만든다는 이른바 '모겐소 플랜(Morgenthau Plan)'을 실시하기 시작했다. 그러나 소련이 달러화 제국에 가입하는 것을 거부하면서 세계대전 패전 이후 숨조차 제대로 쉬지 못하던 독일은 재기의 발판을 마련했다. 하지만 독일의 1948년 화폐 개혁은 소련을 직접적으로 자극해 급기야는 베를린 위기를 유발했다.

1950년대 초 루르-자르 공업 지역을 둘러싼 독일과 프랑스의 쟁탈전은 그야말로 절정으로 치달았다. 심지어 양국 간의 전쟁이 불가피할 것이라는 비관적 전망이 나오기도 했다. 그러나 때마침 등장한 '유럽석탄철강공동체'가 양국을 일촉즉발의 전쟁 위기에서 구해냈다. 이때부터 독일과 프랑스 양국은 그동안의 첨예한 갈등을 접고 진정한 화해를 모색하기 시작했다. '주권을 초월한' 기구에 석탄과 철강 관리를 위임하는 한 양국 사이에 전쟁이 발발할 가능성은 거의 없어진 셈이었다. 이처럼 유럽석탄철강공동체는 유럽 각국의 이해관계를 긴밀히 연결할 뿐만 아니라 서로를 만족시킨 이익 공동체였다. 요컨대 지금의 유럽연합 및 유로존의 전신(前身)이라고도 할 수 있다. 유럽의 지배 엘리트 그룹은 유럽석탄철강공동체를 단순한 생각으로 출범시킨 것이 아니었다. 그들은 이때 이미 '유럽합중국'에 대한 청사진도 구상하기 시작했다. 유럽 엘리트 그룹이 지난 60여 년 동안 유럽 화폐와 경제 공동체 운영에 얼마나 심혈을 기울였는지 아는 사람들은 따라서 오늘날의 유럽 채무 위기가 유럽연합과 유로존의 붕괴를 유발하지 않을 것이라는 데 아마도 견해를 같이하지 않을까 싶다. 나아가 오히려 유럽합중국 탄생을 더욱 가속화할 것이라는 데 동의할 것이다.

　　미국과 유럽의 모순은 1960년대 샤를 드골 대통령 때부터 싹텄다고 할 수 있다. 이후 프랑스를 위시한 유럽 각국은 금 태환을 앞다퉈 요구하면서 브레턴우즈 체제의 붕괴를 앞당기기 위해 전력을 기울였다. 이로 인해 1970년대 초 달러와 유럽 화폐 간의 모순은 격렬한 충돌과 대치 단계로 접어들었다.

　　급기야 1970년대 말에 이르러 달러화 제국은 붕괴 위기에 처했다.

미국 내부에서는 IMF의 특별인출권(SDR)으로 달러화의 기축통화 역할을 대체하자는 목소리가 높아졌다. 미국은 달러화를 기축통화 위치에서 '하야'시킬 최악의 상황까지 준비했다고 발표했다. 다행히 이때 미국에는 폴 볼커(Paul Volcker) 연방준비제도이사회(FRB) 의장이 있었다. 그는 과단성 있는 금리 인상 조치로 물가를 안정시키고 궁지에 몰린 달러화를 기사회생시키는 능력을 발휘했다. 그러나 미국은 이때 이후에도 정신을 차리지 못했다. 1980년대부터 채무 주도형 경제 성장 모델을 가동하기 시작한 것이다. 그 결과 상위 1%의 부자들은 정부로부터 국민소득 분배에 대한 대권을 빼앗았다. 이후 미국 사회는 나라의 부가 극히 소수에게 집중되는 유례없는 '신자유주의' 시대로 접어들었다.

2011년 미국 국민 99%를 대변하는 하위 계층의 대규모 반(反)월스트리트 시위는 불합리한 소득 분배 제도에 대한 불만이 표출된 것이라고 단언해도 좋다.

오늘날 미국 경제에 구제 불능의 폐단이 누적된 것 역시 이런 채무 주도형 성장 방식 때문이라고 해도 과언은 아니다. 2008년 미국발 글로벌 금융위기는 지난 30년 동안 미국이 추진해 온 잘못된 경제 성장 방식에 대한 한 차례의 총결산이라고 할 수 있다. 더불어 1971년 달러화 제국을 구축한 이후부터 지금까지의 달러화 본위 제도에 대한 총결산이기도 했다. 미국은 세 가지 주기, 요컨대 거액의 빚으로 지탱되는 레버리지 경제가 붕괴로 이어지는 고통스러운 주기, '베이비붐 세대'의 은퇴로 소비가 감소하는 주기, 생산성 증가가 슬럼프에 빠지는 주기가 닥치면 틀림없이 이른바 '잃어버린 10년'에 빠지고 말 것이다.

향후 10년 동안 선진국 경제는 장기 불황기에 접어들 것이라고 필자는 생각한다. 이와 같은 냉혹한 외부 환경에서 중국을 위시한 아시아 국가들은 경제 성장 모델을 전환해야 하는 중대한 시련에 직면하지 않을 수 없다. 중국 경제는 개혁개방 30년 동안 양대 성장 동력에 의존해 꾸준한 성장을 이룩했다. 하나는 개혁개방 초기 15년 동안 추진한 '농촌 산업화 전략'이고, 다른 하나는 개혁개방 후기 15년 동안 실시한 '메이드 인 차이나의 글로벌화 전략'이었다.

첫 번째 성장 동력은 1990년대 중반에 이미 시동이 꺼져버렸다. 그 결과 1990년대 말의 경기 침체와 디플레이션을 초래했다. 이어 지금은 두 번째 성장 동력도 바야흐로 수명을 다해가고 있다. 향후 중국 경제가 지속적인 성장을 유지하려면 반드시 세 번째 성장 동력을 가동해야 한다. 현재 상황을 보면 '농촌의 제2차 산업화'가 세 번째 성장 동력이 될 수밖에 없다. 또 필연적으로 그래야만 한다. 필자는 중국이 정보화, 집약화, 첨단화, 도시화가 핵심인 신흥 농업 경제를 전면적으로 발전시키는 것만이 곧 닥쳐올 경제 위기를 슬기롭게 극복하는 정확한 선택이라고 믿어 의심치 않는다.

미국은 경제적 곤경에 처해 있다. 유럽은 정치적 궁지에 몰려 있다. 아시아는 역사 인식 문제 때문에 골머리를 앓고 있다.

경제적 이익을 목적으로 구축한 중미 간 정략적 밀월 관계도 이제 점차 파경으로 치닫고 있다. 미국이 중국 경제의 급성장을 용인한 것은 '중국 생산 및 미국 소비', '중국 저축 및 미국 차입'의 공생관계가 가능할 때 이야기였다. 향후 중국은 필연적으로 국민 경제의 주요 자원을 해외 시장 중심에서 내수 소비 중심으로 전환할 것이다. 따라서 미국의 차입금 역할밖에 하지 않는 중국의 저축과 수출은 필연적으로 감소할 가능성이 농후하다.

한마디로 중국이 경제 성장 모델을 전환하는 과정에 직면할 때, 미국의 중국 경제 성장에 대한 기본 입장도 큰 변화를 가져올 수밖에 없다. 최근 힐러리 클린턴 미 국무장관은 '미국의 태평양 시대'를 주장하고 나섰다. 이는 미국의 대중국 전략의 근본적 변화를 암시한다. 갈수록 첨예해지는 동중국해와 남중국해의 영토 분쟁 또한 이런 변화의 전조로 풀이해도 크게 틀리지 않는다.

중국이 미국의 봉쇄 정책을 성공적으로 돌파할 수 있을지 여부는 아시아 각국이 서로 단결해 견고한 이익 공동체를 만드는 데 달려 있다. 그러나 이는 누구도 단언하기 어렵다. 그럼에도 바로 이것이 관건인 것은 분명하다. 이렇게 할 수만 있다면 중국에 승산은 있다.

아시아는 과거 세계에서 가장 발달한 문명을 창조했다. 인류 역사상 가장 심오한 정치적 지혜를 발전시켰다. 지금은 중국이 선조들의 지혜를 계승해 떨쳐 일어서야 할 시기이다. 전후 독일과 프랑스 간 화해의 물꼬를 튼 유럽석탄철강공동체를 본받아 '석유공동체'를 기점으로 '아시아경제공동체'를 만들어야 한다. 그래야 동중국해와 남중국해를 둘러싼 분쟁의 도화선을 완전히 제거할 수 있다.

아시아 단일 통화인 아시아달러, 즉 야위안(亞元, ACU)을 출범해 '위안화의 글로벌화 전략'을 대체하고 아시아 경제 일체화를 실현해야 한다. 그럼으로써 아시아 각국의 이익을 긴밀히 연결할 수 있다. 아시아 지역에서 전쟁의 요인이 깨끗이 사라지는 것은 물론이다. 아시아의 대동단결만이 중국의 세계 진출에 견고한 토대가 될 수 있는 것이다.

"버리는 것이 없으면 얻는 것도 없다"는 속담이 있다.

독일은 자국 통화를 포기함으로써 더욱 강대한 유로화를 지배하게 됐다. 또 자국 시장을 보호하지 않고 과감하게 포기함으로써 독일 시장보다 훨씬 넓은 유럽 공동 시장을 확보할 수 있었다. 지혜에 관한 한 그 어느 나라보다 뛰어난 중국이 독일에 뒤질 이유는 없다.

혹자는 아시아 문제가 생각보다 복잡하게 얽혀 있어 쉽게 해결할 수 없을 것이라고 말한다. 그러나 관건은 하나로 단결하고 통합된 아시아가 중국의 이익을 근본적으로 보장해 줄 수 있는지 여부에 달려 있다. 중국의 이익이 확실히 보장된다면 아시아의 단결이 얼마나 힘들든 중국은 이를 시도해 볼 만하다. 물론 '아시아 단결'의 가능성 여부를 섣불리 판단할 필요는 없다. 먼저 중국이 아시아의 단결을 위해 창의적 노력을 얼마나 많이 기울이는지부터 따져봐야 한다.

결론적으로 중국의 글로벌화는 '아시아화'가 우선이다. 서구화는 나중에 할 일이라고 해도 좋다.

중국은 아시아에 발을 제대로 디뎌야 세계로 나아갈 수 있다. 중국은 아시아를 단결시켜야 경제 발전 모델을 성공적으로 전환할 수 있다. 중국을 주축으로 아시아 각국이 단결해 아시아 단일 통화를 구축해야 지구촌은 달러 및 유로와 함께 아시아달러를 갖게 됨으로써 진정한 화폐 전국시대로 접어들 수 있다.

# 차례

## 제1장   1차 원정에서 패배한 패기만만한 달러화

## 제2장   파운드 블록의 붕괴로 열린 달러화 섭정 시대

## 제3장 　미국과 소련의 화폐 냉전

## 제4장 　유럽의 합종연횡 전략 및 유럽 통화의 부상과 혼란

## 제5장  재기를 노리는 중국과 일본의 산업화 각축

## 제6장  유로에서 유럽합중국으로 가는 스네이크 체제의 진화

## 제7장 채무 드라이브로 쌓아올린 미국의 태평성대 신기루

## 제8장 '중국 모델 3.0'의 전망

## 제9장  화폐 전국시대, 지평선 위에 선 야위안

# 1차 원정에서 패배한
# 패기만만한 달러화

경제학자의 사상은 그것이 옳든 그르든 일반적으로 생각하는 것보다 훨씬 강력하다. 사실 세계를 지배하는 것은 거의 대부분 사상이다. 자신은 어떤 사상이나 관념의 영향에서 벗어나 있다고 믿는 사람이 많은데 실은 이들도 이미 고인이 된 어떤 경제학자의 노예인 것이 보통이다.

_존 케인스

**들어가면서**

미국은 대영제국이 추구하는 세계 패권의 궁극적 도전자였다. 그러나 처음부터 영국에 직접 도전장을 던진 것은 아니었다. 대신 독일과 영국이 제일선에서 싸우도록 만들고 자신은 가만히 앉아 유럽 각국의 힘이 서서히 소진되기를 기다렸다. 그 결과 제1차 세계대전 이후 유럽은 미국에 엄청난 빚을 질 수밖에 없었다. 심지어 이 채무 부담 때문에 국고가 거덜 날 지경에까지 이르렀다. 한마디로 달러화 채무라는 깊은 늪에 빠지고 말았다. 미국은 독일의 전쟁 배상 문제도 교묘하게 이용했다. 그리고 마침내 달러화를 독일 화폐 시스템에 침투시키는 데 성공했다. 이후 미국은 점진적으로 다른 유럽 국가의 중앙은행으로 세력을 확장했다.

미국은 또한 전쟁 채무를 빌미로 유럽 경제 발전에 필요한 대출 통제권까지 독점했다. 유럽이 미국 자본에 의지하지 않으면 안 되게끔 만든 것이다. 나아가 자국의 자본 우위를 이용해 영국의 광활한 해외 시장을 분할·점유했다. 국제 무역에서 달러화의 결제 비중도 끊임없이 늘려갔다.

미국은 당시 세계 금 보유량의 무려 3분의 2를 독점하고 있었다. 이후 '금을 끼고 각국을 호령하는' 전략을 실시했다. 이를 통해 영국이 금본위제를 회복하도록 지원 또는 강요할 수 있었다. 더불어 이렇게 함으로써 파운드화와 금을 연계하고 영국 경제 발전의 주도권을 빼앗았다.

그러나 미국은 짧은 시기에 새롭게 부상한 패자였다. 갑자기 나타난 역사적 기회를 충분히 활용하는 방법을 몰랐다. 물론 달러화를 기축통화로 내세우려는 미국의 전략적 의도는 명확했다. 그러나 잘못된 수단을 사용했다. 그 때문에 궁극적으로 실패를 자초하고 말았다. 1930년대 전 세계를 강타한 대공황은 바로 달러화 전략의 내재적 모순이 초래한 후폭풍이었다고 해도 과언이 아니다.

미국은 영국이 200년이라는 긴 시간을 투자해 확립한 금본위제를 단 20년 동안 달러본위제로 교체하려 했다. 따라서 마음이 급할 수밖에 없었다. 능력이 따라주지 못했다. 이는 당연한 일이었다. 영국 역시 글로벌 금융 패권이라는 지위를 잃지 않기 위해 금본위제를 고수했다. 그러다 국가 경제 전체를 완전히 말아먹는 참혹한 대가를 지불해야 했다. 파운드화를 대상으로 한 달러화의 공격이 참패로 이어질 즈음, 파운드화 역시 이미 만신창이가 되었다. 도저히 소생할 기력을 보이지 못했다. '최후의 대출자'가 사라진 세계에 금권의 공백이 생겼다. 곧이어 대공황이 전 세계를 휩쓸었다.

글로벌 무역 시스템은 완전히 파괴되었다. 국제 자본의 유동성 또한 고갈되었다. 각국은 평화와 발전에 대한 꿈과 희망을 잃어버렸다. 미국은 홀로 상처를 치료하면서 재기의 기회를 마련하기 위해 재차 고립주의를 선언했다.

세계 정복을 목표로 한 달러화의 1차 원정은 이처럼 실패로 막을 내렸다.

# 마르크화, 자진해서 파운드화의 품에 안기다

때는 1923년 12월 31일 밤 10시. 해가 곧 바뀔 이 시간 독일제국 중앙은행 총재 히얄마르 샤흐트(Hjalmar Schacht)는 수심 가득한 얼굴로 런던에 도착했다. 안개 자욱한 추운 겨울밤이었으나 런던 시내는 새해를 맞이하는 시민들의 뜨거운 열기로 후끈 달아올라 있었다. 거리와 골목의 술집은 사람들로 북적였다. 마치 5년 전 벌어진 참혹한 전쟁 따위는 이미 기억에서 지워버린 듯했다. 사람들은 술잔을 주거니 받거니 하면서 평화가 가져다준 여유와 즐거움을 한껏 누리고 있었다.

그러나 샤흐트는 도저히 즐거워할 수 없었다. 이 시각에도 그의 조국 독일에서는 국민들이 빈곤과 기아와 분노에 몸부림치고 있었기 때문이다. 당시 제1차 세계대전에서 패배한 독일은 패전국이라는 이유로 참혹한 대가를 치러야 했다. 무엇보다 영토의 10분의 1을 잃었다. 또 영국과 프랑스에 125억 달러(전쟁 전 독일의 1년 GDP에 상당한 액수)라는 천문학적인 배상금도 지불해야 했다. 게다가 프랑스가 자국의 루르 공업 지역을 무력으로 강점하는데도 두 눈을 뜬 채 무기력하게 바라볼 수밖에 없었다. 설상가상으로, 1년 동안 독일 전역을 휩쓴 이른바 하이퍼인플레이션 때문에 중산층은 완전히 알거지로 전락했다. 마르크화의 가치 역시 폭락했다. 전혀 쓸모없는 휴지 조각이 되어버린 지 오래였다. 생지옥 같은 나날 속에서 독일 국민은 눈물조차 완전히 말라버렸다. 샤흐트 역시 대책 없이 탄식만 할 뿐이었다. 샤흐트의 이번 런던행은 중대한 사명을 띠고 있었다. 어떻게 해서든 마르크화를 회생시키기 위해 영국으로부터 돈을 빌려야 했다.

샤흐트는 1개월 반 전인 11월 12일, 독일 통화위원회 의장으로 긴급 취임했다. 통화위원회 의장은 내각의 장관급으로서 독일의 화폐 문제에 대해 최종 거부권을 행사할 수 있었다. 말하자면 경제 분야에서 '황제'급의 최고 권력을 갖고 있었던 셈이다. 재난의 시기에 이런 엄청난 중임을 어깨에 짊어진 샤흐트는 즉시 마르크화 살리기 작전을 개시했다.

이 무렵 마르크화의 가치는 1년 전의 1달러 대 9,000마르크에서 1달러 대 1조 3,000억 마르크로 폭락했다. 더 이상 만회할 수 없을 정도로 신용이 완전히 바닥으로 추락한 상황이었다. 샤흐트와 독일 정부로서는 마르크화 회생을 위해 다른 방법을 강구해야 했다. 독일은 기본적으로 황금이 부족한 국가에 속했다. 따라서 금에 기반을 둔 지폐를 발행하는 것도 불가능했다. 이에 샤흐트는 독일의 모든 토지와 산업 시설을 담보로 하는 새로운 통화 '렌텐마르크'를 발행하기로 결정했다. 이럴 경우 독일에서는 구마르크와 신마르크(렌텐마르크)가 동시에 유통될 수밖에 없었다. 따라서 적당한 시기에 구마르크와 신마르크의 교환 비율을 고정시킨 다음, 시중의 구마르크를 신속하게 퇴출하는 것이 화폐 개혁 성공의 최대 관건이라고 할 수 있었다.

히얄마르 샤흐트, 독일제국 중앙은행 총재

렌텐마르크는 발행된 이후 시민들의 관심을 별로 끌지 못했다. 이미 구마르크의 폭락을 경험한 터라 신마르크에 대해서도 확신을 갖지 못한 것이다. 그래서 누구나 수중의 마르크를 처분하고 달러를 구매하려 했다. 11월 14일 암시장에서 달러 대비 마르크의 환율은 역사상 최저인 1달러 대 1조 3,000억 마르크로 폭락했다. 이 시점에서 정부 관리들은 샤흐트에게 렌텐마르크와 구마르크의 교환 비율을 고정시킬 것을 강력히 촉구했다. 그러나 샤흐트는 동의하지 않았다. 11월 15일 마르크 가치는 1달러 대 2조 5,000억 마르크로 재차 하락했다. 정부 관리들은 속이 타서 발을 동동 굴렀다. 그럼에도 샤흐트는 여전히 관망하는 태도를 견지했다. 11월 20일 구마르크 가치는 1달러 대 4조 2,000억 마르크로 하락했다. 그러자 샤흐트는 즉시 렌텐마르크와 구마르크의 교환 비율을 1 대 1조로 고정하는 법령을 발동했다. 정밀한 계산을 통해 사람들의 공황 심리가 어느 정도 해소된 다음 마르크 가치가 이 시점에서 최종적으로 고정될 것이라고 판단한 것이다. 샤흐트의 예측은 적중했다. 마르크 가치는 시장의 관성에 의해 며칠 후까지 계속 하락의 길을 걸었다. 심지어 11월 26일에는 1달러 대 11조 마르크로 하락하기도 했다. 이어서 팽팽히

당겨졌던 고무줄이 어느 순간 원래 위치로 돌아가듯 독일 마르크도 기적적으로 반등하기 시작했다. 12월 10일 달러화 대비 마르크화 환율은 1달러 대 4조 2,000억 마르크 선에서 안착했다. 샤흐트가 적절한 시기에 정확한 판단을 했다는 사실이 증명된 것이다. 이때부터 샤흐트는 독일에서 '경제의 귀재'로 불리기 시작했다. 독일 정부 역시 많은 노력을 기울였다. 그 결과 1924년 1월에는 드디어 균형 예산을 이룰 수 있었다.

렌텐마르크는 마침내 1달러 대 4조 2,000억 마르크 선에서 입지를 굳혔다.

그러나 샤흐트는 렌텐마르크가 그저 임시방편에 불과하다는 사실을 누구보다 잘 알고 있었다. 토지를 담보로 발행한 화폐는 순전히 국민을 대상으로 한 신용 사기에 불과했다. 남부 바이에른에 있는 농장과 루르 지역에 있는 공장이 렌텐마르크와 직접적인 관계가 있다고 믿을 사람이 과연 몇 명이나 되겠는가? 샤흐트는 화폐 발행 담보물은 반드시 유동성, 자유 교환성 및 국제적 공인성(公認性)이라는 세 가지 핵심 요소를 갖춰야 한다고 생각했다. 이 요구 조건에 부합하는 화폐 발행 담보물은 오로지 황금뿐이었다.

그러나 앞서 말했듯 독일은 전통적으로 금이 부족한 국가였다. 전쟁 전 독일의 금 보유량은 10억 달러 규모에 달했다. 이를 담보로 15억 달러의 라이히스마르크를 발행할 수 있었다. 따라서 미국, 영국, 독일, 프랑스 등 4대 경제 대국 중에서도 독일 마르크의 실질적 가치는 상당히 높은 편이었다. 그러나 전후 5년 사이 전쟁 배상금 지불, 하이퍼인플레이션 발생 등 복합적 요인으로 인해 독일의 금 보유량은 수억 달러로 줄어들었다. 방대한 독일제국의 경제를 지탱하기에는 역부족이었다.

샤흐트는 오로지 금과 외화만이 독일 마르크의 가치를 안정시킬 수 있다고 판단했다. 그래서 외국에서 황금을 빌리거나 금 보유량이 충분한 국가로부터 외화를 빌리는 해결책을 생각해 냈다. 금 보유국의 외화는 필요할 때 금과 자유 교환이 가능하기 때문이었다. 그렇다면 어떤 국가로부터 금과 외화를 빌릴 것인가?

금 보유량 1위 국가는 단연 미국이었다. 4대 경제 강국의 금 보유량을 합치면 총 60억 달러에 이르렀다. 미국은 그중 45억 달러에 이르는 금을 보유하고 있었다.[1] 그러나 이 무렵 미국은 유럽에서 소문난 '수전노'로 비난을 받고 있었다. 프랑스와 영국 사람들은 미국을 '샤일록'이라고 통렬하게 비난했다. 영국과 프랑스는 제1차 세계대전으로 인해 큰 피해를 입었다. 기본적으로 산업 시스템이 심각하게 파괴되었다. 사상자 역시 수백만 명에 달했다. 게다가 영국과 프랑스는 미국에 각각 50억 달러와 40억 달러의 빚을 졌다. 당시 영국과 프랑스는 엉뚱한 기대를 품고 있었다. 전쟁으로 떼돈을 번 미국이 '형제지간의 정'을 생각해서라도 우방의 빚을 크게 탕감해 줄 것이라는 순진한 생각을 하고 있었던 것이다. 흐뭇한 표정을 잃지 않은 채 말이다. 그러나 '엉클 샘(미국이나 미국 정부를 일컫는 별명)'은 미적지근하게 한마디만 내뱉었을 뿐이다.

"미국은 맹우가 아니다. 그저 협력자일 뿐이다. 미국이 유럽 국가에 빌려준 돈은 상업적 대출이다."[2]

미국이 내뱉은 말의 뜻은 분명했다. 공과 사는 분명하게 구별해야 한다는 것이었다. 더 직설적으로 말하면 "당신들의 빚은 한 푼도 탕감해 줄 수 없다"는 최후통첩이었다. 미국의 비정한 태도에 영국은 화가 머리끝까지 치밀어 펄펄 뛰었다. 프랑스는 궁지에 몰린 나머지 공공연한 약탈에 나섰다. 같은 동맹국에게조차 이토록 인색한 미국이 패전국 독일에 돈을 빌려주려 하겠는가? 그래서 샤흐트는 미국에는 아예 기대조차 하지 않았다.

프랑스는 더 말할 것도 없었다. 동상이몽이라는 말대로 단순하기 이를 데 없는 프랑스는 독일로부터 떼돈을 갈취할 생각만 하고 있었다. 프랑스 총리는 영국과 연합해 독일에 1,000억 달러의 전쟁 배상금을 부과했다. 이는 독일의 8년치 GDP를 합친 것과 같은 액수였다. 그러나 프랑스는 독일을 너무 심하게 몰아붙였다고 생각했는지 배상금 액수를 550억 달러로 낮췄다. 하지만 그 이하로는 절대 낮출 수 없다고 고집을 부렸다. 결국 미국이 조정에 나섰다. 이렇게 해서 양측은 최종적으로 전쟁 배상금 액수를 125억 달러로 책정했다. 사실 독일의 당시 경제 상황을 감안하면 그런 천문학적 전쟁 배상금을 지불하는 것은 거의 불가능한 일이었다. 그럼에도 프랑스는 머지않아 독일로부터 거액의 배상금을 받게 될 것이라고 믿었다. 그 때문에 1870년 프로이센-프랑스 전쟁 때 독일에 빼앗겼던 알자스와 로렌 지역을 되찾는 즉시 40억 달러의 재건 경비를 투입하기로 계획했다. 당연히 정부의 재정 적자는 날이 갈수록 악화되었다. 프랑스는 독일에 배상금 지급을 거듭 촉구했다. 독일은 질질 끌면서 돈을 내놓지 않고 버텼다. 프랑스는 분노한 나머지 군대를 파병해 독일의 루르 공업 지역을 강점했다. 이로써 양국 관계는 더욱 나빠졌다. 이런 시국에 샤흐트가 프랑스로 돈을 빌리러 간다는 것은 도저히 있을 수 없는 일이었다. 만약 그랬다가는 프랑스인들에게 몽둥이찜질을 당해도 할 말이 없을 터였다.

독일이 유일하게 기댈 곳은 영국밖에 없었다. 더구나 샤흐트에게는 영국인들의 구미를 돋울 만한 비장의 미끼가 있었다. 요컨대 영국의 속셈을 환히 꿰뚫고 있던 샤흐트는 이번 런던행에서 충분히 승산이 있다고 확신했다.

샤흐트가 런던의 리버풀 스트리트 역에 도착하자 훤칠한 키에 반백의 수염, 예리한 눈빛을 가진 영국인 신사가 차가운 겨울바람을 뚫고 마중을 나왔다. 신사는 샤흐트에게 악수를 청하면서 몬터규 노먼 (Montagu Norman)이라고 자신을 소개했다. 샤흐트는 전 세계에 그야말로 이름이 자자한 잉글랜드은행의 총재가 직접 마중을 나온 것을 보고 그 과분한 대우에 깜짝 놀랐다. 동시에 기쁘기도 했다.

노먼은 사실 독일의 하이퍼인플레이션 상황을 면밀히 주시하고 있었다. 그가 주목하고 있던 독일 마르크화의 가치는 1923년에 인류 역사상 유례없는 폭락을 시작했다. 인플레이션을 '공공의 적'으로 여기던 전 세계 중앙은행의 은행가들은 독일을 휩쓴 하이퍼인플레이션의 규모에 할 말을 잃었다. 그저 입을 벌린 채 멍하니 지켜볼 수밖에 없었다. 그런데도 중앙은행에서 관리로 일한 경험이 전무한 샤흐트는 모든 사람을 두려움과 절망에 떨게 한 하이퍼인플레이션을 보름 사이에 성공적으로 제압하는 초능력을 보여주었다. 참으로 놀라

▌몬터규 노먼, 잉글랜드은행 총재

운 일이 아닐 수 없었다. 노먼이 샤흐트를 환대한 데는 이런 까닭이 있었다.

다음 날은 새해 첫날이었다. 런던 시내는 대단히 한산했다. 샤흐트는 노먼을 따라 잉글랜드은행을 둘러보았다. 그런 다음 노먼의 사무실로 향했다. 간단한 인사를 나눈 후 샤흐트는 본론을 꺼냈다. 노먼에게 직접적으로 잉글랜드은행이 독일 중앙은행에 2,500만 달러의 파운드화를 대출해 달라고 간청한 것이다. 사실 샤흐트가 요구한 액수는 그다지 많은 돈이라고 하기 어려웠다. 샤흐트는 이것을 종잣돈으로 독일의 해외 은행에서 2,500만 달러를 더 끌어들일 생각이었다. 또한 이 5,000만 달러를 자본으로 런던 금융 시장에서 2억 달러를 융자할 계획도 갖고 있었다. 2억 달러면 렌텐마르크의 가치를 안정시키는 데 충분한 실탄이 될 것이라고 믿었던 것이다. 그야말로 '작은 것으로 큰 것을 얻을 수 있는' 좋은 방법이었다. 관건은 잉글랜드은행으로부터 반드시 2,500만 달러를 빌려야 한다는 것이었다. 그래야 그 뒤의 계획도 차근차근 실행에 옮길 수 있었다.

샤흐트의 요구 사항을 들은 노먼은 크게 놀라 한참 동안 침묵을 지켰다. 거액의 돈을 빌려달라고? 쥐뿔도 없는 나라에 도대체 뭘 믿고? 125억 달러에 이르는 거액의 채무를 안고 있는 파산한 나라가 무슨 근거로 당당하게 돈을 빌려달라고 하는 것인가? 게다가 취임한 지 고작 1개월밖에 안 되는 이름뿐인 독일 중앙은행 총재가 터무니없이 큰 돈을 빌려달라고 했으니 노먼이 놀란 것도 솔직히 이상한 일은 아니었다.

사실 독일 정부 내에서도 오만하고 무례한 샤흐트에 대한 호불호가 극단적으로 엇갈리고 있었다. 특히 그가 실세로 서서히 부상하자 사실상 허수아비가 되어버린 독일 중앙은행 총재 루돌프 폰 하벤슈타인(Rudolf von Havenstein)이 노골적으로 불만을 드러냈다. 거의 불타는 적개심이라고 해도 좋았다. 1922년 5월 전승국들은 긴급 입법을 통해 독일 중앙은행을 정부의 통제에서 독립시켰다. 따라서 하벤슈타인이 사임하지 않는 한 샤흐트는 영원히 중앙은행의 정식 총재 자리에 오를 수 없었다. 독일 정부는 하벤슈타인을 중앙은행 총재 자리에서 쫓아낼 수 없게 되자 열심히 머리를 굴려 궁여지책을 강구했다. 그것은 바로 내각의 장관급 기구인 '통화위원회'를 새로 발족해 샤흐트를 의장 자리에 앉히는 방법이었다. 실제로 독일 정부는 이 정책을 실행에 옮겼다. 그 결과 독일에 두 개의 중앙은행이 공존하는 묘한 상황이 벌어졌다. 심지어 각자 서로 다른 화폐를 발행하는 기상천외한 해프닝까지 벌어졌다. 말할 것도 없이 당시 샤흐트는 하이퍼인플레이션을 깔끔하고 시원스럽게 억제시킨 공로로 출중한 능력을 인정받고 있었다. 명성도 자자하게 퍼져나갔다. 반면, 하벤슈타인은 정부와 국민들로부터 무능력하다는 비난을 한몸에 받고 있었다. 완전히 이중의 압력이었다. 이로 인해 중앙은행 총재 자리에서 더 버티기도 무안한 처지에 빠졌다.

노먼은 샤흐트의 터무니없는 요구를 거절하고 싶었다. 그래서 열심히 핑곗거리를 찾았다. 노먼의 생각을 눈치챈 샤흐트는 마침내 '비장의 카드'를 꺼내들었다. 그것은 노먼이 거부할 수 없는 큰 미끼였다. 샤흐트는 독일 정부의 통화 정책 결정자 명의로 노먼에게 만약 영국이 기꺼이 차관을 제공할 경우 독일 중앙은행은 파운드화를 준비통화로 보유할 것이라고 제안했다. 더불어 독일 정부에서 하는 대출 역시 파운드화로 계산할 것이라는 미끼도 아끼지 않고 내놓았다.

샤흐트의 제안에 노먼은 구미가 확 동했다. 그리고 곧이어 조금도 주저하지 않고 통쾌하게 샤흐트의 요구를 수락했다.


# 영국의 파운드화 마케팅 및 외화준비금의 탄생

제1차 세계대전이 끝난 후, 노먼은 남모를 고민을 하고 있었다. 그것은 다른 게 아니라 어떻게 하면 영국 파운드를 다른 국가 중앙은행의 준비통화에 편입시키는가 하는 것이었다. 샤흐트는 이런 노먼의 생각을 정확하게 읽고 짚어냈다. 바로 이 때문에 사람들이 도저히 불가능하다고 생각한 임무를 비교적 수월하게 완수할 수 있었다.

지금은 외화준비금이 각국 중앙은행 준비통화의 일부를 구성한다. 또 이를 담보로 자국 화폐를 발행하는 것이 상식이다. 그러나 1922년까지만 해도 외화준비금은 사람들이 상상도 못한 새로운 개념이었다. 전통적인 금본위제 아래에서 중앙은행의 준비통화는 금과 단기 국채가 중심이었다. 사람들은 당연히 오직 금만이 유동성과 자유 교환성 및 국제적 공인성 등 세 가지 특징을 만족시킬 수 있다고 굳게 믿었다.

**외화준비금**
외국환 은행이 보유하는 외화 자산 중 일정액을 외국 은행에 예금하거나 외국 정부의 단기 증권 같은 유동성 높은 자산 형태로 보유할 것을 강제하는 제도. 외환준비금이라고도 함.

금본위제 아래에서 각국 중앙은행은 주로 금을 주요 자산으로 보유했다. 또 시장이 크게 흔들리지 않는 한(이를테면 황금이 대량 국외로 유출되지 않는 한) 중앙은행이 금융 시장에 직접 개입하는 일은 대단히 드물었다. 이 외에 금본위제 아래에서는 물가, 금리, 대출, 재정과 무역 수지 균형 등 제반 경제지표의 자율적인 조정이 기본적으로 가능했다. 각국의 화폐는 금 보유량을 기반으로 실질적인 가치가 규정됐다. 환율 역시 거의 변동하지 않았다. 영국을 중심으로 발전한 이런 금본위제는 19세기 초부터 제1차 세계대전 발발 전까지 세계 무역과 경제의 발전을 대대적으로 추진했다. 또 산업혁명과 도시화의 성과 및 서구 문명은 1차 글로벌화의 흐름에 따라 전 세계 구석구석까지 전파되었다. 대규모 전쟁과 혁명이 일어나지 않은 약 반세기 동안 철도, 해운, 전보 등의 분야를 중심으로 과학기술 역시 급속하게 발전했다. 국제 무역은 공전의 번영을 누렸다. 자본도 전 세계에서 자유롭게 이동했다. 금본위제는 서구 문명을 역사상 유례없는 최고 수준으로 끌어올렸다.

그러나 국가와 지역 간 불균형 발전은 불가피했다. 실제로도 그랬다. 20세기 초에 이르러 독일이 무서운 속도로 성장하고 미국이 후발 주자로 다른 국가들을 추월할 때 대영제국은 이미 '노년기'에 접어들었다. 겉으로는 안정적인 것처럼 보이는 세계 경제에 대규모 지각 변동이 예고된 것도 이때부터였다. 제1차 세계대전의 발발은 불가피했다. 사실 이 대전은 억압되고 억눌려 있던 거대한 경제 에너지가 폭발하면서 발생한 것이다. 당시 사회 생산은 거의 대부분 군수 산업에 집중돼 있었다. 당연히 생산 성과는 전쟁을 치르는 동안 서로에 의해 산산이 파괴되었다. 글로벌 무역은 붕괴 운명에 처했다. 세계 시장 역시 분할됐다. 더욱 중요한 것은 세계 경제의 원활한 운영에 윤활유 역할을 하던 국제 자본의 이동이 멈춰버렸다는 사실이다. 이렇게 금본위제가 효력을 잃으면서 각국의 통화량은 엄청나게 증가했다. 물가는 잇달아 상승했다. 대체로 균형을 이루고 있던 각국의 금 보유량 역시 심각한 불균형에 빠졌다.

제1차 세계대전 발발 이전인 1913년 미국을 비롯해 영국, 독일, 프랑스 등 4대 경제 강국의 금 보유량은 총 50억 달러에 달했다. 그중 미국이 20억 달러를 차지하고 그 밖에 영국 8억 달러, 독일 10억 달러, 프랑스가 12억 달러를 각각 나눠 갖고 있었다.[3] 여기서 주목할 점은 이들 국가가 보유한 금이 모두 중앙은행에 집중된 것은 아니라는 사실이다. 상업 은행이 보유한 것과 시중에 유통되는 것도 상당한 비중을 차지했다. 흥미롭고도 합리적인 사실은 이들 4대 경제 강국의 금 보유량이 국가별 경제 규모를 대체적으로 정확하게 반영한다는 것이었다. 물론 약간의 예외도 있었다. 주인공은 프랑스였다. 1923년에 이르러 금 생산의 증가에 따라 4대 강국의 금 보유량은 60억 달러로 증가했다. 그러나 국가별 금 보유량에는 큰 변화가 생겼다. 우선 전쟁 위험을 제어하기 위해 유럽의 황금 20억 달러가 미국으로 흘러들었다. 따라서 당시 미국의 금 보유량은 45억 달러로 급증했다. 이에 반해 영국의 금 보유량은 약간 줄어들었다. 반면 프랑스는 비교적 큰 손실을 입었다. 독일의 금 보유량 역시 대폭 감소했다.

전후 유럽 각국은 속속 금본위제를 회복하기 위한 준비에 나섰다. 이 와중에 대영제국은 상당히 난처한 상황에 처했다. 런던이 전후에도 계속 세계 금융 중심지 위치를 유지하려면 반드시 파운드화가 전쟁 전의 가치 수준을 회복해야 했다. 이렇게 해야만 파운드화가 신용을 잃지 않을 수 있었다. 금융의 기초는 신용이 아니던가. 그러나 영국 파운드화는 이미 약 두 배 이상 초과 발행된 상태였다. 금 보유량에 비해 통화가 과잉 공급된 것이다. 금 보유량 세계 1위인 미국이 영국의 금융 패권 지위를 호시탐탐 노리는 상황에서 영국은 압력을 느낄 수밖에 없었다. 파운드화 약세가 계속될 경우, 세계 각국의 경제와 무역은 조만간 달러화에 의존하게 될 터였다. 더불어 글로벌 자본이 런던 대신 뉴욕으로 모여들 게 분명했다. 이렇게 되면 영국이 200년 동안 심혈을 기울여 구축한 금융 제국은 무너질 가능성이 높았다. 또한 이후에도 영원히 다시 일어설 수 없을 것이 분명했다. 일단 금융 패권을 미국에 빼앗기면 영국은 글로벌 무역에서 주도적 역할도 잃게 될 터였다. 또 국제 상품 시장에서의 가격 결정권 역시 상실할 가능성이 있었다. 결제 화폐로서 파운드화의 기능도 잃게 될 것이 너무나 명약관화했다. 심지어 세계 각 대륙에 있는 영연방 체제를 지속적으로 유지할 수 있을지조차 의문이었다. 영국 해군이 주요 해상 통로를 보호하는 데 필요한 재원을 계속 조달할 수 있는지에 대한 의문은 더 말할 나위도 없었다.

노먼은 대영제국의 금융을 관장하는 키잡이로서 금 부족으로 인한 파운드화의 위기를 해결하기 위해 혼신의 노력을 기울였다. 그리고 마침내 한 가지 방법을 생각해 내기에 이르렀다. 그것은 파운드화를 금과 똑같이 취급하고, 각국 정부에 압력을 행사해 각국 중앙은행의 준비통화에 황금 이외에 파운드화도 편입시키도록 하는 방안이었다. 물론 노먼은 파운드화 자산을 보유하는 국가에 필요할 때는 수시로 파운드화를 금과 태환해 줄 용의도 갖고 있었다. 노먼의 구상을 토대로 영국이 주도한 국제연맹(League of Nation) 금융위원회는 이를 위해 1922년 제노

▎1922년 열린 제노바 회의에 참석한 각국의 중앙은행 관계자

바 회의를 개최했다. 이 회의에서 위원회는 참가국들에게 영국의 파운
드화를 금과 똑같이 취급하도록 하는 새로운 화폐본위제를 정식으로
제안했다. 마치 "물을 기름으로 바꿀 수 있다"는 사기극처럼 그야말로
황당한 화폐 이론이 아닐 수 없었다. 물이 영원히 기름으로 변할 수 없
듯 지폐의 일종인 파운드화도 영원히 금이 될 수 없다. 그럼에도 불구
하고 제노바 회의 결의안 제9조는 각국에 "금을 절약하기 위해 외화를
준비통화로 보유해도 좋다. 이를 새로운 국제 관례로 수립해야 한
다"[4]는 입장을 분명하게 요구했다. 이렇게 해서 세계 화폐사에 처음으
로 외화준비금 개념이 등장했다.

　노먼은 금환본위제라는 완전히 새로운 화폐본위제를 발명해냈다.
금환본위제는 이름 그대로 통화의 가치를 금과 다른 금본위국의 외국
환(금으로 태환할 수 있는 채권) 가치에 연결하는 제도였다. 그 이후 각국 중앙

은행과 상업 은행은 금과 외국환을 담보로 화폐를 발행할 수 있게 되었다.

솔직히 말해, 영국이 눈 가리고 아웅 하는 식으로 다른 국가를 우롱한다는 사실을 알 만한 사람은 다 알고 있었다. 영국이 충분한 금을 보유하고 있다면 구태여 외국환을 준비통화에 편입시키는 쓸데없는 짓을 할 필요가 있겠는가? 금본위제로도 충분하지 않은가? 이런 이유로 사람들은 노먼이 제안한 외화준비금 개념을 쉽게 받아들이지 않았다. 모든 사람이 "물을 기름으로 바꿀 수 있다"는 황당한 이론을 반신반의했다. 그러나 영국과 노먼은 이 이론을 믿게끔 하려고 여러모로 노력을 기울였다. 그러나 식민지 및 속국과 제1차 세계대전 이후 심각한 하이퍼인플레이션 때문에 몸살을 앓고 있던 오스트리아, 헝가리 등 약소국을 제외한 유럽의 다른 국가들은 노먼의 금환본위제를 선뜻 받아들이지 않았다.

노먼은 이 일 때문에 심신이 지칠 대로 지쳐 있었다. 바로 이때 유럽 최대 경제국인 독일의 대표 샤흐트가 제 발로 찾아와 2,500만 달러만 빌려주면 파운드화를 독일 중앙은행의 준비통화에 편입시키겠다고 제안했으니 어찌 기쁘지 않았겠는가.

물론 노먼에게도 남모를 근심이 있었다. 근심의 근거는 충분했다. 영국의 금 부족으로 말미암아 파운드화가 약세를 나타내고 있는데 금 보유량이 영국의 다섯 배에 달하는 미국이 과연 먼 산의 불구경하듯 가만히 앉아 있겠는가? 더구나 미국은 오래전부터 영국의 금융 패권 지위를 호시탐탐 노리고 있지 않은가. 아니나 다를까 미국 역시 행동을 개시했다.

# 달러화의 기습 및 독일의 변심

1923년 11월 30일 샤흐트 주도 아래 '렌텐마르크 보위전'이 처음으로 효과를 보이기 시작했다. 바로 이때 예민한 후각으로 상업적 기회를 포착한 미국은 은행가 찰스 도스(Charles Dawes)와 오언 영(Owen Young)을 '배상문제전문가위원회'의 미국 대표로 유럽에 파견했다. 목적은 유럽인들이 무엇 때문에 단순한 채무 상환 문제를 이토록 복잡하게 만들었는지 조사하기 위함이었다.

도스는 성격이 불같은 사람이었다. 그는 제1차 세계대전 때 유럽에서 미국 원정군의 병참 보급 업무를 책임진 적이 있었다. 묘하게도 미국 상원은 전쟁이 끝난 후 이에 대한 공청회를 열었다. 미군의 병참 보급과 관련한 장부의 불투명성 문제와 불법 요금 징수 혐의를 조사하는 것이 목적이었다. 공청회에 참석한 도스는 의원들로부터 쏟아지는 질문 공세를 받았다. 그는 참다 참다 마침내 분노를 터뜨렸다.

"이따위 질문은 다 집어치우시오. 우리는 흠잡을 데 없는 장부를 작성하기 위해 전쟁터에 나간 것이 아니요. 우리는 전쟁에서 승리하기 위해 피를 흘리고 목숨을 희생한 거란 말이오."[5]

도스의 기세등등한 모습에 의원들은 찍소리도 못했다. 이때부터 도스는 이름을 크게 알리기 시작했다. 사실 도스는 정치가가 아니었다. 은행가였다.

1915년 9월 피어폰트 모건(Pierpont Morgan)은 영불 연합군을 지원하기 위해 5억 달러의 앵글로-프렌치 론(Anglo-French Loan)의 모집을 시작했다.[6] 월스트리트가 탄생한 이래 최대 규모의 장사였다. 그러나 전쟁을 극도로 혐오한 미국인은 유럽의 전쟁 채권에 아예 눈길조차 주지 않았다. 특히 반전 정서가 가장 강했던 중서부에서 전쟁 채권 위탁 판매에 참여하겠다고 나선 곳은 고작 시카고의 한 은행뿐이었다. 바로 도스의 은행이었다. 이때부터 모건은 도스를 '자기편'이라고 부르면서 각별히 대우했다. 따라서 도스가 유럽에 도착한 이후 언론과의 인터뷰에서 거침없이 행동한 것도 크게 이상할 게 없었다. 당연히 연일 매스컴의 집중 조명을 받았다. 그러나 사실 성실하게 실무를 책임진 사람은 도스 배후에 있던 오언 영이었다.

도스의 임무는 각국을 도와 전쟁 채무 상환 계획을 조정하는 것이었다. 그 앞에는 보기만 해도 현기증이 날 정도로 각 나라별 수입 지출 계산서가 산더미처럼 쌓였다. 당시 미국의 GDP는 약 400억 달러로 영국, 프랑스, 독일 3국의 GDP를 합친 것과 비슷했다. 제1차 세계대전 발발 후 프랑스와 독일의 GDP는 30% 하락했다. 영국 또한 5% 하락했다. 그러나 미국은 오히려 떼돈을 벌었다. 1919년 미국의 경제 규모는 다른 3국의 GDP를 합친 것보다 50%나 많았다. 전쟁 전 독일의 GDP는 120억 달러였다. 도스는 이를 기준으로 4개국의 1913년 및 1919년 경제 규모를 각각 계산해야 했다. 그의 머릿속에서는 매일 이런 복잡한 숫자와 계산 문제들이 떠나지 않았다.

더 복잡한 문제도 있었다. 영국은 전쟁 기간에 총 430억 달러를 지출했다. 그런데 그중 110억 달러를 프랑스와 러시아를 비롯해 가

▎ 찰스 도스. 시카고의 은행가. 미국 부통령 역임

난한 국가에 지원했다. 영국은 증세를 통해 이 전쟁 비용의 약 20%, 다시 말해 90억 달러를 조달했다. 또 국내외에서 빌린 돈은 270억 달러였다. 나머지 부족한 부분은 지폐를 발행해 충당했다. 프랑스의 전쟁 지출은 총 300억 달러였다. 그러나 프랑스는 증세를 통해서는 그 중 5%밖에 조달하지 못했다. 프랑스인은 세계에서 가장 완강하게 납세를 거부하는 민족으로 오늘날에도 유명하다. 당연히 당시에도 나라가 망하는 꼴을 보면 봤지 세금을 더 내려고 하지 않았다. 그러나 프랑스 중산층은 납세를 싫어하는 대신 저축에 열광하는 특징이 있었다. 그래서 프랑스 정부는 이들에게 국채를 팔아 150억 달러에 이르는 전쟁 비용 상당액을 마련할 수 있었다. 또 프랑스는 미국과 영국에서도 100억 달러를 빌렸다. 양국은 프랑스의 사상자 규모를 감안하면 도의적으로 미안한 마음을 가질 수밖에 없었기 때문에 흔쾌히 거금을 빌려주는 데 동의했다. 그래도 전비는 충분하지 않았다. 나머지 부족한 부분은 지폐를 발행해 충당할 수밖에 없었다. 패전국 독일의 경우는 전쟁 기간에 총 470억 달러를 지출했다. 그중 10%는 세금 수입으로 충당했다. 그러나 독일은 영국처럼 발달한 금융 시장과 융자 능력을 갖추지 못했다. 또 국내에 프랑스 중산층 같은 부자들도 없었다. 그 때문에 나머지 부족한 비용을 모두 지폐 발행에 의존할 수밖에 없었다. 전쟁 기간에 영국과 프랑스의 통화량은 각각 전쟁 전의 두 배와 세 배로 늘어났다. 반면 독일은 네 배나 증가했는데, 그 이유는 바로 지폐를 과도하게 발행했기 때문이라 해도 과언이 아니다.

유럽 전체로 보면 제1차 세계대전에 지출한 자금은 총 2,000억 달러였다.

도스는 복잡한 계산을 거쳐 마침내 각국의 채무 상황을 다음과 같이 완벽하게 정리했다. 유럽의 16개 연합국은 미국에 총 120억 달러의 빚을 졌다. 그중 영국의 채무는 50억 달러, 프랑스의 채무는 40억 달러였다. 또 17개국이 영국에 110억 달러의 빚을 졌다. 그중 프랑스의 채무는 30억 달러, 러시아의 채무는 25억 달러였다.[7] 그러나 10월 혁명이 발발함으로써 러시아의 대외 채무 의무는 모두 무효가 되었다.

반면 패전국 독일은 설상가상이었다. 전쟁 비용에 더해 전쟁 배상금 액수도 125억 달러에 달했다.

위의 통계 결과를 보고 유럽 각국은 미국에 다음과 같이 통보했다.

"독일의 전쟁 배상금 액수와 유럽 각국이 미국에 진 빚의 총액은 비슷하다. 그러니 독일이 유럽 각국에 배상금을 지불하는 대로 우리도 미국에 진 채무를 상환하겠다. 그러나 지금 독일은 전쟁 배상금을 제때 지불할 처지가 못 된다. 그러므로 우리도 채무 상환을 연기할 수밖에 없다."

사정이 이렇게 되자 억울한 것은 미국이었다. 미국으로서는 이렇게 생각할 수밖에 없었다.

"유럽 각국은 자기들끼리 싸움을 했다. 그런데 무엇 때문에 우리가 공짜로 자금을 지원하고 군사를 파병해야 했단 말인가? 솔직히 미국의 돈은 자선을 위한 기부금이 아니다. 엄연한 상업적인 대출이다. 상업적인 대출을 어떻게 전쟁 배상금과 한데 엮어 어물쩍 넘어갈 수 있는가? 공과 사는 분명해야 한다. 유럽 국가들이 독일로부터 배상금을 받지 못하는 것은 각자 알아서 해결할 일이다. 우리 미국에 진 빚은 한 푼도 떼먹을 생각을 해서는 안 된다. 빚을 지고도 갚지 않는 것은 그야말로 신용도 없고 뻔뻔하기 그지없는 행동이다."

세계 금융 중심지로서 신용을 목숨보다 더 중시하는 대영제국이 "신용을 지키지 않는 파렴치한"이라는 비난을 듣고 어찌 참을 수 있겠는가. 전쟁 전까지만 해도 오만한 영국 은행가들은 미국 은행가들을 "돈만 알고 품위라고는 눈곱만큼도 없는 촌뜨기들"이라고 조롱했다. 그런데 전쟁이 끝난 후 미국인들이 돈깨나 있다고 영국을 "신용도 지키지 않는 파렴치한"이라고 비난하자 영국인들은 화가 나서 도저히 견딜 수 없었다. 영국 언론이 영국인들의 이런 입장을 대변하고 나섰다. 입을 모아 미국을 다음과 같이 질타한 것이다.

"미국은 유럽 연합국이 자유와 평화를 위해 큰 희생을 치를 때에도 먼 산 불구경하듯 잠자코 있었다. 게다가 나중에 참전해서는 떼돈을 벌었다. 일말의 도덕적 책임감과 양심이 있다면 유럽 각국의 채무를 탕감해줘도 모자란다. 그런 판에 적반하장도 유분수지 전쟁 때문에 피폐해진 맹우들에게 빚 독촉이 웬 말인가. '현대판 샤일록'이 따로 없다."

이렇게 해서 '엉클 샘'은 유럽에서 '샤일록'이라는 우아하지 못한 별명을 얻었다. 이에 대해서는 〈뉴욕 타임스〉 파리 특파원의 보도가 정곡을 찌르지 않았나 싶다.

"90%의 프랑스인들은 미국을 이기적이고 양심 없는 국가로 생각한다. 또 탐욕스러운 국가라고 평가한다."

이 점에서는 미국의 외교관도 크게 다를 게 없었다. 당시 런던에 부임한 무명의 한 미국 외교관은 절대 다수의 영국인이 미국의 정책을 "이기적이고 비열하면서도 몰염치한 정책"이라고 생각한다는 사실에 크게 놀랐다고 보고했다.

미국은 실용주의를 최고로 생각하는 국가이다. 따라서 실용주의자들에게 도덕적 잣대를 들이대는 것은 애초부터 무의미한 일이었다. 미국인은 돈을 빌려주고 받지 못하면 칼을 들고 빚 대신 상대방의 살 1파운드를 도려내기 위해 달려드는 사람들이었다. 반면 정작 자신이 남에게 진 빚을 갚지 못할 상황에 처하면 갖은 수단을 다해 질질 끌었다. 또 아예 갚지 않거나 후폭풍을 전혀 고려하지 않은 채 지폐를 과잉 발행하기도 했다. '신사의 나라' 영국은 이런 미국에 비하면 훨씬 무던하다고 할 수 있다.

아무려나 다툼이 일어나든 말든 돈을 받지 못하면 손해 보는 쪽은 미국이었다. 당시 유럽을 방문한 도스의 목적은 오로지 한 가지밖에 없었다. 바로 달러화로 유럽 각국을 옴짝달싹 못하게 옭아매는 것이었다.

미국 정부는 유럽이 미국에 진 빚과 독일의 전쟁 배상금은 아무런 연관이 없다고 거듭 강조했다. 그러나 사실 당시 상황을 보면 독일의 전쟁 배상금을 빼놓고는 유럽의 대미 채무를 논할 수 없었다. 각국의 채무 관계가 너무 복잡하게 얽혀 있었기 때문이다. 승전국들은 독일에 그야말로 천문학적인 전쟁 배상금을 강제로 부과했다. 독일이 도저히 상환할 수 없을 정도로 어마어마한 액수였다. 독일이 독하게 마음을 먹고 배상금을 지불할 경우 국가 경제는 파산할 수밖에 없었다. 더구나 독일 경제는 사실상 이미 파산한 상태였다. 유럽 연합국은 전후 4년 동안 독일의 전쟁 배상금 문제와 관련해 88번의 회의를 개최했다. 하지만 아무런 소득도 얻지 못했다. 모두가 기진맥진해 있을 때 도스가 '상환 능력'을 우선시해야 한다는 참신한 개념을 제시했다. 그는 '담세 능력'으로 독일의 배상금 상환 능력을 정의하자고 주장했다. 그의 주장은 독일인의 납세 부담이 영국, 프랑스와 비슷한 수준이어야 전쟁 채무를 상환할 수 있다는 얘기였다. "배상금 액수는 잠시 논외로 하고 독일인의 납세 부담을 영국, 프랑스와 비슷한 수준으로 맞춘다" 는 이른바 '도스의 방안'이 드디어 교착된 국면을 타개하는 듯했다.

하지만 이번에는 프랑스가 공공연한 걸림돌로 등장했다. 프랑스와 독일은 오랜 숙적 관계에 있었다. 더구나 프랑스인은 독일의 전쟁 배상금에 대해 지나칠 정도로 집착했다. 그도 그럴 수밖에 없었다. 프로이센-프랑스 전쟁 때 패전국 프랑스는 독일에 50억 프랑이라는 거액의 배상금을 지불한 아픈 기억을 갖고 있었기 때문이다. 이 빚은 마치 예리한 칼날처럼 프랑스인의 민족적 자존심에 큰 상처를 입혔다. 이들의 굴욕감은 급기야 독일에 대한 적대감으로까지 치달았다. 따라서 프랑스는 독일이 배상금을 지불하지 않는 한 절대로 루르 공업 지역에서 철수하지 않을 것이라고 단단하게 못을 박았다. 그러나 독일 입장에서는 그 어떤 곳보다 중요한 석탄·철강 생산 기지인 루르 공업 지역을 되찾지 못하면 경제를 회복시킬 방법이 없었다. 당연히 전쟁 배상금도 지불할 방법이 없었다.

프랑스의 훼방에 미국은 애가 닳았다. 도스와 '같은 배'를 탔다고 해도 과언이 아닌 모건 역시 고집스러운 프랑스의 행태에 마침내 인내심을 잃고 말았다. 전쟁 전에는 시쳇말로 영국 은행가들의 '똘마니'였던 모건은 이 무렵 세계 금융계를 주름잡는 거물 은행가로 성장해 있었다. 원래 능력 있는 자는 두려울 게 없는 법이다. 모건은 무례한 프랑스인에게 본때를 보여주기로 작심했다.

얼마 후 프랑스 화폐가 곤경에 빠졌다.

전쟁 전 달러 대비 프랑의 환율은 1 대 5였다. 하지만 1920년에는 1 대 15로 하락했다. 1924년 초에는 무려 1 대 20이 되었다. 그러다 그해 1월 14일 프랑스군이 루르 지역에서 철수하지 않겠다고 선언하자 프랑은 하루 사이에 10%나 폭락했다. 프랑스는 그래도 굴복하지 않고 계속 완강하게 버텼다. 급기야 3월 8일에는 프랑의 가치가 1 대 27로 하락했다. 프랑스 금융 시장은 대혼란에 빠졌다. 증권 트레이더, 은행가, 중산층은 수중의 프랑화 자산을 다른 자산으로 이전하기 시작했다. 분노한 프랑스 정부는 몰염치한 투기꾼들이 모든 음모의 원흉이라고 질타했다. 3월 13일 프랑스 정부는 금융 시장을 안정시키기 위해 부득불 모건의 회사에 손을 내밀 수밖에 없었다. 우선 1억 달러를 빌려달라고 애걸했다. 그러나 모건은 프랑스 정부가 도스의 방안을 수락하지 않는 한 그 요구를 들어줄 수 없다고 딱 잘라 거절했다. 프랑스 정부는 이에 굴복하지 않을 수 없었다. 프랑화 환율은 즉시 1 대 29에서 1 대 18로 반등했다. 2주 사이에 60%나 상승한 것이다. 이로써 사람들은 처음으로 금융이라는 무기가 국제 정치에 미치는 거대한 위력을 실감할 수 있었다.

갖은 우여곡절 끝에 드디어 도스의 방안이 출범했다. 미국인은 독일에 상당히 관대한 조건을 제시했다. 우선 배상금 총액에 대해서는 당분간 거론하지 않기로 했다. 이어 첫해에 먼저 2억 5,000만 달러를 상환한 후, 두 번째 해부터 배상금 액수를 점차 늘려 1920년대 말부터 매년 6억 달러씩 상환한다는 조건을 제시했다. 이렇게 하면 독일의 배상금 액수는 원래 책정했던 125억 달러에서 80억~100억 달러로 줄어드는 효과를 볼 수 있었다.

그러나 미국이 도스의 방안을 적극적으로 추진한 진짜 속셈은 따로 있었다. 라이벌인 영국을 견제하는 것이 목적이었다.

도스의 방안은 "마르크화의 안정을 파괴해서는 안 된다"는 미명 아래 독일 정부가 마르크화로 전쟁 배상금을 모금한 다음, 이 돈을 독일 중앙은행의 전용 계좌에 넣어야 한다고 주장했다. 또 '배상문제전문가 위원회'에서 특파한 위원이 이를 감독·관리할 것이라고 강조했다. 도스의 방안에 따르면 전문 위원은 마르크화를 '안전하게' 외국환으로 태환하거나 독일산 제품을 구매하는 용도로 사용할 수 있었다. 심지어 독일 기업에 대출을 제공하는 등의 용도로도 사용이 가능했다. 한마디로 엿장수 마음대로였다. 조금 심하게 말하면, 전문 위원은 독일의 '경제 태상황(太上皇)'이라고 해도 좋았다. 그렇다면 누가 이 자리에 앉을 것인가? 영국과 프랑스는 독일과 채권자 및 채무자 관계에 있었다. 요컨대 독일의 배상금 문제를 처리하기에 적합하지 않았다. 따라서 적임자는 제삼자인 미국뿐이었다. 당연히 미국이 이 역할을 담당했다. 놀랍게도 미국은 관대했다. 우선 독일이 첫해에 2억 5,000만 달러를 상환하는 데 필요한 자금 2억 달러를 융자해 줄 것을 승인했다. 또 그중 일부를 마르크화 환율 안정을 위해 독일 중앙은행의 준비통화에 편입시키는 것도 허락했다.

영국인들은 미국의 제안에 분통을 터뜨렸다. 독일은 원래 파운드화를 준비통화로 보유하기로 영국과 합의한 터였다. 그런데 느닷없이 미국이 끼어들어 다 된 밥에 재를 뿌린 것이다. 멀쩡한 남의 마누라를 가로챈 것처럼 파렴치한 짓이나 다름없었다. 하지만 영국이 울화통을 터뜨리기도 전에 미국은 한술 더 떠서 "독일의 의사가 가장 중요하다"며약을 올렸다.

　누구보다도 이해타산이 빠른 샤흐트는 즉각 미국 쪽으로 돌아섰다. 이어 가급적 마르크화의 독립성을 확보하기 위해 미국 측과 흥정을 하기 시작했다. 미국과 독일이 확정한 최종 방안은 다음과 같았다.

　"독일 중앙은행은 정부의 통제에서 독립한다. 임기가 끝나기 전에는 총재에 대한 인사를 단행하지 못한다. 라이히스마르크로 렌텐마르크를 대체한다. 도스의 방안에 따라 독일 중앙은행에 8억 라이히스마르크의 차관을 제공해 자본금으로 사용하도록 한다. 독일 중앙은행의 준비통화 중 4분의 3은 금, 4분의 1은 외국환으로 충당한다. 준비통화는 시중 통화량과 예금 총액의 40%보다 적어서는 안 된다."

　외국환 중에서 가장 강세를 보인 것은 단연 달러화였다. 독일 중앙은행이 금 준비금을 보유하는 것에 미국은 반대하지 않았다. 당시 미국의 금 보유량은 세계 1위였다. 달러화는 금과 거의 대등한 가치를 갖고 있었다. 따라서 금이나 달러화 중 어느 한 가지를 준비통화로 보유해도 미국의 통제를 벗어날 수는 없었다. 한마디로 금은 달러와 마찬가지였다. 더구나 일단 도스의 방안이 가동되면 미국 자본이 물밀듯이 독일로 흘러들 게 분명했다. 독일의 상업 은행에 달러화가 넘쳐날 것도 불을 보듯 빤한 일이었다.

　영국이 화를 억누르지 못한 데에는 또 다른 이유가 있었다. 도스의 방안은 겉으로는 배상금 지불 문제를 다룬 것이었다. 그러나 실상은 독일의 재기를 도와주는 방안이라 해도 과언이 아니었다. 내용을 보면 진짜 그랬다. 도스의 방안에 따르면, 독일이 배상금을 마르크화로 조달해 독일 중앙은행에 예금할 경우 이른바 전문 위원이라는 미국인이

▌ 1924년 새로 발행한 라이히스마르크

▌ 1924년 발행한 렌텐마르크

나서서 그 돈을 언제 '안전하게' 외국환으로 태환할지 결정하도록 되어 있었다. 미국인은 또한 이 돈으로 독일 기업에 대출을 제공할 수도 있었다. 한마디로 독일의 경제 성장을 돕는 방안이었다. 그렇다면 영국은 무엇 때문에 4년 동안 피를 흘리면서 독일과 전쟁을 치렀던 말인가? 영국의 패권 지위에 겁 없이 도전장을 내민 독일을 무력화시키기 위해 전쟁을 치른 것 아니었던가? 그런데 미국이 주제넘게 나서서 독일을 비호하고 있으니 말이 되는 소린가?

사실 미국은 당시 영국인들이 간파하지 못한 다른 목적도 갖고 있었다. 미국이 독일에 달러화 차관을 제공하면 독일은 이 돈으로 경제를 발전시킨 다음, 영국과 프랑스에 배상금을 지불하게 될 것이다. 그러면 영국과 프랑스는 그 달러화로 미국에 채무를 상환하게 될 것이다. 한마디로 미국이 제공한 달러화가 세계를 한 바퀴 돈 다음 다시 미국으로 유입되는 것이다. 이 과정을 통해 달러화를 독일을 비롯한 유럽 각국의 금융 시스템에 침투시키고 유럽 각국을 점차 달러화에 의존하게끔 만드는 것, 바로 이것이 미국 전략의 핵심이었다.

미국의 진정한 목적은 달러화로 유럽을 완전히 옴짝달싹 못하게 옭아매는 것에 다름 아니었다.

## 케인스의 경고, '금본위제가 위험하다'

> 경제학자의 사상은 그것이 옳든 그르든 일반적으로 생각하는 것보다
> 훨씬 강력하다. 사실 세계를 지배하는 것은 거의 대부분 사상이다. 자신
> 은 어떤 사상이나 관념의 영향에서 벗어나 있다고 믿는 사람이 많은데,
> 실은 이들도 이미 고인이 된 어떤 경제학자의 노예인 것이 보통이다.[8]
> _존 케인스

금 부족 국가인 영국은 당연히 금환본위제를 적극 지지했다. 반면 미국은 금환본위제에 별로 흥미가 없었다. 그럼에도 미국은 낙관적인 전망을 갖고 있었다. 더구나 미국의 금 보유량은 다른 어떤 나라보다도 압도적으로 우세했다. 달러화 역시 파운드화보다 강세를 나타내고 있었다. 따라서 각국이 준비통화의 일부로 외화준비금을 도입할 경우 파운드화보다 달러화가 더 환영받을 것은 자명한 일이었다. 또 각국의 준비통화에서 달러화 비중이 파운드화 비중을 초과하게 되면 미국이 영국의 금융 패권 지위를 빼앗는 것도 시간문제일 터였다.

그러나 금 보유량의 지속적 증가는 미국에 '행복한 고민'을 안겨주었다. 전통적인 금본위제 아래에서는 금 보유량이 증가할수록 이에 상응하는 화폐를 발행해야 하기 때문이다. 그러나 화폐의 과잉 공급은 필연적으로 인플레이션을 유발한다. 이는 최근 중국이 외화준비금이

벤저민 스트롱. 뉴욕연방준비은행 총재

증가함에 따라 위안화를 과잉 발행하지 않을 수 없었던 것과 본질적으로 같은 원리다.

중앙은행의 화폐 발행과 상업 은행의 신용 창조는 본질적으로 일종의 자산 구매 행위에 해당한다. 그 때문에 만약 20억 달러의 금이 유럽에서 미국으로 유입될 경우, 미국 은행들은 어떤 식으로든 이 금을 '흡수하고' 그 대가로 달러화 현금이나 은행 신용(Bank Credit)을 '뱉어내야' 한다. 그러나 만약 은행이 '뱉어낸' 화폐와 은행 신용이 이미 시장에 흘러들었음에도 상품 공급이 이에 상응해 증가하지 못하면 물가는 상승할 수밖에 없다. 따라서 제1차 세계대전 동안 미국의 물가가 60%나 폭등한 것은 상품 자체의 부족 때문이 아니라고 할 수 있다. 바로 통화량이 증가했기 때문이다. 전후 유럽 경제는 불황 속에서 허우적댔다. 그런데도 유럽의 금은 여전히 계속 미국으로 유입되었다. 미국 연방준비제도이사회, 즉 FRB는 당연히 이런 상황을 가만히 앉아서 지켜보지 않았다.

FRB의 실권은 12개 연방준비은행이 쥐고 있었다. 그중에서도 특히 유명한 금융가 벤저민 스트롱(Benjamin Strong)이 총재로 있는 뉴욕연방준비은행의 힘이 가장 강력했다. 벤저민 스트롱은 모건 휘하의 '용장'으로서 노먼 잉글랜드은행 총재, 샤흐트 독일 중앙은행 총재와 매우 친한 사이였다. 1920년대 세계 금융계를 주름잡은 '3대 검객'으로 일컬을 만했다.

유럽의 황금을 실은 배가 속속 뉴욕에 도착했다. 뉴욕 은행들의 금고에 금이 넘쳐났다. 은행권의 과잉 대출과 지속적인 물가 상승은 이에 따른 필연적인 결과일 수밖에 없었다. 스트롱은 황금의 무제한적인 유입을 그대로 내버려둬서는 안 된다고 생각했다. 나아가 물가 상승을 억제하기 위해서는 반드시 통화 공급량을 줄여야 한다고 판단했다.

FRB는 초창기에 어음 할인율 조정을 주요 수단으로 신용 환경을 통제했다. FRB를 구성하는 은행들은 은행인수어음(BA)을 할인하는 할인 창구를 통해 중앙은행으로부터 대출을 받을 수 있었다. 그리고 이 대출 금리가 바로 할인율이었다. 중앙은행이 할인율을 인상할 경우 이는 대출 비용의 상승을 의미했다. 따라서 상업 은행들의 대출 의욕도 줄어들 수밖에 없었다.

그러나 FRB의 이러한 수단은 1920년대 초부터 효력을 잃기 시작했다. 유럽의 금이 미국으로 마구 유입되면서 뉴욕 은행들의 금 보유량이 급증했기 때문이다. 금을 기반으로 은행이 직접 돈을 찍어냈기 때문에 시중의 통화량이 급증했다. 따라서 중앙은행의 할인 창구를 통해 대출을 받을 필요가 없었다. 스트롱은 거듭 할인율을 조정했다. 그러나 갈수록 범람하는 신용 대출의 홍수를 막기에는 역부족이었다.

마침내 스트롱은 통화 공급량을 더 효과적으로 조절하는 방법을 생각했다. 중앙은행이 국채 및 기타 유가증권 매매를 통해 금융 기관과 민간의 유동성을 통제하는 새로운 정책 수단을 고안한 것이다. 즉 시중의 통화량이 너무 많을 경우 중앙은행이 국채를 매각해 시중 자금을 흡수하고, 반대로 부족한 경우에는 중앙은행이 시장에서 국채를 매입해 통화량을 늘리는 방법이었다. 요컨대 오늘날 현대인에게 익숙한 '공개 시장 조작'이었다.

스트롱이 생각해낸 방법은 당시에는 가히 이단적이라고 할 수 있었다. 전통적인 금본위제 아래에서는 금이 중앙은행의 주요 자산으로서 가장 큰 비중을 차지하고 국채, 상업어음 등은 대체 자산에 불과했다. 그런데 '공개 시장 조작' 정책을 실시할 경우 중앙은행에서 국채 자산의 비중이 점점 높아질 수밖에 없다. 더 나아가 준비통화의 기본 개념도 뒤집어질 가능성이 있었다.

무엇 때문에 중앙은행은 반드시 금을 주요 준비통화로 보유해야 하는가? 전통적인 금본위제 아래에서 화폐의 실질적 가치는 법에 의해 결정되었다. 중앙은행이 시장 자산을 매입해 통화량을 늘리거나 자산을 방출해 시중 자금을 흡수할 때, 만약 이 자산이 금일 경우 자산과 화폐는 언제나 등가 관계를 이룬다. 따라서 금본위제 아래에서 금과 화폐의 등가 교환 원칙은 중앙은행의 자산과 부채의 균형 및 안정을 지켜주는 초석이다. 그런데 국채는 직접적 혹은 간접적으로 언제나 위약(違約) 가능성을 지니고 있기 때문에 금 대신 국채를 준비통화로 보유할 경우 화폐 가치의 안정을 담보할 수 없다. 즉 중앙은행의 자산과 화폐의 등가 교환이 불가능하다. 화폐 가치는 자연적으로 하락할 수밖에 없다.

물론 은행들은 공개 시장 조작 정책을 대대적으로 환영했다. 금과 국채는 모두 은행 자산이다. 그러나 금은 안정적인 가치를 지닌 반면 은행에 이자 소득을 창출해 주지 못한다. 반면 국채는 불안정하기는 해도 현금의 흐름(수익)을 가져다준다. 국채는 국민이 납부할 미래의 세수를 담보로 발행한 것이다. 국민이 일을 그만두지 않는 한 정부는 지속적으로 세수를 확보할 수 있다. 세수가 재정 지출을 초과하기만 하면 국채의 현금 흐름은 확실하다. 그 때문에 은행가들은 국채로 금을 대체하는 방안을 내심 지지했다. 국채를 은행의 핵심 자산으로 삼을 경우 국채 담보 대출도 제공할 수 있었다. 또한 이자 소득도 얻을 수 있었다. 이렇게 되면 은행은 두 가지 경로를 통해 이윤을 창출할 수 있을 터였다. 하나는 대출을 제공해 이자를 받는 것이고, 다른 하나는 국채 이자를 국민 세수의 일부로 이전해 금융 시스템에 지급하는 것이다.

이와 반대로, 채무 화폐로 금을 대체할 경우에는 화폐 유통 과정에 심각한 부작용을 초래할 수 있다. 즉 이자 비용이 이중으로 발생하는 것이다. 돈을 빌릴 때 이자를 지불해야 할 뿐만 아니라 간접적으로 화폐 발행 담보물에 대한 이자도 지불해야 하기 때문이다. 채무 화폐 제도 아래에서는 화폐가 오히려 경제 발전에 부담이 되는 것이다. 이처럼 사회 구성원은 공공 화폐를 사용하기 위해 소수의 사람들에게 이자 비용을 지불해야 한다. 국가가 채무를 담보로 화폐를 창조하는 채무 화폐 제도는 사람들을 논리적으로 설득할 수 없는 시스템이다. 또 채무 화폐 제도는 '유전자' 속에 '암세포'를 품고 있는 위험한 화폐 시스템이다. 화폐 발행량이 증가할수록 채무도 증가할 뿐 아니라 이자 비용도 상승하고 나아가 전 국민의 '부채 부담'도 증가하기 때문이다. 이자는 시간에 정비례한다. 따라서 채무 화폐 규모가 확장될 경우 화폐 가치 하락은 물론 인플레이션을 피할 수 없다. 이는 필연적인 결과다. 인플레이션은 사회적 부의 재분배를 초래한다. 오늘날 전 세계에서 빈부 격차가 심화되는 원인 역시 모두 이 '보이지 않는 손'의 장난 때문이다.

세상에는 이유 없는 사랑이 없듯 이유 없는 미움도 없는 법이다. 은행가들이 자신에게 아무런 이익도 가져다주지 못하는 금본위제를 싫어하고 배척하는 것은 당연한 일이었다. 그래서 그들은 매스컴을 이용해 사람들에게 '황금 무용론'을 선전했다. 또 학생들에게는 '금은 단지 야만적 문명의 유물'이라고 계속해서 가르쳤다. 은행가들이 금을 싫어하고 채무를 선호하는 이유는 그들이 채무 화폐 체제 아래 어마어마한 이익을 얻을 수 있기 때문이다.

스트롱이 고안한 공개 시장 조작 정책은 미국이 금 보유량에서 절대 우위를 차지하는 매우 유리한 조건을 이용해 금본위제를 뒤엎는 길을 닦아주었다.

한편, 대서양 건너편에 있는 영국에서도 스트롱의 화폐 제도 혁신에 큰 관심을 갖고 면밀히 주시하는 사람이 있었다. 바로 노련한 경제학자 존 케인스였다. 케인스는 예리한 통찰력으로 금본위제뿐만 아니라 영국의 금융 패권 지위까지 모두 위험에 처해 있는 현실을 간파했다. 그는 1922년부터 끊임없이 경고 메시지를 보냈다. 이어 1923년 출판한 《화폐개혁론(A Tract on Monetary Reform)》에서 "물질적인 부를 토대로 '달러본위제'가 머리를 쳐들고 있다. 미국은 지난 2년 동안 겉으로는 금본위제를 수호하기 위해 노력하는 듯했으나 사실은 달러본위제를 구축하고 있었다"[9]고 지적했다.

케인스는 한마디로 미국이 "금을 끼고 제후들을 호령하려 한다"고 주장했다. 그의 주장은 다음과 같이 이어진다.

"미국은 4대 경제 대국 금 보유량의 75%를 보유하고 있다. 다른 국가는 금이 부족해서 화폐가 제 기능을 못하고 있는데, 미국은 공개 시장 조작을 통해 금의 역할을 제약하고 달러화를 앞세워 독단적인 역할을 하도록 만들고 있다. 미국이 금본위제를 수호하는 진짜 목적은 따로 있다. 바로 영국을 비롯한 유럽 국가들의 화폐 시스템이 FRB의 지휘에 따라 움직이고 최종적으로 달러화의 '노예'가 되도록 만드는 것이다. 계속 이대로 나간다면 영국은 조만간 미국 월스트리트에 세계 금융 패권 지위를 빼앗기고 말 것이다."

케인스는 이처럼 금본위제를 강력히 비판하면서 영국의 운명에 대한 걱정도 털어놓았다.

달러화와 파운드화 사이에 준비통화를 둘러싼 전면전이 벌어진 것은 다 아는 사실이었다. 그러나 사실 미국은 이미 파운드화의 결제통화 지위를 빼앗기 위한 측면 공격도 개시한 상태였다.


# 달러화의 측면 공격, 파운드화의 결제통화 지위에 도전하다

제1차 세계대전 이전까지 영국은 명실상부한 '세계의 은행가'였다. 비록 미국의 GDP가 400억 달러에 달해 영국, 독일, 프랑스 3개국의 GDP를 합친 것과 비슷한 수준이기는 했지만 영국의 해외 자산 규모는 무려 200억 달러에 달했다. 그중에는 말할 것도 없이 거액의 대미 투자도 포함되어 있었다. 영국은 한마디로 세계 최대의 채권자였다. 베를린, 파리 또는 뉴욕을 막론하고 런던의 세계 금융 중심지 지위를 넘볼 도시는 하나도 없었다. 그 밖에 영국은 아프리카, 중동, 아시아, 북아메리카와 대양주에 거대한 식민지 시스템을 건설해 경제를 발전시켰다. 방대한 식민지 자연 자원에 대한 가격 결정권을 독점했을 뿐만 아니라 넓은 식민지 시장을 영국 공산품 수출 기지로 만들었다. 영국은 또 세계에서 가장 강력한 해군을 보유해 세계의 주요 해상 항로를 거의 완벽하게 장악했다. 상선들은 영국 해군의 보호 아래 대양을 누비며 글로벌 무역에 종사했다. 국제 무역의 원동력인 금융 신용(Financial Credit)의 3분의 2가 런던에 집중되어 있었다. 전 세계 해외 장기 투자 총액의 2분의 1 이상도 영국이 차지했다.

영국의 국제 무역 규모가 압도적 우세를 차지하면서 런던은 전 세계 상업어음 거래를 독점했다. 따라서 국가 간 무역이나 금융 거래를 할 때에는 통상적으로 파운드화를 결제 수단으로 사용했다. 파운드화를 결제통화로 사용하면 필요할 때 런던에서 낮은 원가로 어음을 재빨리 현금화할 수 있기 때문이었다. 당연히 잉글랜드은행은 상업어음 재할인율을 조절함으로써 신용 시장을 조정·통제했다. FRB 설립 초기 미국의 국제 무역 규모는 영국보다 훨씬 작았다. 미국의 상업어음 시장도 성장 단계에 있었다. 따라서 FRB의 할인 창구는 주로 FRB를 구성하는 은행을 대상으로 대출을 제공하는 기능밖에 하지 못했다. 이것이 영국과 미국 중앙은행의 가장 큰 차이점이었다.

영국의 상업어음 시장은 일찍이 형성됐다. 그 규모도 상당히 컸다. 다른 국가에 비해 원가와 신용 우위도 뚜렷했다. 그 때문에 파운드화는 국제 결제통화라는 위치를 굳건히 지킬 수 있었다. 그러나 제1차 세계대전의 발발로 인해 이 같은 구도가 순식간에 바뀌었다. 유럽 주요 국가의 공업과 농업 시스템은 전쟁 때문에 심각하게 파괴되었다. 따라서 이들 국가의 미국 공산품과 농산품 수요가 급격히 증가했다.

더불어 전쟁 수요로 인해 유럽 각 교전국의 금융 자본은 대대적으로 군수 산업에 집중되었다. 무역 신용은 갈수록 떨어졌다. 그 결과 유럽 각국은 상업어음을 할인하기 위해 자금이 비교적 충분한 뉴욕 시장으로 몰려들었다. 이때부터 달러화 표시 상업어음이 금융 시장에 등장했다. 천문학적인 전쟁 비용 때문에 1915년 이후부터 파운드화 가치가 마구 요동치기 시작했다. 이에 반해 엄청난 금 보유량을 담보로 한 달러화는 점점 안정되어갔다. 화폐 가치의 변동을 극도로 싫어하는 무역 상들은 점차 파운드화 대신 달러화를 결제통화로 사용하기 시작했다.

잇속에 밝은 미국이 이런 천재일우의 기회를 놓칠 까닭이 만무했다. 미국 정부는 즉각 자국 은행의 해외 확장을 적극 지원하는 다양한 정책을 도입했다. 이를테면 100만 달러 이상의 자본금을 보유한 미국 은행은 해외에 지점을 설립할 수 있다는 규정을 마련했다. 자기 자본의 50%를 초과하지 않는 한도 내에서 자금을 투자해 상업어음을 매입할 수 있다는 규정 또한 신설했다.

정부의 적극적인 지원에 힘입어 미국 은행들은 역사상 유례없는 대규모 해외 확장을 시작했다. 뉴욕시티뱅크(시티뱅크의 전신)가 선두에 섰다. 전쟁 발발 후 뉴욕시티뱅크는 즉시 5,000개 기업 고객에게 설문지를 돌려 시티뱅크의 해외 지점을 어떤 도시에 설립하면 이들 고객의 사업 확장에 최대한 도움이 될 수 있는지 조사했다. 당시 듀폰 그룹(Du Pont Group)은 무기 사업의 수익성을 높이 평가해 칠레에 무기 제조 공장을 설립할 준비를 하고 있었다. 시티뱅크는 이 정보를 입수한 즉시 칠레에 지점을 설립했다. 이어서 브라질, 쿠바 등지에도 시티뱅크 지점을 설립했다. 더 나아가 인수합병 등의 방식으로 유럽과 아시아 시장에도 진입했다. 그러자 다른 은행들도 뒤질세라 해외 진출에 열을 올렸다. 이렇게 해서 1920년대 중반까지 미국 은행은 불과 10년 동안 해외에 181개 지점을 설립했다.[10] 전 세계 금융권에 거미줄 같은 촉수를 뻗은 것이다. 미국 은행의 해외 지점은 현지 무역상에게 파운드화 대신 달러화로 결제하고 뉴욕 시장에서 어음을 할인하라고 적극 설득했다. 그 결과 유럽 각국은 달러화를 결제통화로 사용하기 시작했다. 또 남미, 아시아와 아프리카의 많은 국가 역시 달러화로 표시한 상업어음 사용에 본격적으로 나섰다.

대량의 상업어음이 홍수처럼 뉴욕 시장에 밀려들었다. 그러자 뉴욕에 있는 은행들의 자금 회전에 과부하가 걸렸다. 이른바 '할인'이란 상업어음 소지자가 어음을 은행에 가져가서 할인된 가격에 현금으로 교환하는 행위를 가리킨다. 은행이 인수하는 상업어음은 사실 미국 은행들의 해외 지점이 지급을 보장한, 아직 만기일이 채 되지 않은 차용증서에 불과했다. 뉴욕의 은행들은 할인 가격에 인수한 어음을 보유하고 있다가 만기일이 되면 담보 은행에 가서 액면가의 현금으로 교환했다. 요컨대 할인된 금액이 은행이 얻는 이윤이었다. 그런데 여기서 큰 문제가 발생했다. 뉴욕의 은행들은 거액의 어음 인수 자금을 해결하기 위해 단기 대출에 의존해야 했고, 그 단기 대출 비용이 어음 할인을 통해 얻는 이윤보다 더 높았기 때문이다.

미국 투자자들은 대부분 전통적인 상업어음, 다시 말해 거래 쌍방이 협상을 통해 지급을 약속한 어음에 익숙했다. 이런 어음의 가치는 거래 쌍방의 신용도에 따라 결정되기 때문에 투자자는 리스크를 고려해 어음 할인율을 매우 높게 책정한다. 이렇게 되면 어음 투자 비용도 상승한다. 그런데 은행이 제삼자로 나서서 지급을 보장한 새로운 상업어음은 은행의 신용만이 유일한 위험 요인이다. 이런 어음은 은행이 투자자의 리스크 중 일부를 분담하기 때문에 투자 비용이 전통적인 상업어음보다 낮았다. 이런 인식의 차이 때문에 결국 심각한 어음 판매 부진 현상이 발생했고, 이는 미국의 어음 할인 시장 형성에 치명적인 영향을 끼쳤다.

이 문제를 예리하게 포착한 사람이 바로 FRB 창시자 파울 바르부르크(Paul Warburg)였다. 그가 설립한 '미국어음인수협회'는 투자자에게 은행 인수 어음의 수익성을 널리 선전했다. 그의 설명에 따르면 은행이 지급을 보장한 상업어음은 저위험, 고수익의 신상품으로서 전통적인 상업어음에 비해 투자 리스크가 적고 투자 비용도 낮았다. 바르부르크는 미국 상업어음 시장의 자금 유입 규모를 늘리고 비용을 줄이기 위해 애쓰는 한편 어음 시장의 유동성 증대 방안을 열심히 모색했다. 그는 벤저민 스트롱 뉴욕연방준비은행 총재(파울 바르부르크가 직접 발굴해 육성한 은행가)에게 상업어음 시장에 개입할 것을 적극 권했다. 스트롱은 상업어음에 대해 나름대로 연구한 다음 국채뿐만 아니라 상업어음도 공개 시장 조작의 새로운 도구로 사용할 수 있다는 결론을 얻었다. 더불어 국채와 상업어음, 이 두 가지 수단을 동시에 활용할 경우 조금 더 유연하고 효과적으로 통화량을 조절할 수 있다는 결론에 도달했다.

뉴욕연방준비은행은 즉시 행동을 개시했다. 잘 팔리지 않은 탓에 시중 은행에 대량 적체된 어음을 대거 흡수함으로써 은행의 자금 회전 속도를 높이고 어음 인수량을 늘린 것이다. 스트롱은 중앙은행이 시중은행으로부터 어음을 매입할 때 적용하는 할인율, 즉 재할인율을 적절하게 책정함으로써 어음 시장의 활성화에 매우 견고한 초석을 마련했다. 시중은행이 기업들로부터 어음을 매입할 때 적용하는 할인율이 어음을 다시 중앙은행에 팔 때 적용하는 할인율보다 낮기만 하면 그 차액이 곧 은행의 이윤이 될 수 있었다. 뉴욕연방준비은행의 개입에 힘입어 은행의 자금 회전 속도는 대폭 개선되었다. 은행의 어음 거래 수익성 역시 대폭 향상되었다. 나중에는 외국 은행까지도 높은 수익성을 내다보고 상업어음 거래 대열에 합류할 정도였다. 네덜란드 중앙은행은 자국의 꽃 수출업자와 보석 수출업자의 의뢰를 받아 대미 무역 결제 대금 1,000만 달러를 어음 시장에 투자하기도 했다.[11]

미국의 상업어음 시장이 빠르게 부상하면서 달러화는 점차 국제 시장에서 중심 통화로 부상하기 시작했다. 1920년대 중반부터 미국의 수출입 무역 중 절반 이상이 달러화 결제 어음을 사용하기 시작했다. 한편 FRB의 적극적인 지원과 개입에 힘입어 뉴욕 시장의 어음 할인 비용은 런던 시장보다 1%나 낮아졌다. 상황이 이렇게 되자 전 세계 상업어음이 모두 뉴욕을 향해 눈송이처럼 날아들었다.

단 10년 사이 런던 상업어음 거래 시장에서는 예전의 번화했던 모습이 완전히 사라졌다. 완전히 찬밥 신세가 되어버렸다고 해도 좋았다. 그 대신 과거 이름조차 알려지지 않았던 뉴욕 시장이 빠르게 번영하면서 거래자들로 인산인해를 이뤘다. 1924년 무렵에는 달러화 표시 상업어음 발행액이 파운드화 표시 어음의 두 배를 넘기도 했다.

전쟁 전 각국 금융 시장에서 달러화 환율의 인지도는 파운드화보다 훨씬 낮았다. 심지어 이탈리아의 리라나 오스트리아의 실링보다도 낮았다. 그러나 10년 후에는 다른 모든 화폐를 추월했을 뿐만 아니라 막

강한 경쟁력까지 확보했다.[12]

　1924년은 세계 화폐사에서 대단히 중요한 전환점이었다. 달러화는 파운드화의 저항을 물리치고 준비통화로서의 위상을 확고하게 구축했다. 달러화가 각국 중앙은행의 외화준비금에서 차지하는 비중이 처음으로 파운드화를 추월했다. 그리고 파운드화의 결제통화 지위를 빼앗기 위한 측면 공격에서도 달러화는 계획대로 큰 성공을 거두었다. 요컨대 달러화가 파운드화를 완전히 포위한 것이다.

## 미국의 야심, '금을 끼고 제후를 호령하다'

> 잘못된 경제사상은 사람들로 하여금 이익이 어느 곳으로 흘러가는지 잘 분간하지 못하도록 한다. 그러므로 이익보다 더 위험한 것은 사상이다.
> _존 케인스

케인스는 미국의 궁극적인 목적이 달러본위제로 영국의 통화 패권을 빼앗는 것이라는 사실을 간파했다. 마치 중국의 삼국시대 때 조조가 '천자를 끼고 제후를 호령'했던 것처럼 미국이 당분간 '금을 끼고 다른 국가들을 호령'하다가 조건이 성숙되면 즉시 금본위제를 폐지하고 달러본위제를 앞세울 게 틀림없다는 사실을 깨달은 것이다.

　한마디로 미국이 각국에 금본위제 회복을 권유 또는 강요한 것은 불순한 동기를 갖고 있었기 때문이라고 할 수 있다. 그러나 영국에는 케인스처럼 미국의 음모를 간파한 사람이 그렇게 많지 않았다.

1925년 영국은 울며 겨자 먹기로 금본위제를 회복했다. 미국이 파놓은 함정에 제 발로 걸어 들어간 것이다.

4년간 지속된 전쟁은 많은 것을 바꿔놓았다. 영국은 비록 패권 지위에 도전한 독일을 제압하는 데 성공했으나 자국이 보유하고 있던 경제 자원을 모두 소진해 버렸다. 영국이 19세기 전반에 걸쳐 전 세계에 자본을 수출하면서 '세계의 은행가'로 자리 잡은 것은 막강한 산업 경쟁력과 그에 따른 무역 우위 및 자본 잉여금에 힘입은 바 컸다. 산업 자본의 장기적이고 안정적인 축적이야말로 영국을 세계 최대 채권자로 부상하게끔 한 핵심 원동력이다. 즉 산업 자본의 장기적 축적이 장기적 대출을 지원하고 더 나아가 전 세계의 자원 및 생산 능력과 광활한 시장을 통제하면서 자본의 선순환을 이뤄냈던 것이다. 그러나 19세기 후반부터 미국과 독일의 산업이 급부상하면서 영국의 산업 경쟁력은 크게 약화되었다. 그 결과 세계 금융의 중심지로서 전 세계에 자본을 수출하던 런던의 저력도 점차 사라지기 시작했다. 설상가상으로 제1차 세계대전은 영국의 세계 최대 자본 수출국이라는 위상에 치명타를 안겼다.

제1차 세계대전 종식 후, 영국은 국제 금융의 중심지라는 지위를 계속 지키기 위해 억지로 파운드화의 강세를 유지해야만 했다. 그 바람에 영국의 산업 경쟁력은 한층 더 약화되었다. 더불어 해외 패권을 확립하고 유지하는 데 어마어마한 군비를 지출하면서 국가 재정도 크게 악화됐다. 여기에 전쟁 기간에 과잉 공급한 통화량의 부작용, 생산력 저하 등의 복합적 요인이 겹치면서 영국의 물가는 미국보다 10% 높게 상승했다. 이는 영국산 제품의 국제 경쟁력을 떨어뜨리는 또 다른 요인이 됐다. 요약하면 제국의 패권을 유지하는 비용이 수익을 초과하는 상황이 발생한 것이다.

1925년의 금본위제 회복은 내재적 모순을 더욱 심화하는 계기가 되었다. 이 무렵 영국의 자본 수출 규모는 이미 전쟁 전 수준을 회복했다. 그러나 전쟁 전과 완전히 다른 점도 있었다. 이른바 '세계 은행가'라는 나라가 이때부터 단기 저축에 의존해 대외에 장기 대출을 제공하기 시작한 것이다. 따라서 잠재적 리스크가 크게 증가한 것은 두말할 필요도 없었다. 파운드화는 겉으로는 여전히 강세를 나타내는 것처럼 보였지만 사실 그 속은 이미 곪을 대로 곪은 상황이었다.

바로 이때 미국이 영국에 금본위제 회복을 촉구하기 시작했다.

능력 있는 사람이 제정한 계획은 '이상(理想)'이다. 반면 능력 부족한 사람이 세운 계획은 '꿈'이다. 또 아무런 능력도 없는 사람이 세운 계획은 그냥 '환상'일 뿐이다. 노먼 잉글랜드은행 총재는 이상과 꿈 그리고 환상의 차이점을 잘 몰랐던 것이 분명하다. 파운드화의 패권적 지위를 되찾는 것이 그의 '꿈'이었다면 금본위제 회복을 통해 이 꿈을 실현하겠다는 생각은 실현 가능성이 전혀 없는 '환상'에 불과했다.

그럼에도 노먼의 헛된 환상을 적극적으로 부추긴 사람들이 있었다. 바로 미국인들이었다.

1924년 12월 28일 노먼은 비밀리에 뉴욕으로 향했다. 매스컴에 노출되지 않기 위해 여객선을 탈 때에도 가명을 사용했다. 훗날 미국의 한 잡지는 노먼의 이 뉴욕행에 대해 "마치 칠흑 같은 밤의 검은 그림자처럼 아무에게도 발각되지 않았다"[13]고 보도했다. 그러나 세상에 비밀은 없는 법이다. 한 영국 기자가 잉글랜드은행 대변인에게 누군가가 뉴욕에서 노먼을 목격했다며 그의 뉴욕행 목적에 대해 질문한 것이다. 그러자 잉글랜드은행 관계자들은 모두 놀라서 입을 딱 벌렸다. 그들 역시 총재가 언제 왜 쥐도 새도 모르게 뉴욕으로 갔는지 전혀 몰랐기 때문이다.

몇 시간 전부터 뉴욕 항구에 나와 기다리고 있던 스트롱은 노먼을 아주 반갑게 맞이했다. 그 후 2주일 동안 스트롱과 모건 재벌 휘하의 은행가들은 노먼을 둘러싼 채 영국이 금본위제를 회복하지 않으면 안 되는 당위성을 입이 닳도록 설득했다. 은행가들뿐만이 아니었다. 미국 정부까지 적극 나서서 영국에 압력을 가했다. 앤드루 멜런(Andrew Mellon) 재무장관은 노먼에게 1925년 1월이 금본위제 회복에 가장 적합한 시기라고 아예 못을 박았다.

사실 스트롱은 노먼에게 금본위제가 영국에 얼마나 중요한 제도인지 공들여 설득할 필요가 전혀 없었다. 금본위제를 회복하는 것이 노먼 본인의 '이상'이었기 때문이다. 스트롱은 실제로 기껏해야 시간이 몇 주일에서 몇 달밖에 남지 않았다며 영국이 가급적 빨리 행동을 개시할 것을 거듭 강조했을 뿐이다. 영국의 금본위제 회복에 영국 정부의 정치적 지원과 미국 자본의 원조까지 내외적으로 유리한 조건이 형성됐다고 적극 주장했다. 그의 말이 틀린 것은 아니었다. FRB가 영국을 지원하기 위해 1924년 중반 대출 규제를 완화한 것이 무엇보다 이를 잘 대변해 주는 행보였다. 스트롱은 또 노먼에게 은근히 협박조의 경고를 보내는 것도 잊지 않았다.

"영국이 미국에 채무를 상환하기 시작하면 파운드화 가치는 필연적으로 하락할 것입니다. 그러니 그 전에 금본위제를 회복할 필요가 있습니다. 미국의 대출 완화 정책 발효 기간이 끝난 후에는 영국이 국제 자본을 도입해 금본위제를 회복시키는 데 더 큰 비용이 발생할 수 있습니다."

이처럼 스트롱이 노먼에게 내민 것은 한마디로 '쇼크 요법'이었다. "긴 아픔보다는 짧은 아픔이 낫다"는 말처럼 금본위제는 당분간 영국 경제에 독이 될지도 모를 일이었다. 그러나 장기적으로 보면 파운드화를 글로벌 경쟁에 합류시켜 점차 적정한 가치를 찾게 할 경우 영국 경제 발전에 큰 도움이 될 가능성도 있었다. 스트롱의 주장은 나름 합리적이기도 했다.

노먼의 우려를 완전히 해소하기 위해 스트롱은 매우 후한 조건을 제시했다. 만약 파운드화가 곤경에 처할 경우 뉴욕연방준비은행이 2억 달러의 대출을 제공하고, 필요하다면 모건을 위시한 미국 은행가들이 따로 3억 달러의 차관을 제공한다는 조건이었다.

"세상에 공짜는 없다"는 이치를 잘 알고 있는 노먼은 미국인들이 돈을 내주는 대가로 다른 것을 요구하지 않을까 우려했다. 그래서 미국인들에게 "잉글랜드은행의 대출 규모, 금리 책정 등 경제 정책에 관여하지 않겠다"는 약속을 하라고 요구했다.

미국인들은 두말없이 허락했다.

사실 미국 은행가들은 나름대로의 이해타산을 갖고 있었다. 제1차 세계대전 이전까지 미국 은행가들은 영국 은행가의 꽁무니를 따라다니면서 심부름이나 하는 '똘마니'에 지나지 않았다. 그러나 전쟁이 모든 것을 변화시켰다. 과거의 '보스'들은 힘을 잃었다. 반면, 이전의 '똘마니'들은 하룻밤 사이에 부자가 되어 막강한 파워를 갖게 되었다. 부자가 되면 생각도 바뀌는 법이다. 일거에 졸부가 된 미국은 급기야 금융 패권을 장악하겠다는 야심을 품었다. 영국 수중에서 금융 패권을 빼앗을 기회가 바로 눈앞에 있으니 어찌 마음이 동하지 않겠는가? 암흑가에서도 새로운 보스가 위세를 떨치려면 가장 먼저 과거의 보스를 제압하는 것이 관례 아니던가?

선견지명이 있던 케인스는 금본위제의 위험성을 거듭 언급하며 영국 정부에 신중을 기해야 한다고 촉구했다. 그러나 씨알도 먹히지 않았다. 케인스는 미국의 금 보유량이 압도적 우세를 차지하고 있는 상황에서 파운드화를 금과 연계하는 것은 파운드화를 달러화의 '노예'로 만드는 길이라고 우려했다. 나아가 최종적으로는 월스트리트 은행가들이 영국 경제를 지배하는 최악의 국면을 형성할 것이라고 걱정했다.

케인스의 우려는 현실이 됐다. 노먼이 미국의 '쇼크 요법'을 받아들인 후 영국 경제는 15년 동안 계속 쇼크 상태에서 벗어나지 못했다. 구미 경제가 급성장한 1924~1929년에도 영국 경제는 부진했다. 1929년부터 10년 넘게 지속된 대공황 기간에는 더 말할 필요도 없다.


## 금환본위제, 유동성 범람의 근원

금환본위제는 노먼이 영국의 금 보유량 부족 문제를 해결하기 위해 생각해낸 고육지책이었다. 그런데 이 금환본위제 때문에 각국은 커다란 논란에 휩싸였다.

금환본위제는 천성적으로 불안정한 화폐 제도라고 단언해도 지나치지 않다. 프랑스의 유명한 경제학자 자크 뤼프(Jacques Rueff)는 드골 프랑스 대통령의 자문위원으로 있던 1930년대에 금환본위제가 프랑스 경제에 큰 타격을 주는 것을 직접 목격한 후 이렇게 말했다.

"이른바 새로운 혁신이 전 세계를 궁지에 몰아넣었다. 국제연맹 금융위원회 주도로 유럽의 많은 국가들이 '금환본위제'라는 새로운 화폐 제도를 채택했다. 이 제도 아래에서 각국 중앙은행은 황금과 자국 통화로 표시된 증서 이외에 외국환도 준비통화에 편입할 수 있었다. 후자(외화 자산)의 경우 버젓이 특정 국가 중앙은행 자산의 일부를 구성했지만 이는 사실 발행국의 소유물일 뿐이었다."[14]

뤼프는 마지막 한마디 말로 금환본위제의 폐해를 신랄하게 꼬집었다.

다른 국가들이 파운드화와 달러화를 준비통화로 보유할 경우 심각한 문제점이 드러날 수밖에 없었다. 다시 말해, 준비통화로 보유한 외국환이 각국에 유입되는 것이 아니라 영국과 미국의 은행 시스템, 즉 발행국에 그대로 남아 있게 되는 것이다. 따라서 단순히 각국의 '그림자 계정'에 기록된 액수만 증가할 뿐이다. 이것은 일반 사람들이 눈치채기 어려운 상당히 골치 아픈 문제였다.

전통적인 금본위제 아래에서는 해외 유출 자본을 최종적으로 금을 통해 결제한다. 그 결과 자본의 유출은 필연적으로 금의 유출을 의미한다. 그러나 금환본위제 아래에서는 금 대신 외국환으로 결제가 가능하다. 따라서 자본 유출이 반드시 금 유출을 의미하는 것은 아니다. 또 외국환 결제 방식에서는 현금을 직접 거래하기보다 보편적으로 계좌 간 결제 방식을 사용한다. 자본 유입국이 현금 거래를 고집하지 않는 한 말이다.

그렇다면 계좌 간 결제는 어떤 방식으로 이뤄질까? 아주 간단하다. 자본 수입국이 수출국 은행에 계좌를 개설한 다음, 자본 수출국이 자국 내 특정 계좌의 자본 액수를 줄이고 수입국 계좌의 자본 액수를 늘려주면 된다. 자본 수입국의 계좌는 비록 수출국 은행에 개설되어 있지만 그 소유권은 수입국이 갖고 있다. 따라서 수입국 은행 시스템은 이 '외화준비금 그림자 계좌'를 토대로 자국 내에서 화폐를 발행할 수 있다. 그런데 문제는 한 계좌의 자본 액수가 감소하는 대신 다른 계좌의 자본 액수가 증가하기 때문에 은행 시스템의 자본 총량은 변하지 않는다는 것이다. 따라서 자본 수출국 역시 이 부분의 자본을 담보로 화폐를 발행할 수 있다. 한마디로 금환본위제에 내재된 문제점은 신용 창조가 이중으로 일어난다는 것이다.

자본 수출국과 수입국이 하나의 자본을 토대로 동시에 신용을 창조하면 전 세계의 신용 규모가 대폭 증가하는 것은 당연한 일이다. 금환본위제 실시 국가가 많아질수록 유동성 공급도 급증한다. 그 결과 대출 조건 완화, 투기 성행, 자산 버블 형성 등 심각한 후폭풍이 초래된다. 이른바 '떠들썩한 20년대(the roaring twenties)'는 바로 구미 각국이 금환본위제를 도입하면서 파생된 신용 거품 시대였다. 또 1930년대의 대공황 역시 금환본위제의 필연적인 대가라고 할 수 있다.

1925년 영국이 겨우 금본위제를 회복한 후 파운드화와 달러화는 모두 금과의 자유 태환이 가능해졌다. 이때부터 이 두 화폐는 '경화'로 불리면서 세계의 중심 화폐 역할을 했다. 다른 국가들은 파운드화와 달러화를 준비 통화로 보유하고, 이를 담보로 자국 화폐를 발행했

**경화(硬貨)**
국제 금융에서 언제든지 금이나 다른 화폐로 바꿀 수 있는 화폐.

다. 이런 나라들은 자연히 영국과 미국의 '화폐 위성 국가'로 전락했다. 영국과 미국을 주축으로 한 화폐 시스템에서 금이 태양과 같은 존재였다면, 파운드화와 달러화는 태양(金)을 중심으로 공전하는 행성이었다. 다른 위성(國家)들은 영국과 미국의 경제 궤도 위에서 움직일 수밖에 없었다.

그럼에도 프랑스는 경제 대국 중에서 1926년까지 금본위제를 회복하지 않은 유일한 국가로 남아 있었다. 자신의 운행 궤도를 찾지 못한 프랑스 법정 화폐(프랑)의 위기는 이때부터 시작되었다.


# 환율 쇼크 및 '프랑화 보위전'

라파예트, 우리가 왔다. 우리는 빚을 받으러 왔다.
_1920년대 프랑스에서 유행한 만화의 한 구절

1777년 프랑스 귀족 청년 라파예트는 미국의 독립선언서를 읽고 크게 감동을 받았다. 20세의 젊은 나이에 직접 미국으로 건너가 독립전쟁에 참가할 정도였다. 그 덕분에 전장에서 인연을 맺은 '미국 건국의 아버지' 조지 워싱턴과 평생 동안 친밀한 우정을 나눌 수 있었다. 라파예트는 여러 번 전투에 참여해 혁혁한 전공도 세웠다. 계급이 소장에까지 이르렀다. 미국이 독립전쟁에서 승리한 후, 라파예트는 전 유럽에서 명성이 자자했다. 두 번이나 미국 정부로부터 '아메리카합중국 명예시민' 칭호를 받았다. 라파예트의 멸사봉공 정신과 자유사상은 급기야 미국과 프랑스 양국의 우정을 상징하게 되었다. 오죽했으면 제1차 세계대전 발발 후 미군을 인솔해 유럽에 진출한 존 퍼싱(John Pershing) 장군이 일부러 파리에 있는 라파예트의 무덤까지 찾아가 허리를 굽혀 경의를 표하면서 "라파예트, 우리가 왔습니다"라는 유명한 명언을 남겼을까. 이 말은 오랜 세월이 흐른 후에도 여전히 미국인과 유럽인의 심금을 울리고 있다.

1926년 7월 11일 프랑스 상이군인 2만여 명이 파리에 있는 미국 대사관 정문 앞으로 몰려들었다. 그중 상당수는 하나같이 휠체어에 앉아 있었다. 상태가 비교적 좋은 이들은 간호사의 부축을 받았다. 얼마 후 미국 초대 대통령 조지 워싱턴의 동상 앞에 그들이 가져온 화환이 잔뜩 쌓였다. 거동조차 불편한 그들이 이곳에 온 목적은 오직 하나였다. 물론 미국에 경의를 표하기 위함이 아니었다. 항의를 하기 위해서였다. 당시 미국은 전쟁 채무 문제에 잔인하리만큼 냉정했다. 이런 미국의 태도는 프랑스인의 가슴에 큰 상처를 입혔다. 더구나 "우리가 돈을 대주고 당신들은 싸움을 했는데 뭐가 잘못된 것이냐"라는 캘빈 쿨리지(Calvin Coolidge) 미국 대통령의 한마디는 프랑스를 위시한 유럽 연합군 수백만 상이군인의 가슴에 비수처럼 날아가 꽂혔다. 더욱 기가 막힌 것은 프랑스 프랑의 가치가 급락하는 기회를 틈타 미국인들이 벌떼처럼 달려들어 프랑스의 성, 유화, 금은보화 등 진귀한 문화재와 재화들을 헐값에 마구 매입했다는 사실이다. 당시 파리에는 4만 5,000명의 미국인이 살고 있었다. 이들은 미국에서는 얼마 되지 않는 100달러만 갖고도 프랑스에서 극단적으로 사치스러운 생활을 할 수 있었다. 품위라고는 눈곱만큼도 없이 돈을 물 쓰듯 하며 온갖 추태를

다 부렸다. 이 때문에 그해 7월 미국인 관광객을 가득 태운 버스가 파리의 폭도들에게 습격을 받기도 했다. 미국 관광객이 번화가에서 현지인 수백 명에게 폭행을 당하거나 조롱을 당하는 일 역시 비일비재했다. 프랑스 언론은 미국인을 "해로운 메뚜기 떼"에 비유했다. 프랑스 민간에서 갈수록 고조되는 이런 반미 감정은 자칫 양국 간의 외교 갈등으로 번질 우려도 있었다.

프랑스 정부 역시 영국과 미국에 좋지 않은 감정을 갖고 있기는 마찬가지였다. 물론 이때 미국과 프랑스는 전쟁 채무 상환 문제와 관련해 가까스로 최종 합의에 도달했다. 하지만 연초 프랑화 위기 때 영국과 미국이 수수방관하며 아무런 도움도 주지 않은 것에 프랑스 정부는 여전히 화가 풀리지 않은 상태였다.

경제의 기본적인 면만 들여다보면, 1926년 당시 프랑스는 영국보다 훨씬 나은 처지에 있었다. 균형 재정도 이미 회복했다. 이대로라면 프랑스 경제를 장밋빛으로 전망해도 좋을 듯했다. 그러나 문제는 프랑화였다. 프랑스 프랑은 마치 줄 끊긴 연처럼 외환 투기 시장에서 방향을 잃고 이리저리 흔들렸다. 당시 프랑스는 서방 주요국 중 유일하게 금본위제를 회복하지 않은 국가였다. 따라서 프랑화는 국제 투기 자본의 집중적인 타깃이 됐다. 1924년 도스의 방안 협상 당시 프랑화 환율은 투기꾼에 의해 1달러 대 25프랑까지 하락했다. 그러다 프랑스 정부가 강요에 못 이겨 도스의 방안을 수락한 후 1달러 대 18프랑으로 반등했다. 1926년 여름에는 다시 1 대 30으로 급전직하했다. 정부의 빈번한 인사 교체, 100억 달러가 넘는 단기 채무 등이 프랑화 하락을 부추긴 직접적인 요인이었다.

프랑화의 급격한 평가 절하에 부유한 중산층은 두려워서 어쩔 줄을 몰랐다. 3년 전 독일 국민을 극심한 공포로 몰아넣은 하이퍼인플레이션도 마르크화의 수직 하락 때문에 유발된 것이 아니었던가. 당시 마르크화 가치가 휴지 조각이 되면서 독일 부자들은 순식간에 알거지로 전락했다. 프랑스가 독일의 전철을 밟지 않는다는 보장 역시 없었다. 프랑스인들은 저축에 열광하는 민족이다. 이들의 저축은 대부분 국채에 집중돼 있었다. 프랑화의 가치 폭락은 국채 자산이 금이나 달러에 비해 대폭 평가 절하되고 있다는 사실을 의미했다. 투기 세력의 부추김을 받은 프랑스 중산층은 서둘러 수중의 프랑화를 대거 처분하기 시작했다.

프랑화 가치의 급격한 하락은 인플레이션의 도화선이 되었다. 물가는 매달 2%씩 무서운 속도로 상승하기 시작했다. 1923년 독일이 경험한 하이퍼인플레이션의 악몽이 프랑스에서 재연될 조짐을 보이고 있었다.

이런 위기 상황에 프랑스은행 총재로 부임한 에밀 모로(Emile Moreau)는 프랑화 위기를 타개하기 위해 갖은 방법을 모색했다. 그는 프랑화가 직면한 위기 상황이 1923년 독일의 금융위기 때와 다르다고 생각했다. 당시 독일은 패전국으로서 거액의 전쟁 배상금 부담 때문에 재정 적자가 극도로 악화된 데다 루르 공업 지역을 프랑스에 강점당한 상태였다. 그로 인해 화폐 공급이 폭발적으로 늘어나면서 심각한 경기 침체를 유발했다. 그러나 프랑화가 직면한 위기는 경제와 별반 상관이 없었다. 프랑스는 이미 전쟁 채무 상환과 관련해 미국 및 영국과 각각 새로운 합의를 이루어낸 터였다. 협상 결과는 좋았다. 미국은 원래 책정했던 40억 달러의 채무를 60% 삭감해 주었다. 영국 역시 30억 달러의 채무를 12억 달러로 탕감해 주었다. 프랑스 재정 또한 다년간의 적자에서 이미 흑자로 돌아선 상태였다. 예산 규모가 40억 달러에 달하는 알자스와 로렌 재건 프로젝트 역시 이미 완성되어 있었다. 전쟁으로 인해 심각한 피해를 입은 프랑스 북부 지역의 산업 복구 작업도 이미 마무리된 상태였다. 정부의 지출은 대폭 줄어들었다. 이제부터는 정부의 재정 수입이 계속 증가할 것으로 전망되었다. 프랑스은행 역시 프랑화 가치의 안정을 보장하기 위해 유통 화폐의 상한을 410억 프랑으로 전격 조정했다. 문제는 프랑스 국채의 상환 기간이 너무 짧다는 것이었다. 게다가 정치 스캔들과 정부 고위층 인사의 빈번한 교체 등 불안 요소가 끊임없이 이어졌다. 전 사회적으로 단기 국채에 대한 신용 불안이 형성될 수밖에 없었다.

실추된 프랑화의 신용을 회복하기 위해 에밀 모로가 가장 먼저 생각해낸 방법은 자신이 이제 막 대권을 거머쥔 프랑스은행의 원조를 받는 것이었다. 당시 프랑스의 금 보유량은 10억 달러로 FRB에 버금가는 적지 않은 액수였다. 따라서 이런 자산을 잘 운용하면 신용 불안을 쉽게 잠재울 수 있을 터였다. 그러나 프랑스 정부는 이보다 앞서 프랑스은행에 손을 내밀었다가 "웃기지 말라. 어림도 없다"는 말만 들었다. 정말 냉혹하기 그지없는 거절이었다.

1800년 설립된 프랑스은행은 잉글랜드은행이나 FRB와는 완전히 다른 진정한 의미의 '귀족의 성전'이었다. 200개 귀족 가문이 프랑스은행의 주주였다. 그중에서도 가장 명성 높은 44개 가문이 은행을 지배했다. 이들의 권력은 대대로 세습되었다. 이들 가문 중에서 선출된

12명의 이사가 프랑스은행의 실권을 장악했다. 그중 말레, 미라보 (Mirabaud), 로스차일드(Rothschild) 등의 세 가문은 100여 년 동안 반석처럼 견고하게 대주주의 자리를 지켜왔다. 120년 동안 프랑스에서는 세 번의 혁명이 발발했다. 또 다섯 번의 정권 교체가 이루어졌다. 1명의 황제, 3명의 국왕, 12명의 대통령 그리고 대통령에서 황제로 등극한 1명까지 무려 총 17명이 국가를 통치했다. 그럼에도 이 많은 황제, 국왕, 대통령, 의원, 혁명가들은 프랑스은행에 대해 좀처럼 힘을 쓰지 못했다. 함부로 건드릴 생각조차 못했다. 참으로 역사적인 미스터리가 아닐 수 없다.

발등에 불이 떨어진 절박한 상황에서 프랑스 정부는 프랑스은행에 도움을 요청해야 했다. 그러나 프랑스은행은 금을 풀어 국채를 회수함으로써 통화 위기의 확산을 막아달라는 정부의 요구를 냉정하게 거절했다. 자국 중앙은행으로부터 문전박대를 당한 프랑스 정부는 이번에는 미국과 영국에 차관을 신청했다. 그러나 스트롱과 노먼은 거들떠볼 생각조차 하지 않았다. 절망한 프랑스 정부는 별수 없이 모건을 위시한 재벌들을 직접 찾아다니며 대출을 구걸했다. 하지만 대은행가들은 이리저리 핑계만 댈 뿐 선뜻 돈을 빌려줄 생각을 하지 않았다.

뭔가 석연치 않은 구석이 있다고 판단한 모로는 혼자 뉴욕연방준비은행 총재 스트롱을 찾아가 오랫동안 면담을 했다. 이런 노력 끝에 모로는 마침내 문제의 근원을 찾아낼 수 있었다. 스트롱은 이때 모로에게 두 가지 조건을 제시했다.

"프랑스 정부는 프랑스은행의 독립성을 인정해야 합니다. 프랑스 의회는 새로 체결한 전쟁 채무 상환 협의를 빠른 시일 안에 승인해야 합니다."

모로는 잉글랜드은행 총재 노먼에게서도 똑같은 말을 들었다. 그제야 그는 모든 것을 깨달을 수 있었다. 프랑스가 비록 경제 면에서는 영국을 앞섰지만 금융 분야에서는 노련한 영국이나 미국에 비해 아직 '하룻강아지'에 불과하다는 사실을 말이다. 영국과 미국은 처음부터 프랑스를 '원조'할 생각이 전혀 없었다. 이들에게 금융 원조는 단순히 거래 가

▌레몽 푸앵카레, 프랑스 국무총리(1926년)

능한 하나의 '상품'일 뿐이었다. 위기의 순간에 '상품' 가치가 폭등하는 것은 당연한 일이다.

1926년 7월이 되자 달러화 대비 프랑화 환율은 1 대 50으로 하락했다. 프랑화는 절체절명의 위기에 봉착했다.

7월 21일 레몽 푸앵카레(Raymond Poincaré)가 프랑스 산업 자본가들의 절대적인 지지를 받으면서 국무총리 겸 재무장관에 부임했다. 푸앵카레는 결코 평범한 인물이 아니었다. 당시 40년 넘게 정계에 몸담고 있던 그는 프랑스 정치가 중에서도 상당한 원로라고 할 수 있었다. 제1차 세계대전 기간에는 7년 동안 전시 대통령을 맡은 적도 있었다. 또 국무총리도 세 번이나 역임했다. 푸앵카레는 성격이 강직했다. 철두철미한 민족주의자였다. 제1차 세계대전 때는 주전파의 대표로 활약하기도 했다. 1923년 프랑스군이 독일 루르 지역을 강점한 것도 그의 임기 때 벌인 군사 행동이었다. 한마디로 푸앵카레는 프랑스 국민들로부터 폭발적인 지지를 얻고 있었다. 감동을 줄 만한 인물이라고 해도 좋

왔다. '프랑스의 비스마르크'라고 일컬을 만했다.

푸앵카레가 세 번째로 국무총리에 취임했다는 소식이 외환 시장에서 강력한 반향을 불러일으켰다. 그는 프랑스 중산층의 절대적 신임을 받는 숭배의 대상이었다. 이로 인해 달러 대비 프랑의 환율은 며칠 사이 1 대 50에서 1 대 35로 폭등했다. 상승률은 무려 40%에 달했다. 프랑화의 지속적인 하락을 점쳤던 외국의 투기꾼들은 큰 충격을 받았다.

푸앵카레는 여세를 몰아 프랑스 중산층의 공황 심리를 잠재우기 위한 조치로 일련의 감세 방안을 도입했다. 더불어 산업 발전 지원 정책을 발표하고 정부 지출을 줄임으로써 국내 자본가들의 이익을 보호해주었다. 이렇게 되자 지난 2년 동안 외국으로 유출됐던 프랑스 자본은 홍수처럼 다시 국내로 흘러들었다. 프랑스는 외국 자본의 도움을 한 푼도 받지 않고 아주 자연스럽게 자국 통화와 금융의 독립성과 자주성을 지켜냈다. 국내 금융 시장이 다소 안정세를 회복하자 그는 약화된 정부 재정을 개선하기 위해 다시 세수를 조금씩 늘리기 시작했다.

프랑화 가치의 갑작스러운 상승 추세에 모로는 한동안 어찌할 바를 몰랐다. 오랜 기간 약세를 보이면서 영국과 미국의 조롱을 받던 프랑화가 갑자기 파운드화보다 강세를 나타냈기 때문이다. 이를 지켜보면서 영국과 미국이 크게 놀란 것은 말할 것도 없었다. 심지어 프랑스인들 자신도 믿기 어려워하는 눈치였다. 프랑화 가치의 갑작스러운 상승에 따른 일련의 새로운 문제에 대처하기 위해 모로는 특별히 유명한 경제학자 샤를 리스트(Charles Rist)와 그의 제자 케네를 초빙해 프랑화 가치를 안정시키는 정책을 입안하도록 했다.

1926년 말이 되자 달러 대비 프랑 환율은 1 대 25의 관문을 돌파했다. 약 반년 사이에 프랑화 가치가 두 배나 상승한 것이다. 프랑스 경제는 6개월 동안 극과 극을 달리는 이런 환율 변화에 적응할 수 없었다. 프랑화 가치가 하락하면 프랑스 공산품의 국제 경쟁력을 강화할 수 있었다. 더 나아가 경기 회복과 고용 창출에 큰 도움이 될 수 있었다. 그러나 환율이 지나치게 빨리 하락할 경우 본위 화폐의 신용이 떨어지고 자국 자본이 대거 외국으로 유출될 가능성도 없지 않았다. 최종적으로는 하이퍼인플레이션이 유발될 수도 있었다. 이와 반대로 프랑화 가치가 빠르게 상승할 경우 수출에 직접적인 타격을 입을 수 있었다. 요컨대 경제 성장이 둔화되는 것이다. 따라서 프랑스은행의 '브레인'으로 초빙받은 리스트와 케네의 임무는 분명했다. 프랑스의 경제 성장을 가속화하고 통화 신용 역시 안정시킬 수 있는 적정 수준의 환율을 유지하는 것이었다. 당시의 프랑스는 중국이 현재 직면한 것과 똑같은 곤경에 처해 있었다고 해도 과언이 아니다.

프랑화 환율이 계속 상승해 1 대 25의 저항선이 무너질 경우 프랑스은행은 반드시 환율 시장에 개입할 수밖에 없었다. 이때 리스트와 케네는 프랑스은행에 통상적인 사고방식과 다른 제안을 했다. 다시 말해, 프랑화 환율의 지속적 상승을 막기 위해 환율 상한선을 정하라고 주장한 것이다. 동서고금을 막론하고 당시까지 중앙은행이 리스트와 케네의 방식으로 외환 시장에 개입한 사례는 없었다. 그 때문에 모로는 두 사람의 요구를 가볍게 일축해 버렸다. 이때 프랑스에는 외화 유입이 이미 홍수를 이루고 있었다. 프랑화 상승세는 좀처럼 멈출 기미를 보이지 않았다. 이 상태가 계속될 경우 프랑스가 파운드화 고평가로 인해 심각한 경제 불황과 디플레이션을 겪은 영국의 전철을 밟는 것은 시간문제였다. 리스트와 케네는 사퇴를 불사하겠다는 입장을 밝히면서까지 모로에게 과단성 있는 행동을 취할 것을 촉구했다.

이때 케인스가 "제삼자의 눈이 더 밝다"면서 상당히 의미심장한 말을 했다. 그의 발언 요지는 다음과 같았다.

"프랑화의 (환율) 수준은 투기자, 무역 수지 균형 또는 루르 지역에서의 군사적 행동에 의해 결정되는 것이 아니다. 프랑스 납세자들이 자신의 소득 중 얼마를 꺼내 금리 생활자(채권 보유자)에게 지불하고자 하느냐에 따라 프랑화의 환율 수준이 결정되는 것이다."

만약 부를 인류가 노동을 통해 자연 자원을 제품과 용역으로 전환한 최종 산물이라고 정의한다면, 이 세상에는 필연적으로 근로자와 금리 생활자라는 두 부류의 사람이 존재하게 된다. 근로자는 노동을 통해 부를 창조하는 사람이다. 반면 금리 생활자는 토지, 생산 자원, 독점 자산, 공공시설과 자본을 임대해 부를 취득하는 사람이다.

사실 환율은 외부 변수에 따라 결정되는 것이 아니다. 내부 이익 배분의 제도적 특성이 외부적 특성으로 표출된 것일 뿐이다. 이익 분배 제도가 두 가지 극단적 방식을 취할 경우의 환율 변화에 대해 한번 살펴보도록 하자. 첫 번째는 이익 분배 제도가 근로자 쪽으로 완전히 편향된 경우다. 당연히 자산 보유자에게는 불리한 제도다. 이런 제도 아래서 자산 보유자들은 수중의 자산을 외국으로 이전하려 한다. 또 외국 자본은 국내로 들어오려 하지 않는다. 따라서 외환 시장에서 자본 유출이 유입을 초과하는 현상이 발생한다. 그 결과 본위 화폐의 가치 하락을 초래한다. 두 번째는 이익 분배 제도가 자산 보유자 쪽으로 편향된 경우다. 이때 국내 자본은 외국으로 유출되지 않는다. 국제 자본 또한 이익을 나눠 갖기 위해 국내로 대거 유입된다. 따라서 국제 자본의 유입량이 국내 자본의 유출량을 초과한다. 그리고 최종적으로는 본위 화폐의 가치 상승을 초래한다. 한마디로 국내외의 생산성 차이는 배분 가능한 이익의 규모를 반영할 뿐 비율을 반영하지는 못한다. 또 자본의 유입과 유출 규모를 구현할 뿐 추세를 반영하지도 못한다.

위에서 예로 든 두 가지 극단적 제도는 모두 경제 성장에 불리하게 작용한다. 전자의 경우, 자본의 과잉 유출로 인해 경제 성장의 근간이 취약해진다. 반면, 후자의 경우는 노동을 하고자 하는 근로자의 적극성에 타격을 준다. 사회의 소비 능력도 약화시킨다. 그 때문에 지속적인 경제 성장이 불가능해진다. 따라서 두 가지 제도 모두 경제 불황 또는 본위 화폐의 불안정을 초래할 수밖에 없다.

최적 환율은 이런 두 가지 극단 사이에서 안정적인 균형점을 찾는 것이라고 해도 좋다. 환율이 적정 수준을 유지하면 대체적으로 균형적인 이익 배분이 가능해진다. 따라서 근로자는 적극성을 가지고 열심히 부를 창출한다. 또 금리 생활자 역시 더 많은 자금을 투입한다. 국제 자본도 자원과 자본의 투자 규모를 더욱 확대한다. 더불어 국내의 자산 보유자들은 국내에서 자본을 축적한 다음 새로운 투자 기회를 찾아 해외로 진출한다. 이렇게 해서 자본의 유입과 유출이 대체적으로 균형을 유지하고 최종적으로는 노동과 자본이 안정적인 균형을 이루게 되는 것이다.

요컨대 자본이 자유롭게 이동하고 외부의 힘이 시장에 개입하지 않는 상태에서 본위 화폐 가치가 상승한다는 것은 금리 생활자가 이익

분배에서 우위를 점한다는 사실을 의미한다. 반대로 본위 화폐 가치의 하락은 이익 분배가 근로자 쪽으로 편향된다는 것을 의미한다.

전후 영국과 독일은 각기 위의 두 가지 극단적 경우를 경험했다. 영국의 경우 파운드화의 고평가로 인해 채권자들의 이익은 보장을 받은 대신 국가 경제는 활기를 잃고 침체에 빠져들었다. 독일의 경우는 마르크화의 폭락으로 인해 중산층이 알거지로 전락한 것은 말할 것도 없고 국가 경제까지 나락으로 빠져들었다. 그러나 프랑스는 두 가지 극단 사이에서 균형점을 찾았다. 그 덕분에 경제를 성공적으로 되살릴 수 있었다.

프랑스은행은 1926년 12월 21일부터 대대적인 외환 매입을 시작했다. 프랑화 환율의 상승세를 억제하기 위한 조치였다. 리스트가 주도한 이러한 조치는 로스차일드 가문의 로베르(Robert)와 에두아르(Eduard)를 위시한 프랑스은행 주주들의 격렬한 반대에 부딪혔다. 1920년대에 로스차일드 가문은 항간에 "모든 당파는 내각을 조직하기 전에 먼저 로스차일드 가문의 의견을 구해야 한다"[15]라는 말이 유행할 정도로 막강한 권력을 휘둘렀다. 그러나 푸앵카레는 로스차일드 가문의 위세에 전혀 겁을 먹지 않았다. 그는 모로와 리스트가 외환 시장에 대한 개입 정책을 순조롭게 실시할 수 있도록 기꺼이 든든한 후원자가 되어주었다. 모로는 거센 압력에도 굴하지 않고 1927년과 1928년에도 계속 외환을 매입해 달러 대비 프랑 환율을 1 대 25 선에서 고정시켰다. 더불어 프랑스 정부는 정부의 외환 개입으로 인해 프랑스은행이 입은 손실을 모두 보상해 줄 것이라고 약속했다. 그럼에도 불구하고 로스차일드 가문의 수장인 로베르는 온갖 수단을 동원해 모로를 방해하는 행위를 마다하지 않았다. 1928년 8월 모로는 프랑스은행 총재 사무실의 모든 전화에 도청 장치가 설치되어 있다는 사실을 발견하고 깜짝 놀랐다. 이 일로 인해 모로와 로베르 로스차일드의 관계는 더욱 악화되었다.

그러나 어쨌든 프랑화 가치가 안정될 것이라는 기대 심리에 힘입어 프랑스 경제는 안정적인 반등을 시작했다. 프랑스산 제품은 국제 시장에서 영국산 제품에 치명적인 결정타를 날렸다. 영국 제품은 완전히 추풍낙엽 신세가 되었다. 상황이 이렇게 되자 프랑스은행 이사회 내부에서도 서서히 분열이 일어났다. 이때 로베르 로스차일드와 '프랑스 철강왕'으로 일컫던 모리스 웬델을 대표로 하는 환율 상승 지지파는 이사회에서 다수의 지지를 얻는 데 실패했다. 그러자 두 사람은 프랑스은행의 관례를 깨고 직접 언론에 모습을 드러내면서 공공연히 화폐 정책에 대한 입장을 발표했다. 국제 투기 자본을 프랑스에 대거 유입시킴으로써 모로의 정책을 무력화하고 프랑화 가치를 무한대로 끌어올리려는 시도였다. 로베르 로스차일드는 심지어 자기 가문의 산하 기업인 프랑스 최대의 철도 회사에 프랑화를 대량 매입하라고 명령했다. 이는 엄연히 프랑스은행의 내부자 거래 금지 규정을 위반한 범법 행위였다. 정부가 외환 시장에 개입한 2년 동안 프랑스의 외화준비금은 6억 달러로 급증했다. 그중 대부분은 파운드화 자산이었다.

"세상의 길흉화복은 예측할 수 없다"는 말도 있듯 상황이 이렇게 되자 영국이 불쌍한 처지로 전락했다. 프랑화 환율이 특정 수준에서 고정된 이후 프랑스 제품은 국제 시장에서 최강의 경쟁력을 확보했다. 영국의 재래시장에까지 프랑스산 제품이 넘쳐나기 시작했다. 더불어 프랑화 환율 안정에 힘입어 국내 물가도 안정됐다. 경제 역시 활기차게 발전했다. 이에 반해 파운드화는 점점 약세를 나타내기 시작했다. 경기 침체에 높은 실업률까지 악재가 연달아 겹치면서 영국의 자본은 썰물처럼 프랑스로 빠져나갔다. 노먼은 모로에게 영국 자본의 유출을 막을 수 있도록 프랑화 상승 기대 심리를 낮추는 현실적인 조치를 취해달라고 강력하게 요구했다. 그러나 모로는 들은 척도 하지 않았다. 오히려 노먼에게 금리 인상을 통해 자본을 유치하라고 충고했다. 금리를 인상할 경우 영국 경제의 침체가 더욱 가속화할 것은 불을 보듯 빤한 일이었다. 그럼에도 모로는 한술 더 떠서 프랑스가 보유하고 있는 파운드화 자산을 모두 금으로 바꿀 것이라고 영국을 압박했다. 이에 맞서 노먼은 프랑스에 30억 달러의 전쟁 채무 상환을 즉시 요구할 것이라고 으름장을 놓았다. 영국과 프랑스의 갈등은 절정에 달했다.

이때 미국이 중재자를 자처하며 끼어들었다. 스트롱은 영국과 프랑스에 잠시 휴전할 것을 제의하면서 다음과 같이 요구했다.

"프랑스는 파운드화 자산 중 일부를 그대로 남겨둔다. 나머지 자산은 뉴욕연방준비은행과 잉글랜드은행이 함께 런던 시장에서 금으로 태환해 준다. 다만 향후 프랑스는 외화준비금을 파운드화 대신 달러화 자산 위주로 늘려야 한다."

미국의 목적은 분명했다. 요컨대 가능한 모든 기회를 이용해 세계 각국의 달러화 자산을 늘리는 것이었다.

프랑스는 전통적인 화폐 이론에 얽매이지 않았다. 즉 정확한 환율 안정 방법을 사용했다. 그 덕분에 국가 경제력과 금융 분야에서의 실력을 대폭 향상시킬 수 있었다.

1929년 프랑스의 재정 상황은 크게 호전되었다. 프랑스 정부는 프랑스은행에 진 빚을 모두 청산했다. 이에 프랑스 국채 가격은 두 배로 뛰어올랐다. 1926년 프랑스 정부가 보유한 잉여 자금은 100만 프랑에 지나지 않았다. 그러나 1929년에는 폭발적으로 증가해 170억 프랑에 달했다. 준비통화 보유액 역시 14억 5,000만 달러의 금과 10억 달러의 외화를 포함해 대폭 늘어났다. 프랑스는 모로와 리스트를 앞세운 '프랑화 보위전'에서 완벽한 승리를 거뒀다. 1929년 대공황이 발발한 후에도 프랑스 경제가 2년 동안이나 버틸 수 있었던 것은 모두 이 때문이다. 물론 1931년 후반기부터 전 세계적인 경기 침체의 소용돌이에 빠져들긴 했지만 말이다.


## 나락으로 떨어진 경제와 금권의 공백

미국이 다른 국가에 계속 돈을 빌려줘 이들 국가의 구매력을 꾸준히 지탱하는 한 영국은 미국으로부터의 수입과 다른 국가에 대한 수출을 꾸준히 유지할 수 있다. 그러나 일단 어떤 일이 발생해 미국 투자자와 은행가들이 대외 대출을 중단할 경우 영국은 대단히 위험한 상황에 빠질 것이다. 영국의 신용은 완전히 떨어지고 구매력 또한 수출과 채무 상환의 균형점 아래로 곤두박질칠 것이다. 이때가 되면 다른 국가들은 눈으로만 봐왔던 독일 국민의 빈곤한 생활을 직접 체험하게 될 것이다.[16]

_조지 파야

1930년대에 전 세계를 강타한 경제 위기의 가장 중요한 원인은 유례없는 대규모 화폐 범람으로 인해 초래된 공전의 채무 버블 때문이었다고 할 수 있다. 기본적으로 채무의 최종 상환 수단은 금이다. 그러나 생산량이 제한된 금으로 무한정 팽창하는 신용과 채무를 상환한다는 것은 애초부터 실패할 수밖에 없었다. 화폐 범람이 심각할수록 채무 버블이 붕괴할 때의 파괴력은 더욱 커진다. 이는 거의 기본 상식에 속한다. 따라서 위기는 이미 예정된 것이었다. 발생하느냐 발생하지 않느냐가 아니라 언제 어떤 형태로 발생하느냐가 문제였다.

화폐 범람을 부추긴 주요인은 영국이 금 보유량 부족을 해결하기 위해 고안한 금환본위제였다. 이 제도 아래에서 달러와 파운드는 금과의 자유 태환이 가능해졌다. 이에 따라 달러와 파운드를 준비통화로 보유한 다른 국가들의 화폐도 금과 간접적으로 연계되었다. 이처럼 각국이 외환본위제를 도입하자 이중으로 신용 창조가 발생하는 문제점이 발생했다. 외환 수출국과 수입국이 하나의 자본을 토대로 동시에 신용을 창조했으니 전 세계의 신용 규모가 대폭 증가한 것은 너무나도 당연한 일이었다. 급기야는 금환본위제의 내재적 불안정성이 표출되고 말았다. 다음과 같은 원칙을 상기하면 그럴 수밖에 없었다. 위기는 기본적으로 금융이 가장 취약한 주변국에서 가장 먼저 폭발하는 법이다. 이 경우 투자자들은 앞을 다퉈 수중의 자산을 처분하고 금과 외화 매입에 나선다. 그럼에도 주변국의 금과 외화가 바닥을 드러내면 화폐 중심국에서도 필연적으로 공황 심리가 확산되게 마련이다. 당연히 너도 나도 자산을 처분하고 현금을 확보하기 시작한다. 이 경우 자산 버블의 규모는 실제 현금 유통량보다 훨씬 크다. 따라서 자산 가치

폭락은 필연적일 수밖에 없다. 그리고 이는 대량의 예금 인출 사태를 유발한다. 그러면 이미 레버리지 비율이 지나치게 상승한 은행들은 이러한 뱅크 런(bank run)에 대항할 힘을 잃게 된다. 결과적으로 은행은 무더기로 파산하고 유동성은 고갈 상태에 빠진다. 은행의 파산을 목격한 사람들은 현금 역시 안전하지 못하다고 여긴다. 자연히 현금을 금으로 바꾸기 위해 은행으로 몰려든다. 은행권 내에서는 연쇄 반응이 일어나 더 많은 은행이 문을 닫는 도미노 효과가 발생한다. 더불어 기업의 줄도산과 실업률 급등 등의 상황이 초래될 수밖에 없고, 이것이 대공황으로 이어진다.

　미국은 영국이 200년이라는 긴 시간을 들여 확립한 금본위제를 단 20년 동안 달러본위제로 교체하려 했다. 따라서 마음과 달리 능력이 따라주지 못하는 것은 당연한 일이었다. 이 와중에도 영국은 글로벌 금융 패권을 장악한 주도적 지위를 잃지 않기 위해 금본위제를 고수하려고 애썼다. 그 결과 국가 경제 전체를 말아먹는 참혹한 대가를 지불했다. 파운드화에 대한 달러화의 공격이 참패로 이어질 즈음, 파운드화도 이미 만신창이가 되었다. 소생할 기력을 잃은 지 이미 오래였다. 최후의 대출자가 사라진 이후 세계적인 금권 공백이 생겼다. 글로벌 무역 시스템은 완전히 파괴되었다. 유동성 역시 고갈되었다. 각국은 평화와 발전에 대한 꿈과 희망을 잃어버렸다. 마치 정부의 통제를 상실한 사회처럼 전 세계는 극심한 혼란에 빠져들었다. 각국은 서로 제한된 도움을 주고받거나 공공연한 약탈에 나섰다. 이도 저도 아닌 경우에는 아예 문호를 닫고 쇄국 정책을 실시했다. 한마디로, 모든 나라가 자국의 생존 공간을 확보하기 위해 안간힘을 썼다. 전 세계적으로 민심이 흉흉해졌다. 국제 사회의 질서는 한동안 정상을 회복하지 못했다. 그러다 마침내 제2차 세계대전이 발발했고, 그제야 각국은 동맹에 대한 의지를 새로 다지게 되었다.

달러본위제의 전제 조건은 각국의 달러화에 대한 수요라고 해도 과언이 아니다. 달러화 수요를 창출하는 가장 중요한 방식은 미국이 유럽 각국에 전쟁 채무 상환을 촉구하는 것이었다. 미국은 사실 제1차 세계대전에 참전할 당시 윌슨 대통령이 강조했던 도의와 원칙을 내팽개친 지 이미 오래였다. 당시 윌슨 대통령은 다음과 같이 말했다.

"우리는 이기적 목적을 추구하려는 것이 아닙니다. 우리는 정복도, 지배도 바라지 않습니다. 우리는 우리 자신을 위한 배상을 바라지 않습니다. 우리가 기꺼이 바치는 희생에 대해 물질적 보상을 요구하지도 않습니다."

모르긴 해도 유럽 전장에서 혈전을 벌이던 연합군은 정의롭고 진심이 잔뜩 묻어나는 이 말을 듣고 큰 감동을 받았을 것이다. 사실 미국이 '천사'에서 '샤일록'으로 탈바꿈한 이유는 미국인의 독선적인 달러화 전략 때문이라고 할 수 있다. 미국은 애초 유럽의 전쟁 채무 액수를 200억 달러로 책정했다. 이는 전 세계 금 보유량을 다 합친 것보다도 훨씬 많은 액수였다. 이론상으로는 이 많은 빚을 갚는 것이 불가능했다. 이는 미국이 원하는 것이기도 했다. 유럽이 달러화 채무를 영원히 상환할 수 없도록 만드는 것, 그래서 미국 국채가 향후 각국의 화폐 시스템에 뿌리를 내리도록 만드는 것이 바로 미국의 목적이자 달러화 전략의 핵심이었다.

달러화 채무를 상환하려면 기본적으로 달러화가 필요하다. 그렇다면 달러화를 얻을 수 있는 방법은 무엇일까. 이것을 간단하게 살펴보면 다음과 같다.

① 미국의 직접적인 투자.
② 달러화 핫머니의 유입.
③ 대미 수출에 따른 잉여 자금.
④ 미국으로부터 더 많은 돈을 빌리는 것.

그러나 당시 유럽 각국이 처한 상황에서 위의 네 가지 방법은 모두 취해서는 안 될 악수였다. 우선 가뜩이나 자금난이 심각한 처지에 달러화의 직접 투자를 허용할 경우 미국 기업들이 유럽의 산업 시스템을 전부 통제할 가능성이 높았다. 나아가 유럽이 미국의 '노예'로 전락할 위험 역시 농후했다. 그렇다고 핫머니를 마구잡이로 유입시킬 수도 없었다. 핫머니는 국가의 금융 안정을 파괴할 수도 있다. 심지어 통화 시스템까지 위협할 수 있다. 따라서 핫머니를 유입시키는 것은 목이 마르다고 아무 생각 없이 독주를 마시는 것과 같은 자살 행위나 다름없었다. 그나마 세 번째 방법에는 약간의 희망이 있었다. 즉 미국에 상품을 수출해 벌어들인 외화로 채무를 상환하는 방법이다. 그러나 주도면밀한 미국은 유럽 각국의 속셈을 눈치채고 미리 손을 써놓았다. 1921~1923년 유럽 각국이 채무 상환 준비를 시작할 때 미국은 몇 차례에 걸쳐 관세를 인상했다. 그뿐만 아니라 1921년 5월에는 농산물 특별 긴급 관세를 부과했다. 이어 1922년 5월에는 포드니 매컴버 관

> **핫머니(hot money)**
> 투기적 이익을 좇아 국제 금융 시장을 이동하는 단기 부동 자금.

세법(Fordney McCumber Tariffs)을 통과시켜 내구재 수입 관세를 38%로 조정했다. 1920년보다 두 배 넘게 인상한 것이다. 이로써 유럽의 대미 수출을 통한 채무 상환 계획은 완전히 무산되었다. 이제 남은 것은 마지막 방법뿐이었다. 바로 미국으로부터 더 많은 돈을 빌리는 것이다. 이는 미국이 내심 바라는 것이기도 했다.

　개인이나 기업은 파산할 수 있다. 그러나 국가는 파산하지 않는다. 적어도 미국인들은 이 점을 믿어 의심치 않았다. 도스의 방안은 바로 이런 믿음을 가진 미국이 독일에 채무를 떠안기기 위해 심혈을 기울여 마련한 덫이었다. 미국은 첫해에 운전 자금 명목으로 2억 달러를 제공해 영국 파운드의 독일 준비통화 지위를 일거에 빼앗았다. 그뿐만 아니라 독일의 화폐와 금융을 지배하는 '태상황' 자리에 너무나 쉽게 올라앉았다. 그리고 뒤이은 2년 동안 30억 달러의 자본을 독일에 쏟아부으면서 독일의 산업과 경제 회복을 지원했다. 금환본위제 아래에서 달러화와 파운드화는 독일은행이 마르크화를 발행하는 데 중요한 담보로 기능했다. 외화 유입이 급증함에 따라 독일의 신용 창조 규모 역시 기하급수적으로 증가했다. 과잉 신용 창조에 힘입어 독일 경제는 잠시 번영하는 듯했다. 하지만 그 이면에는 거액의 채무 부담을 안고 있었다. 미국 은행가들은 대출 시장을 확대하기 위해 '노고를 마다하지 않고' 독일 사회 기층에까지 침투했다. 대도시를 돌아다니면서 달러화 채무로 수영장, 극장, 체육관 심지어 오페라 극장까지 건설하도록 적극 부추겼다. 달러화 채무는 기하급수적으로 늘어났다. 샤흐트 독일 중앙은행 총재는 사람들이 외화 수입을 창출하지도 못하는 프로젝트에 외화 자본을 대거 투자하는 것을 보면서 초조함을 감출 수 없었다. 그는 독일 경제의 허울 좋은 번영이 사실은 달러화 채무 버블에 의해 형성된 것이라는 사실을 너무나 잘 알고 있었다. 전쟁 배상금과 외채라는 이중의 압력을 받는 상황에서 독일은 자국 산업을 발전시켜 자본을 축적하는 것이 애초부터 불가능했다. 또한 이 모든 것은 결국 경제 궤멸이라는 치명적인 후폭풍으로 이어질 터였다. 과연 그랬다. '후순위 대출자' 독일은 1930년대 대공황의 가장 중요한 도화선이 되었다.

달러본위제와 금본위제의 가장 큰 차이점은 일련의 본위화폐 유출입 유동 과정을 거친 후의 최종 결제 방식에 있다. 금본위제 아래에서 달러화 유출은 바로 금의 유출을 의미한다. 따라서 달러화가 과잉 유출될 경우 미국의 준비통화 규모는 줄어들고 신용 창조도 억제된다. 그러나 달러본위제 아래에서는 달러화 유출이 미국 내의 신용 창조에 영향을 미치지 못한다. 또 달러화 유입국은 외화준비금이 증가함에 따라 국내 화폐 공급을 늘리기 때문에 이중 신용 창조 문제가 발생한다.

1924년부터 실시된 도스의 방안은 달러화 환류(環流) 게임의 서막을 열어놓았다. 달러화가 독일에 유입되면서 마르크화 발행량도 증가했다. 독일 경제는 짧은 반등을 나타냈다. 이에 상응해서 독일의 부채 규모 역시 부풀려졌다. 독일이 영국과 프랑스에 전쟁 배상금을 지불하면서 영국과 프랑스의 외화준비금도 증가했다. 더불어 신용과 채무 규모도 늘어났다. 독일이 지불한 배상금은 다시 전쟁 채무 상환 명목으로 영국과 프랑스에서 미국으로 흘러들었다. 미국은 늘어난 원리금을 토대로 국내에서 더 많은 신용과 채무를 창조했다. 달러화가 이런 방식으로 순환하면서 달러화 경유 국가에서는 화폐의 공급과 채무 규모가 크게 늘어났다. 미국도 물론 예외는 아니었다.

미국의 계획은 마치 '영원히 굴러가는 기관차'처럼 완전무결해 보였다. 사람들은 미국 은행가들이 전 세계에 대출을 제공하는 한 세계 경제는 지속적인 번영을 누릴 것이라고 믿어 의심치 않았다. 돈을 빌린 국가들이 실제로는 아무런 채무 상환 능력도 없다는 사실을 염두에 두지 않았다. 이것이 바로 1920년대에 유행한 이른바 '서브프라임 모기지' 게임이다.

1927년 7월 7일 벤저민 스트롱은 롱아일랜드에서 뉴욕연방준비은행 비밀회의를 개최했다. 워싱턴에 있는 FRB 본부 대표들은 아예 초청도 하지 않은 채 말이다. 이 회의에서 그는 영국에 더 많은 금이 유입될 수 있도록 연 4%인 재할인 금리를 3.5%로 낮춘다는 중대한 결정을 발표했다. 이 무렵 영국은 금 보유량이 거의 바닥을 드러냄으로써 금본위제의 근간이 위태로운 상태였다. 미국으로서는 영국에서 금본위제가 무너지는 것을 용인할 수 없었던 것이다. 뉴욕연방준비은행의 일방적인 금리 인하 결정에 워싱턴 FRB 본부는 아연실색했다. FRB는 산하 연방준비은행의 결정에 대해 부결권을 행사할 수 있었다. 그러나 정책을 바꾸도록 강요할 권리는 없었다. FRB 내부에서 모순이 드러난 것이다. 그러나 스트롱은 FRB에서 내분이 일어나든 말든 신경도 쓰지 않고 행동을 개시했다. 7월부터 9월까지 공개 시장에 총 2억 달러를 투입해 금리를 3.5%로 낮추었다. 월스트리트는 삽시간에 뜨겁게 달아올랐다. 증시 역시 유례없는 투기적 상승세를 나타냈다. 1927년 4분기에 외국 채권은 미국 시장에서 최다 판매 기록을 달성했다. 달러화는 미친 듯이 해외로 흘러나갔다.

금융위기는 모두 채무 위기에서 비롯된다. 또 채무 위기는 모두 자금 사슬의 단절로 인해 시작된다.

1928년 7월 미국 증시는 여전히 고공행진을 계속했다. 월스트리트가 주식 투자자들을 대상으로 제공한 레버리지 대출 규모는 70억 달러에 달했다. 대출 금리 역시 10~20%로 폭등했다. 뉴욕연방준비은행은 버블 확산을 막기 위해 즉시 금리를 1.5% 인상했다. 해외에 있던 달러화 자본은 5%라는 고금리의 유혹을 견디지 못하고 빠른 속도로 미국으로 역류하기 시작했다. 전 세계를 순환하면서 경제 번영의 근간으로 작용하던 달러화 자금의 사슬이 드디어 끊기고 만 것이다.

가장 취약한 독일 경제가 제일 먼저 침체에 빠져들었다. 독일은 도리 없이 수입을 규제해야 했다. 동시에 자본 유출도 통제해야 했다. 런던 금융 시장은 즉각 공황 상태에 빠졌다. 영국이 독일과 중유럽에 투자한 10억 달러의 자본은 동결 위기에 처했다. 미국의 갑작스러운 금리 인상 소식이 전해지자 런던 시장의 금은 대거 미국으로 유출되기 시작했다. 영국은 사태 악화를 막기 위해 금리를 인상할 수밖에 없었다. 이는 영국 경제의 침체를 가속화하는 요인으로 작용했다.

1929년 10월 드디어 미국발 채무 위기가 폭발했다. 이때 미국의 채무 규모는 GDP의 무려 300%에 달했다. 이미 금으로 지불할 수 있는 능력의 한계를 훨씬 초과한 상태였다. 미국의 채무 게임은 전형적인 폰지 사기극으로 변질되었다. 주변국들이 속속 경제 위기에 빠져드는 것을 보면서 사태가 심상치 않다는 사실을 눈치챈 미국 은행들은 피라미드 형태로 크게 부풀려진 채무를 회수하기 위해 나섰다. 그리고 바로 이때 미국 증시는 예상대로 붕괴했다. 미국 경제는 장기적인 침체에 빠져들었다.

1929년 1차 위기가 발생한 후, 세계 경제는 짧은 '침묵의 시기'에 진입했다. 겉보기에는 잠시 안정을 찾은 듯도 했다. 하지만 그 속에는 더 큰 위기가 잠재되어 있었다. 1931년 5월 오스트리아 최대 은행의 파산을 시작으로 드디어 대공황의 폭탄이 터졌다. 독일의 은행에서는 예금을 인출하려는 사람들로 인산인해를 이뤘다. 잇따라 영국이 금본위제 철폐를 선포했다. 프랑스 역시 경기 침체의 소용돌이에 빠져들었다. 위기는 일본, 이탈리아, 중유럽, 남미 및 영연방 국가로 빠르게 확산되었다.

1914년부터 1933년까지 달러화로 파운드화의 화폐 패권을 대체하려던 미국의 첫 번째 시도는 이로써 실패로 끝났다. 달러화는 파운드화의 글로벌 패권 지위를 무너뜨리는 데는 성공했으나 새로운 통화 패권 지위를 확립하는 데는 실패했다. 대공황 발발 후 각국의 달러화 채무 상환이 중단되면서 유럽에서의 달러화 영향력도 크게 하락했다. 더불어 국제 무역 사슬의 단절과 함께 결제통화로서 달러화의 위상도 크게 흔들렸다. 미국은 '금을 끼고 각국을 호령하는' 목적은 달성했지만 영국이 금본위제를 폐지함으로써 이 또한 아무런 소용도 없게 되었다.

달러화가 파운드화의 통화 패권 지위를 빼앗은 직후 양대 화폐 간의 대치 및 할거 국면이 형성되었다. 또 영국이 금본위제를 폐지하자 각 대륙에 분포한 영연방 국가들을 비롯해 북유럽의 스웨덴·덴마크·노르웨이·핀란드, 남유럽의 포르투갈·그리스, 아프리카의 이집트, 아시아의 일본 그리고 영국의 중요한 무역 파트너인 남미 국가들도 잇따라 영국을 본받아 자국 화폐와 금과의 연결 고리를 끊어버렸다. 이른바 거대한 '파운드 블록'을 형성한 이들 국가는 더 이상 미국의 명령을 듣지 않았다. 금이나 달러 대신 파운드화에 의존하며 블록 내부에서 강력한 무역 시스템을 구축했다. '파운드 블록'은 여전히 세계의 원자재와 에너지 공급을 통제하고, 세계 무역 시장에서 압도적 점유율을 차지했다. 강대한 영국 해군의 보호 아래 세계 주요 해상 통로도 장악했다. 이때에 이르러서야 미국은 비로소 달러화가 파운드화를 포위한 것이 아니라 파운드화가 달러화를 포위하고 있다는 놀라운 사실을 깨달았다. 영국 파운드는 금본위제에서 이탈한 이후 더욱 큰 자유와 힘을 얻었다.

이로써 미국의 원대한 야망은 큰 좌절을 경험했다. 그리고 마침내 강대한 '파운드 블록' 체제를 무너뜨리지 않는 한 달러화가 세계 기축통화로 군림하는 것은 절대 불가능하다는 사실을 깨달았다.

# 제2장

# 파운드 블록의 붕괴로 열린 달러화 섭정 시대

애덤 스미스의 학설은 일종의 가치 이론, 일개 점포의 주인 혹은 상인의 개인적 이론에 불과하다. 따라서 결코 과학적 확실이 아니다. 또 국가의 문화 복지, 권력, 존속 가능하고 독립적인 특수 이익을 수호하기 위해 어떤 방식으로 생산력을 창출하고 증대 및 유지해야 하는지에 대해서도 설명하지 못한다.

_프리드리히 리스트

1931년 금본위제의 단단한 속박에서 벗어난 영국의 파운드화는 '제국특혜제'를 기반으로 강대한 세력을 형성해 할거 국면에 진입했다. 일명 '파운드 블록'이라 일컫는 이 세력에는 영국 본토뿐 아니라 아프리카, 북미, 아시아와 오세아니아의 광활한 식민지 및 속국 등이 포함되었다. 북유럽의 스웨덴·덴마크·노르웨이·핀란드, 남유럽의 포르투갈·그리스, 중동의 이라크, 아프리카의 이집트 역시 이 범주에 들어갔다. 그 밖에 아시아와 남미의 주요 무역 상대국들도 여기에 속했다. 이로써 넓은 영토, 방대한 인구 및 풍부한 자원을 보유한 파운드 블록은 달러화의 세계 기축통화 자리를 크게 위협했다.

미국은 대공황이 발발하자 남을 돌볼 겨를이 없었다. 아예 고립주의 노선을 택할 수밖에 없는 처지에 빠졌다. 사실 고립주의 정책은 미국이 세계의 패권을 스스로 포기한 결과가 아니다. 그보다는 능력의 한계를 느껴 마지못해 선택한 현실적 방안이라고 하는 편이 훨씬 더 정확하다. 미국 경제가 오랜 기간 침체의 늪에 빠져 회복이 불가능했던 근본 원인은 다른 데 있지 않았다. 미국 정부가 위기의 본질을 잘못 인식하고 그릇된 정책을 실시했기 때문이라고 봐야 한다. 1933년, 프랭클린 루스벨트 대통령이 당선될 당시 미국의 실업자는 무려 1,300만 명에 달했다. 제2차 세계대전 참전 직전인 1941년에도 상황은 크게 달라지지 않았다. 1,000만 명을 초과했다. 솔직히 말해, 현재 실시 중인 양적 완화, 즉 QE 정책은 벤 버냉키 연방준비제도이사회 의장의 '발명품'이 아니다. 미국은 이미 1930년, 1932년과 1933년 세 차례에 걸쳐 QE 정책을 실시했다. QE 정책의 자극에 힘입어 미국 경제는 그야말로 짧은 번영을 누렸다. 그러나 1937년 재차 침체에 빠져들고 말았다. 묘하게도 이 무렵 때마침 제2차 세계대전이 발발했다. 전쟁은 말할 것도 없이 미국에 호재로 작용했다. 전장과 군수 산업에 30%의 실업 인구가 동원된 것이다. 자연스럽게 미국의 실업 문제는 크게 개선되었다. 아마 그렇지 않았다면 미국의 실업 문제는 그 후에도 상당히 오랜 기간 지속됐을지 모를 일이다.

제2차 세계대전은 달러화의 재기에도 좋은 기회를 제공했다. 전쟁 기간 미국은 영국의 경제력을 약화하기 위해 온갖 수단과 방법을 동원했다. 당시 미국에게 영국은 유럽으로의 세력 팽창을 열망한 소련보다 훨씬 큰 견제 대상이었다. 미국은 '무기대여법'의 힘을 빌려 영국의 '제국특혜제'를 무너뜨리고 전후 자금이 절실히 필요한 영국에 각박한 대출 조건을 제시하는 등 '파운드 블록'에 대한 총공격을 발동했다. 영국인들조차 미국의 의도적이고 계획적인 전략만 아니었다면 자국이 그토록 빠르고 철저하게 쇠락하는 일은 없었을 것이라고 혀를 내두를 정도다.

달러화는 드디어 세계 기축통화라는 지위를 확보했다. 그것은 "금을 허수아비 황제로 내세운 다음 섭정을 통해 달러화로 하여금 천하를 다스리게 하는" 브레턴우즈 체제가 출범하면서부터였다고 해도 과언이 아니다.

# 금본위제의 붕괴 및 '파운드 블록'의 형성

1931년 여름 시티오브런던의 분위기는 유난히 무겁게 가라앉았다. 세계 각지에서 나쁜 소식이 그야말로 꼬리에 꼬리를 물고 들려왔다. 한 차례 금융 쓰나미가 곧 밀어닥칠 것이라는 예감이 사람들을 더욱 우울하게 만들었다.

연초 독일에서는 은행 파산이 마치 열병처럼 번졌다. 한마디로 '붐' 이라고 해도 좋았다. 급기야 이 붐은 국경을 넘어 전 세계로 확산되기 시작했다. 가장 먼저 헝가리의 은행 시스템이 완전히 마비됐다. 이어 루마니아와 폴란드에서도 주요 은행이 맥없이 문을 닫았다. 아프리카의 이집트에서는 대규모 예금 인출 사태가 터졌다. 터키의 이스탄불이라고 예외가 아니었다. 금융 공황이 발생했다. 대륙 너머는 더 말할 필요도 없었다. 볼리비아와 페루는 채권 디폴트를 선언하고, 칠레는 외채 상환을 연기했다. 멕시코 역시 금본위제를 포기하고 은본위제로 재빨리 갈아탔다. 당연히 런던의 랑제, 슈로더(Schroders) 등 유명 투자 은행들도 하나같이 궁지에 몰렸다. 잉글랜드은행의 구제 금융만 눈이 빠지게 기다렸다.

그러나 당시 잉글랜드은행은 제 한몸조차 보전하기 어려운 상태에 있었다. 7월 13일 영국 정부는 〈맥밀런 보고서〉를 인용해 영국의 단기 외채 규모가 30억 달러에 육박했다고 선언했다. 이 충격적인 소식에 런던 금융 시장은 발칵 뒤집혔다. 주지하다시피 당시 영국의 연간 해외 직접 투자 규모는 5억 달러에 달했다. 심지어 제2차 세계대전 전까지도 세계 총 투자액의 절반을 차지했다! 그런데 어떻게 그토록 많은 빚을 질 수 있단 말인가? '세계 은행가'로 일컫던 영국은 자본 수출에 익숙했다. 그처럼 많은 부채를 떠안기는 정말 처음이었다. 상상을 초월하는 규모라 해도 좋았다.

더구나 영국 정부는 독일과 중유럽 각국의 은행 위기 때문에 자본 유출을 혹독하게 통제할 수밖에 없었다. 설상가상으로, 독일과 중유럽에 투자한 10억 달러의 자본은 자칫 회수 불능 채권으로 전락할 위험이 있었다. 완전히 엎친 데 덮친 격이었다.

대경실색한 투자자들은 삽시간에 벌떼처럼 런던 금융 시장으로 몰려들었다. 곧 대규모 예금 인출 사태가 벌어졌다. 이로 인해 채 2주일도 안 되는 사이 잉글랜드은행에서 2억 5,000만 달러의 금이 빠져나갔다. 영국 금 보유량의 절반에 상당하는 액수였다. 다급해진 잉글랜드은행은 궁여지책으로 금리를 2.5%에서 4.35%로 대폭 인상했다. 그러나 아무런 효과도 없었다. 노먼은 급한 김에 미국과 프랑스로부터 서둘러 2억 5,000만 달러의 긴급 구제금을 빌렸다. 하지만 이 돈 역시 밑 빠진 독에 물 붓기였다. 구제금은 홍수처럼 밀려드는 예금 인출자들에 의해 흔적도 없이 사라졌다. 미국과 프랑스는 더 이상 도와줄 힘이 없었다. 그저 잉글랜드은행의 금 보유량이 바닥나는 것을 두 눈 뻔히 뜨고 바라보는 수밖에 없었다.

노먼의 체력과 정신력도 드디어 한계에 부딪혔다. 얼마 후, 노먼은 피곤한 심신을 추스르기 위해 요양차 런던을 떠났다.

8월 22일 밤 영국 국왕은 3주 예정인 휴가를 갑작스레 취소하고 비밀리에 버킹엄 궁으로 돌아왔다. 정부 내각의 장관들 역시 모두 휴가를 반납하고 다우닝 스트리트에 있는 총리 관저로 모여들었다. 국왕과 정부 고위 관료들이 주말 휴가를 포기한 것은 제1차 세계대전 이후 처음 있는 일이었다. 총리와 내각의 장관들은 작은 정원에서 이리저리 서성거리며 미국 모건 그룹의 회답을 초조하게 기다렸다. 재떨이에는 피우다 만 담배꽁초가 가득했다. 바닥에는 읽다 만 신문들이 여기저기 널려 있었다.

애초 미국 정부와 모건은 영국에 금본위제 회복을 강력히 촉구했다. 그런데 지금 영국의 금 보유량이 바닥을 보이고 있었다. 하지만 미국 정부는 법률적 제약 때문에 더 이상 도움을 줄 수 없었다. 영국이 기댈 곳은 이제 모건 그룹밖에 없었다. 사실 프랑스도 영국에 돈을 빌려주겠다고 자진해서 나서기는 했다. 그러나 그 조건이 만만치 않았다. 반드시 대출금을 프랑화로 계산해야 한다는 것이었다. 프랑스는 근 몇 년 사이 무수한 시련을 겪은 후 한 가지 이치를 깨달았다. 프랑화가 파운드화나 달러화처럼 국제 준비통화 또는 결제통화로 부상할 수 있다면 프랑스의 국익에 상당히 큰 도움이 되리라는 것이었다. 프랑스의 어처구니없는 요구 조건을 영국은 당연히 일언지하에 거절했다. "꿈도 꾸지 말라. 너희들 돈은 필요 없다"는 말 역시 잊지 않았다,

모건은 영국의 마지막 희망이었다. 한마디로 이 시각 영국의 운명은 월스트리트의 결정에 달려 있었다. 금본위제가 파운드화와 영국을 미국의 '노예'로 만들 것이라던 케인스의 예언이 적중했다고 할 수 있다.

물론 모건이 공짜로 돈을 빌려줄 리 만무했다. 모건은 영국이 실업구제금을 포함해 3억 5,000만 달러의 정부 지출을 감축하고 세수를 3억 달러 늘려야 한다는 혹독한 조건을 제시했다. 또 이 자금의 사용처를 모건 자신이 결정한다는 조건도 달았다. 모건의 요구 조건은 우방국에 대한 원조라기보다 패전국에 대한 손해 배상 청구에 더 가까웠다. 영국은 역사 이래 이토록 큰 모욕을 받아본 적이 없었다. 정말이지 사상 처음이었다. 그러나 원래 아쉬운 쪽이 허리를 굽히는 법이다. 영국 총리는 모건 측과 흥정을 거쳐 최종 대출 액수를 결정했다. 워낙 논란이 큰 사안이었던 터라 영국 총리는 이 사실을 내각의 장관들에게 미처 알리지도 못했다. 이 시각 영국인들이 할 수 있는 일은 오로지 미국의 결정을 기다리는 것뿐이었다.

저녁 8시 45분 모건의 전보가 잉글랜드은행에 도착했다. 몇 시간 전부터 대기하고 있던 은행 부총재는 전보문을 들고 다우닝 스트리트 10번지에 있는 총리 관저로 달려갔다. 총리 관저 정원에서 애타게 기다리던 모든 사람의 시선이 일제히 전보문에 집중됐다. 총리는 부총재의 손에서 전보문을 낚아챈 다음 사무실로 뛰어 들어갔다. 다른 사람들도 황급히 총리 뒤를 따랐다. 몇 분 후, 사무실 안에서 창문이 흔들릴 정도로 커다란 고함 소리가 터져 나왔다. 계약 조항을 처음 본 장관

들이 책상을 치면서 분노를 터뜨린 것이다. 내부 의견은 심하게 엇갈렸다. 총리는 결국 그날 밤 국왕에게 눈물을 머금고 사표를 제출했다. 노동당 내각은 붕괴되었다. 다음 날, 영국 언론은 '은행가의 공갈 협박'이라는 제목의 기사를 대서특필했다. 영국 노동 계급과 대립적인 위치에 있는 미국 은행가들의 죄악을 폭로하는 내용이었다.[1]

새로운 내각은 모건이 요구한 대로 재정 개혁을 실시했다. 그 결과 영국 경제는 더욱 심각한 상황으로 빠져들었다. 더불어 실업 구제금 감축으로 인해 국내 소비 시장도 한층 위축되었다. 미국과 프랑스 은행가들이 제공한 4억 달러의 구제금은 겨우 3주 만에 완전히 고갈되고 말았다.

9월 19일 잉글랜드은행의 금 손실액은 무려 10억 달러에 달했다. 영국의 금 보유량이 드디어 완벽하게 바닥을 드러낸 것이다. 금본위제 붕괴와 더불어 파운드화의 국제 화폐 패권 지위를 회복하려던 영국의 야심 역시 이로써 물거품이 될 수밖에 없었다.

그러나 "하늘이 무너져도 솟아날 구멍은 있다"고 했던가. 금본위제 붕괴는 영국에 또 다른 기회를 제공했다.

국제 시장에서 파운드화 매각이 늘어나면서 파운드화 환율은 30%나 폭락했다. 하지만 반대급부도 있었다. 영국 경제가 금본위제의 속박에서 벗어나 새로운 자유를 찾은 것이다. 더불어 산업 경쟁력이 무서운 기세로 소생하기 시작했다. 국제 시장에서 미국과 프랑스 제품은 갑자기 저렴해진 영국산 제품에 여지없이 참패를 당했다. 프랑스가 1926년 프랑화의 평가 절하를 통해 경험했던 수출 호조가 이번에는 영국에서 재연되었다. 미국과 프랑스는 영국의 산업 경쟁력에 밀려 연신 앓는 소리를 할 수밖에 없었다.

영국 자본은 국제 경쟁력 향상, 해외 투자 기회 감소 등 새로운 변수가 생기자 해외 대신 국내로 눈길을 돌리기 시작했다. 국내에 공장을 신설하는 것은 물론 기계 설비까지 대거 교체하는 호황이 이어졌다. 그 결과 소비 산업이 활기차게 성장했다. 주택 수요 역시 급증했다. 이렇게 영국 경제는 오랜 침체 끝의 짧은 '번영기'를 맞이할 수 있었다. 영국의 단기 금리 역시 파운드화의 평가 절하에 따른 자금의 대대적 역류에 힘입어 2%로 대폭 하락했다. 80억 달러에 달하는 장기 대출의 이율이 5%에서 3.5%로 하락하면서 채무 상환 부담도 크게 완화되었다. 이로 인해 제2차 세계대전 발발 이후 영국의 국채 융자 이율 또한 3% 이하로 떨어졌다. 하지만 제1차 세계대전 때와 다른 점이 있다면 이와 같은 저금리 정책을 제2차 세계대전 내내 일관되게 지속했다는 사실이다. 영국은 국채 융자를 통해 전쟁 기간 내내 3%대의 낮은 금리를 유지할 수 있었다.

영국은 금본위제 폐지 이후 얼마 지나지 않아 식민지 및 속국과 주요 무역 파트너를 규합해 거대한 파운드 세력을 구축했다. 1932년 오타와 협정에서 채택한 '제국특혜제'가 바로 그것이다. 영국은 이를 통해 블록 역내의 수입 상품에 대해 저율의 관세 또는 면세 혜택을 부여했다. 대신 역외 수입품에 대해서는 엄청난 고율의 관세를 부과했다. 이렇게 함으로써 미국을 위시한 역외 국가들의 수출은 블록 내의 거대한 시장에 침투하지 못하게 되었다.

'해가 지지 않는 제국'이라 일컫던 영국은 세계 인구의 4분의 1과 전 세계 육지 면적의 5분의 1을 지배한 거대한 제국주의 국가였다. 본

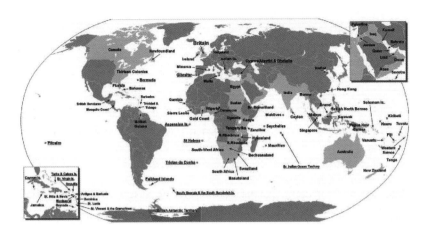

| 영국에서 출판한 세계지도

토인 그레이트브리튼 섬은 말할 것도 없고 감비아, 뉴펀들랜드, 캐나다, 뉴질랜드, 오스트레일리아, 말레이시아, 홍콩, 싱가포르, 미얀마, 인도, 우간다, 케냐, 남아프리카, 나이지리아, 몰타 등을 비롯해 무수히 많은 섬이 모두 영국의 영토였다. 지구상의 모든 시간대(時間帶)에 영국의 영토가 있을 정도였다.[2] 이에 따라 영국의 패권에 바탕을 둔 국제 질서를 일컫는 용어가 자연스럽게 생겨났다. '영국의 지배에 의한 평화(Pax Britannica)'가 바로 그것이다. 지금도 영국에서 출판한 세계지도를 보면 흔히 '제국의 색'이라고 부르는 붉은색으로 영국의 영토를 표시하고 있다. 다음의 그림을 봐도 방대한 제국의 막강한 영향력을 알 수 있다. 여기에 영국의 주요 무역 상대국, 이를테면 북유럽의 스웨덴·덴마크·노르웨이와 핀란드, 남유럽의 포르투갈과 그리스, 중동의 이라크, 아프리카의 이집트 및 아시아와 남미 여러 국가까지 포함할 경우 '파운드 블록'의 넓은 시장, 광활한 영토, 방대한 인구 및 풍부한 자원

은 그야말로 달러화의 세계 패권 지위를 위협하기에 충분했다.

영국의 저명한 경제학자 윌리엄 제번스(William Jevons)는 당시 세계에 대한 영국의 영향력을 다음과 같이 표현했다.

"북미와 러시아의 평원은 우리의 옥수수밭이다. 캐나다와 발틱은 우리의 목재 조림장이다. 오스트레일리아는 우리의 목장이다. 페루는 우리의 은광이고, 남아프리카와 오스트레일리아는 우리의 금광이다. 인도와 중국은 우리의 차 재배 기지이고, 동인도제도 전역에는 우리의 설탕·커피·향료 재배 농장이 있다. 또한 미국 남부는 우리의 목화 재배 기지이다."

영국은 이 밖에도 석유, 철, 알루미늄, 아연, 구리, 니켈, 고무 등 20세기의 중요한 전략 원자재 기지 역시 거의 다 장악했다.

제1차 세계대전 종식 후 미국은 완전히 졸부가 되었다. 반면 유럽 각국의 경제는 큰 타격을 입었다. 미국은 이 기회를 틈타 '전쟁 채무'라는 몽둥이를 휘둘러 파운드화의 세계 준비통화 및 결제통화 지위를 정면과 측면에서 무차별 공격했다. 그 결과 파운드화의 글로벌 체계를 무너뜨리는 데 성공할 수 있었다. 그러나 영국 경제 발전의 저력에는 그다지 타격을 입히지 못했다. 따라서 달러화 전략이라는 결과만 놓고 보면 달러화가 파운드화를 포위했다기보다 오히려 파운드화에 의해 포위당했다고 하는 편이 더 정확하다.

영국의 금본위제 폐지는 파운드화가 달러화의 속박에서 벗어났다는 사실을 의미한다. 이로써 전략의 주도권은 영국에게 돌아갔다. 영국은 '제국특혜제'를 기반으로 거대한 '파운드 블록'을 구축함으로써 대폭 평가 절하된 파운드화로 국제 무역 시장에서 달러화에 대한 치밀한 반격을 개시했다. 전화위복이 따로 없었다.

　궁지에 몰린 달러화는 더 좋은 기회를 찾을 때까지 글로벌 시장에서 전략적으로 퇴각할 수밖에 없었다. 미국이 다시금 고립주의로 되돌아간 것은 세계 제패에 대한 야심을 포기해서가 아니었다. 오히려 그 생각은 훨씬 더 굴뚝같았다고 해야 옳다. 결론적으로, 경제의 장기 침체로 인해 타격을 입는 바람에 그럴 만한 능력이 따라주지 못했다는 게 정답일 것이다.

# FRB를 사수하라, 위기 탈출 48시간

영국이 1931년 9월 금본위제를 폐지한 후 전 세계에는 달러화도 별수 없이 금과의 연결 고리를 끊을 것이라는 추측이 난무했다. 다른 나라의 사례를 보면 그럴 만도 했다. 예컨대 프랑스의 경우 파운드화 가치가 급락하면서 프랑스 중앙은행이 보유하고 있던 3억 5,000만 파운드의 외화준비금이 삽시간에 1억 2,500만 파운드나 줄어들었다. 손실액이 무려 자기 자본의 일곱 배에 달했다. 일반적인 상업은행이라면 백 번은 파산하고도 남을 타격이다. 네덜란드 중앙은행도 예외는 아니었다. 자기 자본의 100% 넘는 손실을 입었다. 과거 노먼의 감언이설에 속아 파운드화 자산을 보유했던 스웨덴, 벨기에 등의 국가도 심각한 손실을 입기는 마찬가지였다. 그러나 이들 국가는 하소연할 곳도 없었다. 과거 유럽 금융계를 쥐락펴락하던 잉글랜드은행 총재 노먼은 금을 보유하느니 차라리 절대적 강세 화폐인 파운드화를 보유하는 것이 훨씬 낫다면서 유럽 각국 중앙은행을 압박했다. 그런데 사정이 이렇게 되자 노먼과 잉글랜드은행의 위신은 납작해질 수밖에 없었다.

"자라 보고 놀란 가슴 솥뚜껑 보고도 놀란다"는 속담처럼 영국 파운드에 단단히 배신당한 투자자들은 달러화에 대한 확신도 잃고 말았다. 오직 금만이 안전한 자산이라고 생각한 것이다. 이는 하등 이상할 게 없었다. 실제로 영국이 금본위제 폐지를 선언한 다음 날, 프랑스은행은 급전이 필요하다며 보유하고 있던 달러화 자산 중 일부를 금으로 바꿔달라고 뉴욕연방준비은행에 강력히 요구했다. 미국은 아무런 의심 없이 선뜻 수락했다. 어쨌든 미국에는 금이 워낙 많았기 때문이다. 프랑스은행은 즉시 1억 달러의 달러 자산을 금으로 전환했다. 스위스 중앙은행 역시 뒤질세라 미국에 2억 달러의 금 태환을 요구했다. 이때까지도 미국인들은 별다른 의심을 하지 않았다. 그런데 잇따라 벨기에 중앙은행이 1억 3,000만 달러, 네덜란드 중앙은행이 7,700만 달러의 금 태환을 미국에 요구했다. 금 태환을 요구하는 은행이 갑자기 증가하기 시작한 것이다. 5주 동안 유럽은 7억 5,000만 달러의 외화준비금을 금으로 전환했다.

그제야 미국은 사태가 심상치 않다는 사실을 알아차렸다.

미국의 화폐 시스템에서 갑자기 거액의 금이 빠져나가자 미국 은행의 신용 기반은 크게 흔들렸다. 게다가 대출 담보물도 거의 사라졌기 때문에 시중의 대출 역시 빠른 시일 안에 회수해야 했다. 그러나 경기 불황으로 인해 대출받은 사람은 대부분 상환 능력이 없는 상태였다. 그 결과 대출을 갚기 위해 자산을 헐값에 처분하는 사람이 속출했다. 투신자살하는 사람 역시 부지기수였다. 일대 아수라장이 벌어진 것이다. 유럽인들이 미국에서 금을 인출해 간 이후 5주 동안 무려 522개의 미국 은행이 문을 닫았다. 1931년 말에는 파산한 은행이 2,294개에 달했다. 2만 개의 은행 중 10분의 1이 무너진 것이다. 서민들의 예금도 17억 달러나 손실을 입었다.

미국 예금자들은 난생처음 은행의 무더기 파산을 경험했다. 재산과 생명에 큰 위협을 느낀 것은 너무나도 당연했다. 사람들이 은행에 맡겨둔 돈을 인출하기 위해 홍수처럼 각 은행에 몰려든 것 역시 하등 이상할 게 없었다. 6개월도 안 되는 사이 은행에서 인출된 돈이 무려 5억 달러에 달했다. 미국의 은행 시스템은 절체절명의 위기에 빠졌다. 그 결과 신용 대출 규모가 1931년에 비해 20%나 줄어들었다. 화폐 신용의 급격한 위축과 더불어 물가 하락, 부채 가중, 기업 파산, 실업률 상승, 소비 부진, 불량 대출 증가, 예금 인출 사태 등도 이어졌다. 그야말로 모든 것이 악화일로를 치달았다. 미국의 금융 시스템이 완벽한 악순환 구조에 빠져들었다고 해도 과언이 아니었다.

미국발 달러화 채무 버블은 1928년 독일에서 가장 먼저 붕괴되었다. 달러화 신용 위기의 도미노 효과로 인해 1929년에는 미국 증시가 무너졌다. 이어 금융 공황은 약 1년 반 동안 진정세를 보이는 듯했다. 그러더니 다시 오스트리아와 독일에서 더욱 심각한 위기가 발생했다. 1차 위기 때보다 더욱 엄청난 파괴력을 지닌 2차 위기는 영국의 금본위제를 무너뜨린 다음 대서양을 건너 1931년과 1932년에 미국 전역을 강타했다.

1933년 2월 곧 닥쳐올 금융 쓰나미를 예고하듯 뉴욕 상공에는 어두운 구름이 짙게 드리웠다. 이번 위기의 중심에는 달러화 체제의 핵

▌1932년 미국 은행의 무더기 파산으로 당황한 군중

심인 뉴욕연방준비은행이 있었다.

2월 하순 뉴욕연방준비은행에서 2주 동안 2억 5,000만 달러의 금이 빠져나갔다. 보유량의 4분의 1에 달하는 엄청난 액수였다. 물론 FRB 전체의 금 보유량은 아직 넉넉한 상태였다. 그러나 이 자산은 12개 연방준비은행이 나눠 보유하고 있었다. 당연히 이 무렵 뉴욕연방준비은행을 비롯한 다른 11개 연방준비은행 역시 제정신이 아니었다. 예금을 찾기 위해 홍수처럼 밀려드는 인파 때문에 악전고투하느라 다른 은행을 돌볼 겨를이 전혀 없었다. 게다가 뉴욕연방준비은행 총재는 평소 독선적 성격으로 FRB 본부뿐만 아니라 다른 연방준비은행 동료들 사이에서도 평판이 좋지 않았다. 아무도 그를 도와주기 위해 나서려 하지 않았다. 뉴욕연방준비은행은 졸지에 고립무원의 처지로 전락했다.

은행 파산 사태는 수그러지기는커녕 점점 더 악화되기만 했다.

3월 2일 뉴욕연방준비은행의 금 보유량은 법률이 정한 화폐 발행 준비금 하한선인 40% 아래로 떨어졌다.

그대로 있다가는 48시간 안에 위기가 빠르게 확산될 터였다. 워싱턴에 있는 FRB 본부는 미국 중앙은행 시스템이 해체될 위기에 빠져들었음을 직감했다.

당시 뉴욕연방준비은행의 총재는 조지 해리슨(George Harrison)이었다. 1928년 벤저민 스트롱이 병사한 이후 그 뒤를 이은 터였다. 그러나 해리슨은 단도직입적으로 말해서 대단히 운이 나쁜 사람이었다. 이른바 은행 총재라는 인물이 거드름 한 번 제대로 피워보지 못하고 부임한 첫날부터 발등에 떨어진 불을 끄기 위해 최일선에서 동분서주해야 했으니 말이다. 뉴욕연방준비은행과 해리슨 본인을 위기에서 구해낼 최후의 해법은 전국에 있는 모든 은행에 휴업 명령을 내리는 것이었다. 그러나 미국 건국 이래 이 방법을 직접 실천에 옮긴 인물은 단 한 사람도 없었다.

그런데 하필이면 이처럼 중대한 시기가 미국의 정권 교체기와 겹쳤다. 이미 대통령에 당선된 프랭클린 루스벨트는 3월 4일 정식 취임하기로 예정돼 있었다. 당연히 전임인 허버트 후버 대통령은 전형적인 레임덕에 시달렸다. 국민의 신뢰는 이미 오래전에 잃었다. 해리슨은 FRB 본부 및 월스트리트와 밀접한 관련이 있는 후버 대통령을 설득하는 데 성공했다. 하지만 루스벨트를 설득하는 데는 실패했다. 그렇다고 루스벨트가 사태의 심각성을 모르고 있었던 것은 아니다. 오히려 너무나 잘 알고 있었다. 하지만 그는 사태를 수수방관하기로 작정했다.

후버 대통령은 속이 까맣게 타들어갔다. 그의 생각은 아마 다음과 같았을 것이다.

"전국의 은행을 빨리 휴업시켜야 한다. 더 지체하면 FRB가 해체된다. 그러면 미국 경제는 붕괴하고 말 것이다. 또 나, 후버 역시 미국 역사상 최초로 '국가 경제를 말아먹은 대통령'으로 천추에 오명을 남길 것이다."

애가 탄 후버는 루스벨트에게 힘을 합쳐 위기에 대처할 것을 촉구했다. 그러나 루스벨트의 태도는 느긋하기만 했다. 유유자적 그 자체였다.

사실 루스벨트 입장에서는 조급하게 생각할 필요가 전혀 없었다. 경제를 말아먹은 것은 무능한 전임 대통령이다. 자신과는 아무런 관계도 없었다. 더구나 전임 대통령이 무능해서 국민 역시 자신을 대통령으로 선출한 것 아닌가. 그는 이렇게 생각했다.

'국민은 변화를 원해. 후버와 손잡고 어떤 계획을 함께 수립하거나 추진하는 것은 정치인으로서 너무나도 현명하지 못한 선택이야. 게다가 이런 중차대한 시기에 쓸데없는 일에 괜히 끼어들었다가 나중에 후폭풍이라도 만나면 어떻게 한단 말인가. 그 책임을 누가 지겠는가. 나는 바보가 아니야. 남의 뒤치다꺼리를 할 필요는 없어.'

루스벨트의 속셈은 뻔했다. 당장은 먼 산의 불구경하듯 수수방관하다 일단 대통령에 취임한 다음 난장판이 된 국면을 추스를 생각이었던 것이다. 일이 잘되면 모든 공로는 그에게 돌아올 터였다. 또 행여 일이 잘못되더라도 모든 책임을 후버 전 대통령에게 미뤄버리면 그만이었다. 아무튼 루스벨트로서는 잃을 게 없었다.

3월 3일 뉴욕연방준비은행은 하루 사이 3억 5,000만 달러의 손실을 입었다. 그중 2억 달러는 외국 은행, 1억 5,000만 달러는 미국 국민이 현금으로 인출한 것이었다. 이때 준비금 부족액은 벌써 2억 5,000만 달러에 달했다. 뉴욕연방준비은행으로서는 더 이상 버텨낼 재간이 없었다. 급기야 여기저기에 손을 내미는 처지가 되고 말았다. 그러나 다른 연방준비은행들은 코웃음만 칠 뿐이었다. 그토록 우려하던 FRB 해체 위험이 눈앞의 현실로 다가왔다. 뉴욕연방준비은행은 정부 기관이 아닌 개인 기업이기 때문에 실제로도 파산 가능성을 안고 있었다.

후버 대통령의 마지막 근무일. 하루만 지나면 루스벨트의 시대가 열릴 터였다. 그날 오후 루스벨트는 전례에 따라 집에서 다과회를 마련했다. 후버 대통령을 초대한 것이다. 루스벨트는 태연자약했다. 반면 후버 대통령은 초조한 기색이 역력했다. 주객 사이에 의례적인 인사가 오간 다음, 후버 대통령은 루스벨트에게 단독 면담을 요구했다. 루스벨트는 FRB 의장과 재무장관을 비롯한 보좌관들에게 양해를 구하고 후버와 함께 서재로 들어갔다. 후버 대통령은 거의 간청에 가까운 어조로 루스벨트에게 말했다.

"오늘 밤 우리 둘이 공동 성명을 발표합시다. 전국 은행에 휴업을 선포하는 것이 어떻겠소?"

루스벨트는 타협할 뜻이 전혀 없었다. 냉정하게 거절하는 것이 당연한 수순이었다.

"당신 혼자 현 상황에 대한 결과를 책임질 용기가 없다면 그만두십시오. 내가 대통령에 취임한 다음 (당신이 원래 해야 했던) 그 일을 하겠소."

협상은 결렬되었다. 두 사람은 불쾌한 표정으로 헤어졌다. 후버는 초조하지 않을 수 없었다.

그러나 후버보다 조급한 것은 FRB였다. 또 FRB보다 안달이 난 것은 천하의 모건이었다. 뉴욕연방준비은행은 국제 은행가들이 천하의 '제후'들을 호령하는 중요한 도구라고 해도 과언이 아니었다. 그런 은행이 무너진다면 어떻게 되겠는가? 수백 년 동안 유지해 온 금권을 하루아침에 잃는 것이나 마찬가지였다. 이는 모건이 절대 용납할 수 없는 일이었다.

3월 4일 새벽 내내 루스벨트의 집 전화기는 한시도 쉬지 않고 울어댔다. 국제 은행가들은 다양한 인맥을 동원해 루스벨트를 설득하려고 무던히도 애를 썼다. 여기에는 그럴 만한 이유가 있었다. 1920년대 초 루스벨트는 월스트리트에서 국제 은행가들과 꽤 깊은 교분을 쌓았다. 금융 기관의 이사 또는 부총재 등의 자리에 임명되기도 했다. 이런 이력을 바탕으로 1922년에는 연합유럽투자회사(United European Investors, Ltd) 총재에도 취임했다.

당시 이 회사의 이사와 고문에는 독일의 금융 거두 바르부르크 가문의 일인자인 막스 바르부르크(Max Warburg)를 포함해 금융계의 거물급 인사들이 대거 포진해 있었다. 막스 바르부르크의 동생 파울 바르부르크 역시 보통 인물이 아니었다. 그는 미국 연방준비은행을 설계한 인물이자 부총재로서 'FRB의 아버지'로 일컫는 사람이었다. 파울의 아들 제임스는 루스벨트 정부에서 금융 고문으로 활약했다. 막스의 또 다른 동생은 월스트리트 최대 투자은행인 쿤-뢰브(Kuhn, Loeb & Co.)의 합작 파트너였다. 쿤-뢰브투자은행은 전 세계를 아우르는 유대인 금융 네트워크에서 가장 핵심적인 역할을 하는 기구였다. 극심한 인플레이션을 초래한 독일 전 총리 빌헬름 쿠노(Wilhelm Cuno)도 연합유럽투자회사의 고문으로 있었다. 이 회사의 최대 개인 주주인 루스벨트는 독일 국민이 하이퍼인플레이션으로 빈털터리가 됐을 때 기세 좋게 떼돈을 벌어들였다. 루스벨트는 모건 계열의 은행가들과도 교분이 두터웠다. 특히 모건 휘하의 유능한 조수인 로버트 라몽과는 개인적 친분이 두터웠다. 루스벨트가 젊은 나이에 워싱턴에서 정치에 입문했을 때 라몽은 그에게 거처를 마련해 주고 다양한 인맥을 소개해 주기도 했다.[3]

은행 휴업 문제와 관련해 입을 가진 사람들은 모두 한마디씩 떠들어대니 루스벨트는 귀찮아 견딜 수가 없었다. 그중에서도 FRB 의장이 가장 유난스럽게 그를 괴롭혔다. FRB 의장은 후버와 루스벨트 사이의 견해 차이를 좁히기 위해 매일 밤 두 사람에게 수십 통씩 전화를 걸어 설득하기도 했다. 루스벨트는 너무 귀찮은 나머지 이날 밤 FRB 의장의 요구대로 세 번씩이나 후버와 통화를 했다. 그러나 두 사람은 새벽 1시까지 이야기를 나눴음에도 끝내 의견 일치를 보지 못했다. 인내심이 한계에 달한 루스벨트는 "나는 이제 그만 자야겠소"라는 한마디 말을 남기고 수화기를 내려놓았다.

그럼에도 루스벨트에게는 아무런 부담이 없었다. 발 편히 뻗고 잠을 청할 수 있었다. 그러나 FRB 의장은 달랐다. 잠을 이룰 수가 없었다. 역사에 오명을 남기지 않기 위해서라도 반드시 해법을 강구해야 했다. FRB 의장은 밤도 잊은 채 긴급 이사회를 소집하는 용단을 내렸다. 그리하여 집에서 단잠을 자던 사람, 병에 걸려 골골 앓던 사람, 개인적 모임이나 파티에 참석해 술을 마시던 사람까지 FRB의 모든 이사들이 쏟아지는 폭풍우를 뚫고 회의 장소에 도착했다. 하긴 의장이 부르는데 배짱 좋게 거절할 수도 없었다. 이사들은 갑론을박을 벌였다. 새벽 2시가 되어서야 겨우 루스벨트에게 건넬 서면 결의안을 채택할 수 있었다. 내용은 뻔했다. 전국 은행에 즉시 휴업 명령을 내려달라는 것이었다. 그들은 루스벨트가 이미 잠에 곯아떨어졌다는 것을 잘 알고 있었다. 그래서 그의 집 대문 틈에 건의안을 밀어 넣는 꼼수를 부렸다. 이사회 결의안을 제때 대통령에게 송달했다고 우길 수 있도록 잔머리를 굴린 것이다. 다음 날 아침, 취임식에 참석하기 위해 집을 나서던 루스벨트는 문 앞에서 뒹구는 이사회 결의안을 발견했다. 그는 화가 나서 펄펄 뛰었다. 대통령을 옭아매려는 FRB의 수작이 틀림없다고 생각했으니 당연한 일이었다.

솔직히 말해, 궁지에 몰린 FRB로서는 선택의 여지가 없었다. 전국의 은행이 휴업하지 않을 경우 상황이 심각해질 가능성이 높았기 때문이다. 무엇보다 월요일이 되면 뉴욕연방준비은행의 준비금이 완전히 거덜 날지도 모를 일이었다. 당당한 아메리카합중국의 중앙은행이 미국인과 외국인의 대규모 예금 인출 사태로 인해 문을 닫는다면 달러화의 위신은 완전히 나락으로 떨어질 수밖에 없었다. 달러화 신용이 떨어지면 달러화의 글로벌 전략이니 영국 파운드화와의 기축통화 지위 쟁탈전이니 하는 것들 역시 모두 말짱 도루묵이 될 터였다. 따라서 뉴욕연방준비은행이 파산하기 전에 전국의 은행들이 문을 닫도록 해야 했다. 일단 전국의 은행이 문을 닫은 후에는 FRB가 예금 인출 쇄도로 인해 문을 닫더라도 정부는 국내 은행 시스템을 정비하는 중이라는 핑계를 댈 수 있다. 이렇게 되면 FRB는 은행 시스템 구조 조정 대상에서 실행자로 탈바꿈할 수 있다. 즉 피고가 원고로 바뀌는 것이다.

은행가들은 항상 마지막 뒷길을 생각한다. 더구나 이처럼 중차대한 사안과 관련한 계획을 한 가지만 세웠을 리 만무했다.

플랜 B는 만약 루스벨트가 전국 은행의 휴업에 동의하지 않을 경우, 먼저 뉴욕주와 미국 중부의 금융 중심지 시카고 지역 은행들을 휴업시킨다는 것이었다. 이렇게 하면 적어도 뉴욕 및 시카고 연방준비은행의 대규모 예금 인출 사태를 완화하는 데 필요한 귀중한 시간을 벌 수 있을 터였다. 은행 휴업이라는 행정 명령은 반드시 주지사가 내려야 했다. 하지만 시카고가 소재한 일리노이주 주지사는 이런 일에 솔선해 나설 용기가 없었다. 그래서 뉴욕주에서 먼저 행동을 개시하면 자신도 곧 따라 할 것이라고 대답했다. 은행가들은 즉각 뉴욕주 주지사 집으로 쳐들어갔다. 당시 뉴욕주 주지사는 바로 리먼 브러더스(Lehman Brothers) 가문의 일원인 허버트 리먼(Herbert Lehman)이었다. 한때 리먼 브러더스는 월스트리트를 주름잡던 은행 재벌이었다. 결론을 말하면, 1933년 3월 절체절명의 위기에 빠졌던 뉴욕연방준비은행은 리먼 브러더스의 도움으로 겨우 살아남았다. 그러나 2008년 9월 리먼 브러더스가 파산 위기에 처했을 때 뉴욕연방준비은행은 나 몰라라 하면서 아무런 도움도 주지 않았다. 금융업계가 얼마나 냉혹하고 무서운 곳인지, 은행가들이 얼마나 이기적이고 음흉한 족속인지를 잘 보여주는 대

루스벨트가 '은행 휴무' 기간에 국민에게 은행에 예금할 것을 호소하는 장면

목이다.

새벽 2시 30분 루스벨트와의 협상이 결렬되었다는 소식이 전해졌다. 그러자 리먼 뉴욕주 주지사는 월요일부터 뉴욕주의 모든 은행이 3일 동안 전면 휴업에 들어간다고 공식 선포했다. 한 시간 후, 일리노이주 주지사도 똑같은 결정을 발표했다. 이어 매사추세츠 주와 뉴저지 주에서도 다음 날 새벽 관할 지역 내 은행에 휴업을 명령했다. 펜실베이니아주 역시 이번 행동에 동참하기로 사전에 합의했다. 그런데 웬일인지 주지사가 보이지 않았다. 알고 보니 그는 대통령 취임식에 참석하기 위해 하루 전 워싱턴에 있는 친구 집에 도착해 잠을 자고 있었다. FRB는 급한 나머지 직접 사람을 보내 곤히 자고 있는 그를 깨웠다. 잠이 덜 깬 주지사는 은행 휴업 명령에 사인한 다음, 다시 침대로 돌아가 단잠에 빠져들었다.[4]

3월 4일 루스벨트가 미국 대통령에 취임했다. 그는 취임하자마자 전국 은행에 10일 동안의 휴무를 명령했다. 세계 최대 경제체가 10일 동안이나 은행 및 화폐와 담을 쌓고 지낸 것은 미국 역사는 말할 것도 없고 세계 화폐사에서도 전례가 없는 일이었다.


# 세 차례의 양적 완화 정책을 무용지물로 만든 대공황

선진 산업 국가에서 화폐 공급을 중단하는 것은 마치 현대 도시에서 물과 전기 공급이 끊기는 것처럼 매우 심각한 문제다. 그렇다면 화폐가 없어도 경제는 제대로 돌아갈 수 있을까?

대답은 물론 '예스'다.

인류의 사회 적응 능력은 한마디로 대단히 놀랍다. 상상을 초월할 정도로 뛰어나다고 할 수 있다.

미국의 은행 시스템이 휴업에 들어간 다음, 사람들이 우려했던 대규모 소요 사태 따위는 거의 발생하지 않았다. 사회는 예상 외로 일사불란하게 움직였다. 질서정연하게 돌아갔다는 표현도 크게 틀리지 않는다. 무엇보다 루스벨트의 뉴딜 정책이 국민에게 새로운 희망을 준 것이 첫 번째 원인이었다. 그리고 인류의 천부적인 사회 적응 능력은 두 번째 원인이었다.

백화점과 상점은 외상으로 고객들에게 상품을 공급했다. 의사, 변호사, 자동차 정비소 사장 같은 상류층 인사들은 차용증을 받고 고객에게 서비스를 제공했다. 대학교는 여느 때와 다름없이 수업을 했다. 또 학교 식당에서는 학생들의 이름을 장부에 적으면서 급식을 제공했다. 심지어 브로드웨이에서도 차용증을 받고 관객들에게 공연 티켓을 팔았다. 물론 관객들은 저금통장을 제시해 채무 상환 능력이 있다는 사실을 증명해야 했다. 수백 개에 이르는 지방 정부는 미국 독립전쟁 동안 각 주에서 자체적으로 '식민지 통화'를 발행한 경험을 되살렸다. 이를 토대로 유통권을 발행한 것이다. 또 어떤 지방에서는 아예 상품을 지불 수단으로 정하기도 했다. 이를테면 뉴욕에서 권투 경기 관람에 필요한 입장료가 50센트라면 관객들은 이 정도 가치에 상당하는 모자, 비누, 궐련, 신발 등을 '지불'하고 입장권을 살 수 있었다. 그러나 신용은 한도가 있는 법이다. 소액 지출은 아무런 문제가 없었다. 반면 고액 지출 때문에 곤란에 봉착한 사람도 많았다. 아무튼 이로 인해 화폐를 사용할 수 없는 기간에도 미국인들은 평소와 다름없이 재미있게 놀면서 인생을 즐겼다. 그 결과 신용 한도를 초과한 관광객 5,000여 명이 플로리다 주에서 발이 묶이는 엉뚱한 사태가 벌어지기도 했다.

루스벨트 행정부의 중점 사업은 당연히 '경제 살리기'였다. 그러나 루스벨트가 출범한 뉴딜 정책은 미국 경제 회복에는 그다지 적합하지 않았다. 1933년 루스벨트가 대통령에 취임할 당시 미국의 실업자는 1,300만 명에 달했다. 제2차 세계대전 참전 직전인 1941년에도 미국의 실업자는 여전히 1,000만 명을 초과했다. 만약 때마침 발발한 제2차 세계대전이 미국 실업 인구 중 3분의 1을 전장과 전쟁 관련 산업으로 견인하지 않았다면, 아마 미국의 실업 문제는 1940년대 후반까지 지속되었을 것이다.

루스벨트는 위기의 근원이 물가 하락에 있다고 판단했다. 물가 하락이 산업 이윤 감소, 채무 부담 가중, 투자 감소, 생산 가동률 하락, 실업률 상승 등 일련의 문제를 초래했다고 생각한 것이다. 또 농산물 판매 가격이 여러 해 동안 계속 하락했기 때문에 농장주들의 적자가 계속되었다고 판단했다. 이로 인해 농장주들의 소비 능력 역시 줄어들 수밖에 없다고 생각했다. 더불어 자산 가격 폭락으로 말미암아 월스트리트가 원기를 크게 잃은 것도 위기에 한몫을 했다는 입장을 견지했다. 은행 시스템 마비와 자금 융자 능력의 대대적 하락으로 인해 경기 회복을 뒷받침할 자금이 부족해졌다고 판단한 것이다.

따라서 루스벨트는 온갖 방법을 동원해 물가를

**리플레이션(reflation)**
디플레이션을 겪고 있는 불황기에 경기 회복과 부양을 목적으로 실시하는 통화 재팽창.

올리고 디플레이션 확산을 막는 것이 관건이라고 주장했다. 그래서 제시한 것이 이른바 '리플레이션' 정책이다. 이는 그로부터 80년 후 버냉키와 버락 오바마가 금융 쓰나미에 대처하기 위해 거의 그대로 답습한 정책이기도 하다. 요컨대 자산 재팽창 정책이다. 아마도 이것이 미국이 지금까지도 위기에서 벗어나지 못하는 주요 원인이 아닌가 싶다. 미국 경제는 루스벨트의 뉴딜 정책에 힘입어 잠깐 동안 호경기에 접어든 듯했다. 그러나 4년 후인 1937~1938년 무렵 다시 침체 국면에 빠져들었다. 오바마 역시 마찬가지였다. 집권 후 빛이 보이는가 싶더니 4년 만에 똑같은 재침체 위기에 직면한 것이다. 루스벨트가 해결하지 못한 미국의 실업난을 오바마 역시 해결할 수 없었다.

이런 관점에서 보면 루스벨트와 오바마는 똑같은 시행착오를 범했다고 할 수 있다. 의사가 심장병이 발작한 환자에게 엉뚱하게 두통약을 잘못 처방하는 것처럼 경제 위기의 본질을 잘못 인식하고 그릇된 해법을 제시했기 때문이다. 하긴 달러화 채무 때문에 발생한 위기를 재정 적자를 늘리는 방식으로 해결하려 했으니 그럴 수밖에 없었다. 이는 섶을 지고 불로 뛰어드는 것처럼 어리석은 정책이나 마찬가지였다. 사실 통화 재팽창이나 자산 재팽창은 단순히 달러화 평가 절하를 통해 채무 압력을 완화하는 수단에 지나지 않는다. 이런 가장 극단적인 사례를 우리는 역사에서 쉽게 찾을 수 있다. 1923년 독일에서 발생한 하이퍼인플레이션이 그렇다. 당시 마르크화는 휴지 조각이 되어버렸다. 이에 따라 독일의 국내 부채는 아무런 가치도 없게 되었다. 그러나 동시에 화폐 가치와 정부에 대한 국민들의 신뢰도 역시 완전히 나락으로 떨어졌다. 이는 결국 바이마르공화국의 몰락이라는 참혹한 결

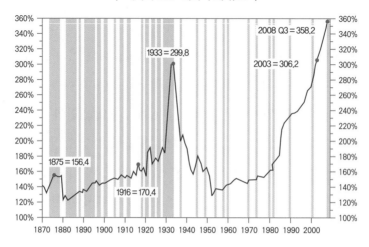

| 2008 Q3 = 358.2
| 1933 = 299.8
| 2003 = 306.2
| 1875 = 156.4
| 1916 = 170.4

| 1930년대 대공황과 2008년 금융위기의 본질은 모두 GDP 대비 부채 규모가 급속히 증가했기 때문이다.

과를 가져왔다. 현재 미국은 달러화의 기축통화 지위를 이용해 월스트리트의 채무 부담과 손실을 애매한 납세자와 국제 채권자들에게 전가하고 있다. 달러화 평가 절하를 통해 채무 부담을 회피하는 미국의 이런 비열한 전략이 도를 넘어설 경우, 전 세계적인 악성 인플레이션과 달러화 신용의 철저한 붕괴가 잇따르는 것은 아마도 시간문제가 아닐까 싶다.

물가 하락은 거대한 채무 버블 붕괴에 따른 은행 신용 하락의 필연적인 결과다. 절대로 원인이 아니다. 그런데 그 위기를 해소하는 방법으로 '리플레이션' 정책을 시도할 경우, 취할 수 있는 정책은 '염가 화폐(Cheap Money)'와 재정 적자를 확대하는 것밖에 없다. 염가 화폐는 기본적으로 저축과 화폐의 실질 구매력을 떨어뜨린다. 또 재정 적자는 소비자의 최종 부채 부담을 가중시킨다. 따라서 이는 경제의 건전한 회복과 고용 창출에 오히려 독이 되는 조치일 뿐이다. 한마디로 본말이 전도되고 논리에도 부합하지 않는 이런 경제 정책을 통해 지속적인 효과를 기대한다는 것은 어불성설이라고 해도 과언이 아니다.

사실 후버 전 대통령도 루스벨트에 앞서 두 차례에 걸친 양적 완화, 즉 QE 정책을 실시한 적이 있었다.

뉴욕연방준비은행은 1929년 11월부터 1930년 6월까지 증시 대폭락과 신뢰 위기에서 벗어나기 위해 1차 양적 완화 정책을 실시했다. 금리를 6%에서 2.5%로 대폭 인하하는 것 외에도 은행 시스템에 5억 달러를 투입했다. FRB의 양적 완화 정책은 경제 주기의 변화에 역류하는 이단적인 화폐 정책이었다. 당시 사람들에게 이런 정책이 매우 생소했던 것은 하등 이상할 게 없었다. 따라서 FRB 내부에서도 큰 논란을 불러일으켰다. 이처럼 양적 완화 정책에 대한 이론과 실천 경험이 부족한 상태에서 무턱대고 실시했으니 완전히 엉뚱한 결과가 나온 것은 너무나도 당연한 일이었다.

FRB의 통화 증발에 물가 하락까지 겹쳐 실제 화폐 총량이 증가하면서 1930년 상반기 미국 증시는 무려 50%나 반등했다. 이에 사람들은 "경제 위기는 그다지 두려운 것이 아니다"라는 인식을 갖게 되었다. 증시가 약세에서 강세로 돌아섰다고 믿는 투자자 역시 점점 증가했다. 그러나 호시절은 그다지 오래가지 않았다. 경제는 계속 아래로 곤두박질쳤다. 증시도 1930년 하반기부터 다시 약세로 돌아섰다.

1932년 2월 FRB는 의회를 부추겨 정부 국채를 담보로 화폐를 발행할 수 있도록 관련 법안을 통과시켰다. 이로써 금 보유량의 제약을 받던 달러화 발행의 정책적 제한이 사라졌다. 1913년 FRB 설립 이후에도 달러화는 여전히 금의 속박에서 벗어나지 못했다. 화폐 100달러를 발행하려면 담보로 반드시 40달러의 금이 필요했다. 그리고 나머지 60달러의 화폐 발행 담보물은 주로 단기 상업어음으로 충당했다. FRB는 공개 시장에서 국채 매매를 통해 금융 기관과 민간의 유동성을 변동시켜 금융 조절을 꾀할 수 있었다. 그러나 법적으로 국채는 달러화 발행 담보물로 사용할 수 없었다. 심지어 미국 국채의 지위는 상업어음보다도 낮았다. 그 이유는 다름 아닌 의회가 FRB 화폐 권력의 지나친 팽창을 경계해 법적으로 제한 조치를 취했기 때문이다. 의회는 FRB가 언젠가는 국채의 화폐화를 통해 정부의 재정 적자 확대에 동조할 것이라고 우려했다. 그것도 아주 큰 재정 적자 확대에 말이다. 사실 FRB의 화폐 권력은 위험 요소를 안고 있었다.

**지대 추구(Rent Seeking)**
경제 주체들이 자신의 이익을 위해 비생산적 활동에 경쟁적으로 자원을 낭비하는 현상. 다시 말해 로비, 약탈, 방어 등 경제력 낭비 현상을 일컬음.

만약 화폐 권력에 기초한 지대 추구 행위로 인해 정부가 부정부패 상황에 빠지기라도 하면 달러화의 내재적 가치를 상실할 위험이 컸다. 그러나 의회가 FRB의 화폐 권력 팽창을 제약하기 위해 쳐놓은 '비밀 방어선'은 경제 위기의 소용돌이에서 FRB에 의해 가볍게 무력화되고 말았다.

FRB는 드디어 공개 시장 조작을 통해 대량 흡수한 국채를 담보로 달러화를 마구 발행할 수 있게 되었다. 국채가 달러화 발행을 위한 담보물이 되었으면 객관적으로 경제 성장에 따라 국채 규모도 반드시 증가해야 한다. 그런데 국채 발행을 늘리려면 재정 적자를 확대하는 수밖에 다른 방법이 없다. 따라서 FRB는 국채 증발을 통해 미국 정부의 초과 지출 욕구를 만족시킬 뿐만 아니라 정부 재정이 장기간 적자 상태를 유지하도록 압박하는 효과도 거둘 수 있었다. 이는 만약 재정이 흑자로 돌아설 경우 디플레이션이 발생할 수도 있다는 뜻이다. 그때문에 정부는 완전히 채무에 의존할 수밖에 없었다. 이것이 FRB 권력의 원천이었다. 훗날 미국은 똑같은 수법으로 영국을 옴짝달싹 못하게 옥죄고 달러화 채무에 의존하게끔 만들었다. 은행가들은 참으로 창의력이 대단한 것 같다. 화폐 권력을 이용해 일반인은 상상도 못할 올가미를 만들어냈으니 말이다. 은행가들은 미국 의회가 FRB를 견제하기 위해 심혈을 기울여 만든 화폐 '마지노선'을 식은 죽 먹기 식으로 무력화시켰다.

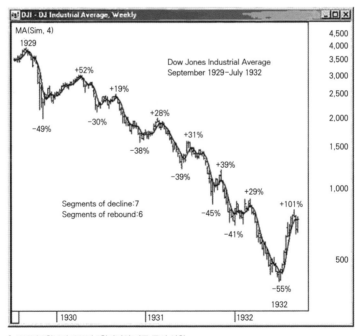

┃ 1929년 9월부터 1932년 7월까지의 미국 증시 상황

새 법안 통과 후 FRB는 신이 나서 조폐기를 가동했다. 2차 양적 완화를 실시한 것이다. FRB가 시중의 국채를 대량 매입하고 은행 시스템에 재차 10억 달러의 자금을 공급한 결과, 미국 증시는 1932년 2월 약 두 배 가까이 폭등했다.

증시는 바닥에서 서서히 상승하기 시작했다. 그러나 미국 경제는 여전히 침체의 늪에서 벗어날 기미를 보이지 않았다. 이에 루스벨트는 3차 양적 완화를 준비했다.

루스벨트 휘하에는 금융을 관장하는 고급 참모가 한 사람 있었다. 바로 'FRB의 아버지' 파울 바르부르크의 아들 제임스 바르부르크였다. 굳이 항렬을 따진다면 'FRB의 형제'라고 할 수 있는 인물이다. 제임스 바르부르크는 25세라는 젊은 나이에 국제인수은행 부총재를 맡으면서 아버지와 함께 미국 상업어음 시장의 새로운 영역을 개척했다. 더불어 달러화가 국제 결제통화 지위를 확고히 하도록 이끈 인물이기도 하다. 조금 과장해서 말하면 미국의 금융 파워 확대에 혁혁한 공을 세운 영웅이라고 할 수 있다. 그는 또한 37세에 월스트리트의 최연소 금융 거물로 부상해 맨해튼은행(현재의 JP모건체이스은행의 전신) 이사회의 부이사장에 임명되기도 했다. 루스벨트는 원래 그를 재무부 차관이라는 요직에 앉히려 했다. 그에게 루스벨트 행정부와 월스트리트를 연계하는 중개자 역할을 기대했기 때문이다. 그러나 그는 한사코 대통령의 개인 참모 자리를 원했다. 제임스는 변덕스러운 성격의 소유자였다. 아마 젊은 나이에 일찍 뜻을 이뤄 안하무인의 오만한 성격이 되지 않았나 싶다. 나중에는 루스벨트와 대판 싸우기도 했다. 그 일이 가슴에 맺혔던지 신문에 공공연히 루스벨트의 뉴딜 정책을 비판하는 글을 발표하기도 했다. 두 사람의 관계는 이로 인해 상당히 악화되었다. 한마디로 성격적 결함 때문에 순탄한 정치 인생을 걷기 어려운 인물이었다 해도 과언이 아니다.[5]

루스벨트와 제임스 바르부르크의 관계가 멀어지자 다급해진 것은 재무장관 헨리 모겐소(Henry Morgenthau)였다. 그는 백방으로 뛰어다닌 끝에 자신의 스승이자 코넬 대학의 농업경제학 교수인 조지 워런(George Warren)을 대통령 경제자문위원으로 천거할 수 있었다. 루스벨트는 워런이 제시한 리플레이션 이론에 상당히 큰 관심을 보였다. 비록 경제학에 대해 잘 모르기는 했지만 물가 상승만이 위기 탈출의 해법이라는 워런의 주장이 옳다고 판단한 것이다. 결론적으로 말해, 워런의 구상은 루스벨트의 기대에 완전히 부합했다.

조지 워런은 10년이라는 긴 시간에 걸쳐 1720년대 이래 농산물 가격 하락의 원인을 파헤친 인물이다. 그리고 마침내 1932년 《1720~1932년까지 213년 동안의 도매가격》이라는 제목의 유명한 저서를 출간했다. 그는 이 책에서 "금과 상품 가격 사이에는 뚜렷한 연관이 있다. 금 보유량이 많을수록 물가는 상승하고 금 보유량이 적을수록 물가는 하락한다"고 주장했다. 이 결론 자체만 놓고 보면 별로 특별할 게 없다. 금은 본래 신용 확장의 초석인 만큼

루스벨트가 뉴딜 정책의 일환으로 도입한 '재취업 지원 방안'의 혜택을 받은 노동자

금 보유량이 증가하면 화폐 신용도 확장된다. 물가 또한 상승한다. 당연한 이치다. 그러나 머니터리즘(통화주의) 사상이 아직 본격적인 싹을 틔우기 전인 1930년대 초에 워런의 참신한 주장은 루스벨트의 흥미를 끌기에 충분했다. 루스벨트를 더욱 경탄하게 만든 것은 워런이 제시한 이른바 '물가 하락 억제 비법'이었다. 금 보유량이 증가해야 물가도 상승한다고 했으니 어떤 방법으로든 금 보유량을 늘리면 될 터였다. 다시 말해, 금 대비 달러화 가치를 평가 절하하면 금 보유량이 증가한다는 뜻이다. 이처럼 간단한 '해법'은 루스벨트가 워런을 '경제 분야의 선지자'로 인정하는 계기가 되었다. 루스벨트는 주변의 극심한 반대에도 불구하고 달러 가치의 평가 절하를 통해 미국 경제를 일거에 대공황의 늪에서 끌어올리기로 결정했다.

1930년부터 1932년까지 실시한 두 차례의 화폐 증발과 의도적인 달러 가치 평가 절하는 사실 두 가지 측면(전자는 양적으로, 후자는 질적으로)에서 화폐 가치 조절을 통해 심각한 채무 위기를 구제하기 위한 시도였다. 그러나 이 두 가지 시도는 모두 실패로 돌아갔다. 기본적으로 심각한 채무 위기를 구제하는 가장 효과적인 방법은 채무를 완전히 무효화하는 것이다. 또 대형 은행의 파산을 허용하고 정부가 금융 기관의 화폐 권력을 인수함으로써 금융 기관을 통하지 않고 화폐를 직접 실물 경제에 투입해야 한다. 이어 부채 부담이 거의 없는 상태에서 경제를 신속하게 회복시킨 다음 다시 은행을 지원해야 한다. 1933년 독일 경제가 미국보다 훨씬 심각한 위기에 빠졌을 때 샤흐트는 바로 이 방법으로 경제 회복을 꾀했다. 그 결과 30%의 실업률을 완전 고용 상태로 바꿔놓았다.

대공황의 본질을 살펴보면, 한쪽에서 대량의 자원과 산업 시설이 방치된 상태였다. 또 다른 한쪽에서는 대량의 노동력이 유휴 상태에 있었다. 따라서 '화폐'라는 도구를 이용해 이 두 가지를 결합한다면 경제 엔진이 다시금 작동할 수 있을 터였다. 그러나 이 시기에 가장 중요한 역할을 담당해야 할 은행이 엉망이었다. 장부는 뒤죽박죽이고 신용은 완전히 실추되었다. 제 역할을 발휘할 수 없었던 것이다. 따라서 화폐 가치의 평가 절하를 통해 상업은행에 자금을 공급해 봤자 그 자금이 실물 경제에 제대로 투입될 리 만무했다. 시중 은행에 의한 신용 창조는 대출을 통해 이루어진다. 즉 돈을 빌리는 사람이 있어야 신용 창조가 가능하다는 얘기다. 돈을 빌리는 사람이 없거나 은행이 돈을 빌려주려 하지 않을 경우, 중앙은행이 발행한 염가 화폐는 실물 경제로 흘러 들어갈 수 없다. 대공황 시기에는 실업난 때문에 소비자 구매력이 저하되고 소비 시장은 위축된다. 따라서 은행은 소비자의 신용 제공에 신중을 기하고 기업은 대규모 생산을 머뭇거린다. 그러면 소비자 신용과 기업 생산이 감소하면서 소비 시장은 더 한층 위축된다. 이 같은 악순환의 고리를 끊으려면 무엇보다 대폭적인 고용 증대가 우선이다. 고용이 증가해야 소비 성장을 이끌 수 있기 때문이다. 루스벨트는 고용 창출을 위해서도 노력했다. 그러나 달러 가치의 평가 절하를 위한 열정에 비하면 고용 창출을 위한 노력은 새 발의 피였다.

미국이 금본위제에서 이탈(루스벨트가 실시한 세 차례의 QE 정책 포함)한 이후 달러 가치는 금 1온스당 20.67달러에서 35달러로 대폭 하락했다.

프랑스인들은 금 보유량 세계 1위인 미국이 무엇 때문에 금본위제에서 이탈했는지 이해할 수 없었다. 영국인들은 자국이 마지못해 금본위제를 폐지한 것과 달리 미국이 주도적으로 금본위제에서 이탈한 원인에 대해 이런저런 추측을 했다. 그렇다면 미국은 무엇 때문에 금본위제에서 이탈했을까? 답은 매우 간단하다. 대다수 나라가 이미 금본위제를 포기한 상황에서 미국이 계속 금을 '받들어 모실' 필요가 있겠는가? 금은 단순히 미국이 다른 나라들을 조종하기 위해 사용한 도구에 불과했다. 그런데 다른 국가들이 모두 금과의 연결 고리를 끊어버린 상황에서 미국만 여전히 금본위제를 고수한다면 다른 나라를 조종하기는커녕 오히려 다른 나라들의 조종을 받을 게 틀림없었다. 그러나 미국은 만일의 경우를 대비해 퇴로를 남겨두는 것도 잊지 않았다. 비록 현실적 필요에 의해 당분간 금본위제를 포기하기는 했지만 금 보유량이 압도적으로 우세한 이상 장래에 다시 '금을 끼고 각국을 호령하는' 날이 올지도 모르기 때문이었다. 그래서 루스벨트는 표면상으로는 금본위제를 철폐한다면서 다른 한편으로는 금의 가치를 올리기 위해 민간이 보유한 모든 금을 즉각 FRB에 저가로 매각토록 하는 사실상의 '금 몰수' 정책을 추진하기도 했다. 이는 국민의 재물을 수탈해 금융 기관의 배만 불리는 정책이었다.

과연 훗날 브레턴우즈 체제 출범 이후 미국은 또다시 '금'을 '허수아비 황제'로 내세우고 각국을 '호령'하는 위치에 올라섰다. 1971년 달러와 금의 연결 고리가 완전히 끊어진 다음에도 미국은 여전히 8,000톤에 달하는 거액의 금을 보유하고 있었다. 세상의 길흉화복은 예측하기 어렵다. 그 때문에 미국은 무슨 일을 하든 마지막 한 수를 남겨두곤 했다. 미국은 바로 그런 나라다.

루스벨트가 3차 양적 완화를 발표하자 월스트리트에서는 환성이 터졌다. 증시도 이 소식에 힘입어 15%나 폭등했다. 모건 휘하의 유능한 조수 라푼젤은 월스트리트 은행가들을 대표해 루스벨트에게 "당신의 결단이 무너져가는 국가를 살렸다"면서 경의를 표했다. 사실 금과 관련해 대통령과 월스트리트 은행가들은 한통속이었다.

FRB의 3차 양적 완화 정책에 힘입어 미국 내 도매가격은 45%나 상승했다. 주가 역시 두 배 폭등했다. 부채 비용도 대폭 줄어들었다. 경기 회복에 대한 희망이 솟아나면서 중장비 발주량도 100%나 증가했다. 자동차 판매량도 200% 증가라는 기록을 세웠다. 산업 생산량도 50%나 늘어났다.

루스벨트는 성공의 기쁨을 만끽했다. 그러나 이 와중에 한 가지 간과한 것이 있었다. 고용 증대가 뒷받침되지 않는 한 지속적인 경제 성장은 절대로 불가능하다는 사실이다. 은행가들은 구제되었고, 자본가들 역시 돈을 벌었다. 그러나 서민들은 아무런 이익도 얻지 못했다. 가계 소비가 실질적으로 늘어나지 않는 한 잠깐 동안의 호경기 국면은 오래가지 못할 게 분명했다. 과연 1937년 미국 경제는 더블 딥에 빠져들었다.

> **디블 딥(double dip)**
> 경기 침체 후 잠시 회복기를 보이다가 다시 침체에 빠져드는 이중 침체 현상.

## "내 운명은 내가 결정한다!"

1933년 6월 열린 런던세계경제회의는 전 세계의 주목을 받았다. 대공황의 늪에 빠져 허우적대는 세계 각국에 지푸라기와도 같은 마지막 희망이었기 때문이다. 그러나 이미 불쾌한 분위기가 예정된 회의이기도 했다. 서로 다른 목적을 가진 영국과 미국 사이에 심각한 의견 대립이 있었기 때문이다.

영국의 경우 파운드 블록이 경제 발전에 견고한 근거지 역할을 하고 있었다. 그러나 파운드가 예전의 패권을 되찾으려면 반드시 국제 무역을 한층 더 확대해야 했다. 영국은 대외 무역이 국민소득의 20% 이상을 차지할 정도로 금융업에 대한 의존도가 상당히 높았다. 따라서 국제 무역이 원활하지 못할 경우 금융업도 활기를 찾을 수 없었다. 경제 기반 역시 안정을 되찾는 것이 불가능했다. 한마디로 영국은 달러 블록과 프랑 블록을 모두 파운드 블록의 무역 판도에 포함시켜 통일적으로 관할하는 것이 필요했다. 그런데 미국이 생각지도 않게 금본위제에서 이탈했다. 게다가 달러 가치는 파운드보다 더욱 심하게 하락하고 있었다. 다행히 눈치가 무딘 프랑스는 여전히 금본위제를 굳건히 고수했다. 따라서 프랑에 대해서는 그다지 경계하지 않아도 될 터였다. 당면한 급선무는 궁극적으로 파운드와 달러 및 프랑 사이의 환율을 안정시키는 것이었다. 화폐 가치를 안정시켜야 국제 무역이 활성화되고 파운드화의 지위도 올라갈 수 있을 테니 말이다. 물론 전쟁 채무를 삭감하기 위한 노력 역시 게을리 하지 말아야 했다. 요컨대 런던세계경제회의에서 영국의 초점은 세계 경제 회복을 핑계로 화폐 가치를 안정시키는 데 있었다. 또 전쟁 채무 삭감 문제를 토론하는 것도 초미의 관심사였다.

그러나 미국은 완전히 딴생각을 하고 있었다. 달러화 약세의 지속, 수천 개 은행의 파산, 경기 침체 악화 등이 이어지는 현 상황에서는 경제 회복이 급선무라고 판단했다. 또 힘을 축적해 달러화가 재기할 수 있는 기회를 기다리는 것이 현명한 선택이라고 굳게 믿었다. 미국 경제는 영국을 비롯한 유럽 국가들과 달랐다. 요컨대 내수 의존 스타일이었다. 대외 무역이 국민소득에서 차지하는 비중은 고작 2~3%밖에 되지 않았다. 따라서 루스벨트의 관심은 외부 요인에 의한 달러화 안정이 아니라 국내 경제 회복에 있었다. 더구나 미국 입장에서는 달러화의 평가 절하가 국내 물가 하락 억제, 수출 확대, 고용 증가, 파운드화에 대한 효과적인 공격 등 여러 가지 이득을 가져다줬으므로 구태여 달러화 안정을 꾀할 이유가 없었다. 또 미국은 유럽 국가들의 전쟁 채무를 줄여줄 생각이 눈곱만큼도 없었다.

영미 양국은 공식 석상에서는 그럴싸하게 행동했다. 화폐 안정과 경제 회복에 대한 원론적인 얘기를 나누며 만면에 웃음을 띠었다. 그러나 배후에서는 암암리에 화폐를 둘러싼 암투를 벌였다.

런던세계경제회의 개막 당일, 제임스 맥도널드(James MacDonald) 영국 총리는 환영사를 통해 유럽 연합국의 전쟁 채무 감면 문제를 우회적으로 언급했다. 이에 미국 대표는 사전 약속과 다르다며 엄중하게 항의했다.

영국은 당연히 화폐 안정에 관한 의제도 거론했다. 그러자 이 소식을 들은 루스벨트는 즉각 미국 대표단에게 그 문제에 대해서는 발언을 아끼라고 지시했다. 더불어 경제 회복과 관련한 토론에만 적극 임하라고 명령했다. 그러나 영국인들은 상당히 끈질겼다. 달러화의 지나친 평가 절하는 옳지 않다면서 끝까지 물고 늘어졌다. 루스벨트는 화가 머리끝까지 났다. 급기야 영국인들에게 본때를 보여주기로 작심했다.

회의를 개최하기 전 영국인들이 입수한 정보에 따르면 미국은 달러 가치를 1파운드당 3.5달러 수준으로 평가 절하할 예정이었다. 그러나 회의 기간에 파운드 대비 달러 환율은 1 대 4.18로 대폭 하락했다. 영국인들은 분노하기 시작했다. 6월 27일 달러의 환율은 1 대 4.3으로 더욱 떨어졌다. 미국 내전 발발 이후 최저점을 찍은 것이다. 영국인들은 목이 쉴 정도로 거세게 항의했다. 그러나 아무런 소용이 없었다. 다음 날, 달러 가치는 또다시 1 대 4.43으로 떨어졌다. 영국인들은 그제야 입을 다물고 끽소리도 못했다. 다음의 내용이 그 사실을 무엇보다 잘 대변해 준다.

"루스벨트의 흥정 전략은 6월 17일부터 20일 사이에 상상했던 것 이상으로 큰 성공을 거뒀다. 외국인들은 마침내 미국이 달러화 가치를 안정시킬 의사가 전혀 없다는 사실을 깨달았다. 따라서 그것을 받아들이는 수밖에 없었다. 이제 외국인들이 미국에 바라는 것은 그저 어떤 가벼운 태도 표시라도 해달라는 것이었다. 달러화의 자유로운 급락을 제약하지 않는 선에서 미국이 3주 전부터 시작된 미친 듯한 투기 붐을 억제해 주기를 바랄 뿐이었다."[6]

루스벨트는 드디어 회의 주도권을 확고하게 쟁취했다. 그러나 미국 대표 중에는 딴마음을 품은 사람도 있었다. 예컨대 루스벨트의 금융 자문위원인 제임스 바르부르크와 뉴욕연방준비은행 총재 해리슨을 포함한 인물들이었다. 물론 루스벨트는 미국 대표들에게 달러화 안정에 관해서는 말을 아끼라고 누차 강조했다. 이는 "대통령인 내가 달러 가치 평가 절하를 통해 리플레이션 정책을 실시하고 있으니 그대들은 내가 가는 길을 막지 말라"는 것이나 다름없었다.

당시의 국제 은행가들은 독특한 취미를 갖고 있었다. 예컨대 암암리에 따로 모여 어떤 일을 꾸미기를 즐기는 것이다. 런던세계경제회의 개최 기간에도 노먼 잉글랜드은행 총재, 모네(모로의 후임자) 프랑스은행 총재, 해리슨 뉴욕연방준비은행 총재는 남들 눈을 피해가며 달러 가치의 안정화 방안에 대해 계속 토론했다. 비밀회의 결과, 합의를 이뤄냈다. 내용은 복잡했다. 우선 파운드의 환율을 금 대비 30% 평가 절하한 수준으로 유지하도록 했다. 또 달러 환율을 금 대비 20% 평가 절하한 수준에서 유지하는 것에 대해서도 합의했다. 반면 금 대비 프랑의 환율은 원래 수준을 유지하도록 했다. 합의안은 한마디로 말해 영국에 상대적으로 유리했다. 프랑화의 무제한적인 평가 절하를 막고, 달러화의 평가 절하 범위도 적정 수준으로 통제할 수 있는 방안이었기 때문이다. 각국 중앙은행 책임자들이 쑥덕공론을 펼친 결과물은 이처럼 나름 괜찮았다.

하지만 이 같은 비밀 협의는 루스벨트가 정한 금기를 깨뜨린 것이나 마찬가지였다. 그를 더욱 화나게 만든 것은 그 내용보다 정상적인 루트를 거치지 않은 비밀 협상 방식이었다. 중앙은행 책임자들이 제멋대로 결정을 내려놓고, 그 결정에 동의하도록 대통령과 정부를 설득 혹은 협박하는 식의 행동은 대통령의 권위를 완전히 무시한 이치에 맞지 않는 수작이라고 생각했다.

"바람 새지 않는 벽은 없다"는 말처럼 중앙은행 총재들의 비밀 협상 소식은 곧바로 루스벨트의 귀에 들어갔다.

루스벨트는 격노했다. 즉각 "미국 정부는 해리슨의 일방적 행동을 사전에 몰랐을 뿐만 아니라 허락한 적도 없다"는 내용의 공개성명을 발표하라고 지시했다. 그래도 분이 풀리지 않아 백악관 대변인으로 하여금 언론에 "해리슨은 미국 정부의 대표가 아니다. 그저 뉴욕연방준비은행의 대표로 회의에 참가한 것일 뿐이다. 뉴욕연방준비은행은 정부와 상관없는 금융 기관이다"라는 입장을 발표하도록 했다. 협상 내용이 자신과 관련 없다는 사실을 강조하기 위함이었다.

뉴욕연방준비은행이 정부와 별개인 사영 기업이라는 사실을 루스벨트가 모를 까닭이 없었다. 그럼에도 불구하고 루스벨트가 이처럼 모진 말을 내뱉은 데는 그럴 만한 이유가 있었다. 요컨대 해리슨과 뉴욕연방준비은행에 자신들의 주제를 알고 행동하라는 엄포를 간접적인 방법으로 던진 것이다.

루스벨트는 부유한 은행 가문의 아들로 태어났다. 가난한 집안 출신으로 피나는 노력을 통해 대통령 측근 지위에까지 오른 사람들과는 기본적으로 차원이 달랐다. 사실 튼튼한 배경 없이 대통령이 된 사람들은 자신을 지지하는 이익 집단에 빌붙어야 살아남을 수 있다. 그러지 않으면 실권을 장악할 수 없다는 얘기다. 그러나 루스벨트는 달랐다. 미국 역사상 대통령으로서 실권을 장악한 몇 안 되는 인물 가운데 한 명이다.

루스벨트의 증조부 제임스 루스벨트는 1784년 뉴욕은행을 창설한 사람이다. 미국 최초의 은행 가문을 일으켜 세운 인물이라 해도 과언이 아니다. 이 은행의 업무는 루스벨트가 대통령 경선에 참여할 때까지 사촌형 조지가 맡고 있었다. 루스벨트의 아버지 제임스는 미국 산업계의 거물로서 탄광, 철도 등 여러 분야에서 방대한 사업을 벌여 크게 성공했다. 또 미국 남부철도증권회사를 창설하기도 했다. 이 회사는 철도 산업 합병을 위주로 하는 미국 최초의 증권 보유 기업이기도 했다. 루스벨트의 삼촌 시어도어 루스벨트 역시 대단한 사람이었다. 잘 알다시피 대통령을 역임했다. 루스벨트의 또 다른 사촌형 조지 루스벨트는 월스트리트의 쟁쟁한 인물이었다. 미국에서 철도 산업 합병 붐이 일어날 때, 최소한 14개의 철도 회사를 합병하는 기염을 토한 적도 있었다. 또 모건 산하의 담보 자산 신탁회사, 케미컬은행, 뉴욕연방준비은행을 비롯해 자신의 이름을 내걸고 맡은 다른 회사의 이사 자리만 해도 부지기수였다. 그것을 다 열거하자면 작은 책자를 하나 만들 수 있을 정도다. 루스벨트의 외가인 델러노(Delano) 가문은 두말할 필요도 없다. 혁혁한 세도가 집안으로서 역대 대통령 가운데 무려 9명과 친척 관계에 있었다. 루스벨트 본인 역시 경력이 화려했다. 하버드 대학을 졸업한 변호사 출신이었다. 주요 고객으로는 모건사도 포함되어 있었다. 그는 이처럼 자기 능력 말고도 막강한 은행 가문이라는 배경을 등에 업고 34세라는 젊은 나이에 미국 해군부 차관보에 임명됨으로써 훗날을 기약할 수 있었다. 루스벨트만큼 정치 및 금융 배경이 든든한 대통령은 미국 근대사에서 전무후무했다.

뉴스를 본 해리슨은 머리를 한 대 세게 얻어맞은 느낌이었다. 그토록 큰 망신을 당해보기는 그야말로 난생처음이었다. 그는 런던에 계속 남아 있을 용기가 없어 결국 미국으로 돌아오고 말았다. 훗날 그는 뉴욕의 친구들에게 "마치 나귀 뒷발에 크게 차인 것 같았다"고 말했다고 한다.

바르부르크는 해리슨이 루스벨트에게 무방비로 얻어터지는 모습을 두 눈으로 똑똑히 목격했다. 그럼에도 여전히 미련을 버리지 못하고 직접 영국인 및 프랑스인들을 찾아가 화폐 가치 안정에 대해 계속 논의했다.

루스벨트는 분통이 터졌다. 무엇 때문에 처음에는 해리슨, 나중에는 바르부르크까지 가세해 대통령과 맞서지 못해 안달을 하는지 그 이유를 도무지 알 수 없었다. 이럴 바에는 아예 런던세계경제회의 자체를 파국으로 몰아넣는 게 더 나을 것 같았다. 사실 이 회의는 국제 은행가들이 자기들끼리 짜고 치는 포커나 다름없었다. 이른바 미국 대표라는 사람들도 대통령과 같은 편이 아니었다. 그들은 대통령과 국가를 위해 회의에 참가한 것이 아니었다. 대통령의 이름을 걸고 개인의 이익을 도모하기 위해 회의에 참가한 것에 불과했다.

7월 2일 루스벨트 대통령은 런던에 있는 미국 대표단에게 자신이 직접 기초한 '화폐 가치의 안정을 반대하는' 내용의 전투적인 격문과 하등 다를 바 없는 전보를 발송했다.

1933년 루스벨트는 런던세계경제회의를 파국으로 몰아넣었다.

"나는 그것(화폐 가치 안정)이 전 세계적 비극을 초래하는 재앙이라고 생각합니다. ……세계 각국은 국민들에게 좀 더 진실하고 영구적인 금융 안정을 가져다주기 위해 이번 회의에 참석했습니다. 그러나 소수 사람(국제 은행가)들이 모의해 끌어낸 인위적이고 실험적인 화폐 가치 안정 방안은 그들 특유의 진부한 행동방식의 결과물일 뿐입니다."

이 전보문은 회의 참가자 전원에게 공개되었다. 런던세계경제회의는 파국을 면

할 수 없었다. 이 일로 바르부르크와 루스벨트 사이도 완전히 틀어지고 말았다.[7]

　루스벨트를 비롯해 대권을 장악한 권세가들은 대체로 똑같은 성격적 특징을 갖고 있다. "자신의 운명은 자신이 결정한다"는 말로 요약할 수 있는 마인드가 바로 그것이다.


# 강대국으로 부상한 미국의 진실

　애덤 스미스 경제학의 가장 큰 결점은 일개 국가 또는 개인의 경제 활동만 다룬 '개인 경제 학설'이라는 것이다. 이런 개인 경제는 특정 환경에서 자연적으로 형성되고 발전하는 것이라고 할 수 있다. 여기서 '특정 환경'이라 함은 각각의 국가, 민족 또는 이익의 경계가 뚜렷하지 않다는 것을 전제로 한다. 또 정치 조직이나 문화적 단계가 분명하게 구분되지 않는 것 역시 마찬가지다. 국가와 국가 사이에 원한 관계나 전쟁 따위가 발생하지 않는 것을 전제로 한 것은 더 말할 나위도 없다. 한마디로 애덤 스미스의 학설은 일종의 가치 이론, 일개 점포의 주인 혹은 상인의 개인적 이론에 불과하다. 따라서 결코 과학적 학설이 아니다. 또 국가의 문화 복지, 권력, 존속 가능하고 독립적인 특수 이익을 수호하기 위해 어떤 방식으로 생산력을 창출하고 증대 및 유지해야 하는지에 대해서도 설명하지 못한다.

　_프리드리히 리스트

미국의 부흥은 미국인들이 자국의 운명을 스스로 주도하고 지배한 필연적인 결과라고 할 수 있다.

이런 미국인을 대표하는 루스벨트는 달러의 가치 안정에 주력하지 않았다. 오로지 국내 경제의 회복에 총력을 기울였다. 이유는 분명했다. 미국의 대외 무역이 국민소득의 2~3%밖에 차지하지 않을 정도로 경제의 대외 의존도가 매우 낮았기 때문이다. 이에 반해 유럽 각국은 전혀 달랐다. 대외 무역이 국민소득의 20~30%를 차지할 정도로 경제의 대외 의존도가 높았다. 그 때문에 국내 경제보다 화폐 가치 안정에 초점을 둘 수밖에 없었다. 화폐 가치가 불안정하고 외부 금융 환경이 불안하면 국제 무역의 빠른 회복을 기대할 수 없고, 더 나아가 경제 회복도 불가능하기 때문이다.

이처럼 미국 경제는 유럽 시장에 의존할 필요가 없기 때문에 루스벨트는 기세등등할 수 있었다. 그러나 유럽은 미국 자본에 의존하지 않으면 생존이 불가능하기 때문에 미국 앞에서 절절맬 수밖에 없었다. 한마디로 미국 경제는 방대한 자국 시장을 근간으로 독립과 자존을 도모할 수 있었다. 사실 미국 경제의 부흥은 세계 경제사에서 일대 기적으로 꼽혀도 과언이 아니다. 미국은 유럽과 멀리 떨어진 낙후된 농업 국가였다. 게다가 한때는 식민지였다. 이런 나라가 고작 100년 사이 유럽 강국들의 경제 총량을 합친 것보다 큰 경제 주체로 기적 같은 성장을 이뤘으니 솔직히 놀랍다고 하지 않을 수 없다. 물론 운도 좋았다. 그러나 더욱 중요한 것은 미국이 적절한 시기에 적절한 정책을 실시했다는 사실이다. 이것이 바로 기적이 일어난 결정적 요인이다. 특히 "내 운명은 남에게 맡기지 않는다. 나 스스로 개척한다"는 미국인들의 신념이 미국 경제의 부상에 결정적 역할을 했다.

말할 것도 없이 미국은 영국과 완전히 다른 길을 걸었다. 영국은 식민지를 먼저 확보한 다음 무역을 발전시켰다. 이어서 잇따른 산업혁명을 거쳐 최종적으로 세계 패권을 손아귀에 거머쥐었다. 영국은 또한 식민지 지배를 통해 대량의 값싼 노동력과 풍부한 자연 자원을 획득했다. 그리고 해외 무역을 통해 산업혁명에 필요한 원시 자본과 잠재 시장을 확보했다. 더불어 산업혁명을 통해 노동력, 자연 자원, 글로벌 시장과 산업 자본 등을 안정적으로 결합했다. 따라서 생산 조직, 무역 원칙, 시장 거래, 자본 이동 등 다양한 금융 분야를 아우르는 이론과 학설의 등장이 가능했다. 영국은 미국을 비롯한 신흥 공업국에 자유무역 이론을 적극 선전하기도 했다. 그 이론의 핵심은 다른 게 아니라 영국을 비롯한 선진 공업국의 기득권적 우위를 영구히 제도화하는 것이었다. 이런 제도 아래에서 영국은 세계 경제와 무역의 최종 지배자로 군림할 수 있었다. 세계 원자재와 기초 상품에 대한 가격 결정권도 행사했다. 또 세계 공산품 대부분을 영국 공장에서 생산했다. 반면, 반(半) 제품과 보조재는 비교 우위를 갖춘 다른 나라에 맡겨 생산하도록 했다. 아울러 국제 시장에서 다양한 상품의 판매량 역시 영국의 이윤 상황에 근거해 자유롭게 조절할 수 있었다. 영국은 또 전반적인 시스템을 정상적으로 운영하기 위해 자금을 제공하는 역할도 자임했다. 이밖에 영국은 자국의 패권적 지위에 도전하는 위협적인 존재를 수시로 공격할 수 있게끔 막강한 해군력을 길렀다.

미국은 이런 영국으로부터 독립하기를 원했다. 독립전쟁을 벌인 목적 또한 오로지 영국으로부터의 속박과 의존에서 벗어나는 것이 전부였다고 해도 과언이 아니다. 구체적으로 말하면, 더 이상 영국의 지배를 받거나 세계 시장에 의존하지 않겠다는 것이었다. 더 나아가 영국 자본과 공산품에 의존하지 않겠다는 것도 독립전쟁을 벌인 나름의 목적이었다.

독립전쟁이 끝난 후 '미국 건국의 아버지들'은 앞으로 자국의 산업 능력을 기반으로 경제 성장을 도모해야 한다는 사실을 분명하게 깨달았다. 그러나 미국은 1800년까지 여전히 전형적인 농업 국가에 머물러 있었다. 326개의 주식회사 중 고작 2.4%밖에 안 되는 8개 회사만이 제조업에 투자했다. 제조업 발전에 가장 필요한 것은 기술, 설비, 인재 그리고 자본이다. 하지만 영국은 오래전부터 기계 설비와 기술의 수출을 금지했다. 아쉬우면 값싸게 줄 테니 자기 제품을 쓰라는 식이었다. 영국산 공산품의 이런 덤핑 공세에 미국 제조업은 거의 절체절명의 위기에 빠졌다.

이때 마침 나폴레옹 전쟁이 발발했다. 1807년 영국은 전쟁에 절대적으로 필요한 해군 병력을 증강할 필요가 있었다. 이를 위해 중립국 선박의 선원을 강제로 징집해 자국 해군에 편입시키는 무리수를 두기도 했다. 6월에는 영국군이 미국 근해에서 미국의 전함 '체사피크호'를 나포하는 사건이 발생했다. 이 사건은 미국인들의 강렬한 반감을 불러일으켰다. 1807년 12월 미국 의회는 모든 선박의 해외 통상 거래를 금지하는 '통상금지법'을 통과시켰다. 이 법안으로 인해 미국의 수출업과 해운업은 적지 않은 손실을 입었다. 그러나 다른 한편으로는 미국 국내 제조업의 발전에 결정적인 호재로 작용했다. 통상 거래를 막자 영국 공산품과의 경쟁을 피할 수 있게 된 것이다. 이로 인해 미국

제조업의 이윤은 대폭 증가했다. 더불어 미국 북부의 금융재벌과 무역 그룹이 해운과 무역에 투자하려던 대량의 자본을 국내 제조업에 투자 했다. 그 결과 미국의 제조업은 빠르게 성장하기 시작했다. 1810년에 는 미국의 제조업 생산액이 무려 1억 2,000만 달러에 달했다. 1812년 미국과 영국의 제2차 전쟁이 발발하자 영국산 공산품의 대미 수출량 은 더욱 급격히 감소했다. 이것이 미국 제조업의 지속적인 성장에 또 한 번 좋은 기회를 제공했다.[8]

　미국 제조업은 선진적인 설비와 기술 및 인재 등이 매우 부족해 상 당히 심각한 곤경에 처해 있었다. 그러나 나폴레옹 전쟁을 계기로 상 황이 크게 호전되었다. 게다가 영국 산업 기술의 확산 속도는 법으로 도 막을 수 없을 만큼 맹렬했다. 이 때문에 네덜란드를 비롯한 유럽 각 국의 신기술과 인재가 끊임없이 미국으로 흘러들었다. 미국 국내에서

▌19세기 초 미국은 약소 산업을 보호하기 위해 보호 관세를 채택했다.

는 공장이 대거 신설되었고, 전쟁 기간에 어마어마한 이윤을 얻을 수 있었다. 1815년 전쟁이 끝나자 영국과 유럽 각국은 대미 무역을 재개했다. 영국산 제품이 다시금 홍수처럼 밀려들었다. 미국 제조업은 이 충격을 견뎌내지 못했다. 절반 이상의 공장이 파산하고 대량의 실업자가 생겨났다. 그리고 마침내 1818년의 경기 침체에 빠져들었다.

미국인들은 이처럼 두 차례의 전쟁이 영국의 대외 무역에 끼친 영향과 전후 영국 공산품의 미국 제조업에 대한 무차별 공격을 직접 경험했다. 요컨대 보호 관세의 필요성을 깨닫고, 외국 수입품에 고율의 관세를 부과해 자국 산업을 보호하기로 한 것이다.

미국 의회는 미국 산업체의 열망에 부응해 1824년 '관세법(Tariff Act)'을 통과시켰다. 그 결과 직물, 양모, 생철, 아마 등의 관세를 대폭 상향 조정했다. 또 해리스버그 협약(Harrisburg Convention)을 통해 미국 내에서 생산하지 못하는 제품에 대해서는 저율의 관세를 부과하는 한편, 일부 특수 품목에 대해서는 고율의 관세를 부여했다. 이에 따라 양모 수입세는 90%, 생철 수입세는 95%에 달했다.

미국이 강대국으로 부상한 19세기 전체를 통틀어 미국의 관세율은 평균 40% 이상을 유지했다. 가장 낮은 해에도 20% 이상을 굳건하게 지켰다. 그리고 1900년에 이르러 미국의 산업 경제는 드디어 세계 1위를 차지하게 되었다. 보호 관세 정책에 힘입어 일궈낸 경제 기적이라 해도 과언이 아니다.

미국 산업의 급부상을 유력하게 지원한 요인은 그 밖에 또 있었다. 그것은 바로 고임금 정책이었다. 아마도 자유무역 지지자들은 상상도 할 수 없는 미국 특유의 현상이 아니었나 싶다. 고임금은 곧 고비용을

의미한다. 비교 우위 학설에 의하
면, 고비용 제품은 경쟁 우위를
확보할 수 없다. 그 때문에 국제
시장에서 도태될 수밖에 없다. 그
러나 미국인들의 생각은 달랐다.
미국이 공산품을 생산하는 주목
적은 외국에 수출하기 위해서가

| 미국의 평균 관세율(1821~1990년)

아니었다. 바로 자국 국민에게 공급해 국민 생활을 향상시키기 위함이
었다. 따라서 국제 시장에서 도태되는 것을 겁낼 필요가 전혀 없었다.

　미국의 인건비는 식민지 시대부터 유럽 대륙보다 대략 3분의 1 이
상 높았다. 노동력이 부족한 것이 주요 원인이었다. 이는 또한 많은 유
럽인을 신대륙으로 이민하게끔 만든 미국만의 매력이기도 했다. 그러
나 산업화 단계에 진입하면서 고임금 문제는 미국 내에서도 치열한
논란을 불러일으켰다. 이 문제 때문에 친영학파와 미국학파 사이에 장
장 30년 동안 논쟁이 끊이지 않았다. 자유무역 지지자(친영학파)들은 산
업화와 고임금은 물과 불처럼 병존할 수 없다고 주장했다. 이들은 유
럽 각국의 저렴한 인건비와 노동자의 가난하고 고달픈 생활이 산업화
를 성공으로 이끈 원동력이라고 주장했다. 따라서 미국 역시 유럽 제
품과 경쟁해 승리하려면 반드시 노동력 원가 비교 우위를 확보해야
한다는 입장을 견지했다. 이에 미국학파는 다음과 같은 날선 비판을
쏟아냈다.

　"미국의 산업화는 저임금 노동에 의해 성공할 수 없다. 노동력의 선
진적이고 효율적인 조직과 관리를 통해 근로자의 생활 수준을 향상시

켜야 가능하다. 고임금은 근로자의 의식주 수준을 높여주고 더 나아가 일에 대한 열정과 창의력도 높여주기 때문이다. '값싼 노동력'을 우위로 내세우는 국가는 다양한 영역에서 고임금 국가에 뒤지고 있다."

미국학파는 노동력은 비용이자 일종의 자본이라고 강조했다. 노동력에 대한 투자는 향후 생산성 제고라는 더 큰 수익으로 돌아올 것이라는 주장이었다. 또 근로자는 생활 수준과 교육 수준, 체력, 정력과 지력이 상승하면 양질의 제품과 서비스를 더 많이 제공할 수 있다고 주장했다. 나아가 근로자의 발명 능력과 창의력도 크게 향상될 것이라는 입장을 견지했다. 이는 리카도의 '임금과 이윤은 반비례 관계'라는 정태적 관점과 완전히 상반되는 주장이었다.[9]

인건비냐 인적 자본이냐를 둘러싼 친영학파와 미국학파 간의 논쟁은 오랫동안 지속된 끝에 마침내 고임금 전략 쪽으로 기울었다.

요컨대 보호무역 조치가 미국의 산업을 부흥시키고 강대하게 만드는 한편, '노동력은 일종의 자본'이라는 이념이 고임금 전략을 채택한 배경이었다. 이로써 미국은 궁극적으로 유럽보다 훨씬 높은 생산성과 훨씬 많은 창의적 발명을 통해 자본의 투자 수익률을 크게 향상시킬 수 있었다. 결론적으로 말해서, 미국은 스스로의 힘으로 강대한 산업 체계를 구축함으로써 세계 공산품 생산 1위의 대국에 오를 수 있었다. 또한 고임금 전략의 혜택을 입은 중산층은 자연스럽게 세계 최대의 소비 시장을 형성했다. 미국은 이 방대한 내수 시장을 기반으로 자국의 운명을 스스로 지배할 수 있었다.

한마디로 '높은 관세, 고임금, 막강한 제조업, 과학기술 중시, 시장 확장' 전략이 미국 산업 경제의 부흥을 이끌었다고 단언해도 좋을 듯하다.

# 미국, 불난 집에 도둑질하듯
# 영국의 자산을 탈취하다

1933년 런던세계경제회의가 불편한 여운을 남기고 폐막된 후 영국과 미국은 각자 제 갈 길을 갔다. 영국은 여전히 파운드 블록을 '경영'하는 데 주력했다. 또 미국은 줄기차게 경제 고립주의를 견지했다.

그러나 이런 음울하고 취약한 전 세계적 불협화음은 1939년 제2차 세계대전이 발발함으로써 마침내 타파되었다. 각국은 오래간만에 새로운 열정이 끓어오르는 기분을 느꼈다. 특히 미국은 나치 독일이 유럽에서 썩은 나무를 마구 솎아내듯 각국을 유린하고 승승장구하는 것을 보면서 자국이 재기할 수 있는 절호의 기회가 왔다는 사실을 직감했다.

미국은 독일과 일본 그리고 이탈리아 추축국이 최종적인 승리를 거머쥐리라고는 애초부터 생각도 하지 않았다. 당연히 그럴 수밖에 없었다. 미국의 GDP만 해도 3개 추축국의 GDP를 합친 것보다 50%나 더 많았으니 말이다. 전쟁은 누가 뭐라 해도 경제력 싸움이 아니던가. 게다가 신흥 공업국인 추축국들은 모두 군사 기지 및 원자재 공급 기지로 활용할 만한 해외 식민지가 부족했다. 자원 소모가 엄청난 세계 규모의 대전에서 이는 절대적으로 불리한 조건임에 분명했다. 조금 과장하면 영국, 프랑스, 소련, 중국 같은 4대국만 동원해도 추축국의 인력과 물력 및 재력을 남김없이 소탕할 수 있었다. 여기에 전쟁이 장기화할 경우, 영국의 방대한 해외 식민지가 연합국에 자원을 끊임없이 공급해 줄 가능성이 농후했다. 아무튼 전쟁이 길어질수록 연합국의 승산은 커질 수밖에 없었다. 더구나 미국까지 참전하면 연합국은 압도적 우위를 확보할 게 분명했다.

당시 미국은 마치 이해타산에 밝은 상인처럼 행동했다. 양측의 실력을 저울질하면서 적절한 참전 시기를 기다렸다. 미국은 앞서 말했듯이 독일을 비롯한 추축국이 최종 승리를 거두지 못할 것이라고 예상했다. 또 소련의 대외 확장 역시 그다지 걱정하지 않았다. 미국이 가장 경계한 것은 바로 영국이었다. 따라서 이번 전쟁을 통해 영국의 국력을 최대한 약화시키는 것이 미국의 목적이었다고 단언해도 좋다. 이렇게 되면 전후 세계는 미국의 천하가 될 가능성이 컸다.

미국의 기대는 놀랍게도 너무나 빨리 현실로 나타났다. 영국이 두 차례에 걸친 독일의 도발을 막아내느라 점점 힘에 부치는 모습을 보이기 시작한 것이다. 영국이 프랑스가 너무 쉽게 독일에 무너질 것을 예상하지 못한 것처럼 미국 역시 영국의 국력이 생각보다 훨씬 약하다는 사실에 적잖이 놀랐다. 그럴 수밖에 없었다. 영국은 공업국 중에서도 가장 먼저 경기 침체에서 벗어난 국가였다. 말할 것도 없이 방대한 파운드 블록 시장 덕분이었다. 1938년 영국의 금과 달러화 보유량은 40억 달러에 달했다. 이는 1930년대 초보다 네 배로 급증한 수치다. 그러나 제2차 세계대전이 발발한 지 1년도 채 지나지 않은 1940년 9월 영국의 금과 달러 보유량은 10억 달러로 급감했다. 11월에는 윈스턴 처칠 영국 수상이 사석에서 루스벨트 대통령에게 "영국의 현금 유동성이 곧 단절될 것 같다"는 우려를 표명하기도 했다. 루스벨트는 전쟁으로 인한 경제력 소모가 엄청나다는 사실에 놀랐다. 그러나 처칠의 말을 완전히 믿지는 않았다. 누가 뭐라 해도 영국은 밑천이

든든한 국가였으니 말이다. 이때 루스벨트는 "미국은 민주 국가의 거대한 무기고다"라면서 자국이 대단한 강대국이라는 사실을 공공연하게 선언했다. 또 다른 한편으로는 "무기가 필요하면 돈을 내고 구입하라"면서 모종의 암시를 건네기도 했다.

루스벨트는 처칠이 우는소리를 하자 예의상 다음과 같은 요지의 말을 했다.

"모든 자원을 소진한 귀국을 즉시 원조할 수 있도록 의회를 설득해 보겠습니다. 그러나 그렇게 쉬운 일은 아닙니다."

루스벨트의 의중은 분명했다. 요컨대 정 급하면 영국인 수중에 있는 미국 주요 기업의 주식을 매각하라는 권유였다.

은행가들 역시 루스벨트처럼 떼돈을 벌 수 있는 절호의 기회가 왔다는 사실을 직감했다. 당시 영국은 수백억 달러에 이르는 해외 유휴 자산을 보유하고 있었다. 발등에 떨어진 불을 끄려면 이들 자산을 헐값으로라도 어떻게든 처분해야 했다.

1941년 3월 미국 의회가 '무기대여법' 통과 여부를 토론하고 있을 때였다. 루스벨트는 드디어 영국이 보유하고 있는 미국 내 주요 기업의 지분을 미국에 매각할 것을 노골적으로 요구했다. 그가 거명한 회사 중에는 영국 섬유 회사 코톨즈(Courtaulds)의 계열사인 아메리칸 비스코스(American Viscose)도 포함되어 있었다. 당시 이 회사는 미국에 공장 7개와 직원 1만 8,000명을 거느린 세계 최대의 레이온 생산업체였다. 미국 정부는 내친김에 72시간 안에 매각 사실을 정식으로 발표하라고 요구하기까지 했다. 영국 정부로서는 용단을 내릴 수밖에 없었다. 곧 오너인 새뮤얼 코톨즈에게 정부 대표단을 파견했다. 대표단이 무거운 심정으로 이 결정을 전달하자 애국적인 이 영국 신사는 단 한마디만 물었다.

"나 자신과 회사의 이익은 고려하지 않겠습니다. 아메리칸 비스코스를 매각하는 것이 국익에 중요합니까?"

대표단은 주저 없이 자신들의 입장을 전했다.

"그렇습니다."

대표단의 얘기를 들은 코톨즈는 그 자리에서 맥없이 주저앉았다. 이제 그에게 주어진 시간은 고작 36시간밖에 없었다. 그 시간 안에 이사회를 열어 기업 매각 계획을 발표해야 했다. 아마도 기업 매각 결정을 내리는 데 역사상 가장 짧은 시간이었을 것이다. 말할 것도 없이 그 거래를 도맡은 것은 백악관보다 강한 권력을 휘두르던 JP 모건 그룹이었다. 모건은 이후 영국에 5,400만 달러를 주고 아메리칸 비스코스 주식을 사들였다. 이어 일반 투자자에게 주식을 매각해 단숨에 6,200만 달러를 벌어들였다. 전쟁이 끝난 후 처칠은《회고록》에서 아메리칸 비스코스의 유형 자산만 1억 2,800만 달러에 달했다며 이렇게 썼다.

"위대한 영국 기업 코톨즈의 미국 내 자산은 미국 정부의 요구에 따라 낮은 가격에 매각되었다. 그리고 이 회사의 지분은 자본 시장에서 훨씬 높은 가격에 팔렸다. 그 차액은 물론 영국의 것이 아니었다."

모건은 이 사실을 알고 대경실색했다. 그는 모든 인맥을 동원해 처칠에게《회고록》의 내용을 수정하도록 요구했다.[10] 그러나 처칠의 불만은 당연한 것이었다. 이 사건 자체는 미국이 영국 자산을 갈취한 수많은 사건 중 빙산의 일각에 불과했기 때문이다.

'민주와 자유의 전쟁'을 지원하기 위해 미국이 영국으로 하여금 자산을 헐값으로 매각하도록 했다는 소식을 전해 들은 투기꾼들은 너무 흥분해 잠을 이루지 못했다. 그중에는 그야말로 전설적 인물인 아먼드 해머(Armand Hamer) 박사도 있었다. 유대인인 그는 장사에 관한 한 천부적인 재능을 지니고 있었다. 컬럼비아 대학 의학부 재학 시절, 의약품 전문 밀거래를 통해 백만장자가 됐을 정도다. 이후 더 큰 사업을 하기 위해 홀로 10월 혁명이 끝난 지 얼마 안 되는 소련으로 건너가 볼셰비키 지도자 레닌을 만나기도 했다. 그의 의중은 맞아떨어졌다. 이 일을 계기로 미국과 소련이 무역 중개 사업을 시작한 것이다. 하지만 그는 여기에 만족하지 않았다. 제정러시아 시대의 유물을 대량 매입해 미국에 판매하는 사업을 시작했다. 예상대로 이 사업을 통해서도 엄청난 돈을 벌었다. 과거 어느 때보다도 많은 돈이었다. 그가 영국이 자국 자산을 헐값에 매각한다는 소식을 접한 것은 이때였다. 그의 뇌리에 번개처럼 새로운 사업에 대한 아이디어가 떠올랐다. 세계적인 투기꾼 모건도 미처 생각 못한 엄청난 사업은 다른 게 아니라 서반구에 있는 영국의 군사 기지를 독점 매각하는 것이었다.

1925년 영국이 미국에 진 빚은 50억 달러였다. 영국은 이 빚을 갚기 위해 나름 노력했다. 그럼에도 1940년까지 여전히 35억 달러의 채무가 남아 있었다. 이런 상황을 좌시할 미국이 아니었다. 실제로 미국은 1934년에 전쟁 채무를 갚지 않는 국가에 본때를 보이기 위한 조치를 취했다. 바로 '존슨 법안'을 통과시킨 것이다. 제1차 세계대전 때의 전쟁 채무를 미처 상환하지 못한 국가는 미국으로부터 돈을 빌릴 수 없도록 규정한 법안이다. 그러나 사실 미국은 영국만 유난히 모질게 대했다. 이는 추축국인 이탈리아의 채무를 절반 이상 감면해 준 사실만 봐도 잘 알 수 있다. 또 미국은 프랑스 채무도 대폭 감면해 주었다. 심지어 독일에는 거액을 지원하기까지 했다. 하지만 영국에는 인정사정이 없었다. 미국이 영국을 얼마나 경계했는지 알 수 있는 대목이다. '존슨 법안'과 '중립 법안'은 이처럼 미국이 제2차 세계대전 기간 동안 영국에 대한 직접 지원을 당당하게 거절할 좋은 구실이 되었다. 또 해머 박사로 하여금 영국의 군사 기지를 자신이 독점 매각하겠다는 대담한 발상을 하게끔 만들었다. 그는 영국이 35억 달러라는 거액의 채무를 단기간에 갚을 능력이 없다고 확신했다. 또 영국이 반드시 자산을 활성화해 미국의 국채를 상환한 다음, 다시 미국으로부터 자금을 지원받을 것이라고 판단했다.

해머는 이처럼 영국이 식민지 영토로 미국의 채무를 충당할 것이라고 생각했다. 그러나 미국은 식민지 지배에는 큰 관심이 없었다. 그 이유는 무엇인가를 통치하려면 그에 상응한 비용도 지불해야 하기 때문이다. 한마디로 미국은 영국처럼 식민지 통치에 막대한 비용을 쏟아붓기를 원하지 않았다. 그러느니 차라리 제품을 수출해 돈을 버는 것이 더 낫다고 생각했다. 어쨌든 돈만 벌면 되니까 말이다. 상업적 재능이 뛰어난 해머는 미국의 장삿속을 환히 꿰뚫고 있었다. 그는 곧 면밀한 분석에 들어갔다. 이를 통해 미국이 온두라스, 포클랜드 제도, 가이아나, 뉴펀들랜드 해안의 일부 섬 등의 지역에 흥미를 가질 법하다는 결론을 얻었다. 물론 미국은 직접적인 통치에 관심이 없을 수 있었다. 하지만 이들 지역을 조차해 군사 기지로 만든다면 얘기가 달라질 가능성이 농후했다. 아니, 분명 큰 흥미를 느낄 것이라고 확신했다. 전쟁이 코앞에 닥친 데다 미국 입장에서는 전후에도 글로벌 군사 기지가 필요한 상황이었기 때문이다. 사실 제2차 세계대전만 끝나면 미국이 영국 대신 세계 패권을 장악할 개연성이 높았다. 이 경우 세계 질서를 유지하기 위해 반드시 해외의 군사 기지가 필요할 터였다.

해머는 머릿속으로 컴퓨터보다 빠른 주판알을 튕겼다. 그의 생각은 대략 다음과 같았다.

"우선 미국이 영국에 이탈리아와 똑같은 특혜를 부여한다. 이어서 영국의 채무를 절반가량 감면해 주는 조건으로 영국의 해군 기지 몇 곳을 미국에 99년 동안(한 곳당 조차 비용 2,500만 달러) 빌려달라고 한다. 그러면 영국은 채무를 전부 상환할 수 있다. 채무를 상환하고 남는 돈으로 미국에서 50척의 중고 구축함을 비롯한 무기를 구입하도록 한다."

해머는 이 계획에 그럴듯한 이름도 붙였다. 이른바 '구축함 기지 협정(Destroyers for Bases Agreement)'이 바로 그것이다.[11]

이제 계획을 행동에 옮기는 것만 남았다. 해머는 인맥을 모두 동원해 자신의 계획을 널리 선전하기 시작했다. 아무리 철인이라 해도 너무 힘들어 몸이 천근만근이 될 정도였다. 그러나 기분만은 날아갈 듯 기뻤다. 마침내 '임대 혹은 기타 방식으로 영국의 해군 기지를 확보하는 문제'에 관한 그의 제안이 미국 의회에 정식으로 상정되었다. 그러나 이 의안은 표결에 부쳐지지 않은 채 잠시 보류되었다. 의회로서는 대다수 국민의 반전(反戰) 정서를 거스를 수 없었기 때문이다. 그러나 해머는 낙심하지 않았다. 큰 장사일수록 많은 어려움이 따르는 것은 당연한 일이라고 생각했다. 그는 곧 후속 조치에 착수했다. 대다수 미국인이 참전을 원한다는 '증거'를 찾기 위해 대규모 인력을 고용했다. 그들은 최근 미국 내 주요 신문에 실린 갖가지 논평을 수집했다. 그 결과 92%

의 미국인이 동맹국을 원조하는 것에 찬성한다는 결론을 얻어냈다.

해머는 자신의 인맥 네트워크를 동원해 루스벨트 대통령을 만났다. 사실 루스벨트를 만나는 것은 그다지 어려운 일이 아니었다. 그 역시 루스벨트의 당선을 위해 적지 않은 자금을 지원했기 때문이다. 그는 자신이 준비한 자료를 루스벨트에게 보여주었다. 루스벨트는 그 자료들을 흥미진진하게 살펴보았다. 다른 한편으로는 '구축함을 주고 군사 기지를 얻는 방안'이 미국의 향후 국익에 이러저러한 측면에서 큰 도움이 될 것이라는 해머의 열띤 주장도 주의 깊게 들었다. 루스벨트는 해머의 방안이 향후 미국의 세계 패권 확립에 큰 도움이 된다는 의견에 동의했다. 그로서는 당연한 일이었다. 왜냐하면 그 역시 줄곧 미국이 패권 국가로 등극하려면 당근만 갖고서는 안 되며 반드시 몽둥이도 휘두를 줄 알아야 한다는 주장을 오래전부터 강력하게 펼쳐왔기 때문이다. 심지어 "말은 부드럽게 해야 한다. 그러나 손에는 큰 몽둥이를 들고 있어야 한다"는 명언을 남기기까지 했다.

해머의 계획은 완벽하게 성공했다. 아울러 이때 영국이 구입한 50척의 구축함은 1941년 해전에서 승리하는 데 결정적인 역할을 했다.[12] 그러나 해머는 이 비즈니스를 통해 번 돈에 대해 이후 한마디도 언급하지 않았다. 심지어 자신의 회고록에서도 함구했다. 한 국가의 영토와 군수 장비에까지 손을 댄 미국 투기꾼들의 이 같은 행각은 돈을 벌기 위해서라면 물불 가리지 않는, 내로라하는 중국 거부들조차 혀를 내두를 정도였다.

# 지원을 빌미로 '파운드 블록'을
# 와해시킨 '무기대여법'

1941년 3월 11일 '무기대여법'이 의회를 통과했다. 이 법안은 사실 대영제국의 경제 시스템을 해체하기 위해 특별히 맞춤 제작한 것이라 해도 과언이 아니었다. 이는 미국의 행보를 보면 잘 알 수 있다. 미국은 영국을 비롯한 참전국에게 전쟁 물자를 원조하는 대가로 돈을 바라지 않았다. 대신 전후 다자간 무역 체제를 재건할 때 미국에 필요한 협력을 제공해 달라고 요구했다. 한마디로 영국의 '제국특혜제'를 철폐하고 파운드 블록을 해체하겠다는 속셈이었다. 실제로 미국은 강대한 파운드 블록을 약화시키기 위해 오래전부터 다자간 무역 협상을 주창했다. 그러던 중 영국이 독일에 의해 궁지에 몰리는 절묘한 상황이 찾아왔다. 미국이 이런 좋은 기회를 놓칠 리 없었다. 의회가 서둘러 '무기대여법'을 통과시킨 것은 당연했다. 미국인은 싸움을 하는 와중에도 잇속을 챙기는 사람들이다. 더 정확하게 말하면, 장사를 하기 위해 싸움을 하는 사람들이라고 할 수 있다.

처칠 영국 총리는 '무기대여법'이 미국 의회를 통과하기 전부터 파운드 블록을 호시탐탐 노리는 미국 때문에 큰 불안을 느끼고 있었다. 여기에는 그럴 만한 이유가 있었다. '제국특혜제'를 기반으로 한 파운드 블록이 향후 달러화의 공세에 맞서려면 파운드화가 상당히 중요한 역할을 해야 하는데 상황이 여의치 않았기 때문이다. 그러나 뛰어난 전략가인 처칠은 영국이 두 개의 전장에서 서로 다른 적을 상대로 싸울 여력이 없다는 사실을 잘 알고 있었다. 히틀러의 공격으로 모든 것이 거의 붕괴 직전에 이르렀는데, 미국과 경제전까지 치른다면 영국은 완전히 끝장날지도 모를 일이었다. 그래서 처칠은 미국의 요구를 정면으로 거절하지 못했다. 대신 만일의 경우를 대비해 퇴로를 열어두는 것도 잊지 않았다. 미국에 다음과 같은 요구를 한 것을 보면 처칠의 의도를 알 수 있다.

"미국은 우선 모든 동맹국이 유럽 식민지의 원자재 시장을 개방하도록 해야 한다. 수입품에 대한 차별 대우도 폐지해야 한다. 영국이 현재 누리고 있는 지위 역시 충분히 존중해야 한다."

처칠의 요구는 명확했다. 무엇보다 '제국특혜제'의 존속을 주장했다. 또 영국이 식민지의 원자재도 계속 독점할 수 있도록 해달라고 요구했다. 그러나 루스벨트는 노련하기 이를 데 없었다. 처칠의 요구를 '무기대여법'에 반영하지 않은 채 법안을 그대로 통과시켰다.

이로 인해 '무기대여법' 제7조는 영미 쌍방 간 첨예한 쟁점이 되었다. 제7조의 내용은 다음과 같다.

"① 적절한 대내외적 조치를 통해 생산, 취업, 상품 교환과 소비를 확대한다. 이는 모든 민족의 자유와 복지의 물질적 토대다. ② 국제 무역에서 어떤 형태의 차별 대우도 허용하지 않는다. ③ 관세를 삭감하고 기타 형식의 무역 장벽을 철폐한다."

케인스는 이 내용을 읽고 "이것은 코델

1941년 미국은 연합국에 군사 원조를 제공하기 위해 '무기대여법'을 제정했다.

헐(Cordell Hull, 당시 국무장관) 선생의 황당무계한 제안일 뿐이다"라며 크게 분노했다. 전후 영국이 살아남는 길은 더욱 혹독하게 금융과 무역을 통제하는 것밖에 없다고 주장한 그로서는 당연한 일이었다.[13]

어쨌거나 '무기대여법'의 최종 목적이 대영제국의 파운드 블록 해체에 있다는 사실은 더욱 분명해졌다.

미국은 '무기대여법' 실행 과정에서도 영국의 숨통을 조였다. 전후 영국 경제가 다시 살아나 미국에 위협이 되지 않도록 사전에 차단하기 위해서였다. 급기야 1943년 말에는 재무장관 헨리 모겐소와 그의 고문 해리 화이트(Harry White)가 "영국의 준비 자산이 상당히 증가한 것으로 알고 있다. 이미 제공한 대여 물품 중 일부를 현금으로 상환하라"고 요구했다. 이에 영국 정부는 다음과 같이 대답했다.

"전후의 수요에 대비해 충분한 준비 자산을 보유할 필요가 있다."

그러자 모겐소는 영국의 전후 수요에 대해서는 미국이 향후 특별히 만족할 만한 조치를 취해줄 것이라고 장담했다. 미국은 이때까지 영국의 준비 자산 보유액이 전쟁 전 수준인 10억 달러를 초과하지 못하도록 줄곧 압력을 행사하고 있었다. 영국의 외환보유고가 적으면 적을수록 전후 미국에 더 많이 의존할 것이기 때문이다. 또 그렇게 되면 영국으로 하여금 '제국특혜제'를 폐지하도록 하는 것이 상대적으로 쉬울 터였다. 요컨대 영국은 전후에도 미국에 원조를 청할 수밖에 없고, 칼자루를 쥔 미국은 마음대로 협상 조건을 정할 수 있게 되는 것이다. 한마디로 영국의 운명은 미국의 손에 달려 있었다. 게다가 영국이 빠져나오려고 몸부림을 치면 칠수록 미국은 영국의 숨통을 더욱더 쥘 게 분명했다.

미국 정부가 공공연히 영국의 숨통을 죄는 와중에 그 배후에서는 미국 의회도 꼼수를 쓰고 있었다. 예컨대 훗날 대통령에 당선된 상원 전쟁조사위원회 위원장 트루먼은 공공연하게 "미국의 군사 원조를 받는 연합국은 전쟁 비용을 미국에 전가하는 수단으로 미국의 호의를 악용해서는 안 된다. 수혜국은 달러화로 상환하기 어려울 경우 해외에 보유하고 있는 석유, 금속 등 자산의 일부를 미국에 이전하는 것으로 대신해도 좋다"[14]라고 말했다. 솔직히 말해, 미국처럼 음흉하고 교활한 상대를 만난 것이 영국의 불운이라면 불운이었다. 히틀러가 아무리 강력하고 두려운 존재라 한들 미국에 비하면 아무것도 아니었다.

제2차 세계대전이 막바지에 진입하면서 영국의 불안감은 점점 증폭되었다. 전쟁이 끝나는 즉시 '무기대여법'이 종결되고 영국은 빚을 갚아야 하기 때문이었다. 전후 채무 상환 문제가 무거운 돌덩이처럼 영국을 짓눌렀다. 전쟁에서 최후의 승리를 거두려면 다른 방법이 없었다. 전쟁이 끝나기 전에 어떻게든 대량의 전쟁 물자를 비축해야 했다. 하지만 그럴 경우에도 비축한 전쟁 물자는 고스란히 채무로 전락할 수밖에 없었다. 더구나 외환 보유액이 매우 부족한 상황에서 전후 재건 사업에도 막대한 지출이 예상되었다. 설상가상으로 영국은 식민지 및 속국의 전쟁 비용까지 부담해야 했다. 영국이 미국에 진 빚과 식민지 및 속국의 채무까지 합치면 그 액수는 천문학적으로 늘어날 게 틀림없었다. 한마디로 제2차 세계대전 종식 후 영국은 전승국에서 채무국으로 전락할 수밖에 없는 처지였다.

영국은 일본이 태평양전쟁에서 단 1년이라도 더 버텨주기를 기대했다. 이 기간에 재정과 금융을 재정비하고, 조금이라도 숨 돌릴 틈을 얻고 싶었기 때문이다. 영국 정부는 또한 일본이 그들을 절대 실망시키지 않을 것이라고 굳게 믿었다. 그러나 일본은 유럽 전쟁 종식 후 3개월밖에 버티지 못하고 항복을 선언했다.

따라서 영국은 자신의 의지와 상관없이 바닥이 보이지 않는 채무의 나락으로 빠져들었다.

# 브레턴우즈 체제, 달러화가 금을 끼고 천하를 호령하다

미국은 1941년 참전 당시부터 전후의 달러화 패권 시대를 본격적으로 구상하기 시작했다. 연합국이 제2차 세계대전에서 반드시 승리하리라고 예상했기 때문이다. 전후 미국의 금융 전략 계획은 수없이 많은 학술 세미나, 정책 간담회 및 의회 공청회를 통해 드디어 윤곽을 드러냈다. 이것이 바로 1944년에 출범한 브레턴우즈 체제이다.

브레턴우즈 체제는 간단히 말해 '한 개의 중심, 두 개의 축'으로 정의할 수 있다.

한 개의 중심은 바로 '금을 허수아비 황제로 내세우고 달러화가 실권을 장악하는' 새로운 국제 통화 질서를 구축하는 것이었다. 달러의 가치를 금에 고정시키고 아울러 다른 나라의 통화를 달러에 고정시키는 금/달러 본위제 아래에서 달러화와 금은 함께 세계 각국의 화폐 발행 준비금을 구성했다. 이를 통해 달러화는 각국의 화폐 신용 시스템에 깊숙이 침투할 수 있었다. 나아가 세계 경제가 성장함에 따라 달러화에 대한 수요도 자연스레 증가했다. 그 결과 미국은 화폐 증발을 통해 각국이 노력해 거둔 발전의 성과를 독식할 수 있었다. 요컨대 브레턴우즈 체제는 1922년 출범한 금환본위제의 업그레이드 버전에 지나지 않았다. 금환본위제와 다른 점이 있다면 달러화가 파운드화를 대체했다는 것이다. 또 적용 범위를 전 세계로 확대했다는 것도 다른 점이었다. 말할 것도 없이 브레턴우즈 체제 역시 이중 신용 창조 문제를 해결하지 못했다. 따라서 언젠가는 재차 전 세계적 유동성 범람과 더 큰 규모의 화폐 위기를 초래할 가능성이 농후했다.

제2차 세계대전 종식 후, 미국은 세계 최대 경제 대국으로 부상했다. 군사력 역시 단연 독보적이었다. 그런데 무엇 때문에 직접 달러본위제를 확립하지 않고 번거롭게 이미 오래전에 실권을 잃은 금을 '허수아비 황제'로 내세우려 했을까? 솔직히 그럴 수밖에 없었다. 당시 달러화의 입장은 중국 삼국시대의 조조가 직면한 상황과 거의 비슷했다. 조조는 여러 조건이나 상황 등으로 미뤄볼 때 충분히 황제에 오를 수 있었다. 하지만 스스로 황위에 오르지 않았다. 대신 시종일관 천자를 끼고 제후들을 호령했다. 그럴 만한 실력과 야심이 없었기 때문이 절대 아니다. 굳이 이유를 찾자면 시기가 성숙되지 않았기 때문이다. 무엇보다 민심이 복종하지 않을 가능성이 높았다. 조조 역시 이를 우려했다. 또 각지의 제후들이 조조를 따라 앞다퉈 황제를 칭할 경우 한(漢)나라 황실의 호소력이 힘을 잃을 수도 있었다. 이 경우 전국을 통일하는 것이 한층 어려워질 터였다. 조조는 이런 가능성 역시 우려했다. 미국도 비슷한 걱정을 하고 있었다. 우선 당시 사람들은 금을 '절대' 화폐로 인정했다. 따라서 달러화가 단기간에 금의 지위를 대체하는 것은 거의 불가능했다. 게다가 아직 제2차 세계대전이 한창 진행되고 있었다. 여기에 전후 재건을 위해 민심을 하나로 모을 필요도 있었다. 또 다른 이유 또한 그럴듯했다. 미국은 줄곧 고립주의 전통을 지켜온 국가였다. 따라서 전후에 역사상 처음으로 세계 패권을 장악할 수 있었다. 하지만 자질도 미숙할 뿐 아니라 경험도 부족했다. 무턱대고 금을 배제한 채 달러본위제를 구축하려 했다가는 자칫 일을 망칠 수도 있었다. 그 밖에 더 중요한 이유도 있었다. 그것은 아직 파운드 블록의 숨은 우환을 완전히 제거하지 못했다는 사실이다. 그럼에도 억지로 달러본위제를 강행할 경우 역풍을 맞을 가능성이 높았다. 무엇보다 소련이 대외 확장에 열을 올리는 상황에서 영국이 재기를 꾀할 개연성이 농후했다. 소련 역시 화폐 패권 다툼에 끼어들지 말라는 법이 없었다. 심지어 프랑스도 미국의 말을 듣지 않을 가능성이 있었다.

그러나 금을 황제로 추대할 경우 문제는 훨씬 간단해진다. 무엇보다 미국이 화폐 주도권을 장악하는 데 아무런 걸림돌이 되지 않았다. 그뿐만 아니라 미국의 공평무사한 정신을 분명하게 보여줌으로써 천하의 민심을 얻는 데도 도움이 될 터였다. 미국은 전후 전 세계 금의 70%를 보유하고 있었다. 따라서 금을 황제로 모시는 것은 달러를 황제로 모시는 것과 크게 다를 바 없었다. 이렇게 되면 세계화폐의 실권을 장악한 미국은 영국에 금본위제를 지지하라고 요구하는 것이 가능하다. 미국에 거액의 빚을 지고 있는 영국은 그 요구를 승낙하지 않을 수 없다. 프랑스의 금 보유량은 미국 다음이었다. 세계 2위에 해당했다. 1920년대에 형성된 프랑화 블록이 바로 금을 절대적으로 지지하는 유럽 국가와 식민지로 구성된 무역 체제였던 것은 당연하다. 따라

▍1944년 브레턴우즈 회의에 참가한 각국 대표단

서 프랑스도 금본위제를 지지할 게 틀림없었다. 또 소련은 줄곧 금본
위제를 실시해 온 국가였다. 게다가 미국이 원조를 제공하겠다고 하자
브레턴우즈 회의에 대표단을 파견한 상태였다. 그러나 만약 미국이 스
탈린에게 장차 전 세계적으로 달러본위제를 채택할 것이라고 이실직
고했다면 어떻게 됐을까? 성격이 불같은 스탈린은 아마 화를 내며 회
의장을 뒤엎어버렸을지 모른다. 그러나 금을 '미끼'로 유인하는 것은
달랐다. 요컨대 소련을 미국이 주도하는 국제 통화 질서에 쉽게 편입
시킬 수 있을 터였다. 미국은 이 몇 개 국가만 평정하면 화폐 천하를
통일하는 일도 그다지 어렵지 않을 것이라고 판단했다. 이어 시기가
성숙되기를 기다려 달러와 금의 연결 고리를 끊어버리면, 이미 달러본
위제에 깊숙이 빠진 세계 각국도 별다른 불만을 갖지 않을 것이라고
믿어 의심치 않았다.

　미국은 고심 끝에 과거의 조조처럼 '허명을 버리고 실리를 챙기는'
전략을 택했다. 기회를 엿봐 금을 황제 자리에서 폐위하고 달러 시대

를 열면 그만이라고 생각한 것이다.

브레턴우즈 회의에서 채택한 금환본위제는 명목상으로는 분명 금본위제였다. 그러나 앞에서 설명한 것처럼 실상은 달러본위제였다.

브레턴우즈 체제의 두 개 축 중 첫 번째는 IMF, 즉 국제통화기금이었다.

미국은 IMF의 주요 기능을 "각국 환율의 안정화를 추구하는 것이다"라는 말로 간단하게 정의했다. 1920년대에 스트롱 뉴욕연방준비은행 총재, 노먼 잉글랜드은행 총재, 샤흐트 독일 중앙은행 총재는 세계 금융계의 '3대 검객'으로 일컬었다. 나중에는 이들 무리에 모로 프랑스은행 총재가 가담했다. 이 네 사람은 바로 '각국 환율의 안정화'를 꾀한 핵심 인물이었다. 이들은 사적인 모임을 갖고 비밀리에 각국 간의 환율 관계를 정한 다음 각 나라 정부에 이 방안을 수락하도록 강요했다. 미국은 IMF가 과거에 있었던 이 네 사람의 기능을 대체해 더 합법적이고 규범화·표준화된 방식으로 각국 환율의 안정을 도모할 것이라고 기대했다.

루스벨트 대통령은 1933년까지만 해도 환율 안정 문제에 별로 신경 쓰지 않았다. 그런데 무엇 때문에 이 문제가 제2차 세계대전 때부터 중대한 현안으로 떠오른 것일까? 그 이유를 살펴보지 않을 수 없다. 제2차 세계대전이 발발한 후 미국은 거액의 전쟁 경비를 충당해야 했다. 실제로 이를 위해 자국의 경제 시스템을 전부 가동함으로써 완전 고용을 거의 실현할 수 있었다. 대공황으로 인한 실업난 역시 어렵사리 극복했다. 그러나 다시금 평화가 찾아오자 미국 정부는 커다란 골칫거리에 직면했다. 생산력 과잉 문제가 심각해진 것이다. 전쟁은 기본적으로 미국을 내수보다 외수에 의존하게 만들었다. 그 때문에 미국은 전쟁이 끝나기 전 최소 6,000만 개의 일자리를 미리 창출해야 기본적인 취업 문제를 해결할 수 있다는 사실을 잘 알고 있었다. 만약 남아도는 국내 생산력을 해외 시장에 의존해 소화하지 않는다면 재차 높은 실업률이라는 악몽이 재현될 게 분명했다. 요컨대 국제 무역을 통해 국내의 생산력 과잉 문제를 해결할 수밖에 없었다. 브레턴우즈 체제의 전략적 의의는 바로 여기에 있었다.

브레턴우즈 체제는 안정적인 통화 시스템을 구축하기 위해 금 1온스당 가치를 35달러로 고정했다. 또한 다른 나라의 통화는 달러와 비교해 가치를 매기기로 결정했다. 이 방법으로 각국 통화는 결국 달러를 통해 간접적으로 금과 연계되었다. IMF는 바로 이 통화 체제의 안정을 도모하기 위해 출범한 기구였다. IMF 회원국은 자국 환율이 설정 범위를 너무 벗어났다고 판단될 경우 할당액에 따라 IMF 자금을 대출받아 자국의 환율 시장에 개입할 수 있었다. 환율을 적정 수준으로 회복하는 게 가능해진 것이다.

IMF의 기금을 조성할 때 미국은 당연히 주도적 역할을 자임했다. 가장 많은 28억 달러를 출자해 27%의 지분을 확보했다. 반면, 영국은 영연방의 몫까지 합쳐 겨우 25%의 지분을 가질 수 있었다. 그러나 모든 결의는 80% 이상 동의를 얻어야 한다는 다수결 원칙에 따라 미국과 영국은 손쉽게 거부권을 행사할 수 있게 되었다. 미국 입장에서는 영국의 체면을 어느 정도 살려준 조치였다. 하지만 미국은 정작 표결을 할 때는 영국이 대영제국 산하 자치국들의 투표권을 전부 집중시키기 어렵다는 사실을 잘 알고 있었다. 그래서 겉으로는 영국과 공동으로 IMF를 관리하는 것처럼 보였지만 실제로는 미국 혼자 결정권을 갖고 있었다 해도 과언이 아니다.

영국도 IMF와 관련해 나름대로 이해타산을 갖고 있었다. 영국 협상 대표로 브레턴우즈 회의에 참가한 경제학자 케인스가 방코르(Bancor)라는 국제 화폐를 제안한 사실을 상기하면 이 사실을 잘 알 수 있다. 이는 말할 것도 없이 달러나 황금 대신 방코르를 국제 결제 시스템으로 삼자는 주장이었다. 영국은 기본적으로 IMF를, 필요할 때 무제한으로 화폐를 발행할 수 있는 세계 중앙은행으로 만들 욕심을 갖고 있었다. 사실 영국 입장에서는 그럴 수밖에 없었다. 무엇보다 영국은 과도한 부채를 안고 있었다. 따라서 거액의 자금이 필요했다. 그러나 특정 국가에 빚을 지기는 싫었다. 요컨대 IMF를 '최후의 대출자', '수시로 대출받을 수 있는 ATM'으로 이용할 속셈이었다. 그래서 방코르라는 생뚱맞은 국제 화폐를 제안한 것이다. 물론 만약 케인스의 방코르 구상을 채택할 경우 가장 큰 손해를 보는 쪽은 막대한 무역 흑자를 기록하고 있는 미국이었다.

총명한 미국인들이 막다른 골목에서 알량한 패를 꺼내든 영국의 속셈을 모를 리 없었다. 달러 대신 다른 통화를 사용하겠다고? 그렇다면 달러를 기축통화로 세우기 위한 지금까지의 모든 노력이 수포로 돌아가지 않겠는가? 금본위제를 폐지하겠다고? 미국 달러도 아직 감히 금의 왕권에 도전하지 못하고 있는데 케인스의 보잘것없는 방코르를 누가 인정하겠는가? 세계 중앙은행을 설립하겠다고? 그럼 미국의 FRB는 굶어죽으라는 말인가? IMF를 현금인출기로 이용하겠다고? 모든 뒷감당은 나중에 미국이 도맡아 하란 말인가? 누구 마음대로?

미국은 케인스의 제안을 조목조목 반박했다. 미국의 주장은 간단명료했다. 설득력도 있었다.

"IMF는 은행이 아니다. 일종의 기금이다. IMF 가맹국은 출자금 비율에 따른 대출 한도 안에서 필요할 때 자금을 대출받을 수 있다. 대출은 반드시 상환해야 한다. 상환하지 않을 경우에는 그에 따라 쿼터도 줄어든다."

영국은 끝내 미국을 꺾지 못했다. 미국이 제시한 조건을 수락하고 말았다. 과거의 화폐 맹주 영국은 이때에 이르러 완전히 닭이나 오리보다 못한 이름뿐인 봉황 신세가 되었다.

브레턴우즈 체제의 두 번째 축은 세계은행 설립이었다. 세계은행은 설립 초기 장기 개발 자금 공여를 통해 제2차 세계대전 이후의 전쟁 복구를 도모하는 것이 목적이었다. 그러다 나중에 개발도상국의 경제 개발도 지원하기로 기능 범위를 확대했다.

그러나 세계은행의 실제 운영 형태를 살펴보면 고개를 갸웃거리지 않을 수 없었다. 세계은행의 대출 자금은 미국이 각국을 회유하는 데 사용하는 '막대 사탕'에 불과했다. 이는 세계은행의 원조를 받을 수 있는 조건을 보면 금세 알 수 있다. 브레턴우즈 체제에 가입한 후 자급자족 경제 포기, 관세 삭감, 보호무역 폐지 등의 조건을 수용하고 달러화 제국의 지배를 달갑게 받겠다는 국가만 원조 대상에 포함했기 때문이다. 결론적으로 말해, 미국이 주도하는 브레턴우즈 체제에 가입하지 않은 국가는 스스로 고립무원의 처지를 자초하는 것이나 다름없었다.

이때 미국의 정책은 보호무역에서 자유무역을 지향하는 쪽으로 완전히 바뀌었다. 미국인은 유대인이 그런 것처럼 타고난 상인이다. 상

인은 실리를 추구한다. 이른바 그 어떤 주의니 이념
이니 하는 것들에는 큰 관심이 없다. 나에게 이득 되
는 것은 갖은 방법을 다해 취하고, 불리한 것은 미련
없이 버린다. 다른 사람들의 평가에 별로 연연하지
않는다. 따라서 IMF, 세계은행, 또 훗날 출범한
GATT 등은 모두 미국적 상인 스타일 기질을 충분
히 구현했다 해도 과언이 아니다.

보호무역주의에 기초해 부상한 미국은 다른 국가들이 자국과 같은
길을 걷는 것을 각별히 경계했다. 마치 황포를 걸치고 황제로 추대받
은 송(宋)나라 태조 조광윤(趙匡胤)이 앞에서 누가 황포를 입고 얼쩡거리
는 것만 봐도 신경을 곤두세운 것과 같은 이치였다.

미국은 달러화 섭정 시대를 여는 데 성공했다. 그러나 파운드 블록
의 우환은 아직 완전히 제거하지 못했다. 달러화가 천하를 완전히 통
일하기까지는 아직 갈 길이 꽤 멀었다.


# '파운드 블록'을 무너뜨린 최후의 일격

> 우리는 인류의 공동 대업인 반파시스트 전쟁에 국부의 4분의 1을 쏟아
> 부었다. 그런데 그 보답으로 우리에게 돌아온 것은 전쟁을 이용해 떼돈
> 을 번 나라에 반세기 동안 공물을 상납해야 한다는 사실이다. 이에 우
> 리는 분노하지 않을 수 없다.[15]
>
> _〈이코노미스트〉

영국의 방대한 식민지는 제2차 세계대전 동안 영국에 거의 무제한에 가까운 신용 공여 권력을 부여했다. 식민지 및 영연방 국가들은 영국 군의 자원과 식량 및 원자재 공급을 거의 도맡다시피 했다. 그런데 여기에는 영국군이 이집트와 인도에서 싸울 때 비용뿐만 아니라 미군이 현지에서 싸울 때 비용도 포함되어 있었다. 또 인도 군대가 해외에서 영국군에 협조해 싸울 때 비용 역시 마찬가지였다. 식민지 및 영연방 국가들은 영국 국채를 매입하고 파운드 자산을 대량 보유해야 했다. 이는 영국이 엄청난 희생과 전비 소모를 감수하면서까지 제2차 세계 대전에서 최종 승리를 거둘 수 있었던 주요인이기도 했다. 당연히 영 국 식민지와 무역 상대국들은 영국에 물자를 제공한 대가로 파운드 자산을 보유하게 되었다. 또 영국과 동맹국은 보유하고 있던 달러화로 미국에서 무기를 구입했다. 그 결과 제2차 세계대전 이후 각국의 외환 준비금 중 파운드화 자산은 달러화 자산의 두 배에 달했다. 따라서 겉 으로 보기에는 파운드화가 여전히 세계의 중심 화폐 역할을 하는 듯 했다. 그러나 이 많은 파운드화 자산 중 3분의 2가 파운드 블록에 집 중되어 있었다. 게다가 그 상태가 매우 불안정했다.

파운드 블록 역내에 파운드 자산이 집중된 원인은 파운드화 가치가 달러화보다 높았기 때문이 아니다. 영국이 전쟁 기간에 파운드화의 외 환 거래를 금지했기 때문이라고 해야 옳다. 이 조치는 영국으로서는 솔직히 현명한 일이었다. 그러지 않을 경우, 파운드화가 달러화 강세 에 밀려 수시로 버림받을 위험에 처해 있었기 때문이다. 제1차 세계대 전 이전까지만 해도 영국의 해외 자산은 부채보다 훨씬 많았다. 따라 서 파운드화는 시종 안정적인 가치를 유지했다. 그러나 이때는 완전히 달랐다. 대외 채무만 150억 달러에 달했다. 무려 금 및 외환보유고의 여섯 배가 넘었다. 따라서 영국이 파운드화의 외환 거래 금지령을 취소할 경우, 파운드 보유국들이 앞다퉈 파운드 자산을 달러로 바꿀 게 분명했다. 그렇게 되면 파운드화 가치는 걷잡을 수 없이 하락할 게 뻔했다.

영국은 외국에 있는 파운드 자산을 계속 동결하는 한편, 수출을 통해 외채를 차근차근 갚아나가는 방법을 모색할 수도 있었다. 이렇게 하면 고용 증대, 경기 회복 및 파운드화 가치의 안정뿐만 아니라 파운드 블록의 해체를 막는 효과까지 기대할 수 있었다. 파운드 블록이 무너지지 않는 한 향후 재기의 기회를 얼마든지 잡을 수 있을 터였다. 이에 반해 만약 파운드 자산의 자유로운 외환 거래를 허용할 경우, 파운드 블록 역내 회원국들은 너 나 할 것 없이 달러화에 의탁할 것이 분명했다. 결과적으로, 미국은 수출 확대를 통해 달러 블록의 세력 범위를 크게 확장할 개연성이 농후했다. 게다가 파운드 블록도 완전히 붕괴해 다시 일어서지 못할 가능성이 거의 100%에 가까웠다.

제2차 세계대전 이후, 영국은 케인스를 미국에 파견해 전후 자금 지원 문제를 협상하도록 했다. 그러나 파운드 블록의 생사존망과 관련한 이 중대한 문제에서 케인스는 잘못된 판단을 했다. 이로 인해 영국은 미국의 올가미에 걸려들었다. 급기야 200년 동안 장악해 온 화폐의 패권을 고스란히 미국에 넘겨주고 말았다.

당시 미국은 케인스에게 영국의 재정 적자 보충에 필요한 자금 37억 5,000만 달러를 지원(캐나다에서 지원하기로 약속한 12억 5,000만 달러까지 합치면 총 50억 달러)하겠다고 제안했다. 당연히 조건이 있었다. 영국 정부가

1947년 7월 15일까지 파운드화를 다른 통화와 교환할 수 있도록 해야 한다는 것이었다.

케인스는 미국이 이런 조건을 내걸 줄은 꿈에도 상상하지 못했다. 미국과 영국은 같은 피를 나누고 같은 언어를 쓰는 동맹국이자 형제국 아니던가. 케인스는 영국을 떠날 때만 해도 미국이 통쾌하게 대출 조건을 완화해 줄 것이라 믿어 의심치 않았다. 그래서 영미 양국이 공동으로 제2차 세계대전 이후의 세계를 지배하는 문제에 관해 웅대한 구상을 미리 준비하기까지 했다. 그러나 그의 기대와 달리 미국은 전혀 뜻밖의 조건을 내놓았다. 권모술수에 능하지 못한 케인스는 결국 미국의 꾐에 빠져 그 요구를 수락하고 말았다.

케인스는 귀국하자마자 비판에 직면했다. 경제 전문지 〈이코노미스트〉는 케인스의 협상 내용을 신랄하게 비판했다.

"이 나라에는 '영국과 영국이 대표하는 모든 것을 소멸시키는 것이 미국 정부의 계획적이고 의도적인 목적'이라는 공산주의자들의 이론을 믿는 사람이 거의 없다. 그러나 지금 상황을 보면 공산주의자들이 예측한 대로 흘러가는 것이 확실하다. 미국이 원조를 제공할 때마다 매번 부가 조건을 덧붙이니 영국은 필연적으로 올가미에서 빠져나올 수 없게 될 것이다. 영국으로서는 부득불 더 많은 원조를 요구할 수밖에 없다. 그리고 원조를 얻는 대가로 스스로 자국의 가치를 깎아내리고, 그로 인해 국력은 약화될 수밖에 없다."[16]

과연 1947년 7월 15일 파운드화 패권은 완전히 붕괴하고 말았다.[17] 영국은 전후에 파운드 블록을 바탕 삼아 재기하려는 욕심을 갖고 있었다. 그러나 미국은 영국이 다시 일어설 기회를 원천적으로 봉쇄했다.

독일이 일으킨 두 차례의 세계대전에도 끄떡하지 않던 강대한 영국의 파운드화 패권은 이로써 고작 37억 5,000만 달러의 대출 때문에 미국에 강탈당하고 말았다.

미국은 지극히 실리적이고 현실적인 국가다. 한때 전장에서 함께 싸웠던 동맹국이자 같은 언어를 쓰는 형제국인 영국에게조차 이토록 인정사정이 없었다. 하물며 다른 국가에 대해서는 더 말할 필요도 없다.

# 제3장

# 미국과 소련의 화폐 냉전

화폐와 무역을 통해 소련을 달러화 제국의 판도에 편입시키려던 미국의 꿈은 보기 좋게 무너졌다. 이렇게 해서 드디어 냉전의 시대가 막을 열었다. 장장 40년 넘게 지속된 이 냉전에 무려 8조 달러가 낭비되었다. 또 수십만 명이 목숨을 잃었다. 수백만 가구 역시 이산가족이 되었다. 결과적으로 소련은 미국과 다른 길을 선택했다. '달러화 제국'에 대항하는 '루블화 제국'을 건설하기 시작한 것이다.

단언컨대, 소련의 브레턴우즈 체제 가입 거부는 결코 냉전의 결과가 아니라 원인이었다. 제2차 세계대전 동안 루스벨트 대통령은 루블화의 대외 확장을 시도하는 소련보다 어떻게 해서든 재기하겠다는 집념을 보인 영국을 훨씬 더 경계했다. 루스벨트는 기본적으로 대단히 원대한 포부를 가진 사람이었다. 그의 포부는 한두 가지가 아니었다. 무엇보다 전후 미국 경제에 걸림돌이 되는 모든 무역 장벽을 철폐하고자 했다. 또 각국의 다양한 통화 블록도 제거하려 했다. 영국과 프랑스의 식민 지배하에 있는 원자재 기지를 해방시키는 것은 더 말할 필요도 없다. 여기에 소련과 동유럽 지역의 자원과 노동력 공급 상황에 대해서도 신경을 썼다. 중국과 일본을 비롯한 아시아 각국을 세계 시장에 편입시켜 미국을 세계 정치권력의 중심으로 삼고자 하는 야심 역시 갖고 있었다. 그 밖에 달러화를 기축통화로 만들어 하나의 통합된 세계 시장을 구축함으로써 '미국 지배하의 영원한 평화'를 실현하고자 했다. 그러나 루스벨트가 세상을 떠난 후 그 뒤를 이어 취임한 대통령들은 달랐다. 그들은 루스벨트의 국정 방침을 완전히 뒤엎었다. 오로지 소련과의 치열한 대립을 선택했다. 소련을 지나치게 몰아붙인 결과는 혹독했다. 스탈린이 최종적으로 브레턴우즈 체제를 거부했기 때문이다. 스탈린은 따로 '루블화 제국'을 구축하기 시작했고, 이로써 냉전 시대의 서막이 열렸다.

레닌의 신경제 정책 시대 당시 소련은 일명 '골드 루블Gold Rubles'이라 일컫는 금환본위제를 실시했다. 그러나 스탈린 시대에 이르러서는 정책 기조가 완전히 달라졌다. 요컨대 금환본위제를 이른바 '계획본위제'로 바꾼 것이다. 이때 루블화는 능동적으로 상품 거래에 참여하는 교환 매개체가 아니었다. 단순히 계획 경제 아래 '물물교환'의 회전율을 수동적으로 계산하는 일종의 도구에 지나지 않았다.

스탈린은 집권 초기인 1930년대에 '서구 선진 공업국 따라잡기 10개년 계획'을 수립했다. 그러나 이 프로젝트는 1950년대 들어 소련이 중국을 지원하면서 계획한 156개 중점 프로젝트와 크게 다를 바 없었다. 이는 대규모 기술 지원과 농촌의 원시적 생산력 축적 없이는 절대 성공할 수 없었다. 더구나 당시 소련에 서구 기술을 제공할 수 있는 국가는 제1차 세계대전의 패전국 독일뿐이었다. 실제로 소련은 독일 군부의 지원과 도움을 받아 서구의 선진 산업 기술을 도입할 수 있었다.

전후 소련은 강대한 국력과 군사력을 기반으로 루블화의 대외 팽창을 위해 세계 각지에서 미국 달러와 치열한 패권 다툼을 벌였다. 그러나 소련 경제는 1960년대 중반에 이르러 침체 국면을 달렸다. 따라서 더욱 장막을 높일 수밖에 없었고, 이렇게 해서 미국과 소련 양국은 장기적인 화폐 냉전 국면에 진입했다.

미국은 1970년대의 오일 쇼크를 계기로 석유라는 새롭고 강력한 경제 무기를 발견했다. 이어 1980년대 중반에는 이 무기를 활용해 소련의 '루블화 제국'에 그야말로 치명적인 일격을 가했다.

# 케넌이 냉전 격문을 기초하다

브레턴우즈 체제는 그저 '월스트리트의 지점'일 뿐이다.[1]

_1947년 유엔 총회에서 소련 대표가 한 말

때는 1946년 2월이었다. 소련의 수도 모스크바 날씨는 유난히 춥고 건조했다. 날씨 때문에 독감 환자도 크게 늘었다. 모스크바 주재 미국 외교관 조지 케넌 역시 감기 때문에 곤욕을 치르고 있었다. 고열과 치통에 약물 부작용까지 겹쳐 케넌의 몸은 허약할 대로 허약해졌다. 소련 주재 미국 대사 애버럴 해리먼(Averell Harriman)이 자리를 비운 관계로 대사관의 크고 작은 업무는 모두 케넌의 차지였다. 케넌은 아픈 몸을 겨우 이끌고 대사관의 각종 업무를 처리했다. 그중에서도 가장 중요한 업무는 미국 정부의 수많은 부처와 전보를 주고받는 일이었다.

케넌은 격무와 감기로 인해 2월 22일 병상에 완전히 눕고 말았다.

할 수 없이 비서를 시켜 워싱턴에서 온 전보를 자기 침실로 가져오게 했다. 몇 통의 전보 중에서 미 국무부가 재무부에 내려보낸 문서가 그의 눈길을 끌었다. 당시 미 재무부는 소련이 IMF와 세계은행 가입을 질질 끌면서 동의하지 않는 것에 대단히 초조해하고 있었다. 하지만 다른 채널이 없어 모스크바 주재 미국 대사관에 소련 정부의 진짜 의도가 무엇인지 알아보라고 명령하는 게 최선이었다.[2]

소련은 1944년 열린 브레턴우즈 회의에 대표단을 파견한 바 있었다. 처음에 소련은 새로운 국제 통화 체제에 지대한 흥미와 관심을 나타냈다. 이에 대해서는 1944년 8월호 〈볼셰비키〉를 읽어보면 잘 알 수 있다. 여기엔 당시 소련의 의도를 반영한 다음과 같은 글이 실려 있다.

"소련은 전후 각국의 협력을 지지한다. 이런 방식의 협력이라면 미국이 소련의 국민 경제 회복에 필요한 도움을 줄 수 있을 것으로 전망된다. 미국과의 협력을 통해 소련의 경제는 더 큰 발전 공간을 갖고 더 빠른 속도로 성장할 수 있을 것이다. 더불어 소련의 동맹국과 중립국들은 소련과의 무역에 관심이 매우 많다. 소련이 이들 국가로부터 대량의 잉여 제품을 수입해 소비할 수 있기 때문이다. 소련은 여태껏 자국의 의무를 소홀히 한 적이 결코 없다. 이는 누구나 다 아는 사실이다."

1944년의 〈계획경제〉에 실린 글에서도 소련의 태도를 충분히 엿볼 수 있다.

"소련은 지금도 외국에서 물품을 수입하고 자국 제품을 외국에 수출하고 있다. 전후에 소련의 대외 무역은 크게 증가할 것이다. 따라서 소련은 자본주의 국가도 화폐 안정과 경제 회복을 꾀해야 한다는 것에 이의를 제기하지 않는다. IMF의 단기 대출과 세계은행의 장기 대출은 소련과 다른 국가 간의 무역 거래에 도움이 될 것으로 기대된다. 소련과 다른 국가들은 모두 이 점에 큰 흥미를 느끼고 있다."[3]

소련은 위의 두 잡지에서 보듯이 처음에는 브레턴우즈 체제 출범에 상당한 열정을 보였다. 그럴 수밖에 없는 것이 루스벨트가 추진하는 달러화 전략의 본질을 미처 파악하기 전이었기 때문이다.

브레턴우즈 체제 출범은 사실상 달러 패권의 시작을 의미한다. 이 체제는 비록 여전히 금의 명분과 지위를 그대로 유지하긴 했으나 세계화폐 실권을 장악한 것은 분명 금이 아닌 달러였다. 이 체제 아래 달러는 기축통화로 부상하고, 세계 각국은 달러화를 자국 화폐 발행의 담보물로 삼게 되었다. 케인스가 1920년대에 우려했던 것처럼 브레턴우즈 체제는 세계 각국이 자국 경제의 주도권과 운명을 월스트리트 손에 넘겨주게끔 설계한 제도였다. 루스벨트는 브레턴우즈 체제의 잠재적 적국은 전후 경제적으로 몰락한 소련이 아니라 호시탐탐 끊임없이 재기의 기회를 노리는 영국이라고 판단했다.

루스벨트는 1933년 대통령에 취임한 이후부터 퇴임할 때까지 거의 대부분의 시간을 경제 위기와 싸우는 데 바쳤다. 그런 그를 가장 힘들게 한 것은 장장 12년 동안 지속된 경제 대공황이었다. 또 1,000만 명이 넘는 실업자 수에서 알 수 있듯 심각한 실업난도 그를 힘들게 했다. 다행히 제2차 세계대전은 유럽 경제를 침체의 나락으로 빠뜨린 대신 미국 경제를 90%나 성장시켰다. 그러나 전후 미국의 생산 능력 과잉 문제와 심각한 실업 문제를 해결하려면 반드시 국제 간의 원활한 통상 무역을 실현해야 했다. 따라서 그는 미국의 경제 발전에 걸림돌이 되는 모든 무역 장벽을 철폐하고자 했다. 또 각지에 있는 다양한 통화 블록 역시 제거하고자 했다. 영국과 프랑스의 식민 지배하에 있는 원자재 기지 해방은 말할 필요도 없다. 또한 소련과 동유럽 지역의 자원과 노동력 공급 상황에 대해서도 신경을 썼다. 중국과 일본을 비롯한 아시아 각국을 세계 시장에 완벽하게 편입시켜 미국을 세계 정치권력의 중심지로 삼으려는 야심 역시 갖고 있었다. 그 밖에 달러화를 기축통화로 만들어 하나의 통합된 세계 시장을 구축함으로써 '미국 지배하의 영원한 평화'를 실현하고자 했다.

루스벨트는 호시탐탐 재기할 기회를 노리는 영국을 자신의 이런 목표 실현을 저해하는 최대 걸림돌이라고 판단했다. 한마디로 미국의 최대 걸림돌로 소련이 아닌 영국을 꼽은 것이다. 그가 소련을 그다지 걱정하지 않은 데는 그럴 만한 이유가 있었다. 전쟁으로 인해 소련 경제가 거의 파산지경에 이르렀기 때문이다. 게다가 소련은 영국처럼 방대한 해외 식민지를 보유하지도 못했다. 제조업 역시 미국의 상대가 되지 않았다. 또 '미국의 농산물 수출 시장'으로 여길 만큼 농업이 발전하지도 못했다. 해외 보유 자본조차 미국에 전혀 위협이 되지 않았다.

루스벨트는 제2차 세계대전을 치르는 동안 스탈린에 대해 꽤나 좋은 인상을 가졌다. 요컨대 스탈린이 '믿음직한 세계 수준의 리더'로서 자본주의 체제를 전복하려는 충동적인 행동을 할 사람이 아니라고 굳게 믿었다. 이에 반해 잔머리 굴리기에 능숙한 처칠 영국 총리는 스탈린을 그다지 곱게 보지 않았다. 따라서 적절한 정치적 타협과 경제 원조를 통해 소련을 미국이 주도하는 국제 질서에 편입시키는 것이 미국의 궁극적인 전략적 목표이기도 했다.

심지어 미국 은행가들은 소련과 미국이 지구 양쪽 끝에서 각기 광활한 영토와 방대한 자원을 지배하면서 서로 경쟁하지 않는 구조를 향후 세계 역사의 흐름을 파악하는 주도적 관점으로 삼아야 한다고까지 주장했다. 소련 정부와 미국 금융가들은 금융 분야에서도 일치하는 점이 있었다. 마치 약속이나 한 듯 적절한 관리가 뒷받침되는 금본위제를 가장 선호한 것이다. 미국과 소련이 모두 금 보유량 세계 1위와 2위인 데다 장차 세계 최대 금 생산국으로 부상할 가능성도 있

| 냉전의 비조, 조지 케넌

었기 때문이다. 소련은 비록 계획 경제를 실시하는 국가이지만 확장주의 전략을 채택하지는 않았다. 따라서 소련은 영국처럼 미국의 수출과 해외 투자에 위협이 되는 일은 절대로 하지 않을 터였다. 게다가 소련은 내수 시장이 워낙 방대했다. 그 때문에 국내 자원을 자국민의 수요를 충족시키는 데 사용할 뿐 다른 국가에 경제적으로 침투하는 데 사용하지 않을 가능성이 무척 농후했다.[4]

그러나 케넌을 비롯해 미국의 대다수 정치인은 루스벨트처럼 뛰어난 전략적 안목과 패기를 갖고 있지 못했다. 불행히도 루스벨트는 제2차 세계대전의 승리를 보지 못하고 1945년 4월 세상을 떠났다. 루스벨트의 사망과 더불어 미국의 전략적 계획도 중단되었다. '위대한 대통령' 루스벨트가 세상을 떠나자 그의 그늘에서 기를 펴지 못하던 부통령 트루먼이 대통령 자리를 승계했다. 트루먼은 성격이 예민하고 고집스러웠다. 자기 정책을 루스벨트의 정책과 비교하는 것을 매우 싫어했다. 또 자신의 능력과 용기, 자신감을 과시하려는 욕망이 대단히 컸

다. 그래서 루스벨트가 세상을 떠난 다음 백악관 내부를 자기 기호에 맞게 새로 리모델링하기도 했다. 그뿐 아니라 루스벨트의 정책을 지지하는 정부 관리도 거의 모두 갈아치웠다.

케넌은 애초부터 뛰어난 전략가인 루스벨트의 정책을 이해하지 못했다. 무엇 때문에 유럽 연합군 최고 지휘부에 있는 미국인들이 소련에는 매우 우호적으로 대하면서 영국을 못 잡아먹어 안달인지 도무지 알 수 없었다. 또 무엇 때문에 소련 침공을 주장한 급진파 대표 패튼 장군이 미 군부 고위층의 배척을 받는지에 대해서도 이해하지 못했다.

케넌을 더욱 분노하게 만든 것은 미국이 영국보다 소련에 훨씬 많은 원조를 제공한다는 사실이었다. 제2차 세계대전이 채 끝나기 전인 8월 13일 미 군부는 대통령의 명령도 받지 않은 채 제멋대로 영국에 대한 군수품 운송을 전격 중단했다. 또 일본이 무조건 항복을 선언한 날에는 영국에 사전 통보도 하지 않고 일방적으로 무기대여법에 의한 원조 중지를 선언한 다음 채무 상환을 강요했다. 이때 미국은 영국에 남아 있는 물자를 5억 3,200만 달러로 환산했다. 아울러 운송 도중인 물자는 1억 1,800만 달러의 가치가 있는 것으로 추정했다. 이것이 모두 고스란히 채무가 됨으로써 영국은 외환보유고보다 많은 빚을 떠안게 되었다. 이 채무로 인해 영국 경제는 심각한 곤경에 빠질 수밖에 없었다. 이에 반해 미국은 소련에 대해 얼마나 관대했는지 모른다. 전쟁이 끝난 지 한참이 지난 10월 말까지 미국은 여전히 소련에 2억 5,000만 달러를 지원했다.

케넌은 그중에서도 미 재무부의 친소 정책이 너무나 못마땅했다. 1943년 6월 미 재무부는 향후 출범 예정인 IMF의 각국별 쿼터를 정할 때 소련에 7억 6,300만 달러를 할당하겠다고 선언했다. 훗날 소련의 할당액은 12억 달러로 늘어났다. 당시 미국의 할당액은 25억 달러로 당당한 1위였다. 미국의 절반인 영국이 2위, 소련과 중국은 각각 3위와 4위를 차지했다. 소련에 대한 특혜는 여기에 그치지 않았다. 모겐소 재무장관은 루스벨트에게 전후 소련에 금리 2.5%, 상환 기간 30년 조건의 60억 달러 대출을 제공하자고 건의했다. 영국에 굴욕적인 조건을 제시하며 37억 5,000만 달러의 자금을 지원한 것과 비교하면 그야말로 하늘과 땅 차이였다. 훗날 모겐소의 고문으로서 '화이트 방안'을 입안한 해리 화이트는 루스벨트에게 보낸 회의록에서 소련에 금리 2%, 상환 기간 35년짜리 장기 대출 100억 달러를 제공할 것을 건의하기도 했다.

루스벨트 행정부의 친소 정책을 전혀 이해할 수 없었던 케넌은 소련의 팽창 야심을 경계할 것을 누차 호소했다. 그러나 그의 의견은 소리 없는 메아리였다. 전혀 받아들여지지 않았다. 오히려 천박하고 근시안적인 견해라며 무시만 당했을 뿐이다.

그러나 그에게도 입신양명의 기회가 찾아왔다. 루스벨트와 완전히 반대되는 노선을 선택한 트루먼 대통령 시대가 열렸기 때문이다.

1945년 2월 루스벨트, 스탈린, 처칠 등 연합국 정상들이 개최한 얄타 회담에서 스탈린은 동유럽을 소련의 세력 범위에 편입시킬 것을 강력히 요구했다. 이에 앞서 처칠과 스탈린은 모스크바에서 영국이 루마니아와 불가리아를 사회주의화하는 데 동의하는 대가로 소련도 영국의 그리스 진주에 동의한다는 내용의 합의를 한 바 있었다. 지중해는 대영제국의 해상 생명선이고 동유럽은 소련의 완충 지대인 만큼 양국이 이들 지역을 중시한 것은 일면 당연한 일이었다. 루스벨트는 이 소식을 듣고 깜짝 놀랐다. 그는 영국의 목적이 방대한 영연방 체제를 유지하는 데 있다고 생각했다. 게다가 소련이 동유럽에 진주하면 또 다른 할거 세력을 형성할 게 틀림없다고 분석했다. 이럴 경우 화폐할거 국면을 쓸어버리고 세계 시장을 하나로 통일하려던 루스벨트의 야망은 수포로 돌아가고 말 터였다. 그런 와중에 전후 처리에 따른 모순의 쟁점은 폴란드 문제에 집중되었다. 영국과 미국은 당연히 폴란드에 친서방 정권이 들어서기를 바랐다. 그러나 이미 폴란드에 붉은 군대를 진주시킨 소련은 폴란드의 사회주의화를 강력하게 주장했다. 양측은 이 문제를 놓고 이견을 좁혔다. 그 결과 최종적으로 폴란드 정부에 서방 국가의 목소리를 대변할 수 있는 친서방 인사를 몇 명 배정하는 것으로 합의를 보았다. 루스벨트는 이 결정에 불만이 많았지만 수락하는 수밖에 없었다. 이렇게라도 소련을 구슬려 브레턴우즈 체제에 가입시킨다면 미국이 최종 승자가 될 테니 지엽적인 문제에서는 적당한 타협도 필요하다고 판단한 것이다. 아무래도 이상과 현실은 차이가 있으니 말이다.

하지만 문제는 새로 집권한 트루먼이 기존의 모든 정책을 완전히 뒤집으려 한 데서 비롯되었다. 친소 정책을 강력히 주장하던 루스벨트가 사망하자 미국 정부 내에서 소련에 대한 '유화 정책'에 반대하는 목소리가 나타나기 시작했다. 특히 트루먼은 자신은 절대로 제2의 체임벌린(영국 총리로서 친소 정책을 주장한 대표적 인물)이 되지 않겠다고 결심했다. 그는 지금 미국에 가장 필요한 것은 소련에 대한 강경책뿐이라고 생각했다. 이에 자극을 받은 소련 주재 미국 대사 해리먼은 미국 정부가 폴란드 및 동유럽 문제와 대소련 경제 원조를 한데 섞어 논할 것이라는 엉뚱한 소문을 퍼뜨렸다. 이 소문은 스탈린의 경각심을 불러일으켰다. 미국 정부는 무엇 때문에 이랬다저랬다 하는 것일까? 루스벨트가 세상을 떠난 다음 미국 정책이 바뀌기라도 한 것인가? 스탈린은 미국의 요구가 얄타 회담 결의를 위배한 것이라며 트루먼을 강력히 비난했다. 물론 스탈린은 양국의 관계를 어색하게 만들려는 생각은 추호도 없었다. 그래서 폴란드 정부에 친서방 관리 몇 명을 더 넣는 것으로 트루먼을 구슬렸다. 트루먼은 마지못해 스탈린의 제안을 수락했다.

그런데 얼마 후 터키, 이란 등의 처리 문제와 관련해 미소 양국 사이에 분쟁이 벌어졌다. 이때부터 스탈린은 미국의 진정한 의도에 의심을 품기 시작했다. 사실 그는 원래부터 브레턴우즈 체제에 약간의 불신을 갖고 있었다. 따라서 사정이 이렇게 되자 미국에 대한 불신이 한층 깊어질 수밖에 없었다. 그의 생각은 다음과 같이 요약할 수 있다.

"브레턴우즈 협상에서 소련은 화이트 방안에 대해 의문을 제기했다. 화이트 방안은 가까운 장래에 무역 장벽과 자본 통제를 철폐하자는 제안이었다. 소련은 당시의 자본주의 조건하에서는 대다수 국가가 이 제안을 받아들이기 어려울 게 분명하다고 주장했다. 더구나 제2차 세계대전 종식 후에는 더욱 그럴 것이라고 생각했다. 그 이유는 국가가 경제 정책에 개입하지 않을 경우 경제의 독립성을 보장할 수 없기 때문이다."

소련 대표 역시 이와 비슷한 생각을 갖고 있었다. "우리가 유사 이래 가장 잔인한 이번 전쟁에 참전한 이유는 세계의 판도를 미국과 영국의 수출에 더 유리한 쪽으로 바꾸기 위해서가 아니었다"라고 분명하게 밝힌 사실이 무엇보다 이를 잘 말해준다. 스탈린은 드디어 미국의 진짜 목적을 파악했다. 즉 미국이 각국에 자유무역이라는 압력을 넣는 목적은 동유럽, 더 나아가 소련의 경제를 통제하기 위해서라는 사실을 말이다. 그럼에도 소련은 IMF 가입을 정면으로 거절하지 않았다. 대신 "협정 조항을 재고할 수 있도록 시간을 달라"고 미국 측에 요구했다.

소련은 이처럼 미국의 태도를 좀 더 지켜보기로 했다.

2월 22일 미 재무부는 케넌에게 전보를 보냈다. 소련이 IMF 가입을 미루는 진정한 동기를 파악하라는 명령문이었다.[5] 케넌이 이 절호의 기회를 놓칠 까닭이 만무했다. 그는 즉각 무려 8,000자에 달하는 거의 격문과 같은 보고서를 워싱턴으로 보냈다. 이 '긴 전보'에서 케넌은 소련에 대한 자신의 개인적 감정을 "미국과 소련은 같은 하늘 아래 양립할 수 없다"는 말로 요약했다. 거의 이론적 차원으로 승화시켰다고 해도 과언이 아니다. 말할 것도 없이 이 보고서는 제2의 체임벌린이 되길 원치 않는 트루먼으로 하여금 소련에 대한 강경책을 취하기로 결심하는 데 크게 일조했다. 케넌의 격문은 루스벨트 사망 후 급변한 워싱턴의 정치적 분위기에서 대단히 높은 평가와 박수갈채를 받았다. 케넌 본인 역시 이 일을 계기로 출세가도를 달렸다. 그리고 후세 사람들은 그를 '냉전의 비조'라고 불렀다.

소련은 이후 몇 달을 더 기다렸다. 그러나 기대와 달리 미국으로부터 단 한 푼의 원조도 받지 못했다. 그뿐 아니라 처칠로부터 '철의 장막'이라는 비웃음까지 당해야 했다. 실망한 스탈린은 IMF와 세계은행 가입을 공공연하게 거부하기 시작했다. 브레턴우즈 체제와 길을 달리하기로 용단을 내린 것이다.

화폐와 무역을 통해 소련을 달러화 제국의 판도에 편입시키려던 미국의 꿈은 보기 좋게 무너졌다. 이렇게 해서 드디어 냉전의 시대가 막을 열었다. 장장 40년 넘게 지속된 이 냉전에 무려 8조 달러가 낭비되었다. 또 수십만 명이 목숨을 잃었다. 수백만 가구 역시 이산가족이 되었다.

결과적으로 소련은 미국과 다른 길을 선택했다. '달러화 제국'에 대항하는 '루블화 제국'을 건설하기 시작한 것이다.


## 러시아 루블과 신경제 정책

제정러시아의 금융사는 루블화 가치 하락과 인플레이션의 반복으로 점철된 역사라 해도 과언이 아니다.

루블화는 은화로 바뀌기 전인 17세기까지만 해도 동화(銅貨)의 형태를 갖고 있었다. 그러다 19세기 말에는 은화에서 지폐로, 이어 지폐에서 다시 금화로 계속 바뀌었다. 이러한 화폐 개혁은 모두 전 정권의 부산물인 하이퍼인플레이션 문제를 해결하기 위한 대안이었다. 어쨌든 이런 과정을 거쳐 루블화는 1897년 금본위제를 확립했다. 이로써 러시아 루블은 세계 5대 화폐 중 하나로 급부상했다. 1904~1905년의 러일전쟁과 1905~1906년의 러시아 혁명 등 두 차례의 충격에도 무너지지 않고 성공적으로 버텨냈다. 제1차 세계대전 발발 후 제정러시아는 부득불 금본위제를 폐지할 수밖에 없었다. 제정러시아는 제1차 세계대전에 약 670억 루블의 전비를 지출했다. 그중 25%는 세수로 충당했고, 29%는 외국에서 장기 대출을 받아 해결했다. 차관 중에서는 영국에서 빌린 돈이 가장 많았다. 10월 혁명 발발 후, 소비에트 정부는 이러한 채무를 아주 자연스럽게 무효화했고, 이는 영국이 훗날 미국에 빚을 질 수밖에 없는 중요한 원인이 되기도 했다. 또한 제정러시아는 전쟁 비용 중 23%를 국채를 팔아 마련하고, 나머지 부족한 돈은 화폐 발행을 통해 충당했다. 그 결과 1914년부터 1917년 사이 제정러시아의 통화량은 15배나 증가했다. 더불어 물가 역시 15배나 상승했다.

제정러시아와 소비에트 정부는 제1차 세계대전에 참전한 1914년부터 1921년까지 장장 7년 동안 전란에 휩싸였다. 이 시기에 러시아 역사상 유례없는 하이퍼인플레이션에 시달린 것은 물론이다. 1917년 10월 혁명이 발발한 후 서방 14개국의 무장 병력은 러시아 내 반란 세력과 연합 전선을 펼치며 러시아로 진공했다. 이어 소비에트 정부가 장악하고 있던 넓은 면적의 영토를 강점했다. 소비에트공화국은 식량, 연료, 생활필수품 공급 부족으로 심각한 위기에 빠졌다. 공장은 생산을 멈추었다. 국민은 기아에 허덕였다. 물자 부족이 극에 달했다. 신생 정권은 그야말로 절체절명의 궁지에 몰렸다. 그러나 경제가 지극히 어려운 상황에서도 전쟁에서 승리하기 위해서는 450만 명에 달하는 붉은 군대를 계속 먹여 살려야 했다. 소비에트 정권은 거액의 전쟁 경비를 마련하기 위해 할 수 없이 자체적으로 화폐를 발행하기 시작했다. 또 다른 한편으로는 전시 비상 체제를 가동했다. 농민은 일용할 양식을 제외한 나머지 곡식을 모두 국가에 상납해야 했다. 도시에서는 식품과 일용품 및 소비품에 대한 배급제를 실시했다. 일할 능력이 있는 사람은 모두 강제로 의무 노동에 징집했다. 상공업의 국유화도 단행했다. 또한 거의 대부분의 공산품과 농산물에 대한 배급제도 실시했다.

내전이 진행된 3년 동안 과도하게 발행한 소비에트 루블은 완전히 신용을 잃었다. 1913년부터 1921년 사이의 물가가 무려 4만 9,000배나 상승했다는 사실이 이런 현실을 잘 말해준다. 심지어 인플레이션이 가장 심각한 시기에는 소비에트 루블의 가치가 시간당 5%씩 급락했을 정도다.

1921년 소비에트연방은 드디어 결정적 승리를 거두었다. 그러나 국내 경제의 형세는 심각하기 이를 데 없었다. 무엇보다 물자가 부족하고 국민은 기아에 허덕였다. 루블은 휴지 조각이 되어버렸다. 미국의 해머 박사는 주위 소식통으로부터 가장 먼저 소련의 상황에 대해 들었다. 그리고 급기야 23세의 젊은 나이에 온갖 고생을 겪으면서 모스크바로 향했다. 그가 목격한 소련은 정말 참혹하기 이를 데 없었다. 철도는 거의 마비 상태였다. 대중교통 역시 더럽고 혼잡했다. 사람들은 남루한 옷을 걸친 채 완전히 피골이 상접한 모습이었다. 상점은 텅텅 비었고, 거리는 한산했다. 컬럼비아 대학 의학부를 졸업한 해머는 세계 최초의 사회주의 국가에 대한 호기심과 동경을 안은 채 의료 봉사를 하기 위해 자진해서 모스크바로 온 터였다. 그러나 무정한 현실은 그의 환상을 완전히 무너뜨렸다.

해머는 모스크바로 향할 때 많은 달러를 가져갔다. 그 정도 돈이면 모스크바에서 굶어죽을 걱정은 없을 거라는 생각도 없지 않았다. 그러나 정작 모스크바에 도착해 보니 사정은 완전 딴판이었다. 미국 달러가 거의 무용지물이나 다름없었던 것이다. 이때 러시아 중앙은행은 정부의 명령에 따라 이미 문을 닫은 상태였다. 정확하게 말하면, 한 해 전인 1920년에 문을 닫았다. 대신 재무부가 모든 금융 업무를 총괄했다. 요컨대 정상적인 금융 시스템이 사라진 지 오래였다. 해머는 물건을 사고 싶어도 달러를 직접 사용할 수 없었다. 그래서 재무부로 달려가 달러를 대용권으로 교환했다. 10달러를 내고 대용권을 여러 개 인쇄한 큰 종이 한 장을 받았다. 물건을 살 때 이 대용권을 하나씩 떼어 지불하는 식이었다. 해머는 대용권 종이를 손에 쥔 채 모스크바 거리를 돌아다녔다. 그러나 단추, 신발 끈, 사과 따위를 제외하고는 살 만한 물건이 보이지 않았다. 지치고 배고픈 몸을 이끌며 할 수 없이 여관으로 돌아오자 그를 맞아주는 것은 득실거리는 쥐와 벌레뿐이었다. 침대와 이불에도 기름때가 잔뜩 끼었다. 여관에서는 식사를 제공하지 않았다. 그 때문에 도리 없이 식품 배급권을 들고 먹을 것을 받기 위해 밖으로 나갔다. 배급권만 있으면 급식소에서 빵과 고기와 채소를 받을 수 있다는 게 그나마 다행이라는 생각이 불현듯 뇌리를 스쳤다. 물론 그럴 만한 물품이 있어야겠지만 말이다. 하지만 그의 눈에 비친 급식소는 그야말로 가관이었다. 수백 명이 길게 줄을 지어 늘어서 있었다. 더구나 나눠주는 식품이라고 해봤자 진흙과 톱밥을 섞어 만든 것 같은 흑빵과 곰팡이가 잔뜩 슨 감자뿐이었다.

이것이 당시 모스크바의 실제 모습이었다.

그러나 이런 참혹한 광경도 다른 곳에 비하면 나은 편이었다. 어찌어찌 모스크바에서 우랄 지역으로 가게 된 해머는 깜짝 놀라 할 말을 잃었다. 연이은 가뭄 때문에 소출이 거의 없다 보니 수천수만 명의 농민이 굶어죽을 지경에 이르렀다. 농민들은 그나마 사정이 나은 곳으로 가기 위해 기차역으로 까맣게 몰려들었다. 기차만 보이면 무작정 올라탔다. 심지어 기차 지붕에까지 사람이 꽉 들어찰 정도였다. 굶주린 아이들은 몸이 삐쩍 말랐다. 소화가 안 되는 초근목피를 먹은 탓에 배만 볼록하게 나왔다. 예카테린부르크의 기차역에서는 눈뜨고 볼 수 없는 광경이 펼쳐졌다. 굶어 죽거나 병으로 앓아 죽은 사람들의 시체가 산더미처럼 쌓여 있었다. 해머는 소비에트 관계자에게서 그 시체들을 나중에 인근 공동묘지에 매장할 것이라는 얘기를 들었다. 그리고 시체를 땅에 묻기 전 몸에 있는 옷을 모두 벗겨낼 거라는 얘기도 들었다. 그의 눈에 비친 러시아는 생지옥이나 다름없었다. 그러나 이런 상황에서도 사람의 시신을 뜯어먹은 들개와 까마귀들은 피둥피둥 살이 쪄 있었다. 우랄 지역은 자연 자원이 대단히 풍부한 곳이었다. 해머 역시 현지 창고에 백금, 보석, 모피, 양질의 석면광 등 귀중한 자원이 대량 쌓여 있는 것을 두 눈으로 직접 목격했다. 그런데 어떻게 이처럼 거대한 '보물창고'를 옆에 둔 채 사람들이 기근에 허덕인단 말인가? 해머는 도무지 이해할 수 없었다. 그때 그의 몸속에 있는 상인 기질이 거의 본능적으로 눈을 떴다. 그는 현지 소비에트 정부에 다음과 같이 제안했다.

"미국에 있는 회사에 부탁해 100만 달러 상당의 식량을 주도록 하겠소. 그 대가로 이곳 특산물을 미국에 가져다 팔 수 있게 해주시오."

현지 정부는 심각한 식량난 때문에 골머리를 앓고 있던 터라 해머의 제안을 즉각 수락했다.

모스크바로 돌아온 해머가 '원자재와 식량 맞바꾸기' 무역을 추진할 무렵, 레닌은 신경제 정책을 정식 가동했다. 이 정책에 따라 상인들은 자유무역에 종사할 수 있었다. 농민 역시 공납 후 남은 식량을 직접 팔 수 있었다. 소기업들도 다시금 사영(私營) 기업주에게 돌아갔다. 따라서 외국인 투자를 적극 환영하지 않을 이유가 없었다. 얼마 후, 해머는 자신의 계획대로 식량을 조달해 대량의 이재민을 구제했다. 이 사실은 즉각 레닌의 귀에 들어갔다. 레닌은 해머를 직접 접견하는 파격적인 자리를 마련했다. 이 자리에서 그는 해머를 미국 상인들의 귀감이라고 높이 평가하면서 우랄 지역의 석면광에 대한 채굴권을 제공했다.[6]

신경제 정책이 본격적인 궤도에 오르면서 모스크바 시장(市場)은 마치 마술을 부린 듯 그 면모를 일신했다. 다양한 종류의 먹을거리 외에도 프랑스 고급 와인, 오리지널 쿠바 하바나 시가, 양질의 영국산 모직물, 값비싼 프랑스 향수 등의 소비품도 모스크바 상점 진열대에 올라 사람들의 눈길을 끌었다.

당연히 신경제 정책을 원활하게 수행하고 무역을 촉진하기 위해서는 화폐를 안정시킬 필요가 있었다. 그러나 이미 국민의 신뢰를 잃은 소비에트 루블은 신경제 정책에 아무런 도움이 되지 못했다. 이에 소비에트 정부는 철저한 화폐 제도 개혁을 결심했다. 1921년 10월 러시아 소비에트 국가은행이 새로 문을 열고 중앙은행 역할을 담당하기 시작했다. 1923년에는 소련 국가은행으로 이름을 바꿨다. 그러나 중앙은행이 생겼다고 모든 문제가 해결된 것은 아니었다. 화폐를 안정시키려면 반드시 막강한 자금이 뒷받침되어야 하는 법이다. 그러나 당시 소련에는 산업 및 농업 생산력, 예금 규모, 외환 및 금 보유량을 막론하고 화폐 안정의 기반이 될 만한 게 아무것도 없었다.

이처럼 중요한 때 툭 털면 먼지밖에 나지 않는 소비에트 정권이 뜻하지 않게 떼돈을 벌 기회가 생겼다. 정말 놀라운 일이었다.

10월 혁명 이후 시베리아에 진을 치고 있던 러시아 황제의 군대는 해군 대장 알렉산드르 콜차크(Aleksandr Kolchak)의 지휘 아래 있었다. 이 콜차크의 반혁명 정부군은 곧 모스크바로 진군했다. 이들의 초창기 기세는 놀라웠다. 차르 정부의 중앙은행 국고가 있는 카잔을 기세등등하게 함락한 다음 무려 8,000만 파운드(1파운드는 약 0.45킬로그램) 가치에 달하는 어마어마한 양의 황금을 약탈하기까지 했다. 그러나 잇따른 모스크바 전투에서 대패하자 이들은 약탈한 황금을 갖고 시베리아 철도를 따라 동쪽으로 도주했다. 한겨울의 시베리아 혹한에 사기가 크게 떨어진 반혁명군이 이르쿠츠크에 이르렀을 때였다. 급기야 내란이 일어났다. 당시 반란군 중에는 중유럽 출신 용병이 많았다. 이들은 당연히 살아서 조국으로 돌아가겠다는 인간적 욕심을 갖고 있었다. 또한 소비에트 정부와 협상을 개시하는 것이 자신들의 목숨을 부지하는 가장 확실한 선택이라고 믿었다. 이들이 소비에트 정부에 제시한 조건은 단순했다. 콜차크와 황금을 소비에트 정부에 넘겨주는 대가로 자신들을 블라디보스토크를 통해 안전하게 유럽으로 보내달라는 것이었다.[7]

궁핍하기 이를 데 없던 소비에트 정부는 졸지에 약 5,000만 파운드의 황금을 손에 넣을 수 있었다. 당시 금 1파운드는 은 10냥에 상당했다. 따라서 5,000만 파운드의 금을 은으로 환산하면 거의 5억 냥에 달했다. 과거 일본은 청일전쟁 당시 중국으로부터 2억 3,000만 냥의 은을 갈취한 후 그중 일부를 영국을 통해 금으로 태환한 적이 있었다. 또한 이를 계기로 국내에서 금본위제를 성공적으로 확립할 수 있었다.

소비에트 정부는 이렇게 얻은 황금을 기축통화로 삼았다. 그리고 곧 화폐 개혁을 단행해 루블화 시스템을 성공적으로 안정시킬 수 있었다.

1922년 영국, 미국, 프랑스, 독일 등의 유럽 국가는 이탈리아 제노바에 모여 일련의 경제 회의를 개최했다. 갑자기 주머니 사정이 좋아진 소비에트연방도 이 회의에 대표단을 파견했다. 영국은 이 회의에서 금환본위제, 즉 외환과 금을 함께 화폐 발행 준비금으로 삼는 통화 제도를 제안했다. 소련 대표들은 이 제안에 깊은 인상을 받았다. 1922년 10월 11일 소련 국가은행은 인민위원회의 승인을 받고 25% 이상의 금과 외환을 준비금으로 일명 '체르빈'이라 일컫는 은행권을 전격 발행했다. 이때 소련에는 외환준비금이 대단히 부족한 상태였다. 하지만 그럼에도 불구하고 금환본위제를 단행했다. 체르빈의 금 함량은 7.74234그램이었다. 제정러시아 시대의 루블화 열 개의 가치에 상당했다.[8] 소비에트 정부는 또 앞서 발행한, 이미 거의 휴지 조각이 되어

▌ 1922년 발행한 체르빈 은행권

버린 소비에트 루블화 역시 계속 유통시켰다. 더불어 정기적으로 체르빈과 소비에트 루블의 비교 가격을 공시했다.

사람들은 흔히 "악화가 양화를 구축한다"고 말한다. 그러나 이런 결론이 성립되려면 전제 조건이 있어야 한다. 바로 사람들에게 다른 선택의 여지가 없어야 한다. "다른 선택의 여지가 없다"는 말은 정부가 강제로 국민의 선택권을 빼앗은 경우를 가리킨다. 그러나 정부의 통제력이 약해지고 국민에게 선택권이 생길 경우에는 필연적으로 '양화가 악화를 구축하는' 현상이 발생한다. 이를테면 중국 국민당이 대패한 1949년 하반기를 예로 들 수 있다. 이때 중국 남부 각 성(省)의 백성들은 국민당 정부의 화폐 '금원권(金圓券)' 사용을 거부했다. 대신 '원대두'를 사용하기 시작했다. 국민들의 뜻은 이처럼 합리적이다. 그러므로 정부가 국민의 이익을 우선해 안정적인 가치를 지닌 양화를 발행하면 시중의 악화는 자연히 빠르게 도태된다.

**원대두(袁大頭)**
민국 초기에 발행한 화폐. 위안스카이(袁世凱)의 초상이 그려져 있음.

┃ 1937년 발행한 체르빈 은행권

1923년 초 체르빈이 소비에트공화국 통화량에서 차지하는 비중은 겨우 3%밖에 되지 않았다. 그러나 1924년 2월에는 무려 83.6%로 증가했다. 체르빈이 법정 통화로서 그 위상을 점점 굳혀가는 것을 보자 소비에트 정부는 구(舊)루블의 유통을 금지했다. 재무부 역시 국채를 발행해 시중의 구루블을 회수했다. 1924년 소련 정부는 신(新)루블을 발행했다. 이로써 화폐 개혁은 성공적으로 막을 내렸다. 소련 정부는 체르빈을 예금 통화, 신루블을 현금 통화로 규정하고 체르빈과 신루블의 비교 가격을 1 대 10으로 정했다.

소련에서 드디어 새로운 화폐가 탄생한 것이다.

신루블의 가치는 곧 안정되었다. 기승을 부리던 악성 인플레이션은 빠른 속도로 수그러들었다. 무역 거래 역시 크게 활성화되었다. 그 결과 레닌은 자신의 신경제 정책을 성공적으로 수행할 수 있었다.


## 소련의 경제 발전 모델을 둘러싼 논쟁

레닌의 신경제 정책은 큰 성공을 거뒀다. 1921년의 신뢰 위기를 성공적으로 극복했을 뿐 아니라 노농 동맹을 해체 위기에서 구해냈다. 또 광범위한 농민, 노동자, 수공업자, 상인과 외국 투자자들의 지지를 받으면서 생산과 무역을 크게 발전시켰다. 소비에트 정권의 위신도 크게 높아졌다. 경작 면적은 1921년 1억 4,800만 에이커에서 1927년에는 2억 2,200만 에이커로 늘어났다. 식량 생산도 두 배나 증가했다. 석탄 생산량과 직물 생산량 역시 각각 두 배와 네 배 늘어났다. 이로써 소련 경제는 1927년 드디어 전쟁 전인 1913년 수준을 완벽하게 회복할 수 있었다.

소련은 진짜 안정되는 것처럼 보였다. 그러나 1924년 레닌이 사망한 후 소련의 경제 발전 모델을 둘러싸고 때 아닌 논쟁이 벌어졌다. 이 논쟁은 훗날 치열한 권력 투쟁으로까지 비화되었다.

모든 국가의 경제 정책은 본질적으로 제한된 인력과 물력 및 재력을 이용해 최대한의 산출량과 가장 합리적인 소득 배분을 꾀하는 것이다. 일종의 예술이라고 해도 좋다. 그 때문에 한 국가가 처한 역사와 환경에 따라 경제의 산출과 분배의 우선순위 및 중점 사항 역시 달라질 수밖에 없다. 말할 것도 없이 경제 정책은 국가와 정부의 의지를 반영한다. 영국이 세계 패권을 장악한 것도, 미국의 산업이 부상한 것도, 또 독일 경제가 영국과 미국을 추월한 것도 모두 국가가 경제 발전 과정에 중요한 영향력을 행사했기 때문이라고 봐야 한다. 사실 세상에는 절대적인 시장 경제 및 자유무역이 존재하지 않는다. 독립된 개체가 자발적으로 경제 환경을 구성한다는 것은 현실적으로 불가능하다. 사람들이 흔히 말하는 '시장 경제'는 일종의 국가 시장 경제에 불과하다.

계속해서 시장 경제를 발전시켜야 하는가, 아니면 계획 경제 체제로 갈아타야 하는가? 당시의 소련은 한마디로 이런 양자택일의 기로에 있었다.

1926년까지 소련의 농업 인구는 82%에 달했다. 반면 산업 인구는 겨우 7~8%밖에 되지 않았다. 따라서 미국과 영국의 눈에 소련의 경제가 서방 선진국보다 50~100년 뒤처진 전형적인 개발도상국가로 비춰진 것은 너무나 당연했다. 심지어 브라질이나 아르헨티나보다도 낙후한 국가로 여겨졌다.[9]

세계 최초의 사회주의 국가라는 이유만으로도 소련의 사회 발전 목표와 경제 방침은 세계 지배 계급의 환영을 받지 못했다. 1918년부터 소련에 대한 무력 간섭과 경제적 봉쇄는 그 빈도와 수위가 점점 높아졌다. 당연히 소련의 정상적인 발전은 불가능했다.

이런 환경에서 어떻게 경제를 발전시키고 국력을 증강할 것인가? 또 소비에트 정권의 생존과 발전을 효과적으로 보장할 것인가? 이 문제와 관련해 소련의 내부 의견은 크게 두 가지로 엇갈렸다.

신경제 정책 지지파들의 주장은 다음과 같았다.

"레닌의 신경제 정책을 단기 미봉책이 아닌 소련 경제 발전의 장기 해결책으로 밀고 나아가야 한다. 국민의 생활수준을 끊임없이 향상시킨다는 전제 아래 농업과 경공업 및 중공업의 조화로운 발전을 도모해야 한다. 농업을 '국내 식민지'로 만들고 농민 이익을 희생하는 대가로 공업 발전에 필요한 원시적 축적 자본을 확보하는 것은 옳지 않다."

반대파들의 아래와 같은 주장 역시 나름 상당한 논리가 있었다.

"자본주의 국가에 둘러싸인 우리가 사회주의를 성공적으로 건설하려면 반드시 중공업을 우선 발전시켜야 한다. 가장 빠른 속도로 군수 산업의 토대를 마련해야 하는 것이다. 서방 각국의 소련에 대한 무력 간섭과 경제 봉쇄 행태를 보건대 머지않은 장래에 전쟁을 피하기 어려울 것이다. 그런데 신경제 정책 실시 후에도 소련의 중공업은 뚜렷한 발전을 가져오지 못했다. 전국의 인력, 물력, 재력을 집중하지 않는다면 단기간 내에 강력한 중공업 체계를 구축할 수 없다. 따라서 신경제 정책을 포기하고 빠른 산업화를 목표로 '경제 개발 5개년 계획'을 추진해야 한다."

이후의 역사가 증명하듯 만약 소련이 당시 산업화에 박차를 가하지 않았다면 아마도 세계 역사는 크게 바뀌었을지 모른다. 무엇보다 튼튼한 산업 기반을 갖추지 못한 소련은 나치 독일의 공격을 당해내지 못하고, 따라서 소비에트 정권은 무너질 수밖에 없었을 것이다. 또한 독일의 점령지로 전락하고, 더불어 소련의 풍부한 자원을 바탕으로 독일의 군사력은 크게 향

경제 개발 5개년 계획의 핵심은 소련의 빠른 산업화 전략이었다.

상되었을 것이다. 요컨대 제2차 세계대전의 결과는 말할 것도 없고, 더 나아가 세계 판도도 지금과 사뭇 다른 모습이 되었을 것이다. 아마도 영국은 해외에 망명 정부를 세웠을지 모른다. 미국 역시 남미와 북미를 근거지로 삼은 채 대문을 걸어 잠갔을지 모른다. 중국은 오랫동안 일본의 식민지 상태에서 벗어나지 못했을지 모른다.

아무튼 소련은 최종적으로 스탈린의 '빠른 산업화' 발전 모델을 채택했다. 스탈린은 10년 안에 서방 선진 공업국을 따라잡는다는 목표를 세웠다. 미시적으로 보면 소련의 산업 생산성은 매우 낮았다. 그러나 거시적으로 볼 때 소련의 산업화는 높은 수준으로 빠르게 비약했다. 3차 5개년 계획이 끝난 후 소련은 비행기, 자동차, 트랙터, 철강, 화학, 방위 산업 등 다양한 분야를 아우르는 강대한 공업 체계를 구축할 수 있었다. 미국에 버금가는 세계 2위의 산업 강국으로 부상한 것이다. 주목할 점은 소련이 이 모든 것을 완전히 자국의 자원에만 의존해 이뤘다는 사실이 아닐까 싶다. 소련처럼 짧은 기간에 대규모 산업

화를 이룩한 국가는 세계 경제사에 유례가 없다고 단언할 수 있다. 전 세계 경제가 대침체에 빠진 열악한 환경에서도 그야말로 경탄할 만한 성과를 이룬 것이다. 제2차 세계대전 발발 이전인 1930년대에 소련의 연간 비행기 생산량은 무려 4,000대에 이르렀다. 제2차 세계대전 기간에는 연 3만 대의 생산 능력을 갖추기도 했다. 심지어 제조업에서 내로라하는 독일도 점차 소련에 뒤처질 정도였다. 군수 산업 분야에서는 미국을 거의 따라잡았다 해도 과언이 아니다.

그러나 소련의 놀랄 만큼 빠른 산업화 이면에는 엄청난 우환이 잠재되어 있었다.

경제가 발전하려면 자본 축적이 필요하다. 소련은 산업화 전략을 실시하기 전에 국내 자본을 충분히 마련하지 못했다. 그뿐이 아니다. 외국에서 돈을 빌릴 수도 없었다. 자본 축적의 유일한 경로는 오로지 국가 경제의 주요 부분을 차지하는 농업이었다. 실제로 빠른 산업화 전략의 필요에 따라 소련 경제 당국은 농민에게서 대량의 노동력과 식량을 빼앗았다. 그러는 한편 중공업 발전을 우선하고 경공업 발전은 거의 도외시했다. 따라서 농민에게 필요한 물품을 제공하면서 식량을 교환하는 것이 도저히 불가능했다. 사정이 이렇다 보니 대량의 농촌 노동력이 도시로 옮겨가 공업에 종사하는 상황이 벌어졌다. 따라서 농민이 부담해야 할 식량은 점점 늘어나고, 그들에게 돌아오는 파이는 점점 줄어들었다. 설상가상으로 농민 외에도 엄청난 규모의 붉은 군대까지 먹여 살려야 했다. 농민의 생활이 더욱 어려워진 것은 당연했다.

정상적인 시장 경제 조건하에서 토지를 보유한 농민은 적정 가격의 교환을 원한다. 절대로 불평등한 거래를 원하지 않는다. 이에 대한 우려는 곧 현실로 나타났다. 1923~1927년 공산품 가격이 농산물 가격을 훨씬 초과하자 농민은 국가에 곡식을 파는 것을 거부했다. 1927년 농민이 국가에 판 곡식은 수확량의 13%밖에 되지 않았다. 26%에 달했던 1913년과 비교하면 반 토막으로 줄어든 것이다. 이로써 농민의 경제생활은 조금 여유로워졌다. 하지만 그 대신 산업화를 위한 자본을 축적할 수 없었다. 공급원이 완전히 끊겼기 때문이다.

이에 스탈린은 전통적인 농업 방식에 의존해서는 산업화의 자본 수요를 만족시킬 수 없다고 판단했다. 곧이어 스탈린은 농민의 토지 및 생산 도구와 가축 소유권을 공동화하는 집단농장과 국영농장 방식을 강제 도입하기로 전격 결정했다. 농민에게 최저 생활만 영위하도록 하면서 노동을 계속하도록 한 것이다. 농민을 노동의 도구로 전락시켰다고 해도 과언이 아니다. 이 방식은 농민의 거센 반발을 불러일으켰다. 농민은 가축을 죽일지언정 공짜로 집단농장에 바치려 하지 않았다. 집단농장 방식을 시행한 1928~1933년 소련의 경작용 소는 과거 3,070만 마리에서 1,960만 마리로 대폭 감소했다. 또 양은 1억 4,600만 마리에서 5,000만 마리로 급감했다. 말 역시 3,350만 마리에서 1,660만 마리로 크게 줄어들었다. 요컨대 농민의 적극적인 생산 의지에 큰 타격을 입힌 것이다.[10] 이때

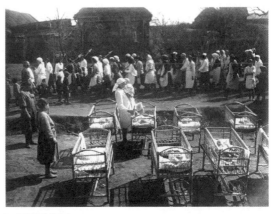

▌소련의 집단농장

부터 소련이 붕괴할 때까지 농업은 줄곧 국가의 최대 우환거리가 되었다. 심지어 광활한 영토에서 생산하는 식량으로도 자국 국민을 먹여 살리기 부족할 만큼 이런 상황은 장기간 이어졌다. 제정러시아 때만 해도 식량을 수출하던 나라가 졸지에 식량 수입국으로 전락했다. 심지어 1970년대 후반에는 식량 수입량이 국가의 정치경제적 안정을 심각하게 위협할 정도로 대폭 늘어났다. 이러한 식량 위기는 점차 물자 부족을 비롯해 특권 계급 발생, 민중의 불만 초래, 무역 수지 불균형, 경제 붕괴 등 일련의 더욱 심각한 위기로 이어졌다.

## 소련 산업화에 힘을 보탠 독일

산업, 그중에서도 특히 중공업과 군수 산업의 발전은 여기에 투입되는 막대한 자금을 빼놓고 논할 수 없다. 또 복잡한 생산 기술, 선진적인 조직 관리, 종합적인 인프라 시설 및 다양한 분야의 전문 인재 등을 반드시 보유해야 한다. 그 때문에 산업혁명의 파급 속도와 깊이와 범위가 20세기 세계 각국의 운명을 결정했다고 해도 절대 과언이 아니다.

　소련은 1920년대 중반까지 전형적인 농업 국가였다. 게다가 서방 각국으로부터 무력 간섭과 경제 봉쇄를 당하는 사회주의 국가였다. 설상가상으로, 장장 7년 동안 끊이지 않은 대내외 전쟁으로 인해 경제는 피폐해질 대로 피폐해져 있었다. 산업 시설이라고 해봤자 거의 고물이나 다름없는 제정러시아 시대의 기계 설비가 고작이었다. 여기에 기술 또한 낙후되었다. 그런데도 스탈린은 전후 소련 경제가 겨우 회복 조짐을 보이기 시작하자 10년 안에 서방 선진국을 따라잡겠다는 말도 안 되는 경제 목표를 내놓았다. 사람들은 스탈린이 제정신이 아니라고 수군거렸다.

1920년대 초 해머 박사는 소련에서 석면광을 채굴하는 특혜를 받았다. 이때 그는 직접 눈으로 러시아의 산업 기술과 설비가 너무나도 낙후되었다는 사실을 분명하게 목격했다. 이전까지만 해도 해머는 산업과 관련한 러시아의 상황이 그 정도로 낙후됐을 것이라고는 상상조차 하지 못했다. 그는 훗날 회고록에 이렇게 썼다.

"나는 태어나서 지금까지 이렇게 낡은 방법으로 채광하는 광경을 처음 봤다. 노동자들은 둔탁한 핸드 드릴로 광석에 구멍을 뚫었다. 그렇게 해서 대략 3일이 걸려야 폭약을 넣을 만한 크기의 구멍을 뚫을 수 있었다. 이어 광석 덩어리를 광주리에 담아 사람의 힘으로 날랐다. 그러면 줄지어 앉은 노동자들이 작은 망치로 덩어리를 잘게 부쉈다. 세척을 마친 광물은 농민들이 작은 수레에 실어 4킬로미터 밖에 있는 기차역으로 가져갔다."

당시 소련의 보편적인 산업 수준을 알 수 있는 대목이다. 다른 서방 각국의 선진적인 산업 상황에 비하면 그야말로 하늘과 땅 차이였다. 해머 박사는 엄청난 충격을 받았다. 따라서 그가 가장 먼저 한 일은 노후한 설비를 교체하는 것이었다. 미국에서 발전기와 전기 드릴을 가져왔다. 또 파쇄기로 작은 망치를 대체했다. 이런 기계화 작업은 한동안 현지를 떠들썩하게 만들었다. 과거 나무톱으로 하루 종일 해야 완성할 수 있었던 벌목 작업을 전기톱을 이용해 고작 몇 분 안에 끝낼 수 있었다. 그 때문에 사방 20킬로미터 주변의 주민이 이 신기한 광경을 보러 몰려오기까지 했다. 심지어 '칼로 버터를 자르듯' 쉽게 나무를 자르는 전기톱의 위력을 두 눈으로 직접 확인하기 위해 자기 집에서 나무 토막을 가져다 대는 사람들까지 있었다.

말할 것도 없이 기술 확산의 첫 번째 전제 조건은 설비 도입이다. 그리고 두 번째가 바로 인재 양성이다. 해머는 이 두 가지 전제 조건을 충족하기 위해 포드 자동차에서 생산한 트랙터를 도입하는 한편, 같은 회사의 엔지니어를 직접 스카우트하기도 했다. 이어 소련 사람들에게 트랙터로 물을 뽑아 올리는 방법을 가르쳤다. 나무를 켜고 발전기를 작동하거나 밭을 가는 방법 역시 가르쳤다. 이때 영문을 모르는 사람들은 50대의 트랙터가 부두에서 시내 중심지로 줄지어 달려오는 것을 보고 미국과 영국의 탱크가 침공한 줄 착각했다고 한다. 일부 사람들은 벌벌 떨기까지 했다. 하지만 그것이 농업 생산력 증강에 필요한 트랙터라는 사실을 안 뒤에는 수천수만 명의 농민이 연도로 몰려들었다. 평생 처음 보는 신기한 구경이 따로 없었다.

솔직히 말해 "러시아의 산업은 서방 국가보다 50~100년 뒤떨어졌다"고 한 레닌의 말은 정확한 지적이었다.

이는 비단 소련에만 해당하는 현상이 아니었다. 1953년의 중국 경제 역시 1927년의 소련 경제와 비슷했다. 요컨대 완전히 망가질 대로 망가져 있었다. 이때 소련은 중국을 도와 156개 중점 프로젝트를 추진했다. 이는 말할 것도 없이 중국 산업화에 튼튼한 토대로 작용했다. 이처럼 천성적인 농업 국가는 스스로 산업 기술과 설비를 창출하거나 이 기술과 설비를 이용해 거대한 생산력을 발전시키는 것이 애초부터 불가능하다. 기술과 설비 사용 방법을 배우는 데만 상당히 긴 시간이 필요하다는 사실을 감안하면 더욱 그렇다. 그뿐이 아니다. 복잡한 산업 설비를 직접 생산하려면 당연히 더 오랜 시간이 필요하다. 여기에는 깊은 이론적 지식뿐만 아니라 대량 생산 경험, 더불어 생산 조직 관리 능력 역시 필요하기 때문이다. 당시 소련과 동유럽 사회주의 국가들은 중국에 24억 달러의 자금과 1만 8,000명의 전문가 그리고 다양한 기계 설비 도면을 제공했다. 무려 13년 동안 심혈을 기울여 중국인 엔지니어와 기술자를 양성했다. 그 덕분에 중국은 10년에 걸쳐 철강, 야금, 유색 금속, 석유화학, 기계 가공, 자동차, 조선, 전자 산업, 비행기 제조 등 다양한 분야를 아우르는 중공업 체계를 구축할 수 있었다. 기술 전파를 핵심으로 한 소련식 원조의 가장 중요한 성과는 중국 산업의 자생 능력 회복에 큰 도움을 주었다는 것이다. 이는 현금으로 24억 달러, 심지어 100억 달러를 지원하는 것보다 훨씬 효과적이었다.

마찬가지로 1920년대 중반의 경제적 토대만 놓고 볼 경우, 소련이 자국의 힘만으로 10년 안에 서방 선진 공업국을 따라잡는 것은 완전히 불가능했다. 그러나 다행히 소련은 외국으로부터 대규모 기술 지원을 받았다. 그 덕분에 이 목표를 달성할 수 있었다. 그렇다면 당시 누가 소련에 이런 기술적 원조를 제공했을까?

바로 제1차 세계대전이 끝난 후 체결한 베르사유 조약 때문에 일편단심 설욕을 별러온 독일이었다.

독일 군부는 1920년대 초부터 베르사유 조약에 의해 혹독한 제약을 받았다. 우선 공군과 해군을 보유하는 것이 금지되었다. 또 탱크 및 대구경 화포와 대전차포 등 중장비 제조 및 보유 역시 마음대로 할 수 없었다. 육군이라고 다르지 않았다. 10만 명 미만의 병력을 보유해야 한다는 조건을 감수해야 했다. 한마디로 갖가지 불공정 대우에 시달렸다. 당연히 불만이 클 수밖에 없었다. 천성적으로 오만한 독일 민족은 패전국이라는 이유로 이처럼 굴욕적인 조약을 체결한 것을 매우 수치스럽게 생각했다. 이들의 굴욕감은 급기야 반감으로 승화되었다. 독일 군부와 거물급 무기상들의 반감은 특히 더했다. 역전의 기회만 호시탐탐 노린 것은 어쩌면 당연했다. 그러나 당시는 영국과 프랑스가 군사적으로 압도적 우위를 차지하고 있는 상황이었다. 이들에게 정면으로 도전하는 것은 거의 불가능했다. 어쨌거나 다른 방법을 생각해야 했다. 이때부터 독일은 '우회적으로 나라를 구하는' 방법을 끊임없이 모색하기 시작했다. 그리고 드디어 소련과 손을 잡을 기회가 생겼다.

1922년 제노바에서 경제 회의가 열렸다. 독일과 소련 역시 이 회의에 대표단을 파견했다. 회의에서 영국이 주도하는 국제연맹은 세계 각국에 노먼이 제기한 금환본위제 도입을 적극 선전했다. 그러나 패전국 독일은 발언권이 없기 때문에 가만히 앉아 처분만 기다려야 했다. 또 사회주의 국가인 소련도 이단아 취급을 받았다. 불쌍한 사람끼리는 마음이 잘 통하는 법이다. 주류에 끼지 못하고 찬밥 신세가 된 독일과 소련 양국은 회의 기간에 이른바 '라팔로 조약(Treaty of Rapallo)'을 체결했다. 조약의 내용은 매우 복잡했다. 그중엔 상호 간의 외채와 배상을 상

| 소련과 독일은 1922년 열린 제노바 회의 중간에 라팔로 조약을 체결했다.

쇄하고, 소련 정부를 정식 승인함으로써 국교를 재개하고, 양국 경제의 동맹을 체결하는 등의 조항도 있었다.[11] 영국과 프랑스가 이 사실을 모를 리 없었다. 양국은 큰 충격을 받았다. 하지만 막을 방법이 없었다.

이렇게 우여곡절 끝에 독일은 소련의 최대 무역 상대국이 되었다.

당시 독일은 영국, 프랑스, 폴란드로부터 갖은 억압을 받고 있었다. 그 때문에 소련과 우호 관계를 수립할 경우, 무역을 통해 상호 이익을 누릴 수 있었다. 또 폴란드 및 영국과 프랑스의 정치적·군사적 압박을 크게 약화시킬 수도 있었다. 한마디로 일석이조였다.

이 독소 간 군사 교류와 산업 협력을 적극 추진해 성사시킨 인물은 후세 사람들이 '독일 국방군의 아버지'로 일컫는 한스 폰 제크트(Hans von Seeckt) 장군이었다. 제1차 세계대전 후 독일군의 정신적 지도자 역할을 한 인물이다. 패전 후 구(舊)독일군 최후의 참모총장으로서 영국과 프랑스의 압력에 의해 참모 본부가 강제로 폐지될 때까지 그 자리를 맡았다. 또 훗날 육군 통수부 장관에 올라 독일 최강 전투력의 상징인 참모 본부의 기능을 회복시킨 인물이기도 하다. 그는 정말 탁월한 군인이었다. 비록 10만 명으로 제한된 병력이었지만 그들 모두에게 간부 교육을 실시해 지휘 및 통솔 능력을 길러주기도 했다. 향후 전쟁이 터질 경우 이 10만 명 모두가 장군 및 지휘관이 되어 일거에 100만 대군 못지않은 전력을 확충할 수 있도록 인적 기초를 닦아놓은 것이다. 제2차 세계대전 당시 큰 활약을 한 명장, 이를테면 에르빈 로멜, 페도르 폰 보크, 게르트 폰 룬트슈테트 등은 모두 이 제크트 장군이 양성한 인물이었다. 그는 훗날 중국으로 건너가 장제스의 군사 고문을 역임하기도 했다. 이때 제크트는 장제스에게 자신의 평생 신념인 3대 건군 원칙을 강조하기도 했다. "군대는 통치권의 근간이다. 장병의 자질이 군사력을 좌우한다. 군대의 잠재된 작전 능력을 최대한 발휘하려면 장교 교육이 가장 중요하다"라는 말로 요약되는 그의 건군 원칙은 장제스에게 중요한 영향을 끼쳤다.

사실 바이마르공화국 시대에도 제크트가 인솔한 10만 명의 정예 독일군은 큰 역량을 발휘했다. 요컨대 정권 유지에 결정적 역할을 한 것이다. 심지어 히틀러도 갓 정권을 잡았을 때는 나치 권력을 공고히 하기 위해 제크트 휘하의 이 국방군과 제휴해야 했다. 히틀러가 자신이 직접 육성한 돌격대와 국방군 사이에 마찰이 발생했을 때, 기꺼이 돌격대를 희생시킨 데는 그럴 만한 이유가 있었다. 그러나 히틀러는 마지막까지 국방군을 완전히 신임하지 않았다. 훗날 친위대(SS)를 만들어 국방군 세력을 견제한 것도 이 때문이다.

제크트는 소련과 독일이 체결한 라팔로 조약을 다음과 같이 평가했다.

"비록 (소련과의) 무역이 독일에 매우 큰 이득을 줄 게 틀림없으나 그것(조약)의 가장 중요한 의의는 경제적인 것보다 정치적인 면에 있다. 소련과의 우호 관계 수립을 통해 독일은 전쟁이

| 독일 국방군의 아버지 제크트(왼쪽)

끝난 후부터 지금까지를 통틀어 최대의 권력 성장을 이뤘다. 이는 또 유일한 권력의 성장이기도 하다. 일반적인 상황에서 양국 간의 관계는 경제 협력부터 시작해 진전되는 것이 당연하다. 그러나 [독소] 협력의 중요성은 경제 협력을 시작으로 향후 정치적·군사적 협력으로 계속 이어질 것이라는 사실에 있다."[12]

1921년 초 제크트는 독일 국방군 내에 암호명 'R' 이라는 비밀 조직을 설립했다. 책임자로는 측근인 쿠르트 폰 슐라이허를 내세웠다. 이 조직은 소련 대 외무역인민위원회 총재 그라신을 통해 소련 군수 산

업을 비밀리에 원조하는 임무를 맡았다. 1921년 9월 독소 양측 대표 는 슐라이허의 오피스텔에서 비밀 회담을 개최했다. 이때 독일이 소련 의 군수 산업을 재정적·기술적으로 지원하는 문제에 관한 구체적인 합의가 이루어졌다. 말할 것도 없이 세상에 공짜는 없는 법이다. 소련 은 독일의 원조를 받는 대가로 독일 군대가 군수 산업에 필요한 무기 공장과 훈련 기지를 소련 역내에 건설하는 것을 허용했다.

얼마 후, 슐라이허는 독일 군부의 지시에 따라 유령 회사 몇 개를 비밀리에 세웠다(그중 가장 유명한 것은 산업진흥회사인 GEFU이다). 독일 군부는 이 회사들을 통해 소련에 1차 원조금 7,500만 마르크를 제공했다. 1922년 3월 독일에서 첫 번째로 파견한 군수 산업 전문가들이 소련에 도착했다. 이어 한 달 뒤에는 독일 융커 비행기 제조 회사가 모스크바 교외의 필리(Phili)에서 비행기 공장 착공식을 가졌다. 독일의 대표적인 군수업체 크루프 역시 소련 남부에 중형 화포 생산 기지를 건설했다. 독일 군부의 필요에 의해 이후 잇따라 비행훈련학교, 탱크시험학교,

| 1928년 독일의 군사 분야 엔지니어들이 소련에 건설한 화학 무기 공장에서 찍은 단체 사진

화학 무기 생산 공장, 잠수함 건설 기지 등 일련의 무기 공장과 훈련 기지가 소련 경내에 속속 들어섰다.[13]

독일에서 파견한 많은 군사 분야 엔지니어들은 소련 기술자를 도와 비행기, 탱크, 대구경 화포, 화학제품 등의 군수품 제조 공장을 건설했다. 이 공장들이 곧 준공되어 생산에 들어감으로써 소련은 선진적인 산업 기술을 전수받을 수 있었다. 또 대량의 군사 분야 엔지니어를 양성하는 숙원을 달성했다. 더불어 독일의 세밀한 생산 관리 체제 역시 배울 수 있었다. 서방 산업국과의 기술 차이를 대폭 줄이는 것은 이제 일도 아니었다. 이 공장들은 다른 한편으론 독일이 다양한 신기술과 발명품을 직접 테스트하는 좋은 장소로 이용되기도 했다. 이 공장들이 있었기에 독일은 베르사유 조약에 의해 금지되었던 각종 중장비와 군용기를 생산할 수 있었다고 판단된다. 독일 군사 기술 역시 이로 인해 시종일관 세계 선두 자리를 유지했다고 단언해도 좋다. 독일은 이처럼 소련의 비호 아래 5년 동안 영국과 프랑스의 눈을 피해가며 자국의 군수 산업을 크게 발전시켰다.

독소 군사 협력이 활기차게 진행된 1922년부터 1927년까지 5년 동안 소련 국내에서는 경제 발전 모델을 둘러싼 논쟁이 한창 뜨겁게 달아올랐다. 이 시기 소련은 독일의 원조에 힘입어 산업화에 필요한 기술, 설비, 경험과 인적 자원을 모두 확보할 수 있었다. 그리고 1928년 제1차 5개년 계획 개시와 더불어 소련의 산업화는 그야말로 급물살을 타기 시작했다.


## 루블 제국의 팽창 야심

> 소련의 브레턴우즈 체제 가입 및 무역 장벽 철폐 거부는 냉전의 결과가
> 아니라 원인이다.[14]
>
> _카디스


제2차 세계대전 후 소련과 동구권을 달러 제국 판도에 편입하려던 미국의 꿈은 수포로 돌아갔다. 좋게 말해서 듣지 않으면 강제적 수단을 써야 하는 법이다. 실제로 미국은 소련과 동구권 국가들에 경제적, 정치적, 군사적으로 3단계 압력을 주기로 작정했다. 그리고 1947년 첫 번째 압력을 행사했다. 유럽을 대상으로 한 미국의 달러화 전략인 이른바 '마셜 플랜'을 실시할 때, 소련과 동구권을 말도 안 되는 이유로

지원 대상에서 제외한 것이다.

'마셜 플랜'은 표면적으로는 황폐화된 유럽의 재건과 부흥을 위해 미국이 실시한 대외 원조 계획이었다. 그러나 실제로는 미국 금융 세력 집단이 유럽의 재건을 주도하고 소련 경제에 치명적인 타격을 입히는 것이 주목적이었다. 당시 소련은 얄타 협정과 포츠담 협정에 의해 독일로부터 전쟁 배상금을 받기로 되어 있었다. 그러나 독일은 이때 극심한 자금난을 겪고 있었다. 그 때문에 기계 설비, 기업, 자동차, 선박, 원자재 등으로 대체해 지급하기로 약속할 수밖에 없었다. 소련이라고 상황이 좋은 것은 아니었다. 전쟁으로 인해 막대한 손실을 입은 탓에 수출을 통해 외화를 벌어들일 능력을 거의 상실한 상태였다. 따라서 독일의 전쟁 배상금은 소련 경제를 재건하는 데 가장 중요한 외부 자원이었다.

'마셜 플랜'의 취지는 간단했다. 요컨대 소련에 대한 독일의 전쟁 배상금을 무효화하는 것이었다. 대신 미국은 유럽에 금융 원조를 제공하기로 했다. 표면적으로는 지원 대상에 소련과 동구권도 포함되었다. 하지만 걸림돌이 있었다. '마셜 플랜' 가입국들이 수용해야 할 요구 조건에 경제 자유화라는 조건이 포함되어 있었던 것이다. 따라서 계획 경제를 실시하는 소련과 동구권 국가들은 이 계획에서 실질적으로 배제된 것이나 다름없었다.

소련은 독일의 공공시설과 중공업 장비를 해체하는 과정에서 값나가는 것들을 완전히 싹쓸이했다. 소련이 당시 전쟁 배상금 명목으로 독일에서 '강탈한' 물자의 가치는 660억 마르크에 달했다. 소련은 독일로부터 산업 기술 도입의 핵심인 인재를 빼앗아오는 것도 결코 잊지 않았다. 물론 미국이 소련보다 한발 앞서 독일의 가장 우수한 로켓 전문가 120명을 데려가기는 했지만 말이다. 그럼에도 소련은 3,500명의 엔지니어와 우수한 기술자를 확보할 수 있었다. 이들은 훗날 소련의 미사일 개발 성공에 결정적 역할을 했다.

소련은 미국의 원조를 단 한 푼도 받지 못한 상황에서 자체만의 노력으로 5년 만에 경제력를 신속하게 회복했다. 1950년 소련의 산업 생산액은 전쟁 전 수준을 가볍게 넘어섰다. 국가 경제의 회복과 함께 소련은 미국의 경제 봉쇄 정책에 맞서 반격을 개시할 수 있었다. 1950년대 초부터 소련은 행동을 구체화했다. 달러 제국 내에서 가장 약한 국가들을 대상으로 경제 공세를 퍼붓기 시작한 것이다.

미국 입장에서는 곤혹스러울 수밖에 없었다. 미국으로서는 소련이 한 국가 또는 한 지역으로 경제를 팽창하는 것은 바로 그곳의 시장을 통째로 잃는 것을 의미했기 때문이다.

이때 미국은 이미 중화 인민공화국 설립으로 인해 태평양 서안의 최대 시장을 잃은 상태였다. 중국으로서는 크게 나쁠 게 없었다. 소련이라는 존재가 든든한 힘이 되어주었기 때문이다. 아니나 다를까 1950년대 초 소련은 중국에 대규모 원조를 제공했

1950~1960년대 미국과 소련의 패권 쟁탈은 정치와 군사뿐 아니라 화폐 영역에서도 치열한 양상을 보였다.

다. 이 원조에 힘입어 중국의 산업화는 크게 진전되었고, 급기야 달러화 제국의 잠재적 위협으로 부상했다.

소련은 동시에 중동 지역의 '파운드 블록'에서도 '루블화 외교'를 적극 추진했다. 1956년 수에즈 운하 분쟁이 발생했다. 이로 인해 이집트 경내에 있던 영국과 프랑스 세력은 미국과 유엔군에 의해 큰 타격을 입었다. 시종일관 영국과 프랑스의 세력 확장을 견제해 온 미국은 당시 식민지 체제를 회복하려는 시도가 약간이라도 엿보이면 가차 없이 제재를 가하곤 했다. 그런데 미국이 영국과 프랑스 세력을 제거하고 이집트에 달러를 투입하기 전에 소련이 재빨리 행동을 개시했다. 1958년 이집트, 시리아, 예멘에 루블 자금을 성공적으로 침투시킨 것이다.

이집트의 경우, 사실 미국보다 소련의 원조가 자국의 경제 발전에 더 큰 이익이 될 수 있었다. 이때 이집트는 현대 경제의 모든 분야를 아우르는 '경제 발전 5개년 계획'을 확정해 놓고 누군가의 원조만 기다리던 상태였다. 소련은 이집트가 필요할 때 손을 내밀기만 하면 즉시 원조를 제공하기로 약속했다. 물론 세상에 공짜는 없는 법이다. 요컨대 소련도 무조건적인 자선을 베풀기 위해 이집트를 지원하려 한 것은 아니라는 뜻이다. 미국이 주도하는 브레턴우즈 체제와 달러 제국에 맞서기 위해서는 소련 역시 반드시 자체만의 루블 제국을 구축해야 했기 때문이다. 따라서 이른바 경제 원조의 본질은 소련 루블의 세력 범위를 확장하고 달러 블록을 잠식하는 것이라 해도 틀리지 않았다.

소련은 이집트에 서방 국가의 상업 대출 금리보다 절반이나 낮은 2.5%의 장기(상환 기간 5년) 저리 대출 1억 7,800만 달러를 제공했다. 당연히 달러가 아닌 루블화였다.[15] 이후 소련은 북아프리카에서 루블 제국의 팽창에 교두보 역할을 하게 될 이집트를 그야말로 대대적으로 지원했다. 우선 이집트 사막에 현대적인 시추 시설을 건설해 석유를 생산하기 시작했다. 석유 정제 공장 건설 계획도 적극적으로 밀어붙였다. 소련은 또 이집트를 루블 블록에 경제적으로 예속시키기 위해 통큰 조치를 시행했다. 이집트의 주요 수출 품목인 목화를 소련 시장에 마음대로 팔도록 허용한 것이다. 이 무렵 이집트는 서방 각국에 의해 목화 수출을 금지당하고 있었다. 따라서 소련의 이런 도움이 이집트로선 고맙기 그지없었다. 소련의 원조는 여기에 그치지 않았다. 얼마 후에는 이집트에 절대적으로 부족한 식량과 연료유를 대량 지원했다. 이집트 입장에서는 전혀 손해 볼 것이 없었다. 소련으로부터 선진 기술과 부족 물자를 얻고 수출 시장을 확보했을 뿐 아니라 덤으로 정치적·군사적 보호도 받게 되었으니 말이다.

소련이 국제 시장 가격보다 훨씬 높은 가격에 목화를 수입하자 이집트는 더 이상 서방 시장에 흥미를 가질 이유가 없었다. 소련으로서도 그다지 밑질 게 없었다. 대량의 목화를 쟁여놓았으니 이제 서방 시장과 달러화 제국의 경제 질서를 교란할 밑천을 확보한 셈이었기 때문이다. 세계 시장 질서의 수호자라는 거창한 타이틀을 달고 있는 미국도 소련의 이런 게릴라전에는 완전 속수무책이었다. 가만히 앉아서 당할 수밖에 없었다. 물론 소련은 고가로 목화를 수입한 탓에 어느 정도 손실을 입기는 했다. 그러나 이는 산업 시설을 고가로 수출해 얻는 이윤에 비하면 손해랄 것도 없었다. 소련의 이해타산은 미국보다 훨씬 나으면 나았지 절대 못하지 않았다.

시리아에서도 장래에 건설할 비행기 제조 공장 부지를 선정한다며 러시아 엔지니어들이 그야말로 야단법석을 떨었다. 또한 소련 석유 전문가들은 시리아 동북부 사막 지역에서 석유 채굴을 위한 막바지 준비에도 박차를 가하고 있었다. 중동 국가들을 더욱 흥분하게 만든 것은 이외에도 또 있었다. 바로 소련이 곧 이 지역에 원자로를 건설할 것이라는 소식이었다. 이는 향후 원자력 발전소 건설을 위해 중동 각국에 거액의 자금을 제공할 것이라는 암시이기도 했다.[16]

동구권 국가들도 소련의 루블 확장 전략을 팔짱을 낀 채 지켜보고만 있지는 않았다. 적극적으로 동참했다. 우선 체코는 이집트에 아프리카 최대 무기 생산 공장을 설립했다. 또 카이로 근교에 아프리카 최대의 도자기 생산 공장 부지를 확보했다. 예멘에서는 소련 엔지니어들이 홍해 최대의 현대화 항구 건설을 시작했다. 이는 예멘 역사상 최초의 대형 공공 인프라 프로젝트였다. 소련의 설득을 받은 중국도 가만히 있지 않았다. 예멘 수도 사나에서 항구 도시 호데이다에 이르는 고속도로 건설에 힘을 보탰다.

요르단에서는 루블과 달러의 정면 대결이 펼쳐졌다. 미국은 영국이 1957년 요르단에서 철수한 후 결코 매력적인 먹잇감이 아닌 이 나라를 정치적으로 적극 지원하기 시작했다. 그러나 미국은 소국인 요르단이 자국의 이익에 별로 큰 도움이 되지 못할 것이라고 판단했다. 그래서 선뜻 경제 원조를 제공하지 않은 채 주저하고 있었다. 소련은 이 틈을 노렸다. 경제 공세를 적극 퍼붓기 시작했다. 소련 입장에서는 대국이든 소국이든 상관없었다. 중동에 루블 제국의 근거지를 하나 더 확보하는 것만으로도 충분하다고 생각했다. 또 소련은 달러 제국의 영토를 조금씩 잠식하다 보면 언젠가는 분산된 루블 근거지들을 루블 블록으로 통합할 날이 올 것이라고 판단했다. 요르단은 나름대로 웅대한 산업화 계획을 갖고 있었다. 그러나 이 계획이 성공하려면 먼저 전국을 연결하는 교통 대동맥을 건설해야 했다. 미국이 이러지도 저러지도 못한 채 우유부단한 태도를 보이고 있을 때 유고슬라비아와 폴란드가 재빨리 요르단에 경제 원조를 제공하겠다고 나섰다. 오랫동안 미국의 원조만 눈이 빠지게 기다리던 요르단은 인내심을 잃고 루블 제국의 원조를 덥석 받아들였다. 이로써 루블 블록에 새로운 나라가 하나 더 추가되었다.

미국과 소련의 통화 패권 쟁탈전에서 아시아는 극히 중요한 전략적 거점이었다. 그럴 수밖에 없었다. 아시아는 무엇보다 영토가 광활하다. 여기에 세계 인구의 4분의 1이 살고 있었다. 게다가 유럽의 식민지인 나라가 가장 많을 뿐 아니라 그 규모도 가장 큰 지역이었다. 또 자원이 풍부하고 원자재도 넘쳐났다. 따라서 아시아는 미국이 파운드 블록의 재기를 막기 위한 전략적 요충지이자 소련의 경제적 침투를 견제하기 위한 최전방 방어 진지이기도 했다. 그 때문에 미국은 제2차 세계대전이 끝난 후부터 아시아에 대한 지원을 아끼지 않았다. 아시아 재건을 위해 제공한 원조금만 10억 달러가 넘을 정도였다. 또 아시아 국가들을 대상으로 미국 시장을 활짝 개방하는 조치도 취했다.

미국의 목적은 단 하나였다. 국민당 통치하의 중국 그리고 한국, 일본 및 동남아 각국을 달러화 블록에 단단히 예속시키는 것이었다. 이로써 1950년대 중반 아시아는 실제로 명실상부한 달러화의 포로가 되었다. 국민당이 대륙에서 철수한 후 미국이 "누가 중국을 잃었는가?"라면서 대경실색한 것도 모두 이 때문이다. 사실 이 말을 더 정확하게 표현하면 "누가 '달러 제국'에 예속된 중국을 잃어버렸는가?"라고 하는 것이 더 적합하지 않을까 싶다.

소련은 전쟁으로 인한 경제적 어려움을 어느 정도 극복한 후인 1950년대 중반부터 본격적으로 아시아 국가를 상대로 루블 전략을 펼치기 시작했다. 1955~1958년에만 아시아 7개국에 6억 5,000만 달러를 지원했다.[17] 그 밖에도 중국에 이른바 156개 중점 프로젝트를 건설하기 위해 3억 달러를 제공했다. 소련이 이 3년 동안 아시아 국가에 쏟아부은 자금은 미국이 10년 동안 투자한 금액의 4분의 3에 육박했다. 당시 중국, 북한, 동남아, 아프간을 비롯해 아시아 각국에서는 소련 전문가와 엔지니어들의 모습을 흔히 볼 수 있었다.

중립국 인도 역시 달러와 루블 간 패권 쟁탈의 주요 전장이 되었다. 이 시기 소련이 인도에 제공한 원조금은 미국의 절반밖에 되지 않았다. 그러나 소련 루블의 영향력은 미국 달러보다 훨씬 컸으면 컸지 절대 못하지 않았다. 당시 인도에서는 소련과 미국의 도움으로 최대 철강업체인 빌라이 제철소(Bhilai Steel)를 건설하고 있었다. 철강 생산량 100만 톤(인도 철강 생산량의 5분의 1), 직원 5만 명 규모로 건설하는 이 제철소는 인도 '경제 개발 제2차 5개년 계획'의 가장 중요한 프로젝트이기도 했다. 사실 이 프로젝트에 돈을 가장 많이 투자한 나라는 미국이었다. 그런데 인도 사람들은 소련을 프로젝트 완성의 최대 공신으로 떠받들었다. 솔직히 그럴 만도 했다. 당시 미국 전문가와 엔지니어들은 열악한 생활환경에 불평불만만 늘어놓았다. 반면, 소련 엔지니어들은 미국인보다 적은 월급을 받으면서도 군말 한마디 하지 않았다. 그저 열심히 일만 했다. 게다가 미국인들은 약정에 따라 현지인에게 필요한 건의와 상담만 제공했으나 소련 사람들은 현장에 상주하면서 인도인에게 기술의 요점을 가르쳐주었다. 또 필요할 때에는 힘들고 어려운 실무까지 열정적으로 도와주었다. 한마디로 소련은 달러 블록을 상대하는 일에 끊임없는 저력과 적극성을 보여줬다고 해도 과언이 아니다.

소련은 이처럼 유럽, 아시아와 아프리카에서 달러 제국을 상대로 치열한 공격을 펼쳤다. 그뿐만 아니라 미국의 후방인 중남미에까지 손을 뻗쳤다. '먼로 선언' 이후 중남미 지역은 미국의 세력 범위에 편입되었다. 소련으로서는 한발 늦었다고 해도 좋았다. 그럼에도 소련은 개의치 않았다. 유럽, 아시아와 아프리카보다 뒤늦게 뛰어든 전장이었지만 열심히 경제 공세를 퍼부었다. 그것도 훨씬 더 은밀한 방법으로 말이다. 소련은 미국을 크게 자극하고 싶지 않았다. 그래서 대부분의 경우 직접 나서지 않고 체코와 폴란드를 내세워 중남미 국가를 원조했다.

반면, 미국은 계속 패착을 두고 있었다. 미국은 1958년 칠레 대통령의 친선 방문을 앞두고 갑자기 동(銅) 제품의 수입에 대해 조만간 고율의 관세를 부여할 것이라는 청천벽력 같은 결정을 내렸다. 동은 칠레의 대외 무역에서 생명줄 역할을 하는 중요한 품목이었다. 칠레 대통령은 인정사정없는 미국의 행태에 분노하며 결국 방미 계획을 취소해 버렸다. 칠레의 대외 무역은 심각한 위기에 빠져들었다. 바로 이때 소련과 동독이 그야말로 구세주처럼 나타났다. 양국은 칠레산 동 제품을 대량 수입하면서 향후 더 큰 거래를 기대해도 좋다는 암시를 주었다. 비록 향후에도 계속 구매할 것이라는 완벽한 확답을 준 것은 아니지만 이것만으로도 칠레 국민의 호감을 얻기에 충분했다. 사실 이 모든 일은 소련의 루블 영향력을 확장하기 위한 교묘한 전략에 지나지 않았다.

이 전략은 아르헨티나에서도 유효했다. 당시 아르헨티나는 1,500만 배럴의 석유가 시급히 필요했다. 그러나 주머니 사정이 너무 뻔했다. 아르헨티나가 쩔쩔매고 있을 때 소련이 '백마 탄 왕자'처럼 멋들어지게 나타나 발등의 불을 꺼주었다. 국제 시장보다 낮은 가격에 석유를 제공하겠다고 시원스럽게 대답한 것이다. 더구나 현금이 없으면 원자재로 대금을 지급해도 좋다고 했다. 원자재 판로를 찾지 못해 고민하던 아르헨티나에 소련은 완전히 '구세주' 같은 존재였다.

이 무렵 아르헨티나의 이웃 우루과이 경제 역시 파산 지경에 있었다. 우루과이의 주요 수출품은 양모였다. 그런데 최대 수입국 미국이 양모에 대해 긴급 수입 제한 조치를 취했다. 그 바람에 양모의 대미 수출이 어렵게 되었다. 설상가상으로, 미국은 막대한 양의 저가 식량을 국제 시장에 덤핑으로 출하했다. 농업국 우루과이는 비상이 걸릴 수밖에 없었다. 그뿐만이 아니었다. 우루과이는 원유, 선진 산업 시설과 교통 인프라 시설 등의 물자가 당장 필요했으나 달러화가 없어 수입조차 할 수 없었다. 우루과이 정부는 미국이 자국 정부를 무너뜨리고 친미파 후보의 대통령 당선 확률을 높이기 위해 수작을 부리는 것이라고 비난했다. 이때 기다렸다는 듯 소련이 등장했다. 소련은 먼저 우루과이 양모를 1,800만 달러어치나 구매했다. 그것도 루블이 아닌 국제적인 통용 화폐인 파운드로 대금을 지불했다. 이어 우루과이에 125만 배럴의 원유를 수출해 급한 불을 꺼주었다. 원유 역시 국제 시장가보다 훨씬 낮은 가격이었다.[18] 우루과이 정부 이하 전 국민이 소련을 '대국답게 의리가 강한 국가'라고 찬양하면서 환호한 것은 어쩌면 당연한 일이었다.

이어 브라질에서도 비슷한 일이 연출되었다. 브라질은 이 무렵 대통령 선거를 앞두고 있었다. 그런데 주력 수출 품목인 커피의 판로가 갑자기 막혀 창고에 산더미처럼 쌓였다. 수출 위기로 인해 외환 수지 역시 급격히 악화되었다. 게다가 칠레의 동 제품, 우루과이의 양모와 마찬가지로 브라질의 주요 수출품인 커피의 가격 책정 권한 역시 미국이 쥐고 있었다. 그 때문에 미국은 중남미 국가의 대통령이 자기 말을 듣지 않으면 가차 없이 경제적 수단을 동원해 응징할 수 있었다. 가장 간단한 방법은 해당 국가에 수출 위기를 조성하는 것이었다. 이 경우 해당 국가의 경제는 급격히 악화되고 대통령의 위신은 떨어질 수밖에 없었다. 그런데 그때마다 소련이 끼어드는 바람에 미국의 시도는 번번이 실패로 돌아갔다. 브라질 역시 여느 중남미 국가와 다름없었다. 농산물과 원자재는 풍부하게 보유한 반면 석유와 달러 자산은 부족했다. 따라서 일단 무역 적자가 발생하면 국내 경제가 심각한 타격을 입었다. 커피 수출 위기 역시 상황이 거의 비슷했다.

소련은 머뭇거리지 않았다. 브라질에 즉각 석유를 공급하고 커피, 코코아, 목화 및 원자재를 수입하는 상투적인 방법을 사용했다. 브라질 경제를 곤경에서 구해준 것이다. 놀라운 것은 이때까지 브라질과 소련은 공식 수교도 맺지 않은 상태였다는 사실이다. 이 일을 계기로 소련에 대한 브라질의 호감은 급상승했다.

외교의 목적은 자국의 세력 범위를 넓히는 것이다. 이 세력 범위는 특정 국가의 화폐가 유통되는 지역을 가리킨다. 그리고 이 범위 내에서 현지 경제와 정치에 영향을 미친다. 국제관계에서 단순한 정치적 영향력이라는 것은 존재하지 않는다. 있다면 경제적 영향력, 다시 말해 화폐의 힘이 존재할 뿐이다. 그리고 이것이 바로 정치적 영향력으로 나타난다.

소련은 드디어 경제 원조와 루블 외교를 '대량 살상 무기' 삼아 달러화 제국과 대치 국면을 형성할 수 있게 되었다.

## 소련의 심각한 식량난, 빠른 산업화의 부작용

소련의 루블이 달러 제국에 가장 큰 위협으로 작용한 시기는 1950년대였다. 제2차 세계대전 후 소련 경제가 빠르게 회복하면서 루블 블록의 대규모 확장에 좋은 조건을 마련해 준 것이다. 그러나 좋은 시절은 오래가지 않았다. 1960년대부터 소련의 경제 성장이 둔화하기 시작했다. 루블 블록의 팽창 기세 역시 그에 상응해 수그러들었다. 달러와 루블은 전략적 대치 국면에 진입했다. 그러다 1980년대 들어 미국 달러가 소련 루블에 역습을 하기 시작했다.

소련 경제의 가장 취약한 부분인 농업에서 가장 먼저 문제가 발생했다. 소련은 지구 육지 면적의 6분의 1에 달하는 넓은 땅덩어리를 갖고 있었다. 그런데 인구는 고작 3억 명밖에 되지 않았다. 그런데도 식량을 자급자족하지 못하고 1960년대 이후부터 거의 수입에 의존했다. 보통 상식으로는 이해하기 어려운 일이었다. 사실 소련은 처음부터 식량의 자급자족이 전혀 불가능한 나라가 아니었다. 20세기 초까지만 해도 세계 최대 식량 수출국이었다. 실제로 세계 식량 수출의 45%를 차지한 적도 있었다. 그러나 1980년 이후 세계 최대 식량 수입국으로 전락했다. 세계 식량 수입의 무려 16.4%를 차지했다.[19] 그렇다면 소련에서 식량난이 불거진 것은 언제부터일까? 아마도 1960년대 중반부터라고 하는 게 옳을 것이다.

1930~1950년대는 30년에 걸친 소련 경제 성장의 황금기였다. 이 기간에 소련은 모든 국력을 경주해 산업화를 추진했다. 성과 역시 괄목할 만했다. 스탈린에 대한 처칠의 평가만으로도 이를 증명할 수 있다. "소련은 스탈린 집권 당시만 해도 낙후한 농업국에 불과했다. 하지만 그가 세상을 떠날 때에는 원자폭탄까지 보유한 초강대국으로 성장했다." 그러나 농공업의 불균형한 발전은 필연적으로 심각한 문제를 잉태할 수밖에 없었다.

이고르 가이다르(Yegor Gaidar) 러시아 전 총리는 소련의 농업 문제를 다음과 같이 평가한 적이 있다.

"농업 집단화로 인해 농민은 이사 및 직업 선택, 주거지 선택의 자유를 상실했다. 또 강제로 무상 노동에 종사해야 했다. 그 때문에 가족을 먹여 살리려면 반드시 부업을 해야 했다. 심하게 말하면, 농노제가 부활한 것이나 다름없었다. 농노제와 다른 점이라면, 옛날에는 많은 영주들이 있었으나 농업 집단화 실시 이후에는 국가가 유일한 영주가 되었다는 사실이다. 감시와 통제 수단은 더욱 교묘해졌다. 반면, 도덕적 제약은 더욱 해이해졌다. 소련 정부는 그럼에도 산업 인프라 건설에 필요한 투자를 늘리는 일에만 혈안이 되었다. 농촌에서 발생하는 모든 일에 대해 거의 무관심으로 일관했다. 강탈하든 저렴하게 사들이든 농민들로부터 자원을 공급받는 것은 농업 사회 특유의 현상이라고 볼 수 있다. 그러나 이때에 이르러 농민들이 감내할 수 있는 한계를 완전히 벗어났다. 게다가 농촌에서 도시로 이전되어 재분배한 자금의 규모가 엄청났다. 아마도 세계 역사상 그 유례를 찾아볼 수 없을지 모른다. 만약 농민들이 강제 노동에 종사하고, 그런 농민들의 노동이 일종의 노동지대로 변질되었다면 러시아 문학 작품에 묘사된 것과 같은, 이를테면 농노제 폐지 이전 시대 노동의 도덕적 기준으로 되돌아갈 수밖에 없었을 것이다."[20]

> **노동지대(勞動地代)**
> 영주의 직할지에 대한 농민의 강제 노동.

"일하는 것을 즐기는 사람은 바보 그 이상도 이하도 아니다"라는 말이 있다. 이것은 당시 소련 농민들이 보편적으로 지니고 있던 노동에 대한 도덕성과 가치관이었다. 사람이 본인과 가족을 위해 일할 때와 집단을 위해 일할 때를 비교할 경우, 열정과 근면함의 차이는 바로 확연해진다. 이는 수많은 국가와 사회에서 이미 반복적인 경험을 통해 검증된 진리이기도 하다. 일에 대한 이런 가치관과 이류 시민 대우, 변변찮은 수입 등으로 인해 농촌 노동력 중에서도 '가방끈' 길고 능력이 있을 뿐 아니라 신체 건장한 사람들은 갖은 수단과 방법을 동원해 도시로 진출했다. 농촌의 주요 노동력이 이처럼 모두 도시로 빠져나가면서 소련의 농업 생산에 심각한 위기를 초래했다.

산업혁명 시대에는 일국의 경제 성장을 결정하는 가장 중요한 요인이 산업 기술 확산 규모였다. 이러한 산업 기술 확산의 핵심 요소는 인재라고 해도 과언이 아니다. 사람의 창의력이 있어야만 기술, 설비, 자금과 원자재 등을 최종 제품으로 완성할 수 있기 때문이다. 소련은 산업화 추진 과정에서 산업 기술의 확산 효과를 중시했다. 반면 농업 경제 성장에도 마찬가지로 기술 확산이 필요하다는 사실은 간과했다. 농업 기술 확산을 통해 투자 수익을 실현하려면 산업 인재와 동등한 실력 및 자질을 갖춘 양질의 농업 인재가 필요한 것은 당연하다. 그러나 대량의 농업 인재가 도시로 빠져나가면서 소련의 농업 문제는 단순히 투자만 확대해서는 해결할 수 없을 정도로 점점 심각해졌다.

미국이나 서유럽의 경우, 농장주와 도시인 사이에는 사회적 지위나 위계상의 차이가 존재하지 않는다. 또 소득의 차이도 아주 적다. 따라서 농업에 종사하느냐, 도시 생활을 선택하느냐는 순전히 개인의 기호에 따라 결정된다고 할 수 있다. 요컨대 선진국의 농업 인구는 대규모 자본 투입에 따른 고수익을 기대해도 좋을 정도로 자질이 매우 높다.

정부가 농업 문제를 심각하게 여기고 해결 방안을 모색할 즈음, 소련의 산업 자본도 충분히 축적되었다. 다시 말해, 농업을 지원할 수 있게 된 것이다. 이에 소련 정부는 1960년대 초부터 해마다 농업 부문에 대한 투자를 꾸준히 늘리기 시작했다. 당시 소련 경제의 총투자에서 농업에 대한 투자가 차지하는 비중은 14.3%였다. 그러던 것이 1980년에는 20.1%로 증가했다. 국가 경제 규모의 성장에 따라 농업에 대한 투자 규모 역시 절대적인 수치와 상대적인 비율에서 모두 놀랄 정도로 급격히 늘어났다. 그러나 소련의 식량 생산량은 이미 자국민의 수요도 충족할 수 없을 만큼 줄어든 상태였다. 1960년까지만 해도 식량 수출국이었던 소련은 1970년에 220만 톤의 식량을 수입했다. 1982년에는 수입량이 무려 2,940만 톤으로까지 증가했다. 1984년에는 이 규모가 4,600만 톤으로 늘어났다.

훗날 소련 공산당 중앙위원회 서기를 지낸 유리 안드로포프(Yuri Andropov)는 1960년대에 이미 이런 사실을 간파했다.

"특히 농업 문제가 심각했다. 자국민 수요도 충족하지 못하고 해마다 수입에 의존해야 하는 상황을 더 이상 간과할 수 없었다. 이런 상태가 지속되다가는 전 국민을 굶주림에 빠지게 할지도 모를 일이었다."

1963년은 곡물 수확이 특히 좋지 않은 해였다. 당연히 식량 부족이 심화됐다. 외환보유고가 넉넉하지 못한 소련은 도리 없이 황금 372.2톤을 팔아야 했다. 이 돈으로 급히 식량을 수입했다. 이로 인해 한꺼번에 금 보유량의 3분의 1이 줄어들었다. 흐루쇼프는 이런 상황에 분노했다. 국가의 크나큰 치욕이라며 대책을 마련하라고 측근들을 질타했다. 그러나 1965년에 다시 식량난이 불거졌다. 소련 정부는 재차 황금 335.3톤을 팔아 식량을 수입할 수밖에 없었다. 이제 식량 수입을 치욕이라고 생각하는 사람은 아무도 없었다. 식량은 당연히 수입에 의존해야 하는 것으로 여기게 된 것이다.

그렇다면 무엇 때문에 한때 대단한 농업국이던 소련에서 식량 위기가 불거진 것일까? 그 직접적인 원인은 1930년대에 추진한 '빠른 산업화와 도시화' 전략 때문이었다. 산업화 추진에 따라 임금 수준이 끊임없이 상승하자 식품의 양과 질에 대한 도시 주민들의 요구도 점점 높아졌다. 더구나 육류, 알류, 유제품 등 영양가 높은 음식에 대한 수요가 급증하면서 대부분의 식량을 목축업 사료에 투입했다. 이것이 식량난을 더욱 악화시키는 원인이 되었다.

이에 따라 1960년대 중반부터는 소련의 국영 상점에서 적정 가격의 육류가 자취를 감추었다. 1970년대 초반부터는 대도시에서 줄을 지어 식품을 구매하는 현상이 보편화되었다. 1980년대에 이르러서는 배급권을 갖고도 식품을 구입하기 힘든 현상이 나타났다. 정부에 대한 국민의 신뢰는 날이 갈수록 떨어졌다. 게다가 소득 분배 과정에서 각종 비리와 특권이 빈발하자 국민의 불만은 더욱 고조되었다.

소련의 농업 경제는 이처럼 산업 발전에만 치중한 불균형 성장 정책 때문에 오랜 기간 침체기에 빠졌다. 소련의 실책은 식량의 자급자족을 불가능하게 만든 것뿐만이 아니었다. 중공업 발전만을 중시함으로써 경공업 부문에 대한 투자 감축을 간과한 것 역시 결정적 실책이라고 할 수 있다. 당연히 국제 경쟁력을 갖춘 각종 제품을 생산하는 것이 불가능했다. 이런 상황에서 외화를 벌어들인다는 것은 헛된 몽상이나 다름없었다. 식량을 수입해야 하는데 외화가 부족하니 다른 방법이 없었다. 바로 석유 수출을 통해 외화를 벌어들이는 것이었다.

호시탐탐 기회만 엿보던 미국은 드디어 소련의 약점을 확실하게 간파했다.


## 소련을 나락으로 몰고 간 피크오일

소련은 예로부터 석유와 금의 주요 생산국이었다. 그러나 금만으로는 해마다 늘어나는 식량 수입으로 인한 경상 수지 적자를 해소할 수 없었다. 이제 남은 것은 석유뿐이었다. 한마디로 석유는 소련이 외국에서 식량과 외화를 얻을 수 있는 마지막 희망이었다. 그러나 바로 이 유일한 희망이 소련을 나락으로 떨어뜨리는 막다른 길이 될 줄 누가 알았겠는가. 이는 물론 미국 때문이다. 물론 당시에는 아무도 이런 가능성을 상상조차 못했다.

1960년 소련은 우연히 시베리아에서 대형 유전을 발견했다. 정말 예기치 않은 행운이었다. 소련으로서는 식량난 해결과 정치 안정의 단꿈을 꾸기에 충분했다. 1970년대 전반 내내 시베리아에서는 석유가 샘솟듯 솟아나왔다. 소련의 국고에도 돈이 차곡차곡 쌓였다.

그러던 중 1971년 브레턴우즈 체제의 붕괴와 더불어 달러와 금의 연결 고리가 끊어졌다. 이 사건은 국제 시장을 크게 뒤흔들었다. 달러 가치가 폭락하면서 금과 석유 가격이 폭등하기 시작했다. 게다가 두 차례의 오일 쇼크를 거치면서 석유 가격은 마치 고삐 풀린 망아지처럼 끝없이 올라갔다. 소련은 순식간에 졸부가 되었다. 국고에는 돈이 넘쳐났다. 사람들은 부귀영화를 꿈꾸기 시작했다. 소련이 보유한 오일 달러는 식량 수입에 의한 경상 수지 적자를 충분히 보전하고도 남았다. 소련은 국제 유가가 앞으로도 꾸준히 상승할 것이라는 기대감 속에 급기야 미국과 본격적인 핵무기 경쟁에 돌입했다. 군비도 대대적으로 확충하기 시작했다. 그 결과 아프간과의 장기적인 소모전에 휘말려 들었다.

1970년대는 루블과 달러가 마지막으로 막상막하의 대결을 벌인 시기라고 할 수 있다. 당시 미국은 사우디아라비아 등의 산유국을 단단히 장악한 다음, 오일달러를 앞세운 기본 정책을 채택했다. 이어 고금리 정책을 통해 인플레이션과 달러 위기를 극복할 수 있었다.

어려움에서 벗어난 미국은 드디어 소련 루블을 응징할 여유를 갖게 되었다.

1977년 3월 미국 중앙정보국(CIA)은 정부에 〈소련이 석유 고갈 위기에 처했다[The Impending Soviet Oil Crisis(ER 77-10147)]〉라는 제목의 비밀 보고서를 제출했다. CIA는 이 보고서에서 다음과 같이 예측했다.

"소련의 피크오일는 1980년대 초에 다가올 것이다. 다음 10년 [1980년대] 동안 소련의 석유 생산량은 동구권 및 서방 국가에 지금과 같은 규모로 수출할 수 없을 만큼 줄어들 것이다. 또 석유를 공급하기 위해 석유수출국기구(OPEC) 회원국과 경쟁하지 않을 수 없다. 이는 소련의 석유 수출이 외환 수입의 40% 이상에 달하는 현재 상황[소련이 석유 무역을 통해 거액의 흑자를 거두는 상황]이 역전될 것이라는 사실을 의미한다."

보고서는 또 "소련의 석유 생산량은 성장을 멈출 것이다. 그에 앞서 소련 국내 경제와 국제 무역은 심각한 타격을 입을 것이다"[21] 라고 비관적인 결론을 내렸다.

CIA 보고서의 이런 결론은 이른바 '피크오일' 이론에 근거한 것이었다. '피크오일'는 미국의 지질학자 킹 허버트(King Hubbert)가 1949년 도입한 개념으로, 광물 자원의 생산량이 '종 모양의 곡선'을 따라 움직인다고 주장한 데에서 비롯됐다. 허버트는 이 이론을 통해 재생 불능 자원인 석유의 생산량은 기하급수적으로 확대됐다가 특정 시기를 정점으로 불가피하게 줄어들 것이라고 주장했다. 그는 실제로 1956년 미국의 석유 생산량이 1967~1971년 피크오일에 이르고, 이후부터 감소할 것이라는 대담한 예측을 내놓기도 했다. 당시 미국의 석유 산업은 한창 호황을 누리고 있었다. 당연히 아무도 그의 예측을 믿지 않았다. 심지어 조롱하거나 비판하는 사람도 적지 않았다. 그러나

1970년대가 되자 미국의 '피크오일'는 정확히 허버트의 곡선을 따라 움직였다.

이처럼 1970년대 초 미국에 피크오일가 일어나자 중동 산유국들이 실시한 두 차례의 석유 수출 금지 조치는 미국 경제에 아무도 상상하지 못한 어마어마한 타격을 입혔다. 미국이 그 어느 나라보다 탄력적이고 유연한 시장 경제 국가임에도 그랬다. 따라서 폐쇄적이고 경직된 계획 경제 국가인 소련에 석유 부족 사태가 발생하면 그 충격이 엄청날 게 분명했다. 더구나 소련은 석유를 수출해 식량을 수입하는 상황이었다. 석유가 부족할 경우 정치적 안정에도 치명타를 입을 수 있다는 의미다.

솔직히 말해서 '피크오일' 이론의 정확성 여부는 그다지 중요하지 않았다. 중요한 것은 '피크오일' 이론이 시장의 기대에 영향을 미친다는 사실이었다. 또 미국이 그 이론을 자국의 중대한 전략적 목적을 달성하는 데 악용하려 한다는 사실 역시 그에 못지않게 중요했다.

CIA 보고서는 특히 1980년대 초 들어선 레이건 정부의 정책 구상에 매우 중요한 영향을 끼쳤다. 실제로 미국은 소련의 경제적 균형을 깨고 정치적 안정을 교란하기 위해 '석유 무기화 전략'을 채택했다.

1979년 소련은 육지에서 인도양으로 진입하는 통로를 확보하고 페르시아 만의 풍부한 석유 자원을 강탈하기 위해 아프간 전쟁을 일으켰다. 주도면밀했던 만큼 일주일 만에 아프간의 주요 도시와 간선도로를 쉽게 점령할 수 있었다. 이어 아프간과 파키스탄, 이란 국경에 있는 주요 통로도 완벽하게 통제했다. 소련군의 강력한 공세에 크게 놀란 중동 산유국들은 황급히 미국과의 관계 개선 방안을 모색하기 시작했다.

1981년 4월 윌리엄 케이시(William Casey) CIA 국장이 비밀리에 사우디아라비아를 방문했다. 그는 제2차 세계대전 당시 독일을 상대로 경제전을 계획해 큰 성공을 거둔 인물이었다. 자연스럽게 양국은 석유를 무기로 소련에 대응할 방법을 논의했다.

일이 되려고 그랬는지 1985년부터 소련의 석유 채굴량이 처음으로 하락하기 시작했다. 미국이 오래전부터 기다려온 소련의 '피크오일'가 드디어 나타날 조짐을 보인 것이다.

사우디아라비아는 미국과 상의해 석유 생산량을 두 배 늘린다는 폭탄선언을 했다. 이에 국제 유가는 대폭락했다. 소련의 석유 수출 수익 역시 급감했다. 외채 규모가 엄청난 동구권 국가들은 소련에서 더 이상 석유 원조를 받을 수 없게 되자 직격탄을 맞았다. 경제는 침체되고 정국은 혼란에 빠졌다. 그야말로 혼돈 그 자체였다. 심지어 수천만 톤의 식량을 수입하려던 소련의 계획조차 물거품이 되었다. 필요한 식량을 얻을 수 없게 된 소련 국민의 분노는 극에 달했다.

설상가상으로, 새로 착공한 대형 프로젝트들마저 외국의 설비를 수입할 수 없어 대거 무산되었다. 게다가 아프간 전쟁에 막대한 전비를 쏟아부은 탓에 정부의 재정 수지 역시 갈수록 악화되었다. 소련은 곧 거액의 외채를 상환해야 하는 궁지에 내몰렸다. 미국과의 군비 경쟁에 필요한 자금이 갑자기 끊기자 군부에서도 불만이 이만저만 아니었다.

소련 정권은 외채 부담이 가중되고 재정 적자가 악화되자 고립무원의 처지로 전락하는 등 잇따른 내우외환으로 급기야 국가의 존망이 위태한 지경에 빠졌다.

# 루블 제국을 무너뜨린 미국의 석유 무기 공격

1971년 브레턴우즈 체제 붕괴 이후부터 미국의 통화 제도는 표면적으로 여전히 금본위제였다. 그러나 실제로는 국채본위제로 바뀌었다고 해야 옳다. 이에 반해 소련은 1930년대부터 줄곧 금을 담보로 하는 계획본위제를 실시해 왔다.

달러 기축통화 체제 아래에서는 모든 경제 활동이 일련의 거래를 통해 이뤄진다. 여기에서 거래란 화폐와 상품을 교환하는 과정을 가리킨다. 따라서 화폐가 모든 경제 활동 영역에 깊이 침투했다고 할 수 있다. 상품 거래가 화폐에 대한 수요를 발생시킨다고 해도 틀린 말이 아니다.

초기의 간단한 거래는 거래 쌍방이 돈과 물건을 직접 맞교환하는 것이 원칙이었다. 따라서 거래 규모와 화폐 유통량은 정비례 관계를 이뤘다. 이때의 화폐는 '강성(剛性)'이라는 특징을 갖고 있었다. 또 화폐의 주요 형태는 금과 은이었다. 화폐 배후에는 실물이 담보로 존재했다. 그러다 훗날 원거리 무역의 수요에 의해 편리적인 차원에서 '외상' 개념이 등장했다. 이어서 구매자가 화폐를 갖고 있지 않을 때에도 판매자가 상품을 양도하는 '상업 신용'이라는 새로운 방식이 나타났다. 상업 신용은 화폐를 대신해 무역을 대대적으로 촉진하는 역할을 했다. 이와 같은 지급 유예 방식을 구현한 형태가 바로 '상업어음'이다. 상업 신용 규모의 확산과 더불어 상업어음과 화폐는 공동으로 상품 거래를 촉진하는 통화를 구성했다. 화폐는 점차 '탄력성'을 갖게 되었다. 이것이 바로 초기 자본주의인 상업자본주의 시대 화폐 신용의 주요 특징이었다.

산업혁명은 자본주의의 두 번째 단계인 산업자본주의의 도래를 상징한다. 이 시기에는 산업 기술 발전에 따른 상품 생산량의 폭발적인 성장, 산업 발전에 필요한 자금의 회전량 증대 및 회전 주기 연장, 자원과 시장 쟁탈을 목적으로 하는 전쟁 발발 등의 다양한 요인이 화폐에 대한 더 큰 수요를 이끌어냈다. 또 산업 신용, 국가 신용, 상업 신용과 화폐는 공동으로 큰 범위의 통화를 구성했다. 산업화 시대의 거대한 상품 거래 수요를 만족시킨 것이다.

산업 신용과 국가 신용은 모두 미래의 특정한 날에 지급하겠다는 약속이라는 점에서 상업 신용과 같다. 그러나 지급 유예 기간은 상업 신용보다 길다. 따라서 산업자본주의 시대에는 통화량에서 채무가 차지하는 비중이 더욱 커졌다.

그러나 소련의 계획 경제 체제는 사유제를 전면 부정하는 제도였다. 더 나아가 간접적으로는 상품 거래 이념도 부정했다. 따라서 소련에서 화폐에 대한 수요는 거래에서 비롯된 것이 아니라 국가 계획의 산물이었다.

예를 들어, 국가가 경제 활동의 디테일한 부분까지 포함해서 한 치의 오차도 없이 매우 정확하게 각 경제 부문의 생산 계획을 통일적으로 제정한다고 하자. 그러면 경제 부문에서는 소비 수요를 알맞게 충족할 만한 양의 제품을 생산할 것이다. 또 경제 활동은 마치 시계처럼 정확하게 진행될 것이다. 화폐는 본래 거래를 촉진하기 위해 생겨났다. 그 때문에 거래에 필요한 제품의 수량과 종류가 모두 미리 정확하게 정해져 있다면, 화폐를 매개로 하지 않는 물물교환이 이뤄질 수밖에 없다. 이때의 화폐는 다만 거래량에 대한 통계를 내는 계량 단위 역할만 할 뿐이다.

소련 중앙은행은 국가에서 사전에 제정한 경제 활동 계획에 따라 화폐를 발행했다. 또 직접 실물 경제에 그 화폐를 투입했다. 따라서 소련의 루블은 능동적인 참여자가 아니라 피동적인 기록자였다. 단순히 제품 회전량의 통계를 내는 역할만 했다.

요컨대 루블은 전형적인 계획본위제 화폐였다.

1930년대 초 소련이 계획 경제 체제 도입 후 금융 분야에서 가장 먼저 취한 조치는 기업 간 상업 신용을 폐지하고 은행의 직접 신용 방식을 도입한 것이었다. 상업 신용은 기업 간 '암거래' 행위에 속하고 이런 암거래로 인해 발생하는 신용 인플레이션이 계획 경제 체제하의 계획적인 제품 회전에 영향을 끼친다는 이유 때문이었다.

더불어 소련은 과거에 발행한 상업어음의 유통도 금지했다. 대신 국가은행을 유일한 기업 간 비(非)현금 결제 기구로 지정했다. 기업들이 어음 결제를 위해 묻어놓는 상당액의 자금이 경제의 정확한 운행을 교란할 수 있다는 우려 때문이었다. 1931년 소련의 각 경제 부문 자금은 거의 대부분 국가은행에 집중되어 있었다. 국가은행은 이 자금으로 단기 대출의 73%를 충당했다.

계획 경제 체제 아래에서 화폐와 은행의 기능은 크게 위축되었다. 이에 따라 이른바 '큰 재정, 작은 은행' 구도가 형성됐다. 소련 정부는 이때 국가은행 외에 장기 투자 전문 은행 네 개를 더 남겨뒀다. 물론 중앙은행의 역할이라고 해봤자 화폐 발행, 단기 대출, 결제 등 간단한 업무만 책임지는 정도에 불과했지만 말이다.

1차 5개년 계획 기간에 소련 은행의 국민 경제에 대한 장기 투자는 100%나 증가했다. 또 단기 대출은 1.4배 증가했다. 이에 따라 같은 시기 소련의 산업 생산량은 1.3배 성장할 수 있었다. 상품 거래액은 1.4배 증가했다. 화폐와 경제 성장이 거의 정확하게 보조를 맞춘 것이다.

그러나 경제 체제의 진화, 산업 종류의 증가, 상호 관계의 다양화 등에 따라 계획 경제의 어려움은 기하급수적으로 증폭되었다. 예컨대 소련 국가계획위원회는 중요 품목의 생산 계획 하나를 세우는 데 적어도 2,000종의 제품에 대해 복잡한 균형 예산 계획을 제정해야 했다. 또 산하 부서는 이를 토대로 2만 종의 제품에 대한 상세한 계획을 제정해야 했다. 각종 계획은 이런 방식으로 한 단계씩 아래로 하달되었다.[22] 사정이 이러니 경제 활동 과정에서 생각지도 못한 변수가 속출하는 것은 당연했다. 기업별로도 역시 다양한 문제점과 어려움이 있었다. 솔직히 계획 제정자들이 경제 활동의 디테일한 부분까지 예측해서 정확한 계획을 세우는 것은 불가능했다. 모든 기업의 생산성과 제품의 질까지 감독한다는 것은 더욱 어불성설이었다. 그리고 기업은 계획과 임무 완성에만 초점을 맞췄을 뿐 생산 공법 개선, 품질의 향상, 이윤 증대, 경쟁력 강화 따위에는 전혀 신경도 쓰지 않았다.

스탈린 시대에는 계획이 곧 법이었다. 계획을 완수하지 못하면 곧 범법 행위로 인정되었다. 법을 어긴 사람은 각종 처벌과 실형을 감수해야 했다. 심지어 사형까지 당할 수 있었다. 따라서 계획을 집행하기 위해 상당히 엄한 기율 제도를 도입했다. 그러나 흐루쇼프 시대부터 정부의 권위가 크게 약화되면서 상부의 계획에 대해 값을 깎듯 흥정하는 지경에까지 이르렀다. 시계처럼 정확하게 돌아가던 경제 시스템이 점차 삐꺽거리기 시작한 것이다.

소련의 계획 경제가 실패했다는 것은 다음과 같은 두 가지 현상에서 충분히 확인할 수 있다. 하나는 계획 자체가 제대로 실행되지 못했다는 점이고, 다른 하나는 경제의 내적 진화 특징에 부합하는 계획을 사전에 효과적으로 제정할 수 없었다는 점이다.

문제가 생길 수밖에 없었다. 생산 계획을 완수하지 못하는 현상이 비일비재한 데다 화폐는 예전대로 엄격한 계획에 따라 발행해 경제 시스템에 투입했으니 문제가 생기는 것은 너무나 당연했다. 생산 계획을 채 완수하지 못한 결과는 제품과 서비스 부족으로 나타났다. 실물은 부족한데 계획에 따라 화폐를 꾸준히 발행한 결과 통화량 과잉 현상이 일어났다. 따라서 소련에서 발생한 인플레이션은 초기에 물가 상승이 아닌 물자 부족이라는 이례적인 양상을 띠었다. 표면적으로는 국민의 소득 수준이 꾸준히 성장하는 것 같았지만 현실에서는 이 돈으로 필요한 식품과 소비품을 구매할 수 없었던 것이다. 동시에 시장에 투자 가능한 금융 상품이 매우 적었다. 따라서 과잉 공급된 화폐는 정부의 정치적 부담만 가중시킬 뿐이었다.

한마디로 계획본위제는 소련의 통화 위기를 유발한 직접적인 원인이었다.

반면, 미국은 달러화의 세계 기축통화 지위를 이용해 전 세계 자원을 효과적으로 통합할 수 있었다. 그러나 소련을 비롯한 루블 블록 내국가들은 달랐다. 국제 무역에서 대부분 미국 달러를 결제통화로 사용했기 때문에 먼저 석유와 원자재 수출을 통해 경화를 확보한 후 다시 식량과 선진 기술 설비를 도입해야 했다.

미국은 1985년 소련의 석유 생산량이 감소하기 시작할 때 의도적으로 국제 유가를 낮췄다. 소련의 외환 부족을 유발하는 것이 목적이었다. 이로 인해 루블 블록 내 국가들은 국내 수입 수요를 충족하기 위해 도리 없이 서방 국가로부터 대규모 외채를 빌려야 했다. 식량 수입을 줄일 경우 사회 모순이 드러나 정권이 위험해질 수도 있었기 때문이다. 또 선진 설비 수입을 중단할 경우 서방 공업국들과의 기술 격차가 점점 더 벌어져 루블 블록의 경제적 저력이 치명상을 입을 수도 있었다.

사실 소련과 동구권 경제 성장의 원동력은 기술 혁신을 통한 경쟁력 확보에서 비롯된 것이 아니었다. 끊임없는 프로젝트 건설과 생산 확대를 통해 비롯된 것이었다 해도 과언이 아니다. 그런데 불행히도

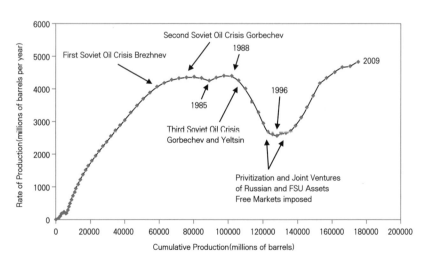

1985년 소련 석유 생산량 감소와 같은 시기에 일어난 국제 유가 폭락. 1988년 오일 피크와 같은 시기에 소련 및 동구권의 붕괴가 시작되었다.

대형 프로젝트를 추진하려면 반드시 외국의 설비를 대거 수입해야 했다. 따라서 설비 수입을 중단한다는 것은 어마어마한 투자 낭비를 의미했다. 실제로 재정이 바닥을 보인 1989년 말까지 소련의 미완성 공사 규모는 1,809억 루블에 달했다. 국가 재정이 심각한 적자에 허덕이고 통화 위기가 악화일로를 달리는 상황에서도 국가 재정 수입의 80%를 미완성 공사에 투입한 것이다.

석유 수출을 통한 수익이 크게 줄어들면서 소련의 식량 수입은 곧 중단될 위기에 처했다. 재정 수지 불균형 역시 악화되었다. 재정 적자는 또한 외채 상환 불능과 경기 침체로 이어졌다. 나중에는 루블 블록 역내 국가에 대한 지원을 줄일 수밖에 없었다. 이는 당연히 블록의 응집력을 약화하는 계기로 작용했다.

미국의 석유 무기는 소련의 가장 약한 고리인 화폐 분야에 정확하게 꽂혔다. 미국은 자신조차 미처 상상 못했을 정도의 큰 승리를 거뒀다.

1988년 미국은 소련에 재차 피크오일가 발생한 틈을 타 똑같은 수작을 다시 부렸다. 그리고 이번 공격은 소련에 거의 치명적인 타격을 입혔다.

1988년 소련과 동구권의 외채 규모는 무려 2,060억 달러에 육박했다. 새로운 부채는 고사하고 기존 부채의 원리금을 갚기에도 벅찬 액수였다. 1990년이 되자 소련은 외채 원리금 상환에 에너지를 수출해 얻은 수익 전액을 쏟아부어야 할 지경에 이르렀다.

소련은 이제 외화를 벌어들이는 석유라는 '마법의 지팡이'를 확실하게 잃어버렸다. 게다가 식량 위기에 외환보유고도 바닥을 드러냈다. 이런 상황에서 소련은 긴급 원조를 눈 빠지게 기다리는 루블 블록 내

다른 국가들을 살필 여력이 없었다. "나무가 쓰러지면 원숭이도 흩어지게 마련"이라고 했던가? 급기야는 소련이 반세기 동안 심혈을 기울여 경영해 온 루블 블록과 절반 이상의 대외 무역 시장이 붕괴하는 비운을 면치 못했다. 주변 위성 국가들은 경쟁적으로 소련의 품을 떠나 서방 국가에 찰싹 달라붙었다.

이런 경제 위기 속에서 단행한 정치 개혁은 오히려 활활 타는 불에 부채질을 하는 격이 되었다. 소련 중앙 정부의 권위는 바닥으로 떨어졌다. 소비에트연방의 각 공화국들은 너 나 할 것 없이 모두 독립을 주장하고 나섰다. 이 공화국들은 과거 고도의 경제 일체화를 기반으로 통일된 시장을 형성했었다. 소련 경제의 순환을 담보해 주기도 했다. 그러나 눈앞의 현실이 완전히 바뀌었다. 연방 내 공화국들의 잇따른 독립 선언은 소련의 경제 대동맥을 인위적으로 끊어버리는 치명타가 되었다. 그리하여 소비에트 국내 시장은 마비 상태에 빠졌고, 최종적으로 경제 붕괴에 직면하고 말았다.

소련은 한때 미국도 대적하기 버거울 정도의 기염을 토하던 대제국이었다. 그러나 경제가 내우외환으로 신음하던 중 호시탐탐 기회를 노리던 미국의 파괴적이고도 강력한 공격을 당해내지 못했다. 그 결과 역사의 뒤안길로 사라지는 붕괴의 비극을 피하지 못했다.

제4장

# 유럽의 합종연횡 전략 및 유럽 통화의 부상과 혼란

오늘날의 유럽을 알려면 무엇보다 먼저 과거의 독일과 프랑스에 대해 알아야 한다. 요컨대 유로화의 미래를 알고 싶다면 먼저 유럽통화연맹(EMU)의 기원부터 일아야 한다. 오늘날 유럽 경제 위기에 대한 유럽중앙은행의 정책과 조치는 과거의 독일 중앙은행을 빼놓고는 절대로 논할 수 없다.

## 들어가면서

요즘 '유럽 채무 위기'가 뉴스에 심심치 않게 등장하고 있다. 유로화 문제는 한두 마디로 설명하기 어려운 복잡한 현안이다. 중국은 과연 유럽과 유로를 구해야 하는가? 미국은 유로에 대해 어떤 태도를 갖고 있는가? 유로존은 정말로 붕괴할 것인가? '유럽합중국'은 탄생할 수 있을까? 중국 위안화는 유로와 달러 사이에서 어떤 역할을 감당해야 하는가? 사람들이 이런 문제에 맞닥뜨릴 때 혼란스러워하는 이유는 바로 역사에 대한 깊은 이해가 부족하기 때문이다. 역사를 연구하는 목적은 과거의 사건과 인물을 맹목적으로 기억하기 위함이 아니다. 이런 사건과 사람을 통해 살아 있는 지혜를 배우기 위함이다.

오늘날의 유럽을 알려면 무엇보다 먼저 과거의 독일과 프랑스에 대해 알아야 한다. 요컨대 유로화의 미래를 알고 싶다면 먼저 유럽통화연맹EMU의 기원부터 알아야 한다. 오늘날 유럽 경제 위기에 대한 유럽중앙은행의 정책과 조치는 과거의 독일 중앙은행을 빼놓고는 절대로 논할 수 없다.

제2차 세계대전 이후부터 지금까지 유럽을 지배해 온 것은 보이지 않는 조직인 '그림자 정부'였다. 이 '그림자 정부'가 없었다면 아마도 유럽연합과 유로화도 생겨나지 못했을 것이다. 유로화는 유럽 통합의 결과물이 아니다. 유럽 통합을 위한 수단일 뿐이었다. '그림자 정부'의 궁극적 목표는 '유럽합중국'을 세우는 것이다. 오늘날 전 세계의 우려를 자아내는 유로화 문제와 유럽 채무 위기는 모두 이 '유럽합중국' 구축을 위해 필연적으로 겪어야 할 과정에 불과하다.

'유럽합중국'에 대한 미국의 태도는 시대별로 각기 다른 양상을 나타냈다. 1950년대와 1960년대에는 이를 적극적으로 지지했다. 그러다 이후부터는 점차 경계하는 판이한 태도를 견지했다. 유럽은 미국의 소련 봉쇄 정책에 꼭 필요한 존재였다. 유럽의 공동 시장 역시 미국의 대외 수출을 위해 없어서는 안 될 존재였다. 물론 그러기 위해서는 유럽이 언제나 미국의 말에 고분고분 순종하는 '보디가드'여야 한다는 전제가 있어야 했다. 그러나 샤를 드골 프랑스 대통령은 미국의 지나친 횡포를 참지 못했다. 결국 '달러제국'에 대해 노골적으로 선전포고를 했다. 급기야는 브레턴우즈 체제를 무너뜨렸다.

1971년 브레턴우즈 체제 붕괴와 함께 국제 통화 제도는 사실상 달러본위제로 이행되었다. 달러본위제는 브레턴우즈 체제하의 금환본위제와 마찬가지로 극복할 수 없는 내재적 모순을 갖고 있다.

역사는 오늘의 현실이다. 오늘의 현실이 내일의 역사가 된다. 우리가 오늘의 현실에 눈을 돌리는 이유는 바로 내일의 역사를 창조하기 위해서라고 할 수 있다.

# 빈사 상태의 독일 산업을 살린
# 루스벨트의 죽음

제2차 세계대전이 막바지에 다다른 1945년 루스벨트에게 한 가지 고민거리가 생겼다. 바로 전후 독일 처리에 대한 문제였다. 반드시 독일의 재기를 막고 '미국 지배하의 영원한 평화'를 유지하는 방법을 생각해 내야 했던 것이다.

초기에 세계 패권을 장악한 영국이나 후발 주자로 영국을 앞질러 세계의 '리더'로 군림한 미국을 막론하고 이들 국가의 최대 우환거리는 다른 게 아니었다. 독일처럼 천성적인 '반골'로서 회유책도, 강경책도 잘 먹히지 않는 바로 그런 국가였다. 오로지 호시탐탐 '세계 평화를 파괴할 기회'만 노리는 국가라고도 할 수 있다. 독일은 1914년부터 1939년까지 25년 동안 두 차례의 세계대전을 일으켰다. 전 세계 '공공의 적'으로 떠오른 것도 당연했다. 그런 독일이 제3차 세계대전을 일으키지 않는다고 과연 누가 장담할 수 있겠는가? 제1차 세계대전과 제2차 세계대전의 타깃이 영국이었다면 실제로 제3차 세계대전이 발발할 경우 그 목표는 틀림없이 미국이 될 것이다. 제1차 세계대전 종식 후 독일은 천문학적인 액수의 전쟁 배상금을 떠안게 되었다. 또 베르사유 조약에 의해 군수 산업 역시 큰 제약을 받았다. 객관적으로 봐도 완전히 궁지에 몰린 것이 분명했다. 그럼에도 불구하고 독일은 20년이라는 짧은 '휴식기'를 거친 후 재차 세계대전을 일으켰다. 전쟁을 일으킴과 동시에 영국과 프랑스를 쩔쩔매게 만든 것은 물론이다. 루스벨트로서도 물불 가리지 않는 독일의 이런 저돌적인 성향에 살이 떨릴 수밖에 없었다.

루스벨트는 전후 세계 질서와 관련해 나름대로 구상해 놓은 그림이 있었다. 영국 식민지들을 해방시켜 대영제국을 갈기갈기 해체하는 것이 일차적인 목표였다. 또 소련을 미국의 무역 파트너로 만드는 전략도 세워놓았다. '말썽꾸러기' 독일에 대해서는 더 말할 것도 없었다. 다시는 재기를 꿈꾸지 못하도록 아예 산업의 싹을 잘라버리겠다는 생각을 구체화했다. 여기서 중국 삼국시대 당시의 사례를 한번 살펴보도록 하자. 삼국 정립 초기에 조조는 백문루(百門樓)에서 천하의 맹장 여포(呂布)를 사로잡았다. 이때 여포는 "나를 묶은 포승이 너무 꽉 조입니다. 조금 느슨하게 해주십시오"라고 부탁했다. 그러나 조조는 "호랑이를 묶는 데 꽉 조이지 않을 수는 없지"라고 대답했다. 독일도 여포와 크게 다를 게 없었다. 독한 방법으로 제재하지 않으면 또 언제 어떤 사단을 일으킬지 모르는 나라였다. 이에 루스벨트의 지시를 받은 재무장관 모겐소는 전후 독일의 중공업 토대를 뿌리째 흔들어 독일 경제를 100년

전의 농업 시대로 되돌린다는 이른바 '모겐소 플랜'을 수립했다.

그러나 중간에 갑작스레 브레이크가 걸렸다. 1945년 4월 루스벨트가 세상을 떠나버린 것이다. 트루먼 대통령과 루스벨트 반대파들은 기회를 놓치지 않고 서로 손을 잡았다. 루스벨트의 기존 전략과 완전히 상반되는 이른바 '수정주의'를 추진하기 시작한 것이다. 이후 미국은 소련을 지나치게 몰아붙였다. 그러자 스탈린은 미국과의 협력을 거부하고 브레턴우즈 체제 가입 역시 거부했다. 이때부터 세계는 미국과 소련을 중심으로 한 냉전 시대에 돌입했다.

그렇다면 미국으로 하여금 소련에 대해 적대적인 전략을 취하도록 일조한 것은 어떤 나라일까? 다름 아닌 영국이었다. 처칠은 소련을 반대하는 일이라면 항상 누구보다 앞장을 선 인물이었다. 하긴 그럴 수밖에 없었다. 만약 미국이 루스벨트의 전략대로 한사코 대영제국의 식민지 시스템을 해체할 경우 결과는 너무나도 뻔했다. 영국의 세력 범위는 그레이트브리튼 섬으로 축소될 게 분명했다. 그렇게 된다면 영국은 세계 패권은 말할 것도 없고 유럽 맹주의 지위도 보전하기 어려울 터였다. 요컨대 영국은 철저히 비주류 국가로 전락할 것이 자명했다. 그러나 만약 미국을 구슬려 독일이 아닌 소련을 최대 적대국으로 삼게끔 한다면 얘기가 달라질 것이었다. 시종일관 반소 정책을 취해온 영국은 자연스럽게 미국의 가장 중요한 맹우가 될 가능성이 농후했다. 따라서 영국의 이익 역시 보장받을 수 있었다.

처칠의 속셈은 수가 대단히 낮았다. 요컨대 미국의 손을 빌려 독일을 제거한 다음, 점차 미국의 세력을 약화시키겠다는 것이었다. 이는 영국이 제1차 세계대전 후에 이미 한 번 써먹은 수법이기도 했다. 실제로 시간만 충분하다면 '파운드 블록' 내의 방대한 자원을 이용해 한 숨을 돌리고, 다시금 천하를 손에 넣는 것은 그다지 어려운 일이 아니었다. 처칠은 1941년까지도 전후 세계 판도가 바로 이런 방향으로 흘러갈 것이라고 순진하게 예측했다.

하지만 루스벨트는 매우 똑똑한 사람이었다. 처칠의 음흉한 꿍꿍이속을 모를 까닭이 없었다. 그래서 미국이 제2차 세계대전에 참전하기 직전인 1941년 8월 13일과 14일 루스벨트와 처칠은 아르헨티나에서 '대서양헌장'에 관해 논의하던 중 치열한 말다툼을 벌였다. 영국 주도 하의 '제국특혜제'와 '파운드 블록'이 논쟁의 초점이었다. 루스벨트 대통령의 아들 엘리엇 루스벨트는 당시 논쟁의 현장을 다음과 같이 생생하게 기록했다.

처칠이 엄숙한 어조로 말했다.

"대영제국의 무역에 대해서는……."

루스벨트가 처칠의 말을 즉각 잘랐다.

"그렇습니다. 제국특혜제가 바로 가장 좋은 예입니다. 인도, 아프리카, 더 나아가 근동과 원동 지역의 식민지 국가들은 (제국특혜제 때문에) 아직까지도 낙후한 상태를 벗어나지 못하고 있습니다."

처칠은 화가 나서 목덜미까지 빨개졌다. 당장 자리를 박차고 일어날 것 같은 기세였다. 급기야 처칠은 루스벨트에게 공격적으로 말했다.

"대통령 각하, 영국은 지금 이 자리에서 제국특혜제 문제를 토론할 생각이 전혀 없습니다. 영국을 강대하게 만든 원동력은 무역입니다. 따라서 이 정책은 마땅히 계속 실시해야 합니다. 이는 영국 정부의 장관들이 내놓은 조건이기도 합니다."

루스벨트는 여유가 있었다. 그는 느릿느릿한 어조로 이렇게 대답했다.

"나는 총리의 견해에 동의할 수 없습니다. 안정적인 평화를 얻으려면 반드시 낙후한 국가의 경제 성장을 이끌어야 한다는 것이 내 주장입니다. …… 18세기 (식민주의 시대) 방식은 이제 통하지 않습니다. …… 당신네 장관들이 어떤 정책을 건의했든 식민지에서 일방적으로 원자재를 약탈하고 정당한 대가를 제공하지 않는 방법은 이제 통하지 않습니다. 20세기에는 식민지 국가들을 도와 산업화를 실현하는 것이……."

처칠은 분노를 참지 못하고 소리쳤다.

"지금 인도에 대해 말하는 것입니까?"

루스벨트는 침착하게 말했다.

"그렇습니다. 나는 우리가 반파시스트 전쟁에서 반드시 승리할 것이라는 사실을 믿어 의심치 않습니다. 더불어 낙후한 식민지 정책에 의해 강제 노역을 하고 있는 전 세계 식민지 국민들을 반드시 해방시킬 것이라는 사실도 굳게 믿습니다."[1]

루스벨트의 말은 거의 신념에 가까웠다. 이는 회담이 끝난 후 그가 아들 엘리엇에게 건넨 매우 교훈적인 말에서도 잘 알 수 있다.

"우리는 분명하게 우리 입장을 밝혀야 해. 우리는 '남을 잘 도와주는 찰리 아저씨'가 아니라는 것을 말이야. 영국인한테 실컷 이용이나 당하고 나중에 버림받는 그런 바보가 될 수야 없지."

루스벨트의 대영국 및 대소련 정책은 국무부의 강력한 반발을 불러일으켰다. 루스벨트로서는 곤혹스러울 수밖에 없었다. 그는 1943년 말 당시의 심정을 이렇게 표현했다.

"나는 국무부 관리들이 내게 오는 정보를 감추거나, 제때 전해주지 않는 것을 여러 번 발견했다. 그 이유가 그들이 내 주장에 동의하지 않기 때문이라는 것도 너무나 잘 알고 있었다. 이들 '프로급' 외교관들은 마땅히 처칠 영국 총리를 보필하는 게 더 나을 뻔했다. 사실 그들은 오래전부터 영국을 위해 일하고 있었다. …… 6년 전에 누군가가 내게 국무부를 대대적으로 쇄신하라고 건의한 적이 있었다. 미 국무부는 사실상 영국의 외교부나 다름없다."[2]

루스벨트가 세상을 떠나자 영국은 소원을 성취할 기회를 얻었다. 트루먼이 국무부의 전폭적인 지지 아래 드디어 독일이 아닌 소련을 미국의 최대 적대국으로 정의한 것이다.

이로써 독일은 예상치 않게 다시 살아날 기회를 얻었다. 1945년부터 1946년까지 독일에 진주한 미국 점령군은 '모겐소 플랜'을 철저히 수행했다. 독일의 산업을 무자비하게 짓밟았다. 무려 1,600개가 넘는 공장이 철거 대상 명단에 올랐다. 독일의 군사 기지 역시 미군에 의해 산산이 폭파되었다. 귀가 먹먹할 정도의 폭음이 여기저기서 끊이지 않았다. 공장에 있던 설비들은 모두 다른 곳으로 이송했다. 함부르크 항구, 크루프 무기 공장, 벤츠 자동차 공장, 융커 전투기 공장, IG 파르벤 화학 기지 등도 절체절명의 위기에 처했다. 이 상황에서 더 나아갈 경우 루르 공업 지대 전체가 위태로울 지경이었다. '모겐소 플랜'은 그야말로 연합군의 폭격기보다 더 무섭게 독일 산업을 강타했다.[3]

그러나 1947년 미국의 대독일 정책에 갑자기 변화가 생겼다. 독일 산업 시설 철거 작업이 중단되었다. 나치 시대의 잔재를 완벽하게 일소하기 위해 시작했던 이른바 '탈나치화(Entnazifizierung)' 작업 역시 제 3제국의 지배 엘리트를 신정부 내각에 편입시키는 이른바 '포용 정책'으로 바뀌었다. 독일 전범에 대한 처벌 강도 역시 크게 약화되었다. 크루프를 비롯한 무기 매매상들은 예상치 못한 선처에 감격했다. 심지어 샤흐트를 위시한 중견 금융가들은 정부 기관에 발탁되기까지 했다. 그리고 마침내 미국은 '마셜 플랜'에 의거해 거액의 원조 자금을 독일에 투입하기 시작했다.

그렇다면 극심한 전란을 겪은 데다 연합군의 무차별 폭격까지 받은 독일의 전후 산업 능력은 어느 정도였을까?

연합군은 독일을 폭격할 때 산업 시설을 타깃으로 삼지 않았다. 교통 운송 네트워크 파괴에 중점을 두었다. 이유는 있었다. 히틀러가 독일 제조업의 생산 능력을 한 곳에 집중하지 않고 여러 곳에 분산했기 때문이다. 분산된 산업 시설을 폭격하려면 비용이 많이 들고 효과 역시 별로 없을 개연성이 농후했다. 그러나 교통 운송 시스템을 마비시킬 수 있다면 독일은 자신들이 생산한 군수 및 장비를 운송할 수 없을 터였다. 게다가 교통 시설은 산업 시설에 비해 쉽게 눈에 띄었다. 폭격 명중률 또한 높았다.

미군 폭격 사령부의 추산에 따르면, 연합군의 폭격을 받은 후 독일의 철강 생산량은 고작 6%만 감소했을 뿐이다. 석탄 생산량은 2%, 초탄은 4% 줄어들었다. 또 기계 제조업은 15% 정도 손실을 입었다. 금속 가공 선반 산업의 경우도 고작 6.5%만 파괴되었다. 이와 관련해 번스타인 대령은 1945년 12월 12일 미 상원 군사위원회에 제출한 보고서에서 "독일 공업의 75%가 아무런 피해도 입지 않았다. 그 어떤 상황

1944년 열린 브레턴우즈 회의에서 미 재무장관 모겐소는 독일 산업을 송두리째 없애버리겠다는 이른바 '모겐소 플랜'을 제안했다.

에서도 쉽게 재기할 수 있을 것 같다"고 주장했다.

국민 자동차라는 의미의 '폴크스바겐'을 예로 들어보자. 히틀러는 집권하자마자 '국민차' 개발을 대단히 중시했다. 심지어 딱정벌레라는 뜻을 갖고 있는 '비틀'의 설계에 직접 참여할 정도였다. 비록 대량 생산으로 이어지지 못했지만 20억 달러를 들여 건설한 공장과 선진적인 생산 시설은 다른 나라의 추종을 불허할 정도였다. 심지어 포드 자동차의 전시(戰時) 공장 규모보다 50%나 컸다. 1939년 말 폴크스바겐은 공장 건물과 기계 설비에 대한 1단계 투자의 80%를 완성했다. 독일 정부는 이 프로젝트에 대한 재정 지원을 아끼지 않았다. 그러나 거액의 투자를 완전히 충당하기에는 여력이 매우 부족했다. 급기야 독일 국민의 4분의 1이 매달 25마르크씩 분할 납부하는 방식으로 아직 생산하지도 않은 '국민차'를 구매하도록 강제했다. 이렇게 해서 제2차 세계대전이 끝날 무렵까지 33만 6,000명의 독일인이 자동차 구매 대금 명목으로 26억 7,000만 마르크를 냈다. 그러나 국민차는 그림자조차 볼 수 없었다. 폴크스바겐이 핍박에 못 이겨 국민차 생산을 아예 포기하고 군용 자동차 생산을 시작했기 때문이다. 독일이 천문학적인 자금을 들여 건설한 자동차 공장은 이처럼 어마어마했다. 전 유럽과 미국의 기업가들조차 상상 못할 정도였다.

독일은 당초 폴크스바겐 공장이 연합군의 전략적 폭격에 의해 심각한 피해를 입을 것이라고 우려했다. 하지만 이는 기우였다. 폴크스바겐의 생산 능력은 그다지 손상을 입지 않았다. 또 점령군에 의해 공장도 철거되지 않았다. 그 덕분에 폴크스바겐의 생산 능력은 신속히 회복되었다. 1946년과 1947년에는 매일 평균 30대의 비틀을 생산할 정도였다. 심지어 1950년에는 하루 생산량이 300대를 넘었다. 이어 1955년에는 1,000대 이상을 생산했다. 급기야 1960년 말에는 하루 생산량이 8,000대에 달했다. 미국에 수출한 것만 무려 50만 대였다. 전쟁이 발발하기 전 거액의 자금과 5년이라는 오랜 시간을 투자해 현대화 공장 건물을 건설하지 않았다면 아무리 날고뛰는 재간이 있는 독

▎ 전후 독일 자동차 산업은 신속하게 회복했고, 이는 독일 산업 경쟁력의 든든한 기초가 되었다.

일이라 해도 전후 몇 년 사이에 그처럼 현대화된 대규모 자동차 생산 공장을 뚝딱 만들어내지 못했을 것이다. 또 '마셜 플랜'이 아무리 큰 원조를 제공했다 한들 독일이 다년간 심혈을 기울여 축적한 산업 능력이 뒷받침되지 않았다면 이른바 경제 재건은 꿈도 꾸지 못했을 것이다.

이처럼 '모겐소 플랜'은 독일 산업에 큰 타격을 주지 못했다. 미국 점령군이 자신들의 필요에 의해 거의 폐허가 되다시피 한 독일의 인프라를 복구해 주었기 때문이다. 더구나 점령군은 쓰레기 청소, 시민 구제, 질서 유지 등 일상적인 업무에 발이 묶이기도 했다. 산업 시설 철거는 뒷전으로 밀릴 수밖에 없었다. 통계에 의하면 블랙리스트 명단에 오른 1,600개 공장 중 극소수만 치명적인 손상을 입고 완전히 문을 닫았다. 그러나 나머지 기업들은 모두 몇 달 동안의 수리를 거쳐 다시금 정상적인 생산을 시작했다. 결과적으로 미국 점령군에 의해 파괴된 독일 산업은 전체의 10분의 1도 채 되지 않았다.

요컨대 독일은 전시 기간과 전후에 약 70%의 산업 능력을 보전했다고 할 수 있다. 생산 조직은 말할 것도 없고 엔지니어, 기술 노동자 등의 인적 자원 역시 그다지 손실을 입지 않았다. 원자재와 에너지를 충분하게 확보한 그들에게 이제 남은 일은 말할 것도 없이 오더를 기다리는 것이었다. 어디선가 주문을 하기만 하면 즉각 기계 설비를 가동해 양질의 공산품을 생산할 수 있는 상황이었다.

독일 산업은 독일의 재기에 중요한 밑바탕이 되었다.

그러나 경제가 정상적인 성장 궤도에 진입하기 이전에 시급히 해결해야 할 문제가 있었다. 바로 곤경에 처한 화폐를 구제하는 일이었다.

# 신구(新舊) 마르크의 교체 및 냉전의 시작

종전 후 미국, 영국, 프랑스는 독일 서부 지역을 점령했다. 반면 소련은 동부 지역을 점령했다. 4개국은 이렇게 독일을 분할 점령한 후 수도인 베를린을 공동 관리하기로 결정했다. 소련이 점령한 동부 지역은 독일의 전통적인 식량 공급 기지였다. 그 덕분에 이곳 사람들은 그나마 굶을 걱정은 하지 않고 살 수 있었다. 그러나 이곳 사람들에게도 미국의 압박은 역시 부담이었다. 더구나 압박은 갈수록 심해졌다. 자연스럽게 냉전의 그림자가 독일 상공에 짙게 드리우기 시작했다. 급기야 소련은 미국에 반격을 가했다. 동부 독일에서 서부로의 식량 수출을 제한한 것이다. 서부 지역은 식량 조달이 어렵게 되자 이내 궁지에 몰렸다.

┃ 1947년 3월 식품 부족에 항의해 시위를 벌이고 있는 독일 민중

1946년 2월 조지 케넌이 모스크바의 병상에서 기초한 '냉전 격문'은 워싱턴과 모스크바에서 강렬한 반발을 불러일으켰다. 그뿐만이 아니었다. 이 격문은 "고래 싸움에 새우 등 터진다"는 속담처럼 애매한 독일인까지 굶주리게 만들었다. 실제로 당시 루르 공업 지대의 노동자들은 매일 권장 섭취량의 절반에 불과한 1,000kcal의 식품밖에 공급받지 못했다. 게다가 1946년 겨울은 20세기를 통틀어 가장 추웠다. 그해 겨울 독일인은 기아와 추위에 허덕였다. 그들은 독일군이 레닌그라드를 포위했을 때 그곳 시민들이 장장 900여 일 동안 버텨낸 지옥 같은 나날을 직접 체험할 수밖에 없었다.

　　1946년의 독일은 1921년 초의 소련과 크게 다를 바 없었다. 무엇보다 심각한 물자 부족에 시달렸다. 물자 부족을 초래한 원인도 생필품 배급제와 화폐 가치 하락 때문이라는 점에서 거의 똑같았다. 화폐 가치 하락은 배급제 실시의 어려움을 더욱 가중시켰다. 종전 후 시장에서 상품과 식품이 부족해진 원인은 간단했다. 일부 사람들이 폭리를 취하기 위해 한꺼번에 많은 상품을 사재기하는 이른바 매점매석을 자행한 탓이었다. 더구나 그들은 화폐 가치가 폭락하자 돈을 받는 대신 직접 물물교환을 함으로써 이익을 극대화할 수 있었다.

　　당연히 이 시기 독일에서는 암시장 거래가 활발했다.

　　서부 독일이 가장 필요로 하는 물품은 두말할 필요 없이 식량이었다. 재산이 아무리 많은들 배를 곯는다면 아무 소용이 없다. 그런데 이들 서부 독일의 농민 중에는 전쟁의 피해를 적게 입은 사람도 있었다. 그들은 얼마간의 여유 식량을 암시장에 내다 팔아 이익을 톡톡히 챙겼다. 도시 중산층과 부자들은 벌떼처럼 농촌으로 몰려들었다. 그리고 금은보화, 유화(油畵), 심지어는 값비싼 가구와 의류 등을 내놓고 농민들로부터 밀가루, 달걀, 육류, 버터 등을 가져갔다. 그 덕분에 평생 흙과 씨름하던 농민들은 난생처음 사치품을 손에 쥐어볼 수 있었다. 도시에서도 암시장은 호황을 누렸다. 심지어 점령군 군인들까지 암거래에 가담했다. 미국 정부에서 미군에게 공급한 물자, 이를테면 궐련, 비누, 면도칼, 커피, 통조림, 초콜릿 등의 물품은 암시장에서 단연 인기 품목이었다. 없어서 못 팔 정도였다. 그중에서도 궐련은 휴대성, 가분성, 동질성, 유동성, 가치의 안정성 등 때문에 라이히스마르크가 휴지 조각이 되어버린 시기에 화폐 역할을 톡톡히 수행했다. 이 '상품 화폐'를 매점매석해 폭리를 취한 것은 당연히 미군이었다. 그들은 부대 보급소에서 1달러에 한 보루씩 구매한 궐련을 암시장으로 가져가 수천 라이히스마르크의 가치에 달하는 금은보화로 바꾸었다.[4]

미군은 이처럼 염가 궐련을 이용해 독일인들로부터 값비싼 라이카 카메라, 피아노 등 귀중품을 거의 강탈하다시피 했다. 이는 오늘날 미국이 궐련보다도 값싼 달러화를 이용해 세계 각국의 부를 갈취하는 것과 본질적으로 똑같다. 그나마 오늘날과 달리 과거의 미군은 약탈이나 다름없는 이런 불공정 거래에 일말의 미안함을 느끼고 있었다. 어쨌든 그들의 이런 행태 때문에 전후 분위기는 매우 나빴다. 뉘른베르크 전범 재판마저 '승자들의 잔치'로 인식될 정도였다.

그럼에도 시장의 질서는 정상으로 회복해야 했다. 그렇다고 궐련을 본위 화폐로 정할 수는 없는 노릇이었다. 게다가 라이히스마르크는 신용이 완전히 바닥으로 떨어진 상태였다. 따라서 화폐 제도의 개혁이 급선무로 대두되었다. 독일은 고심에 고심을 거듭하다 소련이

1922~1924년 실시한 것처럼 신화폐로 구화폐를 대체하는 방법을 선택했다. 하지만 상황은 많이 달랐다. 과거의 소련은 자국이 보유한 5,000만 파운드의 금을 담보로 체르빈과 이른바 '골든 루블'을 발행할 수 있었다. 그 덕분에 순조롭게 소비에트 루블의 교체 작업을 완성하는 것이 가능했다. 그러나 1948년의 독일은 상황이 아주 나빴다. 예컨대 경제는 이미 파산했고, 금 보유량도 사실상 제로였다. 게다가 미국의 원조 자금도 채 도착하지 않았다. 설상가상으로, 제3제국이 남긴 부채 규모가 1939년을 기준으로 독일 GNP의 400%에 달했다.

1948년 화폐 개혁 때도 샤흐트가 1923년에 직면한 것과 똑같은 난제가 있었다. 신마르크를 발행해야 하는데, 화폐 발행 준비금이 없었던 것이다. 샤흐트로서는 이른바 '공성계'를 연출할 수밖에 없었다. 다만 이번에는 독일이 아니라 미국이 화폐 개혁의 전 과정을 주도했다. 화폐 분야에서는 확실히 미국이 독일보다 한 수 위였다. 따라서 과거 '독일 경제의 차르'로 일컫던 샤흐트에게 구태여 도움을 청할 필요도 없었다. 미국인들은 이때 '화폐 법안'을 비롯해 '발행 법안' 및 '태환 법안' 등 세 가지 법안을 제정했다.

**공성계(空城計)**
약한 전력을 그대로 드러내면서 그렇지 않게 보이도록 하는 전략.

'화폐 법안'은 독일 마르크(DM, Deutsche Mark)로 라이히스마르크(RM, Reichsmark)의 법정통화 지위를 대체할 것을 규정하는 법안이었다. 또 '발행 법안'은 방크 도이처 란더(Bank Deutscher Lander)에 독일 중앙은행 지위를 부여하는 법안이었다. 이 은행은 1957년 전 세계적으로 유명한 분데스방크(Bundesbank)로 개편되었다. 그 밖에 '태환 법안'은 신구 마르크의 교환 비율과 구체적인 실행 절차를 규정하는 법안이었다.

화폐 개혁에서 가장 먼저 해야 할 일은 신구 화폐의 적정한 교환 비율을 정하는 것이었다. 미국인들은 독일 은행 시스템의 자산 부채표를 꺼내놓고 자세히 연구하기 시작했다. 이 자료에 따르면 1935년부터 1945년까지 10년 사이 독일의 M1(유통 중인 화폐와 요구불 예금)은 500% 증가했다. 또 같은 시기 GNP는 전쟁으로 인해 40% 하락했다. 이는 화폐가 다섯 배 초과 발행되고, 시중의 상품과 용역이 50% 감소했다는 사실을 의미한다. 즉 물자 대비 화폐가 열 배 과잉 발행된 것이다. 따라서 만약 전쟁 전인 1935년의 물가를 기준으로 할 경우 시중 통화량을 10분의 1로 줄여야 했다. 이에 미국인들은 신마르크와 구마르크의 교환 비율을 1 대 10으로 정했다.

　문제는 은행 시스템이었다. 은행은 마치 한쪽에 예금, 다른 한쪽에 대출을 올려놓고 평형을 유지하는 멜대 같은 존재라고 해도 좋다. 그중 예금은 은행 입장에서 볼 때 일종의 부채에 해당한다. 예금주들이 맡겨놓은 돈을 달라고 하면 아무 때나 내줘야 할 의무가 있기 때문이다. 이에 반해 대출은 자산의 성격이 강하다. 대출은 이자 소득을 발생시키고 이 소득은 은행의 자본금이 되기 때문이다. 그래서 은행가들은 자체 자본금을 보유하고 멜대를 멘 짐꾼과 같다 해도 크게 틀리지 않는다. 은행이 잘만 돌아가면 이익을 자기 주머니에 넣을 수 있다. 하지만 결손이 발생하면 자기 주머니에서 돈을 꺼내 부채를 메워야 한다. 따라서 은행가들은 항상 은행 자산과 부채의 평형을 유지해야 한다. 아무튼 독일은 화폐 개혁 후 1신마르크로 10구마르크를 바꾸었다. 그러다 보니 은행 예금이 90%나 줄어들었다. 당연히 멜대가 균형을 잃지 않으려면 대출도 같은 비율로 줄여야 했다. 그러나 여기에서 문제

가 생겼다. 은행 대출은 거의 대부분 전쟁 기간에 각급 나치 정부에 제
공한 것이었다. 하지만 이때 나치 정부는 사라지고 없었다. 대출을 회
수할 수 없게 된 것이다. 그 결과 은행은 많은 부채를 떠안게 되었다.
반면 자산은 적었다. 자산과 부채의 균형을 이룰 수 없게 된 것이다.
이런 자산과 부채의 심각한 불균형은 자칫 독일의 은행 시스템 전체
를 파산으로 몰아갈 수도 있었다. 이에 미국인들은 한 가지 절묘한 방
법을 생각해 냈다. 나치 정부에 제공한 대출 전체를 무효화한 것이다.
또한 이로 인해 은행이 안게 될 부채는 새로 설립할 연방 정부의 국채
로 충당한다는 내용도 있었다. 은행은 자산과 부채의 균형을 이루고
은행가들은 주머니에 돈만 있으면 군소리하지 않을 테니 나름대로 괜
찮은 방안이었다. 미국인과 은행가 모두 좋아서 입을 다물지 못했다.

　미국은 서민들이 보유하고 있던 구마르크를 정해진 기간 안에 은행
에 가져다 예금하도록 했다. 은행은 예금주들의 예금 계좌를 둘로 나
눴다. 요컨대 예금의 절반은 10대 1의 비율로 그 자리에서 신마르크
로 교환해 주고, 나머지 절반은 90일 후 물가 변동 상황에 따라 교환
비율을 정하기로 결정한 것이다. 미국 점령군 당국은 독일인들의 정상
적인 생산과 생활을 보장하기 위해 기본 생활비 명목으로 1인당 최대
40구마르크씩을 1 대 1의 비율로 신마르크와 바꿔주기도 했다. 고용
주의 경우는 직원 1명당 최대 60마르크를 기본 생활비로 교환할 수
있었다.[5]

　영문을 모르는 사람들은 점령군 당국이 정한 이 방법이 대단히 공
평하다고 생각했을지도 모른다. 그러나 이는 사실 서민의 부를 약탈하
기 위한 교묘한 수단에 지나지 않았다.

독일의 부자와 유산 계급은 재산을 현금으로 갖고 있지 않았다. 대체로 주식, 부동산, 금은보화, 유화 등의 실물 자산으로 보유하고 있었다. 반면 가난한 서민과 중산층의 자산은 은행 예금이 대부분이었다. 따라서 화폐 개혁으로 인해 득을 본 것은 부자와 유산 계급이었다. 부자의 경우 실물 자산의 구매력이 화폐 개혁의 영향을 받지 않기 때문에 전혀 손해 볼 일이 없었던 것이다. 오히려 이들을 대표하는 기업가나 대(大)상인들은 거액의 은행 대출을 받아 토지, 건물, 상품, 원자재를 사들임으로써 이득을 봤다. 부채가 10분의 1로 줄어들었기 때문이다. 그러나 나머지 90%의 부채는 가난한 사람들이 대신 갚아야 할 몫이었다. 당연히 서민과 중산층만 어려움에 처했다. 이들의 자산은 거의 대부분 부자들에게 넘어갔다. 가난한 서민과 중산층의 구매력은 상품과 부동산 그리고 자산 가격이 매우 높은 상황에서 화폐 개혁으로 인해 90%나 하락했다. 따라서 이 화폐 개혁은 사실상 가난한 사람과 중산층의 자산을 부자들에게 몰아준 사회적 부의 악질적 재분배에 불과했다.

이 소식을 들은 샤흐트는 크게 분노했다.

"이는 독일의 사회 구조를 의도적으로 파괴하기 위한 수단이다. 이로 인해 1923년의 하이퍼인플레이션 때보다 더 비참한 후폭풍이 초래될 것이다. ……이는 (미국인들이) 앙심을 품고 한 짓이다."[6]

샤흐트는 나치 초창기 히틀러에게 어느 정도 협력했다. 하지만 나중에는 히틀러 암살에 가담했다가 투옥되어 전 재산을 몰수당했다. 전쟁이 끝난 그는 쥐꼬리보다 못한 연금을 받았는데, 아마도 이런 사정 때문에 위와 같은 말을 했는지도 모르겠다.

| 독일은 1948년 6월 화폐 개혁을 단행했다.

점령군 당국은 이런 비판에도 아랑곳하지 않고 독불장군처럼 자신들의 정책을 밀고 나 갔다. 시장 질서를 안정시키기 위해 예정대로 시장의 물자 공급을 대대적으로 늘렸다. 또 물자를 사재기한 기업에게는 서민에게 공급 한 화폐의 17%밖에 공급하지 않았다. 이 방 법은 상당한 효과가 있었다. 기업들이 사재기 한 물자를 시장에 내다 팔았기 때문이다. 이 에 따라 물자 공급은 더욱 증가했다. 신마르 크의 신용 역시 점차 상승했다.

이렇게 해서 신·구마르크 교체 작업이 끝난 후 시중의 통화량은 93.5% 줄어들었다.

많은 사람이 전후 독일 경제가 급성장한 가장 중요한 요인 중 하나 로 1948년 6월의 화폐 개혁과 자유시장경제 정책을 꼽는다. 그러나 이는 사실 그렇게 단순한 문제가 아니다. 현대 산업 시스템은 노점에 서 장사를 하는 것처럼 결코 간단하지 않다. 시장 원칙은 짧은 시간에 수립할 수 있다. 그러나 강대한 산업 생산 능력은 하루 이틀에 이뤄지 는 것이 아니다. 반드시 기나긴 축적 과정을 거쳐야 한다. 자유무역 환 경이 조성되었다고 해서 생산력과 경제의 기반이 스스로 갖춰지는 것 역시 아니다.

독일 산업의 기적을 가능케 한 또 다른 중요한 요인으로는 안정적 인 화폐 시장 경제 체제 외에도 강력한 산업적 토대, '마셜 플랜'에 의 한 외부 원조 등을 들 수 있다. 그러나 이것만으로는 아무래도 부족했다고 봐야 한다. 경제 기적을 이루기 위해서는 이 밖에도 한층 강력한 외부 요인이 필요했다. 1949년 독일의 인플레이션은 재차 38%로 상승했다. 갓 설립한 중앙은행에 급브레이크가 걸렸다. 이어 1950년 초에는 독일의 국제수지 적자가 크게 악화되었다. 그러자 경제협력개발기구(OECD)가 미국의 주도 아래 독일에 원조를 제공했다. 그러나 독일 경제의 비약적 성장을 추진한 진정한 계기는 전혀 엉뚱한 곳에 있었다. 바로 1950년에 발발한 한국전쟁이다. 한국전쟁이 계속된 3년 동안 독일에는 거액의 군용 물자 주문서가 밀려들었다. 독일의 산업 시설은 최대한 가동되었고, 생산 능력 역시 최고에 이르렀다. 바로 이 때문에 독일 경제 역시 빠른 성장 궤도에 진입할 수 있었던 것이다. 만약 그렇지 않고 자국과 유럽 시장에만 의존했다면 아마도 독일 산업은 대단히 느리게 회복되지 않았을까 싶다.

한편, 소련은 1948년 6월 20일 미국인들이 서독에서 화폐 개혁을 단행하는 것을 보고 즉시 미국의 의도를 파악했다. 이때 서부 독일에는 아직 연방 정부가 들어서지 않았다. 그러나 새로운 화폐와 새로운 중앙은행이 출범한 이상 새로운 정부가 탄생하는 것은 시간문제였다.

소련은 사실 얼마 전까지만 해도 미국과의 협력에 일말의 기대감을 버리지 않고 있었다. 4년 동안의 참혹한 전쟁으로 말미암아 극도로 피폐해진 소련으로서는 일정 기간 회복기를 가질 필요도 있었다. 한마디로 더 큰 전쟁을 치를 여력도, 그럴 생각도 없었기 때문에 가급적 미국과 손을 잡고자 했다. 스탈린은 전 세계를 소련의 '수출 시장'으로 만들기 위해 광기를 부린 확장주의자가 결코 아니었다. 오히려 잔인하리만큼 냉혹한 현실주의자였다. "소련에 사회주의 체제를 건설한다"는

**영구혁명론**
세계적 차원에서 혁명이 일어
날 것이라는 주장.

스탈린의 일관된 주장은 레온 트로츠키의 '영구혁명론'과는 여러모로 본질적 차이가 있었다. 소련이 중국을 비롯한 일부 국가의 공산주의 운동을 지지한 이유도 따지고 보면 소련을 위해 더 많은 완충지대를 확보하기 위한 것이지 전 세계 자본주의 국가를 뒤엎기 위한 것은 결코 아니었다. 현실주의자 스탈린은 서방 국가들이 선진 기술과 생산력 우위를 선점한 상황에서 소련에 필요한 것은 전략적 방어라는 사실을 너무나 잘 알고 있었다. 생존이 먼저이고 발전은 그 후의 일이라고 생각했다. 또 강대국이 되는 것은 그보다 더 나중의 일이라고 판단했다.

처음에는 스탈린 역시 루스벨트의 회유책에 반대하지 않았다. 미국과의 협력 의사를 적극적으로 밝히기까지 했다. 심지어 루스벨트가 소련의 세력 범위를 인정해 준 데 대한 보답으로 브레턴우즈 체제 가입에 선뜻 동의도 했다. 그는 또한 소련의 국가 이익을 사회주의 사명보다 우선한 사람이었다. 예를 들면, 1920년대에 장제스의 북벌 전쟁과 펑위샹(馮玉祥)의 서북군 확충에 3,000만 루블을 지원했다. 당시 스탈린의 목적은 아주 단순했다. 요컨대 중국 북방 지역에 있는 친서방 군벌과 동북 지역에 웅거하고 있던 친일파 군벌인 장쭤린(張作霖)의 세력을 대거 약화시켜 극동 지역에서의 군사적 압력을 줄이기 위함이었다. 1918년부터 1921년까지 소련 내전 기간에 일본군과 서방 제국주의 군대는 동부 지역에서 시베리아로 진격해 소비에트 정권에 큰 위협을 초래했다. 아마도 이때의 위급했던 상황이 스탈린의 뇌리에 깊이 박혀 있었을 것이다. 실제로 그는 소련과 미국의 협력 전략에 혹시라도 나쁜 영향을 줄까 우려해 국민당 세력을 지지하는 동시에 공산당의 지나친 군사력 확장을 시종일관 견제하기도 했다. 장쉐량(張學良)이 국공 합작을 거부하는 장제스를 무력으로 구금했을 때 장제스를 석방해 난 징(南京)으로 돌려보내라고 강력하게 주장한 것만 봐도 이를 알 수 있 다. 아마도 항일 전쟁이 길어지면 길어질수록 일본이 북진해 소련을 침공할 가능성이 점점 적어질 것이라는 사실을 염두에 뒀기 때문 아 닌가 싶다. 그는 심지어 중국 공산당의 인민해방군이 대륙 전체를 해 방시키기 위해 도강 작전을 개시하기 직전까지 과거 루스벨트와 했던 약속을 지키며 국공 양당의 분할 통치를 건의하기도 했다.

이처럼 냉정한 현실주의자 스탈린이 미국과의 패권 쟁탈전에 적극 나서지 않은 것은 지극히 당연한 일이었다. 그러나 그는 맹목적으로 수비만 하는 성격 또한 아니었다. 스탈린은 '최선의 방어는 공격'이라 는 사실을 굳게 믿고 있었다. 따라서 루스벨트가 세상을 떠난 다음 트 루먼이 소련을 지나치게 몰아붙이자 즉시 공격적인 자세로 돌변했다.

미국이 소련과의 사전 합의도 없이 일방적으로 독일의 화폐 개혁을 추진하자 스탈린은 비위가 상했다. 이는 사실상 스탈린과 루스벨트 사 이에 있었던 묵계를 위반하는 행위였다. 트루먼이 이렇게 제멋대로 날 뛰게 내버려뒀다가는 동구권에서 소련의 영향력이 점점 약화될 것은 뻔한 일이었다. 이에 스탈린은 트루먼에게 통렬한 공격을 가하기로 작 심했다.

미국이 서부 독일에서 신마르크를 발행하기 시작하자 소련은 즉각 항의 각서를 보냈다. 이 각서에서 소련은 일방적 화폐 개혁은 독일을 분열시키려는 의도가 틀림없다고 미국을 맹비난했다. 어떻게 보면 소 련의 이런 태도는 당연했다. 서부 독일에서 신마르크가 유통될 때 소

1948년 소련은 서부 독일의 화폐 개혁에 반발해 베를린을 봉쇄했다. 미군은 항공기를 이용해 물자를 수송할 수밖에 없었다.

런군 점령지인 동부 독일의 법정 통화는 여전히 구마르크였다. 그 때문에 서독에서 신·구마르크의 교체 작업이 시작되자 서독의 구마르크가 홍수처럼 동부 독일로 밀려들었다. 당연히 인플레이션이 기승을 부렸다. 시장 질서는 대혼란에 빠졌다. 서민들의 예금은 순식간에 휴지 조각이 돼버렸다. 며칠 후, 소련 점령군 사령관 소콜롭스키(Sokolovski)는 동부 독일의 경제를 보호하기 위해 소련 점령지와 베를린 지역에서도 화폐 개혁을 실행한다고 선포했다. 동부 독일에서 발행한 화폐는 특별한 기호가 있는 마르크였다. 이렇게 두 개의 점령군 당국이 각각 자체 화폐를 발행함으로써 독일의 분열은 거의 불가피해졌다.

　서부 독일에서 화폐 개혁을 단행한 지 나흘째 되는 날, 소련은 전 세계를 놀라게 한 이른바 '베를린 봉쇄'를 선포했다. 요컨대 베를린과 서방 측 점령 지역 간의 모든 육로 및 수로를 봉쇄한 것이다. 그러나 '베를린 봉쇄'를 완벽하게 단행하지는 않았다. 함부르크를 비롯해 하노버, 프랑크푸르트에서 베를린에 이르는 세 갈래 공중 항로는 남겨두었다.

독일에서의 화폐 전쟁은 급기야 미국과 소련의 진짜 냉전을 촉발했다.


## 유럽연합과 유로화의 전신, 유럽석탄철강공동체

소련의 느슨한 봉쇄로 1949년 5월에 1차 베를린 위기는 종식되었다. 이후 독일 경제의 성장은 가속화되었다. 그러나 이때 독일 산업의 빠른 확장을 제약하는 큰 문제가 발생했다. 산업 발전에 필요한 에너지와 원자재 공급이 심각하게 부족해진 것이다.

독일 산업의 주요 에너지원은 석탄이었다. 또 산업 발전에 시급히 필요한 원자재는 철강이었다. 한마디로 석탄과 철강 없이는 산업도 발전할 수 없었다. 당시 석탄과 철강을 주로 생산한 독일의 공업 지대는 루르와 자르 지역이었다. 그러나 자르 지역은 1947년 이미 프랑스에 의해 강점당했다. 루르 지역 역시 언제 프랑스의 먹잇감이 될지 장담할 수 없는 형편이었다. 다행히 미국은 냉전의 최전방 진지인 독일 경제가 파산하도록 가만히 내버려두지 않았다. 각국은 협상을 거쳐 루르 지역을 국제 공동 관리 지역으로 지정해 국제연합 산하의 IAR(International Authority for the Ruhr)이 관리하도록 결정했다. 석탄과 철강의 할당량도 정했다. 상황이 이렇게 되자 독일의 경제 명맥은 프랑스의 손에 장악된 것이나 다름없었다.

이때 독일의 급선무는 자체적인 연방 정부를 설립하는 것이었다. 점령군이 정부 행세를 하며 국가의 모든 대소사를 처리하는 국면을 종식하지 않는 한 독일의 발전은 꿈도 못 꿀 일이었기 때문이다. 그러나 프랑스도 만만치 않았다. 연방 독일 건국을 허락하는 조건으로 루르 지역의 공동 관리를 요구한 것이다. 독일로서는 울며 겨자 먹기 식으로 프랑스의 조건을 수락할 수밖에 없었다. 그러나 독일의 경제력이 짧은 시간에 날로 강대해지자 양국 간 모순 또한 점차 격화되기 시작했다. 제1차 세계대전 후 앙숙 관계이던 양국 사이에 또다시 팽팽한 긴장의 기류가 흘렀다.

독일에 대한 프랑스의 악감정은 1870년 이후부터 시작됐다. 이때부터 70여 년 동안 독일은 세 번이나 프랑스를 침략했다. 또 그때마다 프랑스는 자국만의 힘으로 독일을 물리치지 못했다. 약속이나 한 듯 외부의 힘을 빌려야 했다. 사실 프랑스는 독일보다 먼저 산업혁명을 시작한 국가였다. 그럼에도 빈번한 혁명과 전쟁으로 산업이 제대로 발전할 수 없었다. 후발 주자 독일이 그 틈을 타서 신흥 산업 대국으로 부상했다. 어쩌면 성격이 치밀하고 기계적인 데다 융통성 없는 독일인이 로맨틱하고 자유분방한 프랑스인보다 엄밀하고 복잡하면서도 정확한 작업을 요하는 산업을 발전시키는 데 더 적합했는지도 모른다. 제1차 및 제2차 세계대전의 결과를 보면 정치적 및 군사적으로는 프랑스가 승자였다. 말할 것도 없이 독일이 패자였다. 그러나 경제 분야에서는 독일이 프랑스보다 늘 한 수 위였다. 프랑스는 유럽 대륙을 호령하던 나폴레옹 시대의 웅대한 포부와 담력을 잃은 지 이미 오래였다. 다행히 영국과 미국이라는 든든한 맹방을 뒀기에 망정이지 안 그랬다면 아마 호랑이 앞에 선 토끼처럼 매일 전전긍긍하며 독일의 눈치만 살폈을 것이다.

프랑스는 '모겐소 플랜'을 절대적으로 지지했다. 그 계획이 입안되자마자 곧바로 독일 산업을 재기 불능의 상태로 만드는 데 힘을 아끼지 않았다. 심지어 직접 행동을 개시하기도 했다. 자르와 루르 지역을 점령한 것이다. 그러나 냉전 분위기가 두드러지면서 미국의 전략이 갑자기 바뀌기 시작했다. 점차 독일을 도와주는 방향으로 선회한 것이다. 반면, 프랑스는 점점 미국의 눈 밖에 나기 시작했다. 특히 프랑스 국내에서 성행한 '드골주의'가 영국과 미국의 큰 반감을 불러일으켰다. '드골주의'의 핵심은 간단했다. 바로 "내 운명은 내가 지배한다"는 것이었다.

'드골주의' 때문인지 미국의 저울추는 점차 독일 쪽으로 기울었다. 프랑스로서는 혼자 힘으로 날로 강대해지는 독일을 상대하기가 점점 힘들 수밖에 없었다. 따라서 전쟁도 미리 방지하면서 호랑이처럼 강력한 독일을 효과적으로 제압할 수 있는 방법을 시급히 생각해 내야 했다. 이렇게 해서 프랑스인들이 구상한 방안은 바로 '쉬망 플랜'이었다.

1950년 5월 9일 프랑스 외무장관 로베르 쉬망(Robert Schuman)은 역사적인 기자회견을 개최했다. 이 자리에서 그는 프랑스와 서독의 석탄·철강 산업을 초국가적 기구 아래 통합해 공동 관리할 것을 제안했다. 또 자원 공유를 통해 공동 발전을 실현할 것과 초국가주의에 동의하는 모든 유럽 국가들에게 이 기구에 가입할 것을 제안했다. 이것이 바로 훗날 유럽석탄철강공동체(ECSC, European Coal and Steel Community)의 탄생 배경이다. 한마디로, 중요한 전쟁 물자인 석탄과 철강 산업을 초국가적 기구에 맡겨 관리하게 함으로써 프랑스와 서독이 전쟁을 일으킬 생각도, 능력도 없게 만들자는 것이 쉬망 플랜의 목적이었다. 따라서 쉬망이 "이제 탄생할 공동체는 프랑스와 서독이 향후 전쟁을 일으킬 생각을 못하게 할 뿐만 아니라 물리적으로도 불가능하게 만들 것이다"[7]고 말하면서 크게 기뻐한 것도 이상한 일은 아니었다.

'쉬망 플랜'은 미국의 전폭적인 지지를 얻었다. 그럴 수밖에 없었다. 무엇보다 프랑스와 서독이 화해해 소련을 '공공의 적'으로 삼고 유럽에서의 전쟁 재발을 방지하게 된 것이 미국의 마음에 들었다. 또 유럽석탄철강공동체의 설립은 유럽 경제 회복에 큰 도움이 될 가능성이

▍ 1951년 설립한 유럽석탄철강공동체 회의 장면

농후했다. 이는 미국의 전략적 목표에도 확실하게 부합하는 것이었다. 1950년대는 미국 경제가 한창 전성기를 맞이할 때였다. 따라서 유럽 경제의 빠른 회복을 지원하는 것이 미국의 급선무였다. 유럽 경제가 빨리 회복해야 미국도 더 많은 제품을 수출할 수 있었기 때문이다. 또 유럽이 빨리 강대해져야 자연스럽게 미국의 최대 적인 소련에 대항할 수 있을 터였다. 그러나 미국은 이러한 정책이 60년 뒤 유럽연합과 유로화의 탄생으로 이어져 미국과 달러화에 치명적인 위협으로 작용하게 될 줄은 꿈에도 상상하지 못했다.

서독과 프랑스를 위시한 유럽 각국의 국민들도 '쉬망 플랜'을 적극 찬성했다. 예컨대 프랑스 국민은 1950년부터 서독과 프랑스 간의 전쟁이 불가피하다며 불안에 떨고 있었는데, 더 이상 그런 걱정을 할 필요가 없었다. 또 독일인은 프랑스가 서독의 루르 및 자르 지역을 강점한 것에 불만이 많았으나 뜻밖에 프랑스가 주도적으로 석탄과 철강 산업의 공동 관리를 제안하자 기분이 대단히 좋았다. 유럽의 다른 국가 국민들 또한 서독과 프랑스의 화해를 계기로 유럽의 평화와 번영에 대한 새로운 희망을 갖게 됐으니 역시 기뻐하지 않을 수 없었다. 다만 영국 국민만은 별로 기뻐하는 기색 없이 냉정하게 사태의 추이를 지켜볼 뿐이었다.

1951년 4월 '파리 조약' 체결과 더불어 유럽석탄철강공동체가 정식으로 발족했다. 우선 서독, 프랑스, 이탈리아, 벨기에, 룩셈부르크, 네덜란드 등 6개 회원국이 '운명의 공동체'를 이뤘다. 6개국은 6년 후 로마에서 '로마 조약'을 체결, 유럽경제공동체(EEC)와 유럽원자력공동체(EURATOM)의 설립을 발표했다. 유럽연합의 토대를 확실하게 닦아놓은 것이다.

유럽석탄철강공동체는 일반적인 국제 조직이나 기업과 달랐다. 요컨대 '초국가적' 성격을 갖고 있었다. 이른바 '초국가적'이라는 개념은 주권 국가가 행사하는 정치 및 경제 기능의 일부를 새로운 '초국가적 기구'에 이양해 마치 하나의 국가처럼 행동하도록 만드는 것을 의미한다. 실제로도 그랬다.

유럽석탄철강공동체의 중앙 기구인 '최고 이사회(High Authority)'는 위원장 1명과 위원 8명으로 구성되었다. 모두 유럽 각국에서 선출된 이들은 자국의 이익을 대표하지 않았다. 공동체의 이익을 대표했다. 취임할 때는 "자국의 이익이 아닌 공동체의 이익을 수호할 것이다"라는 요지의 선서를 하기도 했다. 당시 최고 이사회는 다음과 같은 세 가지 권력을 행사할 수 있었다. 첫 번째는 법적 효력을 지닌 '결정'을 내릴 수 있는 권한이었다. 두 번째는 법적 구속력을 갖는 '건의'를 제출할 수 있는 권한(그러나 구체적인 집행 방식은 각국별로 융통성 있게 정할 수 있었다)이었다. 세 번째는 법적 효력이 없는 '의견'을 내놓을 권리였다.

유럽석탄철강공동체는 또 '최고 이사회'를 감독하는 '공동의회(Common Assembly)'를 창설했다. 각국에서 선거를 통해 선출한 공동의회 의원들 역시 공동체의 이익만 대표할 뿐이었다. 절대 국가 이익을 대표할 수 없었다. 이 밖에 회원국 간의 법적 분쟁을 해결하는 '중재 법원(Court of Justice)'도 설립했다.

유럽석탄철강공동체는 회원국 사이에 분쟁이 생길 경우 국제법적 효력을 지닌 조약에 근거해 처리하도록 했다. 요컨대 공동체의 회원국은 '나라 안의 나라'라고 할 수 있었다.

유럽석탄철강공동체가 없었다면 아마 오늘날의 유럽연합과 유로화도 없었을 것이다. 유럽연합이 '쉬망 플랜'을 발표한 5월 9일을 '유러피언 데이'로 지정한 것은 바로 이런 이유 때문이다.

사실 '쉬망 플랜'은 쉬망의 작품이 아니었다. 이 계획을 가장 먼저 제안한 사람은 바로 '유럽 통합의 아버지'라 일컫는 경제학자 장 모네(Jean Monnet)였다.

## '유럽 통합의 아버지'와 '그림자 정부'

프랑스 역사를 가만히 살펴보면 다른 국가들보다 유난히 대통령과 총리가 많다는 사실을 알 수 있다. 제4공화국 시대인 1945년부터 1957년까지 12년 동안에만 무려 스물네 번의 정권 교체가 이뤄졌다. 평균 6개월에 한 번씩 정권이 바뀐 것이다. 정치가 이토록 무질서하고 혼란스러우니 정부는 제대로 된 경제 전략을 추진할 능력도, 시간도 없었다. 그럼에도 국정 방침을 제정하고 실행하는 데 실질적인 역할을 한 사람이 있었다. 대부분의 경우 이런 사람은 대중 앞에 잘 나서지 않는데, 그 대표적 인물이 바로 경제학자 장 모네였다. 그는 유럽석탄철강공동체 설립에 결정적 기여를 했다. 그 때문에 후세 사람들은 그를 '유럽 통합의 아버지'라고 부른다.

부유한 상인 가문에서 태어난 장 모네는 젊었을 때부터 놀랄 만큼 넓은 인맥을 자랑했다. 제1차 세계대전이 발발하기 이전인 갓 20세가 넘었을 때부터 아버지의 도움을 받아 수많은 정재계 요인과 친분을 맺었다. 그중에는 이름만 대면 알 만한 중요한 인물도 있었다.

우선 로드 킨더슬리(Lord Kindersley)를 꼽을 수 있다. 잉글랜드은행 이사, 랑제 브러더스의 파트너, 허드슨만 회사의 이사회 의장 등을 역임한 인물이다. 랑제 브러더스는 세계에서 가장 오래된 투자 은행이었다. 또 허드슨만 회사는 세계 최초의 기업 중 하나로 영국 국왕을 대표해 북미 대륙의 광활한 영토를 통치했다. 굳이 비교하자면 영국의 동인도회사와 맞먹는 회사였다.

에릭 드러먼드(Eric Drummond)도 빼놓을 수 없다. 영국 의회를 이끈 상원의원으로서 훗날 국제연맹 사무총장을 역임한 인물이다.

훗날 미국 국무장관을 지낸 존 덜레스와 CIA 국장을 역임한 앨런 덜레스 형제는 더 말할 것도 없다.

미국 재무장관을 지낸 더글러스 딜런(Douglas Dillon) 역시 모네의 인맥이었다. 딜런은 미국의 내로라하는 은행가 가문 출신이었다.

훗날 세계은행 총재로까지 출세한 존 J. 맥클로이(John J. McCloy)도 있다. 맥클로이는 독일 주재 미군 최고 사령관, 체이스맨해튼은행 이사회 의장 등을 역임하기도 했다.

모네는 이 밖에 미국의 가장 오래된 부호 가문인 애스터(Astor)가 사람들과도 교분이 두터웠다.

한마디로 모네는 영국과 미국의 쟁쟁한 지배 계층 엘리트들과 인맥을 쌓았다. 그는 제1차 세계대전 발발 후, 이 '중량급 친구'들의 도움을 받아 프랑스 총리를 만나기도 했다. 그리고 이런 기회가 있을 때마다 유럽 주요국들이 전략 물자의 통합적인 조달과 운송을 강화해야 한다고 주장했다. 영국과 프랑스는 그의 제안을 흔쾌히 받아들였다. 이에 따라 모네는 젊은 나이에 국제물자공급위원회의 프랑스 대표로 영국 런던에 파견되었다. 당시 영국 측 대표는 모네의 오랜 친구인 아서 솔터(Arthur Salter)였다. 친구끼리 영국과 프랑스의 물자 조달 업무를 책임지게 된 것이다. 이 두 사람은 훗날 베르사유 회담에 참가해 국제연맹의 창설에 기여하기도 했다. 영국 로즈 협회(Rhodes Society) 핵심 멤버 중 한 명이던 아서 솔터는 한 걸음 더 나아가 '유럽합중국'을 구상하기도 했다. 그의 이러한 구상은 모네의 인생에 상당히 큰 영향을 미쳤다.

제1차 세계대전 후, 모네는 국제연맹 사무총장인 킨더슬리의 천거를 받아 고작 31세의 젊은 나이에 사무차장으로 승진하는 기회를 잡았다. 자연스럽게 킨더슬리의 일상 업무를 보좌하게 된 것이다. 이처럼 모네가 좌지우지한 국제연맹은 로즈 협회가 독자적으로 설계·창설한 국제 기구였다. 그렇다면 로즈 협회의 정체는 무엇일까? 이 단체의 궁극적인 목표는 다음과 같은 내용을 살펴보면 분명하게 알 수 있다.

"(이 단체의 목표는) 대영제국의 지배 범위를 전 세계로 확장하는 것이었다. 또 대영제국의 대외 확장 시스템을 보완하는 것이 목표였다. 더 나아가 인류가 생존할 수 있는 모든 지역을 영국의 식민지로 만드는 것이 목표였다. ……제국 의회에서 식민지 대표 제도를 실시해 분산된 지역들을 하나로 통합함으로써 영원히 전쟁이 없는, 전 인류의 복지를 구현할 수 있는 세계를 만드는 것이었다."[8]

로즈 협회는 미국을 비롯해 캐나다, 인도, 오스트레일리아, 뉴질랜드, 남아프리카 등 대영제국의 자치령 및 식민지 그리고 과거의 식민지에 모두 지부를 설치했다. 유명한 외교협회(CFR, Council on Foreign Relations)는 바로 로즈 협회의 미국 지부였다. 그 때문에 로즈 협회는 영국의 자치령에서 비정기적으로 비밀 집회를 갖곤 했다. 이를 통해 막후에서 정치·경제 정책의 제정과 실시에 영향력을 행사했다. 언론, 교육 및 홍보 기관을 조종한 것은 더 말할 것도 없다. 로즈 협회의 최우선 목표는 앞서 살펴본 대로 명확했다. 종주국인 영국을 도와 영연방 형태로 영어권 국가를 통일시킨 다음 궁극적으로는 세계정부를 설립해 천하의 '대동단결'을 실현하는 것이었다.

일개 프랑스인이 대영제국의 통일 대업에 이처럼 발 벗고 나선 경우는 전무후무한 일이었다. 따라서 영국이 모네를 각별하게 챙겨야 할 주요 인물로 여긴 것은 너무나 당연했다. 그는 실제로도 영국의 기대에 어긋나지 않게 국제연맹을 대표해 도처에서 영국의 통일을 위해 적극적으로 활동했다. 1935년에는 국제연맹 대표로 상하이에 파견되기도 했다. 이때 모네는 장제스의 재정 고문을 맡아 중국의 경제 및 재정 상황을 면밀하게 분석했다. 당시 장제스는 화폐 제도 개혁을 추진하는 중이었다. 따라서 미국과 영국은 은본위제 붕괴 이후 중국의 통화 제도가 파운드 쪽으로 기울지, 아니면 달러에 손을 내밀지 그야말로 촉각을 곤두세우고 있었다. 그러나 노련한 장제스는 '양다리를 걸치는 전략'을 선택했다.

모네는 상하이에서도 분주하게 활동했다. 훗날 랑제 브러더스의 파트너가 된 조지 모넌을 만나 함께 사업을 시작하기도 했다. 이를 계기로 스웨덴의 발렌베리(Wallenberg) 가문, 독일의 보슈(Bosch) 가문, 벨기에의 솔베이(Solvay) 가문, 미국의 덜레스 형제, 록펠러 가문 출신의 쟁쟁한 기업가들과 새로운 친분을 쌓았다.

따라서 1930년대에 세계에서 가장 넓은 인맥을 보유한 프랑스인으로 모네를 꼽는 것은 하등 이상할 게 없다.

모네는 제2차 세계대전 당시 프랑스의 대군이 힘도 써보지 못하고 대패하는 모습을 직접 목격했다. 이에 그는 처칠 영국 총리에게 프랑스-영국 연합 국가 설립이라는 파격적인 제의를 했다. 이를테면 영국과 프랑스를 하나의 국가, 하나의 정부, 하나의 의회와 하나의 군대로 통합해 강대한 독일에 맞선다는 구상이었다. 처칠은 영국 정부를 대표해 이 방안을 수락했다. 궁지에 몰린 드골 역시 양국 연합에 동의하지 않을 수 없었다. 그러나 프랑스 총리 페탱이 강력하게 반대하고 나섰다. 이로 인해 프랑스-영국의 연합 구상은 최종 무산되고 말았다. 아이러니하게도 페탱은 훗날 독일군에게 항복해 비시 정권의 '괴뢰 황제'가 되었다. 프랑스가 함락된 후 모네는 영국전쟁물자위원회 고급 관리라는 신분을 획득했다. 곧이어 전쟁 물자 지원을 요청하기 위해 미국에 파견되었다. 미국에 도착한 그는 인맥의 대가답게 루스벨트의 자문위원을 맡았다. 이때 그는 루스벨트를 다음과 같이 설득했다.

"지금 유럽은 절체절명의 위기에 처해 있습니다. 기존의 자원에 근거해 수요를 결정한다는 전통적인 관념을 버려야 합니다. 더 많은 자원을 찾아내 최대한 전쟁 수요를 충족시켜야 합니다."

루스벨트는 모네의 제안을 흔쾌히 받아들였다. 이어 군비 확충 프로그램인 이른바 '승리 계획'을 가동했다. 이로써 모네는 미국에서 영국인들도 하기 어려운 임무를 가볍게 완수할 수 있었다. 종전 후 케인스가 모네 덕분에 미국 정부가 군수 산업의 중요성을 인식하게 됐다고 높이 평가한 데는 이런 까닭이 있었다. 한마디로 1941년 5~6월 모네는 영국을 위해 엄청난 기여를 했다고 볼 수 있다.[9]

유럽 통합의 아버지, 장 모네

모네는 영국과 미국에서 쌓은 넓은 인맥 네트워크를 철저하게 활용해 프랑스의 '마셜 플랜' 수행 과정을 감독하는 권한을 얻었다. 철저한 국가주의자인 드골은 자신과 완전히 다른 국제주의적 가치관을 지닌 모네가 탐탁지 않았다. 하지만 미국의 원조가 절박한 상황에서 그의 도움을 받지 않을 수 없었다. 그래서 그의 인맥 네트워크를 이용하기로 최종 결정했다. 프랑스를 위해 미국의 원조를 받아오고, 프랑스의 전후 경제 개발 5개년 계획을 제정하도록 한 것이다.

모네가 전후 초기에 미국의 구상을 참조해 고안한 이른바 '모네 플랜'은 독일 문제 처리와 관련해서 일관된 원칙이 있었다. 바로 독일 산업의 철저한 재기 불능을 꾀했다는 것이다. 이 점에서 '모네 플랜'은 '모겐소 플랜'의 판박이라 해도 과언이 아니었다. 그러나 트루먼 대통령 취임 후 미국의 전략이 루스벨트 때와 완전히 바뀌자 모네는 다시금 유럽석탄철강공동체 계획(쉬망 플랜)을 구상하기 시작했다. 그는 이

합스부르크　　　　피네　　　　　장 모네　　　　아데나워　　　줄리오 안드레오티

모네 그룹 구성원

▌ 1916년 4세 때 왕세자 신분으로 부모인 헝가리 국왕과 왕후의 대관식에 참가한 오토 폰 합스부르크

'쉬망 플랜'을 들고 신바람이 나서 영국을 찾아갔다. 그러나 영국의 태도는 과거와 달리 쌀쌀하기 그지없었다. 영국은 유럽석탄철강공동체가 기본적으로 서독과 프랑스의 이익을 강화한다고 생각했다. 반면, 유럽 대륙에서 영국의 영향력을 약화시킬 것이라고 우려했다. 그 때문에 '쉬망 플랜'을 지지하지 않았다. 이렇게 해서 영국을 제외한 프랑스와 서독은 모네의 도움으로 유럽석탄철강공동체를 발족했다. 당연히 모네는 초대 집행위원장을 맡았다.

프랑스와 서독의 요인들은 자연스럽게 '모네 그룹'이라는 하나의 소그룹을 형성하게 되었다. 초기 멤버로는 프랑스 전 총리 앙투안 피네(Antoine Pinay), 프랑스 정보기관 총책 장 비올레(Jean Violet), 장 모네, 프랑스 외무장관 로베르 쉬망, 서독 초대 총리 콘라트 아데나워(Konrad

Adenauer), 전 오스트리아-헝가리 제국의 왕세자로서 합스부르크 왕조의 좌장 겸 국제 범유럽연맹 명예회장인 오토 폰 합스부르크(Otto von Habsburg) 등이 있었다. 나중에는 바티칸은행과 밀접한 관계를 가진 이탈리아 은행가 카를로 페젠티(Carlo Pesenti)도 이 조직에 합류했다.[10]

이 모네 그룹은 이후 지구촌 최상류층의 비밀 모임인 '빌더버그 클럽'보다 더 많은 논쟁을 불러일으켰다. 오죽했으면 록펠러 가문의 수장 데이비드 록펠러가 자신의 자서전에서 다음과 같이 묘사했을까.

"1967년 10월 나는 이탈리아에 많은 대기업 고객을 보유하고 있는 은행가 카를로 페젠티의 소개로 이 '소그룹'에 가입했다. 이곳에서 멤버들은 유럽의 당면한 형세와 세계 정치에 대해 토론했다. ……장 모네, 로베르 쉬망 그리고 콘라트 아데나워가 이 조직을 발족했다. ……토론은 프랑스어로 진행되었다. 대부분의 경우 나는 유일한 미국인 참석자였다. 그러나 가끔 워싱턴에서 모임을 가질 때에는 닉슨 대통령의 국가안보 고문인 키신저가 식사 자리에 참석하곤 했다. '소그룹' 멤버는 모두 유럽의 정치 및 경제 통합을 열성적으로 지지하는 사람들이었다."[11]

두말할 필요도 없이 이들 중에서 장 모네가 유럽 경제의 단일화를 가장 적극적으로 추진한 인물이었다. 그는 초국가주의적 경제 공동체인 유럽석탄철강공동체를 성공적으로 설립한 후 한층 대담한 구상을 하기도 했다. 바로 유럽 각국의 방위 산업을 통합해 '초국가적 군사 공동체'를 설립한다는 구상이었다. 이 구상이 실현될 경우 유럽 내 주권 국가는 경제 자주권과 화폐 자주권을 잃을 수밖에 없었다. 나아가 국방 자주권까지 잃을 가능성이 높았다. 사실상 모든 주권 국가가 사라진다는 뜻이기도 했다. 그 때문에 모네가 제안한 '유럽방위공동체' 구상은 프랑스 드골주의자들의 적극적인 반대로 무산되었다. 대신 유럽 각국은 군사적 측면에서는 국가 간 방위 협력 체제, 즉 당시 갓 설립된 '북대서양조약기구(NATO)' 체제를 그대로 유지하기로 최종 합의했다.

모네는 상황이 자기 뜻대로 돌아가지 않자 유럽석탄철강공동체 집행위원장 자리를 그만두는 강수를 취했다. 이어 '유럽합중국 행동위원회(ACUSE, Action Committee for the United States of Europe)'라는 매우 비밀스러운 조직을 발족하는 데 총력을 기울였다. 이 조직은 미 국무부의 전폭적인 지지를 받았다. 막후에서 각국과 국제기구를 설득·압박하는 역할도 했다. 이런 노력에 힘입어 마침내 1957년 '로마 조약'이 체결되었고, 곧이어 '유럽경제공동체'가 탄생했다.

이 '유럽합중국 행동위원회'에는 주목해야 할 인물이 포함되어 있었다. 바로 부위원장인 막스 콘스탐(Max Kohnstamm)으로, 1973년 록펠러가 설립한 '삼각위원회'의 유럽 지부 초대 위원장에 임명된 인물이기도 하다.

모네 그룹의 최종 목표는 단순하지만 원대했다. 요컨대 유럽을 통일해 '유럽공화국'을 설립하는 것이었다. 이 '국제주의' 사상은 앞서 잠깐 언급한 것처럼 국가 주권을 우선시하는 '국가주의' 관념과 완전히 상반되는 주장이었다. 그 때문에 양측 간의 치열한 대립을 피할 수 없었다. 더구나 1950년대에 "국가 주권을 없애고 유럽 통합을 실현한다"는 정치적 주장을 공공연히 내세우는 것은 대단히 위험한 일이었다. 유럽 각국 정부 및 국민들의 강력한 반대에 부딪힐 게 뻔했다. 이에 모네 그룹의 엘리트들은 납작 엎드리는 술책을 썼다. 절대 큰 목소리를 내지 않으며, 조용하게 유럽 통일에 속도를 붙였다. 그 과정에서 주권 국가 정부나 국민들의 강렬한 반대에 부딪힐 경우 의도적으로 중대 '위기'를 조성하기도 했다. 예컨대 각국 정부를 압박해 자국의 산업, 무역, 화폐, 재정, 세수, 심지어 국방 주권까지 내놓도록 만들었다.

유럽석탄철강공동체는 단지 시작에 불과했다. 오늘날의 유로화 위기 역시 '위기 레버리지'에 불과하다. 진정한 볼거리는 뒤에 남아 있다고 해야 할 것 같다.

비범한 능력을 지닌 은행가, 정치가, 언론인, 학자, 정보요원들은 과거에도 그랬듯 지금도 소리 소문 없이 막강한 그룹을 형성하고 있다. 그들의 궁극적인 목적은 국제 정치를 움직이는 것이다. 그들은 국제무대에서 활동하는 정치가들과 때로는 협력하고 때로는 치열한 다툼을 벌인다. 이렇게 해서 '보이지 않으나 영향력이 막강한 세력'을 형성할 수 있었다. 물론 각국의 시민들은 이들의 진면목을 잘 알지 못한다.

오죽했으면 미국의 〈타임〉에서 1969년 모네 그룹을 일컬어 '유럽의 그림자 정부'라고 했겠는가.

1963년 12월 존슨 미 대통령은 장 모네의 '특출한 공헌'을 기려 그에게 '대통령 자유훈장'을 수여했다. 장 모네는 이후에도 16년 동안 유럽을 주무르다 1979년 세상을 떠났다. 그의 유품은 1988년 프랑스 정부에 의해 판테온(Pantheon) 신전으로 옮겨졌다.

# 달러 유동성 과잉과 유럽으로 기운 금권의 저울

전후 초기 미국은 한동안 꾸준하게 무역 흑자를 기록했다. 이에 따라 각국의 금과 달러가 홍수처럼 미국으로 밀려들었다. 미국은 심지어 한때 세계 금의 3분의 2를 보유한 적도 있었다. 반면 유럽은 달러 부족으로 몸살을 겪었다. 이런 현상은 미국에 심각한 고민거리를 안겨줬다.

미국이 브레턴우즈 체제를 구축한 목적은 다른 게 아니었다. 달러화를 전 세계에 수출해 국제 무역을 추진하고 달러화의 글로벌 순환을 통해 무한한 부를 얻는 것이었다. 동시에 전 세계를 지배할 수 있는 능력을 키우는 것도 미국의 목적이었다. 이처럼 달러화 수출은 미국 화폐 전략의 중심이었다. 미국이 유럽 원조 계획인 '마셜 플랜', 일본 원조 계획인 '도지 플랜(Dodge Plan)', 세계은행과 IMF를 비롯한 다양한 경제 원조 계획을 제정한 것도 모두 이런 이유와 맥락을 같이했다. 물론 이보다 중요한 방법도 없지 않았다. 바로 미국 다국적 기업들의 해외 직접 투자를 통해 달러를 수출하는 것이다. 실제로 미국 기업들은 전후 심각한 자금난을 겪고 있던 유럽에 거침없이 밀고 들어갔다. 이어 닥치는 대로 기업들을 합병했다. 달러 투자 붐은 아주 자연스럽게 형성됐다. 유럽인은 너무나도 강렬한 달러의 기세에 깜짝 놀랄 수밖에 없었다. 한마디로 천시(하늘이 점지해 준 시기), 지리(지리적 이점), 인화(사람들 사이의 조화)를 얻은 달러는 순식간에 유럽의 강세 화폐로 등극할 수 있었다.

유럽 경제는 1950년대 이후부터 전쟁의 폐허를 극복하며 점차 회복하기 시작했다. 무엇보다 '마셜 플랜'에 의한 거액의 원조 자금이 큰 도움이 됐다. 게다가 브레턴우즈 체제 아래 구축된 안정적인 금융 환경 역시 좋은 조건을 조성했다. 그뿐만이 아니었다. 유럽석탄철강공동체의 설립을 계기로 형성된 유럽 공동 시장은 유럽 경제 성장의 활력이 되었다. 결정적인 것은 때마침 발발한 한국전쟁이었다. 이로 인해 유럽 각국에 미국으로부터 군수품 주문이 대량 밀려들었다. 유럽 경제는 빠른 속도로 돌아가기 시작했다. 1950년부터 1953년까지 진행된 한국전쟁에 미국은 약 300억 달러에 이르는 엄청난 전비를 쏟아부었다. 물론 이는 제2차 세계대전 당시의 전비 규모와 비교할 바가 못 됐다. 하지만 그럼에도 유럽과 일본이 뜻밖의 횡재를 하기엔 충분했다.

미국은 한국전쟁의 전비를 조달할 때 세수를 늘리는 전통적인 방법을 택하지 않았다. 대신 화폐 발행량을 늘리는 대단히 간단명료한 방법을 사용했다. 그럴 수밖에 없었다. 달러화가 이미 세계 기축통화로 자리 잡은 이상 미국으로서는 더 이상 제1차 및 제2차 세계대전 때의 영국처럼 거액의 외채를 빌릴 필요가 없었다. FRB가 앞장서 미국 국채를 '화폐화'해 세계 경제에 달러를 공급한 다음 온갖 방법을 동원해서 채무를 회피해 버리면 그만이었다.

국채의 화폐화를 통해 만들어진 대량의 '값싼 달러'가 연간 30억 달러에 달하는 미국의 해외 군비에 지출되기 시작했다. 또 다국적 기업의 유럽 M&A 투자에도 투입됐다. 이런 경로를 통해 급기야 인플레이션의 씨앗이 전 유럽 대륙에 뿌려졌다. 결과적으로 의식적이든 무의식적이든, 자발적이든 수동적이든 어쨌거나 달러를 보유한 사람은 미국에 전쟁 채무 융자를 제공한 '바보'와 하등 다를 바가 없었다.

1920년대의 악몽이 재연될 조짐을 보인 것은 어쩌면 당연했다. 실제로 이중 신용 창조를 발생시키는 금환본위제의 내재적 고질병이 브레턴우즈 체제 아래에서 전 세계적으로 확산됐다. 1947년 경제학자 로버트 트리펜(Robert Triffen)이 우려한 것처럼 미국은 전 세계에 금과 달러라는 두 가지 준비 자산을 공급했다. 그런데 금을 1온스당 35달러로 단단하게 고정시킨 브레턴우즈 체제 아래에서 금 공급의 증가 속도는 상대적으로 느렸다. 반면, 달러 공급량은 빠르게 증가했다. 바로 이것이 문제였다. 예를 하나 들어보자. 달러가 독일에 유입되자 독일의 외환보유액도 늘어났다. 따라서 독일은 여기에 상응해 자국 화폐 발행량을 늘려야 했다. 이때 독일은 유입된 달러를 미국의 은행 시스템에 저축하고, 미국은 다시 이 부분의 달러를 담보로 자국 내에서 재차 신용을 창조할 수 있었다. 신용을 이중으로 창조하는 이런 과정은 무한대로 계속 반복된다. 드골의 경제 고문을 지낸 자크 뤼프는 달러화의 반복적 신용 창조 문제점을 다음과 같은 비유를 들어 설명했다.

"무대 위에서 많은 병사들이 행진하는 장면은 사실 별다른 것이 아니다. 같은 사람이 무대 앞과 뒤에서 번갈아가며 반복적으로 나타나는 것이다."

이중 신용 창조의 결과는 명백하다. 즉 시간이 갈수록 달러의 공급량이 증가한다. 당연히 유동성도 폭발적으로 늘어난다. 채무 버블 역시 팽창하고, 경제 위기의 후폭풍은 더욱 심각해진다. 1920년대에는 금환본위제의 내재적 문제점 때문에 채무 버블이 형성됐다. 이 채무 버블이 붕괴하면서 1930년대의 세계적 대공황이 폭발했다. 1950년대와 1960년대에도 상황은 비슷했다. 브레턴우즈 체제의 한계가 달러화 버블을 가져왔다. 그리고 이 버블이 붕괴하면서 1970년대에 전 세계에 달러화 위기와 하이퍼인플레이션이 발생했다. 또한 브레턴우즈 체제 붕괴 후 확립된 달러본위제는 30여 년 동안 전 세계에 천문학적인 신용과 채무를 발생시켰다. 그 결과 마침내 오늘날의 글로벌 화폐 위기를 유발하고 말았다.

금환본위제의 내재적 모순 때문에 달러 공급이 금에 비해 더 빨리 늘어나는 것은 당연하다. 따라서 달러와 금의 고정 환율을 계속 유지하는 것은 논리적으로 절대 불가능하다. 트리펜은 1947년 이 문제를 직시하고 이른바 '트리펜 딜레마'를 주장했다. 그러나 당시는 달러화가 매우 부족했다. 게다가 미국이 세계 금의 3분의 2를 보유한 상황이었다. 당연히 그의 주장에 귀를 기울이는 사람도 없었다. 그저 '트리펜 딜레마'를 재미있는 '난센스 퀴즈' 정도로 취급했을 뿐이다.

달러화가 기축통화 역할을 하기 위해서는 세계 경제의 성장과 무역 규모의 증대에 발맞춰 국외에 끊임없이 유동성을 공급해야 한다. 그러나 문제는 달러화의 공급 규모가 금 보유량을 초과할 경우 유동성이 넘치게 된다는 사실이다. 이 경우 달러화 가치가 흔들린다. 더불어 전 세계적으로 금 수요가 크게 일어난다. 달러의 신용 위기가 발생하는 것이다.

1960년대 초 유럽이 보유한 달러는 처음으로 미국의 금 보유량을 초과했다. 이때부터 유럽에서 달러 공급 과잉 문제가 심각하게 대두되기 시작했다.

그렇다면 유럽은 이러한 달러 유동성 과잉 위기를 어떻게 극복했을까? 유럽 각국이 1960년대에 직면한 이 문제는 오늘날 중국이 안고 있는 문제와 똑같다 해도 과언이 아닐 듯싶다.

# 금융의 신대륙, 유로달러

부족하던 유동성이 갑자기 과잉 상태가 되면서 달러화는 완전히 '뜨거운 감자'로 떠올랐다. 유럽 각국은 무역 흑자와 국제 자본 유입으로 쌓여가는 달러화 자산을 처분하기 위해 그야말로 골머리를 앓았다. 해결 방법은 미국 국채를 구매하거나 달러를 금으로 바꿔서 보유하는 수밖에 없었다. 그러나 감히 미국에 "달러를 줄 테니 금을 내놓으라"고 당당하게 요구할 수 있는 사람은 드골을 제외하고는 전 유럽을 통틀어 아무도 없었다. 그렇다고 보유하고 있는 달러를 전부 미국 국채로 바꾼다는 것도 말이 안 되었다. 유럽 각국은 절묘한 다른 방법을 강구하기 시작했다.

이때 예민한 상업적 후각을 가진 탁월한 은행가들이 금융의 '신대륙', 다시 말해 거대한 유로달러 시장을 발견했다. 유로달러는 원래 유럽에 유입되어 어느 나라의 통제도 받지 않고 예금 및 대출이 국경을 넘어 자유롭게 이뤄지던 달러 자금을 지칭하는 용어였다. 나중에는 소련과 중동 국가들이 유럽의 은행에 맡긴 오일달러 역시 유로달러의 꽤 중요한 부분을 구성했다. 더 나중에는 미국 이외의 은행, 주로 유럽의 은행에 예입한 달러 자금을 모두 통틀어 '유로달러'라고 불렀다.

따라서 이 방대한 '유휴 자본'은 미국 국채를 매입해 소액의 이자 소득을 얻는 것 외에는 다른 투자 경로를 찾을 수 없었다. 요컨대 그냥 방치돼 있을 뿐이었다. 그러나 세상에는 늘 새로운 생각을 하는 사람이 나오는 법이다. 이런 현상을 금융의 '신대륙'이라 생각하고 가장 먼저 행동에 옮긴 사람은 바로 지그문트 바르부르크였다.

그는 당당한 바르부르크 가문의 신예로 주로 런던과 뉴욕에서 활동했다. 한때는 월스트리트에서 가장 이름 있는 투자은행 쿤-뢰브의 고급 파트너를 지내기도 했다. 20세기 상반기에 쿤-뢰브는 지금의 골드만삭스처럼 명성이 자자했다. 바르부르크 가문 역시 한때 수많은 인재를 배출해 월스트리트에서도 내로라하는 쟁쟁한 은행가 가문이었다. 지그문트의 윗세대인 막스 바르부르크는 독일 빌헬름 2세의 금융 고문으로 독일 정부를 대표해 베르사유 회담에 참가한 적이 있었다. 제1차 세계대전 후에는 독일의 재정과 금융을 주관했다. 나치 정권 집권 후에는 독일 제국은행의 유대인 이사 신분으로 나치 정부의 중앙은행과 5년 동안 팽팽하게 대치하기도 했다. 파울 바르부르크는 미국 연방준비은행의 총 설계자이자 최고 금융 결정권자였다. 펠릭스 바르부르크 역시 쿤-뢰브의 사장이자 월스트리트에서 알아주는 금융가였다. 프리츠 바르부르크는 함부르크 금속거래소 소장을 역임하고 독일과 러시아의 비밀 강화 때 독일 대표를 지내기도 했다. 한마디로 바르부르크 가문의 세력은 독일, 영국, 프랑스와 미국에까지 촉수를 뻗쳤다고 해도 결코 과언이 아니었다.

지그문트 바르부르크 역시 유럽의 일체화를 적극적으로 신봉해 모네 그룹과 두터운 관계를 유지했다. 하긴 자본의 자유로운 이동을 추진하고 정부의 간섭을 제한하는 것은 모든 은행가들의 가장 기본적인 주장이기도 했다. 지그문트 바르부르크는 1920년대에 이미 유럽의 민족주의가 점차 끝나가고 있다는 사실을 깨달았다. 그래서 유럽 각국의 군비 축소, 군사 주권 통합, 각국 간 법적 분쟁을 해결하는 중재 법원 설립 등의 내용을 골자로 하는 '범유럽 운동'을 제의하기도 했다. 제

2차 세계대전 발발 후에는 유럽정치동맹을 만들기 위해 발 벗고 나섰다. 우선 영국-프랑스 연합을 만든 다음 이 연합을 중심으로 유럽연방국가동맹을 결성하고 회원국의 군사, 화폐, 교통, 통신 등 모든 주권을 통합·관리한다는 구상이었다.

제2차 세계대전 후 지그문트는 영국 정부에 유럽 공동 시장 가입을 적극 촉구했다. 또 장 모네와 콘라트 아데나워에게 영국 런던을 유럽 공동 시장의 금융 중심지로 삼아야 한다고 역설했다. 유럽 금융 통합을 위해서는 역시 런던이 주도적 역할을 해야 한다는 주장이었다. 유럽석탄철강공동체가 설립되자 시티오브런던에서 이 공동체에 금융 지원을 제공할 것을 적극 주장하기도 했다. 그러나 그 제안은 받아들여지지 않았다. 그는 모네와 아데나워에게 크게 실망했다. 지그문트가 당시 "종전 후 처음 몇 년 동안 런던을 금융 중심지로 삼아 유럽 일체화 계획을 추진해야 했다. 그랬더라면 그들은 아마 훗날 영국에 크게 고마움을 느꼈을 것이다"라고 말한 것은 그럴 만한 이유가 있었다. 유럽 일체화를 실현하려면 금융 일체화부터 시작해야 한다는 것이 그의 일관된 신조였던 것이다.

지그문트는 또 대미 관계와 관련해서는 미국과의 협력이 유럽 일체화에 아무런 걸림돌이 되지 않는다는 주장을 펼쳤다. 심지어 유럽 일체화를 가속화하기 위해서는 미국의 금권을 빌려 유럽 각국에 무역 장벽을 철폐하도록 압력을 행사해야 한다고까지 설파했다.

지그문트는 장 모네와 달리 투자 분야에서 은행가 특유의 자질을 갖고 있었다. 그는 모네가 사실상 자신이 창설한 최초의 유럽 경제 통합 기구인 유럽석탄철강공동체의 중요성을 인식하고 구체적인 금융 수단으로 실질적인 문제를 해결할 것이라고 믿었다. 그 때문에 유럽석탄철강공동체가 국제 자본 시장에서 융자를 얻을 경우 자원과 자본의 규모 확장에 상당히 유리할 것이라고 누차 강조했다. 또 미국의 개인투자자까지 유치할 수 있을 것이라고 주장했다. 한마디로 일석이조라는 얘기였다. 지그문트의 끈질긴 노력은 헛되지 않았다. 유럽석탄철강공동체는 1957년, 1958년, 1960년과 1962년 뉴욕 자본 시장에서 1억 2,000만 달러가 넘는 채권을 발행했다.[12]

유럽에서 어떻게 보면 다소 엉뚱한 달러 공급 과잉 현상이 나타나자 지그문트의 머릿속에 돌연 한 가지 아이디어가 떠올랐다. 요컨대 다음과 같은 생각이었다.

"유럽 기업이 대체 무엇 때문에 굳이 미국 뉴욕까지 가서 자본을 빌려와야 하는가? 눈앞에 넘쳐나는 유로달러를 이용하면 되는 것 아닌가? 내가 이 일을 하지 못할 이유가 없다."

유럽공동체가 유럽통화동맹 결성에 온 신경을 기울일 때 지그문트는 유럽 자본 시장의 통합 방안을 강구하기 시작했다. 그는 쿤-뢰브의 경영 합작 파트너로 뉴욕에서 일할 때 월스트리트의 강대한 신디케이트 조직이 파격적인 규모의 채권 발매를 일사불란하게 처리하는 것을 직접 목도한 경험이 있었다. 자신이 이 일을 할 수 있는 적격자라는 생각이 든 것은 당연했다. 더구나 파리와 프랑크푸르트의 자본 시장은 금융 통찰력이라는 측면에서 뉴욕의 월스트리트보다 훨씬 못했다.

지그문트는 유럽석탄철강공동체가 뉴욕 자본 시장에서 네 차례나 성공적으로 채권을 발행한 경험에 비춰볼 때 유럽에서도 강대한 금융 신디케이트를 결성할 수 있다는 확고한 신념을 갖게 되었다. 그러나 해결해야 할 문제가 한두 가지가 아니었다. 당시 유럽에도 공동 시장이 형성되어 있었다. 하지만 무역 위주의 시장일 뿐 자본 시장이 아니었다. 실제 상황도 미국과 비교하기 어려웠다. 유럽은 나라마다 자본 통제 수단과 환율 조정 정책이 천차만별이었다. 게다가 화폐와 금융 관련 법률 역시 가지각색이었다. 그는 유럽에서 달러화 채권을 발행하기 위해서는 많은 어려움을 각오해야 한다고 생각했다. 또 숨은 장애물을 잘 피해야 각국의 복잡한 감독 관리 규정에 저촉되지 않고 채권을 발행할 수 있을 터였다. 물론 이는 결코 쉬운 일이 아니었다. 하지만 지그문트의 목표는 분명했다. 전 유럽의 분산된 자본 시장을 하나로 통합해 공동 자본 시장을 만드는 것이었다.

유럽에서 달러화 표시 채권 시장을 구축하려면 우선 달러 보유량이 충분해야 했다. 이 점은 크게 걱정할 필요가 없었다. 무역 흑자, 다국적 기업의 해외 투자, 미국의 해외 군사 기지에 대한 거액의 지출 등을 통해 이미 대량의 달러가 유럽에 유입된 상태였다. 또 유럽 부호들 역시 거액의 달러화 예금을 보유하고 있었다. 이 밖에 소련 및 동구권 사회주의 국가들이 보유한 달러화 예금도 상당액에 달했다. 그런데 이들의 예금은 성격이 아주 묘했다. 미국과 소련의 냉전 격화에 따라 미국 정부에서 공산권 국가의 달러화 예금을 동결 또는 몰수할 것을 우려해 원래 미국 은행에 맡겼던 것을 찾아와 다시 유럽의 은행에 맡긴 돈이었다. 또한 유럽의 달러화 자산은 주로 대기업, 상업은행, 각국 중앙은행 및 국제 조직(국제청산은행 등)에 집중되어 있었다.

그렇다면 사람들은 무엇 때문에 달러를 직접 뉴

> **국제청산은행**
> 제1차 세계대전 후 독일의 배상 문제를 원활히 처리하기 위해 1930년 설립한 국제 은행. 국제결제은행이라고도 함.

욕의 미국 은행에 예금하지 않았을까? 미국 정부의 예금(소련을 비롯한 공산권 국가들의 예금) 동결에 대한 우려가 무엇보다 가장 큰 이유였다. 그러나 또 다른 이유도 있었다. 미국은 대공황 시기에 이른바 'Q 조항'이라는 금융 규제 정책을 제정한 적이 있었다. 그런데 이 정책을 이후에도 계속 실시해 금융 기관의 금리 상한을 엄격하게 제한했다. 이를테면 30일 만기 단기 예금의 금리는 1% 미만, 90일 만기 예금의 금리는 2.5% 미만으로 제한하는 내용 등이었다.

다음으로 중요한 문제는 유로달러채 시범 발매 도시를 찾는 일이었다. 지그문트는 런던을 점찍었다. 런던 금융 시장이 세계 금융 시장의 중심지로서 오랜 역사를 지닌 데다 규모 역시 컸기 때문이다. 그러나 더 중요한 것은 잉글랜드은행이 핫머니에 대해 비교적 관대한 정책을 실시하고 있었다는 사실이다. 핫머니는 예금 기간이 짧다. 그 때문에 은행은 이 돈으로 장기 대출을 제공할 수 없다. 또 자금 이동이 일시에 대량으로 이뤄져 외환 시장에 혼란을 조성하기 쉽다. 따라서 각국 중앙은행들은 핫머니를 마치 홍수나 맹수라도 되는 것처럼 기피했다. 그러나 유독 잉글랜드은행만은 '국제 은행가'로 행세하면서 핫머니의 유입을 기본적으로 제한하지 않았다. 은행이 예금을 거부한다는 게 도대체 말이 되는가? 문제는 단기 예금을 어떻게 장기 대출로 운영하는가에 달려 있었다. 이에 잉글랜드은행은 국내 자본과 국제 자본 사이에 일종의 '방화벽'을 설치했다. 간단하게 설명하면, 무역에서의 '보세 구역'과 비슷한 개념의 '특별 구역'을 금융 영역에 설치한 것이다. 물론 실제 '구역'이 아니라 추상적인 '구역'이다. 잉글랜드은행은 이를 위해 영국인들의 달러화 채권 구매를 엄금했다. 단 엄격한 의미에서의 '실질 투자'를 목적으로 외국 채권을 구매하는 것은 허용했다. 이 규정 때문에 영국 국내 자본 시장과 국제 자본 시장은 완전히 분리되었다. 요컨대 서로 영향을 주고받지 않았다. 외국인들은 달러화 자본 시장에서 아무런 제한도 받지 않고 자유롭게 금융 활동을 할 수 있었다. 그리고 이들의 활동은 영국 국내 자본 시장에 진짜 아무런 영향도 주지 않았다. 이는 중국의 주식 시장이 내국인 전용 시장(A시장)과 외국인 전용 시장(B시장)으로 분리된 것과 비슷한 원리라고 할 수 있다.

지그문트는 잉글랜드은행을 설득하기 위해 회유와 협박을 동원했다. 만약 잉글랜드은행이 외국 채권의 투자 수익에 부과하는 고액의 인지세를 취소하지 않는다면 조금 더 느슨한 정책을 취하는 룩셈부르크나 다른 국가의 자본 시장에서 유로달러채를 발행할 것이라고 협박했다. 또 일단 런던이 유로달러채 발행의 중심지가 될 경우 시티오브런던에 달러화가 홍수처럼 유입될 것이라는 사실도 강조했다. 런던이 다시금 세계 금융의 중심지로 부상할 것이라고 구슬린 것이다. 잉글랜드은행은 다른 것은 차치하고 런던이 다시 세계 금융 중심지로 부상할 수 있다는 유혹에 귀가 솔깃했다. 이렇게 해서 지그문트는 잉글랜드은행을 거의 다 구워삶았다. 그런데 바로 이때 예기치 않은 일이 일어났다. 런던증권거래소가 중뿔나게 나서서 훼방을 놓은 것이다. 유로달러채의 상장을 절대로 허가할 수 없다고 했다. 증권 시장에 상장하지 못하면 나중에 결제할 때 큰 문제가 생긴다. 그나마 다행인 것은 최종적으로 런던증권거래소가 막판에 한 걸음 양보했다는 사실이다. 내용은 그래도 상당히 까다로웠다. 우선 곧 발행하게 될 달러화 채권 가격을 파운드화로 표시할 것을 요구했다. 게다가 파운드화와 달러화의 교환 비율을 전쟁 전의 기준에 맞추라고 했다. 채권의 실제 구매는 룩셈부르크에서만 진행하고 영국 정부에서 규정한 외환 사용 한도액을 초과하지 말 것 등의 조건도 제시했다. 만약 이런 조건을 만족시키지 못할 경우 유로달러채의 상장을 허가할 수 없다는 것이 런던증권거래소 측의 최종 입장이었다. 지그문트로서는 맥이 풀릴 수밖에 없었다.

그럼에도 지그문트는 심기일전해 의욕적으로 일을 추진했다. 유로달러채 시범 발매 기업을 찾아 나선 것이다. 이때 그는 유럽석탄철강공동체를 가장 먼저 지목했다. 수익성도 중요하지만 자신이 몇 년 전부터 갖고 있던 유럽 일체화의 꿈을 이루는 것이 더 큰 목적이었기 때문이다. 이에 대해 그는 잉글랜드은행에 보낸 편지에서 이렇게 설명했다.

"이것은 그냥 단순한 달러화 채권일 뿐이다. 그 어떤 통화 선물 옵션도 포함하지 않는다. 영국 입장에서는 일종의 외화 채권이다. 영국인들은 추가 비용을 지불해야 이 채권을 매입할 수 있다. 따라서 영국 자국민들은 이 채권에 흥미를 갖지 않을 것이다. 그러나 채권의 기본 가격은 런던 시장에서 결정되기 때문에 구매자들은 다른 국가의 시장보다 런던 시장을 더 많이 이용할 것이다."[13]

천신만고 끝에 일이 거의 성사되려 할 때였다. 이번에는 갑자기 영국 외교부가 나서서 간섭을 하기 시작했다. 영국이 아직 유럽경제공동체에 가입하지 않았는데 유럽경제공동체의 채권을 런던에서 발행하는 것은 말이 안 된다는 것이 이유였다. 그러나 잉글랜드은행은 지그문트 편에 섰다. 이때 잉글랜드은행은 파운드화 표시 채권은 아니지만 아무튼 런던 시장에서 거래를 하게 되면 런던이 다시 세계 금융 중심지로 올라설 수 있는 좋은 계기라는 주장을 펼쳤다.

지그문트가 가까스로 영국의 금융 감독 당국을 설득해 막 '영업'을 시작하려 할 때 또다시 새로운 문제가 생겼다. 유럽공동체의 전체 회원국이 만장일치로 동의해야 유로달러채를 발행할 수 있었기 때문이다. 이 과정에 또 몇 개월이 소요될 수밖에 없었다. 이로 인해 결과적으로 최초의 유로달러채는 지그문트가 추천한 유럽석탄철강공동체가 아닌 이탈리아의 한 기업에 의해 발행되었다. 발행 액수는 1,500만 달러였다. 6년 만기에 액면 이자율 5.5%, 발행 가격은 액면가의 98.5%로 정해졌다. 지그문트의 지휘하에 유럽 금융 기관들은 사상 최초의 유로달러채 발매에 성공했다. 이때부터 유로달러채 시장은 본격적인 활성화 궤도에 진입했다.

유로달러는 마침내 미국 국채 외에 새로운 거대한 투자 공간을 찾을 수 있었다. 유로달러채 발행은 유럽이 미국 국채의 저수익 '함정'에 빠지지 않고 미국 재정 적자의 '희생양'도 되지 않으면서 달러 자산을 이용해 자체적인 힘을 키우게 된 좋은 계기였다는 점에서 매우 중요한 의미를 가지고 있다. 오늘날 거액의 달러 준비 자산을 보유하고 있는 중국을 비롯한 아시아 국가들이 당면한 문제를 해결하는 데 참고할 만하다.

유로달러채 발행을 성공으로 이끈 지그문트는 명실상부한 '유로달러채의 아버지'라고 일컬어도 좋지 않을까 싶다.

# 통화 동맹은 유럽 통합의
# 출발점인가, 종착지인가

1950년대와 1960년대를 통틀어 유럽 통합 운동의 중심인물은 두말할 것도 없이 장 모네였다. 그가 창설한 유럽합중국 행동위원회에는 그야말로 유럽의 쟁쟁한 엘리트들이 대거 포진해 있었다. 그는 자신의 주장을 적극적으로 설파했다. 유럽 일체화를 실현하려면 경제 일체화를 선행해야 한다는 사실을 무엇보다 강조했다. 또 경제 일체화를 이루기 위해서는 유럽통화동맹의 레버리지 효과를 활용할 필요가 있다는 생각 역시 적극적으로 피력했다.

　　그런데 이 통화 동맹 결성과 관련해 유럽 내부에는 두 가지 상반된 견해가 존재했다. 모네 그룹은 유럽 각국의 통화를 폐지하고 초국가적 기구가 각국의 경제 발전 계획을 통합 제정해야 한다는 '통화 연방'을 제안했다. 반면, 다른 한쪽은 유럽 각국이 영구적인 환율 안정 메커니즘을 구축하되 화폐 발행권은 여전히 각국이 소유하도록 해야 한다는 '통화 연맹'을 주장했다. 본질적으로 이 두 가지 구상은 유럽에서 가장 강력한 힘을 가진 두 세력을 대표했다. 우선 통화 연방을 주장하는 세력은 국제주의 이데올로기의 대변인이라고 할 수 있었다. 따라서 이들의 궁극적 목적은 각국의 주권을 폐지하고 유럽합중국 단일 정부를 수립하는 것이었다. 이에 반해 통화 연맹을 주장하는 세력은 국가 이익을 그 무엇보다 우선시하는 국가주의 이데올로기의 대변인이라고 할 수 있었다. 통화 동맹이 국제주의의 길을 걸어야 하느냐, 아니면 국가주의의 길을 걸어야 하느냐에 대한 논쟁은 지난 반세기 동안 줄곧 유로화 관련 논쟁의 초점이었다 해도 과언이 아니다. 이 논쟁은 아직까지도 최종 결정이 나지 않았다. 유로화 위기가 현실화된 지금 상황에서는 두 세력 간 승패의 결과에 따라 유로화의 운명이 결정되지 않을까 싶다.

브레턴우즈 체제의 고질적인 문제점은 1960년대 중반에 이미 남김없이 드러났다. 달러화의 끊임없는 평가 절하에 의한 충격이 유럽통화동맹 결성을 촉구하는 외부 압력으로 작용한 것이다. 달러는 한때 유럽 경제의 건전하고 안정적인 성장을 지원하는 '후견인'이었다. 그러나 어느새 유럽의 무역 혼란, 통화 위기를 조성하는 '장본인'으로 전락했다. 유럽인들로부터 완전히 천덕꾸러기 취급을 받게 된 것이다. 1933년 열린 런던세계경제회의에서 미국과 유럽은 서로 상반된 의견을 내놓으며 첨예하게 대립했다. 그리고 지금까지도 적절한 합의점을 찾지 못한 상태에 있다. 솔직히 말해, 유럽 경제가 성장하려면 화폐 안정이 전제되어야 한다. 유럽 국가의 인구는 결코 많다고 하기 어렵다. 경제적 토대가 깊지도 않다. 경제의 지속적인 성장 압력을 버텨낼 만한 시장 공간도 충분하다고 하기 어렵다. 따라서 국제 무역과 공동 시장만이 유럽의 유일한 출로라고 할 수 있다. 그런데 이른바 세계 기축통화라는 달러가 무책임하게 유럽 대외 무역의 외부 환경을 위협하는 것도 모자라 유럽 공동 시장의 질서를 교란하고 있는 것이다. 이 문제를 해결하기 위해 유럽은 미국과 누차 교섭을 진행했다. 그러나 존 코널리(John Connolly) 미국 재무장관으로부터 "달러는 우리의 통화이다. 그러나 문제는 당신들의 것이다"라는 매정한 대답을 들은 것이 전부였다.

아무려나 가장 먼저 달러 가치 하락 때문에 큰 타격을 입은 것은 독일이었다.

1948년 독일은 화폐 제도 개혁을 통해 중앙은행인 독일연방은행을 독립적인 기구로 개편했다. 영국과 미국에서도 중앙은행의 독립은 다만 희망 사항일 뿐인데, 전쟁으로 인해 폐허가 된 독일에서 가장 먼저 중앙은행에 독립성을 부여한 것이다. 따라서 독일의 중앙은행은 서독 연방 정부보다 훨씬 빨리 탄생했다. 독일 중앙은행의 완전한 독립성을 유지하기 위해서였다고 할 수 있다. 독일 말고 다른 국가에서 중앙은행이 정부보다 먼저 설립된 선례는 지금까지 단 한 번도 없었다.

갓 설립된 독일 중앙은행에는 금이 거의 없었다. 외환 역시 없었다. 신용도 완전 백지 상태였다. 이처럼 완전히 파괴된 국내 은행 시스템을 새로 복구하려면 1 대 10의 교환 비율로 신·구마르크를 교체해야만 했다. 그뿐만 아니라 남아 있는 은행 자산도 깨끗이 정리할 필요가 있었다. 나치 정권 시기에는 국민 경제 전반이 군사화할 수밖에 없었다. 경제 자원은 거의 대부분 전쟁에 투입됐다. 이로 인해 개인의 경제 활동에 필요한 대출 규모가 대폭 감소했다. 또 전시 경제 체제 아래에서 물자 배급제를 실시했기 때문에 국민은 돈이 있어도 물건을 살 수가 없었다. 따라서 은행은 예금이 가득 쌓여 있어도 이 예금을 대출로 운영할 방법이 전혀 없었다. 그럼에도 은행은 어떻게든 대출을 제공해야 했다. 대출은 은행의 주요 수입원이다. 따라서 대출을 해주지 않으면 은행은 적자 또는 파산을 면치 못한다. 이에 나치 정부는 은행의 잉여 예금을 충분히 활용하기 위해 다양한 정부 채권을 발행했다. 은행은 다른 방도가 없는 상황에서 국민의 예금으로 정부 채권을 구매할 수밖에 없었다. 간접적으로 전쟁 융자를 제공한 셈이다. 종전 후 나치 정부가 무너지면서 은행이 보유하고 있던 대량의 정부 채권은 당연히 부실 채권이 되었다. 독일 중앙은행은 나치 정부가 은행에 진 빚을 모두 무효화했다. 또 이에 따른 은행의 손실 중 일부를 중앙은행과 곧 설립될 연방 정부가 모두 분담할 것이라고 선포했다. 그 구체적인 방법은 중앙은행이 발행한 '평형어음(Equalisation Claims)'으로 은행의 자산 손실을 메우는 것이었다. 평형어음은 중국 건국 초창기 때 인민은행이 발행한 중앙은행어음(Central Bank Bill)과 비슷한 개념으로, 곧 설립될 중앙 정부의 신용을 담보로 발행하는 증권이었다. 중앙은행이 자체 이윤으로 원리금을 상환하는 것이 특징이다. 간단히 말하면 '평형어음'은 곧 설립될 독일 신정부의 국채로 나치 정부의 구채권을 대체하는 것이었다. 요컨대 신정부가 아직 출범하지 않은 상황에서 중앙은행이 정부 채권을 대신 발행했다고 보면 된다.

전후 초기 독일의 중앙은행과 상업은행은 순전히 국채에 의존해 자산을 축적했다. 따라서 1948년 독일의 통화 제도는 세계에서 가장 순수한 '국채본위제'였다 해도 틀리지 않는다.

사실 어느 한 나라 화폐의 신용에 가장 튼튼한 토대로 작용하는 것은 금본위제가 아니다. 그렇다고 국채본위제도 아니다. 가장 이상적인 것은 '생산본위제'라고 해야 한다. 충분한 상품과 양질의 서비스 생산 능력을 완벽하게 갖춘 국가는 화폐 신용도 역시 자연스럽게 높아지게 마련이기 때문이다. 따라서 금본위제나 국채본위제는 모두 생산본위제의 또 다른 형태일 뿐이라고 단언해도 좋다. 결론적으로, 화폐의 강세나 약세 여부를 판단하는 기준은 결국 국부 창조 능력이라고 해야 한다.

전후 독일은 산업 시설을 최대한 가동했다. 독일, 특히 서독이 생산한 양질의 제품이 미국 시장과 유럽 공동 시장에 대량으로 밀려들었다. 서독 국고에도 언제 그랬냐는 듯 금과 달러가 차곡차곡 쌓이기 시작했다. 1950년까지 제로 상태였던 서독 중앙은행의 금 보유량은 불과 6년 사이 금 보유 대국 프랑스를 가볍게 추월했다. 서독은 이 밖에 거액의 달러 준비 자산도 보유할 수 있었다.

서독 마르크는 눈 깜빡할 새에 강력한 세력을 가진 화폐로 등극했다. 사람들은 너 나 할 것 없이 마르크를 선호했다. 그러자 서독의 중앙은행 관계자들은 우쭐거리기 시작했다. '마르크화 수호자'를 자처하면서 걸핏하면 서독 정부의 비위를 건드렸다. 이에 분노한 서독 총리 아데나워는 큰 소리로 중앙은행 관계자들을 비난했다.

"중앙은행은 국민에게도, 의회에도, 정부에도 책임을 지지 않는 기구이다. ……그러나 (화폐 정책에) 진정으로 공헌한 사람은 거리에서 흔히 볼 수 있는 모든 평범한 시민들이다."

아데나워의 말에도 나름 일리가 있었다. 마르크화를 강력한 파워를 가진 화폐로 만든 것은 중앙은행의 금리 정책이 아니라 수천수만 명의 서독 엔지니어와 기술자들이 만들어낸 강력한 산업 능력이었기 때문이다.

이런 산업 경쟁력 향상에 따라 달러화가 대량 서독에 유입되기 시작했다. 우선 무역 수지 흑자에 의해 유입된 것이 상당했다. 또 외국인 직접 투자에 의해 유입된 달러 역시 적지 않았다. 이 밖에 핫머니도 쏟아져 들어왔다. 이로 인해 1960년대 초부터 서독 마르크에 대한 평가 절상 압력이 거세지기 시작했다. 서독 중앙은행은 브레턴우즈 체제의 기본 이념인 각국 간 환율 안정 요구를 만족시키기 위해 도리 없이 마르크의 발행량을 늘려야 했다. 평가 절상 압력을 완화하기 위함이었다. 이는 오늘날 중국이 위안화 환율을 안정시키기 위해 위안화 증발을 통해 달러화를 대량 매입하는 것과 같은 원리라고 할 수 있다. 마르크화 증발로 인해 서독 국내에서는 인플레이션 압력이 심해졌다. 그 해결 방안을 놓고 중앙은행 내부에서 치열한 논쟁이 벌어졌다. 인플레이션을 잡기 위해 금리를 인상할 것이냐, 아니면 마르크화 평가 절상 조치를 취할 것이냐가 논쟁의 쟁점이었다. 금리를 인상할 경우 경제 성장에 타격을 줄 가능성이 농후했다. 또 마르크화의 평가 절상은 수출에 불리하게 작용할 터였다. 1961년 서독은 용단을 내렸다. 마르

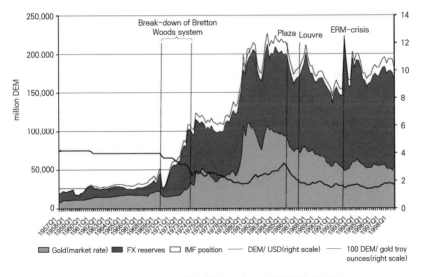

▎1957년부터 1998년까지 서독의 준비통화에서 금, 달러, IMF 인출권이 차지한 비중

크화를 5% 평가 절상한 것이다. 이로써 마르크화는 더욱 강력한 파워를 가진 화폐로 부상했다. 달러화 체제는 심하게 흔들리기 시작했다.

여기서 한 가지 밝혀둘 것이 있다. 마르크화 가치는 서독 산업 능력의 현실적인 수준을 반영했다는 사실이다. 달리 말해, 마르크화의 강세는 서독의 산업 능력이 그만큼 강력했다는 사실을 의미한다는 것이다. 이에 반해 브레턴우즈 환율 시스템은 1945년을 전후한 시기 각국의 경제 발전 수준을 대표했다. 따라서 브레턴우즈 체제가 이미 폐허를 딛고 거대한 '거인'으로 부상한 서독 경제에 적합하지 않은 것은 너무나도 당연했다. 마치 다 자란 어른에게 여덟 살짜리 꼬마의 신을 억지로 신기려 하는 것과 크게 다를 바 없었다. 어쨌거나 마르크화의 평가 절상 조치는 서독의 준비통화, 그중에서도 달러 준비 자산에 상당한 잠재적 손실을 초래했다. 그러나 이러한 손실은 금과 연계된 달러의 고정 환율 체제하에서는 겉으로 크게 드러나지 않았다. 다행히 서독의 준비통화 중에서 금 보유 비중은 달러보다 훨씬 높았다. 그 때문에 달러화 준비 자산의 손실은 그다지 크지 않았다. 서독 중앙은행이 30년 동안 마르크화 가치가 두 차례나 폭락한 경험을 거울삼아 금 보유 비중을 꾸준히 늘려온 덕분이었다.[14]

마르크화 평가 절상은 유럽에서 연쇄 반응을 일으켰다. 네덜란드 길드 역시 잇따라 평가 절상됐다. 프랑스와 유럽공동체는 이런 상황이 반복될 경우 회원국 간의 환율 안정과 공동체 역내 무역 수지 균형이 심각한 영향을 받을 것이라고 우려했다. 더구나 최종적으로는 정치적 혼란까지 유발할 가능성도 없지 않았다. 이에 유럽공동체는 1965년 유럽통화동맹 결성이 유럽공동체의 필연적 발전 추세라는 사실에 공감대를 형성하기 시작했다. 우선 회원국 간의 환율 안정을 보장한 다음, 점진적으로 유럽 단일 통화를 출범시킬 것을 약속하기에 이른 것이다.

이로부터 촉발된 '통화 동맹'은 유럽 통합의 출발점인가, 아니면 종착지인가? 이에 대한 논쟁은 지난 반세기 동안 끊이지 않고 지속됐다. 서독을 위시한 일부 국가들은 단일 통화 출범은 기나긴 과정을 필요로 하기 때문에 반드시 공동체 내의 경제 통합을 전제로 해야 한다는 입장을 견지했다. 우선 공동 무역 정책, 재정 세수 정책, 경제 정책과 민생 정책을 수립한 다음 화폐 통합을 논의해야 한다는 주장이라고 볼 수 있다. 특히 서독은 초국가적 '화폐 연방'은 실현 가능성이 거의 없다고 극력 주장하기까지 했다. 이에 반해 프랑스를 위시한 다른 국가들은 화폐 통합이 경제 통합의 출발점이라고 주장했다. 안정적인 환율의 뒷받침 없이는 유럽 경제의 지속적 성장도 불가능하다는 입장이었다. 양측의 주장은 이처럼 평행선을 달렸지만 사실 논쟁의 요지는 거의 같았다. 요컨대 통화 동맹이 유럽 일체화의 출발점인가 아니면 종착지인가, 유럽 통합의 수단인가 아니면 목표인가를 판단하는 것이었다.

그 와중에 베트남 전쟁이 더욱 치열해졌고, 달러 가치는 더욱 큰 폭으로 하락했다. 화폐 위기가 가시화되는 상황에서 유럽의 통화 동맹 결성 필요성은 한층 절박해졌다.

# 금을 둘러싼 대결전

선두에 서지 않는 프랑스는 프랑스가 아니다. 위대하지 않은 프랑스는
프랑스가 아니다. 위대한 프랑스를 건설하는 것은 나의 유일한 목표이
자 내 삶의 가장 숭고한 목적이다.

_샤를 드골

프랑스에서는 1958년 샤를 드골의 집권을 시작으로 제5공화국 시대
가 열렸다. 드골은 프랑스인 특유의 열정적이고 자유분방한 사람이었
다. 오만하고 충동적이면서도 이상을 실현하기 위해 열광적으로 매진
하는 성격이기도 했다. 프랑스 사람들은 나폴레옹 시대가 끝난 후부터
자국의 명예롭고 휘황찬란한 시대는 영영 사라져버렸다고 생각했다.
그래서 너 나 할 것 없이 과거의 위대한 역사를 재현하고 싶은 마음은
그야말로 굴뚝같았지만 냉혹한 현실은 그것을 쉽게 허용하지 않았다.
프랑스는 전후의 '승자'가 분명했다. 그러나 승자가 된 것은 명예롭지
못한 승리 덕분이었다. 프랑스는 말할 것도 없이 강국이었다. 그러나
전 유럽을 호령할 정도로 강력하지는 못했다. 드골은 프랑스의 이런
현실이 안타까웠다. 어떻게든 프랑스의 국위를 다시 한번 진작시켜야
했다. 그는 이 원대한 포부를 가슴에만 품지 않고 어떻게든 실현하고
야 말겠다는 신념을 갖고 있었다.

드골은 이처럼 뼛속까지 민족주의자이자 국가주의자였다. 그랬으
니 모네 그룹과 물과 불처럼 상극인 것은 어쩌면 당연한 일이었다. 유
럽인들은 이 때문에 모네를 일컬어 '프랑스를 제외한 다른 지역에서

가장 영향력 있는 프랑스인'이라고 조롱했다. 드골은 그럼에도 아데나워와 화해했다. 그 이유는 말할 것도 없이 모네 그룹의 주장을 받아들였기 때문이 아니다. 프랑스의 주권을 포기하고 유럽합중국 건설에 동참하기 위한 것도 아니었다. 오히려 그 반대에 가까웠다. 그는 프랑스 주도 아래 강력한 유럽 연합을 구축함으로써 미국의 세계 패권 지위에 도전한다는 확고한 목표를 갖고 있었다. 심지어 미국을 견제하기 위해 소련을 이용할 생각까지 했다. 한마디로 "프랑스와 독일을 중심으로 유럽 연합을 건설하되 프랑스는 마부, 독일은 말 역할을 해야 한다"는 것이 그의 구상이었다.

드골의 가장 큰 불만은 미국과 영국이 세계를 지배하고 있다는 사실이었다. 루스벨트 역시 이런 드골을 좋아할 까닭이 없었다. 제2차 세계대전 때부터는 노골적으로 드골을 싫어했다. 닮으면 서로 싫어한다고 했던가? 그런 면에서 프랑스 역시 미국과 마찬가지로 "내 운명은 내가 지배한다"는 식의 이념을 가지고 있었다. 하긴 이런 생각을 가진 나라가 미국의 말을 순순히 들으려 하겠는가? 처칠 역시 드골을 대단히 싫어했다. 영국으로 헐레벌떡 도망 와 망명 정부를 세운 처지에 오만하고 고집스럽고 타협할 줄 모르는 성격을 그대로 유지했으니 그럴 만도 했다. 드골이라고 프랑스를 손아귀에 넣고 마음대로 주무르려는 앵글로색슨족을 좋아할 까닭이 없었다. 실제로도 대단히 미워했다. 심지어 영국과 미국의 공조로 얄타 회담에 참석하지 못한 것에 대해서는 거의 신경질적인 반응을 보이기까지 했다. 당당한 유럽의 대국 프랑스의 지도자인 자신이 두 사람에게 배척을 당했다고 생각한 것이다.

이런 원한을 가졌기 때문일까, 프랑스는 드골 정권이 들어선 다음

1958년 11월 유럽 문제를 논의하는 드골(왼쪽)과 아데나워(오른쪽)

두 번이나 영국을 유럽공동체 문 밖으로 강력하게 밀어냈다. 이에 영국 총리는 프랑스를 통렬하게 공격했다.

"유럽 대륙의 국가들은 기세등등한 경제 블록을 구성해 공동으로 영국을 상대하고 있다. 영국이 이런 수모를 받은 것은 나폴레옹 전쟁 이후 처음이다."

드골은 정부 관리들 앞에서 공공연하게 영국 총리를 조롱했다.

"참으로 불쌍한 사람이군. 그러나 나는 당신에게 줄 게 아무것도 없소."

드골의 눈에는 브레턴우즈 체제 역시 대단히 눈꼴사납게 보였다. 무엇 때문에 앵글로색슨족의 화폐만 신줏단지처럼 높은 곳에 군림하고 다른 국가의 화폐는 눈치만 슬슬 봐야 하는가? 그의 생각은 한마디로 간단했다. 세계 중심 통화 자리에서 달러를 밀어낼 수만 있다면 그 어떤 대가를 지불해도 좋다는 것이었다. 그는 생각에만 머무른 것이 아니었다. 직접 행동으로도 옮겼다.

드골은 1957년과 1958년 두 차례에 걸쳐 프랑화를 평가 절하했다. 이를 통해 프랑스의 수출은 크게 증가했다. 달러 준비 자산 역시 급증했다. 이때 드골은 경제 고문 뤼프로부터 브레턴우즈 체제의 최대 약점은 '금'에 있다는 말을 들은 직후였다. 그는 '금'을 돌파구 삼아 '달러화 제국'을 무너뜨리겠다는 대담한 발상을 했다. 일단 브레턴우즈 체제만 붕괴된다면 프랑화가 마르크, 리라 등의 다른 국가 화폐를 제치고 세계 중심 통화로 부상하는 것은 어렵지 않을 것이라고 판단했다.

이렇게 해서 프랑스는 1958년부터 1966년까지 미국에 매년 평균 400톤의 금을 태환해 달라고 요구했다. 이로써 프랑스의 금 보유량은 다시 서독을 초과할 수 있었다. 하지만 유럽의 다른 국가들은 미 재무부의 위세에 눌려 있었다. 달러를 금으로 태환하겠다는 말을 감히 입밖에 내지도 못했다.

미국 역시 기세등등했다. 표면적으로는 세계 금융 질서를 안정시키기 위해 유럽 각국의 금 태환을 제한한다고 외쳤다. 이 말이 내포한 것은 대단히 분명했다. 달러로 금을 바꾸려는 국가는 모두 세계 금융 질서를 파괴하는 '공공의 적'이라는 엄포라 해도 과언이 아니었다.

물론 미국은 프랑스를 눈엣가시로 여겼다. 하지만 미국으로서도 협박이나 회유조차 먹히지 않는 드골을 어쩔 도리가 없었다. 가만히 두고 볼 수밖에 없었다. 1961년 유럽의 각국 중앙은행은 급기야 미국의 강요를 견디지 못했다. 금의 가격을 공정 가격인 1온스당 35달러 가까이 유지하기 위한 제도인 '골드 풀(gold pool)' 결성에 나서야 했다. 그럼에도 불구하고 달러화 유동성은 줄어들지 않았다. 오히려 범람이라는 말이 지나치지 않을 정도로 늘어났다.

1964년 린든 존슨이 미국 대통령으로 당선되었다. 그 역시 애석하게도 취임 직후 기존의 대통령들과 하등 다를 바 없이 행동했다. 재정 지출을 줄여 국제수지 균형을 도모할 방법은 생각하지 않고 엉뚱하게 '위대한 사회(Great Society)' 계획과 베트남 전쟁을 더욱 격화시키는 방안만 내놓은 것이다. 더구나 이 두 가지는 모두 막대한 자금을 필요로 하는 엄청난 프로그램이었다. 존슨의 '위대한 사회' 계획은 정말이지 만만치 않은 프로젝트였다. 도시 미화 및 오염 처리, 빈곤 퇴치 및 고용 증대, 사회보장기금, 교육 및 시민권 증대, 낙후 지역 개발 및 고속도로 건설, 독거노인과 고아 지원 등의 현안과 관련한 내용이 무려 115가지나 포함돼 있었다. 그중 위생, 교육, 낙후 지역 개발 등 세 가지 항목에 지출한 비용만 1965년 81억 달러에서 1966년 114억 달러로 늘어났다.

베트남 전쟁에 무차별 투입한 전비는 더욱 엄청났다. 미군은 1965년 초부터 베트남 북부 지방에 대규모 폭격을 감행했다. 더불어 3월 8일에는 지상군이 베트남 본토에 상륙했다. 이후 베트남 전쟁은 더욱 격렬해졌다. 전쟁이 절정으로 치달은 1968년 베트남에 주둔한 미군은 무려 53만 명에 달했다. 사실 '위대한 사회' 계획 하나만 해도 미국 정부로서는 감당하기 어려웠다. 국가 재정을 전부 쏟아부어도 모자랄 판이었다. 그런데 여기에 베트남 전쟁까지 수행해야 했으니 설사 가상이 따로 없었다. 실제로 미국은 이 베트남 전쟁에 총 4,000억 달러를 투입했다. 그럼에도 존슨은 두 가지 중 어느 하나도 과감하게 포기하려 하지 않았다. 심지어 자신만만하게 이런 말까지 했다.

"미국을 개국한 선배들은 한 손에 총을 들고 적들과 싸우면서 다른 한 손에는 도끼를 들었다. 그렇게 했는데도 국가를 재건해 전 국민의 먹고 입는 문제를 해결했다."

존슨은 국가 재정이 고갈될 것이라는 걱정 따위는 아예 하지도 않았다. 하긴 미국 입장에서는 돈이 모자라면 찍어내면 그만이었다. 달러를 찍어내면 바보 같은 유럽인들이 알아서 미국의 재정 적자를 메워줄 테니 말이다.

미국 정부의 무절제한 재정 지출은 급기야 프랑스를 위시한 유럽 각국의 강렬한 분노를 불러일으켰다. 1965년 프랑스은행은 기존 달러 준비 자산 일부와 새로 유입된 달러 준비 자산 전부를 금으로 태환할 것이라고 공개적으로 선언했다. 그 이전까지만 해도 프랑스는 미국 정부의 체면을 살려주기 위해 크게 소문내지 않고 금 태환을 요구했다. 그러나 이때는 상황이 달랐다. 이제 더 이상 참지 못하겠다며 공공연하게 미국에 어깃장을 놓기 시작한 것이다. 미국 달러를 보유하고 있는 다른 국가들은 모두 속으로 드골에게 진심에서 우러나오는 박수갈채를 보냈다. 드골은 여기서 그치지 않았다. 국제 통화 시스템에서 금의 역할을 강조했을 뿐만 아니라 달러화와 파운드화의 세계 중심 통화 지위를 약화시키기 위한 화폐 개혁 방안까지 제안했다.

드골의 생각은 그다지 복잡하지 않았다. 그가 생각하기에 미국과 영국은 대서양을 사이에 두고 형제처럼 상부상조하고 있었다. 그러면서 국제 통화 시스템을 지배했다. 따라서 달러화를 물리치기 위해서는 먼저 파운드화를 무너뜨리는 것이 당연한 수순이었다.

공교롭게도 이 무렵 영국은 사면초가에 몰려 있었다.

종전 후 영국은 옛 영광을 못 잊어 '파운드 블록'을 재건하기 위한 노력을 아끼지 않았다. 그러나 미국의 훼방 때문에 소원을 이룰 수 없었다. 더구나 1956년 수에즈 운하 위기 때 미국의 금융 제재를 당한 후부터는 식민지 제국 재건에 대한 꿈을 완전히 접고 말았다.

사실 제2차 세계대전 기간에 영국의 식민지 국가들은 영국의 수출에 상당히 큰 기여를 했다. 이에 따라 영국의 파운드 준비 자산 역시 대폭 증가했다. 그러나 미국은 이를 용납하지 못하고 1947년 영국에 압력을 가했다. 영국은 미국의 압력을 못 이겨 파운드 자산을 풀었고, 그 결과 심각한 위기에 빠졌다. 파운드의 신용이 바닥으로 추락한 것이다. 이에 과거 식민지 국가들이 경쟁적으로 영국 파운드에 등을 돌리고 미국 달러를 추종하기 시작했다. 이런 부득이한 상황에서 영국은 재차 파운드 준비 자산을 동결하는 조치를 취해야 했고, 이로 인해 천문학적인 외채 부담을 안게 되었다.

영국은 숨도 쉬지 못할 지경이 돼버렸다. 실제로 세계 경제가 약간만 흔들려도 영국 파운드는 심각한 신뢰 위기에 시달려야 했다. 1948년부터 1982년까지 34년 동안 영국 재정은 무려 32차례나 적자를 기록했다. 따라서 종전 후 유럽 각국의 산업과 기술이 비약적으로 발전하는 호황기에도 영국의 재정은 파운드 준비 자산, 외채 부담, 방대한 해외 군비 지출 때문에 항상 쪼들렸다. 당연히 다른 국가들처럼 빠른 경제 성장을 추진할 수 없었다. 1960년 영국의 준비통화는 10억 파운드에 지나지 않았다. 그러나 외채 규모는 무려 30억 파운드에 달했다. 1960년대 말에는 외채 규모가 다시 기록을 경신해 60억 파운드를 넘어섰다. 명실상부한 '유럽 경제의 환자'로 전락한 것이다.

이때 프랑스는 금을 이용해 영국 파운드를 공격한 것도 모자라 파운드화의 위상을 약화시키기 위해 언론의 힘까지 총동원했다. 프랑스가 계속 파운드화로 금을 바꿈으로써 대출을 제공하는 방법으로 파운드화를 구제하려던 G10과 IMF의 노력은 번번이 수포로 돌아갈 수밖에 없었다. 게다가 결정적인 시기에 서독까지 영국을 배신했다. 서독은 "파운드화 평가 절하는 서독 각계각층의 공통된 목소리"라는 이유로 파운드화 구제를 단호하게 거부했다. 1967년 11월, 영국은 '파운드화 보위전'을 개시한 지 3년 만에 항복을 선언했다. 파운드화 가치는 즉각 14.3% 하락했다. 파운드화의 평가 절하로 인해 국제 시장에서는 달러 매각 및 금 매입 붐이 형성되었다.

1968년 3월 17일 미국이 온갖 심혈을 기울여 경영해 온 '골드 풀'이 활동을 멈추었다. 3월 말 존슨 대통령은 재선을 위한 도전에 나서지 않을 것이라고 공개적으로 선언했다. 이에 따라 베트남 침공과 관련한 신년 계획도 흐지부지 중단될 수밖에 없었다. 이 시기를 전후해 〈월스트리트 저널〉이 "유럽의 금융가들은 평화의 책임을 우리에게 묻고 있다. 유럽 채권자들은 이미 우리 대통령 하나를 사퇴하도록 만들었다. 이는 미국 역사에 유례가 없었던 일이다"[15]라는 내용의 참담한 보도를 한 데는 그럴 만한 이유가 있었다.

그러나 세상은 변하는 법. 프랑스가 '달러화 제국'을 향해 이제 막 전면적인 공세를 취하려 할 때 극적인 사건이 발생했다. 이 사건은 지금까지의 전세를 완전히 역전시키기에 충분했다. '골드 풀' 제도를 폐지한 지 5일 후인 3월 22일 파리의 한 대학 학생들이 캠퍼스를 점령하고 폭동을 일으켰다. 다른 대학들도 빠르게 가담했다. 이 사건은 급기야 '5월 혁명'으로 확대됐다. 프랑스 사회는 공황 상태에 빠져들었다.

사건의 원인은 분명하게 밝혀지지 않았다. 그러나 사건의 결과는 매우 분명했다. 요컨대 프랑스는 미국에서 가져온 금을 고스란히 미국으로 돌려보냈고, 드골 역시 대통령 자리에서 물러났다.

5월 혁명은 외환 시장에도 예기치 않은 큰 파란을 몰고 왔다. 프랑화의 대규모 매도로 인해 프랑화 가치가 수직 하락한 것이다. 5월 29일 프랑스은행 총재는 미 FRB에 전화로 구제를 요청했다. 미국의 대답은 아주 냉정했다.

"달러를 공짜로 빌려줄 수는 없다. 프랑스에는 금이 많지 않은가? 금을 팔아 달러를 사라."

궁지에 몰린 프랑스는 1온스당 35달러의 가격에 금을 팔겠다고 했다. 그러나 미 재무부는 가격을 10% 더 낮추라고 요구했다. 사실 미국은 금이 절박하게 필요했다. 게다가 당시는 금 가격이 상승세였다. 그럼에도 미국이 터무니없는 요구를 한 데는 다 이유가 있었다. 요컨대 프랑스를 골탕 먹이려 했던 것이다. 하지만 이때는 미국 말고도 1온스당 35달러에 금을 사겠다고 나선 국가와 기구가 IMF를 비롯해 매우 많았다. 양측은 최종적으로 금 판매 가격을 35달러로 정했다. 거래는 프랑스가 파리에서 IMF에 금을 인도하면, 이어서 IMF가 뉴욕연방준비은행에 그것을 다시 인도하는 식으로 합의했다. 이에 따라 1968년과 1969년 프랑스는 울며 겨자 먹기로 미국에 9억 2,500만 달러어치의 금을 팔았다.[16]

프랑스는 미국의 금 보유량을 바닥내기 위해 열심히 달러를 모았다. 그러나 결과적으로 몇 년 동안 헛수고만 한 셈이 되고 말았다.

## 브레턴우즈 체제의 붕괴와 채무 제국의 수립

프랑스는 미국과의 통화 패권 전쟁에서 패배했다. 그러나 프랑스가 불러일으킨 금 태환 붐은 전 세계로 확산됐다. 마지막에는 브레턴우즈 체제의 붕괴를 촉발하는 원동력이 됐다.

1971년 8월 15일 닉슨 미 대통령은 미국의 '황금 창구'를 폐쇄하고 달러의 금 태환을 금지한다고 선언했다. 이로써 미국이 주도하는 브레턴우즈 체제는 역사의 뒤안길로 사라졌다.

미국은 금과 달러의 교환 비율을 새로 고정하는 방법을 채택할 수도 있었다. 루스벨트 대통령이 1934년 금 대비 달러 가치를 과감하게 평가 절하한 것처럼 말이다. 실제로 혹자는 종전 후 25년 동안 달러화가 과잉 공급된 현실에 비춰 달러의 가치를 금 1온스당 72달러로 평가 절하할 것을 제의하기도 했다. 미국은 겉으로는 이것을 받아들이는 듯했다. 그러나 속으로는 딴 궁리를 하고 있었다. 당시 미국은 더 이상 '허수아비 황제'인 금이 필요하지 않았다.

달러화는 이미 오랫동안 세계 기축통화로 군림해 왔다. 사람들이 원하든 원치 않든 브레턴우즈 체제하에서 달러화는 세계 각국의 통화 시스템에 깊숙이 침투해 있었다. 달러화의 속박에서 벗어나려 하면 할수록 더 큰 역효과만 불러올 뿐이었다.

이처럼 25년 동안 미국은 달러화를 이용해 금과 세계 경제의 연결 고리를 끊어버리는 데 가볍게 성공했다. 금을 보유하고 있는 중앙은행 외의 일반 서민들은 일상생활에서 금보다 달러를 사용하는 데 더 익숙해졌다. '달러로 금을 대체하는' 미국의 '달러화 전략'은 이때에 이르러 거의 성공한 것이나 다름없었다.

금환본위제에서 달러본위제로의 이행은 전 세계에 심각한 영향을 미쳤다. 40년이 지난 지금까지도 심심찮게 그 영향이 거론되고 있을 정도다. 지난 40년 동안 세계 경제는 매우 크게 성장했다. 사회 역시 많이 발전했다. 그러나 위기도 그림자처럼 항상 따라다녔다. 게다가 위기의 범위, 깊이와 지속 시간을 보면 1930년대의 대공황에 점점 근접하고 있다는 우려를 지우기 어렵다. 현재의 국제 통화 시스템이 근원적인 문제점을 안고 있다는 사실은 많은 사람들이 공감하는 것이기도 하다.

달러화가 세계 기축통화 자리에 계속 머물러 있는 한 미국의 국채는 사실상 세계 각국의 주요 준비 자산이 될 수밖에 없다. 따라서 세계 경제가 성장하면 할수록 각국 화폐의 미국 국채에 대한 의존도는 커진다. 국제 무역이 성장하면 할수록 달러화 수출에 대한 압력도 커질 수밖에 없다. 달러화는 마치 파종기처럼 세계를 주유하는 과정에서 미국 국채의 '씨앗'을 각국의 금융 시스템에 뿌려놓았다. 또 계속 뿌리고 있다. 따라서 앞으로 채무 이자가 증가할수록 달러화에 대한 수요 역시 더불어 증가하지 않을 수 없다. 달러화와 미국 국채가 상호 수요를 기반으로 기하급수적인 증가세를 보일 것이라는 사실은 더 말할 필요도 없다. 주지하다시피 미국의 채무는 이미 위험한 '언색호'를 형성했다. 미국 경제가 무거운 부담을 이겨내지 못할 경우 이 언색호의 둑은 바로 무너질 가능성이 크다.

**언색호**
지진, 화산 등으로 무너져 내린 흙이나 돌이 강의 흐름을 막아 생긴 호수.

과거 '트리펜 딜레마'는 사람들의 주목을 끌지 못했다. 수십 년 후에나 발생할 위기에 대한 경고였으니 그럴 만도 했다. 그러나 만약 그날이 앞당겨 온다면 어떻게 할 것인가? 아마 모든 것을 운명에 맡겨야 할 것이다.

오늘날 달러화와 미국 국채에 내재된 문제점이 낱낱이 밝혀졌다.

그런데도 사람들은 여전히 대수롭지 않게 여기고 있다. 그러나 역사는 우리에게 미국의 '채무 언색호'가 결국은 붕괴하고 말 것이라는 경고의 메시지를 분명하게 보내고 있다.

# 제5장

# 재기를 노리는 중국과 일본의
# 산업화 각축

제2차 세계대전 이후부터 지금까지 60여 년 동안의 경제 발전 상황을 살펴보면 '전반전'에는 일본이 앞섰다. 그러나 '후반전'에는 중국이 위력을 과시하면서 기염을 토하고 있다. 지금은 쌍방의 실력이 거의 비슷한 상태에 있다. 그렇다면 중국은 최종적으로 일본을 넘어설 수 있을까? 아니면 일본이 20여 년에 걸친 경제 침체를 극복하고 다시 기적을 발휘할 수 있을까?

오늘날의 세계 경제 판도는 미국, 유럽, 아시아 3자가 병립하는 구도로 형성되어 있다. 19세기는 영국의 세기였다. 또 20세기는 미국의 세기였다. 이어 21세기는 아시아의 세기라고 말할 수 있다. 여기에는 그럴 만한 근거가 충분히 있다. 오늘날의 세계 경제 발전 추이를 살펴보면 그럴 가능성이 분명하다고 단언해도 좋다.

20세기의 패자 미국의 어려움은 경제에 있다. 또 유럽의 위기는 정치에 있다. 그렇다면 아시아의 문제점은 어디에 있을까. 과거 역사에 있다고 볼 수 있다.

중국과 일본의 관계는 프랑스와 독일의 관계와 비슷하다. 과거에는 원수였다. 그러나 지금은 사돈 관계처럼 가깝고도 멀다. 제2차 세계대전 이후부터 지금까지 60여 년 동안의 경제 발전 상황을 살펴보면 '전반전'에는 일본이 앞섰다. 그러나 '후반전'에는 중국이 위력을 과시하면서 기염을 토하고 있다. 지금은 쌍방의 실력이 거의 비슷한 상태에 있다. 그렇다면 중국은 최종적으로 일본을 넘어설 수 있을까? 아니면 일본이 20여 년에 걸친 경제 침체를 극복하고 다시 기적을 발휘할 수 있을까? 현재로서는 이렇게 될 가능성에 의문부호가 붙는다. 그만큼 중국의 실력이 커졌다는 얘기이기도 하다.

양국의 각축은 새로운 것이 아니다. 제2차 세계대전 직후인 1950년대 쌍방의 실력이 엇비슷할 때 벌인 대결의 복사판이라 해도 크게 틀리지 않는다.

중국은 당시 구소련으로부터 24억 달러에 달하는 경제 지원을 받았다. 이후 156개 중점 프로젝트 건설에 나섰다. 전면적인 산업화의 서막을 열어젖혔다. 반면 일본은 미국으로부터 41억 달러에 달하는 직접 및 간접 지원을 등에 업고 전후 경제 부흥에 나섰다. 1950년대 중반까지만 해도 중국과 일본의 경제 발전 수준은 거의 비슷했다. 기본적으로 일본의 산업화가 중국보다 앞섰다. 인재와 기술적인 면에서도 중국보다 훨씬 앞섰다. 그러나 제2차 세계대전 후 일본 정부는 한동안 정치적 지도력을 상실했다. 이에 따라 산업 발전과 대외 무역도 아주 위태위태한 회복 단계에 있었다. 이에 비해 중국은 산업화 기반이 약했다. 그러나 소련이 대규모 경제 지원과 1만 8,000여 명의 전문가를 대대적으로 지원한 데 힘입어 국력을 한 단계 높은 차원으로 끌어올렸다. 그 결과 1950년대에 중국 경제는 세계 경제와의 차이를 급속하게 줄일 수 있었다.

중국과 일본의 경제 마라톤의 전환점은 1955년이었다. 이때 중국은 전략적 안목이 대단히 짧았다. 수많은 착오를 거듭했다. 반면 일본은 세계의 자원 시장을 충분히 활용했다. 경제 발전을 적극적으로 추진했다. 1960년대에 세계는 급속한 산업화 시대를 구가했다. 그러나 중국은 그 소중한 20여 년의 발전 기회를 놓치고 말았다.

중국은 지난 역사를 되풀이하지 말아야 한다. 그러려면 반드시 당시의 전략적 차이가 무엇이었는지 돌아봐야 한다. 또 그 격차가 왜 악화됐는지 또한 검토해야 한다.

# 루블화를 앞세운 러시아 버전의 마셜 플랜

1950년 발발한 한국전쟁은 유럽의 세력 구도를 완전히 재편했다. 그뿐만 아니라 아시아의 운명 역시 바꾸어놓았다. 우선 한국전쟁의 주요 참전국인 중국은 소련과 동맹을 맺었다. 그러자 '좁쌀과 소총'으로 무장한 중국 인민해방군과의 3년에 걸친 치열한 대결에서 명예롭지 못하게 정전 협정을 체결한 미국은 추후 보복 조치를 단행했다. 중국에 대해 전면적인 경제 봉쇄 정책을 실시한 것이다.

당시 중국은 건국한 지 채 1년도 되지 않았다. 낙후한 농업국에 지나지 않았다. 강력한 산업국으로 환골탈태하기 위해서는 외부의 도움이 절실했다. 그러나 당시의 역사적 배경을 봤을 때 중국의 산업화에 힘을 실어줄 역량을 가진 나라는 딱 둘밖에 없었다. 세계 패권을 다투는 소련과 미국, 두 슈퍼 강대국뿐이었다. 하지만 그중 미국은 오래전부터 중국 공산당의 숙적인 장제스 국민 정부를 지원해 온 사실상의 가상 적국이었다. 또 제2차 세계대전 종식 후 공산주의 진영의 맏형인 소련과 전 국력을 경주해 치열한 냉전을 벌이고 있었다. 따라서 이데올로기가 전혀 다른 공산당이 집권한 중국의 산업화에 필수적인 기술을 비롯해 설비, 인재, 자금 등을 지원할 이유가 없었다. 결론적으로, 중국의 산업화를 지원할 수 있는 외부 역량은 소련 외에 없었다.

제2차 세계대전 후 중국과 인도를 비롯한 개도국과 식민지 국가들은 산업화가 부국강병의 유일한 출로임을 절감했다. 그러나 산업 경제는 전통적인 농업 경제에 비해 훨씬 복잡했다. 산업혁명은 단순히 공장 건설, 설비(장비) 수입, 원자재 구입, 생산 조직 및 판매에만 그치는 것이 아니었다. 에너지를 비롯해 철강 및 석탄 생산, 설비 제조, 석유화학 산업, 전자 산업, 인프라, 교통 운송, 상업 무역, 금융, 교육 등 여러 분야의 협력까지 필요로 했다. 말할 것도 없이 당시 대다수 농업국들은 산업화에 필요한 인력, 물력, 재력 기반이 전반적으로 취약했다. 따라서 제2차 세계대전 이후 60여 년 동안 부상한 신흥 산업 강국은 대단히 적을 수밖에 없었다.

1949년 2월 스탈린은 행동을 개시했다. 아나스타스 미코얀(Anastas Mikoyan) 제1부총리를 특사로 중국에 보낸 것이다. 미코얀은 예정대로 허베이 성 시바이포(西柏坡)에서 마오쩌둥을 비롯한 중국 지도자들과 만났다. 소련으로서는 시혜를 베푸는 입장이었으니 거의 모든 지도자를 만났다고 해도 좋았다. 마오쩌둥 등을 만난 뒤 미코얀은 스탈린에게 중국에 대한 인상을 솔직히 털어놨다.

"중국 공산당은 인플레이션을 어떻게 통제해야 하는지 모르고 있습니다. 외국 기업에 대해 어떤 태도를 취해야 하는지도 알지 못합니다.

제염, 담배, 주류 등의 산업을 국가가 어떻게 독점해야 하는지도 알지 못합니다. 또 4대 가문(장제스를 비롯한 중국 국민당의 최고 실력자 가문 –옮긴이)이 남긴 거액의 자산을 국유화하는 문제에 대해서도 아무런 준비를 하고 있지 않습니다. 대외 무역의 독점에 대해 알지 못하는 것은 당연합니다. 물론 공산당 지도자들은 일반적인 정치, 당무, 국제, 농민, 경제 문제 등에 대단히 능통했습니다. 또 자신감이 넘쳤습니다. 그러나 역시 경영이나 관리에 대해서는 거의 깜깜했습니다. 지식이 거의 없었습니다. 각종 산업, 운송업, 은행에 대한 개념도 아예 모호했습니다. 중국의 기업과 경제 상황에 대한 이해가 뛰어나다고 하면 아마 거짓말일 것입니다. 한마디로 어떻게 해야 할지 몰라 우왕좌왕하고 있습니다. 중국 공산당 지도자들의 사고방식은 현실과 많이 괴리돼 있습니다."

하긴 그럴 수밖에 없었다. 이때만 해도 중국 공산당 지도자와 간부들은 적 후방에서의 장기적인 게릴라전, 대도시와 멀리 떨어진 농촌 근거지를 주축으로 한 무장 투쟁에만 길들여져 있었다. 복잡다단한 산업화 요구를 도저히 충족시킬 수 없었다. 관련 통계 자료에 따르면 1950년대 초반 화북 지역의 공산당원은 150만 명이었다. 그런데 그중 130만 명이 문맹 또는 반(半) 문맹이었다. 그나마 간부들의 상황은 조금 나았다. 약 50%가 문맹이거나 반 문맹이었다. 이 때문에 공산당은 산업화를 추진하기 전에 대규모 문맹 퇴치 운동을 먼저 벌여야 했다. 그 결과 2~3년 후에는 간부들의 문맹을 거의 퇴치할 수 있었다. 일반 당원들의 문맹 퇴치 기간은 다소 길어서 5년 이상이 걸렸다.

이런 상황에서 산업 기술 확산에 필요한 핵심 인재를 충분히 보유하지 못한 것은 당연했다. 진짜 말도 안 되게 부족했다. 게다가 공산당과의 싸움에서 패한 장제스 국민 정부와 함께 대만으로 도주하지 않고 잔류를 선택한 연구 기관과 인력 역시 기가 막힐 정도로 적었다. 관련 통계에 따르면, 이때 잔류한 국민 정부 중앙과학원 산하 13개 연구소의 연구 인력은 고작 207명에 불과했다. 이들의 전문 학과도 대부분 물리, 수학, 생물, 지질, 인문과학 등 이른바 순수 학문 분야였다. 베이징과학원 산하 9개 연구소의 잔류 연구 인력은 더욱 한심했다. 고작 42명에 지나지 않았다. 그 밖에 중국 전역에 분산되어 일하던 지질 전문가는 200명 안팎에 불과했다. 그나마 엔지니어는 조금 나았다. 2만 명 안팎에 달했다. 그래도 엄청난 인구에 비하면 터무니없는 규모였다. 심지어 중국 최대 제철소인 안산철강회사의 경우 고작 70여 명의 엔지니어만 남아 있었다. 게다가 그중 62명은 언제 본국으로 떠날지 모를 일본인 엔지니어였다. 이처럼 제한된 인력 자원이 보유한 산업화 기술 수준이 보잘것없는 것은 당연했다. 제2차 세계대전 직후의 독일과 비교해도 수십 년의 격차가 있었다. 이런 상황에서 경제 시스템 계획, 현대화된 산업을 위한 생산 조직, 금융 무역 서비스 등의 여타 분야 인재를 기대한다는 것은 언감생심이었다. 실제로도 이런 인재는 아예 없었다. 한마디로 인재 결핍은 중국 산업화를 저해하는 최대 걸림돌이었다.

사실 산업화는 거대한 자본 축적을 필요로 한다. 특히 농업국은 더욱 그렇다. 산업화에 필요한 자금난을 해결하기 위해서는 최소한 농업 분야에서의 대대적인 자본 축적과 외부 지원에 의존할 수밖에 없다. 그러나 개도국은 기본적으로 외화 공급에 어려움이 따르기 마련이다. 하지만 아무리 상황이 어렵더라도 기반이 취약한 농업을 통해 자본을 축적하고, 외국의 첨단 기술과 설비를 도입해야 한다. 실제로 외화는 산업화 과정에서 주로 기술 확산에 필요한 설비와 원자재 수입에 사용되는 경우가 대부분이다. 따라서 외국 원조, 외국인 투자나 외국 차관 유치는 모두 산업화에 필요한 기술 확산을 위한 것이라고 단언해도 좋다.

중국은 한국전쟁을 통해 과거 이루지 못한 놀랄 만한 성과를 거두었다. 압록강까지 돌진했던 미국을 위시한 유엔군을 38선 이남으로 몰아내는 데 성공한 것이다. 이를 계기로 중국은 1세기 동안 서구 열강 및 일본과의 군사적 대결에서 참패를 거듭하던 수동적인 국면을 완전히 반전시켰다. 그뿐만 아니라 동북 지역 및 중국 산업화의 전략적 안전지대를 공고히 할 수 있었다. 나아가 중국과 전면전을 벌이려던 미국 행정부의 정책을 완전히 돌려놓았다. 미국은 이때 중공군의 군사력을 얼마나 과소평가했는지 확실하게 경험할 수 있었다. 10여년 후 터진 베트남 전쟁에서 북위 17도 선을 넘어설 엄두조차 내지 못한 것은 다 그럴 만한 이유가 있었던 듯싶다. 이 점에서는 소련 역시 미국과 크게 다르지 않았다. 중소 관계가 악화된 후 소련이 중국을 침략할 엄두조차 내지 못한 것은 한때 과소평가했던 중국의 막강한 군사력을 고려했기 때문이다. 이처럼 중국은 군사력을 바탕으로 1960년대에 산업화를 위한 안정적인 여건을 마련할 수 있었다.

한국전쟁은 또 스탈린으로 하여금 중국에 대한 편견을 버리게 만들었다. 나아가 중국 산업화에 대한 소련의 지원을 강화하는 데 크게 일조했다. 이에 대해서는 저우언라이도 솔직하게 인정한 바 있다. "스탈린은 항미원조 시기가 돼서야 중국에 대한 편견을 버렸다"고 언급한 것이다. 마오쩌둥 역시 "스탈린이 중국 공산당을 신뢰하게 된 중요한 원인 중 하나는 바로 항미원조였다"고 말한 적이 있다. 그러나 스탈린이 사망한 후 소련 공산당 중앙위원회 제1서기로 올라선 흐루쇼프는 그보다 더했다. 중국의 미사일 및 핵무기 개발 등 국방 건설에 대한 실질적 지원을 스탈린 때보다 더욱 강화한 것이다.

중국의 산업화 시작 단계인 1950년대에 소련은 총 66억 루블을 지원했다. 16억 5,000만 달러에 상당하는 이 금액은 당시 미국이 마셜 플랜을 통해 독일에 제공한 원조 금액(14억 5,000만 달러)을 웃도는 규모였다. 그러나 중국을 지원한 것은 소련만이 아니었다. 소련 주도 아래 동유럽 사회주의 국가들 역시 중국에 도합 30억 8,000만 루블에 해당하는 기술과 설비의 지원을 아끼지 않았다.[1] 이처럼 중국은 사회주의 진영으로부터 총 24억 달러에 이르는 산업화 전용 원시 자본을 확보할 수 있었다.

중국은 이 자본을 이용해 산업화를 강력하게 추진했다. 에너지를 비롯해 야금, 기계, 화학 공업, 국방 등의 분야에서 총 156개 중점 프로젝트를 추진했다(실질 완공 건수는 150건). 이처럼 중국은 외국 자본에 의존해 5년 만에 사유화 경제를 국유화 경제로 전환하는 데 성공했다. 이는 원래 계획을 10년이나 앞당긴 쾌거였다. 물론 이들 자금은 무상 지원금이 아니었다. 대량의 값싼 농산품과 산업용 기초 원자재 등을 제공하는 조건으로 확보한 자금이었다.

중국은 이때까지 산업혁명을 전혀 겪어보지 못했다. 따라서 산업화에 필요한 부문 간 상호관계, 우선순위, 조화로운 투자 비율 등에 대해 거의 몰랐다. 당연히 산업화에 관한 모든 것을 처음부터 하나하나 배

위야 했다. 산업화에서는 특히 치밀한 계획 수립이 대단히 중요했다. 저우언라이, 천원(陳雲), 보이보(薄一波) 등 6인의 지도 소조가 1951년 2월부터 제1차 5개년 계획에 대한 타당성을 검토하기 시작한 것은 이 때문이었다. 이렇게 해서 2년 넘게 걸려서야 이 계획의 핵심 원칙을 나름대로 확정할 수 있었다. 그러나 제1차 5개년 계획의 핵심 원칙을 확정했음에도 미세한 실수는 있었다. 무엇보다 총투자에서 군수 산업이 차지하는 높은 비중을 간과했다. 그뿐만이 아니었다. 성장 목표를 지나치리만큼 높게 책정해 인재와 물자의 집중적인 활용에 상당한 어려움이 따랐다. 또 산업화와 인적 자원이 풍부한 수공업 간의 연동 분야에서 여러 가지 문제점이 노출됐다. 곡물 및 농업 원자재의 공급 보장, 민생 개선 등의 분야에서도 난제가 속출했다. 그러나 다행히 계획경제의 선구자인 소련 전문가들이 큰 도움을 주었다. 그들 덕분에 문제점을 하나씩 극복할 수 있었다.

중국은 이처럼 어렵사리 제1차 5개년 경제 발전 계획의 청사진을 마련했으나 공산당 지도자들은 산업화의 우선순위, 조화로운 투자 비율, 산업 부문 간 상호관계 등 거시적인 경제 원리에 대해서는 그야말로 어렴풋하게만 알고 있을 뿐이었다. 효율적인

▎1950년대 소련은 중국에 1만 8,000여 명의 기술자를 파견했다.

실행 방법에 대해서는 그 누구도 아는 사람이 없었다.

소련의 경우도 비슷한 위기를 겪은 적이 있었다. 1922년부터 1927까지의 산업화 단계 때였다. 그러나 당시 소련은 독일과의 협력을 강화할 수 있었다. 독일 엔지니어와 군사 전문가들의 전폭적인 지원이 큰 힘이 됐다. 만약 이들의 지원이 없었다면 '10년 내에 낙후한 농업국에서 강대한 산업국으로 부상하는 것'을 목표로 한 스탈린의 계획은 아마도 물거품이 됐을지 모른다.

소련의 도움으로 첨단 기술 장비가 속속 중국에 도착했다. 이 과정에서 수만 명의 중국 엔지니어들은 평생 동안 구경도 못했던 복잡한 생산 설비, 생산 공법, 러시아어로 작성된 기술 자료와 디자인 도면, 기술 및 제품 표준, 엄격한 원자재 기준 및 제조 방법 등을 처음으로 목격했다. 모두가 혀를 내둘렀다. 하지만 이런 첨단 장비도 산업 기술 기반이 취약한 중국으로서는 그림의 떡일 수 있었다. 이 장비들을 활용해 3~5년 만에 각종 첨단 기술 제품을 만들어내는 것은 쉬운 일이 아니었다. 실제로 중국은 특수 목적용 합금강, 스테인리스강, 강관, 제트기, 중형 탱크, 대구경 화포, 레이더, 자동차, 트랙터, 1만 톤급 선박, 대용량 화력 발전 및 수력 발전 설비, 대형 용광로 설비, 채탄기, 선반 등의 제품을 이때까지 만들어본 경험이 전혀 없었다.

하지만 명색이 신흥 산업국으로 부상하겠다는 목표를 내세운 중국 아니던가. 아무리 큰 장애물들이 앞을 가로막는다 해도 쉽게 포기할 수는 없었다. 허리띠를 졸라매서라도 난제들을 공략해야 했다. 물론 토종 엔지니어들의 힘만으로 기술적인 난제를 공략하는 것은 하늘의 별 따기처럼 어려운 일이었다.

다행히 이때 소련이 있었다. 직설적으로 말하면, 소련이 중국에 파견한 1만 8,000여 명의 전문가와 엔지니어들이 있었다. 이들은 중국의 산업화에 실로 중요한 역할을 했다. 그러나 경제 건설 시작 단계인 이 과정에서 중국은 또 다른 장애물을 만났다. 우선 산업 디자인 분야의 인재가 태부족이었다. 중국은 한국전쟁이 끝난 해인 1953년까지 고작 78개에 불과한 산업 디자인 기업을 보유하고 있었다. 게다가 기업별 평균 디자이너 역시 채 500명에도 미치지 못했다. 경제 건설의 수요를 충족하기에는 너무나 부족했다.

그렇다고 모든 조건이 충족되기를 무작정 기다릴 수도 없었다. 소련은 중국의 철강, 기계, 조선, 철도 운송, 지질 탐사 산업 등의 발전을 지원하기 위해 당초 예정대로 47개에 이르는 전문가 팀을 중국에 파견했다. 이후 중국의 수많은 산업화 프로젝트 공사 현장에서 노란 머리에 푸른 눈동자를 가진 장신의 소련 전문가들을 보는 것은 그다지 어려운 일이 아니었다. 그들은 중국 산업화의 '고문' 역할을 진지하게 담당했다. 현장에서 직접 중국 전문가들을 진두지휘했다. 이런 소련 전문가들의 전폭적인 지원에 힘입어 중국이 선정한 156개 중점 프로젝트는 빠른 속도로 진척되었다. 그 대표적인 사례로 지린 성 창춘(長春)의 제1자동차 제조 공장을 들 수 있다. 소련 전문가의 지원을 받아 겨우 3년 만에 가동된 공장이다. 공산당 중앙재경위원회에서는 이 사례에 근거해 소련의 지원 프로젝트를 다음과 같이 평가했다.

"토종 기술자들이 설계한 소형 공장 혹은 소형 개축 공장의 구조를 보면 미숙한 점이 많다. 또 낭비적인 요소도 적지 않다. 복잡한 공장 구조를 설계할 때 토종 기술자들은 소련 전문가들의 지원을 반드시 받아야 한다. 더불어 토종 고급 기술 인력을 대량 양성하기 전까지 소련의 디자이너와 엔지니어를 초빙하는 것이 좋은 방법이다. 자금을 절약하고 산업화를 촉진할 수 있기 때문이다."[2]

중국은 그러나 소련의 지원을 받을 때 너무 황송한 나머지 무형 자산의 가치를 간과하는 실수를 저질렀다. 당연히 무형 자산을 활용한 기술 확산 속도가 대단히 느릴 수밖에 없었다. 관련 무형 자산은 156개 중점 프로젝트에서 쉽게 찾아볼 수 있었다. 예컨대 수십만 건의 핵심 기술 특허료, 난제 해결 소요 시간 및 기술 난제 공략으로 창출된 시너지 효과, 디자이너들이 5개년 계획 실시 과정에서 창출한 종합적인 시너지 효과 등이 여기에 해당했다. 그 밖에 전문가들이 중대한 발전 전략 수립 과정에서 창출한 시너지 효과, 소련 전문가들이 중국 엔지니어 및 유학생을 양성하면서 창출한 지식 전파 시너지 효과 등 역시 중국이 간과한 무형의 가치라고 할 수 있다.

그럼에도 소련의 지원에 따른 생산성 증가는 대단했다. 산업별로 보면 소련 전문가들은 우선 석유 산업 분야에서 중국에 첨단 원유 탐사 기술을 전수했다. 이에 따라 중국 석유 산업의 노동 생산성이 세 배나 높아졌다. 소련 전문가들은 또한 전력 산업 분야에서 중국에 16가지에 이르는 첨단 시공법을 전수해 주었다. 그 결과 무엇보다 시공 원가가 크게 절감되었다. 공사의 주기 역시 크게 단축할 수 있었다. 석탄 산업 분야에서는 탄광 갱도의 수명이 소련 전문가들의 기술 지원 덕분에 20~40년이나 연장되었다. 철강 산업 분야에서도 중국의 제철 능력이 대폭 향상되었다. 제철 설비의 유지 보수 시간도 50%나 단축했다. 임업 분야라고 예외일 수는 없었다. 소련 전문가들의 지원을 통해 목재 손실률이 기존의 10분의 1 수준으로 낮아졌다. 그 밖에 농업 및 수리 관개 시설 산업 분야에서도 중국은 소련 전문가들의 지원을 통해 괄목할 만한 성과를 올렸다.

위의 무형 자산 가치까지 합산하면 아마도 중국이 소련으로부터 받은 지원 규모는 24억 달러를 훨씬 상회할 것이다. 어쩌면 무형 자산의 가치가 실제 지원 액수보다 훨씬 크다고 볼 수도 있다.

어쨌거나 1950년대 후반 중국은 소련의 지원에 힘입어 산업화 실현을 눈앞에

소련 전문가와 지원 설비. 소련이 지원한 프로젝트의 무형 자산은 지나치리만큼 저평가되었다.

두고 있었다. 그러나 갑자기 뜻하지 않은 변수가 발생했다. 이로 인해 산업화는 지체될 수밖에 없었다.


## 대약진 운동과 대몰락

부자가 되려 하는 가난한 자 앞에는 두 가지 선택이 있다. 그중 하나는 힘을 축적해 안정적으로 발전하는 것이다. 다른 하나는 '늪을 말려 고기를 잡는' 식으로 갖은 방법을 동원해 단시일 안에 거액의 부를 축적하는 것이다. 하지만 일확천금을 노려 아껴 먹고 아껴 쓰면서 모은 유한한 자금을 모두 사업에 투자하고, 매일 라면으로 끼니를 때우고, 눈

코 뜰 새 없이 바쁘다면 곤란하다. 급기야는 몸도 망가지고 돈도 날리는 낭패를 면치 못한다.

소련의 전폭적인 지원을 받아 산업화 실현을 눈앞에 둔 중국은 안타깝게도 두 번째 선택을 했다. 공산당 지도부가 이런 선택을 한 것은 1957년이었다.

마오쩌둥을 비롯한 중국 공산당 지도부는 제1차 5개년 계획이 소련의 대대적 지원으로 앞당겨 실현되자 흥분하지 않을 수 없었다. 전체 중국 사회 역시 마찬가지였다. 완전히 흥분의 도가니에 빠졌다. 심지어 당의 어용학자들은 아래와 같은 말을 입에 올리면서 분위기를 더욱 열광적으로 몰아갔다.

"우후죽순처럼 들어선 신규 공장과 생산 라인, 풀타임으로 돌아가는 공작 기계, 끝없이 쏟아져 나오는 산업 제품, 각양각색의 제품이 진열된 백화점과 시장, 갈수록 풍성해지는 농민들의 식탁은 사회주의 체제의 우월성을 충분히 구현하고 있다. 그뿐만 아니라 전란과 빈곤의 고통을 수없이 겪은 중국인으로 하여금 삶의 희망을 갖도록 하고 있다. 또 산업화로 비롯된 풍요로움과 번영은 사람들로 하여금 단시일 안에 선진국을 따라잡을 수 있다는 높은 자신감을 갖게 만들었다. 사람들은 산업화가 빠르게 추진될수록 부국강병의 목표 또한 더욱 확실하게 현실화할 수 있다고 믿는다."

그러나 공산당 지도부와 엘리트들이 간과한 사실이 있었다. 그것은 중국 산업화를 견인한 원동력이 상당히 취약한 기반을 갖고 있는 농업이라는 점이었다. 이는 당시 상황을 면밀하게 분석해 보면 잘 알 수 있다. 우선 중공업 육성에 필수적인 장비는 다른 것이 아니었다. 무려

85%나 값싼 농산물을 대량 수출한 돈으로 사들인 것이었다. 경공업 육성에 필수적인 원료의 90%와 1억 도시 인구 및 5억 농민이 매일 소비하는 곡물은 더 말할 것도 없었다.[3] 모두가 농업을 통해 확보한 것이었다. 이는 농업국 대부분이 산업화 시작 단계에서 보편적으로 직면하는 현상이기도 했다.

더구나 중국의 농업은 상당히 후진적이었다. 산업화 시작 단계에서도 여전히 자연 조건과 기후 변화의 영향을 크게 받았다. 이런 문제점은 제1차 5개년 계획 기간에 더욱 가시화되었다. 1952년부터 1957년 동안 중국에서는 풍년 두 번, 흉년 두 번, 평년작 한 번의 사이클이 나타났다. 그중 1954년에 발생한 대기근은 면화 및 곡물의 공급난을 초래했다. 이에 따라 방직업 등의 경공업 성장률이 1%에 그쳤다. 당시 농업과 경공업은 중국 소비재의 주요 공급원 역할을 했다. 자연스럽게 소비재 공급량이 감소하는 현상이 발생했다. 잇따라 상업의 부진과 국가 재정 수입의 감소 현상도 나타났다. 재정 수입 감소는 말할 것도 없이 투자 및 중공업 부진으로 이어졌다. 따라서 1954년과 1956년의 흉년은 각각 1955년과 1957년의 경제 성장에 직접적인 부작용을 초래할 수밖에 없었다.[4]

농업 발전 방안을 모색해야 한다는 사실이 분명해지고 있었다. 그러나 산업화가 먼저 일정 수준에 도달해야 했다. 그렇지 않으면 산업화 수요로 창출된 농업 기계 산업, 화학 비료 산업, 농약 산업, 대형 수리 관개 시설 건설업 등이 농업 발전에 실질적인 기여를 하기 어려울 터였다. 더구나 이에 앞서 산업화를 통해 더욱 취약해진 농업 기반을 보강할 필요도 있었다.

국가는 가정과 마찬가지라고 보면 된다. 제한된 재정 수입을 소비나 예금 목적으로 사용한다. 말할 것도 없이 빈곤한 가정은 소득 대부분을 일상 지출에 사용한다. 따라서 극히 일부 소득만을 예금할 수밖에 없다. 빈곤한 농업국 역시 크게 다를 바 없다. 국민소득을 축적하거나 소비할 때 똑같은 문제에 직면한다. 그중 축적은 국가 미래 발전의 잠재력을 의미한다. 또 소비는 대중을 위한 실질 소비를 뜻한다. 국민소득 축적이 없으면 미래 발전을 위한 원동력이 조용히 사라진다. 또 소비가 부진하면 국민은 일상생활을 유지할 수 없다. 따라서 국민소득의 축적 대 소비 비율을 적정하게 조절하는 것은 대단히 중요한 문제다. 국민소득의 축적 대 소비 비율이 지나치게 높으면 장기간 굶주리면서 고된 일을 해온 사람의 온몸이 망가지는 것과 같은 결과를 초래한다. 더구나 중국처럼 이제 막 먹고 입는 문제를 해결한 빈곤 국가에서 국민소득의 축적 비율이 25%를 상회하면 가뜩이나 취약한 농업 기반이 붕괴하는 최악의 결과를 초래할 수도 있었다.

그럼에도 중국은 이런 방향의 정책을 실시했다. 산업화를 위한 고도의 축적 단행은 농민이 필요로 하는 식량의 감소를 의미했다. 당연히 이는 장기적인 폐해를 초래했다. 또 전체 산업이 충분한 소비재를 생산해 등가 교환을 실현하지 못해도 문제가 발생할 수 있었다. 이 경우 농민은 사보타주를 할 수밖에 없다. 이는 또한 식량 감산과 더불어 경제적 재난으로 연결될 개연성이 농후하다. 여기에 연속적인 대흉년까지 겹친다면 농업은 말할 것도 없고 경공업, 중공업, 상업 등도 치명타를 입을 가능성이 높다. 더불어 재정 수입 역시 사상 최저치를 기록할 것이다. 그리고 산업 축적을 극도로 기형화된 산업 부문에 사용할 경우 거대한 낭비가 초래되면서 국운이 기울 수도 있다.

애석하게도 1958년부터 1960년까지의 '대약진' 기간에 위의 가설이 모두 현실로 나타났다!

대약진 시기에 국민소득의 축적 비율은 경이적이리만큼 높았다. 1957년 이 비율은 24.9%에 그쳤다. 그러나 1958년과 1959년에는 각각 33.9%와 43.8%로 급등했다. 1960년에도 여전히 39.6%라는 높은 수준을 유지했다. 이처럼 높은 국민소득 축적 비율은 취약한 농업 기반을 붕괴시킬 수밖에 없었다. 이로 인해 농민은 자신들이 축적한 식량을 소비하는 방식으로 산업화에 기여하는 수밖에 없었다. 이때 농민의 1인당 식량 보유량은 1956년 410근(246킬로그램)을 정점으로 계속 떨어졌다. 이 기록은 24년 후인 1980년 말까지도 깨지지 않았다. 이 같은 농업의 장기적 슬럼프는 중국 경제의 둔화를 초래할 수밖에 없었다.

파리 코뮌에서 유래된 인민공사 제도는 농민이 보유한 농기구 및 가축, 가금 등의 사유재산을 강제적으로 생산대의 소유(국유화)로 하는 것이었다. 식사도 마찬가지였다. 큰 식당에서 농민들이 무상으로 밥을 먹는 식으로 이뤄졌다. 그 결과 1분기에만 6개월분의 식량을 탕진했다. 더 안타까운 사실은 인민공사 제도를 실시한 이후 생산에 대한 농민들의 적극성과 책임감이 사라졌다는 것이다. 한마디로, 스탈린 시대 집단농장 제도의 폐해가 중국에서도 재현된 것이다. 게다가 해마다 자연 재해가 발생했다. 이로써 농업 생산은 심각한 쇠퇴기에 직면했다. 이는 통계가 잘 말해준다. 예컨대 1958년 중국의 실질 곡물 생산량은 2억 톤에 이르렀으나 1959년과 1960년에는 각각 1억 7,000만 톤,

> **파리 코뮌**
> 1871년 파리 시민과 노동자들의 봉기에 의해 수립된 혁명적 자치 정부.

吃飯不花錢
努力搞生产

| 인민공사 운동이 한창인 1958년. 함께 밥을 먹고 있는 중국의 노동자들

1억 4,350만 톤으로 급감했다. 면화의 경우는 더욱 심각했다. 이와 함께 농촌과 도시에서 기근이 급속도로 확산되었다.

막대한 피해를 불러온 농업의 희생을 바탕으로 상당한 규모의 중공업 투자 자금을 축적하는 것까지는 좋았다. 그러나 낭비가 심각한 수위에 이른 걸 보면 왜 이런 행태가 백해무익했는지 알 수 있다. 공산당 지도부는 당시 '산업의 쌀'로 비유하던 철강의 생산량을 국가 산업화의 상징으로 삼았다. 더불어 1958년의 철강 생산량을 1957년의 두 배인 1,070만 톤으로 늘리겠다는 야심찬 계획을 세웠다. 이어 1959년에는 3,000만 톤으로 늘릴 계획이었다. 이렇게 되면 중국은 15년 안에 영국을 추월하고 20년 안에 미국을 따라잡을 수 있을 것이라고 공산당 지도부는 판단했다. 이에 따라 북한의 '천리마운동'을 방불케 하는 운동이 벌어졌다. "모든 것을 오로지 철강 생산이라는 하나의 강령을 위해"라는 슬로건 아래 대륙 전역에서 대규모 철강 생산 운동을 벌인 것이다. 산업화는 고도로 복잡한 시스템 공학이다. 그래서 스탈린은 산업화를 추진할 때 농업에서 쌓은 대부분의 원시 축적 자본을 중공업 발전에 사용했음에도 비교적 합리적인 산업 시스템을 적용했다. 특히 중공업에 투자할 때는 이 점에 각별히 주의했다.

그러나 마오쩌둥은 완전히 달랐다. 그가 주도한 '대약진' 운동은 산업 경제 발전에 관한 모든 기본 원리를 철저하게 뒤집었다. 슬로건대로 오로지 철강 생산에만 매진했다. 산업화는 조화와 균형이 이뤄져야 한다. 그래야 시너지 효과를 창출할 수 있다. 그러나 중국은 아무런 준비 없이 범국민적 철강 생산 체제에 돌입했다. 이 때문에 급기야 전력난에 직면할 수밖에 없었다. 당황한 중국 공산당 지도부는 서둘러 전력난 해결에 나섰다. 그러자 이번에는 전력 생산의 주원료인 석탄 공급난이 발생했다. 엎친 데 덮친 격이었다. 이에 공산당 지도부는 "사람은 자신이 노력한 만큼 대가를 받을 수 있다"는 슬로건을 내걸고 사태 수습에 나섰다. 하지만 여의치 않았다. 석탄 공급을 늘리려면 운송 시스템이 발달해야 하는데 철도·도로 등의 교통 인프라와 기관차·자동차 등의 운송 수단이 하나같이 부족했던 것이다. 게다가 낙후한 민간 제강법으로 생산한 철강은 대부분 품질이 나빴다. 한마디로, 저질 철강 생산에 방대한 인력, 물력, 재력을 투입하면서 막대한 낭비를 초래한 것이다. 또 철강 생산을 명목으로 귀중한 삼림 자원 역시 대규모로 파괴했다. 중공업 발전은 기형적인 추이를 나타낼 수밖에 없었다. 중공업과 경공업 간의 관계도 완전히 왜곡되었다.

중공업의 기형적인 확장은 경제 위기를 불러올 수 있다. 중국의 경우도 크게 다르지 않았다. 중공업에 대한 지나친 투자는 급기야 농업의 부도를 초래했다. 또 농업의 부도는 원료 공급원인 경공업의 붕괴로 이어졌다. 더불어 소매업은 소비재 결핍으로 악성 불황에 빠져들었다. 이로 인해 국가의 재정 수입 또한 거액의 적자를 기록했다. 사태가 이처럼 수습할 수 없을 정도로 악화되자 중국 공산당 지도부는 부랴

대약진 시기의 철강 생산 운동. 1,070톤의 철강을 생산하기 위해 공산당 간부와 일반 민중들은 밤을 낮 삼아 열심히 일했다.

부랴 투자 규모를 줄이는 조치에 나섰다. 이 때문에 중공업은 1961년부터 전대미문의 대대적인 몰락기에 진입했다. 예컨대 1961년의 중공업 총생산액은 전년 대비 46.6%나 급감했다. 1962년에는 전년 대비 22.6% 하락했다. 특히 철강 생산량은 1960년 1,866만 톤에서 1962년 667만 톤으로 급감했다. 석탄 생산량의 경우는 1960년 3억 9,700만 톤에서 1962년 2억 2,000만 톤으로 급격하게 줄어들었다. 이는 중국 건국 이래 처음으로 직면한 중대한 경제 위기였다 해도 과언이 아니다.

중국 경제는 1965년 말에 이르러서야 겨우 1957년 말의 수준을 회복할 수 있었다. 마오쩌둥을 비롯한 공산당 지도부는 엉뚱한 시행착오 때문에 장장 8년이라는 소중한 시간을 헛되이 낭비하고 말았다.

## 인민폐의 물자 본위로 악성 인플레이션 억제

중국 공산당 지도부는 건국 후 인민폐를 발행할 때 항일 전쟁 및 해방 전쟁 시기에 실행했던 물자 본위의 핵심 이념을 그대로 승계했다. 다시 말해, 당시의 기축통화인 미국 달러와 소련 루블, 금 및 은 등의 귀

금속과 전혀 연동시키지 않은 완전 독립적인 화폐 시스템을 구축한 것이다. 물론 화폐 제도라는 측면에서는 소련 루블의 계획 본위의 표면적 특징을 벤치마킹하기는 했다. 한마디로 '프로젝트 드라이브' 방식의 화폐 공급, 물자 조절 방식의 화폐 유통 메커니즘을 마련했다고 볼 수 있다.

장제스의 국민 정부는 대륙에서 퇴각할 때 상당량의 금과 은을 가져갔다. 이 때문에 중국은 소련 루블처럼 금본위제하의 화폐 내재 가치를 구축할 수 없었다. 원래 국민 정부는 1935년에 법정 화폐 개혁을 실시하면서 파운드와 달러 외환을 본국 화폐의 발행 담보물로 정했다. 당연히 점차 금융 주권을 상실할 수밖에 없었다. 더불어 국민 정부는 더 이상 중국의 경제 운명을 좌우할 수도 없게 되었다. 중국 공산당은 건국 후 당연히 국민 정부의 전철을 밟지 않으려 했다. 그래서 인민폐를 루블 및 달러 등의 특정 외환과 연동시키는 것을 절대로 허용하지 않았다.

중국의 계획 경제는 실질적인 경험이나 정확도 면에서 모두 소련의 수준에 훨씬 미치지 못했다. 따라서 화폐 공급을 프로젝트 드라이브에만 의존하면 물가 폭등을 초래할 가능성이 높았다. 화폐 공급을 좌우하는 결정적 요소는 계획이 아니라 물가라는 사실을 중국 지도부는 전혀 모르고 있었던 것이다.

3년 동안의 '대약진' 운동이 실패로 끝난 후 악성 인플레이션이 발생했다. 두말할 것도 없이 이 물가 폭등의 근본적 원인은 화폐 초과 발행, 다시 말해 양적 완화에 있었다.

철강 증산을 그 무엇보다 우선시했던 '대약진' 시기에 중국의 인프라 건설 경제에는 '대규모 프로젝트를 빠른 시일 안에 완수'해야 한다는 광적인 국면이 형성되었다. 이는 사실상 경제 법칙을 위반한 것이나 다름없었다. 그 결과 생산의 질이 자연스럽게 떨어졌고 수많은 부실 공사와 불량품이 양산되었다. 대형 프로젝트와 생산에 필수적인 자금은 기본적으로 은행이 정부의 계획 조건에 따라 조달한 거액의 신용 대출로 이루어졌다. 중국의 이러한 은행 시스템은 소련의 제도를 본받아 구축한 것이었다. 다시 말해, '재정 수입의 극대화, 은행의 영세화'라는 기본적인 틀 아래 은행은 정부의 출납원 노릇만 했다. 당연히 정부의 지휘를 받는 상업 부문은 은행에서 빌린 유동 자금을 이용한 투자로 형성된 산업 생산 능력과 산업 제품을 구매한 다음 재판매하는 방식으로 상업 이윤을 실현해야 했다. 또 그렇게 확보한 이윤으로 은행 차관을 상환해야 했다. 그러나 상업 부문은 창고에 산더미처럼 쌓인 폐품과 불량품을 시중에 유통시킬 수 없었다. 상업 부문은 "생산하는 만큼 구매한다"는 슬로건을 내걸기는 했으나 유동 자금을 이미 탕진한 상태였다. 이와 함께 은행에는 심각한 산업 및 상업 부실 채권이 발생했다. 당국은 화폐를 초과 발행하는 방식으로 이 부실 채권을 털어버리고 싶은 유혹을 받을 수밖에 없었다.

얼마 후, 정부 당국은 사장되어 판매할 수 없는 상품까지 '생산 계획의 완성' 부분으로 취급하는 지경에 이르렀다. 그러나 이런 '거짓 재정 수입'으로 인한 적자가 더 이상 은폐하기 어려울 정도로 방대해졌다. 이때 당국은 '대약진' 운동을 위한 기본적인 건설 규모를 확보하기 위해 산업 부문의 신용 대출 규모를 크게 늘려놓은 상태였다. 그래서 1960년 산업 부문의 신용 대출액은 1957년의 무려 13배에 달했다.

더욱 한심한 것은 이처럼 방대한 신용 대출이 막대한 낭비까지 초래했다는 사실이다. 이로 인해 1960년대 초반 중국의 재정 여건은 급속히 악화되었다. 3년 동안 이어진 '대약진' 시기에 누적된 재정 적자는 무려 170억 인민폐로 1957년 화폐 총유통량의 세 배를 상회했다.

공산당 당국은 재정 적자가 눈덩이처럼 불어나자 지폐 생산을 위해 조폐창을 풀가동했다. 이로 인해 '대약진' 운동 3년 동안의 화폐 초과 발행량은 72억 8,900만 인민폐에 이르렀다. 화폐 총유통량도 1957년 52억 8,000만 인민폐에서 1961년 125억 7,000만 인민폐로 급증했다. 이에 중공업 생산이 극심하게 위축됐다. 더불어 농업 및 경공업도 붕괴했다. 상품 공급난이 가중되었다. 더구나 '대약진' 운동으로 창출된 2,550만 개의 일자리가 100억 인민폐에 이르는 신규 구매력까지 형성했다. 이로써 화폐 공급 과잉과 상품 공급 부족의 갈등이 격화될 수밖에 없었다.

식량과 상품의 공급난이 가중되면서 국영 상점의 공급(정량 배급제를 의미함-옮긴이)만으로는 사회의 최저 수요도 충족할 수 없었다. 공산당 당국은 진퇴양난의 궁지에 몰리자 결국 농산물 자유무역 시장에 대한 규제를 대폭 완화했다. 이에 따라 구매하기 쉽지 않은 물품에 대한 사재기 붐이 일어났다. 곡물과 알류 및 육류 가격이 단기간에 10~20배나 폭등했다. 그중 쌀의 시장 가격은 킬로그램당 4인민폐로 폭등했다. 달걀의 시장 가격 역시 한 개당 0.5인민폐로 상승했다. 돼지고기 역시 킬로그램당 5인민폐로 폭등했다. 심지어 닭 한 마리의 시장 가격은 일반 도시 근로자의 한 달 월급에 맞먹었다. 미친 듯이 폭등했다고 표현해도 과언이 아니다. 이처럼 1960년대 초반 농산물 시장의 물가 수준은

50년 후인 지금과 비견될 정도로 높았다. 그러나 당시의 평균 임금은 지금의 수십 분의 1에 지나지 않았다.

이는 건국 초기 곳곳에서 일어난 전쟁을 평정하던 시기에 조성된 하이퍼인플레이션 이래 가장 심각한 전국 범위의 악성 인플레이션이었다. 주지하다시피 장제스의 국민 정부가 패망한 주된 원인은 하이퍼인플레이션에 의한 부의 약탈 정책 때문이라고 해도 틀리지 않는다. 도시 중산층의 국민 정부에 대한 신뢰가 붕괴했기 때문에 정권의 몰락이 가속화된 것이다. 국민 정부의 이런 역사적 교훈을 중국 공산당 지도부가 모를 리 없었다. 아니, 무엇보다 물가 안정이 급선무라는 사실을 뼈저리게 느끼고 있었다.

이때 중국 상품의 유통 시장에는 국영 상점과 농업 무역 시장(농산물 시장)의 두 가지 가격만 존재했다. 그중 국영 상점의 상품은 계획 규제 방식으로 공급됐다. 가격은 높지 않았으나 공급이 크게 딸렸다. 당연히 정량 배급제를 실시할 수밖에 없었다. 반면 농산물 시장은 상품의 공급을 어느 정도 충족시킬 수 있었다. 하지만 상품 가격이 대단히 비쌌다. 인플레이션 억제의 키포인트는 말할 것도 없이 농산물 시장의 상품 가격을 점차 국영 상점 수준으로 떨어뜨리는 것이었다. 그래야만 상품 가격과 민심을 안정시킬 수 있었다.

식량과 경공업 소비재의 공급난이 가중될 때 대다수 국가들은 정량 배급제를 실시했다. 예를 들면 1921년 당시의 소련과 1948년 전후 어려운 시절의 독일이 모두 정량 배급제를 실시했다. 중국도 크게 다를 바 없었다. 1961년 식량을 비롯해 면포(면직물), 돼지고기, 비누, 담배, 성냥 등 18개 품목의 상품에 대해 정량 배급제를 실시했다. 특히 지방 정부는 이를 토대로 수천수백 종에 이르는 상품의 배급 기준을 내놓기도 했다. 심지어 일부 지방에서는 채소까지도 정량 배급제를 실시했다. 대도시 시민들에게는 1인당 매달 돼지고기 100그램이 배급됐다. 식량 배급은 더욱 형편없었다. 보편적으로 공급이 딸렸기 때문이다. 농민들도 고난의 행군에서 자유롭지 못했다. 면포의 경우 매년 1인당 고작 1미터가 배정됐을 뿐이다. 이런 정량 배급제는 당연히 대도시 시민들은 말할 것도 없고 농민들의 일상적인 수요조차 충족하지 못했다. 겨우 최저 생계만 유지할 수 있었다. 그러나 핵심 상품의 가격을 안정시키는 데는 나름대로 한몫을 단단히 했다.

화폐 초과 발행과 상품 공급난이 물가 폭등 현상을 초래했다면 그 해결책은 없을까? 쉽지는 않겠지만 전혀 없는 것은 아니다. 다음의 두 가지 방법을 예로 들 수 있다.

첫 번째 방법은 화폐 초과 발행의 현실을 인정하는 것이다. 규제 대상 상품이 시장 원리에 따라 상승하도록 규제 고삐를 느슨히 해야 한다는 얘기다. 더불어 국영 상점과 농산물 시장 간 상품 가격 격차를 좁힌 다음, 정량 배급 상품 가격의 상승을 통해 농산물 시장 물가 상승 원동력을 약화시키는 것도 효과적인 방법이라고 할 수 있다.

두 번째 방법은 항일 전쟁과 국공 내전 시대 및 중국 건국 초기에 뚜렷한 효과를 봤던 전통적인 사고방식을 적용하는 것이다. 즉 물가 상승이 화폐 초과 발행에서 비롯된 것이라면 물가 하락을 유인하는 키포인트는 공급 과잉 상태의 화폐를 회수하는 것이라는 얘기다. 한마디로, 화폐 유통을 줄여 물자 공급난을 완화하는 것이다.

위의 두 가지 방법 중 어느 것을 선택하든 물가 폭등 억제의 관건은 상품 공급량을 늘리는 것이다. 그래야 민중의 생활고를 덜어주고 민심을 안정시킬 수 있기 때문이다.

위의 첫 번째 방법은 요컨대 물가 인상 방식이다. 화폐 초과 발행에도 대처하고 상품 공급난을 한시적으로 완화할 수 있는 방법이다. 그러나 이 방법을 취하면 화폐 공급이 더욱 늘어난다. 궁극적으로 사회 안정을 유지할 수 없다. 배급 대상인 상품 가격을 인상하면 두말할 것도 없이 대중의 구매력이 약화될 것이기 때문이다. 이 경우 정부는 서민의 생활고가 가중되는 것을 막기 위해서라도 임금을 늘릴 수밖에 없다. 이렇게 되면 시중에 더욱 많은 화폐가 유통된다. 결국은 임금과 물가가 동반 상승하는 악순환이 초래될 수 있다. 이는 밀가루 반죽을 할 때 물을 너무 많이 탔다고 판단되면 밀가루를 더 넣고 밀가루를 너무 많이 넣었다고 생각되면 물을 더 타는 식과 비슷하다. 상품 가격이 거듭 인상되는 결과를 가져오는 것이다. 따라서 물가 인상은 인플레이션을 소멸시킬 수 없다. 오히려 반대로 더욱 심각한 인플레이션을 초래할 가능성이 높다.

위의 두 번째 방법은 과잉 유통된 화폐를 소멸시켜 인플레이션에 대처하는 방식이다. 이 방법이야말로 근본적인 해결책이라고 말할 수 있다. 그뿐만 아니라 단시일 내에 효과를 볼 수 있는 좋은 방법이기도 하다. 실제로 당시 공산당 당국은 천원의 제안에 따라 고가의 상품으로 과잉 유통된 화폐를 회수하는 패러다임을 내놓았다. 다시 말해, 정량 배급 상품의 가격을 조정하지 않는다는 전제 아래 별도로 '높은 가격의 캔디 및 케이크, 값비싼 호텔' 등의 고부가 상품을 기존의 자본가들에게 공급한 것이다. 이 방법으로 농산물 시장에서 식량을 고가에 판매해 부를 축적한 농민, 공산당 고급 당원 및 관료, 급여 수준이 높은 직원, 상공업 부문의 대부 업무로 차익금을 챙긴 이들은 삶의 질을 충분히 개선할 수 있었다. 그 결과는 나쁘지 않았다. 당국은 예상대로 이들 특수 사회 계층이 대량 보유한 과잉 화폐를 회수할 수 있었다. 다른 사회 계층의 생활에 부정적 영향을 끼치지 않으면서 말이다. 당시 고가 상품에 대한 가격 책정 원칙은 "소비자가 감당할 수 있을 정도의 최고가를 정한다. 동시에 매진되지 않을 정도의 최저가를 정한다"는 말로 요약할 수 있다. 이 정책은 3년 동안 실행되었다. 그럼에도 대규모 유동성을 흡수하는 데 큰 어려움이 없었다. 또한 물가 안정과 상품 공급난 완화라는 측면에서 혁혁한 공헌을 했다. 그러나 저소득층의 강렬한 불만을 막을 방도는 없었다.

이후 구원투수로 류사오치(劉少奇)가 등장했다. 그는 농민을 대상으로 '고대고(高對高), 저대저(低對低)'의 두 가지 가격 정책을 제시했다. 이 중 '고대고' 정책은 국가가 농민과 가격 협상을 진행해 고가의 산업 소비재로 고가의 농산물을 교환하는 것이었다. 당연히 이 정책의 골자는 농민이 농산물의 시장 거래를 통해 취득한 과잉 유통 화폐를 회수하는 데 있었다. 반면 '저대저' 정책은 국가의 계획에 따라 당국이 낮은 가격에 농산물을 구매하고 저가의 산업 소비재를 공급하는 것이 골자였다.

공산당 당국은 1962년부터 1964년까지 위의 두 가지 가격 정책을 과감하게 실행했다. 이에 따라 총 45억 인민폐의 유동성을 흡수할 수 있었다. 화폐 총 유통량은 1961년 말 126억 7,000만 인민폐에서 1964년 말에는 80억 인민

▌ 1960년대의 국영 상점

폐로 대폭 감소되었다. 이로 인해 농산물 시장 가격 역시 점차 하락했다. 물가 안정 사업에서 진짜 뚜렷한 성과를 올리게 된 것이다.[5]

그러나 가격 안정은 눈앞의 화급한 일만 해결하는 것에 지나지 않았다. 겨우 가격 폭등세를 억제할 뿐이었다. 그야말로 '활활 타오르는' 인플레이션의 열기를 철저하게 차단하기 위해서는 어떻게든 다른 방법을 써야 했다. 요컨대 상품 공급을 크게 늘리는 것이었다. 당연히 이 목적을 실현하려면 대약진 운동으로 초래된 불합리한 물가 체계를 조정하는 것이 급선무였다.

중국의 농업 경제가 붕괴한 데는 분명한 원인이 있었다. 이를테면 극단적인 산업화 정책 실시와 지나치게 낮은 가격에 의한 농업 부분의 재부(財富) 이전으로 초래된 후폭풍이었다. 공산당 당국은 이 사실을 모르지 않았다. 그래서 농업의 붕괴로 인한 피해를 보완하기 위해 1961년부터 농산물 구매 가격을 대폭 인상했다. 더불어 산업화 규모

를 축소했다. 국가 경제 자원을 다시 농업에 집중하는 정책을 실시한 것이다. 이에 따라 1961년 농산물의 구매 가격은 1958년과 1960년에 비해 각각 34.8%와 28% 인상됐다.

농산물 구매 가격이 불과 얼마 전과 달리 폭등하면서 농민들의 곡물 재배에 대한 적극성도 크게 높아졌다. 이에 따라 1962년부터 화동을 비롯한 대부분 지역에서 곡물 증산 현상이 나타나기 시작했다. 이어 다시금 농산물 가격 하락 조짐이 나타나기는 했지만, 농업이 밑바닥을 치고 반등하면서 경공업의 원료 공급도 크게 증가했다. 소비재가 자연스럽게 시장에 대량 공급되기 시작했다. 이처럼 상업 무역이 과거의 번영을 되찾으면서 재정 악화 기조도 반전되었다. 1965년에는 산업 생산이 점차 경기 회복 방향으로 나아가기 시작했다. 대다수 기업들은 손익분기점을 실현할 수 있었다. 더불어 석탄 등 일부 제품 가격이 상승한 것을 제외하고는 대다수 상품 가격이 안정세를 유지했다. 전국적 범위에서 이익률이 높은 화학 비료 및 서양 약품, 상하이에서 생산된 인기 일용 소비재의 가격 인하도 실시됐다. 1965년 중국 소비자물가지수(CPI)가 1962년에 비해 12% 하락한 것은 당연한 결과였다. 실제로 약품의 평균 가격은 1962년에 비해 4.8% 하락했다. 농산물 시장과 국영 상점의 상품 가격 역시 정상적인 가격 범위를 회복했다. 이처럼 물자 본위 정책은 악성 인플레이션을 억제하는 데 결정적인 역할을 했다.

경제가 회복된 1961년부터 1966년까지 5년 동안 중국은 화폐 공급량이 대폭 감소했다. 대신 상품 공급은 크게 늘어났다. 이와 함께 CPI가 하락하면서 전체적인 경제는 다시 번창하기 시작했다. 이런 상황을 가능케 한 물자 본위 정책의 기본적 실행 절차는 일반적인 경제 원칙과 크게 다를 바 없었다. 우선 유동성을 흡수해 물가를 안정시키는 것이었다. 이어 가격 조정으로 생산에 대한 적극성을 높였다. 또 상품 공급량이 화폐 과잉 공급량을 초과하는 시점에 CPI가 완만한 하락세를 유지하도록 했다. 천윈 등 재정·경제 지도자들이 이룩한 이런 성공은 경제 번영이 반드시 인플레이션을 초래하는 것은 아니라는 사실을 입증했다. 무책임한 경제 및 통화 정책이 인플레이션을 초래한 최대 원인이라는 진리 역시 가볍게 증명했다.

제2차 세계대전에서 패한 독일 역시 1948년에 중국과 같은 어려움을 겪은 적이 있었다. 1961년의 중국과 마찬가지로 심각한 상품 공급난과 유동성 범람으로 초래된 악성 인플레이션에 시달린 것이다. 독일은 이 어려움을 해결하기 위해 우선 화폐 유통량을 대폭 줄였다. 이어 화폐 공급량과 상품 공급량 간의 현격한 격차를 해소했다. 그 결과 물가 안정이라는 효과를 실현할 수 있었다. 그러나 본질적 측면에서 독일과 중국이 운용한 유동성 흡수 도구는 각기 달랐다. 요컨대 서로 다른 화폐 본위 간의 근본적 차이점이 나타난 것이다. 예컨대 독일은 중앙은행이 발행한 '평형어음'을 핵심 도구로 활용했다. 물론 은행 시스템의 자산 규모를 축소하고 화폐 공급량을 줄이는 것 등이 주목적이었다. 사실 '평형어음'은 미래 독일연방(서독)의 국채와 비슷한 것이었다. 이 방법은 '국채 본위'의 화폐 체계에서 유동성을 흡수하는 기본적인 수단이었다.

그러나 1960년대 중국의 국채 규모는 무시해도 좋을 정도로 작았다. 그 결과 1965년 말 중국은 전 세계에서 유일하게 '내채와 외채가 없는' 국가가 될 수 있었다. 그렇다면 국채가 없는 나라는 통화 수단을 이용해 인플레이션을 억제할 수 없단 말인가? 한 가지 분명한 것은 국채는 유일한 통화 도구가 아닐뿐더러 최적의 선택도 아니라는 사실이다. 실제로 당시 중국은 물자와 상품 공급을 늘리는 방식으로 유동성을 흡수하고 인플레이션도 잡았다. 그뿐만 아니라 국채 발행으로 인한 원리금 지불 원가도 발생시키지 않았다. 현재 미국과 유럽 각국은 국채 위기 및 여기서 파생된 주권 통화 위기에 직면해 있다. 1960년대 초반 중국 금융 당국이 물자 본위 정책을 실시해 물가 안정 및 인플레이션 억제라는 두 마리 토끼를 잡았던 노하우를 벤치마킹할 수는 없을까? 또 지난 일을 돌이켜 교훈을 얻는 이런 패러다임의 전환이 반드시 필요하지 않을까?

화폐의 본질은 과연 무엇인가? 국채 또는 외환은 특정 국가가 화폐를 발행할 때 반드시 의존해야 하는 토대인가? 이 규정은 또 누가 제정하는가? 혹시 이보다 더 좋은 선택은 없는 것일까? 이런 문제들은 통화 위기에 직면한 현재의 세계 각국이 심사숙고해야 할 근본적인 문제가 아닐까 싶다.

지난 일에 비춰 교훈을 얻는 것은 결코 옛길로 돌아가는 것이 아니다. 폐쇄적인 계획 경제와 개방적인 시장 경제의 장단점에 대한 답은 역사가 이미 제시하고 있지 않은가. 그럼에도 다시 한번 되돌아볼 필요는 분명히 있다.

엄격한 계획 경제는 서로 다른 항아리에 심은 나무와 크게 다를 바 없다. 서로 격리되어 각자의 뿌리와 줄기가 연결되지 못한다. 또 생장 과정에서 모든 영양 교환이 엄격한 계획에 따라 진행된다. 이렇게 자란 나무들이 울창한 삼림을 이룬다 해도 진화 기능을 지닌 생태계를 형성할 수는 없다. 유연성 없는 인조 삼림 속에서는 잡초가 결코 자랄 수 없다. 꽃이 자유롭게 피어날 수도 없다. 새들 역시 맘껏 날 수 없다. 동물들은 종류대로 울타리 안에 갇힌 채 사육된다. 이 경우 사나운 호랑이, 늑대, 표범 등의 동물은 멸종할 수밖에 없다. 나중에는 뱀, 쥐, 노루, 고라니 등의 동물도 사라진다. 급기야 인조 삼림은 자연계가 부여한 각 종 간의 내적 연관성을 인위적으로 단절시키면서 활력을 잃는다. 나중에는 자연적인 물산의 결핍을 초래할 수밖에 없다. 인간이 자의적으로 세운 특정한 계획이 각종 사회 계층에게 본능적인 생존 원동력을 부여하지 못하면 그 결과는 어떻게 될까? 뻔하다. 이로 인해 초래된 결핍은 계획 경제의 필연적 결과물이라고 단언할 수 있다.

## 산업화의 궤도 변화, 속도를 내야 할 때 기회를 놓친 중국

1960년대 초반까지 중국 경공업의 원료는 90%가 농업에서 비롯됐다. 중공업이 제공한 기술 장비 대부분 역시 경공업 부문에서 최종 소비재를 생산하는 목적으로 사용됐다. 그러나 이 시기 중국 농업은 저성장 속도의 한계에 빠져 있었다. 이로 인해 경공업 원료를 제공하는 잠재력에도 한계가 있을 수밖에 없었다. 이는 결과적으로 경공업 발전에 직접적인 저해 요소로 기능했다. 그뿐만 아니었다. 중공업의 확장 역시 간접적으로 저해했다. 이는 또 상업 무역과 재정 수입의 저성장과 낮은 수준의 증대를 초래했다. 이 결과 전체적인 국민경제 발전은 발목이 꽁꽁 묶이는 상황을 마주했다. 농업의 저성장은 이처럼 모든 상황을 좋지 않게 만들었다.

어떻게 해서든 경공업, 특히 원료 공급원 차원에서의 돌파구를 마련해야 했다. 그래야만 경제 성장을 저해하는 각종 걸림돌도 제거할 수 있었다.

구미 지역 역시 산업화 단계에서 중국과 완전히 똑같은 문제에 직면한 적이 있었다. 독일과 프랑스는 그래서 1950년대 유럽석탄철강공동체를 창설해 철강을 주요 공업 원료, 석탄을 주요 동력원으로 삼았다. 이는 당시 철강과 석탄이 세계 산업 발전 과정에서 핵심 지위를 차지했다는 사실을 의미한다.

그러나 중동 지역에서 유전이 발견되자 상황이 달라졌다. 중동의 유전은 세계 산업화의 발전 궤도를 180도로 바꿔놓았다.

1946년부터 1950년 동안 중동 지역에서는 해마다 평균 270억 톤의 석유 자원이 발견됐다. 이런 매장량은 당시 세계 석유 생산량(약 30억 배럴)의 무려 아홉 배에 달하는 천문학적인 수치였다. 중동 지역의 원유가 대량으로 끊임없이 세계 각지에 공급되면서 구미 지역은 전대미문의 경제 호황기를 맞이할 수 있었다. 지나칠 정도로 풍부한 원유 공급과 함께 가격 역시 극도로 낮아졌다. 1960년대 구미 지역의 원유 시장 가격은 1배럴당 1.5달러에 그쳤을 정도다.

초저가 원유의 대규모 공급은 특히 구미 지역 자동차 산업의 고도 성장을 견인했다. 더욱 중요한 것은 원유에서 파생된 제품이 농업 발전의 한계로 인한 경공업 원료 공급난 해소에 결정적인 역할을 했다는 사실이다. 또 석유화학 산업의 급속한 발전은 화학 산업의 혁명을 가져왔다. 일례로 합성 암모니아의 양산은 화학 비료 산업의 급성장을 촉진했을 뿐만 아니라 농업 생산의 걸림돌을 직접적으로 제거했다. 화학 농약의 대규모 사용은 농업의 병충해 퇴치에 크게 기여했다. 나일론을 비롯한 테릴렌, 니트릴 등의 화학 섬유가 섬유 산업에 대규모로 응용되면서 솜과 동물의 가죽 및 털을 대체했다. 또 플라스틱은 일상생활에서 쓰는 그릇과 테이블·의자 등의 가정용품, 자동차 부품과 집적 회로 등의 산업 원료에 대량 응용됐다. 그 밖에 플라스틱은 철강, 목재, 시멘트 등과 함께 건축 자재로도 쓰였다. 비닐하우스와 비닐 백 같은 포장용재로 대량 사용된 것은 말할 필요도 없다. 합성 고무 역시 마찬가지였다. 각종 타이어, 수송 벨트, 고무관 등 공업용품에 대량 응용되었다. 합성 고무의 사용 비중은 이내 천연 고무를 월등하게 압도했다. 합성 고무는 또 비옷과 고무신 등 생활용품 영역에도 대량 사용되어 대중의 생활을 풍성하게 만들었다. 페인트 산업과 접착제 산업에서도 원유 제련을 통해 만든 첨단 소재가 인기를 끌었다.

1950~1960년대는 전 세계적으로 자가용, 텔레비전, 냉장고, 세탁기 등 이른바 '4대 제품' 소비 붐이 크게 일어난 시기였다. 이 제품들은 경공업 원자재 분야에 석유화학 산업 기술을 응용해 이룬 결과물이었다. 석유화학 산업의 기본 제품인 에틸렌은 가볍게 새로운 경제 시대의 총아가 되었다. 미국은 1940~1980년 동안 이 에틸렌 생산을 40만 톤에서 1,300만 톤으로 늘렸다. 무려 32배나 증가한 것이다.

당연한 말이지만, 현대 생활에서 사람들이 직접 접촉할 수 있는 소비재 가운데 농업에서 곧바로 창출된 제품의 비율은 대단히 낮다. 정

┃ 석유화학 산업은 산업화의 궤도에 근본적인 변화를 가져왔다.

말 그런지 한번 살펴보자. 한때 중국에서는 테릴렌 셔츠, 니트릴 원단, 인조 가죽 재킷이 높은 인기를 누렸다. 또 '졔팡(解放)'표 고무신은 중국의 남녀노소가 즐겨 신는 국민 '편리화'로 대단한 각광을 받았다. 더불어 톱밥에 화학 접착제를 혼합해 만든 합판을 재료로 한 입식 궤짝은 원목 가구를 가볍게 대체했다. 합성 소재로 만든 마루판이 일반 가구에 대거 보급되기도 했다. 그 밖에 도료인 슈퍼 화이트 페인트는 방 안을 더욱 환하게 만들어줬다. 딱딱한 재질의 플라스틱 도마가 원목 칼판을 대체했다. 시장을 보는 가정주부의 손에는 항상 플라스틱으로 만든 비닐 백이나 그물 가방이 들려 있었다. 석유화학 산업에서 유발된 이른바 소재 혁명이 없었다면 이런 물건은 아예 존재할 수 없었을 것이다. 이처럼 오랫동안 농작물이나 임작물에 의존해 오던 소비재 원료가 인공으로 합성한 수천수만 종의 신소재에 의해 전면 교체됐다. 석유화학 산업의 경공업 발전에 대한 획기적 기여와 더불어 새로운 소비 시대가 도래한 것이다. 이로써 전통적인 산업화 패턴에 환골탈태의 변화가 일어났다.

**이강위강(以鋼爲綱)**
철강 생산을 강령으로 삼는다는 뜻.

주지하다시피 1960년대 초반은 중국이 철강 생산을 우선하는 이른바 '이강위강'에 의거한 산업화를 강조하던 시기였다. 그런데 이 시기에 세계 산업은 중대한 변혁을 맞이했다. 경공업의 원자재 영역에서 중대한 돌파구가 마련되기 시작한 것이다. 예컨대 공업과 농업 간의 전통적 관계가 변화했다. 국민 경제는 농업 및 천연 소재에 대한 지나친 의존 구도에서 탈피했다. 이와 함께 구미 지역의 산업화 수준이 한 단계 업그레이드되었다.

1965년 중국 경제는 대약진 운동의 쇠퇴기에서 막 벗어나고 있었다. 그러나 "갈수록 태산"이라는 속담처럼 전혀 예상치 못한 엉뚱한 사회적 동란이 발생했다. 1966년부터 1976년까지 10년 동안 이른바 문화대혁명의 혼란이 중국을 덮친 것이다. 이로 인해 중국은 10년 동안의 경제 슬럼프에 빠져들었다. 석유화학 산업 분야의 기술 대부분이 중국에 전파된 것은 바로 이 시기였다. 그러나 이러한 기술은 각 분야의 산업 영역에 대규모로 보급되지 않았다. 그뿐만 아니라 농업 분야의 축적이 산업의 자체적인 축적으로 전환되지도 못했다. 이로 인해 중국은 획기적인 산업화의 전기를 아깝게 놓치고 말았다.

석유화학 산업은 경공업 원자재의 농업에 대한 지나친 의존 문제를 완벽하게 해결해 주었다. 이 결과 산업화의 중대한 변혁이 일어날 수 있었다. 변혁은 전자 산업과 컴퓨터 분야에서 가장 눈에 띄었다. 산업의 자동화 혁명이 진행된 것이다. 이에 따라 산업화 수준은 이른바 빛의 속도로 업그레이드되기에 이르렀다.

1947년 미국의 벨 연구소에서 세계 최초의 트랜지스터를 발명했다. 이어 1958년 세계 최초의 집적 회로가 세상에 선을 보였다. 그 결과 집적 회로를 이른바 '핵폭발의 중심'으로 하고 무어의 법칙을 속도 충격으로 하는 자동화 러시가 나타났다. 이 붐은 거의 모든 산업 분야에 걸쳐 일어났다.

자동화 과정은 그다지 복잡하지 않다. 생산 과정의 모든 데이터를 수집, 분석, 판단한 다음 피드백의 순으로 처리하는 것이다. 이어 마지막으로 제어기(컨트롤러)가 인간으로서는 절대로 불가능한 초고속도, 초정확도, 초고강도의 연속 자동화 생산을 실현한다. 이 자동화를 통해 산업 생산의 속도와 질이 본질적으로 향상될 수 있었다. 자동화는 또 처음으로 정보를 산업 프로세스에서 분리시켰다. 세계사에 길이 남을 위대한 이 분업은 독립적인 산업 서브시스템을 창출했다. 이 서브시스템은 컴퓨터를 대뇌, 집적 회로를 척추, 네트워크를 사지로 이해하면 된다. 서브시스템은 이를 통해 대용량 정보를 기초로 중공업 영

1958년 미국 텍사스 인스트루먼트의 잭 킬비(Jack Kilby)가 세계 최초로 발명한 집적 회로

역에서 지능화 혹은 디지털화 기능을 지닌 기술 장비를 다양하게 창출할 수 있었다. 이들 장비는 경공업의 생산성을 산업혁명 이후 일찍이 보기 어려웠던 수준으로 끌어올렸다. 덕분에 경공업은 '공업의 삼림' 속에서 기계와 괴리된 생산 '섬'으로부터 벗어날 수 있었다. 자동화 기계 장비와 긴밀히 연계된 고도의 지능화 및 통합을 실현한 '생태계'로 진화할 수 있게 된 것이다. 자동화는 인간을 막중한 육체노동에서 완전히 해방시켰다. 그뿐 아니라 인간의 잠재력을 극대화해 생산 과정 제어의 과학적 관리 통제를 가능케 했다. 더불어 산업 생산의 촉각이 대중의 일상생활 영역까지 확장되도록 만들었다. 자동화로 촉발된 정보화는 또한 대중의 모든 생활 영역에 엄청난 변혁을 가져왔다.

그렇다면 자동화와 관련한 중국의 과거는 어땠을까? 중국은 1950년대에 소련의 지원을 받아 산업화를 위한 156개 중점 프로젝트를 실시했다. 이 과정에서 시너지 효과를 톡톡히 볼 수 있었다. 선진국과의 기술 격차를 좁히는 데 바로 이 프로젝트가 크게 일조했다. 그러나 세계가 산업화의 변혁 및 가속 와중에 있던 결정적 시기인 1957년부터 1970년 사이에는 완전히 헤매고 있었다. 중국 경제는 쇠퇴와 경기 회생의 갈림길에 직면했다. 그럴 수밖에 없었다. 우선 중국은 미국이 실시한 적대적인 '경제 봉쇄' 정책으로 인해 산업화의 원동력을 잃는 막중한 대가를 치러야 했다. 더구나 이 시기에 중소 관계까지 악화됐다. 소련 및 다른 사회주의 국가로부터 첨단 기술을 얻을 수 있는 루트까지 완전히 단절된 것이다. 중국 경제는 산업화에 대한 농업의 선천적 제약에서 벗어나지 못하며 장기적인 슬럼프에 빠졌다. 설상가상으로 이 시기에 정치 투쟁의 산물인 문화대혁명까지 발발했다. 이로써 중국이 그동안 심혈을 기울여 이룩한 산업화의 성과물은 더욱 약화될 수밖에 없었다.

당시 상황이 어느 정도였는지는 중국이 소련 전문가들의 지원을 받아 1950년대에 건설한 선진적인 공장들만 살펴봐도 잘 알 수 있다. 1960년대에 세계 산업이 새로운 변혁을 맞으면서 이들 공장은 졸지에 시대에 뒤떨어진 낙후 시설로 전락해 버렸다. 게다가 세계적으로 일어난 중대한 기술 혁명이 중국 산업의 감가상각에 따른 피해를 더욱 가속화했다. 이때 중국 경제를 주도한 견인차라 할 만한 국유 기업들은 대부분의 이윤을 국가에 납부해야 했다. 이는 국고를 튼튼하게 했을지 모르지만 국유 기업들의 기술 고도화에 필수적인 자본 축적의 경쟁력을 크게 약화시켰다. 그리고 이 소중한 기업 이윤은 엉뚱하게도 낙후한 기술에 기반을 둔 저효율과 고비용을 특징으로 하는 산업을 확장하는 데 투입됐다. 말할 것도 없이 이는 중공업 및 경공업과 농업 간의 관계를 왜곡했다. 폐쇄적인 계획 경제에서 이러한 투자는 표면적으론 GDP의 실질 성장으로 이어지는 듯했다. 하지만 외부의 경쟁 요소가 작용하면서 중국의 전반적인 산업 시스템은 부도 직전에 이르렀다.

당시 미국인들은 이런 중국을 '고립된 성난 거인'으로 비유했다. 이는 바로 미국이 '경제 봉쇄' 정책을 통해 바라마지 않던 효과였다. 그러나 1970년대에 접어들면서 국제 형세가 중국에 이로운 방향으로 변화하기 시작했다. 우선 미국이 베트남 전쟁에서 참패했다. 미국의 국제적 위신이 완전히 천 길 낭떠러지로 추락한 것이다. 더구나 미국 본토에서는 반전 분위기가 고조되었다. 설상가상으로 소련의 영향력이 급속도로 확대되어 글로벌 차원에서 완전히 수세에 몰렸다. 이때 미국 행정부는 비로소 소련과 적대 관계에 있는 중국의 이용 가치를 발견했다. 1970년대에 발생한 두 차례의 오일 쇼크로 인해 구미 선진 국들은 심각한 경제 위기에 직면해 있었다. 새로운 해외 시장을 개척하는 것이 구미 각국의 급선무인 상황에서 중국이 이들의 눈에 들어온 것이다.

이 기회를 포착한 중국은 1973년 이른바 '43프로젝트'라는 계획을 출범했다. 이 프로젝트는 한마디로 말해 3~5년 안에 43억 달러 규모의 석유화학 산업 및 철강 생산용 플랜트를 도입하는 것이 골자였다. 중국이 드디어 석유화학 산업이 경공업을 농업의 제약에서 벗어나게 할 수 있는 최고의 카드라는 사실을 깨달은 것이다. 중국은 내친김에 수입 장비 품목 중 화학 섬유 플랜트, 화학 비료 플랜트, 화학 공업 플랜트를 우선 대상에 편입시켰다.

1970년대의 '43프로젝트'는 중국이 1950년대에 소련의 지원을 받아 156개 중점 프로젝트를 실시한 이후 대규모로 실시한 두 번째 선진 기술 도입 계획이었다. 중국은 훗날 이 계획에 일련의 플랜트 도입 프로젝트를 추가했다. 전체 수입 예상 금액은 51억 4,000만 달러에 달했다. 중국은 이 장비들을 활용해 관련 부품 생산의 현지화 및 개량 사업에 약 200억 인민폐를 투자함으로써 27개의 대형 산업 프로젝트를 실시하기도 했다. 이 27개의 프로젝트는 1982년까지 완공하는 것이 목표였다. 이 계획은 절묘한 시점에 이뤄졌다고 할 수 있다. 1980년대 중국의 개혁개방에 필요한 물질적 토대를 마련했으니 말이다.

중국의 산업화는 당시 빠른 속도로 출발하는 단계에 진입해 있었다. 그러나 내외부적인 요인들로 인해 거듭 좌절을 겪었다. 바로 이때 지난 1세기 동안 중국의 가장 강력한 라이벌로 부상한 일본은 파죽지세로 산업화를 추진하고 있었다.


## '거세' 위기에 몰린 일본 산업, 맥아더의 '토지 개혁'으로 기사회생하다

1945년 8월 15일 제2차 세계대전에서 패한 일본은 무조건 항복을 선언했다. 잔혹한 이 전쟁 기간에 일본 국부의 40%가 직간접적으로 전화의 피해를 입었다. 경제가 결정적인 타격을 입고 완전히 붕괴했다 해도 과언이 아니었다. 당연히 승전국인 미국은 개선가를 부르면서 일본에 진주했다. 이때 일본 점령군 총사령관 맥아더 원수는 워싱턴 행정부로부터 다음과 같은 내용의 전보문을 받았다.

"장군은 일본 경제의 부흥과 복구에 대해 그 어떤 책임도 질 필요가 없다. 또 장군은 일본 국민들이 어떤 특정한 생활수준을 유지하도록 책임질 필요가 없다. 이에 대한 뜻을 그들에게 분명히 밝혀야 한다."[6]

미군의 일본 점령은 전체적인 그림에서는 연합국이 독일을 점령한 것과 거의 비슷했다. 그러나 다른 점도 분명히 있었다. 예컨대 독일의 경우는 미국, 소련, 영국, 프랑스가 직접적인 군사 통치를 실시했으나 일본에서는 달랐다. 미 점령군이 일본 정부를 통해 간접적인 통치를 실시했다. 따라서 맥아더는 극단적인 경우에만 일본에 대한 직접적 통치권을 행사할 수 있었다. 그렇다면 간접적 통치는 어떻게 하는 것이 좋을까? 맥아더는 이를 일본에서 생활하면서 절감했다. 이를테면 일

| 미국 점령군 총사령관 맥아더와 히로히토 일왕(1945년 9월 27일)

왕 제도의 존립 및 폐지 문제에 대해 온갖 이견이 많았지만 역시 존립하는 것이 통치에 이로울 것이라고 판단했다. 또한 알렉산드로스, 카이사르, 나폴레옹 등 유명 군사 전략가들의 식민지에 대한 군사 통치 경험을 체계적으로 연구해 다음과 같은 최종 결론을 얻기도 했다.

"거의 모든 군사 점령은 새로운 전쟁을 배태할 수밖에 없다. 일왕은 일본에서 신의 화신으로 추앙받는 존재다. 일본은 전쟁에서 패했으나 일왕의 호소력은 20개 기계화 사단을 능가할 정도로 막강하다."

사실, 일왕 제도를 폐지하는 것은 간단한 문제였다. 그러나 이 경우 절망에 빠져 있는 7,000만 명의 일본인들이 맥아더의 군정에 공공연히 적대감을 드러낼 가능성이 농후했다. 당연히 군정은 적대감에 충만한 이들을 무기한 관리하는 무거운 짐을 스스로 짊어져야 한다. 결코 쉽지 않은 일이다. 맥아더는 이 사실을 너무나 잘 알고 있었다.

그나마 다행인 것은 일본 정부가 의결 기관이 아닌 집행 기관처럼 군부의 지휘를 받는 것에 길들여져 있다는 사실이었다. 따라서 미 점령군이 일본 군부를 대체했을 때 일본 정부는 미 점령군 당국과 흔쾌히 협력할 수 있었다.

당초 일본에 대한 미국의 자세는 독일에서와 비슷했다. 즉 일본이 다시 전쟁을 발동할 수 있는 산업 잠재력과 전쟁에 대한 의지를 원천적으로 없애는 것이었다. 이런 발상 아래 미국은 일본 버전의 '모겐소 플랜'을 마련했다. 미국의 목표는 단순명쾌했다. 우선 전후 일본 산업의 생산 규모를 1931년 중국에서 발생한 이른바 '9·18 만주사변' 전후의 규모로 제한하는 것이었다. 이럴 경우 일본의 산업 능력을 산업화 시작 단계 수준으로 낮출 수 있을 터였다. 당연히 일본으로 하여금 최저 수준의 경제를 유지하도록 하는 것도 가능했다. 미국으로서는 식민지 통치에 필요한 원가를 늘릴 필요도 없었다. 이를 위해 미국은 일본의 침략을 받은 아시아 국가에 전쟁 배상을 하도록 일본을 압박하려 했다. 이에 따른 절묘한 방법도 구상했다. 바로 일본 본토에 있는 산업 시설을 일본의 침략에 의해 엉망이 된 피해국에게 실물 배상용으로 건네주기 위해 전부 해체하는 것이었다. 미국은 실제로 이런 결정을 내리고 일본 산업 해체 '블랙리스트'를 작성하기도 했다. 이 리스트에 따르면, 해체 대상에 오른 일본 기업의 수는 총 1,100개 업체였다. 한편 이 리스트는 일본을 철저히 파괴시키려 한 미국의 의도를 분명하게 보여줌과 동시에 일본 산업이 독일에 비해 기반이 매우 취약했다는 사실도 분명하게 보여준다.

미국은 일본 산업에 대한 '거세' 전략만 마련한 게 아니었다. 일본 군벌이 전쟁을 꾀할 수 있는 또 다른 기반에도 손을 댔다. 오랫동안 일본의 각급 교육 기관에서 젊은이들에게 실시한 '군국주의' 사상을 기초로 한 교육 제도가 바로 그것이다. 이에 따라 미국 본토에서 많은 교육 전문가들이 미 점령군과 함께 일본으로 건너갔다. 미 점령군 당국은 우선 도조 히데키(東條英機) 전 총리 등의 전범을 체포했다. 이어 군국주의 사상을 설파한 교육 분야의 전문가들을 색출하는 작업에 나섰다. 한마디로 일본 교과서의 사상 방침을 확실하게 마련하여 일본 젊은 세대에게 어떤 이념을 가르쳐야 하는지를 분명하게 보여준 것이다.

미 점령군 당국의 강력한 조치는 여기에 그치지 않았다. 그 결정타는 일본의 정치, 경제, 군사, 문화 등 모든 분야에서 막강한 영향력을 행사하는 재벌 체제에 메스를 들이댄 것이었다. 이른바 재벌 해체 프로그램을 시작한 것이다. 그러나 이 과정에서 이해할 수 없는 의문점들이 많이 발생했다. 일본 군국주의의 주요 추종 세력이자 최대 재원은 다름 아닌 미쓰이(三井), 미쓰비시(三菱), 스미토모(住友), 야스타(安田) 등 4대 재벌이었다. 당연히 미 점령군 당국은 이 재벌들에게 메스를 들이댔다. 하지만 이른바 재벌 해체 전략은 일본 재벌들의 지주회사 구도를 깨뜨리는 것에만 그쳤다. 재벌 시스템 중 가장 핵심적인 재벌 은행에 대해서는 그야말로 손가락 하나 다치지 않고 그대로 남겨두었다.[7] 이들 재벌 은행 패밀리는 미국 월스트리트 및 영국 런던의 국제 은행가들과 100년에 걸쳐 돈독한 관계를 유지하고 있었다. 그중 가장 대표적인 재벌은 미쓰이로, 19세기 말엽에 일어난 메이지 유신 이전부터 국제 은행가들과 끈끈한 관계를 유지해 왔다. 중국 고전에서 유래한 "형벌은 대부 위에 올라가지 않고 예의는 서민 아래로 내려가지 않는다"는 오랜 속담이 있다. 아마도 유전무죄 무전유죄 정도로 해석이 가능하지 않을까 싶다. 미 점령군 당국도 어쩔 수 없었는지 모른다. 실제로 미 점령군 당국이 일본 재벌을 향해 메스를 들 때마다 '보이지 않은 손'이 적극 관여했다는 증거는 많다. 어쨌거나 이들 세력의 도움으로 일본 재벌들은 철저하게 해체당하는 절체절명의 위기에서 벗어날 수 있었다. 사실 이런 어둠의 세력은 일본 정부 내에만 존재했던 것은 아니다. 요컨대 점령군 당국 배후에도 이런 세력은 있었다. 비슷한 사례를 독일의 경우에서 찾아볼 수 있다. 독일의 은행가들은 죽어라 외골수로만 히틀러의 나치 독재 정권을 추종하지 않았다. 이를테면 절묘하게 양다리를 걸친 것이다. 스위스 바젤 등에서 미국계 및 독일계 은행가들과 친목을 도모한 것이다. 절친했다고 표현해도 과하지 않을 정도였다. 이렇게 끈끈한 인맥 덕분에 독일의 재벌 은행들은 전후에도 마땅한 회초리를 맞지 않았다. 미국과 영국의 비호 세력이 곳곳에서 그들을 위해 나섰기 때문이다.

일본의 재벌은 어떤 면에서 회초리를 맞기보다 오히려 특혜의 단물을 빨았다고 할 수 있다. 이는 여러 수치에서 확인이 가능하다. 우선 기업 육성용 재원인 대출을 살펴보자. 전전(戰前)에 기업들이 사용한 자금 중에서 은행 대출 비율은 고작 12.8%에 불과했다. 하지만 전후인 1951년에는 이 비율이 무려 62.8%로 껑충 치솟았다. 이는 기업에 대한 재벌 은행의 영향력이 막강하리만큼 강화됐다는 사실을 단적으로 보여주는 수치다. 일본은 미국과 샌프란시스코 조약을 체결한 이후 국가 주권을 완전히 회복했다. 이어 1953년에는 맥아더가 제정한 독점

금지법을 수정해 경쟁사 간에 상호 지분을 보유하는 행위까지 허용했다. 이는 분할 처분을 받은 재벌 산하 계열사의 재결합을 승인한 것과 하등 다를 바 없었다. 더구나 수정 법률은 은행이 소유 가능한 기업 지분 비율을 당초 5%에서 10%로 상향 조정했다. 이와 함께 은행을 주축으로 한 기존 재벌 기업들은 속속 상호 지분 보유 형태의 전략적 컨소시엄을 결성했다. 이렇게 해서 재벌 은행은 이들 기업의 지분을 자연스레 보유할 수 있게 됐다. 그뿐만 아니라 재벌 컨소시엄 회원사에 거의 특혜에 가까운 조건부 대출도 제공했다. 한마디로 재벌 시스템 아래 이익 공동체 세력을 더욱 강화시켰다고 할 수 있다. 사실 재벌 은행은 어떤 의미에서 볼 때 기존의 재벌 지주회사와 다름없었다. 재벌 그룹의 경영 전략 수립, 전술적 협조와 제휴, 내부자 거래 등에서 거의 핵심적 역할을 했기 때문이다.

일본 재벌 은행은 일반인을 대상으로 한 예금 서비스를 통해서도 자산을 불렸다. 더불어 중앙은행에서 대출을 확보하는 데에도 적극 나섰다. 이렇게 돈 되는 일에 목을 맸으니 재벌 시스템이 활용할 수 있는 경제적 자원 규모는 더욱 커질 수밖에 없었다. 그뿐만 아니라 진출 가능한 영역도 더욱 많아졌다. 그러자 경쟁 압력은 줄어들고 조직 체계의 유연성은 더욱 높아졌다. 땅 짚고 헤엄치기가 따로 없었다.

가장 대표적인 성공 사례로 미쓰이 그룹을 예로 들 수 있다. 미쓰이 은행을 비롯해 미쓰이 신탁은행, 미쓰이 생명보험, 다이쇼(大正) 해상화재보험 등 미쓰이 계열의 금융 기관이 컨소시엄을 결성해 미쓰이 광산, 미쓰이 금속, 미쓰이 물산, 미쓰이 조선, 미쓰이 건설, 미쓰이 석유화학, 오지(王子) 제지 주식회사 등 미쓰이 계열사에게 우선적으로 신용 대출을 제공했다. 이 그룹의 조직 구조를 보면 과거 재벌 지주회사의 어두운 그림자는 찾아볼 수 없다. 그러나 미쓰이 계열사의 최고 경영자들은 정보 교환을 목적으로 '이목회(二木會)'라는 이름 아래 정기적인 모임을 가졌다. 이들의 돈독한 관계는 과거의 재벌 그룹에 비해 전혀 뒤떨어지지 않았다.

이렇게 해서 일본의 4대 재벌 그룹인 미쓰이, 미쓰비시, 스미토모, 야스타의 자본금 합계는 일본 전체의 25.4%에 달했다. 또 10대 재벌의 자본금 합계는 일본 전체 기업 총자본금의 35.2%를 차지했다. 더구나 분할 대상 325개 기업 가운데 훗날 진짜 해체된 기업은 11개에 지나지 않았다. 그중 미쓰비시 중공업은 3개 계열사로 분리된 다음 또다시 합병되었다.[8]

이처럼 재벌 은행 세력은 일본이 패망과 함께 미국의 식민지가 된 이후에도 그대로 존속했다. 더불어 기존 재벌 계열사들은 짧은 시간 내에 이 재벌 은행 주변에 다시 몰려들어 똘똘 뭉쳤다. 얼마 후에는 막후에서 전후 일본의 경제·정치 무대를 마음대로 주무르기 시작했다.

일본이 이렇게 된 데에는 말할 것도 없이 냉전의 도움이 각별했다. 1946년 트루먼의 등장과 함께 시작된 미국의 견제 정책에 잔뜩 화가 난 소련은 달러 블록 가입을 대놓고 거절했다. 이에 따라 냉전 수위가 갑자기 높아지기 시작했다. 미국은 더욱 많은 동맹국을 확보할 필요가 있었다. 급기야 이를 위해 독일과 일본의 산업 '거세' 계획에 제동을 걸었다.

실제로 1947년부터 1950년까지 일본 산업에서 해체된 기업이나 설비 규모가 급감했다. 해체된 장비 총액이 고작 1억 6,000만 달러에 불과할 정도였다. 덕분에 일본은 예상치 않게 중요한 산업 능력을 완벽하게 보존할 수 있었다. 이는 독일의 상황과 거의 비슷했다. 일본이 보존한 이런 산업 능력은 전후 복구 건설에 결정적인 역할을 했다. 이때 전쟁 배상금 지불 명목으로 해체된 산업 장비의 전체 금액은 간과해도 좋을 만큼 적었다. 당연히 일본의 침략을 받은 아시아 각국은 적절한 보상을 전혀 받지 못했다. 일본은 미국의 비호 아래 전쟁 배상금을 거의 내지 않았다. 오히려 미국의 적극적인 지원에 힘입어 오로지 경제 발전에만 전념할 수 있었다. 일본이 단기간에 미국에 버금가는 세계 2위 경제 대국으로 부상한 데는 이런 이유가 있었다.

맥아더는 엉망으로 끝난 재벌 정책만 추진한 것이 아니었다. 눈여겨볼 만한 중요한 정책 중에는 1945년 12월 발표한 이른바 '농지 해방 지령'도 있다. 이에 따라 일본 전역에서 상당히 중대한 의미를 갖는 토지 개혁 운동이 실시됐다. 이 운동으로 일본 농업의 생산력은 극대화되었고, 이는 차후 일본의 산업화 실현에 튼튼한 밑거름이 되었다.

당시 일본 농업이 직면한 어려움은 중국과 거의 비슷했다. 전쟁 이전 일본의 산업화는 농업에서 축적 자본을 획득하는 방식으로 이뤄졌다. 그러나 일본의 농업은 산업에 필요한 충분한 원료를 공급하지 못했다. 일본 산업계가 제국주의 정부로 하여금 중국 및 동남아 지역 침략이라는 마수를 뻗치도록 압력을 행사한 것은 자연스러운 일이었다. 쾌속 발전의 길을 걷고 있는 산업에 충분한 원자재, 식량, 원유 공급원을 제공하기 위해 불가피한 선택이라고 판단한 것이다. 더구나 일본산 제품의 덤핑이 대거 가능한 시장을 개척할 경우 경제의 활로를 모색할 수 있다는 것이 일본 산업계의 판단이었다. 그러나 전후 일본은 모든 해외 식민지와 점령 지역을 잃었다. 산업 원자재 공급원과 소비재 시장을 모두 상실한 것이다. 이로써 메이지 유신 이래 축적된 산업화 자본은 완전히 소진되었다. 아마도 맥아더가 토지 개혁을 실시하지 않았다면 일본 농업 생산의 슬럼프 또한 지속됐을 것이다. 만약 이 상황을 좌시할 경우 미 점령군은 자급자족이 불가능한 일본을 직접 먹여 살려야 하는 궁지에 몰릴 가능성도 있었다. 만약 그랬다면 미국은 틀림없이 장기적인 경제 부담을 안게 되었을 것이다.

맥아더가 일본에서 발동한 토지 개혁은 정부가 강제로 지주의 농경지를 인수한 다음 평균 가격에 소작농에게 매각하는 것이 골자였다. 이는 일본 국민이 가장 기대했던 개혁이기도 했다. 사실 일본의 재벌, 군부, 지주들이 컨소시엄을 결성한 제국 시대의 토지 개혁은 한낱 빛 좋은 개살구에 지나지 않았다. 따라서 미 점령군이 실시한 토지 개혁은 엄청난 원동력을 갖기에 충분했다. 미 점령군은 1000년 동안 지속된 지주 계층의 토지 독점 제도를 일거에 소멸시켰다. 소작농은 처음으로 오매불망 그리던 자경 토지를 얻었다. 해마다 지주에게 50% 이상의 산출을 납부할 필요도 없었다. 이는 소작농의 식량 재배 욕구를 크게 자극했다. 자연스럽게 농업 생산량이 사상 최고치를 기록했다. 전후 수년 동안 일본 농민의 생산력이 도시민의 생산력을 넘어선 이유는 바로 여기에 있다. 농민은 이제 농산물 시장에서 고가에 곡물을 팔아 부를 축적하는 것이 가능했다. 일본 인구의 절반을 차지하던 농민은 이후 20년 동안 전체 인구의 3분의 1로 감소했다. 그러나 농업 생산량은 오히려 두 배로 증가했다. 이 사실로 미뤄볼 때 토지 개혁이 농업에 얼마나 중요한 역할을 했는지 알 수 있다.

일본은 전무후무한 토지 개혁 성공에 힘입어 1948년부터 농업 분야의 고도 성장기를 맞이했다. 식량난을 극복하고 인플레이션을 억제할 수 있었다. 그뿐 아니라 경공업의 10년 호황을 견인할 수 있었다.

그러나 진정한 의미의 경기 회생에 앞서 일본은 극심한 인플레이션 문제를 먼저 해결해야 했다. 모든 것이 일사분란하게 잘 돌아간 것은 결코 아니었다.

## 경사생산 계획에 따른 석탄과 철강 생산 붐 및 인플레이션

1945년 전쟁이 끝난 직후 일본과 독일의 경제가 직면한 난국은 거의 비슷했다. 일본은 제2차 세계대전을 일으킨 대가로 총 119개 도시가 폐허로 변했다. 또 전쟁으로 인해 파괴된 주택의 수가 236만 채에 달했다. 900만 명의 국민이 집도 없이 유랑 걸식했다. 그 밖에 약 50%에 이르는 산업 장비, 도로, 다리, 항만 시설이 파괴되었다.

당연히 전후 일본의 산업 생산은 급격히 하락할 수밖에 없었다. 실제로 1946년의 산업 생산액은 전쟁 전의 30%에 불과했다. 여기에 제2차 세계대전 기간 중 일본의 화폐 총유통량은 24배 이상 폭등한 상태였다. 암시장에서 물가의 평균 가격이 29배 폭등한 것은 하등 이상할 게 없었다. 엎친 데 덮친 격으로 1945년 일본 농업은 극심한 흉년을 겪었다. 쌀 생산량이 예년에 비해 60%에 지나지 않았다. 이처럼 심각한 식량 감산, 극단적인 물자 공급난, 악성 인플레이션 등이 기폭제가 되어 일본 곳곳에서 대규모 시위가 발생했다. 일본 정부는 완전히 풍전등화의 위기에 놓였다.

사태를 예의 주시하던 미국 점령군 당국은 곧 일본 군수 산업에 대한 조업 전면 중지 조치를 선포했다. 이 때문에 일본의 군수업체 대다수가 부도 위기에 몰렸다. 이어 기계 및 화학, 야금 등의 산업 부문 기업들 역시 대부분 조업을 중단했다. 문제는 이들 군수 산업과 부대 산업이 일본 GDP의 거의 절반을 차지한다는 사실에 있었다. 이들 기업이 조업을 완전 멈출 경우 대규모 실업자가 발생할 위험이 있었다. 게다가 해외에 파견됐던 제국주의 시대의 군인과 이주민들도 속속 귀국했다. 일본의 실업자 수는 한때 1,130만 명에 달할 정도로 급증했다. 일본 정부는 심각한 식량 감산, 극단적인 물자 공급난, 악성 인플레이션이 동시다발로 터지자 엄격한 정량 배급제를 실시하지 않을 수 없었다. 그러나 이 정책은 암시장에서의 식량과 물자 가격 폭등에 부채질을 하는 꼴이 되고 말았다.

일본 은행들의 상황 역시 결코 여유롭지 않았다. 일본 은행이 제2차 세계대전 당시 군수 산업 부문에 제공한 대출은 총대출액의 무려 50%를 차지했다. 그중 시장을 주도한 6대 은행이 군수 산업 부문에 제공한 대출은 총 은행 대출액의 90%에 달했다. 이 대출은 두말할 것도 없이 회수 불가능한 부실 채권이 되었다. 전쟁이 끝나는 날 은행도 문을 닫게 될 거라는 얘기는 따라서 결코 지나친 말이 아니었다. 은행 시스템은 거의 붕괴 직전에 있었다. 그러나 일본 정부는 은행 시스템과 거시 경제를 기사회생시키기 위해 꼼수를 부렸다. 미국에 무조건 항복을 선포한 당일, 은행 고객의 자의적 현금 인출을 계속 허용한 것이다. 그뿐만이 아니었다. 금융 기관이 지속적으로 거액의 신규 대출을 제공하는 것 역시 묵인했다. 이처럼 부실 채권의 존재를 무시한 채 금융 기관의 대규모 대출 행위까지 묵인한 일본 정부의 정책은 그만한 대가를 치를 수밖에 없었다. 요컨대 인플레이션에 따른 상황 악화는 필연적이었다.

1946년 일본 정부는 상황을 타개할 능력을 상실한 채 기진맥진했다. 악성 인플레이션을 빠른 시일 안에 억제하지 못할 경우 혁명과 폭동이 일어날 가능성이 컸다.

일본 국민들로서는 은행에 예금한 돈을 너도 나도 인출하는 것이 최선의 선택이었다. 그리고 암시장에서 고가의 상품을 사재기해 아껴 먹고 쓸 경우 기본적인 재산은 보호할 수 있었다. 상황이 이렇게 되자 은행들은 갑자기 뱅크런 위기에 직면했다. 당시 은행들은 부실 채권의 폭등으로 인한 부채를 감당하기도 어려운 상황이었다. 그러니 일반 예금주들의 인출에 따른 뱅크런 위기를 극복할 여력이 있겠는가? 이들은 급기야 정부에 손을 벌렸다. 일본 정부는 이 절박한 요구에 밀려 미국 점령군 당국을 찾아갈 수밖에 없었다. 맥아더는 동물적인 감각으로 인플레이션 비상 대책을 속히 마련해야 한다는 것을 깨달았다. 문제가 계속 악화될 경우 대규모 소란, 심지어는 혁명이 폭발할 가능성도 있었기 때문이다. 그는 즉각 일본 정부에 긴급 조치를 발동해 위기를 막으라는 명령을 내렸다.

1946년 2월 일본 정부는 금융 긴급 조치를 발표했다. 이에 따라 신규 엔화를 발행하고 낡은 엔화를 회수할 수 있었다. 일본 국민들은 이 조치에 따라 기

**뱅크런**
은행의 예금 인출 사태. 은행에 돈을 맡긴 사람들의 예금 인출이 대규모로 발생하는 현상을 일컬음.

한 내에 낡은 엔화를 지정
된 은행의 예금 계좌에 입
금한 다음 신규 엔화로 태
환해야 했다. 허용된 최다
액수는 500엔이었다. 하지
만 이 금액으로는 극빈층
수준의 일상생활만 겨우

| 1946년 발행한 새 엔화

유지할 수 있었다. 어쨌거나 이로써 일본 정부는 예금 동결 방식을 통
해 뱅크런 위기를 당분간 모면할 수 있었다. 신규 엔화로 낡은 엔화를
바꿈으로써 화폐 유통량을 급감시키고 암시장의 물가 폭등도 억제할
수 있었다. 단기적 효과만 놓고 보면 물가 폭등 국면을 억제하고 금융
위기의 끔찍한 '귀문관(鬼門關)'을 넘어설 수는 있었다. 그러나 장기적
관점에서 보면 문제를 근본적으로 해결했다고 할 수 없었다.

이와 완전히 반대되는 사례를 독일에서 찾아볼 수 있다. 1948년
6월 독일은 1신마르크를 10구마르크로 태환하는 화폐 개혁을 실시했
다. 이때 독일 은행은 자산과 부채 규모를 동시에 10배 삭감했다. '평
형어음(미래의 국채)'으로 은행 자산도 교체했다. 이 개혁으로 심각한 빈
부격차가 초래되었다. 그러나 일거에 화폐로 인한 인플레이션 요인을
소멸시킬 수 있었다. 그야말로 "기나긴 고통은 짧은 고통보다 못하다"
는 교훈을 염두에 두고 처절한 대가를 치르면서 일궈낸 성공이었다.
이에 반해 일본 정부가 실시한 금융 긴급 조치는 일시적인 방편에 지
나지 않았다. 인플레이션 압력을 근본적으로 해소하지 못했다. 그저
금융위기 발발을 어느 정도 연기시켰을 뿐이다.

그렇다면 어떻게 해야 꼼수로 겨우 얻은 절호의 '버퍼링' 기회를 이용해 인플레이션 문제를 원천적으로 해결할 것인가? 만약 일본 정부가 유동성 흡수를 중요하게 생각하지 않는다면 무엇보다 상품 공급을 늘려야만 했다. 이런 배경 아래 일본 정부는 경사생산 계획을 발표했다. 이 계획은 제한된 자원을 집중적으로 활용해 석탄과 철강 생산을 늘리는 것이 주요 목표였다. 석탄은 공업용 에너지, 철강은 공업 원료다. 이 두 가지 물자만 충분히 확보한다면 다른 산업 부문의 경기 회복을 충분히 견인할 수 있을 터였다.

**경사생산(傾斜生産)**
주력 산업에 대대적으로 투자해 생산을 증강시키는 방법.

1946년 일본의 산업 생산 능력은 전쟁 전의 30%에 근접했다. 일본 정부는 산업 생산 능력이 전쟁 전의 60% 수준으로 회복될 경우 대거 늘어난 상품 물량으로 과잉 유통 화폐의 리스크를 상쇄해 인플레이션 위기를 종식시킬 수 있다고 판단했다. 사실 인플레이션을 억제해야만 참된 의미의 경기 회생을 실현할 수 있었다. 이 목표에 도달하자면 석탄의 연간 생산 능력을 2,000만 톤에서 3,000만 톤으로 끌어올려야 했다. 이를 위해 일본 철강 산업계는 미 점령군 당국에 도움을 요청할 필요가 있었다. 그럴 경우 중유와 철광석을 충분히 확보한 다음, 증산된 철강을 석탄 부문에 공급해 석탄 증산을 촉진하는 것이 가능했다. 또 증산된 석탄으로 다시 철강 생산을 촉진하는 순환 시스템을 마련하는 것 역시 어렵지 않았다.

이런 패러다임을 갖고 일본 정부는 모든 재원을 집중해 1947년 1월 부흥금융공고(復興金融公庫, 이하 공고)를 신설했다. 공고의 자금원은 중앙은행의 신용 대출이었다. 당연히 훗날 일본 정부의 재정 적자에 포함됐다. 아무려나 1947년부터 1948년까지 공고는 도합 1,259억 엔의 자본을 대출할 수 있었다. 이 규모는 전체 산업 신용 대출액의 3분의 1을 차지할 정도로 대단한 것이었다. 이 밖에 일본 정부는 재정 예산에서 850억 엔의 거금(총 재정 예산의 12%)을 경사생산 대상 기업에 가격 차액 보조금으로 지급했다. 그중 석탄 산업 부문은 475억 엔의 대출을 확보할 수 있었다. 이는 공고 총대출액의 무려 38%에 달하는 금액이었다. 이처럼 충분한 자금을 확보한 덕분에 석탄 산업 부문의 1947년 생산량은 약 30% 증가했다. 철강 생산량 역시 21%나 신장되었다. 이에 따라 1948년 일본 경제는 호전 기미를 보이기 시작했다. 산업의 생산 능력은 전쟁 전의 54.7%로 회복했다. 그중 석탄과 철강의 생산 능력은 각각 전쟁 전의 90%와 49.2%로 회복되는 등 기본적으로 소기의 목표를 달성했다고 할 수 있다.

그러나 경사생산 계획을 실현한 데 따른 대가도 없지 않았다. 재정 적자 급증과 유동성 범람이라는 더욱 큰 악재를 초래한 것이다. 또 경사생산 계획 목표 실현과 함께 일본 산업 부문은 충분한 물량의 철강과 석탄을 확보했으나 경공업의 소비재 생산용 원료는 여전히 1947년 농업의 저성장이라는 제약에서 벗어나지 못하고 있었다. 1947년 일본의 경공업은 중국의 상황과 비슷했다. 다시 말해, 석유화학 산업이 본격화되지 않은 상태에서 경공업 원료의 농업 의존도가 여전히 매우 높았다고 할 수 있다.

이때 일본의 토지 개혁이 막 시작되었다. 이에 따른 농업 증산 효과는 1948년 이후에야 점차 가시화되었다. 그러나 경사생산으로 인한 더욱 큰 규모의 유동성 범람과 갈 길을 몰라 헤매던 경공업 간에 겨우 유지되던 취약한 평형 관계가 다시 흔들리기 시작했다. 아니, 파괴되었다고 하는 것이 더 정확한 표현일 듯싶다. 인플레이션은 마치 굴레 벗은 망아지처럼 또다시 통제 불능 상태에 빠져들었다. 이에 따라 일본 도매 시장의 물가는 1947년과 1948년에 각각 193%와 167%나 폭등했다.

대재벌 시스템 아래 경사생산 정책에 힘입은 기업들은 국가 자본과 일반인 예금을 이용해 제2차 자본 축적을 실현할 수 있었다. 전시에 본 큰 손실을 일부 회복하는 것도 가능했다. 게다가 기업들은 경사생산 정책을 등에 업고 약삭빠르게 막대한 대출 부담을 상쇄했다. 악성 인플레이션이 만연한 와중이었다. 당연히 인플레이션 재난은 모두 서민과 예금주들에게 전가되었다. 이는 사실상 부의 약탈 행위와 크게 다를 바 없었다. 더 심하게 말하면, 국가 차원에서 자행된 공공연한 강탈 행위였다. 그 결과 1948년 이른바 '3월 투쟁'이 발발했다. 연인원 100만 명에 달하는 일본 역사상 최대 규모의 노동자 파업이 일어난 것이다. 그뿐만이 아니었다. 정부 기관 및 공공 단체의 공무원 역시 대규모 항쟁을 일으켰다.

경사생산 정책은 대량의 소비재를 생산하지 못했다. 그뿐만 아니라 오히려 더욱 심각한 인플레이션과 대규모 정치적 혼란을 초래했다.

사태가 악화되자 미국 점령군 당국은 일본 정부에 괘씸죄를 묻기 시작했다. 지폐를 대량 찍어내는 방식으로 재정 적자를 늘리면 궁극적으로는 악성 인플레이션과 사회 혼란이라는 재난을 가져올 수밖에 없다. 그러나 일본 정부는 이 사실을 모르고 있었다. 솔직히 알려고 하지도 않았는지 모른다.

# 도지 플랜, 엔화를 달러 제국의 품으로

1948년 말 독일의 '6월 마르크 개혁'에 동참한 경험이 있는 미국 디트로이트은행의 은행장 조지프 도지(Joseph Dodge)가 도쿄를 방문했다. 그는 현장에서 바로 일본의 악성 인플레이션을 체감할 수 있었다. 일본 정부의 재정 정책 내용을 훑어본 그는 곧 화가 굴뚝같이 치밀었다. 일본 정부가 취한 재정 정책의 패러다임은 그가 진행한 바 있는 독일 마르크 개혁의 패러다임과 정반대였기 때문이다.

그러나 일본의 대장성 관료 이케다 하야토(池田勇人)는 분위기 파악도 못한 채 도지와 만난 자리에서 침을 튀기며 말했다.

"산업 생산이 얼마나 빠르게 회복되고 있는지 모릅니다. 우리도 놀랄 정도입니다."

도지는 이케다가 엉뚱한 자랑을 하자 단도직입적으로 핀잔을 퍼부었다.

"생산지수 제고와 수출 증대를 과시하는 것은 아둔하기 그지없는 행위입니다. 이유는 간단합니다. 일본이 이룩한 경제 성장은 미국의 원조금과 (일본 대장성이 지급한) 보조금에 따른 것입니다. 이는 재정적자의 증가를 의미하기도 합니다."

이케다는 머쓱해졌다. 그러자 도지는 일본 경제의 현주소를 은유적으로 설명하면서 동시에 해결책을 제시했다.

"당면한 일본 경제는 죽마(竹馬: 민간의 가무에 쓰이는 일종의 도구 – 옮긴이)와 흡사합니다. 이 죽마의 한쪽 다리는 미국의 원조를 의미합니다. 다른 한쪽 다리는 일본의 자금 보조 기관에 해당합니다. 죽마의 다리가 너무

길면 쉽게 넘어집니다. 그뿐만 아니라 목이 부러지는 치명상을 입을 수도 있습니다. 따라서 지금 당장 지나치게 긴 죽마의 다리를 잘라야 합니다."

당시 일본 정부 내에는 대체로 다음과 같은 두 가지 견해가 주류를 이루고 있었다. 첫 번째 견해는 안정 유지가 경기 회복의 필요조건이라는 생각이었다. 따라서 우선 인플레이션을 억제해야 한다고 판단했다. 두 번째 견해는 부흥이 없으면 안정도 없다는 견해였다. 그래서 확대 생산을 추진해야만 경제를 재건할 수 있다는 쪽으로 의견을 모았다. 사실 후자는 인플레이션 확대를 어느 정도 용인하고 지지하는 것이었다. 실제로 일본의 재벌들은 국가가 계속해서 대규모 재정 적자 정책을 실시해 줄 것을 강력하게 희망했다. 그래야만 중앙은행으로부터 거액의 자금과 보조금을 끊임없이 제공받아 자본 축적의 극대화를 실현할 수 있기 때문이다. 결국 이 정책으로 인해 초래된 인플레이션의 대가는 고스란히 대다수 서민이 떠안아야 했다. 재벌들의 압력에 굴복한 일본 정부는 재정 적자 축소에 매우 소극적인 자세를 보일 수밖에 없었다.

일본 재벌의 비열함과 정부의 이런 소행을 예의 주시하던 미 점령군 당국은 드디어 분노의 칼날을 빼들었다. 미 행정부와 점령군 당국은 강제 조치를 단행했다. 공개적으로 일본 정치 무대 한가운데 서겠다는 의지를 피력한 것이다. 이들의 조치는 실로 강경했다. 일본 정부에 사전 통보 없이 직접 지시하는 방식을 취했다. 1948년 12월 18일 미 점령군 총사령부는 마침내 자신들 명의로 일본 경제 자립을 위한 '경제 안정 9개 원칙'을 발표했다. 주요 내용은 균형 예산, 신용 대출 규제 강화, 세제 개혁(정세 강화), 단일 환율 제도 실시, 임금 안정, 물가 통제, 수출 증진, 식량 공출 등이었다. 이것이 바로 저 유명한 '도지 플랜'이다. 이 플랜을 발표하자 일본 정계는 그야말로 아비규환에 빠졌다.

맥아더 사령관은 이때 요시다 시게루(吉田茂) 총리에게 보낸 편지에서 매우 강경한 태도를 보였다. 또 거침없는 어조로 촉구했다.

"일본 정부는 (우리가 제시한) 원칙을 가차 없이 실행해야 합니다. 귀 정부는 일본 국민 전체로 하여금 내핍 생활을 하거나 한시적으로 일부 자유와 권리를 제한받도록 요구할 수 있습니다. 그뿐만 아니라 경제 안정 9개 원칙에 위배되는 사상과 정치 활동이 일어나지 않도록 특단의 조치를 취해야 합니다."

허를 찔린 일본 재벌들은 가만히 있지 않았다. 즉각 경제 안정 9개 원칙에 반기를 들고 나섰다. 이와 함께 일본 정계에도 대지진이 일어났다. 요시다 내각은 국회 다수 세력인 반대파(재벌 지지 세력)를 꺾을 힘이 전혀 없었다. 맥아더는 아예 국회를 해산하고 재선거를 실시하는 특단의 조치를 취했다. 이에 힘입어 새로 발족한 요시다 내각은 국회 중의원의 대다수 의석을 확보할 수 있었다. 도지 플랜을 전격적으로 실시할 수 있는 토대를 마련한 것이다.

재벌들은 경제 회생 단계에서 그야말로 피도 눈물도 없는 잔혹한 자본 축적에 나섰다. 그 때문에 일본 근로자들의 임금은 생계유지도 못할 정도로 대단히 낮았다. 이 여파로 중의원 선거에서 공산당이 큰 승리를 거두었다. 의석을 35석이나 차지했다. 미 행정부와 일본 정부는 패닉 상태에 빠졌다. 이로 인해 인플레이션 억제, 근로자 임금 인상, 화폐의 실질 구매력 향상 등의 현안이 더 이상 미룰 수 없는 정치적 과제로 등장했다. 이때 도지는 미 하원 청문회에 증인으로 출석해 다음과 같이 역설했다.

"경제 안정과 직결된 진정한 문제는 정치와 사회에 대한 대중의 반응입니다. 현재 일본이 직면한 가장 중요한 문제는 정치 안정과 임금 안정입니다. 이 문제를 해결하는 유일한 방법은 일본 국민의 생활수준을 향상시키는 것뿐입니다. 그래야 공산주의의 세력 확대를 막을 수 있습니다. 이를 위해 반드시 실질적인 임금 인상을 실현해야 합니다. 더욱 중요한 것은 화폐의 구매력을 높이는 것입니다. 근본적인 해결책은 식량 쿼터(배급량)와 면직물 판매량을 늘리는 것입니다."

도지가 청문회에서 강조한 식량 및 면직물 문제는 사실상 토지 개혁과 경공업 발전에 가장 큰 장애물이었다. 중국이 1950~1960년대에 직면한 농업 생산 위기와 경공업 위기가 일본에서도 쟁점 사안으로 거론된 것이다.

독일의 화폐 개혁을 실시하면서 상당한 노하우를 쌓은 도지는 이를 바탕으로 인플레이션의 근본적인 원인은 재정 적자에 있다는 사실을 깨달았다. 더불어 재정 적자 문제를 해결하지 않으면 인플레이션의 근본적인 원인도 발본색원하기 어렵다고 판단했다. 이에 도지는 일본 정부의 재정 적자 증가 원인을 집중 분석하기 시작했다. 그 결과 1948년 일본의 재정 예산이 일반 회계에서는 균형을 유지했지만 특별 회계에서 1,500억 엔의 방대한 적자가 발생했다는 사실을 발견했다. 도지는 1949년 일본 정부의 재정 예산안을 직접 제정하면서 무엇보다 세금 징수 강화에 초점을 맞추었다. 또 정부 지출을 극소화해 재정 적자 없는 종합적인 균형을 실현하고자 했다. 이 예산안이 실행된 후 일본 정부는 2,570억 엔의 방대한 균형 예산 흑자를 실현할 수 있었다. 이는 재정 지출의 14%에 이르는 규모였다. 도지는 이 대규모 예산 흑자를 정부의 채무 상환에 이용했다. 그뿐만 아니라 금융 기관의 자금난도 완화해 주었다. 이로 인해 인플레이션을 억제하고, 나아가 은행의 자본금 충족률 역시 제고할 수 있었다. 한마디로 엄청난 시너지 효과를 거둔 것이다.

도지 플랜은 부흥금융공고에 의한 변칙적인 재정 적자 증대 방법을 전적으로 반대했다. 따라서 부흥금융공고는 1949년부터 신규 대출을 완전히 중단했다. 동시에 이미 대출한 자금을 회수하기 시작했다. 도지는 이 방식으로 인플레이션의 근본적인 원인 중 하나를 발본색원할 수 있었다.

도지가 지적한 것처럼 미국의 원조와 정부 보조는 확실히 일본 경제에서 '죽마의 두 다리'였다. 도지는 이 문제를 해결하기 위해 먼저 부흥금융공고의 대출을 중지하는 처방을 내렸다. 이를 통해 1,259억 엔의 지출을 절약했다. 그러나 일본 정부는 재벌의 이익을 보호하기 위해 재정 보조금을 100%나 늘려 도지의 노력을 무산시켰다. 화가 머리 끝까지 난 도지는 미국 원조의 감축을 단행했다.

▌ 1948년 일본 대장성 관료 이케다 하야토를 만난 도지

1948년 미국의 대일본 총 원조 금액은 4억 6,000만 달러에 달했다. 이어 1949년에는 5억 3,400만 달러로 증가했다. 물론 이러한 원조는 현찰로 이뤄진 것이 아니었다. 미국 본토에서 공급 과잉 상태에 놓인 곡물과 원유, 의료 제품과 면화(綿) 등을 직접 지원하는 이른바 실물 원조 방식이었다. 이때 일본에서는 경공업 소비재와 에너지 공급난이 가중되고 있었다. 따라서 이 원조 물자를 판매해 폭리를 취하는 것은 별로 어렵지 않았다. 1949년 당시 달러 대 엔의 환율은 1 대 360이었다. 요컨대 미국의 대일본 원조 물자는 1,922억 엔에 해당했다. 부흥금융공고의 대출금이나 재정 보조금을 훨씬 상회하는 수치다.

미국 점령군 당국은 도지가 일본에 오기 전까지만 해도 일본 정부가 이런 유형의 거금을 스스로 알아서 사용하도록 묵인하는 자세를 취했다. 그러나 도지는 일본에 도착하자마자 이 레버리지를 도지 플랜이 지향하는 소기의 목표를 실현하는 데 활용하기 위해 노력했다.

이후부터는 미 점령군 당국도 방법이 없었다. 이른바 'U-턴 자금' 제도를 수립, 미 원조 물자 판매로 얻은 대금을 특별 회계 계좌에 입금시켜 미 점령군 당국이 획일적으로 관리하도록 했다. 당연히 일본 정부는 미 행정부의 동의를 얻어야만 U-턴 자금을 사용할 수 있었다. 도지는 자신의 생각을 더욱 구체화했다. 이 자금의 사용 범위를 정부 채무 상황과 경제 건설을 위한 직접 투자에만 사용하도록 규제한 것이다. 미국은 이 방식으로 일본 재정 수입의 대부분을 완전히 통제할 수 있었다. 정치 및 경제 차원에서 일본 정부와 재벌을 복종케 하는 것은 그야말로 일도 아니었다.

1949년부터 1951년까지 U-턴 자금의 전체 지출은 3,165억 엔에 이르렀다. 그중 정부 채무 상환 및 공채 구매 목적으로 사용된 자금 비율은 35%였다. 또 기업에 대한 투자 자금 비율은 65%를 차지했다.

정부 채무 상환 및 공채 구매 목적으로 사용된 자금은 총 1,118억 엔이었다. 이 자금은 유동성 흡수와 인플레이션 억제 면에서 결정적인 역할을 했다. 사실 전체적으로 보면 이 정책의 본질은 1960년대 초반 중국 공산당 보수파 경제 이론의 대부인 천윈과 류사오치 국가 주석이 제시한 '고가 상품' 전략이나 '고대고, 저대저' 방식에 의한 유동성 흡수 전략과 일맥상통했다. 실제로 도지는 미국이 원조한 곡물, 원유, 의약품, 면화 등 일본 시장에서 완전히 품절 상태인 상품을 고가로 판매해 초과 발행한 엔화를 가볍게 흡수했다. 그런 다음 이 회수금을 정부 채무 상환에 이용했다. 그는 이 방식으로 일부 초과 발행된 화폐를 거의 소멸시킬 수 있었다. 인플레이션 압력을 크게 줄이는 것도 그다지 어렵지 않았다. 1946년 9월 일본의 총 화폐 유통량은 644억 엔이었다. 그러나 1947년 말에는 2,191억 엔으로 급증했다. 이는 U-턴 자금 제도에 의한 유동성 흡수가 화폐 유통 규모 억제라는 면에서 얼마나 중요한 역할을 했는지 여실히 보여준다.

U-턴 자금 제도는 기업에 대한 자금 투자 부문에서는 큰 역량을 발휘하지 못했다. 재벌들의 자본이 집중된 석탄 산업과 철강 산업에 대한 증자를 하지 않았다는 얘기다. 대신 전력, 해운, 전보 전화(체신), 국유 철도 등 인프라 사업에 집중적으로 투자했다. 고도로 긴축적인 이 도지 플랜에서 재정 투자는 솔직히 말해 기업의 가장 중요한 자금원이었다. 실제로 재정 자금의 70%가 U-턴 자금이었다. 다시 말해 미국은 U-턴 자금을 일본의 재정, 금융, 산업을 통제하는 강력한 도구로

이용했다고 할 수 있다.

미국 원조의 본질은 우선 미국 본토에서 공급 과잉의 곡물과 상품을 일본에 '선심을 베푸는' 식으로 이전하는 것이었다. 이어 일본 정부가 감지덕지하게 만든 다음, 다시 이 물자를 이용해 시중에 대량 유통되고 있는 초과 발행 화폐를 흡수하도록 했다. 요컨대 악성 인플레이션을 억제하겠다는 목적을 실현해 일본 국민의 호감을 얻겠다는 것이 기본 전략이었다. 결과적으로 미국이 일본에 하사한 이 '은혜'는 U-턴 자금 형태의 투자로 전환되어 일본의 정치 계파 세력들을 굴복시키는 정치적 레버리지로 작용했다. 재벌들의 지나친 탐욕을 효과적으로 억제하기도 했다. 미국의 이러한 원조 전략은 일석이조의 효과를 거뒀다. 그야말로 최고의 경지에 오른 전략이었다 해도 과언이 아니다.

도지 플랜의 또 다른 근간은 단일 환율 제도 실시였다. 전후 수년 동안 일본 경제는 외부 세계와 완전히 단절되어 있었다. 이는 미국 점령군 당국이 일본의 모든 대외 경제 활동을 통제한 것과 무관하지 않다. 당연히 일본의 모든 대외 무역 활동은 미국의 사전 동의를 받아야 했다. 그뿐만 아니라 각각의 거래마다 화폐 환율 역시 차등을 두었다. 미국은 이 방식으로 일본 상품의 대량 수출 루트를 원천적으로 차단하는 데 성공했다.

도지의 단일 환율 제도는 무질서한 화폐 태환 상황을 바로잡았다. 일본의 수출 경제 부문을 통합하는 데도 크게 일조했다. 당시 일본은 1인당 소비력(구매력)이 매우 낮았다. 시장 규모 역시 영세했다. 산업 원료와 원유에 대한 수입 의존도도 대단히 높았다. 따라서 대외 무역을 활성화하지 않으면 일본 경제는 참된 의미의 성장을 실현하기 어려웠다. 여기서 가장 핵심적인 문제는 다른 게 아니라 엔화와 달러화의 비교 가격을 어떤 방식으로 확정하는가에 달려 있었다. 다시 말해, 일본 경제가 진정으로 단일 환율 제도의 혜택을 받을 수 있느냐가 핵심 문제였다고 할 수 있다.

일본이 가장 먼저 수출에 성공한 산업 제품인 재봉틀을 예로 들어 보자. 당시 일본 농업은 지속적인 불황으로 면화 원료 시장이 심각한 공급 부족 상황에 직면해 있었다. 경공업용 면포 공급이 크게 딸렸다. 이런 상황이 재봉틀 산업의 규모 확장에 걸림돌로 작용했다. 자연스럽게 재봉틀의 원가가 천정부지로 올라갔다. 1949년 일본의 재봉틀 제조 원가는 2만 4,000엔이었다. 그러나 본선인도가격(FOB)이 40달러가 되어야만 국제 시장에서 어느 정도 경쟁력을 유지할 수 있었다. 따라서 달러 대 엔의 환율이 1 대 600은 되어야 했다. 그렇지 않으면 일본산 재봉틀을 수출하는 것은 기본적으로 불가능했다.

하지만 미국은 도지 플랜에 따라 달러 대 엔의 환율을 1 대 360으로 책정한 상태였다. 이 단일 환율에 의해 일본산 재봉틀의 국제 시장 가격은 66.67달러에 달했다. 경쟁력이 크게 떨어졌다. 일본 정부는 재정 보조 정책을 실시해 지나치게 높은 환율로 인한 부작용을 상쇄하는 고육책을 썼다. 그래야만 겨우 수출 무역 활성화를 실현할 수 있었기 때문이다. 다행히 경제가 점차 회생하면서 일본산 재봉틀의 월 생산량은 2년 사이 3만 대에서 13만 대로 급증했다. 생산 원가 역시 꾸준히 낮아졌다. 이에 따라 정부가 더 이상 재정 보조금을 지급하지 않아도 되는 시점이 되었다. 요컨대 일본 기업들이 비로소 손익분기점을 맞출 수 있게 된 것이다. 1960년 말 일본산 재봉틀의 제조 원가는 2만

6,000엔에서 4,300엔으로 급락했다. 그럼에도 수출을 통해 여전히 마진을 남길 수 있었다. 이때에 이르러 일본산 노동 집약형 제품의 국제 시장 경쟁력은 타의 추종을 불허할 정도로 막강해졌다.

시작 단계에서 단일 환율 제도는 일본에 대단히 불리했다. 그러나 달러 제국이 제패한 글로벌 시장에 진출함으로써 꾸준한 생산 규모 확대 및 제품 원가 절감이 가능해졌다. 일본은 말할 것도 없이 이를 무기로 단일 환율로 인한 부작용을 점차 상쇄할 수 있었다. 이때부터 고정 환율 제도는 일본의 수출 무역에 더욱 이롭게 작용했다.

도지 플랜은 일본 정부에 균형 예산 기반을 마련해 주었다. 악성 인플레이션 압력 역시 완화시켰다. 궁극적으로는 단일 환율을 실현했다. 이 모든 것이 일본 경제 도약의 발판이 되었다. 그러나 일본 경제 도약에 결정적인 역할을 한 것은 역시 1950년 발발해 1953년까지 이어진 한국전쟁이었다.

한국전쟁 특수는 일본에 23억 달러라는 엄청난 규모의 특수를 창출했다. 일본 10대 면방직업체가 1950년부터 1953년까지 3년 동안 실현한 이윤 증가율을 보면 이 사실을 잘 알 수 있다. 무려 9~19배에 달했다. 그중 90%의 이윤이 자본 축적으로 연결되었다. 철강 산업, 화학섬유 산업, 제지 산업 역시 면방직 산업과 비슷한 높은 마진을 실현했다. 게다가 미국이 일본에 제공한 18억 달러 규모의 원조 물자도 있었다. 일본은 달러 제국의 품에 안긴 후 1945년부터 1955년까지 10년 동안의 경기 회복 단계에 총 41억 달러의 '커미션'을 취득할 수 있었다. 이뿐만이 아니었다. 급속도로 커지는 국제 시장에 힘입어 일본 산업의 규모도 더욱 빠르게 확대됐다. 게다가 일본은 미국 등 선진국으로부터 신기술을 대거 도입해 산업의 수익률을 더욱 높였다. 일본이 달러 제국에 의존해 수주한 수출 오더 '보너스'는 미국의 직접적인 원조 금액을 훨씬 웃돌았다.


## 일본 산업화에 활력을 불어넣은 국민소득 2배 증대 계획

일본 산업화의 토대는 메이지 유신 시대에 마련됐다고 할 수 있다. 그럼에도 1937년 중일전쟁 발발 후에는 지지부진한 상태였다. 반면 소련은 제1차 5개년 계획 및 제2차 5개년 계획을 통해 일본보다 훨씬 앞서 산업화를 실현했다. 더구나 일본의 국민 경제는 이후 8년 동안 완전히 전쟁 기계 역할을 수행해야 했다. 산업화의 질과 양이 모두 미국을 비롯한 서구 열강에 비해 크게 뒤처질 수밖에 없었다. 미국은 한국전쟁 기간에 한반도의 전장과 가까운 일본 본토에서 중화학 무기 시스템을 양산하는 방안을 고려한 적이 있었다. 그러나 일단의 미국 산업 전문가들이 일본 전역을 시찰한 다음 이 구상을 포기했다. 일본의 산업 기술이 미군의 수요를 충족하기에는 너무나 낙후했기 때문이다.

중국은 1955년부터 소련의 지원을 본격적으로 받기 시작했다. 이로 인해 산업화가 빠른 속도로 국제 수준에 근접했다. 이에 비해 일본은 전후 폐허 속에서 미 점령군 당국의 지원을 받아 경기 회복에 성공했다. 그러나 이는 경공업을 중심으로 한 이른바 '저도화 산업 회복'에 지나지 않았다. 중공업 기술력은 중국이 직접 소련에서 도입한 최첨단 산업 설비에 비교조차 못할 정도로 낙후해 있었다. 따라서 인프라 여건만 보면 중국과 일본의 산업화 수준은 거의 비슷했다고 봐도 좋다.

그러나 1955년 이후 중국과 일본의 산업화 발전 전략은 각각 차별화된 변곡점을 맞이하기 시작했다. 중국의 경우는 계속 철강 산업을 산업화의 핵심으로 삼았다. 반면 일본은 전자 산업과 석유화학 산업의 중요성을 절감하고 자동화를 새로운 발전 목표로 내세웠다. 중일 양국의 이런 전략적 차이는 이후 15년 동안 중국이 일본을 추월할 수 없을 정도의 엄청난 격차를 초래했다.

당시 일본인들은 전자 산업과 석유화학 산업 등 유망 산업의 무한한 시장성에 완전히 매료되었다. 심지어 '1억 국민의 옥쇄'를 각오로 발동했던 전쟁 행위가 얼마나 아둔한 짓이었는지를 깊이 깨닫기도 했다. 일본은 전후 국제 원유가가 공급 과잉으로 하락하면서 과거 중국 동북 지역에 개척한 석탄 에너지 기지 따위는 필요도 없었다. 또 석유화학 산업의 고도화와 함께 저렴하고 풍부한 양질의 합성 고무가 양산되자 동남아 지역의 천연 고무를 약탈할 필요도 없었다. 다시금 전쟁을 발동하는 것은 치명적인 모험이라는 사실을 일본인들은 뼈저리게 느꼈다. 더구나 석유화학 산업의 발전과 함께 수천수만 종의 파생 제품이 만들어지면서 경공업 원료의 농업 의존도 역시 거의 제로 수준에 가까워졌다. 따라서 일본 정부는 군사적 침략 전통을 포기했다. 막대한 인력, 물력, 재력을 소비해야 하는 군사적 침략을 발동할 필요가 전혀 없었던 것이다. 전쟁으로 인한 특별한 이점 역시 눈을 씻고 찾아봐도 없었다. 일본인들의 판단은 옳았다.

석유화학 산업은 농업을 대체했다. 산업의 중요한 원료 공급원이 된 것이다. 여기에 전자 산업과 자동화가 산업화를 가속화했다. 이 '히든카드' 두 장을 확보하고 미국이 원유 공급을 보장만 해준다면 일본은 산업 제품 수출로 전 세계를 얼마든지 정복할 수 있었다. 게다가 그 효과는 피비린내 나는 군사적 침략에 비해 훨씬 단순하고 뚜렷했다.

결과적으로, 중국과 프랑스는 전쟁에서 일본과 독일을 이겼으나 경제에서는 졌다고 단언해도 과언이 아니다.

1960년 일본은 앞에서 언급한 경제 발전 전략 아래 '국민소득 2배 증대 계획'을 추진하기 시작했다. 일본 통산성의 경제 전략 안목은 당시 중국 계획 경제 제정 안목에 비해 훨씬 탁월했다. 통산성은 우선 중화학공업 부문에서 석유 제련(정유), 석유화학, 인조 섬유, 자동차, 공업 기계, 항공기, 전자 산업 등을 우선 육성 대상 품목으로 지정했다. 그리고 이들 산업에 대한 절대적인 보호와 지원을 아끼지 않았다. 심지어 이들 전략 산업 부문에서 외국산 동종 제품과의 덤핑 경쟁을 방지하기 위해 수입 쿼터 및 수입 허가 제도를 도입하기까지 했다. 나중에는 고율의 관세를 부과하는 정책도 실시했다. 국산 제품에 한해 우대 상업세 징수 정책을 실시한 것은 더 말할 것도 없다. 한마디로 무차별적이고 다양한 무역 보호 정책을 실행한 것이다.

그러나 이런 직접적인 재정 보조 정책은 일본이 WTO, 즉 세계무역기구에 가입한 이후 획기적으로 바뀌었다. 자국 기업과 제품에 대한 노골적인 보호 행위 대신 전략 산업 보호 및 활성화를 위해 다양한 방안을 마련한 것이다. 조선 산업에 재정 보조 지원이 필요할 때를 예로 들어보자. 일본 정부로서는 직접 자금을 조달하기가 상당히 불편했다. 마침 이때 일본 시장에서는 설탕 가격이 고공행진을 거듭했다. 마진 역시 대단히 높았다. 일본 정부는 이 기회를 놓치지 않고 조선 산업 기업에 설탕 수입 허가증을 발급하는 절묘한 조치를 강구했다. 본토 설탕 시장에서 폭리를 취하도록 배려한 것이다. 말할 것도 없이 이는 일본 정부의 변칙적인 재정 보조 행위였다. 정부의 이런 교묘한 변칙 전술에 힘입어 일본 조선소들은 선박 수출 가격을 무려 20~30%나 낮출 수 있었다.

일본 정부는 전략 산업의 고도성장을 실현하기 위해 첨단 기술과 첨단 장비 도입 러시 분위기를 조성했다. 예를 들어보자. 일본 정부는 우선 수입산 첨단 기계 보조금 제도를 마련했다. 여기에 기초해 수입 가격의 50%를 국가가 부담했다. 또 동일 로컬 브랜드의 제품 원가 50%를 재정 보조 방식으로 국가가 부담했다. 그뿐만이 아니었다. 기업용 설비에 대해서는 특별 감가상각 제도를 실시해 설비 갱신, 업그레이드를 가속화했다. 이에 따라 자본 축적 규모도 확대할 수 있었다. 일본 정부는 또 기업이 신규 설비를 구입한 그해에 설비 가격의 50%에 해당하는 감가상각비 규모의 특혜를 볼 수 있는 규정도 신설했다. 이 감가상각비는 총이윤에서 공제하는 것이었다. 세금을 부과하지도 않았다. 정부의 이런 권장 정책 아래 설비 갱신과 업그레이드를 위한 일본 기업들의 증자 활동이 활발하게 진행되었다. 효과는 만점이었다. 1961년 민간 기업의 설비 투자가 일본 GDP에서 차지하는 비중이 무려 23%에 달할 정도였다. 전략 산업 발전을 적극 지원한 주체는 정부뿐만이 아니었다. 일본발전은행과 일본수출입은행 등 정부 금융 기관 역시 동원되었다. 이들 산업에 장기적인 저이자 대출을 제공한 것이다. 더불어 대출 원가를 이윤에서 먼저 공제하는 방식으로 세금도 부과하지 않았다.

　이처럼 일본 기업은 매우 다양한 정책과 금융 도구의 지원을 받았다. 선진국 기업 가운데 조세 부담이 가장 작았던 것은 너무나 당연했다. 실제로 1972년 일본 기업의 조세 부담률은 21.2%로 미국의 28.1%보다 훨씬 낮았다. 독일의 36%와는 비교할 수 없을 정도로 낮았다.

　정계, 기업계, 금융계의 협동 시스템 아래 국가의 전략 산업으로 지정된 업종은 정부의 절대적인 보호와 아낌없는 지원을 받았다. 통산성과 대장성은 이들 업종에 종사하는 기업에 상세한 행정 가이드라인을 제시했다. 일례로 이들 기업의 생산량이 지나치게 많으면 감산 조치를 취하라고 제안했다. 또 기업들의 투자 규모가 지나치게 크면 투자 구조를 조정하라고 지시했다. 기업들은 모두 정부의 이런 지도를 흔쾌히 받아들였다. 나아가 정부로부터 더 많은 혜택을 받기 위해 주무 부처의 청사를 발이 닳도록 찾아 다녔다. 일본 정부는 일부 기업들만 지나칠 정도로 편애하면서도 냉혹할 때는 가차 없었다. 예컨대 기업들은 통산성으로부터 의견서나 통지서를 받으면 모두 군소리 없이 그것을 집행해야 했다. 통산성의 비위를 거스를 경우 철저하게 '매장'당할 수도 있었기 때문이다.

　일본 중앙은행 역시 정부 못지않았다. 기업에 신용 담보를 제공할 때는 이른바 '창구 지도' 역할을 자임했다. 이것이 바로 일본에서 보편화된 이른바 '행정 지도'다. 창구 지도는 전반적인 경제 정책에 대한 정부의 관심도와 연관이 있다. 한마디로 경제 정책의 금융 버전에 해당했다. 이에 따르면 중앙은행은 각 은행의 총 대출 금액에 대한 상한

**창구 지도**
중앙은행이 경제 성장 상황
및 금융 시장 동향을 근거로
상업은행에 매 4분기 대출 증
감 액수를 결정하고 이의 실
행을 요구하는 것.

선을 설정했다. 이어 각 은행의 업무 담당자에게 상
세한 지시를 내렸다. 이런 지시는 일종의 '단순한 암
시'에 불과하지만 각 은행은 이를 무조건 접수해야
했다. 각 은행은 이처럼 총 대출 금액에서 정부의 규
제를 받았다. 그런 만큼 재벌 고객에게 우선적인 대
출을 할 수밖에 없었다. 일본 대장성 입장에서 볼 때 자금 공급은 특정
정책을 고려한 분배 형태였다고 할 수 있다. 따라서 이율(금리)은 제2의
요소에 지나지 않았다.

일본의 산업 구조는 10년 동안의 발전을 거쳐 고금리화의 방향으
로 빠르게 전환했다. 산업 부문에서 중화학공업의 이윤율은 말할 것도
없이 경공업에 비해 높았다. 1955년 일본 GDP에서 중화학공업의 비
중은 51%에 달했다. 이 수치는 1965년 64%로 상승했다. 이어
1975년에는 선진국 중 단연 최고치인 75%를 기록했다. 1950년부터
1969년까지 일본의 산업 생산 능력은 18배로 높아졌다. 그러나 그중
전통 산업 제품의 비율은 60%에 그쳤다. 반면 전자 제품과 석유화학
산업 제품의 비율은 급상승 추세를 보였다.

일본 경제의 발전 모델은 서구 자유 시장의 경쟁 모델과 비교해 뚜
렷한 차이점이 있다. 그중 가장 대표적인 것은 계획적 특성이다. 실제
로 일본 정부는 산업화의 궤도 변화 및 가속화의 결정적 단계에 탁월
한 안목을 과시했다. 전략 산업에 대한 지원 강도의 강화가 가장 대표
적인 성공 사례라고 해야 할 것 같다. 정확한 전략, 철저한 실행, 주도
면밀한 지도, 전략 산업에 종사하는 토종 기업에 대한 전폭적인 지원
과 절대적인 보호는 일본 전략 산업이 눈부신 성공을 이룩할 수 있었

던 결정적인 요소였다.

경쟁에 대한 일본인의 관념은 서구인과 판이하게 달랐다. 국토 면적은 좁고 인구가 많은 일본은 경쟁이 치열한 사회일 수밖에 없다. 그러나 이 경쟁은 인간 대 인간의 경쟁이 아니었다. 기업 그룹 간의 경쟁이 주류를 이루었다. 노사 화합을 비롯해 회사에 대한 충성심이나 헌신은 일본 사회에서 매우 전통적인 가치관이었다. 반면, 사내 직원 간의 경쟁은 금물이었다. 따라서 일본 본토에서는 기업 그룹 간의 경쟁만이 존재했다. 일본 기업들이 해외에서 형제처럼 똘똘 뭉쳐 공동으로 외국 기업과 사활을 건 경쟁을 펼친 것은 이런 이유 때문이다.

이런 기적에 대해 일본은 나름대로 자존감을 갖고 있었다. 경제학자 츠루 시게토(都留重人) 역시 이를 자랑스럽게 강조한 바 있다.

"영국의 경제학자 케인스는 1937년 특정 국가의 생활수준이 연평균 1% 이상 높아지는 것은 비현실적이라고 말했다. 그는 수많은 발명이 이루어져 생활수준이 대폭 높아진다 할지라도 우리 사회는 1% 이상의 증가율에 쉽게 적응할 수 없다고 확신했다. 실제로 그는 '지난 수백 년 동안 영국은 생활수준이 1% 넘게 상승한 해가 한두 번 있었다. 그러나 생활수준 상승률을 연평균으로 계산하면 대부분 1%를 밑돌았다'는 분석을 내놓기도 했다. 케인스는 경제 암흑기였던 1930년대 중반에 이런 말을 했다. 아마도 당시 팽배했던 비관주의의 영향을 많이 받은 것 같다. 실제로 역사가 증명하는 것처럼 대영제국의 1인당 실질소득 연간 증가율은 1860~1913년의 전성기에도 고작 0.9%에 지나지 않았다. 따라서 당시의 경제학자들은 모두 케인스의 이 이론을 믿어 의심치 않았다. …… (하지만 일본의) 1인당 실질소득 증가율은

| 1964년 개통한 일본의 신칸센

1953~1973년의 20년 동안 연평균 8% 이상의 높은 수준을 유지했다. 이런 사실을 케인스는 어떻게 해석할 것인가?"

시게토의 말대로 일본의 1인당 실질소득 증가율은 영국이 세계를 지배하던 시대에 비해 훨씬 높았다. 1860년부터 1913년까지 반세기 동안 영국이 금본위제에 기반을 두고 실시한 강세 파운드와 1945년부터 1971년까지 금환본위제하의 화폐 절하 요소를 고려하더라도 정말 그랬다. 이는 모든 사람이 인정할 수밖에 없는 사실이다. 그러나 여기서 지적해야 할 것은 과거 일본의 산업혁명이 생태적으로 농업에 과도하게 의존하고 있었다는 사실이다. 이때 일본의 1인당 실질소득 증가율은 오랫동안 연간 1%를 밑돌았다. 이는 농업 성장 잠재력의 한계를 분명하게 보여주는 것이기도 하다. 따라서 일본이 산업혁명을 이루지 못했다면 경제의 실질 성장률은 제로 수준을 유지했을 가능성도 농후하다. 이것은 일본이 1,000년 동안 농업 경제 사회 단계를 거치면 서 경제 성장이 왜 제자리걸음을 했는지 설명할 수 있는 대목이기도 하다. 실제로 일본 경제는 1950년대 이후에야 석유화학 산업 제품의 양산을 통해 농업 원료를 대체했다. 경공업의 성장 한계도 극복했다. 1인당 실질소득 역시 빠른 증가세를 유지할 수 있었다.

산업화는 구미 지역에 경제적 번영과 풍요로움을 가져다줬다. 그러 나 세계 각국은 산업화 과정에서 원자재 및 시장 쟁탈에 열을 올렸다. 이는 결과적으로 전 세계에 전쟁과 재난을 초래했다. 서구에서 시작된 산업화는 일본 등 아시아 국가로 확산됐다. 이후 세계 경제와 금권의 저울도 아시아로 기울어졌다. 중국과 일본이 어떤 발전 모델을 택했 든, 어떤 좌절을 겪었든 두 나라는 아마도 산업화를 꾸준히 추진해 부 국강병의 꿈을 실현하지 않았을까 싶다. 모든 아시아 국가는 앞으로 속속 지금까지의 역사적 조류를 따를 가능성이 농후하다. 세계 각국의 발전과 더불어 제2차 세계대전 이후 홀로 세계를 쥐락펴락하던 미국 의 패권 구도는 반드시 깨질 것이다. 결론적으로, 세계는 춘추전국시 대를 방불케 할 정도의 다극화 추세를 나타낼 것이 분명하다.

# 제6장

# 유로에서 유럽합중국으로 가는 스네이크 체제의 진화

유로는 이미 돌이킬 수 없는 강을 건넜다. 뒤로 물러설 수 없다. 반드시 앞으로 나아가야 한다. 유로의 지속적인 진화를 추진하는 방법은 오직 유럽 재무부를 출범하는 길뿐이다. 현재 유로화가 당면한 위기는 어쩌면 새로운 기회일지도 모른다. 유로화의 진화 역사를 돌이켜 보면 유럽 통합은 필연적이고 필수적인 추세라는 것을 알 수 있다.

유로권이 현재 당면한 위기는 대단히 심각하다. 유럽 채무 위기의 해결책은 아직 묘연하기만 하다. 이 때문에 유럽연합 내부에서도 논쟁이 끊이지 않는다. 심지어 일각에서는 유로존 해체설까지 대두되고 있다. 남의 불행은 나의 행복이라고, 미국은 이 와중에 유럽의 불행을 고소해하는 눈치가 역력하다. 또 중국은 어떻게 할 바를 몰라 사태 추이만 지켜보는 상황이다. 당연히 국제 금융 시장은 한 치 앞도 내다볼 수 없는 혼미 상태로 빠져들고 있다. 경제학자들은 그 해결책으로 저마다 다른 주장을 내세우고 있다.

유로화는 정말 이대로 무너질 것인가? 유럽 통합은 이쯤에서 과연 중단되고 말 것인가? 세계 경제는 제 궤도에서 이탈할 것인가? 이 모든 문제에 대한 해답을 얻기 위해서는 역시 유럽 역사를 되돌아봐야 하지 않을까 싶다. 유로화의 탄생 과정을 자세히 짚어볼 필요가 있다.

제2차 세계대전 종식 후 시작된 유럽 일체화의 역사는 유럽 대륙의 지배권을 둘러싼 독일과 프랑스 간의 싸움으로 점철되었다고 해도 과언이 아니다. 또 유럽이 미국과 소련의 이중 억압에서 벗어나 부흥을 시도한 역사이기도 하다. 이 과정에서 '국가주의'와 '국제주의' 간의 첨예한 대립과 갈등이 시종일관 반복되었다.

국제주의는 누가 뭐라 해도 금권金權을 절대적으로 우선하는 사상이라고 보면 틀림이 없다. 국경을 초월한 자본의 자유로운 이동을 지향한다. 반면 국가주의는 전통적인 주권 사상을 계승한 이념이다. 금권의 부상을 막는 것이 그 목표다. 유럽통화연맹은 바로 이런 초국가적 이념을 주장하는 '국제주의'와 국가 이익을 우선하는 '국가주의' 간의 끊임없는 파워 게임 속에서 온갖 우여곡절을 겪으며 힘겹게 진화를 거듭해 왔다.

독일과 프랑스는 오랜 모순으로 점철된 역사를 갖고 있다. 요컨대 '정치적 민주주의'와 '금융 독재' 사이에 새롭게 불거진 모순, 부흥을 시도하는 독일과 이런 독일을 억압해 세력 균형을 이루려는 프랑스 사이의 오랜 모순이다. 바로 이 두 가지 모순이 지금까지 복잡다단한 유럽 일체화를 추진하는 주요 원동력으로 작용했다고 할 수 있다.

유럽 통합은 지난 반세기 동안 간난신고를 겪었다. 유럽석탄철강공동체 설립에서부터 '베르너 플랜'의 탄생에 이르기까지, 스네이크 체제 가동에서부터 유럽통화연맹 출범까지, '들로르 보고서'에서부터 '마스트리히트 조약'에 이르기까지, 유럽통화단위ECU 제정에서부터 유럽중앙은행 설립에 이르기까지 격동기의 모든 사건을 체험했다. 그러다 마침내 유로화라는 경제적 통합을 이루어냈다.

그러나 유로화 출범도 유럽의 근본적인 문제를 해결하지는 못했다. 오히려 더 많은 문제를 초래했다. 유로화가 당면한 위기는 이른바 '유럽 단일 재무 당국'이라고 할 수 있는 유럽 재무부를 창설하지 않는 한 해결할 방법이 없다. 또 '유럽합중국'을 만들지 않는 한 유럽 통합의 궁극적인 목표를 실현할 수 없다. 유로화는 지금도 진화 중에 있다.

# 드골의 실각, 유럽 통합에 속도가 붙다

1968년 3월 달러 보유국들은 프랑스 주도 아래 일제히 미국에 금 인출을 강력히 요구했다. 달러를 세계 기축통화 자리에서 끌어내리려는 샤를 드골의 결심은 그만큼 확고했다. 달러에 입각한 브레턴우즈 체제를 뒤엎고 국제 통화 시스템을 개혁해 프랑스가 주도하는 유럽에 더욱 큰 금융 권력을 부여하는 것이 드골의 목적이었다.

그러나 미국의 '골드 풀(gold pool)'이 활동을 완전히 중단하고 드골이 미국의 금 보유량을 바닥낼 요량으로 '총공격'을 개시하려던 결정적인 순간, 갑자기 파리에서 이른바 5월 혁명이 터졌다. 뜻하지 않은 변고로 인해 프랑화는 갑작스럽게 달러화의 반격을 받았다. 프랑화의 가치가 여지없이 폭락했다. 게다가 드골 집권 후 힘들게 미국에서 빼앗아 온 금 자산 대부분이 다시금 미국으로 유입되었다.

위기가 가장 심각했던 5월 말, 파리 시위에 참여한 학생과 시민들은 드골의 사퇴를 촉구하기 시작했다. 국가 기능이 마비 직전까지 흘러갔다. 드골은 정국을 수습하기 어렵다고 판단했다. 그의 선택은 극단적이었다. 조르주 퐁피두(Georges Pompidou) 총리에게도 알리지 않은 채 5월 29일 갑자기 모습을 감춘 것이다. 나중에 확인된 바에 따르면 그는 이날 밤 서독에 있는 프랑스 군사 기지로 피신했다. 드골은 국내의 정치 경제 형세가 별문제 없이 안정을 찾은 상태에서 마른하늘에 날벼락처럼 터진 5월 혁명이 분명 자신을 권좌에서 끌어내리기 위한 음모라는 사실을 모르지 않았다. 당시 미국인들은 드골을 눈엣가시처럼 생각했다. 더구나 프랑스 국내에도 드골의 '프랑스 지상주의' 노선에 불만을 품은 사람이 적지 않았다. 심지어 드골 행정부 내에도 이런 부류가 존재했다.

드골 집권 후 10년이 지난 이때까지 이른바 유럽합중국 출범 계획은 여전히 제자리걸음을 면치 못하고 있었다. 초국가적 기구인 유럽석탄철강공동체와 유럽경제공동체는 드골이 정권을 잡기 전 모네 그룹에 의해 출범한 기구였다. 드골은 극단적 국가주의자이기는 했으나 유럽연합을 반대하지는 않았다. 또 서독과 화해할 의사도 갖고 있었다. 다만 분명한 전제를 내세웠다. 프랑스의 주권을 초국가적 기구에 '바치지' 않는다는 것이 바로 그 전제였다. 드골은 또 서독이 함부로 날뛰지 못하도록 족쇄를 채우기 위해 애썼다. 프랑스는 '마부' 역할을 하고 서독은 '말' 역할을 하도록 강요하겠다는 것이 그의 속셈이었다. 이때 영국은 유럽연합의 전신인 유럽경제공동체에 두 번이나 가입 신청을 했다. 하지만 두 번 다 프랑스의 거부권 행사로 무산되었다. 이 일은 모네 그룹의 분노를 불러일으키기에 충분했다. 모든 게 명확해졌다.

드골을 제거하지 않는 한 유럽합중국의 꿈은 영원히 실현될 수 없을 터였다.

드골은 자신의 이상을 실현하기 위해 후계자를 양성하고 있었다. 퐁피두 총리를 발탁한 것은 이런 행보와 밀접한 관련이 있었다. 그러나 불행히도 퐁피두는 모네 그룹의 열성분자였다. 번지수를 완전히 잘못 찾은 것이다.

퐁피두는 파리에서 내로라할 정도로 유명한 루이 르 그랑(Louis le Grand) 고등학교를 졸업했다. 세네갈의 초대 대통령 레오폴 세다르 상고르(Leopold Sedar Senghor)와 동창이기도 했다. 금융계의 '큰손' 기 드 로스차일드(Guy de Rothschild) 역시 그의 동창이었다.[1] 기 드 로스차일드는 퐁피두만큼이나 비범한 사람이었다. 훗날 프랑스 로스차일드은행의 제1인자가 된 인물이다. 또 가업을 계승해 프랑스은행의 이사로 활약했다. 더불어 프랑스 대기업들의 지분도 많이 보유하고 있었다. 한마디로 프랑스 금융계와 산업계의 거두라 해도 전혀 손색이 없었다.

퐁피두는 파리 고등사범학교를 졸업한 다음 고등학교 교사로 일했다. 제2차 세계대전 발발 후에는 즉각 참전하기도 했다. 이어 프랑스가 패전하자 다시 학교로 돌아가 학생들을 가르쳤다. 1944년 퐁피두는 자신의 동창생 하나가 드골 행정부의 비서실장으로 승진했다는 소식을 들었다. 평소 야심이 컸던 그는 즉시 친구에게 편지를 보내 정계에 투신할 생각이 있다는 의사를 내비쳤다. 과연 그의 모수자천은 통했다. 동창의 천거에 힘입어 드골 행정부에 발탁된 것이다. 그가 가장 먼저 맡은 일은 프랑스 국내에서 발생하는 다양

**모수자천(毛遂自薦)**
자신이 스스로를 추천함. 춘추전국시대 때 조나라 평원군이 초나라에 구원을 청하기 위해 사신을 물색할 때 모수가 자신을 추천한 데서 유래.

한 정치적 사건을 한 페이지 분량의 보고서로 작성하는 것이었다. 그는 이 보고서를 매일 드골에게 제출했다. 그의 분석은 예리하고 심도 깊었다. 또 정확하고 간결했다. 표현력도 세련되었다. 퐁피두는 곧 빛을 볼 수 있었다. 그에 대한 드골의 신임은 날로 두터워졌다. 1946년 드골은 하야를 단행한 후 개인 정당인 프랑스국민연맹을 창당했다. 이때 퐁피두는 사임한 드골과 그의 정당 사이에서 전령 역할을 담당했다. 이를테면 드골 '재야 내각'의 일원이 된 것이다. 1948년부터는 드골의 개인 수석 보좌관을 겸임했다.

드골은 1946년 하야한 후 줄곧 재기의 기회를 노렸다. 하지만 기회는 12년 후에야 겨우 찾아왔다. 그동안 드골과 퐁피두는 막역한 친구가 되었다. 드골은 비록 재야에 묻혀 있는 몸이었으나 프랑스 국민 사이에서는 명성이 대단히 높았다. 따라서 그가 프랑스의 정권을 다시 장악하는 것은 시간문제였다고 할 수 있다.

로스차일드 가문은 자존심이 대단했다. 이때까지도 최고 집권자와 대등한 위치를 고집했으니 말할 것도 없다. 그러나 로스차일드 가문은 집권 파벌하고만 좋은 관계를 유지하는 데 신경 쓰지 않았다. 재야에 묻혀 있던 드골의 중요성도 잊지 않았다. 이때 프랑스의 해외 식민지인 알제리에서 위기가 고조되었다. 그런데 알제리에 주둔한 프랑스군 최고 지도자들은 거의 대부분 드골의 자유 프랑스 망명 정부를 이끈 인물들이었다. 따라서 위기가 걷잡을 수 없이 악화될 경우 프랑스 정국을 통제할 사람은 드골 외에는 없었다. 드골은 확실히 로스차일드 가문이 언젠가 손을 내밀어야 할 주요 인물이었다.

1954년 기 드 로스차일드는 드골의 심복 퐁피두에게 스카우트를 제의했다. 로스차일드는 예전의 개인 과외 교사이자 퐁피두의 오랜 친구인 로스차일드은행의 전 직원을 그에게 보냈다. 퐁피두는 처음에는 로스차일드의 제의를 선뜻 받아들이지 못하고 주저했다. 이때까지 교직 생활만 해온 자신이 은행 업무를 할 수 있을지 자신이 없었던 것이다. 더구나 금융 분야에는 문외한이기도 했다. 그러나 공무원 생활에 염증을 내고 있던 터라 로스차일드의 제안에 귀가 솔깃했다. 또 드골이 성공하기를 무려 8년 동안이나 기다리던 차였다. 그럼에도 이렇다 할 성과는 없었다. 천하의 로스차일드은행에 들어가 새로운 인생을 개척하는 것도 나쁘지 않다고 판단했다.

퐁피두의 우려는 기우였다. 얼마 지나지 않아 비범한 비즈니스 재능을 발휘했기 때문이다. 로스차일드는 퐁피두가 금융 분야에 별로 재능이 없을 것이라고 판단했다. 처음에 그를 한직에 배치한 것도 다 그 때문이었다. 그러나 퐁피두는 2년이라는 짧은 기간에 은행의 재무제표도 읽을 줄 모르는 문외한에서 핵심 업무를 능숙하게 처리하는 중견 간부로 자리를 잡았다. 드골에게 정치적 능력을 인정받았다면 로스차일드에게는 비즈니스 재능을 인정받은 것이다. 로스차일드는 친구이자 동창생인 그의 맹활약에 감탄했다. 퐁피두는 무엇보다 업무의 요점을 예리하게 파악할 줄 알았다. 더불어 문제의 핵심과 해결책도 빠르게 제시하는 능력을 과시했다. 그는 로스차일드은행에서 승진을 거듭했다. 로스차일드의 두터운 신임을 받은 것은 당연했다. 그는

1956년부터 1962년까지 로스차일드은행의 행장을 역임했다. 또 로스차일드은행을 대표해 몇몇 대기업의 이사로도 맹활약했다.

1958년 드골은 정치적 재기의 기회를 맞이했다. 자연스럽게 퐁피두에게 정부에서 일할 것을 제안했다. 퐁피두는 그의 요청을 즉각 받아들였다. 이렇게 해서 퐁피두는 프랑스 제5공화국 헌법을 기초하는 작업에 참여한 다음, 과거처럼 드골의 참모 역할을 자임했다. 이때부터 그는 로스차일드은행의 경제적 이익을 정치적으로 반영하기 위해 노력하기 시작했다. 1962년 드골 대통령은 주변 사람들의 반대를 무릅쓰고 정치적 업적이 평범한 그를 총리에 임명했다. 이때까지만 해도 프랑스 역대 총리는 총선에서 높은 투표율로 압도적 승리를 거둔 정치 거물이 대부분이었다. 정치 거물이 아닌 경우에는 최소한 몇 년 동안 정부 내각의 장관을 지내면서 경험을 쌓은 사람들이었다. 이는 자연스러운 관례이기도 했다. 그러나 퐁피두는 완전히 달랐다. 이례적으로 로스차일드은행의 행장에서 일약 총리로 발탁된 것이다. 이때부터 그는 드골주의의 중요한 집행자로서 1968년까지 6년 3개월 동안 총리로 재직했다. 이는 역대 총리 중 최장수 기록이기도 하다. 퐁피두는 정치적 역량 또한 대단한 사람이었다. 이 6년 남짓한 기간 동안 비밀리에 자신의 측근과 부하들을 프랑스 정부 요직에 다수 심어놓는 수완을 발휘한 것이다.

1968년 누구도 예상 못한 5월 혁명이 발발했다. 그러자 정부의 각 부처 장관들은 갑자기 대통령에게 예봉을 돌렸다. 드골은 대경실색했다. 정부를 통제할 수 있는 권력은 어느새 드골로부터 퐁피두에게 넘어갔다. 궁지에 몰린 드골은 측근 장관들조차 모르게 '실종' 자작극을 꾸몄다. 드골이 서독에 있는 프랑스 군사 기지로 몰래 도피한 이유는 자신의 진퇴 여부를 프랑스 군부의 태도를 보고 결정하기 위함이었다. 다행히 그는 프랑스 군부로부터 지지 약속을 얻어냈다. 그리고 마치 나폴레옹처럼 무사히 파리로 귀환할 수 있었다. 6월에 열린 총선거에서도 자신의 정당을 이끌고 압도적인 승리를 거뒀다.[2] 다시 권좌에 앉은 그는 즉각 퐁피두를 총리직에서 해임했다. 퐁피두의 파면 소식은 곧 프랑스 전역에 퍼졌다. 프랑스 정계는 벌집을 쑤신 듯 발칵 뒤집혔다. 그럴 수밖에 없었다. 퐁피두는 무엇보다 드골주의의 가장 열렬한 신봉자였으니 당연한 일이었다. 더구나 두 사람 사이에는 아무 문제도 없어 보였다. 그러나 드골은 5월 혁명의 원인과 배후 주모자가 누구인지 분명하게 알고 있었다.

퐁피두는 드골이 자신을 해임한 것은 큰 실수라며 '억울함'을 호소했다. 그러나 굳이 그럴 필요는 없었다. 이 무렵 국민들 사이에서 그의 명성과 영향력은 드골을 훨씬 능가하고 있었기 때문이다. 드골이 늙고 완고한 이미지였다면 퐁피두는 5월 혁명을 평화적으로 해결한, 유능하고 충성스러우면서도 공평무사한 영웅의 이미지로 각인돼 있었다.

드골주의파는 총선에서 이겼으나 이 승리는 결코 드골의 것이 아니었다. 급기야 드골주의파 내부에서도 드골을 배제한 '드골주의'를 주창하는 목소리가 높아지기 시작했다. 1969년 드골은 의회와 지방 정부를 개혁하겠다는 승부수를 던졌다. 그러나 이 개혁안은 국민 투표에 의해 부결되었다. 이에 크게 실망한 드골은 하야를 선포하지 않을 수 없었다.

이때부터 완전히 '퐁피두 시대'가 시작되었다. 그는 1969년 대선에서 압도적인 지지율로 대통령에 당선됐다. 인내심과 전략이 빛을 발한 덕분에 민심이 그에게 쏠린 것이다. 이렇게 '퐁피두 시대'는 화려하게 막을 열었다.

퐁피두는 분명 드골주의자였다. 그러나 그가 추진한 드골주의는 본질적으로 '프랑스 지상주의'라는 핵심 골자를 뺀 '수정주의'에 지나지 않았다. 어쨌거나 퐁피두와 모네 그룹 멤버들은 최대 걸림돌인 드골을 제거한 후 본격적으로 유럽 통합을 추진하기 시작했다.

퐁피두와 그 배후의 금융 세력 집단이 가장 원한 것은 국경을 초월한 자본의 자유 이동과 그 누구의 통제도 받지 않는 독립적인 금융 제도였다. 국가가 자본을 지배하지 않고 자본이 국가를 지배하는 것. 바로 이것이 그들의 핵심 이념이었다. 초국가주의는 주권 국가에 대한 상위 권력을 의미한다. 그래서 유럽합중국 추진자들 역시 "유럽 각국이 대동단결해 미국의 억압에서 벗어나야 한다"는 그럴듯한 구호를 내걸었다.

이때 유럽 정계의 3대 핵심 인물은 퐁피두 프랑스 대통령, 빌리 브란트(Willy Brandt) 서독 총리 및 에드워드 히스(Edward Heath) 영국 총리였다. 이들은 모두 모네 그룹의 열성 분자였다. 유럽 통합의 진척 과정에 지금까지 없었던 최상의 조건이 드디어 마련된 것이다.

1969년 4월 드골은 대통령 자리에서 하야했다. 이어 그해 12월 영국과 프랑스 그리고 독일 정상이 헤이그에 모여 유럽공동체 정상 회의를 개최했다. 이 회의에서 이들은 유럽 통합 실현에 박차를 가할 것에 합의했다.

영국은 이 회의에서 유럽 대륙 국가들로부터 예상 밖의 열렬한 환대를 받았다. 1973년 유럽공동체는 한꺼번에 영국, 덴마크, 아일랜드 등 세 국가를 받아들였다. 초창기 때 6개국이던 가맹국은 이로써 9개국으로 늘어났다.

헤이그 정상 회의는 또 다른 중요한 성과를 도출했다. 유럽 경제통화동맹(Economic and Monetary Union)의 전략적 기틀을 설계한 것이다. 이어 1970년 10월에는 '베르너 보고서'의 채택에 합의했다. 피에르 베르너(Pierre Werner) 룩셈부르크 총리 겸 재무장관이 유럽공동체 집행위원회의 위임을 받아 각국 전문가들로 유럽통화동맹위원회를 구성해 포괄적인 화폐 전략을 수립하기로 결정한 것이다. 그 목적은 물론 유럽의 이익 따위는 안중에도 없는 미국에 대항해 유럽의 이익을 지켜내는 것이었다. 더불어 서독의 경제와 산업 역량의 균형을 실현하는 것도 중요한 목적 중 하나였다.[3]

베르너 보고서의 핵심은 매우 분명했다. 이는 유럽 경제통화동맹을 설립하기 위해 회원국 의회, 정부와 중앙은행의 일부 핵심 권력(재정 예산과 화폐 정책 망라)을 곧 설립될 새로운 기구에 이양할 것을 제의한 사실에서도 확실하게 드러난다.

보고서는 우선 세 단계의 과정을 거쳐 경제통화동맹으로 나아가는 방안을 제시했다. 첫 단계는 환율 안정 장치로서 각 회원국의 경제 정책 방침과 재정 예산 정책을 조율하는 것이었다. 또한 세 번째 단계의 임무도 매우 명확했다. 각국의 환율을 영구적으로 고정하고 초국가적 경제 정책을 수립할 단일 결정 기구와 통화 정책을 책임질 각 회원국 중앙은행의 공동 시스템을 구축하는 것이었다. 그러나 보고서는 과도 단계인 두 번째 단계의 목표와 임무에 대해서는 구체적으로 언급하지 않았다.

잉글랜드은행은 베르너 보고서를 연구한 후 다음과 같은 결론을 내렸다.

"유럽통화연맹 플랜은 경제적·정치적으로 모두 심오한 혁명적 의의를 지니고 있다. 간단하게 말하면, 유럽통화연맹은 단일 화폐를 지렛대로 삼아 유럽 통합을 실현하는 것이다. 모든 회원국은 재정 정책, 화폐 정책, 소득 분배 정책 및 지역 발전 정책을 망라해 가장 기본적인 경제 관리 도구를 최종적으로 모두 초국가적 권력 기구인 유럽연방에 이양해야 한다."4

이것이 요즘 뉴스에서 거의 매일 언급되다시피 하는 이른바 '유럽 경제 정부(European economic government)' 혹은 유럽 재무부 발상의 원천이다. 많은 사람들은 유럽 재무부 구상이 유럽 채무 위기 발발 후 새로 나타난 것이라고 생각한다. 그러나 사실은 40년 전부터 거론되어온 계획이다.

모네 그룹은 그야말로 환희에 넘쳐 유럽 통합 작업을 가속화하기 위해 나섰다. 하지만 이 결정적인 시기에 브레턴우즈 체제가 붕괴했다. 세계 경제는 갑자기 혼란의 늪에 빠졌다. 유럽 통합의 역사적 과정에 예기치 않게 새로운 변수가 나타난 것이다.

# 식량을 수출해 게도 구럭도 놓친
# 미국의 판단 착오

1971년 8월 15일 닉슨 미 대통령은 달러화와 금의 태환 정지를 선언했다. 이로써 양자의 연결 고리는 끊어졌다. 브레턴우즈 체제가 붕괴하고 '달러 채무 제국'의 새로운 시대가 열린 것이다.

달러와 금의 연결 고리가 끊어지면서 세계화폐 시장은 전례 없는 혼란에 빠졌다. 금융 시장의 자본은 쉴 새 없이 달러를 버리고 서독 마르크와 스위스프랑으로 갈아탔다. 닉슨 대통령은 달러의 신뢰가 완전히 무너지기 일보 직전에 국내의 모든 임금과 물가를 90일 동안 동결하는 조치를 발표했다. 더불어 외국에서 수입하는 모든 상품에 대해 10%의 부가 관세를 부과한다는 조치도 내놓았다. 닉슨은 이러한 조치의 목적을 이렇게 설명했다.

"미국 상품이 불공정한 환율 때문에 경쟁에서 불리한 상황에 놓이는 일이 없도록 하기 위해 이런 조치를 취했다."

닉슨은 완전히 적반하장이었다. 그의 주장은 다른 국가들의 의도적 환율 조작 때문에 미국의 대외 무역이 불리한 위치에 처하게 됐다는 것이다. 그러나 달러의 과잉 발행이 달러 가치의 하락을 유발한 것 아니었던가. 더 나아가 글로벌 환율 시스템의 대혼란을 초래하지 않았던가. 사실 다른 국가들의 환율 조작을 내세워 시비를 전도하는 미국식 논리는 예나 지금이나 똑같다고 해도 과언이 아니다. 그나마 아서 번스(Arthur Burns) FRB 의장은 자신들의 억지 논리에 일말의 부끄러움이라도 있었던 모양이다. 그는 존 코널리 재무장관에게 미국의 무역 상대국들이 보복 조치를 취할 것이라고 경고했다. 그러자 코널리는 코웃음을 쳤다.

"그들이 뭘 어쩐다고요? 마음대로 하라고 하시오."

그러나 유럽의 분노는 미국의 예상보다 훨씬 컸다. 유럽 각국 정부는 미국에 분명한 태도를 취했다. 유럽의 중앙은행들이 수시로 달러화를 처분할 준비를 하고 있다는 사실을 명백히 밝힌 것이다. 또 미국이 안정적인 환율 제도를 새로 구축하는 데 동의하지 않거나 부당한 수입 부가세를 폐지하지 않을 경우 미국과의 대립도 불사할 것이라고 엄포를 놓았다.

금과의 연결 고리를 끊고 단번에 달러 제국을 세우려던 미국의 시도는 궁극적으로 성공하지 못했다. 보기 좋게 무산됐다. 그 원인은 역시 다소 고지식하게 생각한 유럽의 격렬한 저항 때문이라고 해야 옳다. 미국은 전략을 바꿀 수밖에 없었다. 1971년 12월 각국 재무장관과 중앙은행 총재들은 미국 워싱턴 스미소니언 박물관에 모였다. 이 자리에서 그들은 달러화의 가치를 금 1온스당 35달러에서 38달러로 평가 절하하는 데 전격 합의했다. 이것을 이른바 '스미소니언 협정'이라고 한다. 이 합의를 거쳐 미국 달러는 세계 주요 통화 대비 10%씩 평가 절하되었다.

세계화폐 시장은 잠시나마 안정을 되찾는 듯했다. 그러나 미국은 처음부터 스미소니언 협정을 지킬 생각이 전혀 없었다. 슬슬 옛날 버릇이 살아나기 시작했다. 1972년부터 경기 부양을 위해 금리를 지속적으로 인하하기 시작한 것이다. 달러화는 재차 '버림받을' 위기에 처했다. 1973년 2월 달러화 가치는 금 1온스당 42.22달러로 다시 10%

하락했다. 세계 경제는 재차 혼란 상태에 빠져들 수밖에 없었다.

미국은 달러에 대한 불안을 해소하기 위해 적극적으로 나섰다. 우선 국제수지 적자를 줄이려고 무척이나 애를 썼다. 그러나 서독과 일본의 강력한 산업 능력 앞에 미국은 경쟁 상대가 되지 못했다. 달러 가치는 23%나 하락했다. 그럼에도 미국 국제수지 적자 개선에는 전혀 도움이 되지 못했다. 때마침 소련에 극심한 가뭄으로 큰 흉작이 들었다. 때는 1972년이었다. 궁지에 몰린 미국은 냉전 상황이라는 것조차 잊고 지푸라기라도 잡는 심정으로 소련에 농산품을 수출하기로 결정했다.

미국은 1933년 '농업조정법'을 출범한 이후부터 농장주들의 이익을 보호하기 위해 해마다 농가에 정부 보조금을 지급했다. 고가에 대량의 농산품도 구입했다. 이 농산품은 대부분 해외 원조에 쓰였다. 소련에 흉작이 들었을 때 마침 미국에서는 농산물 과잉 현상이 나타나고 있었다. 양국은 즉시 농산물 매매 합의를 하기에 이르렀다. 1972년 7월 8일 두 나라는 소련이 3년 안에 미국으로부터 7억 5,000만 달러어치의 농산물을 매입하기로 했다는 공동 성명을 발표했다.

사실 소련의 농업은 뿌리가 매우 깊은 고질적인 문제를 안고 있었다. 1972년의 흉작은 소련 정부가 예상한 것보다 훨씬 더 심각했다. 소련은 그해 여름에만 미국 농산물을 10억 달러어치나 구매했다. 그중 밀 구매량은 미국 밀 생산량의 4분의 1에 달했다.

미국은 애초부터 얄팍한 속셈을 갖고 있었다. 외환보유고가 많지 않은 소련이 식량을 대량 수입하려면 1960년대처럼 금을 팔아야만 할 것이라고 지레 생각했던 것이다. 이때 소련은 최소한 시장에

800톤 이상의 금을 팔아야 식량 수입 대금을 마련할 수 있었다. 소련의 금이 시중에 풀리면 국제 금 가격은 필연적으로 폭락할 수밖에 없다. 이럴 경우 미국 달러의 가치가 크게 상승할 개연성이 다분했다. 따라서 소련이 식량을 많이 수입하면 할수록 미국에게는 이득일 터였다.

그러나 소련의 농산물 수입량은 미국의 예상을 훨씬 뛰어넘었다. 이에 따라 미국 국내 시장이 큰 충격을 받는 예기치 못한 상황이 벌어졌다. 미국 국내의 식량 가격이 폭등한 것이다. 물가지수 역시 상승했다. 전혀 예상 못한 인플레이션이 미국 전역을 휩쓸기 시작했다.

그러나 이것은 약과였다. 미국인들은 곧이어 뒤통수를 세게 얻어맞는 충격에 휩싸였다. 소련이 미국의 기대대로 금을 처분한 게 아니라 유로달러 시장에서 자금을 조달했기 때문이다. 이때 유럽은 심각한 달러 유동성 과잉 문제로 골머리를 앓고 있었다. 이런 마당에 소련이 돈을 빌려달라고 하니 이게 웬 떡이냐 싶었다. 선뜻 허락한 것은 당연했다. 대출 조건도 대대적으로 낮췄다. 1972년 2월 소련은 이탈리아로부터 금리 6%의 7년 만기 차관 6억 달러를 빌릴 수 있었다. 이어 5월에는 유럽의 은행으로부터 10억 달러를 대출받았다. 그것도 리보보다 겨우 0.375 포인트 높은 금리를 적용한 조건이었다.[5] 유로달러는 원래 미국이 자국의 인플레이션 압력을 완화하기 위해 외국에 수출한 자본이었다. 그런데 소련이 유로달러로 식량 구매 대금을 지급하면서 다시 미국에 유입되기 시작했다. 그 결과 미국에는 식량 부족, 인플레이션 심화, 달러 가치 하락이라는 삼중 악재가 겹치는 황당한 상황이 빚어졌다.

**리보(Libor, London Inter-Bank Offered Rate)**
런던 은행 간 금리. 런던 국제 금융 시장 내 일류 은행들 사이에 돈을 빌려줄 때 적용하는 금리.

미국은 이처럼 본의 아니게 식량을 수출해 달러의 과잉 유동성을 흡수하는 정말 '의로운 일'을 한 꼴이 되고 말았다. '책임감 있는 대국' 이나 할 법한 이타적인 행동 때문에 미국은 인플레이션 심화와 경제 타격이라는 큰 대가를 지불해야 했다. 분명히 밝히건대, 이것은 절대 미국의 본의가 아니었다.

1973년 6월 미국의 종합물가지수는 15%나 상승했다. 또 식품 가격은 50% 폭등했다. 게도 구럭도 다 놓치는 우를 범한 미국 정부는 도리 없이 농산품 수출을 규제하는 조치를 내놓아야 했다. 미국 농무부는 드디어 7월 3일 이후 체결한 식량 수출 계약에 대해서는 일률적으로 수출 허가를 내줄 수 없다는 입장을 발표했다. 더불어 농산물 수출 규제를 언제 풀지는 미지수라고 강조했다.

이렇게 되자 세계 식량 시장에 비상이 걸렸다. 식량 수요는 늘어났다. 식량 가격은 그야말로 천정부지로 치솟았다. 그리고 급기야 식량 위기보다 더 심각한 오일 쇼크가 닥치고 말았다.


# 산업국 경제를 파탄으로 몰고 간 1973년 10월의 오일 쇼크

달러화 가치의 하락과 식량 가격 상승은 전 세계적인 인플레이션을 몰고 왔다. 식량 수입국은 말할 것도 없고 석유수출국기구, 즉 OPEC 까지 모두 인플레이션의 충격으로 인해 정신을 못 차릴 지경이었다.

1973년 미국 달러 가치는 다시 10% 하락했다. 이로써 아랍 국가들의 외환보유고는 3억 5,000만 달러의 손실을 입었다. 인플레이션 때문에 저축 손실액도 5억 2,500만 달러에 달했다. 1973년에만 총액 기준으로 8억 7,500만 달러의 부를 앉은자리에서 '약탈'당한 것이다.[6]

석유 수출국들은 자국의 저축이 인플레이션 때문에 어이없게 피해를 입는 것을 보면서 급기야 분노를 터뜨렸다. 10월에 발발한 제4차 중동전쟁은 더구나 석유 수출국들의 미국과 이스라엘에 대한 분노를 한층 증폭시켰다. 석유 수출국들은 미국, 네덜란드, 덴마크가 이스라엘에 대한 공개적인 지원을 멈출 때까지 이들 국가에 원유 수출을 금지할 것이라고 선언했다. 더불어 미국 군사 기지에 원조를 제공하는 유럽 국가들도 블랙리스트에 포함시킬 것이라고 선포했다. 석유 수출국들의 협박에 유럽은 즉각 반응을 보였다. 영국은 기지 내에서 미군 항공기의 이륙만 허용하고 착륙은 거부했다. 서독은 미군 무기 운반선의 입항을 거부했다. 이탈리아는 이스라엘이 점령한 영토를 전부 반환할 것을 요구했다. 유럽에 있는 미군 기지는 전부 봉쇄됐다.

석유를 필요로 하는 서유럽과 산업화가 절실한 중동 국가들 간의 심도 깊은 경제 협력은 필연적인 추세였다. 그럴 경우 유럽 국가들은 미국 주도하의 '경제 행성' 궤도에서 이탈할 수도 있었다. 이처럼 유럽 경제가 중동 석유 수출국 및 자연 자원이 풍부한 아프리카 국가들과의 경제 통합을 통해 자주적 발전을 실현한다면 과거의 '파운드 블록'보다 훨씬 더 위협적인 통화 블록을 형성하는 것도 불가능하지 않았다. 미국과 대치 국면을 이룰 수 있는 상황이었던 것이다. 이는 미국의 전략적 목표에 완전히 위배되는 것이었다. 미국은 유럽, 중동, 아프리카 국가들이 오로지 미국에만 의존하고 이들 사이의 상호 의존을 절대 용인하지 않는 것을 국가 전략의 원칙으로 삼고 있었다.

영국의 '파운드 블록'으로 인해 과거 큰 곤욕을 치렀던 미국은 유럽 경제의 자주적 발전 가능성을 눈치채고 즉각 행동을 개시했다. 1973년 12월 헨리 키신저는 황급히 유럽으로 향했다. 유럽과 중동 국가들이 미국을 빼놓은 채 자기들끼리 의기투합하는 것을 방지하기 위함이었다. 미국은 "공동으로 에너지 위기에 대처할 것"을 강력하게 주장하면서 유럽과 중동 국가들이 어떤 의제에 대해 논의할 때 반드시 자국도 끼워줄 것을 요구했다.

그러나 유럽은 키신저의 요구를 단도직입적으로 거절했다. "세계 경제를 지배하는 권력과 책임이 점차 소수 강권 국가들에게 집중되는 상황에서 유럽은 반드시 단결해 한목소리를 내야 한다. 그렇게 해야만 세계무대에서 적절한 역할을 맡을 수 있다"는 것이 그 이유였다.

미국은 유럽 국가들을 다시금 자신 편으로 끌어들이기 위해 행동을 개시했다. 오일 쇼크 발발 후 4개월 뒤에 국제에너지기구(IEA)를 설립한 것이다. 국제 유가에 상당한 영향력을 행사하는 OPEC에 대항해 만든 '석유수입국기구'인 셈이었다. 미국은 정치경제적 수단이 먹히지 않을 경우 중동 석유 수출국들을 상대로 전쟁을 발동한다는 최악의 시나리오까지 짜놓은 상태였다. 중동 국가들도 가만히 있지 않았다. 유럽과 일본에 다음과 같이 경고하는 것을 잊지 않았다.

"만약 군사 공격을 받는다면 유정, 송유관, 항구 시설을 모조리 파괴하겠다. 최소한 1년 동안 석유 공급을 중단할 것이다."

유럽 국가들은 중동 국가들의 엄포에 대경실색했다. 그건 당연했다. 사실 미국은 자국 영토에 대량의 유전을 갖고 있었다. 또 중남미를 비롯한 아프리카와 다른 지역에서 석유를 수입할 수도 있었다. 그래서 별로 큰 문제가 없었다. 그러나 중동 석유에 거의 완전히 의존하다시 피 하는 유럽은 미국과 상황이 많이 달랐다. 중동의 석유 공급이 중단 된다면 유럽 경제는 큰 타격을 피할 수 없었다. 그 때문에 미 국방부가 중동 석유 수출국들에게 계속 석유 수출을 거부할 경우 군사적 제재 도 불사할 것이라는 위협을 가하자 유럽 각국은 즉각 미국을 비방하 고 나섰다.

프랑스는 쿠웨이트에 석유화학 공장과 정유 공장 건설을 지원하는 조건으로 쿠웨이트 정부로부터 지속적으로 원유를 공급할 것이라는 약속을 얻어냈다. 또 쿠웨이트와 마찬가지로 사우디아라비아에도 석 유화학 공장과 정유 공장 건설을 지원한다는 조건을 제시했다. 이어 사우디아라비아 정부와 향후 20년 안에 56억 배럴의 원유를 공급받 기로 합의했다. 프랑스의 석유 외교는 그럴듯하게 추진됐다.

미국은 유럽 국가들을 다시금 미국 중심의 틀 속에 가두기 위해 '새 로운 대서양 협력 관계'를 제시했다. 그러나 유럽 각국은 이를 외면했 다. 재차 한목소리로 유럽은 아랍 국가들과 광범위한 협력 관계를 발 전시킬 것이라고 선언한 것이다. 화가 난 미국 정부는 유럽인들을 '배 은망덕한 인간들'이라고 비난했다.

이로써 종전 후 유럽과 미국이 결성한 동맹 관계에 오일 쇼크 발발 후 큰 균열이 생겼다.

그러나 사실 석유 수출 금지 조치보다 세계 경제에 훨씬 큰 타격을 준 것은 유가 폭등이었다. 1971년 초 배럴당 1.8~2.48달러이던 유가 는 연말에 배럴당 무려 10달러로 껑충 뛰었다. 유가가 이렇게 오른 데에는 석유 수출국들이 서방 국가들을 제재하기 위해 가격을 올린 탓도 있었다. 그러나 달러화 가치 하락 및 식량 수입 가격 폭등으로 인한 외환보유고 손실을 보충하려는 것이 더 큰 목적이라고 해야 옳다.

오일 쇼크의 영향으로 폐기된 미국의 주유소 설비

석유는 단순한 에너지가 아니다. 산업국들의 경제 성장 토대라고 단언해도 좋다. 유가가 네 배 폭등하면서 석유화학 산업의 원료 가격도 크게 상승했다. 석유화학 제품은 자동차, 전자, 전기, 방직물 등 거의 모든 최종 소비재의 생산 원자재로 사용된다. 따라서 이미 석유 산업 중심으로 경제 모델을 전환한 선진국들의 경제는 갑작스러운 석유 부족과 유가 폭등으로 말미암아 깊은 내상을 입었다. 중국의 산업화가 1950년대의 식량 위기 때문에 한동안 정체됐던 것처럼 오일 쇼크의 부작용 역시 만만치 않았다. 산업과 교통 부문에 투입해야 할 연료의 비용이 상승하고 석유화학 산업이 불경기에 봉착했다. 경공업 원자재 가격 역시 폭등했다. 더 나아가 물가 상승과 인플레이션 심화도 부추겼다. 격심한 경제 불황이 초래될 수밖에 없었다. 1970년대 글로벌 경제의 침체 원인도 따지고 보면 석유 산업의 경제 구조가 장애물에 부딪쳐 비롯된 후폭풍이었다고 할 수 있다.

중화학 분야의 산업이 발달한 국가일수록 오일 쇼크 때문에 더 큰 피해를 입었다. 예컨대 석유화학 산업이 가장 일찍 시작됐을 뿐만 아니라 규모도 가장 큰 미국은 오일 쇼크로 인해 산업 생산력이 14%나 하락했다. 1960년대에 국민소득 두 배 늘리기라는 야심찬 계획을 출범시키면서 석유화학 산업을 전략 산업으로 중점 육성하고 수출용 소비재 생산에 총력을 기울이던 일본은 더했다. 국내에서 원자재 공급 부족이 심각해지고 국제적으로는 소비재 시장이 부진해지는 등 이중 악재 때문에 산업 생산력이 무려 20% 이상 하락했다. 산업국들은 모두 경기 침체나 경제 성장세의 둔화 단계에 진입할 수밖에 없었다. 종전 후 줄곧 고속 성장과 번영만 누려왔던 서방 국가의 경제는 산업화로 성장 모델을 바꾼 이래 처음으로 된서리를 맞았다.

그렇다고 팔짱만 끼고 있을 수는 없는 일이었다. 오일 쇼크 발발 후 각국은 석유를 대체할 수 있는 클린 에너지를 찾아 나서기 시작했다. 그러나 경공업의 석유화학 원료에 대한 의존도가 매우 높은 상황에서 새로운 에너지 원천을 개발해 봤자 서방 국가들의 경제 성장에 필요한 원자재 공급 문제를 원천적으로 해결할 수는 없었다. 원자력, 태양 에너지, 풍력 에너지, 수력 에너지와 밀물과 썰물을 이용한 조력 에너지를 막론한 대체 에너지로 경제 분야의 새로운 혁명을 일으키려고 시도했지만 과거처럼 경제의 폭발적 성장을 가져오는 것은 역시 무리였다. 실제로 1970년대 초부터 1990년대 중반까지 약 20년 동안 유럽, 미국, 일본 등 선진 산업국의 경제는 저성장의 늪에 빠져들어 좀처럼 헤어 나오지 못했다. 이는 1940~1950년대부터 석유가 에너지원으로 대량 사용되면서 경제 성장을 크게 자극한 것과 같은 기술과 원자재의 획기적 변화가 없었기 때문이라 해도 과언이 아니다.

사실 인류의 산업혁명은 단순히 목재에서 석탄과 석유로 에너지원을 바꾼 것에 불과했다. 또 원자재를 농산물과 천연 재료에서 석유 기반의 합성제로 바꾼 것에 불과하다 해도 크게 틀린 말은 아니다. 경제가 다시 한번 폭발적인 성장을 이루려면 반드시 새로운 기술 혁명이 일어나야 했다.

# 환율 안정을 원하는 유럽과
# 변동 환율을 꾀하는 미국의 대립

1970년대 초 세계적 문제로 대두했던 식량 위기, 인플레이션, 오일 쇼크, 경기 침체, 유럽과 미국 간의 불화 등은 본질적으로 모두 같은 현상이었다. 요컨대 달러의 평가 절하로 말미암아 촉발된 것이다.

미국은 금을 '폐위'시킨 후에도 달러가 여전히 금의 보이지 않는 위협에서 벗어날 수 없다는 이치를 드디어 깨달았다. 금을 염두에 두는 한 미국 달러화 약세의 실상이 적나라하게 천하에 공개되는 것은 당연했다. 환율이 안정적으로 유지되는 고정환율제 아래에서는 달러 약세를 감추기 위해 그 어떤 수작을 부리는 것도 불가능했다. 이런 이유 때문에 미국은 달러와 금의 연결 고리를 끊어버린 토대 위에 한술 더 떠서 고정환율제까지 없애버리겠다는 결심을 하기에 이르렀다. 이를 통해 세계화폐 시장을 혼란 상태에 빠뜨린다면 자국에 이익이 될 것이라고 판단한 것이다. 실제로 미국은 고정환율제 대신 변동환율제를 채택하면 복잡한 경제 현상이 사람들의 이목을 가려줄 것이라고 믿어 의심치 않았다. 또 달러화 평가 절하에 대한 관심을 분산시킬 수 있을 것이라고 생각했다. 이 경우 달러화는 혼란을 틈타 가볍게 곤경에서 벗어날 수 있을 터였다.

이를테면 미국에 필요한 것은 '혼란'이었다. 세계화폐 시장과 환율 시장의 혼란이 가중될수록 달러가 당면한 난관을 헤쳐 나가는 데 절대적으로 유리했기 때문이다.

그러나 유럽의 생각은 미국이 혼란을 꾀한 것과는 완전히 달랐다. 유럽은 환율 안정이 절실히 필요했다.

유럽공동체는 환율의 자유 변동에 따른 각 회원국의 환율 불안정과 무역 경제 발전에 끼친 악영향을 해소하기 위해 머리를 싸맸다. 그 결과 1972년 4월 베르너 보고서의 정신에 입각해 저 유명한 '스네이크 체제'를 출범했다. 이 제도는 유럽공동체 가맹국 통화 간의 환율 변동 상하 폭을 강제적으로 제한한 것이 주요 특징이었다. 1971년 12월 스미소니언 협정에서는 달러화에 대한 다른 나라의 통화 가치 변동 폭을 브레턴우즈 체제하에서의 상하 1% 범위에서 2.25%로 늘렸다. 그런데 그래프로 보면 스미소니언 협정에서 규정한 상하 2.25% 범위 내에서 변동하는 유럽공동체 가맹국 통화 간의 환율 형태는 마치 터널 속의 뱀 모양과 너무나도 흡사했다. 그러나 1973년 미국이 변동환율제로 환율 제도를 바꾸면서 이 스네이크 체제는 터널 밖으로 밀려나온 채 불안정하게 운용되기 시작했다.

유럽은 스네이크 체제가 달러 가치의 하락으로 인한 충격을 다소 완화시켜줄 것이라고 기대해 마지않았다. 하지만 유럽이 펼친 '장사진 (長蛇陣)'은 달러화의 상대가 되지 못했다. 국제 투기 자본은 달러화 환율을 언제 얼마만큼 변동시킬지 자유롭고 유연하게 조정 가능했던 반면, 유럽의 스네이크 체제는 진지전(陣地戰)처럼 피동적인 방어만 가능할 뿐 공격 기능이 전혀 없었기 때문이다.

스네이크 체제의 가장 큰 문제점은 분명했다. 요컨대 유럽공동체는 각 가맹국 통화 간의 비교 가격만 정하고 각국 간 화폐 및 재정 정책의 조율을 실현하지 못했다. 마치 엔진 동력과 키 방향이 제각각인 배 아홉 척을 쇠사슬로 한꺼번에 연결해 놓은 채 함께 항해하는 것과 마찬가지였다. 이런 배들이 거친 파도 속에서 조화를 이루지 못하고 서로 부딪치면서 앞으로 나아가기 힘든 것처럼 스네이크 체제 역시 국제 투기 자본의 맹렬한 공격에 수시로 붕괴할 위험이 있었다.

1973년 당시 서독의 마르크가 스네이크 체제의 기함이었다면 프랑스 프랑과 영국 파운드는 호위함이라고 할 수 있었다. 알다시피 1972년 미국은 소련에 대량의 농산물을 수출했다. 이때 미국은 소련이 식량 대금을 마련하기 위해 금을 팔면 금값이 하락하고 달러 신뢰를 회복할 것이라고 굳게 믿었다. 하지만 뜻밖에도 소련이 유로달러를 빌려 미국에 대금을 지불하는 바람에 인플레이션의 불꽃이 다시금 미국에서 타오르기 시작했다. 1973년 초 갈수록 심해지는 인플레이션 압력 때문에 미국 달러는 스미소니언 협정의 환율 변동 폭 제한 규정을 더 이상 지킬 수 없게 되었다. 그해 2월 서독 중앙은행은 7.5%에 달하는 인플레이션율을 낮추기 위해 금리 인상을 단행했다. 이에 급기야 대대적인 달러 자산 매각 붐이 형성되었다.

이때 영국은 스네이크 체제에 가입한 상태였다. 1972년 스네이크 체제 '가입'이라는 전격적인 결단을 내린 터였다. 그러나 투기 자본의 공격을 견뎌내지 못하고 얼마 못 가 자의 반 타의 반으로 퇴출될 운명에 봉착했다. 1973년 에드워드 히스 영국 총리는 서독의 수도 본으로 날아가 재차 파운드화의 스네이크 체제 가입을 요구했다. 서독은 당연히 두 손을 들어 환영했다. 영국 파운드화와 프랑스 프랑화를 각각 마르크화의 오른팔과 왼팔로 삼으면 달러화 투기 자본에 대항할 수 있는 힘이 몇 배로 증폭될 것이라고 믿었기 때문이다. 그러나 영국이 제시한 조건이 서독을 주저하게 만들었다. 영국은 주요 유럽 통화들과의 환율 연계를 몇 번 시도했다가 모두 실패한 경험이 있었다. 게다가 영국의 역대 정부 역시 환율 정책 문제 때문에 해산된 경우가 많았다. 이에 히스는 서독에 어떤 상황에서도 파운드 가치의 안정을 담보해 달라고 요구했다. 서독 입장에서 영국의 요구는 서독의 외환보유고를 이용해 영국에 백지수표를 발행해 달라는 것과 하등 다를 바 없었다. 더불어 영국이 서독의 지원을 등에 업은 다음 재정 적자를 제멋대로 확장할 가능성 역시 배제할 수 없었다. 서독은 이해관계를 따져봤다. 그런 다음 영국의 요구 조건을 직접 거절하는 대신 먼저 스네이크 체제에 가입할 것을 제의했다. 영국에 유럽 환율의 안정화를 위해 배수진을 치고 최선의 노력을 다하겠다는 결심을 보여달라는 뜻이었다. 결국 영국은 스네이크 체제 가입을 거부했다.

프랑스는 영국의 스네이크 체제 재가입을 열렬히 환영하는 입장이었다. 이 기회를 빌려 서독이 보유한 외환을 얻어 쓰겠다는 심산이었다. 서독의 막대한 외환보유고를 이용해 미국의 '골드 풀'과 비슷한 이른바 '기금 풀(fund pool)'을 만들면 프랑화가 약세에 몰렸을 때 큰 도움을 받을 수 있으리라는 얄팍한 속셈을 갖고 있었던 것이다. 그러나 영국이 스네이크 체제 가입을 거부하면서 프랑스의 꿈도 날아가고 말았다. 이에 달러 투기 자본이 거대한 홍수처럼 유럽을 덮치기 시작했다.

1973년 3월 1일 예상대로 스미소니언 체제가 무너졌다. 고정환율 제의 한 형태인 브레턴우즈 체제 시대가 공식적으로 막을 내린 것이 다. 이후 국제 통화 시스템은 혼미 상태에 빠져들었다.

미국으로서는 드디어 고정환율제라는 최대 걸림돌을 제거한 셈이 었다. 미국은 자국 국채를 금 대신 세계 핵심 준비 자산으로 삼기 위한 준비에 돌입했다.

1976년까지 세계 각국 정부가 보유한 미국 국채 규모는 900억 달 러에 달했다. 이 거액의 부채를 어떻게 무효화할 것인가? 미국 앞에 새로운 전략적 과제가 대두했다. 미국이 생각해낸 방법은 이 부채를 각국의 국제 준비통화로 탈바꿈시키는 것이었다.

1974년 6월 미국은 IMF에 이른바 '대체 계정(Substitution Account)'을 창 설할 것을 제안했다. 이 대체 계정의 주요 기능은 각국이 보유한 미국 국채를 IMF 특별인출권, 즉 SDR로 바꾸는 것이었다.[7] 미국은 이 방법 을 통해 미국 국채를 국제 준비 자산으로 탈바꿈시킬 생각이었다. 이 렇게 되면 각국이 보유한 미국 국채는 미국의 국가 채무에서 주요 국 제 준비 자산으로 바뀔 수 있을 터였다. 또 국제 통화 시스템에 깊숙하 게 침투하는 것도 가능했다. 미국으로서는 이 부분의 채무를 영원히 상환하지 않아도 되는 것이다.

미국은 달러를 '금'으로부터 영원히 '해방'시키기 위해 네 단계의 직 접적인 행동 방침을 작성했다. 이에 따라 미국은 우선 IMF 회원국 중 앙은행들이 금의 기준 가격을 정하지 못하도록 했다. 그다음으로 금과 SDR의 연결 고리를 끊어버림으로써 금이 각국 중앙은행의 준비 자산

중에서 가치 척도 기능을 행사하지 못하게 했다. 이어서 미 재무부가 정기적으로 금 경매를 실시하기로 했다. 마지막으로, IMF와 미 재무부가 보조를 맞춰 국제 금 가격을 낮추도록 했다. 이 방안의 취지는 분명했다. 요컨대 금의 가격을 불안정하게 만들어 금의 가치 저장 수단으로서의 메리트와 국제 준비 자산으로서의 메리트를 약화시키는 것이었다.

IMF 회원국들은 미국의 압력을 이겨내지 못했다. 금과 SDR의 연동 방식을 버리고 16개국의 복수 통화 가치에 연결시키는 표준 바스켓 제도를 채택하기로 합의한 것이다. IMF는 또 미국의 요구에 부응해 보유하고 있던 금 자산의 3분의 1을 매각하기로 결정했다. 이 중 절반은 각 회원국 중앙은행에 돌려주고 나머지 절반은 시장에서 공개 매각하기로 했다.

미국은 고정환율제를 가볍게 폐지시켰다. 달러와 금의 연결 고리도 끊어버렸다. 상황이 이렇게 되자 이제 미국에 남은 골칫거리는 별것 없었다. 오일 쇼크 발발 후 유가 폭등으로 거액의 오일달러를 챙긴 중동 국가들을 상대하는 것 정도였다.

석유 가격 상승 후 일본과 유럽의 무역 흑자 규모는 꾸준히 줄어들었다. 이로 인해 1974년부터 1976년까지 총 400억 달러의 오일달러가 중동 국가로 흘러들었다. 중동은 졸지에 자본 수출 대국으로 탈바꿈했다. 중동은 행복한 고민에 빠졌다. 만약 중동이 이 오일달러 자본으로 산업화를 추진하기 위해 유럽과 손을 잡을 경우 양측은 상호 이익과 혜택을 주고받을 수 있었다. 유럽이 중동에 산업 설비와 기술을 제공하고 중동은 유럽에 대한 석유 공급을 보장하고 소비 시장을 유럽에 개방하는 식으로 말이다. 이렇게 되면 미국은 옆으로 밀려나는 신세가 될 가능성이 높았다. 이것은 미국이 원하는 바가 결코 아니었다. 미국으로서는 중동과 유럽의 협력을 막기 위해 중동 국가들이 보유한 막대한 오일달러를 미국으로 역류시키는 방법 외에는 없었다.

미국은 이번에도 예외 없이 국채를 이용해 중동의 오일달러를 끌어들이는 방법을 선택했다. 중동 국가들이 유럽과 일본 대신 미국의 재정 적자를 메우는 '희생양'으로 선택된 것이다. 미국은 먼저 유럽 각국의 중앙은행에 현재 보유하고 있는 150억 달러 이상의 외환을 흡수해서는 안 된다고 경고했다. 이렇게 함으로써 중동 오일달러의 진로를 차단하고자 한 것이다. 그다음에는 군사 협력, 안전 보장 등을 미끼로 사우디아라비아를 압박했다. 오일달러를 미국 국채에 투자하도록 한 것이다.

달러 채무 제국은 금을 '폐위'시키고 스스로 '황제'를 칭했다. 그런 다음 변동환율제 도입, 오일 쇼크, 중동 오일달러의 역류 등 파란만장한 혼란의 과정이 이어졌다. 미국은 드디어 입지를 단단하게 굳혔다. 이런 혼란의 와중에 유럽통화연맹은 심각한 타격을 입을 수밖에 없었다.


## 모네 그룹 해체로 인한 유럽연합의 제자리걸음

드골의 하야는 모네 그룹에게 둘도 없는 절호의 찬스였다. 모네 그룹의 열성분자인 퐁피두 프랑스 대통령, 브란트 서독 총리 및 히스 영국 총리는 이 좋은 기회를 놓치지 않고 틀어쥐었다. 이어 유럽공동체를 확대 재편성하고 베르너 보고서를 출범시키는 등의 거사를 완수했다.

그러나 좋은 시절은 오래가지 않았다. 중동전쟁과 잇따른 오일 쇼크가 종전 후 장기적인 고속 성장세를 보이던 유럽 경제에 큰 타격을 입혔다. 사실상 변동환율제 도입 이후 유럽은 더 큰 경제적, 정치적 소용돌이에 말려들고 있었다. 우선 유럽의 정치가들은 국내의 경제 및 정치 문제 때문에 극심한 스트레스를 받는 동안 국제 협력에 대한 관심과 열의가 많이 식고 말았다. 서독은 인플레이션 때문에 골머리를 앓았다. 또 프랑스는 경기 둔화를 우려했다. 영국 역시 스네이크 체제를 주도하지 못해 좌불안석이었다. 이탈리아를 비롯한 유럽공동체 내 다른 회원국들 역시 대장을 잃은 오합지졸처럼 각자 제 살 길을 찾느라 남을 돌볼 겨를이 전혀 없었다.

모네는 이러한 교착 상태를 타개하고 유럽 통합의 새로운 동력을 찾아내기 위해 '유럽에너지기금'의 설립을 제안했다. 그러나 서독 재무장관은 경제 통합이 금융 통합보다 우선되어야 한다는 이유로 모네의 제안을 거부했다. 오일 쇼크 발발 후 모네는 다시 유럽공동체 역내 국가들에게 석유를 공급·분배하는 일종의 협력 제도 설립을 제안했다. 하지만 이번엔 서독의 찬성을 얻었지만 영국과 프랑스의 반대에 부딪쳐 무산됐다.

1974년 5월 모네 그룹의 일원인 발레리 지스카르 데스탱이 세상을 떠난 퐁피두 후임으로 프랑스 대통령에 당선됐다. 이때 모네는 80세의 고령이었다. 데스탱은 그보다 30세나 어렸다. 모네는 50세의 대통령에게 다음과 같이 조언했다.

"유럽에 가장 부족한 것은 현안 업무를 자체적으로 처리할 수 있는 권력이다. 현재 논의에 관한 규정은 있으나 정책 결정에 관한 규정은 없다."

모네의 이 말은 데스텡에게 큰 깨우침을 주었다. 데스텡은 처음부터 모네와 비슷한 생각을 갖고 있기도 했다. 그 결과 데스텡은 모네의 적극적인 지지 아래 12월 열린 파리 정상 회담에서 '유럽이사회(European Council)'를 공식적으로 발족시킬 수 있었다.[8]

유럽이사회는 유럽연합(EU) 회원국 정부 정상들의 모임으로서 사실상 최고 의사 결정 기구라고 할 수 있다. 입법 권한은 없으나 여기에서 이뤄진 결정은 EU의 일반적인 정치 지침을 정하는 데 기초를 이룬다. 예컨대 이 기구는 중요한 의제의 설정이나 장기적인 목표의 설정 등에 대해 논의한다. 심각한 경기 침체와 환율 위기에 직면한 당시의 유럽에 가장 필요한 것은 각국 정상들의 정기적인 회담을 통해 당면한 문제의 해법을 찾는 것이었다. 따라서 유럽이사회 설립은 주권 국가의 정상들이 초국가적 기구인 유럽연합에 정치적 지원을 제공할 의무가 생겼다는 사실을 의미했다.

이때 이미 유럽공동체는 유럽합중국의 초기 형태를 갖췄다고 할 수 있다. 모네가 초대 의장을 맡았던 유럽석탄철강공동체의 최고 이사회 역시 '로마 조약' 출범 이후 유럽경제공동체 및 유럽원자력공동체와 더불어 유럽공동체로 통합된 상태였다. 각각의 집행 기관은 또다시 유럽공동체 집행위원회로 통합되었다. 이것이 바로 오늘날 유럽위원회(European Commission)의 전신이다. 국가로 치면 내각의 정부와 비슷한 이 기관은 유럽공동체의 일상적인 사무를 책임졌다.

이와 함께 모네가 발족한 유럽석탄철강공동체의 공동의회는 유럽의회(European Parliament)로 탈바꿈했다. 국가로 치면 입법, 감독, 자문 기관인 셈이었다.

이렇게 발족한 유럽이사회, 유럽공동체 집행위원회 및 유럽의회는 장래 출범할 유럽합중국의 3대 축을 형성할 것이다. 이 기구들의 초기 형태는 모두 모네 그룹이 설계해 구축한 것이다. 따라서 모네를 비롯해 모네 그룹의 핵심 구성원들을 향후 유럽합중국의 창시자로 일컬어도 손색이 없을 것이다.

모네 그룹이 창설한 유럽합중국 행동위원회는 1975년까지 장장 20년 동안 운영되었다. 이때 모네는 87세의 고령이었다. 그러나 유럽합중국으로 가는 길은 생각보다 멀었다. 모네는 드골이 집권한 10년 동안 프랑스에서 영향력을 잃었다. 그러나 유럽의 다른 국가와 미국에서는 여전히 높은 명성을 자랑했다. 모네는 유럽합중국의 설립 토대는 영국 및 미국과의 협력에 있다고 주장했다. 또 유럽합중국의 최종 취지는 대서양 양안의 협력 관계를 구축하는 것이라고 생각했다. 그는 또 유럽합중국을 설립하는 목적은 미국의 패권 지위에 도전하기 위해서가 아니라 미국과 공동으로 세계를 지배하기 위한 것이라고 강조했다. 1970년대 이후 오일 쇼크, 달러화 가치 하락, 유럽 환율 혼란, 산업국의 경기 침체 등 잇따른 악재로 인해 미국과 유럽의 긴장 관계는 상당히 심각한 상태였다. 심지어 극단적 대립 관계가 조성되었다고 해도 과언이 아니다. 이에 따라 유럽 내부의 응집력도 상당히 약화될 수밖에 없었다. 이 모든 상황을 지켜보는 모네의 걱정은 그야말로 태산 같았다. 하지만 고령의 나이에 체력도 하루가 다르게 떨어져 그가 할 수 있는 일은 더 이상 없었다. 모네는 한때 브란트 서독 총리를 자신의 후

계자로 삼으려 했지만 곧 이 생각을 접었다.[9]

모네에게는 해외 인맥뿐 아니라 측근에도 내로라하는 인물이 매우 많았다. 그중 가장 두드러진 인물은 단연 비서인 린지 여사였다. 그녀는 모네를 다년간 보좌해 온 측근 중에서 가장 헌신적인 봉사를 아끼지 않았다. 보수도 바라지 않았다. 낮에는 로버트 로스차일드 남작 밑에서 일하고, 오후 5시 퇴근 후에는 늘 모네의 사무실에 출근했다. 로버트 로스차일드 남작 역시 주목할 만한 인물이었다. 로스차일드 가문의 일원으로서 가문의 전통 본업인 은행업에 종사하지 않고 외교관으로 활약했다는 점에서 우선 특기할 만했다. 그는 1957년 탄생한 로마 조약의 주요 기안자이자 유럽공동체의 창시자 중 한 명이기도 했다. 모네는 이 로버트 로스차일드 가문과 혼인으로 엮이기도 했다. 그 때문에 오랜 세월 동안 긴밀한 협력 관계를 유지할 수 있었다. 유럽합중국 행동위원회의 일거수일투족은 모네의 개인 비서를 통해 일일이 로스차일드 가문에 상세하게 전해졌고, 로스차일드 가문 역시 제때에 적절한 피드백과 건의를 내놓을 수 있었다.

모네는 상황이 여의치 않게 돌아가자 별다른 방법이 없었다. 조직을 해체한 다음 은퇴를 결심하는 것이 최선의 선택이었다. 그러나 모네 그룹 멤버들은 그가 정말 유럽합중국 행동위원회를 해체하겠다는 의사를 밝히자 하나같이 크게 놀랐다. 물론 그렇다고 조직 해체를 막은 것은 아니었다. 모네가 물러난 후 정신적 지도자를 잃은 유럽합중국 추진 운동은 약 10년 동안 제자리걸음만 했다. 그의 이상은 1985년에야 다시 빛을 볼 수 있었다. 모네의 유능한 측근들이 다시금 적극적인 행동을 개시하면서 유럽경제통화동맹 설립에 가속도가 붙은 것이다. 더 나아가 1992년에는 '마스트리히트 조약'의 체결로까지 이어졌다.

모네가 사퇴한 후 유럽경제통화동맹이 아무런 성과도 일궈내지 못한 것은 아니다. 1979년 유럽통화제도(EMS, European Monetary System)를 발족시킨 것은 나름대로 상당한 성과라고 할 수 있다. 이는 또한 1970년 베르너 보고서의 구체적인 결과물이기도 했다. 그러나 이것이 유일했다.

유럽통화제도의 중심은 원래 오늘날 유로화의 전신인 유럽통화단위(ECU)였다. 그런데 이 무렵 ECU를 둘러싸고 독일과 프랑스 사이에 치열한 논쟁이 벌어졌다. 프랑스는 바스켓 통화 방식으로 유럽공동체 각 회원국 통화의 가치를 가중 평균한 ECU를 원했다.

이는 각 회원국 통화와 ECU 사이의 환율 변동 폭을 2.25% 이내로 유지하는 것이었다. 단, 조건이 있었다. 상대적으로 약세를 나타내는 이탈리아 리라의 환율 변동 폭을 6%까지 허용한다는 조건이었다. 이는 사실 스네이크 체제의 복사판에 지나지 않았다. 다른 점이라면 ECU를 환율 변동 기준으로 삼았다는 것뿐이다. 새로 출범한 이 유럽 환율제도는 훗날 ERM(European Exchange Rate Mechanism)이라고 불렸다.

프랑스가 제시한 방안은 말할 것도 없이 절대적으로 프랑스에 유리한 것이었다. 그러나 마르크가 강세, 프랑이 약세를 나타내는 상황에서 바스켓 통화 방식의 유럽통화단위를 채택할 경우 서독에게는 상당히 불리할 수 있었다. 각 회원국 화폐의 바스켓 구성 비율을 5년에 한 번씩 조정하기 때문이었다. 만약 이 기간에 서독의 마르크 가치가 폭등할 경우 서독은 부득불 외환 시장에 개입해 자국의 외환보유고를 풀어 마르크 가치를 낮출 수밖에 없을 터였다. 이렇게 되면 서독의 외환준비금은 유럽통화제도의 공동 자산이 될 가능성이 농후했다. 또 ECU가 각 회원국의 외환 시장 개입 도구로 활용될 수도 있었다. 더불어 각 회원국은 환율 변동에 의해 발생한 외채를 자국 통화로 상환할 수도 있었다.

서독은 프랑스의 제안을 극력 반대했다. 프랑스의 제안대로 하면 서독 마르크화의 신용 창조 규모가 급증해 독일 정부의 통제 범위를 벗어나게 될 것이라는 이유 때문이었다. 이럴 경우 염가 달러가 서독에 마구 밀려들 가능성이 있었다. 그러면 서독은 마르크의 평가 절상을 막기 위해 도리 없이 자국 통화의 증발을 통해 달러를 매입할 수밖에 없을 터였다. 당연히 마르크의 유동성이 통제 불능의 규모로 커지게 될 게 분명했다. 또 투기 자본이 약세 화폐를 공격할 경우 당연히 강세 화폐인 마르크가 '구세주' 역할을 담당할 수밖에 없는 상황에서, 다른 국가들이 자국 통화로 서독에 진 빚을 갚도록 허용하는 것도 문제의 소지가 있었다. 이럴 경우에도 역시 마르크의 유동성 과잉을 초래할 수 있었다.

이에 서독은 반드시 스네이크 체제를 답습하는 방식으로 환율 안정을 꾀할 것을 주장했다. 각국 통화를 ECU에 따라 변동시키는 방안은 타당하지 않을 뿐 아니라 양국 간 상대 환율의 변동 폭이 상한선을 넘지 않도록 해야 한다는 것이었다. 이렇게 하면 각 회원국은 자국 통화 가치가 변동될 경우 자국의 외환준비금으로 환율을 조정해야 했다. 서독의 외환준비금을 노리던 프랑스의 음모는 산산이 부서졌다. 반면 서독은 외환 시장 개입에 필요한 단기 대출 규모를 대폭 확대하는 데는 동의했다. 나아가 각 회원국이 환율 조정으로 인해 발생한 채무를 상환할 때 반드시 달러, 마르크 혹은 금을 지불 수단으로 사용해야 한다고 주장했다. 이 밖에 서독은 각 회원국의 외환보유액을 공유하자는 프랑스의 제의를 일언지하에 거절하기도 했다.[10]

표면적으로 보면, 유럽 통화 시스템을 구축하는 과정에서 가장 발언권이 셌던 국가는 단연 프랑스였다. 실제로도 프랑스는 자국의 이념을 그대로 구현한 것처럼 보였다. 특히 ECU는 프랑스가 발족시킨 것이나 다름없었다. 그러나 서독 역시 자국의 이익과 관련한 핵심적인 원칙에 대해서는 한 발도 양보하지 않았다. 새로운 환율 제도는 스네이크 체제를 법률화한 것에 지나지 않았다. 독일의 부담과 책임은 눈곱만큼도 늘어나지 않았다. 마르크화의 독주 국면 역시 전혀 바뀌지 않았다.

한마디로 유럽통화제도는 '마르크 블록'에 지나지 않았다.


## 유럽행동위원회, 모네의 기치를 높이 들고 재차 행동에 돌입하다

1975년 모네 그룹이 해체되면서 유럽합중국을 추진하는 정신적 지주도 사라졌다. 이 때문에 유럽경제통화동맹의 진척 역시 상당히 늦어졌다. 그러나 모네 그룹의 핵심 멤버들은 전혀 낙심하지 않았다. 이들은 반드시 유럽 통합의 대업을 이루고야 말겠다는 일념으로 새로운 '그룹'을 만들 적절한 타이밍만 기다리고 있었다.

1980년대 초에 마침내 분위기가 무르익었다. 모네의 유력한 조력자였던 네덜란드인 막스 콘스탐 (Max Kohnstamm)이 서서히 새로운 중심인물로 떠오르기 시작한 것이다. 콘스탐은 유럽합중국 행동위원회 부위원장을 오랫동안 맡은

▍유럽행동위원회의 핵심 인물 막스 콘스탐

인물이었다. 1973년에는 록펠러가 창립한 '삼각위원회'의 유럽 지부 초대 위원장에 임명되기도 했다. 그는 모네처럼 강력한 호소력을 지니지는 못했다. 그러나 다자간 네트워크를 연결·조율하는 업무를 다년간 맡아온 덕분에 유럽의 저명인사들과 교분이 상당히 두터웠다. 그는 자진해서 새로운 그룹의 발기인으로 나섰다. 과거 모네 그룹의 멤버들은 가뜩이나 유럽 문제에 대해 논의할 '비밀 그룹'이 필요하던 차에 콘스탐이 앞장서자 경쟁적으로 그 주위에 몰려들었다.

1982년 10월 헬무트 콜이 헬무트 슈미트 후임으로 서독 총리에 당선됐다. 과거 모네 그룹의 일원이었던 그는 총리에 취임하자마자 다음과 같이 선포했다.

"나는 새로운 내각 정부를 통해 유럽의 현안과 정치적 연맹을 우선적으로 추진할 계획이다."

콘스탐은 콜의 말에 시기가 성숙됐다고 판단했다. 곧 옛 '전우'들에게 연락을 취했다. 이제 막 서독 총리 자리에서 물러난 헬무트 슈미트,

벨기에 총리 레오 틴더만스(Leo Tindemans) 역시 정계와 금융계에서 활약하고 있는 과거 전우들에게 편지를 보내 새로운 그룹에 대한 참여 여부를 확인했다. 이들의 확신에 찬 생각은 아마도 "장 모네의 사상과 통합 방법을 유럽연합의 정신적 방침으로 계속 삼기 위해서는 이렇게 해야 한다"는 말로 요약되지 않을까 싶다.[11]

콘스탐은 1984년 새로운 그룹 결성에 차질이 없도록 유럽 전역을 돌았다. 회의 참석 예정인 신구(新舊) 전우들을 일일이 방문한 것은 당연했다. 그는 이들에게 곧 열릴 회의의 주제와 미래 신규 '그룹'의 강령도 전달했다.

1984년 3월 13일 콘스탐은 브뤼셀에서 모네 그룹을 대체할 새로운 그룹을 결성하는 대회를 열었다. 대회에는 헬무트 슈미트 독일 전 총리와 레오 틴더만스 벨기에 총리는 말할 것도 없고 유럽 각국의 금융계와 무역계에서 다수 권력자들이 참석했다. 카를 카르스텐스(Karl Carstens) 서독 대통령은 회의에 참석할 수 없어 매우 유감스럽게 생각한다면서 퇴임 후에는 꼭 참가할 것이라는 약속을 하기도 했다. 회의 참석자들은 새로운 형세 아래 모네 정신을 계승할 새로운 '위원회'를 설립해야 한다는 데 공감대를 형성했다. 심지어 슈미트는 "타락한 유럽을 일으켜 세우기 위해서는 위원회에서 총체적인 전략을 제정할 필요가 있다"고까지 주장했다. 회의는 또 슈미트에게 유럽통화제도에 제출할 전략 보고서 작성을 위임했다. 이외에 다른 멤버들에게는 각각 유럽공동체, 유럽 단일 시장, 유럽 안보, 스페인과 포르투갈의 유럽연합 가입 등과 관련한 특별 보고서를 기초하도록 했다. 슈미트는 이에 따라 회의 마지막에 다음과 같이 건의했다.

"(프랑스 대통령) 미테랑은 유럽 문제를 대단히 중시하고 있지만 프랑스 사회당 내부에서는 아직 이와 관련한 공감대가 형성되지 않고 있다. 우리는 이를 염두에 둬야 한다. 따라서 미테랑의 전술적 지지를 얻기 위해서는 그에게 깊은 인상을 줄 수 있는 사람을 우리 그룹에 끌어들여야 한다."

여러 가지 조건을 고려해 최적의 적임자가 꼽혔다. 그는 다름 아닌 자크 들로르(Jacques Delors) 프랑스 재무장관이었다. 콘스탐과 들로르는 1976년에 처음 만난 후 줄곧 긴밀한 관계를 유지해 왔다. 모네의 사상과 모네 그룹의 막강한 영향력은 당시 갓 정계에 입문한 들로르에게 깊은 인상을 남겼다. 한동안 프랑스은행의 요직을 역임한 적도 있는 그는 성격이 직설적이고 항상 자신감에 넘쳤다. 능력도 출중해 많은 사람들의 인정을 받았다. 미테랑 대통령 역시 그를 각별히 중요한 인물로 생각했다.

1984년 6월 들로르는 드디어 미테랑 대통령의 허락을 받았다. 콘스탐이 주도하는 '뉴 그룹' 설립 활동에 가담할 수 있게 된 것이다. 이 소식을 들은 콘스탐의 기쁨은 이루 말할 수 없었다. 그는 들로르에게 유럽 통합에 중점을 두고 사업을 추진할 것을 제의했다. 이 때문이었을까? 이후 들로르는 미테랑 프랑스 대통령과 콜 서독 총리의 지지를 업고 유럽공동체의 내각 총리에 해당하는 유럽위원회 위원장에 당선되기도 했다. 물론 이들이 들로르를 전폭적으로 지지한 데는 나름의 계산이 있었다. 우선 프랑스 미테랑의 경우 들로르를 자신의 대변인으로 삼아 '뉴 그룹'에 안배했다고 할 수 있다. 또 서독은 미테랑의 전술적 지지를 얻기 위해 그에게 깊은 인상을 줄 수 있는 사람, 다시 말해 들로르를 '뉴 그룹'에 끌어들였다고 할 수 있다. 이처럼 양측은 약속이나 한 듯 들로르를 유럽위원회 위원장이라는 요직에 앉히는 방식을 통해 함께 유럽경제통화동맹을 추진하는 데 의기투합했다.

'뉴 그룹'은 들로르의 임명 소식을 듣고 뛸 듯이 기뻐했다. 자기 쪽 사람이 핵심 요직에 앉았으니 유럽통화연맹 추진에 가속도가 붙을 것은 당연했다. 들로르가 유럽위원회 위원장에 임명된 후 '뉴 그룹'에는 자연스럽게 빈자리가 하나 생겼다. 이는 당연히 프랑스 사회당 대표가 앉아야 할 자리였다. 이에 들로르는 브뤼셀로 달려가 유럽위원회 위원장에 정식 취임하기 전까지 '손님' 신분으로 계속 '뉴 그룹'의 모든 활동에 참가하기로 결정했다. 이후 들로르가 정식으로 취임하자 '뉴 그룹'은 다시 전면에 나서서 그에게 유럽위원회 구성원 후보들을 적극 천거했다.

1984년 9월 '뉴 그룹'은 유럽행동위원회(The Action Committee for Europe)라는 정식 이름을 갖게 되었다.[12] 1980년대의 유럽과 세계 형세는 모네 그룹 설립 당시인 1950년대와 완전히 달랐다. 무엇보다 소련의 위협이 크게 줄어들었다. 또 소련을 견제하기 위해 형성된 유럽과 미국 간 협력 관계에도 큰 균열이 생겼다. 서독과 동독의 통일 역시 점차 가시화되고 있었다. 이 경우 강대해진 통일 독일이 다시 세계무대에 등장하는 것은 시간문제였다. 독일의 통일 가능성은 프랑스를 비롯한 유럽연합 각국은 말할 것도 없고 영국과 미국에도 큰 고민거리를 안겨주었다. 유럽통화제도가 이미 '마르크 천하'가 된 상황에서 독일이 통일 국가로 변모하면 다시금 세계 정치를 주름잡게 될 게 뻔한 일이었기 때문이다. 이런 상황에서 서독이 공개적으로 유럽합중국 운동을 대대적으로 추진할 경우 미국의 라이벌 의식과 경계심을 자극할 가능성이 높았다. 그뿐만 아니라 유럽 내부에서도 강렬한 민족 감정을 유발할 개연성이 농후했다. 따라서 유럽합중국이라는 자극적인 제안은 '유럽의 공동 번영'이라는 두루뭉술한 슬로건으로 교체됐다.

이때 프랑스는 유럽 통합과 관련해 미묘하고도 복잡한 감정을 갖고 있었다. 프랑스는 게르만족의 위용을 오래전에 이미 경험한 터였다. 1950년대에 프랑스 주도로 창설된 유럽석탄철강공동체는 관용과 자비의 정신을 실천한 기구라고 해도 좋았다. 당시 유럽 통합의 목적은 유럽 각국이 대동단결해 양대 패권 국가인 미국과 소련 사이에서 독립적인 지위를 쟁취하기 위한 것이었다고 해도 과언이 아니다. 그러나 1980년대가 되자 프랑스의 경제력은 독일과 현격한 차이를 드러냈다. 프랑화도 마르크화의 '수행원'으로 전락했다. 이런 상황에서 독일이 통일될 것을 생각하면 프랑스는 뼛속까지 한기가 사무치는 느낌을 떨쳐버릴 수 없었다. 정치적 통일, 강력한 경제력, 강세 화폐 및 8,000만 인구를 확보한 독일을 이웃으로 둔다는 것은 정말 상상하기조차 싫은 일이었다.

이에 미테랑 프랑스 대통령은 서독의 경제 및 화폐 분야에서의 우위와 프랑스의 군사적 및 정치적 우위를 통합해 양국 간 균형을 실현할 것을 강력하게 주장했다. 강세 화폐인 마르크를 보유한 서독과 핵무기를 보유한 프랑스가 함께 뭉치면 다 같이 이익을 얻고, 흩어지면 끝없는 후환에 시달릴 것이라는 논리였다. 서독도 프랑스의 의견에 공감했다. 자연스럽게 양국 간 협력에 새로운 동기가 부여되었다. 이 과정에서 들로르가 대단히 중요한 역할을 한 것은 물론이다.

들로르는 유럽위원회를 대표해 처음 유럽의회에서 발언할 연설문을 준비하고 있을 때 콘스탐으로부터 장문의 편지를 받았다. 매우 중요한 연설이니만큼 이러저러하게 했으면 좋겠다는 제의를 담은 내용의 편지였다. 들로르는 콘스탐의 의도를 파악했다. 그리고 1985년 1월 유럽의회 연설에서 "1992년까지 유럽 단일 시장을 출범시킬 것이다"는 내용의 중대한 목표를 제안했다. 몇 달 후 유럽이사회 각 회원국 정상들은 들로르의 제안을 공식 비준했다. 더불어 들로르에게 유럽 단일 시장 출범에 대한 구체적인 스케줄을 작성하라고 지시했다. 이에 유럽 통합은 새로운 단계로 접어들었다.

1985년 6월 6일 카르스텐스 서독 대통령 주최로 '뉴 그룹' 제1차 공식 회의가 열렸다. 이 회의에서 들로르는 유럽통화제도 강화 계획을 제안했다. 이날 오찬회에서는 또한 콜 서독 총리가 다음과 같은 중요한 연설을 했다.

"우리는 '뉴 그룹'에 큰 기대를 걸고 있습니다. 따라서 유럽행동위원회의 가장 중요한 임무는 유럽 통합의 역사적 중요성을 젊은 세대들에게 전달·인식시키는 것이 되어야 합니다. 또 기성세대는 정신적 부를 꾸준히 계승해야 합니다. 그래야 유럽 통합 계획을 되돌릴 수 없는 추세로 계속 추진할 수 있을 것입니다."

1986년이 되자 들로르와 '뉴 그룹'의 관계는 더욱 밀접해졌다. 그는 마침내 친한 친구이자 사회당 당원인 앙리 나레이트를 '뉴 그룹'에 가입시켜 자신의 자리를 대신하도록 했다. 앙리 나레이트는 미테랑의 농업자문위원을 역임하고 훗날 농업부 장관까지 지낸 인물이다. 들로르는 '뉴 그룹' 회의가 열릴 때마다 유럽위원회의 전문가 팀을 콘스탐에게 보내 유럽 경제와 화폐 분야의 최신 동향을 전달했다. 심지어 번역가들까지 자신이 보낼 수 있는 지원 인력을 전부 동원했다. 그는 또한 유럽위원회에 해마다 2만 2,000ECU의 활동 경비를 '뉴 그룹'에 제공하도록 제안하기도 했다.

1988년 9월 '뉴 그룹'의 회원 수는 폭발적으로 늘어났다. 무려 92명에 달했다. 이들은 거의 대부분 각국 정부, 정당, 비즈니스 협회, 은행계, 금융계, 유럽의회에서 활동하는 사람들로서 그중 13명은 모네 그룹의 원년 멤버이기도 했다.

이후 '뉴 그룹'이 채택한 결의는 서독, 프랑스, 영국, 이탈리아, 네덜란드, 벨기에 등의 국가 정부와 유럽위원회 위원장에게 즉각 전달되었다. '뉴 그룹'의 결의는 자연스럽게 정치인들의 공식 발언에도 많이 인용되었다. 심지어 정치인들은 공식적인 외교 석상에서는 거론하기 어려운 민감한 화제를 '뉴 그룹' 모임에서는 기탄없이 얘기했다. 물론 '뉴 그룹'은 보이지 않는 배후에서 유럽 통합을 추진했을 뿐이다. 공식 석상에서 자신들의 취지와 계획을 드러낸 경우는 거의 없었다. 아마 정치가들이 국내 정치 무대에서 자신의 능력을 마음껏 과시하도록 기회를 주기 위해 그러지 않았나 싶다.

이렇게 해서 1950년대부터 공통의 목표를 가지고 함께 분투해 온 '동지들' 그리고 훗날 똑같은 이념을 가지고 합류한 사람들까지 모두가 한마음이 됐다. 궁극적으로는 상호 신뢰, 상호 충성, 기밀 엄수를 바탕으로 유럽합중국이라는 신성불가침의 '신념의 성지'를 구축할 수 있었다.

# 들로르 위원회,
# 유럽통화연맹을 향한 마지막 관문

1988년 유럽공동체는 기본적으로 국가의 형태를 모두 갖췄다. 예컨대 유럽이사회, 유럽위원회 및 유럽의회는 향후 출범할 유럽합중국에 필요한 3대 축이자 골격이라 해도 과언이 아니었다. 물론 이때까지도 아직 준비되지 않은 기관이 있었다. 그 대표적인 것이 바로 중앙은행이 아닌가 싶다. 따라서 유럽공동체도 중앙은행을 만들어내지 못하면 영원히 그 임무를 완수하지 못할 터였다.

유럽통화연맹은 유럽 통합의 지렛대라 해도 과언이 아니었다. 1950년대부터는 유럽공동체 역내의 환율 안정, 유럽 각국 간의 협력 추진 등 중요한 역할을 해왔다.

이에 대한 역사를 다시 한번 살펴보면, 우선 1970년 베르너 보고서가 환율 동맹에 기초해 통화 동맹을 모색했다. 그 결과는 1972년의 스네이크 체제를 통해 구체적으로 구현되었다. 또 1979년 발족한 유럽통화제도의 가장 중요한 성과는 유럽의 단일 통화 단위인 유럽통화단위, 즉 ECU를 출범시킨 것이라고 해야 할 것이다. 그러나 통화 제도의 핵심인 중앙은행을 출범시키려면 아직 갈 길이 멀었다.

화폐 발행권을 장악한 자가 모든 것을 지배한다!

따라서 화폐 발행권을 둘러싸고 독일, 프랑스, 영국 간의 한판 외교전이 벌어진 것은 너무나 당연했다. 또 각국의 국내에서는 재무부와 중앙은행 간의 싸움이 공공연하게 벌어졌다.

우선 이때 서독이 취한 입장을 살펴보자. 전후 서독은 전범 국가답게 공손하고 겸손한 외교적 태도로 국제무대에서 행동했다. 이로 인해 '평화주의자'라는 이미지로 쇄신할 수 있었다. 그러나 겉모습만으로 독일이 세계 패권 쟁탈에 흥미를 잃은 것이라고 생각한다면 큰 오산이었다. 게르만족 특유의 호전적이고 용맹스러운 성격이 어디 쉽게 바뀌겠는가. 서독은 얌전한 척했을 뿐이지 진짜로 얌전해진 것은 아니었다.

서독이 유럽 통합을 적극 지지한 데는 나름의 목적이 있었다. 바로 통화 패권을 장악해 유럽 대륙을 지배하고자 하는 야심이 있었던 것이다. 서독은 혹독한 전후 처리에 의해 정치와 군사 면에서는 완전한 열세에 놓였다. 그 때문에 서독이 갖고 있는 유일한 '중무기'는 화폐밖에 없었다. 원래 독일인은 자신들이 갖고자 하는 것과 이루고자 하는 일에 대한 목적의식이 매우 뚜렷하다. 그것을 얻거나 이루기 전까지는 절대 포기하지 않는다. 따라서 유럽의 통화 패권은 반드시, 더 나아가 필연적으로 서독의 중앙은행이 장악해야 했다. 형세는 서독에 유리한 방향으로 흘러갔다. 유럽공동체는 사실상 '마르크 블록'이나 다름없게 되었다. 서독의 경제력이 유럽에서도 단연 압도적인 우세를 차지했으므로 이는 당연한 일이었다. 게다가 통일이 눈앞에 다가오고 있었다. 정치적 수난 시대도 곧 종말을 고할 터였다. 이처럼 소련을 위시한 동구권 사회주의 진영의 몰락은 서독의 세력 확장에 무한한 가능성을 열어주었다. 그러나 서독은 지난 100년 동안 성급하게 성공을 이루려다 몇 번이나 실패의 쓴맛을 본 교훈을 되살렸다. 이번에는 최고의 인내심과 완강한 의지로 기필코 장밋빛 미래를 만들고야 말겠다는 굳은 결심을 다졌다.

서독에 비해 프랑스는 목표와 계획은 웅대하나 실행력은 부족한 묘한 국가였다. 서독도 이런 사실을 알고 있었기에 프랑스와 분쟁이 벌어질 때면 항상 양보하는 척했다. 그래서 겉으로는 프랑스의 체면이 올라가는 것 같아도 자세히 따져보면 실리를 얻는 쪽은 항상 서독이었다. 프랑스는 명예나 체면 따위의 유명무실한 것에만 집착했지, 권력 쟁탈 과정에서 필연적으로 부딪치게 되는 사소한 시끄러움은 감내하지 못했다. 요컨대 프랑스 역시 내심 장래에 출범할 유럽중앙은행을 손에 넣고 쥐락펴락하고 싶은 마음은 굴뚝같았지만 현실적으로는 그럴 만한 능력도, 인내심도 없었다고 할 수 있다.

또 영국은 과거의 영광에만 사로잡혀 현실을 외면하고 있었다. 시대가 많이 변했는데도 영국인들은 20세기나 19세기나 유럽 대륙이 별로 변하지 않았다고 생각했다. 심지어 영국은 여전히 자국이 유럽의 중심일 뿐 아니라 영국이 나서서 정리하지 않는 한 유럽 대륙은 대혼란에 빠질 것이라는 허황된 망상에 사로잡혀 있었다. 이 정도라면 그래도 다행이었다. 영국은 만약 자국이 서독 편에 설 경우 프랑스는 야망 한번 제대로 펼쳐보지 못한 채 그대로 무너질 것이라고 생각했다. 반대로 자국이 프랑스와 손을 잡는다면 게르만족의 꿈은 수포로 돌아갈 것이라고 판단했다. 영국으로서는 약 200년 동안 유럽 금융 중심지로 군림해 온 런던을 제치고 프랑스 파리나 서독 프랑크푸르트가 유럽의 통화 패권을 장악하는 것을 절대 용납할 수 없었다.

드디어 1988년 6월 서독 하노버에서 EC 정상 회담이 열렸다. 각자 다른 생각을 가진 대국들 간의 치열한 공방전은 피할 수 없었다.

회의에서는 12개 EC 회원국 중앙은행 총재들로 화폐 동맹의 최종 노선을 결정할 전문가 팀을 구성했다. 이후 모든 참가국들의 이목은

이 전문가 팀의 리더를 누가 맡을 것인지에 집중됐다. 이는 유럽중앙
은행의 지배권을 둘러싸고 팽팽한 신경전을 벌이고 있는 프랑스와 서
독에게 특히 중요한 사안이었다. 콜 서독 총리가 무거운 침묵을 깨고
'비장의 카드'를 꺼내들었다. 그가 전문가 팀의 리더로 추천한 사람은
유럽위원회 위원장이자 프랑스에서 가장 잘나간다는 정치인 들로르
였다. 미테랑 프랑스 대통령은 회심의 미소를 지으며 고개를 끄덕였
다. 대처 영국 총리 역시 얼떨결에 그 의견에 수긍했다.

　독일인들의 수완은 정말 뛰어났다. 콜은 체면을 대단히 중시하는
프랑스인의 허영심을 만족시키기 위해 일부러 들로르를 추천했던 것
이다. 프랑스인이 아닌 독일인이 전문가 팀의 리더가 되어 서독의 중
앙은행에 유리한 정책을 제정할 경우 프랑스의 완강한 반대에 부딪칠
것은 불을 보듯 뻔한 일이었다. 게다가 서독 입장에서는 누가 전문가
팀의 리더를 맡든 큰 상관이 없었다. 어쨌거나 실리만 얻으면 된다는
입장이었다. 사실 서독이 '뉴 그룹'의 멤버 중
에서도 들로르에게 유독 각별한 관심을 갖고
그를 좌지우지하려 애쓴 것은 다른 이유 때문
이 아니었다. 모두가 이날을 대비하기 위해서
였다고 해도 좋았다.

　들로르에 대한 임명은 회의 참석자 거의 모
두에게 환영을 받았다. 그러나 이 와중에 오
직 한 사람만은 기뻐하지 않았다. 주인공은
바로 카를 오토 푈(Karl Otto Pöhl) 서독 중앙은행
총재였다. 그는 12명의 중앙은행 총재 중에서

┃ 자크 들로르 유럽위원회 위원장

단연 '맏형'이었다. 당연히 자신이 화폐 전문가 팀을 이끌게 될 것이라고 믿어 의심치 않았다. 그럼에도 엉뚱하게 들로르에게 자리를 빼앗겼으니 화가 나지 않으면 이상한 일이기도 했다. 그의 생각이 틀린 것은 아니었다. 기본적으로 화폐 문제는 중앙은행의 소관 사항이었다. 그러나 들로르는 재무장관 출신이었다. 더구나 들로르가 중앙은행 총재들을 휘하에 거느린 채 화폐 문제를 연구하게 된다면 "재무부가 중앙은행을 지휘한다", "문외한이 전문가를 지도한다"는 등의 말이 나올 수도 있었다. 그 때문에 푈은 애매한 대처 영국 총리에게 정치적 통찰력이 없다는 엉뚱한 비난을 하기도 했다.

"대처가 들로르 위원회 설립을 두 손 들어 찬성할 줄은 생각도 하지 못했다. 그녀는 여기에 분명히 정치적 목적이 개입돼 있다는 사실을 알지 못했다."

푈은 단순히 불만만 표한 것이 아니었다. 한동안 들로르 위원회의 가입을 거부할 정도로 노골적인 반감을 드러내기도 했다.[13]

이처럼 푈은 들로르 위원회에 강렬한 반감을 가지고 있었다. 그런데 도대체 뭣 때문에 훗날 들로르 위원회 보고서를 인정하고 높이 평가한 것일까? 이런 의문이 드는 게 당연하다. 그건 일종의 '트릭'이었다. 당시 노련한 정치인인 대처 총리는 푈이 들로르 위원회를 극도로 싫어한다는 것을 잘 알고 있었다. 그 때문에 일부러 들로르의 임명에 반대 의견을 내놓지 않은 것이다. 영국은 유럽중앙은행의 출범을 내심 원하지 않았다. 그렇다고 해서 단독으로 유럽공동체에 반기를 들 생각도 없었다. 게다가 푈이 앙앙불락하고 있지 않은가? 하지만 이는 푈의 계산된 처신이었다. 결국 대처 총리는 푈을 경솔하게 믿었다가 큰코

다쳤다고 가슴을 치면서 후회했다고 한다.

들로르 위원회는 설립 이후 거의 대부분의 업무를 스위스에 있는 국제결제은행을 통해 처리했다. 국제결제은행은 처음부터 '중앙은행들의 중앙은행'으로 설립된 기구였다. 따라서 운영 방침부터 시작해 주요 업무 및 전문가 구성에 이르기까지 모든 것이 화폐 패권을 독점한 중앙은행에 유리하게 이루어졌다. 그렇다면 유럽공동체 회원국 중앙은행 중에서 과연 누가 '우두머리'일까? 두말할 필요도 없이 서독 중앙은행이었다. 요컨대 유럽중앙은행이 화폐 발행권을 독점하는 것은 서독 중앙은행이 화폐 패권을 장악하는 것이나 다름이 없었다.

아니나 다를까, 들로르 위원회가 1989년 4월 제출한 들로르 보고서는 장차 설립될 유럽중앙은행에 서독의 연방은행보다 훨씬 큰 '독립성'을 부여할 것을 주장했다. 보고서의 제안은 다음과 같았다.

"장차 설립될 유럽중앙은행은 연방 형태의 기구로서 유럽중앙은행 제도(ESCB)라 일컬어도 무방할 것이다. ESCB는 유럽공동체 내의 기구로서 그 어떤 국가에도 종속되지 않는다. 완전한 독립성과 자주성을 향유한다. ESCB는 하나의 중앙 기관(독자적인 재무제표를 갖는다)과 각 회원국 중앙은행들로 구성된다. ESCB는 물가 안정을 유일한 목표로 삼는다. ESCB 이사회는 각국 정부와 유럽공동체 권력 기관으로부터 완전히 독립되어야 한다."

들로르 보고서는 이 밖에 자본의 자유 이동, 금융 시장 통합, 각 회원국 통화 간 자유 태환 및 환율 고정 등의 정책적인 과제도 언급했다. 그러나 이것들은 모두 과거부터 거론해 온 식상한 문제였다. 별로 새로울 것도 없었다. 들로르 보고서의 가장 파격적인 제안은 다른 것이 아니었다. 바로 '연방제' 형태의 유럽중앙은행제도를 창설하는 것이었다. 이런 기구의 설립은 각국 정부가 화폐 주권을 포기할 수밖에 없다는 사실을 의미했다. 그 때문에 들로르 보고서는 1970년의 베르너 보고서보다 훨씬 큰 파장을 일으켰다.

유럽 각국 내부에서는 치열한 논쟁이 벌어졌다. 미테랑 프랑스 대통령은 보고서를 읽은 후 장차 설립될 유럽중앙은행의 권력이 자신이 예상했던 것보다 훨씬 더 클 것이라며 우려를 금치 못했다. 그는 걱정스럽고 답답한 심정을 다음과 같이 표현했다.

나는 중앙은행의 설립을 반대하지 않는다. 다만 일부 운영 방식을 반대할 뿐이다. 서독의 중앙은행은 정부의 통제로부터 완전히 독립된 기구이다. 그러나 프랑스의 중앙은행, 다시 말해 프랑스은행은 그렇지 않다. 프랑스에서는 정부가 경제 정책과 화폐 정책을 결정한다. 어떤 방법으로 서독과 프랑스가 공동으로 통화 동맹 설립을 추진하게 할 것인가? 내 생각은 이렇다. 독일인들은 유럽통화연맹이 서독의 건전하고 만족할 만한 경제 성장에 나쁜 영향을 미치지 않을 것이라는 사실을 믿을 경우 곧바로 유럽통화동맹 설립을 적극 추진하게 될 것이다. 그러나 반드시 그렇다고 장담할 수는 없다. 유럽중앙은행이 정치권력의 통제에서 벗어나 초국가적 권력을 갖는 것은 대단히 위험한 일이다. 유럽통화제도는 이미 마르크 블록으로 변질된 상태다. 서독은 아직까지는 프랑스 경제를 관장할 권력을 갖지 못했다. 그러나 일단 유럽중앙은행이 설립되면 서독은 곧 이런 권력을 갖게 될 것이다.[14]

걱정스럽고 답답한 심정은 미테랑만 느낀 것이 아니었다. 들로르 위원회에 가입한 자크 드 라로지에르(Jacques de Larosière) 프랑스 중앙은 행 총재는 입장이 매우 곤란했다. 심지어 나중에는 만인의 지탄을 받는 '죄인'이 되기까지 했다. 프랑스 정부가 프랑스 중앙은행의 독립을 시종일관 반대해 온 것도 그중 한 가지 원인이라고 할 수 있었다. 하지만 더 큰 원인은 그가 프랑스 경제의 주도권을 독일인에게 넘겨줬다는 이유 때문일 것이다. 라로지에르 총재는 자신의 생애를 통틀어 최악의 시련이었다면서 당시 상황을 이렇게 회고한 바 있다.

> 프랑스 재무부는 들로르 보고서의 최종 문안을 전달받은 즉시 나를 사무실로 소환했다. 피에르 베레고부아(재무장관), 장 클로드 트리셰와 몇몇 관리들이 테이블 한쪽에 앉아 있었다. 나는 홀로 외롭게 테이블의 다른 쪽에 앉아야 했다. 베레고부아의 표정은 매우 싸늘했다. 그는 재무부가 들로르 보고서의 내용을 읽고 큰 충격을 받았다고 말했다.
>
> 이어서 트리셰 재무차관이 단도직입적으로 말했다.
>
> "들로르 보고서는 향후 설립될 유럽중앙은행에 서독 연방은행보다 더 큰 독립성을 부여할 것을 제안했습니다. 이는 틀림없이 당신(라로지에르 총재)이 회의석상에서 지나치게 양보를 했기 때문 아닙니까?"
>
> 이어 베레고부아가 나에게 물었다.
>
> "할 말이 더 있소?"
>
> 나는 '양보'라는 말은 가당치도 않다고 반박했다. 베레고부아와 트리셰의 말뜻은 내가 들로르 위원회 회의에서 특정인들의 관점에 굴종했다는 것이었다. 그러나 사실은 그렇지 않았다. 내가 중앙은행의 독립에 찬

성한 것은 사실이다. 그러나 이는 내가 그 누군가에게 양보를 했거나 프랑스의 이익을 희생시킨 것이 아니다. 중앙은행과 그 부속 기관들이 독립성을 가져야 통화 제도를 정상적으로 운영할 수 있기 때문이다. 그래야 또 다른 제도도 안정적으로 운영할 수 있다. 아무도 나에게 그렇게 말하라고 강요하지 않았다. 또 내가 독일인들의 관점이 무조건 맞는다고 생각해서 그렇게 말한 것도 결코 아니었다.[15]

사실 이 모든 것은 중앙은행들이 1920년대부터 써온 상투적인 수법에 불과했다. 중앙은행은 자기들끼리 북 치고 장구 치면서 미리 어떤 제도나 정책을 합의한 다음, 각국 정부를 설득해 자신들의 제안에 동의하도록 만들었다. 정치권력과 금권 간의 다툼은 예로부터 지금까지 줄곧 존재해 왔다. 표면적으로는 노련한 정치가들이 은행가들보다 한 수 위인 것처럼 보이지만 실제로는 항상 은행가들이 정치가들을 가지고 놀았다.

들로르 보고서를 읽은 영국의 대처 총리는 화가 나서 펄쩍 뛰었다. 그녀는 자신이 중대한 정치적 실책을 범했다는 사실을 인정하지 않을 수 없었다. 푈 서독 중앙은행 총재의 쇼에 감쪽같이 속아 넘어갔던 것이다. 대처 총리는 이에 대해 다음과 같이 말한 바 있다.

"푈 서독 중앙은행 총재가 유럽통화동맹에 반대 입장을 견지한다는 사실은 누구나 다 알고 있었다. 그러나 아무도 그 사실을 들로르 위원회에 반영하지 않았다. 이것이 가장 큰 실수였다."

그러나 로빈 리 펨버튼 잉글랜드은행 총재는 대처와 달리 들로르 보고서를 읽고 흥분을 감추지 못했다. 다음과 같은 그의 말에서 이 사실을 알 수 있다.

> 현실적으로 보면, 유럽 단일 통화를 출범하는 것은 대단히 완벽한 계획
> 이다. 나는 유럽통화연맹 창설을 지지한다. 이 계획은 잉글랜드은행이
> 다시금 독립성을 찾고 영국이 좀 더 안정적인 통화 제도를 구축하는 데
> 큰 도움이 될 것이다. 대처 총리는 나에게 "푈이 하는 대로 따라 하라"는
> 짤막한 지시를 내렸다. 나는 대처 총리에게 보낸 답신에서 "만일 푈이
> 동의한다고 서명하면 나도 그대로 할 것입니다'라고 썼다. 만약 회의에
> 참석한 중앙은행 총재 중 나만 유일하게 들로르 보고서에 서명하지 않
> 았다면 아마도 모두가 나를 대처 여사에게 무조건 순종하는 '발바리'라
> 고 비웃었을 것이다.[16]

서독은 큰 성공을 눈앞에 두고 있었다. 그래서 갖은 감언이설로 대
처 총리를 회유하려고 애썼다. 그러나 푈 때문에 크게 골탕을 먹은 대
처 총리는 독일인들의 말이라면 콩으로 메주를 쑨다고 해도 믿으려
하지 않았다. 그러자 이번에는 서독의 맹우인 네덜란드가 나섰다. 네
덜란드는 화폐 문제에 관한 한 서독의 말에 고분고분 순종하는 입장
이었다. 특사가 돼달라는 서독의 부탁을 받고 영국에 도착한 네덜란드
대표는 유럽중앙은행 계획안에 동의해 달라고 대처 총리를 적극적으
로 설득했다. 그러나 대처 총리는 영국이 유럽통화연맹에 가입하면 유
연하고 안정적인 정책을 펼치기 어렵다는 이유로 가입을 거부했다. 그
러자 네덜란드 대표는 유럽통화연맹에 가입하는 것은 마치 운전할 때
안전벨트를 매는 것처럼 속도와 안전을 보장받을 수 있는 조치라고

역설했다. 회담을 마친 다음 대처 총리는 네덜란드 대표에게 욕설을 퍼부었다.

"당신은 유럽환율제도고 뭐고 온갖 허튼소리나 떠들어대는 한낱 쓰레기 같은 인간이오."

영국 내에도 비슷한 인물이 있었다. 그는 대처의 성격을 잘 아는 만큼 매우 조심스럽게 말을 꺼냈다.

"우리 영국도 유럽통화연맹 가입 스케줄을 짜야 하지 않겠습니까?"

대처 총리는 이번에도 불같이 화를 냈다.

"국가에 독이 되는 제안만 하는 인간들 같으니라고. 이 문제는 두 번 다시 언급하지 마시오. 내가 다 알아서 결정할 것이오."

유럽에서 정치가와 은행가 사이의 처절한 암투는 하루 이틀 있어온 일이 아니다. 르네상스 시대부터 죽 이어졌다고 봐도 틀리지 않는다. 그러나 각국 정부가 국가 주권의 핵심인 '화폐 주권'을 통째로 은행가들에게 바친 경우는 유럽 역사상 이때가 처음이었다. 공권과 금권 간의 겨룸에서 금권이 최종 승리를 거뒀다. 유럽에서는 이로써 국가가 자본을 통제하지 않고 자본이 국가를 통제하는 국면이 형성됐다.


## 독일의 통일과 유럽통화연맹의 창설

1989년 11월 독일을 동서로 갈라놓았던 베를린 장벽이 무너졌다. 동독은 곧바로 서독에 편입됐다. 독일인에게 통일은 어느 날 갑자기 찾아온 선물이었다. 물론 처음부터 막을 수 없는 거대한 추세이기는 했다. 유럽 통합 진척에 총력을 기울이던 콜 서독 총리는 도리 없이 그동안 추진해 온 일에 브레이크를 걸 수밖에 없었다.

제2차 세계대전 동안 독일은 두 개의 전선에서 동시에 작전을 펼치며 톡톡히 고생을 치른 경험이 있었다. 그래서 콜은 유럽통화연맹과 독일 통일을 둘러싼 두 개의 전략 앞에서 일단 고심하지 않을 수 없었다. 그리고 우선 독일 통일에 주력하기로 결정을 내렸다. 통일은 독일 백년대계의 핵심이었다. 게다가 장차 출범할 유럽통화연맹에서 독일로 하여금 더 많은 지배권을 얻게 하는 데 결정적 역할을 할 요인이기도 했다. 통일에 먼저 눈을 돌린 것은 단연 탁월한 선택이었다. 독일 통일이 눈앞에 다가오면서 프랑스와 영국은 수시로 무형의 압력과 조급증을 느꼈다. 심지어 독일의 '보디가드'인 네덜란드까지 그랬다.

1948년 프랑스는 서독 연방정부의 설립을 허용하는 조건으로 루르 공업 지역을 국제 공동 관리 구역으로 지정했다(실제로는 프랑스가 이 지역을 지배했다). 프랑스는 독일의 통일을 목전에 두자 이때의 경험이 불현듯 떠올랐다. 또다시 상투적인 수단을 사용하는 것은 일도 아니었다. 미테랑 프랑스 대통령은 콜에게 "독일 통일의 선결 조건은 독일 마르크를 포기하고 유로를 받아들이는 것이다. 그리고 유럽통화연맹의 진척에 박차를 가하는 것이다"는 요지의 입장을 암암리에 강력히 전달했다. 또 서독이 이에 동의하지 않을 경우 프랑스는 영국, 러시아와 '프랑스-영국-러시아 3국 동맹'을 결성해 제1차 및 제2차 세계대전 전야 때처럼 독일을 포위하고 고립시킬 것이라는 위협도 서슴지 않았다. 프랑스의 극단적인 위협에 겁을 먹은 콜은 그 조건을 받아들일 수밖에 없었다.

서독은 또다시 두 개의 전선에서 동시에 작전을 수행해야 하는 곤경에 처했다. 유럽통화연맹의 설립과 독일 통일이라는 두 개의 문제가 프랑스에 의해 서로 엮이게 된 것이다. 프랑스는 서독에 통일을 추진하는 대가로 유럽통화연맹과 관련된 문제에서 상당한 타협과 양보를 강요했다. 서독은 통일을 이루는 대가로 우선 마르크를 포기하는 것에 순순히 응했다. 미테랑은 서독으로부터 이만한 양보를 얻어낸 것도 프랑스의 큰 승리라고 의기양양했다. 콜 총리 역시 어쩔 수 없이 마르크화를 포기하게 된 서독 국민들의 슬픔을 최대한 크게 부각시켰다. 국제 여론으로부터 나름의 동정표도 얻었다. 하지만 서독의 중앙은행이 유럽중앙은행의 최대 주주가 될 게 뻔한 상황에서 서독이 자국 통화를 포기한 것은 그다지 큰 손실이 아니었다. 서독의 최대 손실은 프랑스로부터 더 많은 양보를 얻어낼 기회를 잃은 것이었다.

가장 뛰어난 안목을 가진 사람은 그러나 따로 있었다. 철의 여인이라 일컫는 대처 총리였다. 1990년 3월 대처는 프랑스 10대 산업 거두들을 런던으로 초청한 자리에서 자신의 일관된 관점을 이렇게 천명했다.

"서독은 이미 유럽 경제 패권을 장악했다. 그리고 통일을 이룬 후에는 정치 패권까지 장악할 것이다. 유럽 통합은 독일의 독주를 막는 좋은 방법이 아니다. 프랑스와 영국은 반드시 힘을 합쳐 독일의 위협에 대처해야 한다. 유럽 통합은 강대해진 유럽을 두 손으로 공손하게 독일에 바치는 짓이다. 이는 독일의 지배적 지위를 더욱 강화하는 꼴이 될 것이다."

대처 총리는 출중한 정치가였다. 그녀는 일찍이 유럽 통합의 결과, 서독의 세력만 갈수록 강대해질 것이라는 예측을 한 바 있었다. 사실 영국은 독일을 견제하는 면에서는 예로부터 프랑스보다 정치적 통찰력이 뛰어났다. 이 때문에 대처 총리는 프랑스에 대놓고 다음과 같이 말할 수 있었다.

"프랑스는 독일을 위해 혼수를 장만해 주는 역할만 할 뿐이다. 최종적으로는 사람이고 재물이고 모든 것을 독일에 넘겨주고 말 것이다."

대처 총리는 또 대단히 냉정한 현실주의자이기도 했다. 그녀는 서독이 유럽중앙은행을 이용해 영국 경제에 간섭하는 것을 절대 용인하지 않았다. 그러나 다른 한편으로는 유럽통화제도 아래에서 유럽환율제도, 즉 ERM의 혜택을 보려는 타산도 없지 않았다. 이와 관련해 대처는 이렇게 말한 적이 있다.

"영국이 유럽환율제도에 가입하려는 목적은 강세인 마르크를 이용해 금본위제와 비슷한 통화 제도를 구축함으로써 영국의 인플레이션을 억제하는 것이었다."

이 말을 해석하면 아마도 철의 여인은 자국 통화를 포기하지 않으면서 안정적인 환율 제도도 원하는 두 가지 욕심을 갖고 있었다고 해야 하지 않을까 싶다.

1990년 10월 영국은 유럽환율제도에 가입하기로 흔쾌히 결정했다. 독일 입장에서도 이는 나쁠 게 없었다. 아니, 경사가 겹친 셈이었다. 10월 3일 독일 통일을 완성하자마자 곧바로 영국까지 ERM에 가입했으니 말이다. 물론 독일은 당시 두 차례의 세계대전 때에도 어쩌지 못했던 영국을 독일 주도하의 유럽 판도에 편입시키는 것은 시간문제라고 생각했다. 영국 주재 독일 대사는 신바람이 나서 대처 총리에게 달려갔다. 쇠뿔도 단김에 빼라고, 유로를 국가 통화로 도입하겠다는 약속을 영국으로부터 받아내기 위해서였다. 다음은 두 사람의 대화 내용이다.

> 대처 총리: 독일이 통일되었으니 콜 총리도 매우 기뻐하시겠죠? 그분도 이제 시름을 내려놓고 더 많은 정책을 실행할 수 있겠네요?
>
> 독일 대사: 콜 총리는 유럽 통합에 계속 박차를 가할 것입니다. 유럽통화연맹 창설까지 포함해서 말입니다.
>
> 대처 총리: 뭐라고요? 그게 무슨 뜻입니까? 나에게 여왕 폐하를 찾아가서 몇 년 뒤에는 당신의 초상이 들어간 화폐를 구경할 수 없게 될 것이라고 전하라는 뜻인가요?

대처는 현실주의적 풍모가 대단한 여걸이었다. 어떻게 보면 처칠보다 훨씬 더 냉혹한 인물이라 해도 좋을지 모르겠다. 그녀는 영국의 국익과 관련한 문제에서는 정말 한 치도 양보하지 않았다. 단호하고도 분명했다. 국력에서 밀리는 영국이 그나마 독일의 상대가 될 수 있었던 것은 이처럼 이성적이고 목적의식이 뚜렷했기 때문이 아닌가 싶다. 또 인내심이 강하고 원하는 바를 얻거나 이루기 전에는 절대 포기하지 않는 성격을 갖고 있었기 때문이 아닌가 싶다. 이에 반해 프랑스인은 자제력과 판단력이라는 측면에서 영국인이나 독일인보다 훨씬 약했다. 프랑스가 지난 200여 년 동안 나폴레옹 시대에만 잠깐 위용을 떨쳤을 뿐 나머지 기간에는 영국과 독일에 이리저리 휘둘리는 신세를 면치 못한 것은 이 같은 이유 때문이라고 단언해도 좋다.

아무튼 유럽에서 가장 의기양양한 정치가는 콜 독일 총리였다. 그의 주도 아래 서독이 통일의 대업을 완성했기 때문이다. 그러나 그는 통일의 어려움을 너무나도 과소평가했다. 그의 이런 실책으로 인해 동서독 간 화폐 교환 비율은 심각한 불균형 상태에 빠졌다. 그 결과 독일 경제는 20년 동안 심각한 후유증을 겪었다. 유럽통화제도 역시 하마터면 무너질 뻔했다.

1990년 2월 6일 콜 독일 총리는 독일 중앙은행, 재무부, 국회 및 유럽공동체의 다른 회원국들과 사전 의견 교환도 없이 갑자기 서독 화폐를 동독에 공급할 것이라는 폭탄 발언을 했다. 세계 여론은 발칵 뒤집혔다. 이 소식은 독일 마르크가 이미 일국의 법정 통화를 넘어서 유럽공동체 내 화폐들 간의 안정적인 환율을 유지시키는 초석 역할을 하는 상태인 만큼 화폐 시장에서 매우 큰 파장을 일으켰다. 그러나 다른 한편으로는 혼란에 빠진 동독 지역의 민심을 빠르게 안정시키는 긍정적인 효과도 낳았다.

동독 사회는 1989년 11월 베를린 장벽이 무너진 후 대혼란에 빠졌다. 2,000만 명도 안 되는 인구 중에서 약 1,000만 명이 '관광'을 핑계로 국경을 넘어 서독으로 밀려들었다. 오래전부터 동경해 왔던 자본주의 '천국'을 직접 두 눈으로 목격한 동독 주민들은 흥분을 감추지 못했다. 동독 사회에서는 '통일만이 살길'이라는 편파적인 여론이 크게 확산됐다. 이런 상황에서 동독 정부의 사회 개혁을 위한 모든 노력과 시도는 시작도 하기 전에 죄다 무산되고 말았다. 사람들은 일이고 뭐고 다 팽개친 채 연일 시위에만 열을 올렸다. 정부의 기능은 완전히 마비됐다. 동독 주민들은 맹목적인 열광에 도취했다. 그들은 일단 통일만 되면 동독도 서독처럼 자동적으로 부유하고 살기 좋은 '천국'이 될 것이라고 믿어 의심치 않았다.

　서독 정부는 1951년 이후부터 서독과 동독 간 마르크의 화폐 교환을 1 대 1로 견지해 왔다. 양측의 생산력 차이가 갈수록 확대되는 상황에서도 이 고정 환율은 절대로 변하지 않았다. 그러나 1989년 당시 양국의 무역지수로 계산할 경우 적정 환율은 4.4 대 1이었다. 그러나 베를린 장벽이 무너진 11월에 동독 마르크 가치가 20 대 1로 폭락했다. 암시장의 환율 변화는 사회 제도에 대한 국민들의 신뢰가 무너졌다는 사실을 직접적으로 반영했다. 훗날 사람들은 당시 동독의 외채 규모가 인위적으로 부풀려졌다면서 경제 상황 역시 소문처럼 최악의 상태는 아니었다고 말했다. 그러나 국민들의 신뢰가 무너지자 동독 마르크의 가치는 걷잡을 수 없이 하락하고 경제적 토대도 위태위태해졌다.[17]

　1989년 11월 콜 총리와 서독 중앙은행은 동독의 마르크 가치를 안정시키기 위해 동독 관광객들에게 3 대 1의 교환 비율로 38억 마르크의 서독 화폐를 공급한다는 내용의 협의를 도출했다. 그러나 불행히도 이 조치는 환차익을 노리는 투기 행위를 대거 조장하는 결과를 낳았다. 동독 주민들은 삼삼오오 떼를 지어 서독으로 몰려와 3 대 1의 환율로 서독 마르크를 교환한 다음, 다시 동독으로 가져가 높은 가격에 팔았다. 동독에서는 당연히 서독 마르크에 대한 '수요'가 급증했다. 아마 이것은 정치적 통일에 앞서 '화폐'를 미끼로 사실상의 '경제 통합'을 선행하려 했던 콜 총리의 계책이었는지도 모른다. 이렇게 서독 마르크가 동독에 대량 유통되면서 독일 통일은 다른 국가들의 어떤 방해에도 끄떡없는 필연적인 추세가 되었다.

　그러나 동독 주민들이 한 가지 간과한 것이 있었다. 서독 마르크 자체를 일종의 '부'로 생각했을 뿐 화폐 가치는 생산력에 의해 결정된다는 중요한 사실을 잊고 있었던 것이다. 열심히 일할 생각은 하지 않고 '돈'으로 '돈'을 벌려는 나쁜 풍조가 동독 사회에 팽배하기 시작했다. 이런 분위기 속에서 동독의 실물 경제는 점점 내리막길을 걷지 않을 수 없었다. 반면, 서독 마르크에 대한 수요는 갈수록 늘어났다. 화폐 통합을 촉구하는 목소리도 갈수록 높아졌다. 동독 주민들은 서독 마르크를 동독에 공급하지 않을 경우 모두 서독으로 이주할 것이라고 서독 정부에 협박성 압력을 하기까지 했다.

콜 총리가 동서독의 화폐 통합을 서두른 이유는 바로 이 때문이었다.

1990년 7월 1일 콜 총리가 발표한 동서독 마르크의 교환 비율은 앞서 사람들이 예측했던 4 대 1이나 3 대 1이 아니라 뜻밖에도 1 대 1이었다.[18] 그러자 동독 주민들은 '부자'의 꿈을 일거에 이루게 되었다며 환호했다. 그러나 양지가 있으면 음지도 있는 법이다. 독일 재정과 화폐는 전례 없는 무거운 짐을 떠안게 됐다. 만약 이때 동독 주민들이 다시 일터로 돌아가 열심히 실물 경제를 떠받쳤다면 아마도 서독의 경제적 부담 역시 상당히 줄어들지 않았을까 싶다. 그러나 현실은 달랐다. 동독 주민들은 서독 주민들이 종전 후 20년 동안 열심히 일해서 축적한 부를 손쉽게 손에 넣자 더 이상 힘든 고생을 하려 하지 않았다. 대신 보란 듯이 '벼락부자' 행세를 하고 다녔다. 그 결과, 독일 마르크는 유로화 출범 이전까지 예전의 위용을 회복하지 못했다.

독일 정부가 동독 지역의 경제를 살리기 위해 부득불 취한 화폐 증발 조치는 인플레이션이라는 당연한 결과를 낳았다. 1991년 8월 독일의 인플레이션율은 5%에 육박했다. 독일 중앙은행은 어쩔 수 없이 금리를 대대적으로 인상했다. 이에 따라 3년 전까지만 해도 미국보다 3% 낮았던 독일 금리는 통일 이후 고작 1년 만에 미국보다 6%나 높아졌다. 종전 이후 대서양 양안의 화폐(달러와 마르크) 가치는 최대 폭으로 역전될 수밖에 없었다.

독일 금리가 상승하면서 유럽공동체 회원국들 화폐 역시 패닉 상태에 빠졌다. 각 회원국들도 독일을 따라 금리를 인상할 수밖에 없었다. 이 결과 1990년대 초 경기 침체는 한층 더 심화되었다. 갓 유럽환율제도에 가입한 영국은 환율 안정의 혜택을 미처 받기도 전에 조지 소로스를 위시한 국제 투기 세력의 집중 공격을 받았다. 얼마 후에는 자의 반 타의 반 유럽환율제도에서 물러나야 했다. 이탈리아, 스페인, 프랑스 등의 국가 자본도 잇따라 국제 투기 세력에 의해 싹쓸이를 당했다.

지속되는 침체와 위기 속에서 유럽 각국 정상들은 1991년 12월 네덜란드 마스트리히트에 모였다. 이 자리에서 그들은 시장 통합체인 유럽공동체를 정치·경제적 통합체인 유럽연합(EU)으로 결합하기 위한 마스트리히트 조약을 체결했다. 이어 들로르 보고서의 약정에 따라 독일 중앙은행을 위시한 각 회원국 중앙은행 총재들은 유럽중앙은행 정관을 기초했다. 마스트리히트 조약은 1997년부터 1999년까지 유럽 단일 통화를 단계적으로 도입하기로 약속했다. 또 재정 적자, 인플레이션, 금리, 채무 등을

| 독일 프랑크푸르트에 본부를 둔 유럽중앙은행

유럽통화연맹에 가입할 수 있는지 여부를 심사하는 평가 지표로 설정했다. 유로화 출범은 드디어 초읽기에 들어갔다.

# 유로 제국의 창세기

유럽중앙은행은 이론상으로는 초국가적 기구이다. 그러나 실제 운영 과정에서는 주권 의식의 영향을 받지 않을 수 없었다. 이 때문에 1994년 유럽중앙은행 준비 기구인 유럽통화기구(EMI)의 설립을 둘러싸고 독일과 프랑스 사이에 또다시 치열한 논쟁이 벌어졌다.

우선 유럽통화기구 본부를 어느 지역에 두느냐가 문제로 대두했다. 이는 장차 설립할 유럽중앙은행의 부지와도 연관된 문제였기 때문에 아무도 양보하려 하지 않았다. 독일은 프랑크푸르트가 단연 최적의 도시라고 주장했다. 솔직히 그럴 만도 했다. 독일 중앙은행의 소재지인 프랑크푸르트에 유럽중앙은행을 설립하면 독일의 일괄적 통제가 매우 편리해지기 때문이었다. 그래서 콜 독일 총리는 런던, 암스테르담, 본 등의 다른 후보 도시들을 모두 무시하고 오로지 프랑크푸르트만을 고집했다. 프랑스는 결국 독일의 고집을 꺾지 못했다.

유럽통화기구의 운영 방식과 관련해서도 갈등이 생겼다. 독일은 유럽통화기구에 반드시 공개 시장 조작 기능을 부여할 것을 주장했다. 중앙은행으로서 외환 시장에 개입할 수 있어야 한다는 얘기였다. 그러나 프랑스는 유럽통화기구의 외환 거래량이 증가할 경우 프랑크푸르트가 파리를 대체해 유럽 대륙 최대의 금융 중심지로 부상할 것을 우려했다. 그래서 유럽중앙은행과 각 회원국 중앙은행들이 공동으로 시장 조작을 하는 방식을 제의했다. 즉 공개 시장 조작 기능에 대해 일종의 '분권(分權)'을 실시하자는 주장이었다. 그러나 독일이 유럽통화기구의 준비통화 중 대부분을 부담한 상황에서 프랑스의 주장은 그다지 힘이 없었다.

1995년 자크 시라크가 프랑스 대통령에 당선되면서 다시금 드골주의가 판을 치기 시작했다. 시라크는 비록 골수 드골주의자는 아니었지만 그래도 애국심이 대단히 강한 사람이었다. 그는 유로화 출범을 적극 반대하지 않았으나 어느 정도 회의적인 마음을 갖고 있었다. 특히 유럽중앙은행이 거대한 권력을 갖는 것을 상당히 두려워했다. 일단 유럽중앙은행이 설립되면 프랑스는 화폐, 환율, 금리 등 금융 주권을 모두 잃게 될 뿐 아니라 프랑스의 경제 명맥 역시 독일인들의 수중에 들어갈 것이라고 우려한 것이다. 이는 국가주의 신봉자인 시라크에게 결코 있어서는 안 될 일이었다. 이때 시라크는 절묘하게 외곽을 때리는 전술을 선택했다. 그리고 얼마 후 시라크의 지지를 받아 훗날 IMF 총재에 임명됐다가 성 스캔들로 낙마한 도미니크 스트로스 칸(Dominique Strauss-Kahn) 프랑스 재무장관은 유럽중앙은행의 권력을 정치적으로 제약하기 위한 기구인 '유럽경제정부' 설립을 제안했다.

별로 중요하지 않은 문제라고 생각했던지, 이번에는 독일이 순순히 양보했다. 이렇게 해서 1997년 유로그룹(Euro Group)이 설립되었다. EU 회원국의 재무장관들로 구성된 유로그룹은 유럽중앙은행 임원들과 함께 정기적으로 모여 유럽의 경제 문제, 특히 환율 문제를 의논하기로 했다. 프랑스의 의도는 분명했다. 유로그룹을 이용해 국제주의자들이 지배하는 화폐 권력의 중심부에 국가주의자들을 침투시키기 위한 시도였던 것이다. 이때 칸 프랑스 재무장관은 유럽중앙은행에 대한 정치적 감독 관리의 필요성을 다음과 같이 역설했다.

"실질적이고도 합법적이면서 정당한 감독 관리 기관이 없다면 유럽중앙은행은 곧 대중들에게 유럽의 유일한 거시적 경제 정책 결정 기관으로 인식될 것이다."

그러나 독일이 화폐 발행권을 단단히 틀어쥐고 있는 한 유로그룹은 형식적이고 '정기적인 회담'만 할 수 있을 뿐이었다. 유럽중앙은행의 권력을 실질적으로 제약할 수는 없었다. 실리를 추구하는 독일은 화폐 발행권을 장악한 것도 모자라 이번에는 '재정권'을 향해 손을 뻗었다.

1995년 독일은 유럽연합 회원국 중 재정 적자가 국내총생산(GDP) 대비 3% 이하인 국가에 벌금을 부과한다는 내용의 '안정에 관한 협약'을 제안했다. 이 제안을 들은 시라크는 참았던 분노를 터뜨렸다. 독일이 이제는 뻔뻔스럽게 프랑스의 재정 예산과 관련한 대권까지 넘겨다보는 것이라고 생각한 것이다. 독일의 주장대로 이른바 '벌금 제도'를 시행한다면 프랑스는 경기 부양과 고용 개선을 위해 재정 정책을 실시할 수 없게 될 터였다. 또 프랑스가 부득이한 상황에서 어쩌다 이런 조치를 취한다 해도 EU의 다른 회원국들과 국제 여론의 뭇매를 맞을 게 너무나도 뻔했다. 게다가 유로화 출범 전까지 프랑스 프랑은 환율 시장에서 국제 투기 자본의 주요 타깃이 될 것이다. 시라크의 강력한 반발에 독일은 한발 양보하는 척하면서 '안정에 관한 협약'을 '안정 및 성장에 관한 협약'으로 바꾸고 벌금 기준도 낮추었다.

독일과 프랑스 사이의 논쟁은 유럽중앙은행 총재를 임명하는 문제에서 마침내 최고조에 달했다. 1997년 11월 EU 회원국 중앙은행 총재들은 만장일치로 유럽통화기구 초대 총재 빔 다위센베르흐(Wim Duisenberg)를 곧 설립될 유럽중앙은행 총재로 추천했다. 그러나 최종 결정권은 독일과 프랑스 정치가들이 쥐고 있었다. 다위센베르흐는 네덜란드 사람이었다. 네덜란드는 예전부터 줄곧 독일의 '하수인'에 지나지 않았다. 사실 유럽중앙은행은 독일 중앙은행의 정책과 제도를 그대로 답습했기 때문에 누가 총재가 되든 상관이 없었다. 독일 중앙은행의 정책을 반영해야 하기 때문이다. 이는 독일의 막강한 경제력과 강세 마르크 및 프랑크푸르트의 완벽한 금융 지원 시설에 의해 이미 결정된 것이나 마찬가지였다. 그러나 프랑스는 한사코 프랑스 중앙은행의 트리셰 총재를 이 자리에 앉힐 것을 주장했다.

솔직히, 이른바 개별 국가의 이해를 초월한 사상이라는 국제주의 역시 국가주의의 또 다른 형태일 뿐이다. 더구나 주권 국가의 이익을 대변하는 일단의 무리가 국제주의를 추구하는 기구의 권력을 빼앗기 위해 치열한 경쟁을 벌이는 것이 현실이다. 따라서 국제주의는 논리적 모순을 내포하고 있다고 봐야 한다.

1998년 5월 유럽 각국 정상들은 유럽중앙은행 총재 인선을 둘러싸고 만족할 만한 합의를 이루지 못한 채 불쾌하게 헤어졌다. 독일과 프랑스는 한 치의 양보도 없이 정말 팽팽하게 맞섰다. 프랑스는 만약 다위센베르흐가 유럽중앙은행 총재를 맡게 된다면 늦어도 2002년 7월, 다시 말해 유로 화폐 사용 시행 후 6개월 후에는 반드시 퇴임해야 한다고 주장했다. 독일, 프랑스, 영국, 네덜란드 정상들의 유치한 입씨름은 장장 12시간 동안 지속됐다.

시라크: 누가 우리에게 그 사람(다위셴베르흐)의 근무 시간을 몇 주일 연장하는 문제 때문에 시간을 낭비하면서 논쟁하라고 시켰습니까?

콜: 누구라뇨? 당신의 마음속에 이미 답이 있다는 것을 당신이 누구보다 더 잘 알 텐데요?

시라크: 그 사람은 소라고요, 소.

콜: 나는 여러분이 그에 대해 나쁘게 평가하는 것을 원치 않습니다. 나는 그가 지덕을 겸비한 사람이라고 믿습니다. 조금 더 공손하고 겸손한 태도로 이 문제를 토론하면 안 되겠습니까?

시라크: 언론에서 그에게 '소'라는 별명을 붙였어요. 내가 붙인 게 아니라고요. 만약 언론이 나를 그렇게 부른다면 절대 가만두지 않을 겁니다. 우리는 유럽중앙은행을 프랑크푸르트에 설립하도록 이미 큰 양보를 했어요.

블레어(영국 총리, 회의 주최자): 이번 회의는 꽤히 열었네요.

시라크가 블레어에게: 조금 더 진지하면 안 되겠어요? 당신처럼 현명하고 진지한 사람이 이번 일에서는 전혀 현명하지도, 진지하지도 못하군요.


회의에서 시라크는 다위셴베르흐의 후보 자격을 박탈하겠다고 협박했다. 또 콜은 회의 도중 회의장을 떠나겠다고 선언했다. 이로 인해 다시 한바탕 논쟁이 벌어졌다. 치열한 논쟁 끝에 각 측은 겨우 합의에 이르렀다. 1998년 5월 3일 다위셴베르흐는 정식으로 유럽중앙은행 총재에 임명됐다. 다위셴베르흐는 즉시 다음과 같은 성명을 발표했다. "내가 만약 8년 임기를 다 채우지 못하고 사임하더라도 그것은 나

| 1유로 동전

의 '자발적인' 결정에 의한 것입니다. 그러나 적어도 유럽 화폐를 출범시키기 전까지 사임하는 일은 절대 없을 것입니다."

1999년 1월 1일 반세기 동안의 갖은 우여곡절 끝에 드디어 유로가 탄생했다. 찬탄할 만한 일이었다. 그러나 아이러니한 것은 아직도 많은 사람이 이 유로를 '병든 미숙아'라고 말한다는 사실이 아닐까 싶다.

'유로' 대 '유로 참가국'의 화폐 교환 비율은 1ECU=1유로 기준이었다. 또 1998년 12월 31일의 시장 환율을 적용하기로 결정했다. 이때의 유로는 추상적 개념의 무형 화폐였다. 주로 금융 시장, 은행업과 전자 결제 등에 사용되었다. 그러다 2002년 1월 1일 유로 지폐와 유로 동전이 동시에 세상에 선을 보였다. 이로써 유로화는 비로소 유로존의 공식 법정 통화가 되었다.

유로의 전신은 ECU, 즉 유럽통화단위였다. 유럽통화단위는 각 회원국 화폐의 가치를 가중 평균한 복합 통화 형태의 바스켓 통화라고 할 수 있었다. 모든 국가의 통화는 외환과 국채를 담보로 발행한 것이다. 따라서 본질적으로 보면 유로 역시 회원국의 국채와 외환보유고를 담보로 발행한 화폐라고 할 수 있다.

여기에서 문제가 발생한다. 각 회원국의 국채는 경제 발전 수준 및 재정 정책과 밀접하게 관련이 있다. 따라서 유로화 안정은 각 회원국의 건전한 경제와 재정을 전제로 한다. 각 회원국의 경제와 재정을 통제하지 않는 한 유로 가치의 안정을 담보할 수 없다. 이것이 현재 유로존이 안고 있는 딜레마라고 할 수 있다.

유로는 이미 돌이킬 수 없는 강을 건넜다. 뒤로 물러설 수 없다. 반드시 앞으로 나아가야 한다. 유로의 지속적인 진화를 추진하는 방법은 오직 유럽 재무부를 출범시키는 길뿐이다. 현재 유로화가 당면한 위기는 어쩌면 새로운 기회일지도 모른다. 유로화의 진화 역사를 돌이켜 보면 유럽 통합은 필연적이고 필수적인 추세라는 것을 알 수 있다. 요컨대 유럽 재무부 출범은 하느냐 마느냐의 문제가 아니라 언제 하느냐의 문제다.

일단 통일된 유럽 재무부만 출범하면 유럽합중국 탄생도 시간문제가 아닐까 싶다.

제7장

# 채무 드라이브로 쌓아올린
# 미국의 태평성대 신기루

경제는 누가 뭐라 해도 계속 성장하기 마련이다. 기술 혁명도
걷잡을 수 없이 퍼져나갈 것이다. 그러나 계속 채무 주도형
경제 성장 모델을 고수하는 한 인류 경제이 번영은 언제나
신기루처럼 잠깐 나타났다가 곧 사라져버리고 말 것이다.

1971년 달러본위제 확립 이후 미국 국채는 핵심 준비 자산으로 세계 각국의 통화 시스템에 침투했다. 미국 국채가 독일, 일본, 프랑스에 흘러든 다음 이들 국가의 실질 저축이 미국으로 유입되었다. 그리고 각국 화폐 대비 달러화 가치가 대폭 하락하면서 미국으로 유입된 이 저축은 물에 씻긴 듯 사라지고 말았다. 이 사실을 발견한 독일과 일본은 꿀 먹은 벙어리처럼 속으로 꾹 참을 수밖에 없었다. 이들 국가는 미국의 강력한 군사적 보호를 필요로 했기 때문이다.

그러나 드골을 필두로 한 프랑스인들은 그냥 넘어가지 않았다. '달러 채무 제국'을 무너뜨리기 위해 다양한 노력을 펼치는 것을 마다하지 않았다. 나중에는 전 유럽이 이 사실을 깨달았다. 그들은 더 이상 미국의 속임수에 넘어가지 않았다. 그러자 이번에는 기름으로 떼돈을 번 중동 산유국들의 오일달러가 홍수처럼 미국으로 유입되었다. 중동 사람들의 예금을 거의 다 빨아들인 후 미국 국채는 경제 급성장을 통해 갓 부유해지기 시작한 중국에 촉수를 뻗쳤다.

과잉 공급된 달러화는 전 세계 금융 분야에서 '유령의 성'을 형성했다. '뿌리가 없는' 달러화는 그 누구의 통제도 받지 않고 자유롭게 이동한다. 무서운 속도로 새끼까지 치고 있다. 이렇게 형성된 거대한 버블의 높은 레버리지 효과 때문에 현재 전 세계의 유형 자산과 사회적 부가 크게 잠식당하고 있다.

금융 글로벌화는 본질적으로 달러화 채무의 글로벌화라고 단언해도 좋다. 금융 자산의 성장 속도 및 규모는 실제 담보물의 성장 속도 및 규모를 훨씬 초과하고 있다. 이는 금융 자산 중 상당 부분이 '유령 담보', 다시 말해 거대한 채무를 담보로 한 것이라는 사실을 의미한다.

세계 경제의 침체에 따라 채무를 보증하는 현금의 흐름은 점차 고갈될 것이다. 또 디폴트 위기가 심화될 경우 보유하고 있던 금융 자산을 매각해 현금을 찾으려는 사람들이 쇄도할 것이다.

자산 가격의 대폭 하락은 불가피하다. 더 나아가 금융 시스템이 마비되고 실물 경제 역시 침체기에 들어설 수밖에 없다. 1990년 미국의 경기 침체, 2008년 글로벌 금융위기, 2011년 유럽 채무 위기 등은 모두 '채무 주도형' 경제 성장 모델의 붕괴로 인해 빚어진 필연적인 악의 씨앗이다.

# 경제를 죽이는 악성 유전자, 채무 화폐

화폐 유통은 배후의 자산 이전을 담보로 이루어진다. 금과 달러 간 환율이 고정된 브레턴우즈 체제 아래에서는 달러의 이동이 최종적으로 금 자산의 이전을 의미했다. 따라서 미국의 국제수지 적자가 악화될수록 미국의 금 보유량이 여기에 상응해 줄어들고 달러화의 신용 역시 바닥으로 실추했다.

그러나 1971년 달러본위제가 확립된 후 달러 배후의 주요 자산은 금이 아닌 미국 국채로 바뀌었다. 이로써 달러의 이동은 단순히 미국 국채 자산의 이전만을 의미하게 되었다. 한마디로 미국 국채가 상품과 서비스 국제 거래의 최종 지불 수단이 된 것이다.

통화 제도의 변화는 필연적으로 미국을 비롯한 세계 각국 경제 성장 모델의 변화를 초래했다.

금본위제 아래에서는 국민 저축에 의해 형성된 투자가 경제 성장의 원동력으로 작용했다. 그러나 '달러 부채 본위제' 시대에 들어서면서부터 경제 성장의 원동력이 점차 투자에서 부채로 바뀌었다. 또 자본과 신용 창조 수단 역시 저축이 아닌 채무로 바뀌었다.

투자 주도형 경제 성장 모델과 채무 주도형 성장 모델은 완전히 상반된 경제 관념을 반영한다. 1990년 미국의 경기 침체, 2008년 글로벌 금융위기, 2011년 유럽 채무 위기 등은 근본적으로 1971년 확립된 취약한 경제 성장 모델 때문이라고 봐야 한다. 아직까지도 현재 진행형인 글로벌 금융위기는 지난 40년 동안 실시해 온 채무 주도형 경제 성장 모델의 필연적인 결과라 해도 좋다.

저축이란 무엇인가? 투자란 무엇인가? 소비란 무엇인가? 재산이란 무엇인가? 금융에서 가장 기본적인 이런 개념들이 현대인에게는 점점 낯설어지고 있다. 아무도 일상생활에서 심심찮게 사용되는 금융 용어들을 더 이상 깊이 이해하려 하지 않는다. 사실 화폐 개념을 복잡하게 생각할 필요는 없다. 원시 사회의 경제생활을 예로 들면 이를 간단하고 확실하게 이해할 수 있다.

원시 사회에서 어느 사냥꾼이 보통 매일 3마리의 토끼를 잡아야 최소한의 생계를 유지할 수 있다고 치자. 그런데 투박한 사냥 도구인 기다란 창만 이용해 사냥하는 것은 매우 힘이 들었다. 토끼를 바싹 뒤쫓아야 했기 때문에 무엇보다 체력 소모가 심했다. 게다가 많이 잡기도 쉽지 않았다. 얼마 후 이 사냥꾼은 다른 사람들이 활을 이용해 사냥하는 모습을 목격했다. 활을 이용하면 먼 거리에서도 사냥감을 맞힐 수 있었다. 또 사냥감에게 쉽게 발각되지도 않았다. 그 때문에 사냥 효율도 높았다. 더욱이 사냥감을 쫓아 달리지 않아도 됐기 때문에 체력도 아낄 수 있었다. 운이 좋으면 토끼보다 훨씬 큰 사슴을 잡을 수도 있었다.

사냥꾼은 활을 만들려고 작심했다. 그러나 활을 만드는 데는 상당히 오랜 시간이 필요했다. 온 산을 누비면서 단단하고 가벼운 목재를 찾아내고, 그늘에서 며칠 동안 말려 목질을 단단하게 만들어야 활의 재료로 쓸 수 있었다. 또 탄력이 좋은 소의 힘줄을 반복해서 두드려 더 질기게 만들어야 활시위의 재료로 쓸 수 있었다. 또 화살을 여러 대 만드는 데도 시간이 꽤 오래 걸렸다. 계산해 보니 사냥 도구를 더 '선진적인' 활로 바꾸는 데 적어도 5일은 필요했다. 물론 이 기간에 사냥을 나갈 수 없었다. 그래서 5일 동안 먹을 사냥감도 미리 장만해야 했다. 이렇게 해서 사냥꾼은 아침부터 밤까지 쉬지 않고 열심히 사냥을 했다. 그 결과 토끼 15마리를 잡을 수 있었다. 닷새 동안 먹을 음식을 비축해 뒀기 때문에 이제는 마음 편하게 활을 만들 수 있었다.

여기서 닷새 동안 사냥을 하지 않고도 생계를 유지하게끔 하는 토끼 15마리는 사냥꾼의 '저축'이다. 또 활을 만드는 일은 사냥꾼의 '투자'라고 할 수 있다. '투자'는 사냥 효율을 높여 더 많은 사냥물을 얻기 위한 것이다. 그런데 '투자'를 하려면 반드시 충분한 '저축'을 해야 한다.

과연 사냥꾼은 '투자'를 통해 높은 수익을 올릴 수 있었다. 활을 사냥 도구로 사용한 후부터 매일 5마리 이상의 토끼를 잡을 수 있었기 때문이다. 운이 좋은 날에는 사슴도 잡을 수 있었다. 사냥꾼은 배불리 먹고 남은 사냥물로 옷을 비롯해 필요한 물품을 교환했다. '소비'를 하기 시작한 것이다. 요컨대 '소비'는 일종의 교환 행위라고 보면 된다. 소비를 하려면 반드시 잉여 저축이 있어야 한다.

배불리 먹고 활을 개량하는 데 '투자'하는 것뿐만 아니라 필요한 생활용품을 교환하는 데 '소비'하고도 사냥꾼 손에는 여전히 많은 사냥물이 남았다. 이것이 사냥꾼이 축적한 '재산'이다. 사냥물은 장기 보관이 어려웠다. 그 때문에 사냥꾼은 미래를 대비해 재산을 오래 보관할 수 있는 방법을 찾아야 했다. 무역 거래를 하는 과정에서 사냥꾼은 사람들의 선호도가 가장 높은 상품이 금과 은이라는 사실을 발견했다. 자신이 갖고 있는 상품을 금과 은으로 바꾸면 오래 보관할 수 있었다. 또 금과 은은 분할, 휴대, 계산이 용이하기 때문에 최종적으로 사람들에 의해 '통화'로 인정을 받았다. 통화의 최대 특징은 언제 어디서나 사람들의 환영을 받는 높은 '유동성'이다. 금과 은은 장기 보관이 가능하다. 수시로 상품과 교환할 수 있다. 휴대와 사용이 쉬운 특징 때문에 사냥꾼의 재산 저축 요구에도 부합했다.

금과 은은 발견, 채굴, 제련, 제조에 이르기까지 모든 과정에 노동이 필요하다. 따라서 금과 은은 특수한 통화라고 볼 수 있다. 다른 상품과의 교환 과정에 노동 성과의 교환도 함께 이뤄진다. 다시 말해, 다른 상품과 '성실한 노동'을 교환하는 것이다. 금과 은은 간단한 비율 관계를 이용해 다양한 상품의 복잡한 교환 과정을 단순화함으로써 거래 비용을 낮춘다. 또 시장 규모도 확대하고 사회 분업을 촉진하는 등의 신기한 역할을 한다. 금과 은은 점차 선호도가 가장 높은 '성실한 화폐'로 교환의 매개 수단이 되었다. 가치 척도, 가치 저장 수단 등의 기능도 갖게 되었다.

그런데 누군가가 가짜 혹은 저질 금과 은으로 화폐를 만들어 시장에서 다른 사람의 '성실한 노동 성과'와 교환한다면 이는 남을 속이는 행위다. 이런 화폐를 유통시키다 발각될 경우 가짜 화폐를 만든 사람은 아마 뭇매를 맞을 것이다. 그러나 만약 개인이 아니고 한 나라의 정부가 가짜 화폐를 만든다면 어떻게 될까? 시장 참가자들은 국가 권력이 두려워 드러내놓고 반발하지 못한다. 똑같은 사기 수법으로 소심하게 반항할 것이다. 즉 상품의 품질이 점점 더 나빠지고 시장 질서 역시 점점 더 혼란스러워질 것이다. 또 화폐의 가치 저장 기능이 약화되어 사람들은 장기 저축보다 단기 투자를 선호할 것이다. 나아가 투기가 성행하고 한탕주의, 조급함과 같은 나쁜 사회적 기풍이 나타날 수밖에 없다. 화폐는 사회적 부의 공평성을 실현하는 일종의 계약이다. 화폐 가치를 떨어뜨리는 행위는 사회적 부의 공평성을 부인하는 짓이다. 최종적으로 시장 거래 비용의 상승, 경제 성장 둔화, 사회적 부의 창조 능력 저하 등 나쁜 후폭풍을 초래한다.

달러화 배후의 자산이 '성실한 화폐'인 금에서 채무로 바뀌게 되면 시장 경제와 사회 질서가 어지러워진다. 빈부 격차도 심화된다. 사회의 도덕적 기반 역시 흔들린다. 이는 하나같이 필연적인 결과다.

'화폐'로 둔갑한 채무가 은행 시스템에 범람할 경우 이른바 '저축'은 더 이상 사람들의 '성실한 노동 성과'를 반영하지 못한다. 다만 현재에도 없거니와 미래에도 결코 있을 수 없는 '토끼(재화)'를 반영할 뿐이다. 사냥꾼은 배를 곯게 되면 활을 만들 수 없다. 다시 말해 '투자'를 할 수 없다. 또 실물 '저축'이 없으면 '성실한 교환 행위'인 '소비'도 할 수 없다.

미국은 자국 내 '저축'이 심각하게 부족한데도 초과 지출을 한다. 돈을 빌려 투자하는 것을 당연시한다. 미국의 채무 주도형 경제 성장 모델은 다른 사람의 저축을 '빌려' 자기들끼리 고품격 생활을 즐기는 짓에 불과하다. 다른 한편으로는 금융 자산에 투자해 '돈이 돈을 낳게' 하는 사기극에 지나지 않는다. 미국은 다른 국가들의 저축을 빌리는 대가로 '국채'라는 '차용증'만 던져주고 실제로 빚을 갚을 생각은 아예 하지도 않는다. 일단 달러화 가치가 하락하면 미국 국채를 보유한 사람들의 실질 저축 역시 점차 줄어들 수밖에 없다.

미국 국채는 핵심 준비 자산으로 세계 각국의 통화 시스템에 침투했다. 미국 국채가 서독, 일본, 프랑스에 흘러든 이후 이들 국가의 실질 저축은 미국으로 유입되었다. 그리고 각국 화폐 대비 달러화 가치가 대폭 하락하면서 미국에 유입된 이 부분의 저축은 물에 씻긴 듯 사라지고 말았다. 이 사실을 발견한 독일과 일본은 꿀 먹은 벙어리처럼 꾹 참을 수밖에 없었다. 미국의 강대한 군사적 보호가 필요했기 때문이다. 그러나 드골을 위시한 프랑스인들은 그냥 넘어가지 않았다. '달러 채무 제국'을 무너뜨리기 위해 다양한 노력을 기울였다. 나중에는 전 유럽이 이 사실을 깨달았다. 유럽은 더 이상 미국의 속임수에 넘어가지 않았다. 그러자 이번에는 떼돈을 번 중동 산유국들의 오일달러가 홍수처럼 미국에 유입되었다. 중동 사람들의 예금을 거의 다 빨아들이고 난 후 미국 국채는 경제 급성장을 통해 막 부유해지기 시작한 중국에 드디어 촉수를 뻗쳤다.

2008년 금융위기 발발 후 벤 버냉키 FRB 의장은 달러를 마구 찍어내는 우둔한 해결책을 선택했다. 사실 달러 발행량을 마구 늘리는 것은 미국의 '실질 저축'을 늘리는 것이 아니었다. 또 시장의 '실질 소비'를 촉진할 수도 없었다. '실질 투자' 증대 효과는 더욱 기대할 수 없었다. 그런데도 어리석은 짓을 계속했다. 이처럼 화폐를 찍어낸다고 하늘에서 '토끼'가 어느 날 뚝하고 떨어질 수는 없다. 달러 증발의 유일한 효과라면 '실질 저축'을 미국에 빌려준 모든 국가에 심각한 손실을 초래하는 것 외에 없다.

1976년 해외의 전체 미국 국채 보유량은 900억 달러였다. 그러나 2011년에 이르러서는 이 액수가 4조 5,000억 달러로 급증했다. 비교적 짧은 35년 사이에 무려 50배나 늘어난 것이다. 누가 이런 자산의 가치 보존 또는 가치 증식을 기대하겠는가? 또 35년이 지난 후에는 미국 국채 규모가 얼마나 더 증가할까? 세계 각국은 달러를 준비통화로 삼아 또 얼마나 많은 자국 화폐를 발행할까? 달러화의 무절제한 증발에 따라 전 세계의 '실질 저축'은 끊임없이 희석되고 이전될 것이다. 최종적으로는 소수 1%에게 집중될 수밖에 없다.

미국의 경제 자생 능력은 흡혈귀처럼 다른 국가의 저축 '빨아먹기'에 익숙해진 이후 크게 약화되었다. 미국은 빌린 돈 대부분을 실물 경제에 투입해 공산품의 경쟁력 향상과 무역 적자 해소에 총력을 기울여야 마땅했다. 하지만 그렇게 하지 않았다. 오히려 역사상 전례 없는 대규모 금융 자산 창조에 나섰다. 그 결과 월스트리트의 금융가들만 폭리를 취했다. 그 대가로 미국의 산업 경제 경쟁력은 크게 쇠퇴했다. 중산층의 수입은 대폭 줄어들었다. 빈곤층이 급증하고 국가와 사회의 부채 규모 역시 천문학적으로 증가했다. 부채를 담보로 하는 소비와 번영은 오래 지속될 수 없다. 신기루처럼 잠깐 나타났다가 사라지는 환상일 뿐이다. 채무가 지속적으로 뒷받침되지 못하는 한 미국의 번영도 사라질 수밖에 없다.

1970년대 초 미국은 금 기반의 고정환율제를 폐지하고 달러를 석유 결제 화폐로 지정했다. 그럼에도 불구하고 달러화의 신용도는 크게 높아지지 않았다. 달러화에 대한 불신이 깊어지면서 사람들은 달러화 대신 금, 은, 석유 등의 다른 자산을 앞다투어 구매하기 시작했다. 그 결과 인플레이션이 전 세계를 강타했다. '달러 채무 제국'은 풍전등화처럼 흔들리기 시작했다.

## 금융 분야에서의 무혈 정변, SDR 대체 계정

달러 발행 담보 자산이 금에서 채권으로 바뀐 후, 달러 보유자들은 본능적으로 뭔가 잘못 돌아가고 있다는 사실을 절감했다. 기본적으로 미국 채무의 근원은 재정 적자라고 보는 게 옳다. 그럼에도 미국은 오랫동안 재정 적자 문제를 해결하려 하지 않았다. 오로지 의도적으로 회피만 했다. 유럽은 이런 미국의 모습에 오래전부터 큰 실망을 했다.

미국 재정 적자의 가장 큰 후유증은 달러화 과잉 발행에 따른 인플레이션 악화였다. 미국의 재정 적자와 국제수지 적자 문제는 1958~1964년 무렵부터 불거지기 시작했다. 그러나 당시에는 미국의 엄청난 금 보유량 덕분에 달러화 신용도가 매우 높았다. 따라서 인플레이션율은 거의 제로 상태에 가까웠다. 하지만 1964년부터 달러화의 신용이 점차 흔들리기 시작했다. 이 시기에 외국인이 보유한 달러 규모가 처음으로 미국의 금 보유량을 초과했기 때문이다. 이후 4년 동안 미국의 인플레이션율은 2%대로 상승했다. 1968년 미국 금 보유량의 전략적 방어선 역할을 하던 '골드 풀'이 완전히 활동을 멈춘 다음, 인플레이션율은 4%로 상승했다. 1971년 닉슨 대통령이 금본위제 폐지를 선언한 이후인 1972년부터 1978년까지 미국의 인플레이션율은 다시 10%대로 상승했다. 1979년에는 무려 14%에 달했다.

1973년과 1979년 오일 쇼크가 일어난 이후 국제 유가는 10배 이상 폭등했다. 석유는 유럽 산업국들의 가장 중요한 에너지 및 산업 원료였다. 그런데 갑자기 가격이 상승하자 경제에 치명적인 타격을 입은 것은 당연했다. 달러화 공급 과잉이 '불'이라면 유가 폭등은 '바람', 변동환율제는 '기름'이라고 할 수 있었다. 활활 타는 불에 부채질하는 것도 모자라 기름까지 끼얹었으니 인플레이션과 경기 침체가 전 세계를 휩쓸지 않은 게 오히려 이상한 일이었다.

화폐 신용의 든든한 버팀목이던 금이 제 역할을 잃어버리자 세계 경제 시스템은 즉각 혼란 상태에 빠졌다.

극심한 인플레이션이 장기간 지속되면서 미국인들의 경제관념도 많이 바뀌었다. 부채 경영이 나쁜 짓이라는 인식은 완전히 옛날 얘기가 돼버렸다. 인플레이션이 심화될수록 이에 상응해 채무 상환 압력이 완화되었기 때문이다. 또 과소비 풍조가 미국 사회에 만연했다. 화폐 가치가 이후에도 꾸준히 하락할 테니 현재의 구매력을 충분히 이용해야 한다는 인식 탓이었다. 돈을 쓰지 않고 저축하는 사람은 완전히 '바보' 취급을 받았다. 또 근검절약하는 사람도 시대의 조류를 따르지 못하는 '고물' 취급을 받았다. 성실과 근면은 더 이상 미덕이 아니었다. 투기로 벼락부자가 된 사람들이 칭송을 받았다. 장기 계획은 시류에 맞지 않는다는 인식 때문에 단기적인 활동을 선택하는 사람들이 늘어났다. 또 높은 인플레이션 때문에 사회의 전통과 도덕이 해이해지고, 기업가 정신을 기반으로 하는 건국 이념 역시 흔들리기 시작했다.

달러 가치가 하락하고 인플레이션이 기승을 부리면서 이익을 좇는 자본의 특성상 갈수록 많은 자금이 투기 분야에 흘러들었다. 수익을 얻기까지 시간이 오래 걸리고 수많은 어려움과 리스크를 동반해야 하는 실업(實業) 분야에 투자하느니 차라리 투기를 통해 단기 수익을 얻는 편이 더 빠르다는 인식 때문이었다. 1947년부터 1973년까지 미국의 노동 생산성은 3% 성장했다. 그러나 1973년부터 1979년까지는 오히려 0.8% 하락했다. 인플레이션은 생산력의 천적이라는 이론이 얼마나 정확한지를 입증하는 대목이라 해도 과언이 아니다.

이때 국제 시장에서 달러로 석유 가격을 책정하는 룰은 여전히 변하지 않았다. 그러나 달러 가치가 하락하면서 달러화 자산을 보유하려는 국가 또한 점점 줄어들었다. 심지어 중동의 산유국들도 예외가 아니었다. 유럽은 이미 오래전부터 달러화에 대한 반감을 공공연히 드러내고 있던 터였다. 일본 역시 달러화 자산을 처분하기 위해 비밀 행동을 개시했다. 1979년 달러화는 세계 각국에 의해 완전히 버림받을 위기에 처했다.

1979년 8월 산유국들은 달러 대신 IMF의 특별인출권, 즉 SDR를 석유 결제통화로 사용하는 방안을 논의했다.[1] 이 소식은 미국에 큰 충격을 안겨주었다. 달러가 석유 결제통화 자격을 잃게 되면 사실상 '달러 채무 제국'이 무너질 것이라는 사실을 누구보다 잘 알고 있었기 때문이다. 전 세계에 달러 유동성이 범람한 상태에서 달러가 석유 결제통화에서도 배제된다면 누가 과연 달러를 보유하려 하겠는가? 달러 신용이 붕괴할 경우 달러를 제외한 모든 재화의 가격이 상승할 게 분명했다. 이 경우 돌이킬 수 없는 하이퍼인플레이션이 발생하리라는 것 또한 불을 보듯 뻔했다.

서독이 주도해 얼마 전 설립한 유럽통화제도, 곧 EMS가 홀로 화폐 안정의 중임을 떠맡을 수밖에 없었다. 그러나 투기 세력에 의해 수시로 집중 공격을 당할 수도 있는 매우 불안한 상황이었다. 인내심이 한계에 달한 헬무트 슈미트 서독 총리는 미국에 강수를 두지 않을 수 없었다.

"미국이 장기간 방치해 온 양적 완화 정책과 달러 가치 하락에 대한 무관심을 우리 서독과 유럽은 이미 참을 만큼 참아왔다. 더 이상은 그냥 방치할 수 없다."

앤서니 솔로몬(Anthony Solomon) 미 재무차관도 위기의식을 느끼지 않을 수 없었다. 그는 내부 회의록에서 달러화에 대한 우려를 이렇게 밝혔다.

"현재 미국은 국제 외환 시장에서 절대적이고도 극단적인 위험에 처했다. …… 달러화가 위기 상황에 몰린 주요 원인은 많은 사람이 미국과 서독 사이의 환율 정책 충돌이 불가피하다는 공감대를 형성했기 때문이다. 또 양국 간 협력이 이미 결렬됐다는 것에도 의견을 같이하고 있는데, 이것 또한 그 원인이라고 할 수 있다. 미국은 달러 가치의 안정 또는 상승을 기대하는 데 반해 서독은 달러 가치가 지속적으로 하락할 것이라고 예측한다. …… 대량의 개인 자본이 초긴장 상태에 있다. 여차하면 달러를 포기할 태세다. 달러화가 직면한 압력은 이미 한계 수위를 넘은 듯하다. …… 외환 시장의 현재 상황과 투자자들의

미국 수도 워싱턴에 있는 국제통화기금 본부. 향후 세계 중앙은행으로 부상할 가능성도 있는 것으로 보인다.

기대 심리에 비춰보면 미국의 위기는 단순히 구체적인 전술로 해결할 수 있는 정도가 아니다. 국면이 빠르게 악화되어 전면적이고 치명적인 위기로 이어질 수도 있다."[2]

한마디로 종전 후 미국 달러가 직면한 최대 위기 상황이라 해도 좋았다. FRB는 '달러 채무 제국'이 붕괴하는 최악의 시나리오까지 예상했다. 내친김에 미국은 전 세계에서 달러에 대한 원성이 더 높아지기 전에 '달러 구제' 방안을 긴급 제정했다. IMF의 특별인출권으로 달러를 치환하려는 계획이었다. 즉 달러가 전 세계에서 버림을 받는 최악의 상황이 연출될 경우 IMF의 'SDR 대체 계정(SDR Substitution Account)'을 이용해 모든 가맹국이 보유하고 있는 달러 준비금을 SDR로 치환한다는 것이었다. 요컨대 SDR로 과잉 달러를 흡수해 이를 미국 국채에 다시 투자하는 것이 이 계획의 핵심이었다.[3]

사실 미국의 속셈은 뻔했다. 표면적으로는 달러에 대한 전 세계의 불만을 잠재우기 위해 달러의 기축통화 지위를 폐지하겠다는 것이었다. 그러나 실제로는 '달러 채무 제국'의 실질적인 지배권을 계속 장악하겠다는 것이 근본적인 목적이었다. 사실 과거에는 각국이 달러 준비금을 미국 국채 말고 다른 곳에 투자할 수도 있었다. 하지만 SDR로 달러를 대체한 후에는 IMF가 각국으로부터 흡수한 달러 전부를 미국 국채에만 투자할 수 있게 된다.[4] 결국 SDR는 미국 국채의 허울일 뿐이다. 이름만 번듯하게 '달러본위제'에서 'SDR본위제'로 바뀔 뿐 화폐 발행 담보물은 여전히 미국 국채인 것이다. 요컨대 미국 국채는 향후에 세계 단일 통화 배후의 담보 자산이 될 수밖에 없다. 따라서 미국은 채무를 갚을 필요가 없다.

1979년 세계 통화 시스템은 중대한 전환점에 직면했다. 고공 행진하는 인플레이션을 제때 억제하지 못할 경우 달러는 세계 기축통화 자리에서 쫓겨날 가능성이 매우 컸다. 그러나 SDR로 달러를 대체하는 방안을 긴급 가동하기에는 시기가 아직 무르익지 않은 상태였다. 1944년 브레턴우즈 체제 확립 이후 달러화는 전성기에 들어섰다. 당시 미국의 금 보유량은 세계 1위였다. 미국의 국력과 군사력 역시 동서고금을 통틀어 전례를 찾아보기 어려울 만큼 강대했다. 이런 상황에서도 미국은 섣불리 금을 '폐위'하지 못하고 대신 '금을 끼고 제후들을 호령하는' 점진적인 전략을 선택했다. 그 결과 달러화의 기축통화 지위를 확보할 수 있었다. 그런데 이렇게 어렵사리 구축한 '달러 채무 제국'이 거의 무너질 것처럼 위태위태해졌다.

달러화는 전 세계의 원성과 지탄을 받는 천덕꾸러기가 되어버렸다. 미국 국내에서는 경제가 침체 국면으로 빠져들었다. 실업률은 고공 행진하고 인플레이션은 기승을 부렸다. 국제 형세 역시 미국에 불리한 방향으로 흘러갔다. 유럽은 공공연히 달러화에 대한 반감을 드러냈다. 일본 역시 암암리에 행동을 개시했다. 게다가 중동 국가들은 미국을 배신하고 유럽에 들러붙었다. 러시아도 가만히 있지 않았다. 호시탐탐 기회만 노리고 있었다. 달러가 '공공의 적'이 된 상태에서 달러의 패권이 SDR 쪽으로 넘어가는 것은 그야말로 시간문제였다.

'달러 채무 제국'의 유일한 활로는 당장 인플레이션을 잡는 것이었다. 먼저 달러화의 신용을 안정시키고 나중 일은 차차 생각해도 될 터였다.

SDR로 달러화를 대체하는 방안은 최종적으로 실행되지 않았다. 그러나 주목할 만한 것은 미국이 달러 붕괴에 대비해 1980년대에 이미 이런 방안을 비상 대책으로 제정해 놓고 있었다는 사실이다.

2008년 금융위기 발발 후 'SDR 대체 계정' 개념이 다시금 국제 사회에서 거론되기 시작했다. 미국이 실시한 두 차례의 양적 완화 정책은 세계 각국의 강렬한 분노를 불러일으켰고 달러화는 1979년 때보다 더 큰 곤경에 직면했다. 막대한 달러를 보유하고 있는 아시아 국가들의 경우, 달러 자산을 처분하는 전략이 급선무로 대두되기도 했다. 이에 미국은 재차 'SDR 대체 계정' 방안을 들고 나왔다. 표면상으로는 글로벌 경제의 불균형을 바로잡기 위해 준비통화의 다각화 방안을 제시한 것이었지만 실제로는 허울만 바뀌었을 뿐 본질은 그대로였다.

현재까지 IMF는 가맹국들의 준비통화를 한곳에 모아놓은 '자산지(資産池)'에 지나지 않는다. 그러나 IMF의 재원은 제한되어 있다. 주로 가맹국들의 '과잉' 유동성을 위험에 처한 국가에 제공해 발등에 떨어진 불을 끄게 하는 기능만 하고 있다. 한마디로 IMF는 기존의 자금을 운영할 수는 있지만 신용은 창조하지 못한다. 따라서 IMF는 아직까지 '최후의 대출자', 즉 세계 중앙은행의 자격을 갖추지 못했다. 물론 향후 IMF가 SDR를 유럽통화단위, 즉 ECU와 비슷한 개념으로 발전시키고 스스로 '세계 환율 경찰'을 자처해 고정환율제를 '부활'시킬 가능성도 배제할 수는 없다. 이런 기초 위에 신용 창조 기능까지 부여받는다면 IMF는 '유럽중앙은행'의 확대판 버전으로 변모할 가능성이 높다. 그리고 나중에는 IMF의 SDR가 '세계 유로'가 될 수도 있다. 이 경우 IMF는 세계 각국의 화폐 주권을 강제로 빼앗아 통합·관리하게 되지 않을까 싶다.

요컨대 국제 금융 분야에서 한 차례 '무혈 쿠데타'가 일어날 가능성이 더욱 농후해지고 있다.


## 상위 1% 부자들의
## 목소리만 울려 퍼지는 신자유주의

오일달러는 양날의 칼이다. 유가 상승은 한편으로는 달러에 대한 국제 수요를 증가시키지만 다른 한편으로는 미국 산업 경제의 침체를 초래한다. 한때는 미국의 실물 경제가 국제 시장에서 주도적 지위를 차지한 적이 있었다. 그러나 유럽과 일본 등 후발 주자와의 치열한 경쟁에서 밀려 점점 뒤처지기 시작했다. 시간이 갈수록 기업 이윤이 감소하고 생산성은 둔화되었다. 높은 인플레이션 때문에 자본 구조 역시 악화되었다. 급기야 미국의 산업 능력은 제2차 세계대전 종전 후 가장 심각한 쇠퇴기에 진입했다. 전 세계의 부를 분배하고 세계 경제의 질서를 만드는 월스트리트의 기능 역시 달러 위기로 인해 점차 약화되었다. 1975년에는 미국 상위 1% 부자들이 차지한 사회적 부의 비율도 1922년 이래 최저점으로 떨어졌다.

상위 1% 부자들이 이런 상태를 그냥 두고 볼 리 만무했다. 어떻게든 자신들에게 이득이 되는 쪽으로 부의 분배 게임 룰을 완전히 바꿀 필요가 있었다. 록펠러 가문을 필두로 하는 미국 지배 엘리트들은 미국이 1930년 대공황 이후 수립한 '복지 국가 제도'와 부자들의 재산 팽창을 제약하는 각종 제도를 근본적으로 개혁하기로 결심했다.

1970년대 중반, 존 록펠러가 그 총대를 멨다. 《미국의 두 번째 개혁 (The Second American Revolution)》이라는 책에서 철저한 개혁을 통해 정부의 권력을 약화시킬 것을 주장한 것이다. 그는 이 책에서 "정부의 기능과 책임을 최대한 민간 부문에 이양해야 한다"고 역설했다. 그는 짐짓 여러 경제 사례까지 예로 들며 정부는 금융과 상업에 개입할 필요가 전혀 없다고 주장했다. 사회 복지는 돈 낭비일 뿐이라면서 아무 제한 없이 이윤만 추구할 수 있는 기업과 이에 상응하는 금융 시스템만이 미국 경제 성장의 원동력이 될 수 있다고 기염을 토했다.[5] 1980년대에 레이건 대통령은 "정부는 문제 해결책이 아니다. 정부 자체가 문제다"라는 명언을 남긴 바 있다. 아마도 록펠러가 책을 통해 전달하고자 한 중심 사상은 바로 이것이었을지 모른다. 솔직히 레이건 역시 이런 사상을 갖지 않았더라면 금융가 그룹의 '간택'을 받지 못했을 것이다.

록펠러가 《미국의 두 번째 개혁》에서 주창한 사상은 미국 언론의 동조를 이끌어냈다. 언론은 정부에 뭇매를 가하는 선봉장이 되기 시작했다. 미국 정부는 삽시간에 저효율, 무능, 낭비, 적자, 인플레이션의 대명사가 됐다. 경기 침체의 원흉으로 전락했다. 이처럼 미국의 상위 1% 부자들은 인플레이션과 높은 실업률에 대한 국민들의 불만을 교묘하게 이용했다. 금융업과 다국적 기업을 정부의 규제로부터 해방시키기 위해 적극 노력했다.

솔직히 말하면, 정부의 사회적 부 재분배 조치와 공공복지 정책은 상위 1% 부자들이 더 많은 부를 흡수하는 데 큰 걸림돌인 게 사실이었다. 상위 1% 부자들이 원하는 것은 바로 그 누구의 규제도 받지 않는 '약육강식'의 세계 자체였다. 굳이 하나를 더 들라면 가난한 자들이 부자들에 반대해 들고 일어나지 못하도록 정부가 방패막이 역할을 해주는 것 아니었을까.

1976년 미국은 두 번째 개혁을 실시하는 단계에 접어들었다. 록펠러가 창설한 엘리트 그룹인 삼각위원회는 미국 정부에 고급 인재를 공급하는 중국 공산당의 이른바 '중앙 조직부' 같은 존재였다. 한낱 무명의 시골 출신에 불과한 지미 카터 조지아주 주지사가 대통령에 당선된 것도 사실은 이 삼각위원회의 존재와 무관하지 않았다. 위원회의 적극적인 지원이 없었더라면 아마도 그의 시대는 열리지 않았을 것이다. 그러나 든든한 배경을 갖지 못한 대통령은 불행해지게 마련이다. 또 꼭두각시 역할밖에 못한다. 실제로 중대한 정치 개혁이 필요할 때

신자유주의 정책의 실행자인 대처 영국 총리와 레이건 미국 대통령

에는 말 잘 듣는 대통령이 적격이다. 삼각위원회는 이런 진리를 실천으로 옮겼다. 지미 카터가 백악관에 채 입성하기도 전 자신들 조직의 핵심 인물 26명을 정부 요직에 앉힌 것이다. 그중 대부분은 이때까지 카터의 얼굴도 보지 못한 상태였다. 삼각위원회는 자연스럽게 카터 행정부의 모든 외교 정책과 주요 국내 정책을 한 손에 틀어쥐었다.

카터 대통령 임기 때 미국 정부가 다양한 금융 규제 완화 정책과 금융 혁신 장려 정책을 적극 도입한 것도 모두 이와 관련이 있다. 카터 후임으로 백악관을 차지한 레이건은 한술 더 떴다. 아예 금융 규제 완화와 민영화 추진을 정부의 중점 사업으로 추진할 것이라고 선언했다. 이로 인해 레이건 대통령 시대에 미국에서는 이른바 금융 혁명이 일어났다. 정부가 결국 금권에 권력을 내주고 만 것이다.

학계에서는 미국의 이러한 '두 번째 개혁 정신'을 이른바 신자유주의 사상이라고 정의한다. 실제로 신자유주의는 상위 1% 부자들의 목소리를 곧이곧대로 반영한다.

이는 통화주의의 본거지로 일컫는 시카고 대학의 탄생 배경만 봐도 잘 알 수 있다. 시카고 대학은 록펠러 가문이 설립해 발전시킨 명문이다. 따라서 통화주의를 기반으로 형성된 통화 정책이 상위 1%의 부자들에게만 유익한 것은 당연한 일이었다. 여기에 통화주의자의 대부 격인 밀턴 프리드먼(Milton Friedman)도 상위 1% 부자들의 영향력에서 자유롭지 못했다. 그는 아예 신자유주의자들의 특사로 레이건 대통령뿐만 아니라 대처 영국 총리에게도 통화주의 사상을 깊이 주입시키기까지 했다. 상위 1% 부자들은 이 전략을 통해 사상과 행동 두 가지 측면에서 미국과 영국의 금융 분야 협력을 이끌어냈다. 프리드먼의 통화주의 사상은 점차 많은 사람들의 인정을 받게 되었다. 그는 기회가 있을 때마다 "인플레이션은 언제 어디서나 화폐적 현상이다", "통화 긴축만이 인플레이션을 억제할 수 있다"고 주장했다. 신자유주의자들에 따르면, 달러는 상위 1% 부자들이 세계를 지배하고 부를 분배하는 데 가장 중요한 도구라고 할 수 있다. 그 때문에 어떤 상황에서도 반드시 달러화 가치를 수호해야 했다. 달러화 가치를 수호하기 위해서는 금리 인상과 달러화 평가 절상이 꼭 필요했다. 부자들은 대부분 금융 자산의 형태로 재산을 보유한다. 또 금융 시장의 안정은 달러 강세를 전제로 한다. 따라서 미국 상위 1% 부자들의 핵심 이익을 수호하기 위해서는 반드시 달러 강세를 계속 유지하는 것이 가장 큰 관건이었다.

이때 통화론자들과 의기 통합한 학파가 또 하나 있었다. 바로 조세 감면과 복지 삭감을 통해 경제의 총공급 확충을 주장한 이른바 공급학파였다. 그들은 이렇게 주장했다.

"조세를 대폭 감면하면 미국 경제의 거대한 생산력이 '기적적으로' 폭발할 수 있다. 또 복지를 삭감할 경우 근로자들의 태만과 불성실성이 줄어들어 생산력이 증가한다."

사실 조세 감면의 최대 수혜자는 당연히 상위 1% 부자들일 수밖에 없다. 반면 복지 삭감의 최대 피해자는 나머지 99%의 중산층과 가난한 사람들이다. 당연한 결과인지는 모르겠지만, 공급경제학이 유행한 1980년대에 생산력이 폭발하는 '기적'은 일어나지 않았다. 서독 제품과 일본 제품이 미국 시장에 범람했다. 미국의 산업 경제는 1970년대 초의 국제 경쟁력을 결코 회복하지 못했다.

통화주의와 공급경제학은 정부의 경제 개입을 반대한다. 민영화를 강력하게 요구한다는 점에서 일맥상통한다. 미국의 지배 엘리트 그룹은 이 두 가지 이론을 토대로 정부의 손에서 소득 분배권을 빼앗기 위해 몇 가지 준비에 착수하기 시작했다. 이를 위해서는 일단의 조치가 필요했던 것이다.

우선 미국의 기업 관리 제도에 대한 근본적인 개혁이 절대적이었다. 지배 엘리트 그룹 입장에서 채권자와 기업 주주의 이익을 우선하기 위해서는 근로자의 실제 수입을 줄일 필요가 있었다. 기업 이윤이 정체된 상황에서는 더욱 그랬다. 그렇지 않으면 부자들의 수입이 증가하지 않을 테니 말이다. 다음으로, 경제와 사회 복지에 대한 정부의 개입을 최대한 약화시켜야 했다. 그렇게 해야 상위 1% 부자들이 경제 자원과 사회적 부를 재분배할 수 있기 때문이다. 또 정부가 노동조합을 지원하는 전통 역시 깨뜨릴 필요가 있었다. 노동조합은 근로자의 복지와 이익을 보호하는 조직이다. 따라서 노조의 힘을 약화시키지 않고서는 근로자의 수입을 낮출 수 없다. 더 나아가 부의 재분배도 불가능하다. 더불어 금융 기관의 세력을 강화할 필요도 있었다. 대량의 자금을 투입해 산업 방면의 경쟁력을 높이느니 차라리 금융업을 발전시켜 이른바 '포스트 산업 사회'로 진입하는 것이 부자들에게는 더 이익이기 때문이다. 이 밖에 금융 부문과 비금융 부문 사이의 관계를 확실하게 재정립해 전자의 우위를 확립할 필요가 있었다. 또 기업 인수 합병에 대한 규제를 전면 폐지해 금융 부문이 폭리를 취하게 할 필요도 있었다. 중앙은행의 권력을 강화해 물가 안정과 금융 시장의 번영을 꾀하는 것은 말할 것도 없었다. 마지막으로, 주변국과의 무역 관계를 복구해 그들의 경제 자원을 중심국으로 이전하는 것을 가속화할 필요도 있었다.[6]

따라서 상위 1% 부자들이 원하는 계획의 방향은 대체로 다음과 같이 정리할 수 있다.

"인플레이션 억제를 빌미로 통화 긴축을 하면 경제가 침체된다. 더불어 실업률이 대폭 증가한다. 이는 근로자의 임금 수준을 낮출 수 있는 절호의 기회다. 통화 긴축은 또 달러화 가치의 상승을 초래할 것이다. 미국의 제조업은 원가가 상대적으로 낮은 다른 주로 이전할 것이다. 이렇게 되면 전통 산업 노조의 힘이 약화된다. 자연스럽게 근로자의 파업에 의한 기업 손실이 줄어든다. 대기업의 운영 원가 역시 줄어든다. 이 밖에 통화 긴축은 필연적으로 금리 인상을 유발할 것이다. 거액의 자본을 보유한 부자들에게는 떼돈을 벌 수 있는 호재로 작용할 수 있다. 통화 긴축과 대규모 조세 감면 정책을 동시에 시행할 경우 경기 침체와 세수 감소 때문에 정부 재정 적자가 큰 폭으로 확대될 것이다. 이렇게 되면 정부는 손실을 메우기 위해 도리 없이 국채를 발행할 가능성이 높다. 이때 금융가들은 국채 판매를 통해 또 큰돈을 벌 수 있다. 통화 긴축을 통해 달러화 가치가 다시 안정되면 유로달러가 미국으로 역류해 금융 시장이 활성화될 것이다. 당연히 기업 간 인수 합병이 활발해질 가능성이 크다. 따라서 금융 부문의 수익도 대폭 증가할 수 있다. 요컨대 위와 같은 일련의 과정을 통해 사회적 부는 상위 1% 부자들에게 유익한 방향으로 재분배될 가능성이 농후하다."

이런 상위 1% 부자들의 계획을 완벽하게 달성하려면 역시 통화 긴축 정책을 실시해 달러화의 지위를 강화하는 것이 최우선이었다. 그리고 이 과정에서 가장 중요한 역할을 담당할 사람은 바로 FRB 의장 폴 볼커였다.


# 달러 채무 제국을 기사회생시킨
# 폴 볼커의 화학 요법


1979년 10월 6일 약 2개월 전 갓 부임한 폴 볼커 FRB 의장은 인플레이션 억제 대책을 마련하기 위해 연방공개시장위원회(FOMC) 비밀회의를 소집했다. 그는 원래 록펠러 휘하의 유능한 인재였다. 젊은 시절부터 록펠러 가문 산하 체이스맨해튼은행(JP모건체이스의 전신)에서 근무했다. 그러다 록펠러 가문의 핵심 참모로 유명한 로버트 루자(Robert Roosa)의 눈에 들어 미국 재무부에서 일하게 되었다.[7] 로버트 루자는 1960년대에 유럽 각국을 윽박질러 금이 아닌 미국 국채를 주요 준비 자산으로 보유하게 만든 장본인이다. '달러 채무 제국'의 특등 공신이라 일컬어도 손색이 없는 인물이다. 루자의 가르침을 받고 성장한 폴 볼커는 닉슨 정권 시대에는 더욱 출세해 재무부 차관 자리에까지 올랐다. 이때 달러본위제로 금본위제를 대체하는 '쿠데타'를 직접 계획하고 실행했다. 그 공을 인정받아 나중에는 뉴욕연방준비은행 요직에 발탁되어 FRB의 '병권'까지 장악할 수 있었다.

그는 당시 심상치 않은 조짐을 보이는 인플레이션을 효과적으로 잡기 위해 FRB의 달러 공급 메커니즘을 철저히 개혁하기로 작심했다. 다시 말해, 금리를 이용해 간접적으로 협의통화를 조절하던 방식을 직접 조절 방식으로 바꾸기로 한 것이다.[8] 직접 조절 방식은 금리를 통제하지 않고 시장 자율에 맡기는 것으로, 협의통

**협의통화(M1)**
지급 수단으로서 화폐의 기능을 중시한 통화 지표. 민간이 보유하고 있는 현금과 금융 기관의 결제성 예금을 포함한다.

화만 직접 조절하는 것이다. 이는 마치 암세포를 직접 죽이는 '화학 요법'처럼 강력하면서도 잔혹한 방법이다. 이에 반해 간접 조절 방식은 연방기금금리(Fed fund rate)를 조절해 상업은행의 신용 창조에 영향을 주고 간접적으로 통화량 조절 효과를 얻는 것이다. 다시 말해, 은행의 신용 창조에 제동을 걸지 않고 금리만 통제하는 방식이다. 간접 조절 방식은 한약으로 환자의 전체적인 기능을 제고시켜 병을 치료하는 원리와 비슷하다. 즉 경제의 내재적 기능을 충분히 발휘해 인플레이션 억제 효과를 보는 방법이다. 직접 조절 방식은 간접 조절 방식에 비해 효과가 빠르고 강력한 장점이 있다. 그러나 급격한 금리 변동에 따른 경제 부작용 역시 감안해야 하는 단점도 있다.

무엇 때문에 전통적인 금리 조절 수단은 번번이 실패했을까? 그 원인은 다른 데 있지 않다. 달러화 과잉 발행 때문이다. 미국은 1960년대 이후부터 해마다 거액의 국제수지 적자를 기록했다. 달러를 마구 찍어 외국의 물자를 수입하고 해외 군사 기지와 베트남 전쟁에 방대한 비용을 지불했다. 그 결과 어마어마한 규모의 유로달러 투기 세력

을 끌어들이고 말았다. 유로달러 규모는 1973년 3,150억 달러에서 1987년 4조 달러로 그야말로 미친 듯이 급증했다. '뿌리'가 없는 이 자금은 금융 분야에서 국경을 초월한 '유령의 성'을 형성했다. 더구나 유로달러는 표면적으로는 주권 국가의 금융 시스템에 저축되어 있으나 내재적 확장 특성으로 인해 각국의 신용 창조 수요를 초과해 다국적 투기 자본으로 변질되었다. 여기에 유로달러는 그 어떤 주권 국가나 은행의 통제도 받지 않고 자유롭게 이동하는 특징이 있었다. 그 때문에 자체적으로 '금융 공간'을 형성하고 그 속에서 무서운 속도로 새끼를 쳤다.

한마디로 유로달러의 출현은 20세기 이후 국제 금융 구도에서 나타난 가장 중대한 변화라 해도 과언이 아니다.

유로달러의 출현으로 말미암아 1970년대 들어 미국 은행 시스템에도 큰 변화가 일어났다. 전통적인 지급준비금 제도 아래에서는 상업은행들이 중앙은행의 규정에 따라 예금자의 인출 수요에 대비해 저축의 10%를 '지급준비금'으로 남겨놓아야 한다. 이 돈은 상업은행이 중앙은행에 예금할 수도 있고 자체적으로 보관할 수도 있다. 그 때문에 지급준비율은 은행의 무제한적 신용 대출 확장을 규제하는 역할을 한다. 그런데 유로달러가 탄생한 이후 문제가 생겼다. 유로달러를 저금리로 쉽게 빌릴 수 있게 되자 은행 대출이 더 이상 예금과 지급준비금의 속박을 받지 않게 된 것이다. 은행은 먼저 대출을 해준 다음 다시 유로달러 시장에서 돈을 빌려 부족한 지급준비금이나 예금을 보충하는 방법을 개발해냈다. 이것이 이른바 '관리 부채(Managed Liabilities)'라고 일컫는 금융 혁신이다.

FRB는 유로달러로 인해 전통적인 금리 정책이 더 이상 통화량 규제에 효과적이지 않다는 충격적인 사실을 발견했다. 해외에서 홍수처럼 유입되는 달러 때문에 미국의 은행은 돈이 전혀 부족하지 않았다.

전통적인 금리 정책의 실패 원인을 깨달은 폴 볼커는 통화량, 특히 M1 총량 규제에 총력을 기울였다. M1은 민간이 보유하고 있는 현금과 당좌예금, 보통예금 등 요구불 예금을 포함한다. 당좌예금 계좌(Checking Account)는 미국인들이 보편적으로 사용하는 예금 계좌로 집세, 할부금, 수도·전기·가스 요금 등의 일상생활 지출을 이 계좌에 넣고 사용한다. 따라서 M1은 수시 입출금이 가능한 통화량으로서 물가에 직접적인 영향을 미친다.

폴 볼커는 물가를 잡기 위해 가장 직접적이고 무식한 화학 요법을 선택했다. 그는 M1의 유통량 증가율 목표를 4~6.5%로 정했다. 이는 투기 수요로 인해 대출이 확장되고 M1 증가율이 목표치를 벗어날 경우 FRB가 금융 긴축을 실시해 은행의 단기 자금을 줄이는 방식이다. 이 경우 연방기금금리가 자동적으로 상승해 투기성 대출 확장을 억제할 수 있다. 만약 M1 통화량 증가율이 다시 목표치 이내로 돌아오면 금리 역시 자동적으로 하락하게 되는 것이다.

폴 볼커는 물가를 더 확실하게 잡기 위해 재할인율 역시 11%에서 12%로 인상했다. 또 은행이 유로달러 차관, 거액 정기예금 및 기타 관리 부채를 이용해 대출을 확장하지 못하도록 지급준비율을 8%로 규정했다.

| 폴 볼커 FRB 의장

그러나 폴 볼커의 1단계 화학 요법이 끝난 다음, 연방기금금리는 11.5%에서 14%로 상승했다. 투기성 대출도 계속 증가세를 보였다. 물가상승률은 1980년 1월 무려 17%에 육박했다. 2월부터 4월까지 연방기금금리는 18%까지 상승했다. 은행의 우대금리도 20%로 올랐다.

한마디로 폴 볼커의 첫 단계 화학 요법은 인플레이션을 억제하지 못했다. 오히려 경제를 더욱 침체시켰다고 해야 옳다.

1980년 제2분기에 미국의 GNP는 9.4% 하락했다. 또 실업률은 6.1%에서 7.5%로 상승했다. M1 유통량 증가율은 목표 구간인 4~6.5%를 15%나 뛰어넘었다.

폴 볼커는 무엇 때문에 상황이 더 악화됐는지 그 이유를 알 수 없었다. 사실 답은 별로 어렵지 않은 곳에 있었다. 문제의 근원은 여전히 유로달러에 있었으니 말이다. 미국 금리의 상승은 해외 자본에 거대한 투기 기회를 마련해 준 것이나 다름없었다. 실제로 홍수처럼 미국에 유입된 유로달러는 폴 볼커의 금융 긴축에 따른 통화량 부족을 가볍게 보충했다. 심지어 M1 증가율 목표치를 훨씬 초과했다. 게다가 화폐 유통 속도도 가속화해 인플레이션까지 악화시켰다.

인플레이션은 화폐 유통의 규모뿐 아니라 유통 속도의 영향도 크게 받는다. 화폐 유통 속도의 변화는 교과서의 설명처럼 그렇게 간단하지가 않다. 마치 100만 명의 미군이 몇 개의 작전 구역에서 동시에 빠르게 움직일 경우 500만 명에 상당하는 전투력을 발휘하는 것과 마찬가지다. 예컨대 화폐 유통 속도가 빨라지면 1달러가 몇 달러의 효과를 발휘할 수 있다. 유로달러의 대규모 유입으로 화폐 유통 속도가 크게 빨라진 이 변수를 폴 볼커는 미처 예상하지 못했다.

연방기금금리가 18%까지 상승하자 은행에서 대출을 받은 채무자들에게 비상이 걸렸다. 더 이상 대출 상환을 미룰 수 없는 지경이 된 것이다. 대출을 상환하는 사람이 증가했다. 이에 따라 은행 자산은 급격히 감소하기 시작했다. M1 통화량도 점차 감소하기 시작했다.

드디어 폴 볼커의 인내심을 시험하는 결정적인 시기가 다가왔다. 만약 폴 볼커가 조금만 더 버틴다면 18%의 금리 수준은 마치 과다 투여한 약물처럼 인플레이션에 치명적인 살상력을 발휘해 시장의 인플레이션 기대 심리를 없애버릴 가능성이 높았다. 이 경우 M1의 지속적인 하락에 의해 결국 금리도 정상 수준으로 하락할 터였다. 그러나 최악의 위기에 빠진 경제는 그것을 허용하지 않았다. 국민들은 경제를 살리라고 아우성쳤다. 정치인들은 공공연하게 욕설을 퍼부었다. 미국 의회 역시 폴 볼커에게 "분노한 시민들에게 끌려 다니면서 뭇매를 맞기 싫으면 그만 좀 하라"고 강력한 경고의 메시지를 보냈다.

이것은 도박이었다. 폴 볼커의 정책이 6개월 안에 효과를 보지 못하면 그는 'FRB 역사상 최악의 의장'이라는 오명을 면치 못할 터였다. 체면에다 신용까지 잃고 사회적으로 매장되리라는 사실 역시 불을 보듯 훤했다.

급기야 마음이 약해진 폴 볼커는 신용 규제를 완화하기 시작했다.

원래 결정적인 시기에는 약간의 우유부단함도 확대 해석되기 마련이다. FRB의 인플레이션 억제 결심이 '그저 그런 것'으로 왜곡·해석되면서 인플레이션 기대 심리는 다시금 높아졌다. 투기 세력들 역시 다시 움직임을 시작했다. 이후 2개월 사이에 연방기금금리는 9%로 하락했다. 50%나 떨어진 것이다. 물가상승률이 여전히 11%대의 높은 수준에 머물러 있는데도 단기 금리와 장기 금리는 모두 마이너스를 나타냈다.

시중의 통화 공급량이 다시 큰 폭으로 늘어났다. FRB는 나아갈 방향을 잃고 말았다.

1980년 여름 미국 경제는 빠르게 회복되기 시작했다. 잇따라 인플레이션이 다시 기승을 부렸다. M1 유통량 증가율은 22.8%를 돌파했다. 이는 물가상승률의 두 배에 달하는 수치였다. 폴 볼커의 첫 단계 화학 요법은 완전히 실패했다.

물가를 잡으면 경제가 죽고 물가를 잡지 않으면 달러가 죽게 된 것이다. 이해득실을 따져본 폴 볼커는 또다시 인플레이션을 억제하겠다는 결심을 굳혔다.

1980년 가을부터 1982년 여름까지 폴 볼커는 인플레이션을 억제하기 위해 2차 화학 요법을 시행했다. 1980년 9월 25일 FRB는 재할인율을 다시 11%로 상향 조정했다. 연방기금금리 역시 14%로 올렸다. 폴 볼커의 정책 때문에 카터 대통령은 연임의 꿈을 접어야 했다.

약 1년 동안 지속된 고금리 정책 덕분에 미국 달러의 가치는 큰 폭으로 상승하기 시작했다. 더구나 폴 볼커가 2차 화학 요법을 시행한 후 시장에는 인플레이션과의 싸움이 성공할 것이라고 믿는 조짐도 보였다. 이 무렵 서독과 일본은 폴 볼커의 협박과 회유에 못 이겨 금리를 인하하기 시작했다. 폴 볼커는 달러의 평가 절상 기대를 한층 더 높이기 위해 1981년 5월 재차 통화 공급을 줄였다. 그 결과 5~11월 사이 M1 증가율이 처음으로 제로 상태를 기록했다. 연방기금금리는 19%로 상승했다. 이어 유로달러가 빠른 속도로 역류하면서 달러화 가치도 빠르게 상승했다. 이번에도 유로달러가 대규모로 밀려들었지만 M1의 갑작스러운 증가를 초래하지는 않았다. 고금리 때문에 대출 수요가 대폭 줄어든 탓이었다.

1년 사이에 달러 가치는 34% 폭등했다.

폴 볼커의 2차 화학 요법은 지속적인 금융 긴축을 통해 고금리를 유지하는 것이 키포인트였다. 그러나 '달러화 평가 절상을 통해 물가를 잡는' 두 번째 '전장'도 열어놓았다. 이때 미국의 GNP 대비 총수입액 비중은 약 7% 정도였다. 따라서 이치대로라면 달러의 가치 상승으로 인한 수입 가격 하락이 미국 국내 물가에 그다지 큰 영향을 주지 않아야 마땅했다. 그러나 '인플레이션과의 전쟁은 심리전'이라는 이치를 파악한 폴 볼커는 고금리 환경에서 수입 가격의 하락이 사람들의 복잡하고 미묘한 심리적 변화를 초래할 것이라는 사실을 미리 예측했다. 대출을 상환하려는 사람이 증가함에 따라 M1 증가율은 거의 제로에 근접할 것이고, 이때 수입 가격까지 하락하면 사람들은 물가의 지속적 상승이 불가능할 것이라고 믿게 되리라 생각한 것이다. 따라서 시기적절한 환율 상승은 인플레이션 억제에 몇 배의 효과를 가져올 수 있었다.

FRB는 달러 가치가 10% 상승할 경우 인플레이션율이 1.5% 정도 하락할 것이라고 추산했다. 또 그중 절반은 수입 가격 하락 때문일 거라고 판단했다. 나머지 절반은 말할 것도 없이 사람들의 심리적 작용에 의한 것일 터였다. 이렇게 계산하면 달러의 가치가 34% 상승할 경우 인플레이션율은 5.1% 하락할 것이다. 1980년부터 1981년까지 미국의 인플레이션율은 13.5%에서 약 7.4% 하락한 6.1%에 이르렀다.

요컨대 달러의 가치 상승이 인플레이션 억제에 약 3분의 2 정도 기여한 것이다.[9]

폴 볼커의 2차 화학 요법이 지향하는 바는 대단히 명확했다. 이를 다시 한번 살펴보면, 우선 통화량 증가율을 목표치 내로 제한하고 고금리를 유지해 사람들에게 대출 상환을 촉구함으로써 M1을 감소시켰다. 더불어 고금리를 미끼로 대량의 유로달러를 미국에 끌어들여 달러 평가 절상의 기대를 상승시켰다. 이를 토대로 서독과 일본에 금리 인하 압력을 가했다. 자연스럽게 달러화의 급격한 평가 절상을 유도할 수 있었다. 그 밖에 통화량이 감소하고 고금리가 유지되는 상황에서 달러의 평가 절상에 따른 물가 하락 효과를 통해 시장의 인플레이션 기대 심리를 대폭 낮추었다. 모든 게 폴 볼커의 뜻대로 된 것이다.

그러나 카터에 이어 정권을 장악한 레이건 행정부는 공급 측면의 대폭적인 감세, 거액의 재정 적자, 전략 방위 구상 등 일련의 계획을 추진하기 시작했다. 게다가 공급학파의 주장이 주류 의견으로 부상하고 있었다. 폴 볼커는 인플레이션과의 전쟁에서 승리할 수 있는 호경기가 그다지 오래 지속되지 못할 것이라는 불길한 예감이 드는 것을 어쩔 수 없었다. 그의 예감은 틀리지 않았다.


## 대출받은 번영

미국은 레이건 시대에 나름 경제적 번영을 이룩했다. 그러나 이는 미래로부터 빌린 돈, 외국으로부터 빌린 돈 및 제3세계로부터 '약탈한'

저가 원자재를 토대로 이룬 것이라 해도 과언이 아니다.

폴 볼커는 1979년 가을부터 1982년 여름까지 3년 동안 거의 종교에 가까운 집념과 열정으로 인플레이션과의 싸움에 모든 것을 바쳤다. 그가 실시한 금융 긴축 정책은 인플레이션 기대 심리를 낮추는 데 매우 효과적이었다. 그러나 동시에 미국의 실물 경제도 엉망으로 망쳐놓았다. 1980년부터 1985년 사이 달러화 가치는 무려 50%나 상승했다. 이는 세계 주요 국가에서 역사상 유례가 없는 일이었다. 미국의 산업 경제는 치명적인 타격을 입었다. 실업률은 10.8%까지 상승하고 중화학공업은 중추가 거의 부러졌다고 해도 좋았다. 철강 산업 종사자 중 3분의 1은 실직하고 자동차 공장은 무더기로 문을 닫았다. 또 장비 제조 라인은 유휴 상태가 됐고 석유화학 공장은 생산 규모를 대대적으로 줄였다. 그 밖에 광산은 방치되어 폐광으로 전락했다. 심지어 농산품까지 국제 경쟁력을 잃고 말았다.

공급을 중시하는 공급학파들은 이때를 놓치지 않았다. 정부가 조세를 감면하고 근로자 복지 수준을 낮출 경우 틀림없이 산업 생산력이 '기적적으로' 폭발할 것이라고 큰소리쳤다. 그러나 5년이 지나도록 '기적'은 그림자조차 보이지 않았다. 거리에는 미국의 국산차 대신 일본 자동차가 많아졌다. 공장에서는 한층 선진적인 독일 설비를 수입했다. 마트 등의 진열대에는 저렴한 아시아 소비품이 범람했다. 이런 와중에도 레이건 대통령이 '전략 방위 구상'을 추진한 것은 그나마 다행이라고 할 수 있었다. 실제로도 미국의 고용 증가에 가장 크게 기여한 공신으로 평가받는다. 경제에 대한 정부의 개입을 '모든 악의 근원'처럼 터부시하던 공급학파는 종전 후 최악의 재정 적자에 의존해 겨우 미국 경제를 침체의 수렁에서 끌어올릴 수 있었다.

1983년부터 1988년까지는 레이건 시대의 '경제 황금기'라 해도 과언이 아니다. 그러나 자세히 분석해 보면, 레이건 시대의 경제 번영은 사실 미래에서 '빌려온 것'이라는 사실을 곧바로 알 수 있다. 이 기간에 미국의 재정 적자는 해마다 2,000억 달러를 웃돌았다. GNP 대비 비중은 5%에 달했다. 거액의 재정 적자가 국내 저축을 흡수하면서 미국 국내의 순 저축률은 1970년대의 6.5%에서 2.5%로 하락했다. 국가의 '순저축'은 '사냥꾼이 잡아놓은 토끼'처럼 소비와 투자의 전제 조건이라고 할 수 있다. 사냥꾼이 보관해 둔 토끼(저축)의 일부를 다른 사람의 물품과 교환하는 행위가 소비다. 또 사냥꾼이 더 많은 토끼를 잡기 위해 활을 만드는 데 소모한 저축이 바로 투자다. 제2차 세계대전 종식 후 미국의 순투자는 줄곧 GNP의 7% 정도를 유지해 왔다. 성공적인 투자는 말할 것도 없이 고수익으로 연결된다. 따라서 투자는 잠재 성장력이라고 할 수 있다. 그런데 레이건이 정권을 잡은 8년 동안 미국의 GNP 대비 순투자 비율은 5%로 하락했다. 공급학파는 자신들이 주장하는 정책을 실시하기만 하면 미국의 저축률과 순투자가 즉각 상승할 것이라고 호언장담했으나 결과는 거짓으로 판명됐다.

레이건 대통령이 당선될 당시 미국의 가계 부채와 공공 부채는 도합 3조 8,700억 달러였다. 그러나 1980년대 말에 이르러 10조 달러로 급증했다.

레이건 정부는 국내 저축이 심각하게 부족한 상황에서 기존의 생활수준을 유지하기 위해 노력했다. 미래의 돈을 앞당겨 쓴 것이다. 그뿐만 아니라 외국 저축도 대량 끌어다 사용했다. 심지어 그 규모가 미국 국내 총저축의 무려 14%에 달했다. 미국은 국내 시장을 개방하는 조건으로 당시 대미 무역에서 흑자를 기록하고 있던 일본과 서독에 미국의 금융 자산을 구매하도록 강요했다. 이런 방식으로 일본과 서독의 저축을 미국으로 이전시킨 것이다. 1984년 외국이 구매한 고정 수익 자산(주로 미국의 국채) 규모는 세 배 증가한 374억 달러에 이르렀다. 또 1년 사이 약 500억 달러의 자본이 일본에서 미국으로 유입됐다.

양식 있는 미국 학자들은 레이건 정부의 이런 행태를 비웃었다. 미국이 1980년대에 비로소 미국 국채를 수출하는 방식으로 비교우위를 확보했다고 말이다.

어쨌거나 외국 자본의 유입에 힘입어 달러화의 가치는 상승했다. 수입 상품 가격은 하락했다. 미국 국내 소비 역시 활성화됐다. 반면 무역 적자는 크게 늘어났다. 그 결과 1980년까지 약간 여유가 있던 경상 계정이 급격히 악화되었다. 1984년부터 미국의 연간 재정 적자는 GNP 대비 3%인 1,000억 달러에 육박했다. 미국 국내의 제조업은 도리 없이 해외로 대거 이전해야 했다. 국민 재화를 창출하는 실물 자산 규모 역시 대폭 감소했다.

미국이 미래와 외국에서 빌린 돈은 이처럼 산업 경제에 재투입되지 않았다. 대신, 월스트리트 은행가들이 금융 자산의 버블을 만들어내는 데 주로 사용되었다. 1983~1984년 미국의 수출 증가율은 경제 회복 초기 단계의 절반으로 하락했다. 반면 수입은 두 배로 증가했다. 이런 현상을 미국 언론은 이렇게 평가했다.

"공급학파가 운운한 '기적'이 드디어 나타났다. 외국인들이 미국에 상품과 자금을 대량 공급하기 시작한 것이다. 미국의 1960~1970년대 정책이 '소비와 높은 세수'였다면 1980년대 정책은 '소비와 높은 부채'라고 해야 한다."

폴 볼커가 물가를 잡은 다음, 미국 경제는 5%대의 급격한 반등을 시작했다. 그러나 산업 경쟁력과 취업률은 결코 1970년대 수준을 회복하지 못했다. 게다가 1985~1986년 미국의 산업 설비 이용률은 다시금 하락세로 돌아섰다.

미국의 산업 경제가 부진의 나락에서 허덕이던 시기에도 월스트리트에서는 풍성한 성과를 거뒀다. FRB가 1982년 여름부터 연말까지 반년 동안 연속 일곱 차례나 재할인율을 하향 조정했기 때문이다. 연방기금금리가 14%에서 8.8%로 하락한 덕분이기도 했다. 이에 따라 미국의 채권 시장과 주식 시장은 초강세로 돌입했다. 1982년부터 1987년 사이 미국 증시는 무려 200%나 급등했다. 금융으로 부를 창조하는 '기적'이 월스트리트에서 나타난 것이다.

1984년 미국의 금융업은 중대한 전환점에 직면했다. 국내 자본이 은행에서 채권 시장으로 대거 이동했다. 또한 아시아 자본이 유럽 자본을 대체해 미국에 대량 유입되기 시작했다. 1985년 미국의 통화 공급량은 그야말로 폭발적인 증가세를 나타냈다. 그럼에도 물가상승률은 1984년 4.4%에서 1985년 3.5%로 하락했다. 다양한 금융 혁신으로 말미암아 M1은 더 이상 인플레이션 측정 지표 역할을 제대로 할 수 없게 되었다. 1984년 말부터는 은행이 무더기로 화폐 시장에 진출하기 시작했다. 이자를 포함한 수표 계정이 증가한 것은 하등 이상할 게 없었다. 이는 자금이 '소비' 부문이 아닌 '투자' 부문으로 흘러들고 있다는 사실을 의미했다. 이런 상황에서 M1의 증감은 더 이상 '소비

자의 소비 충동'을 반영하는 지표가 될 수 없었다. 그 결과 FRB는 1984년부터 M1 증가율 목표치를 규정해 화폐 정책을 조절하던 방식을 포기했다.

1984년부터는 실물 경제 성장에 따른 신용 확장의 수요보다는 금융 혁신에 힘입은 금융 거래 수요에 의해 통화량 팽창이 이뤄졌다고 해도 과언이 아니다. 1980년대 중반 이전까지 미국의 GNP 대비 주식시가 총액의 비중은 대략 8~20% 수준을 유지했다. 그러나 1986년에는 100%로 급상승했다. 이는 신용 확장이 실물 경제 성장과 무관하게 이뤄졌다는 사실을 의미한다. 금융 자산의 자체적 팽창의 필연적 결과라는 사실은 더 말할 것도 없다. '달러 채무 제국'은 이제 새로운 발전 단계로 진입했다. 이때부터 달러화는 '금융 거래의, 금융 거래에 의한, 금융 거래를 위한' 도구로 전락했다.

금융 글로벌화는 본질적으로 달러화 채무의 글로벌화라고 할 수 있다. 금융 글로벌화로 말미암아 금융 자산의 성장 속도와 규모가 실제 담보물의 성장 속도와 규모를 훨씬 초과하게 되었다. 이는 금융 자산 중 상당 부분이 '유령 담보', 다시 말해 거액의 채무를 담보로 한 것이라는 사실을 의미한다. 금융 시장의 이런 기형적 번영은 본질적으로 채무를 담보로 한 금융 자산의 자체적 팽창에 불과하다. 1980년대 이전에는 미국의 가계 부채, 비금융 기업 부채 및 정부 채무가 GNP에서 차지하는 비중은 약 140% 정도였다. 그러나 1980년대 중반에 이 수치는 165%로 상승했다. 1930년대 대공황 이후 최고치를 기록한 것이다. 가처분 소득 대비 가계 부채 비중 역시 1980년 63%에서 1999년 90%로 상승했다. 기업 채무도 비슷한 상승률을 나타냈다. 국가 채무 상승률은 이보다 훨씬 높았다. 더불어 미국의 빈곤 인구는 1979년 2,400만 명에서 1988년 3,200만 명으로 늘어났다.

유로달러의 대규모 유입에 힘입어 은행 시스템의 부외 거래도 전례 없이 활성화됐다. 금리 스와프, 통화 스와프, 신용 담보, 변동 금리 모기지론, 자산의 증권화, 차입 매수(leveraged buyout), 금융 선물과 금융 옵션 등 과거에는 듣도 보도 못했던 새로운 금융 혁신 역시 그야말로 꼬리에 꼬리를 물고 나타났다. 채권 시장이 호황을 누림에 따라 1982년 한 해에만 은행 시스템의 예금 3,200억 달러가 채권 시장에 유입되기도 했다. 금융 시장에서 기하급수적으로 증가하는 대출 규모에 대해 중앙 시장의 화폐 정책 역시 점차 아무런 효과도 발휘하지 못했다. 체제적 금융위기가 점점 현실화되고 있었던 것이다.

폴 볼커가 발동한 인플레이션과의 전쟁으로 인해 피해를 입은 국가도 없지 않았다. 대표적인 나라가 멕시코, 아르헨티나, 브라질, 나이지리아, 콩고, 폴란드, 유고슬라비아 등의 수많은 제3세계 국가들이다. 이들 국가는 불행하게도 '달러 채무' 함정에 빠져 매우 심각한 피해를 입었다. 1970년대 원유 가격 폭등에 힘입어 중동 산유국들은 떼돈을 벌었다. 그러나 이 오일달러는 중동에서 다시 월스트리트와 런던의 이른바 '금융의 이도공간'으로 유입됐다. 한마디로 상위 1% 부자들이 제정한 '미국의 두 번째 개혁' 전략의 요지는 전 세계 부의 재분배 방법을 모색하는 것이었다. 그리고 이 전략의 일환은 다른 게 아니었다. 즉 제3세계 국가들이 보유한 원자재를 저렴한 가격에 선진국으로 이전하는 것이었다. 이는 꼭 필요한 수순이기도 했다. 이렇게 해서 천문학적인 오일달러를 보유하게 된 국제 은행가들은 고가의 원유 수입에 돈이 필요한 제3세계 국가를 대상으로 대규모 대출을 제공하기 시작했다. 당연히 공짜는 아니었다. 미국과 영국 은행이 제공한 것은 리보 금리에 맞춰 이자율이 변동되는, 이를테면 변동금리부(變動金利附) 대출에 따른 자금 제공이었다.

　　미국과 영국이 연합해 실시한 이런 고금리 인플레이션 억제 정책은 일석수조(一石數鳥)의 시너지 효과를 거뒀다. 1980년대 초 제3세계의 달러 채무국들은 느닷없이 금리가 20%에 달하는 '고리대금'의 충격에 직면해야 했다. 게다가 세계 경제 침체 때문에 원자재 수출 가격마저 폭락하는 상황을 맞이했다. 그야말로 설상가상이었다. 이런 이중 타격으로 인해 이들 국가는 모두 파산 위기에 몰렸다. 그러자 '국제 채무 경찰'을 자처하는 IMF가 앞장서서 제3세계 국가들에게 빚 독촉을 하기 시작했다. 채권자들은 그 옛날의 '샤일록'처럼 제3세계 국가들로부터 '살'을 잘라내서라도 채권을 확보하겠다는 결연한 의지를 드러냈다. IMF가 선심을 쓰듯 제3세계 채무국들에게 제시한 조건은 사실 월스트리트의 금융가들이 오래전에 준비해 놓은 것이었다. 이 조건을 수락할 경우 이들 국가의 경제는 점점 더 빠르게 붕괴할 수밖에 없을 터였다. IMF는 제3세계 채무국들에게 수입을 극한으로 줄일 것을 요구했다. 또 재정 예산을 겨우 생계를 유지할 정도로 줄일 것을 강요했다. 자국 통화 가치도 대폭 평가 절하하라고 압력을 행사했다. 한마디로 개도국의 경제 자원을 전무후무한 규모로 선진국에 이전하기 위해 꼼수를 쓴 것이다. IMF의 이런 악질적인 조작으로 1980년 4,300억 달러에 불과하던 개도국의 채무는 1987년 1조 3,000억 달러로 증가했다. 게다가 이 수치는 이미 상환한 6,580억 달러의 원리금을 제외한 금액 이었다. 제3세계 국가들은 두 차례의 세계대전으로 인한 피해 금액을 합친 것보다 훨씬 더 큰 손실을 입었다.

그 결과 1987년 국제 원자재 가격은 1932년 수준으로 하락했다. 1980년대 초부터 시작된 이 원자재 가격 하락세는 장장 20년 동안 지속됐다. 그러다 21세기 초 중국 경제의 급성장과 더불어 겨우 역전되기 시작했다.[10]

상위 1%의 부자들은 약 30년 동안 미국 중산층과 제3세계 국가들로부터 역사상 유례없는 엄청난 규모의 부를 악질적으로 갈취했다. 부의 분배 법칙이 완전히 바뀌면서 전 세계의 부가 극소수에게 집중되었다. 2011년 9월 시작되어 전 세계를 휩쓴 '반(反)월스트리트' 운동은 99%를 대변하는 하위 계층이 이와 같은 불합리한 분배 제도에 불만을 표출한 사건이었다. 오로지 돈이 모든 것을 해결하는 '금권 천하' 때문에 자신들의 실제 이익이 장기적으로 피해를 입고 있다는 사실을 깨달은 사람들이 드디어 침묵을 깨고 자신만의 방식으로 사회적 부의 합리적 분배를 요구하고 나선 것이다.

레이건 시대에 실시한 신자유주의 정책은 미국을 몇 년 사이에 세계 최대 채권국에서 최대 채무국으로 전락시켰다. 과거 대영제국은 제1차 세계대전에 어마어마한 전비를 지출하느라 세계 최대 채권국 자리에서 밀려났다. 그 자리를 대신한 미국은 후발 주자의 파워를 이용해 유럽 채무국들에게 달러 패권을 휘둘렀다. 그리고 신자유주의 정책은 글로벌 채권 채무 관계의 구도를 완전히 뒤집어놓았다. 영국은 채무국으로 전락한 후 쇠퇴일로에 접어들었다. 그러나 미국은 세계 최대 채무국이 된 이후 오히려 패권을 더 공고히 했다. 이는 채무가 채권을 대체해 세계를 지배하는 새로운 도구가 되었다는 사실을 의미한다. 더불어 부채가 투자를 대체해 경제 성장의 주요 원동력이 되었다는 사실을 의미한다. 또한 이는 미국이 위험한 채무 중심 경제 성장 시대에 진입했다는 걸 의미하는 것이기도 하다.

## 달러화의 대폭락

1985년 폴 볼커가 물가상승률을 3.5%로 낮추면서 미국은 1979년부터 시작된 글로벌 달러화 위기에서 거의 벗어났다. 위태위태하던 '달러 채무 제국'을 유지하게 만든 것은 달러화를 고유가에 접목시킨 화폐 전략 덕분이었다. 달러화는 이처럼 금과의 연결 고리가 끊어진 후의 신뢰 위기에서 겨우 회복할 수 있었다. 그러나 미국 경제는 하이퍼인플레이션과 심각한 경기 침체라는 참혹한 대가를 지불해야 했다. 설상가상으로 1970년대 오일 쇼크 당시 석유 수출로 떼돈을 번 소련이 미국과의 군비 경쟁에 본격적으로 나서기 시작했다. 이에 미국은 일단 달러화의 패권 지위를 재확립하는 즉시 소련을 응징하기로 작심했다.

1981년부터 1984년까지 소련이 외화를 벌어들인 유일한 경로는 오로지 석유 수출이었다. 소련의 석유 생산량은 1975년 9,310만 톤, 1983년 1억 3,000만 톤으로 증가했다. 그러나 1970년대 말부터 과도한 채굴로 인해 석유 생산 능력이 서서히 떨어지기 시작했다. 이런 영향으로 1985년 소련의 석유 생산량은 역사상 최초로 하락세를 나타냈다. 석유 개발 비용의 상승과 자금 부족으로 인해 석유 생산량이 1,200만 톤 감소한 것이다. 이때 미국은 인플레이션과의 전쟁이 결정적인 단계에 진입한 시기였다.

레이건 대통령은 1981년 3월 26일자 일기에서 소련 경제에 치명적인 타격을 입히는 방안을 언급했다. 그가 이용하려 한 것은 다른 게 아니었다. 즉 소련의 경제 상황과 서방의 대출에 대한 의존도를 활용하는 것이었다. 1982년 11월 레이건 대통령은 '국가 안보 관련 지시(NSDT-66)'를 통해 소련 경제에 충격을 가하는 것과 관련한 비밀 임무를 관계 요로에 하달했다.[11] 이어 1985년 3월 슐츠 국무장관은 런던 주재 미국 대사에게 "국무장관은 국무부가 현재 추진 중인 석유 가격 폭락의 영향에 대한 연구에 지대한 관심을 가지고 있다"[12]는 내용의 비밀 전보를 보냈다. 이보다 앞서 1개월 전에는 사우디아라비아 국왕이 워싱턴을 방문해 레이건 대통령과 '석유와 경제의 관계'에 대해 흥미로운 대화를 나눴다는 보도가 언론을 장식했다. 그리고 미국은 9월부터 사우디아라비아에 석유 생산량을 대폭 늘려 석유 가격을 배럴당 20달러 미만으로 낮추도록 압력을 넣기 시작했다. 1986년 4월에는 부통령 부시가 직접 사우디아라비아 수도 리야드로 날아가 국왕에게 "가장 좋은 방법은 (OPEC가 아닌) 시장 세력이 석유 가격과 생산량을 결정하게 하는 것이다"[13]라는 내용의 협박성 제안을 하기도 했다. 이 제안이 의미하는 바는 분명했다. 사우디아라비아가 석유 공급을 대폭 늘려 국제 유가를 완전히 무너뜨리라는 암시였던 것이다.

사우디아라비아로서는 석유 생산 풀가동 체제에 돌입할 수밖에 없었다. 이후 배럴당 35달러이던 석유 가격이 1986년 봄 배럴당 10달러 미만으로 수직 하락했다. 그 결과 소련은 석유를 수출해 벌어들이는 소득이 대폭 줄어들었다. 게다가 서방으로부터 대출도 할 수 없게 되었다. 당연히 식량 수입의 중단 위기였다. 배급제를 실시하는 도시에서는 식품 부족 현상이 나타났다. 부정부패가 자연스레 기승을 부렸다. 정부를 향한 국민의 불만은 날로 높아졌다. 동구권 국가들에 대한 지원이 줄어드는 것에 신경 쓸 겨를도 없었다. 이런 상황이 루블 블록의 응집력을 약화시키는 계기로 작용했다. 거액의 채무는 소련을 숨도 못 쉬게 만들었다. 그리고 루블 블록의 해체라는 위기에 직면했다.

제2차 세계대전이 끝난 후 미국을 비롯한 서방 각국의 산업 경제는 석유 수급의 영향을 크게 받았다. 석유 가격이 하락하면 경제의 성장과 더불어 시장이 활성화됐다. 반면 유가가 상승하면 경제가 침체되었다. 인플레이션도 발생했다. 따라서 폴 볼커의 인플레이션 억제 정책은 1986년 국제 유가의 폭락 덕분에 그나마 오랫동안 효과를 볼 수 있었다고 봐야 할 것이다.

미국의 물가상승률은 1986년 2%대로 하락했다. 잇따라 금리 역시 큰 폭으로 하락했다. 그 덕분에 월스트리트 금융 시장은 마치 가마솥의 물처럼 펄펄 끓어오르기 시작했다.

그러나 미국 증시와 채권 시장이 호황을 누릴 때, 금융 시장 이면에서는 보이지 않는 위험이 서서히 마각을 드러내고 있었다. 급기야는 이 위험이 폭발적으로 파급되기 시작했다.

1980년대 초 달러화 가치는 미국의 기초 경제 여건을 훨씬 벗어나 아주 큰 폭으로 상승했다. 달러 강세를 배경으로 미국의 무역 적자는 빠르게 확대됐다. 산업 경제는 치유가 불가능할 정도로 큰 상처를 입었다. 경제 밸런스를 다시 맞추려면 제조업 생산량이 최소한 30% 이상 늘어나야 했다. 그러나 달러 강세가 유지되는 한 경제의 균형을 되찾는 것은 애초부터 어불성설이었다. 해외 핫머니가 대거 밀려들면서 월스트리트 금융 자산의 거품이 빠른 속도로 팽창하기 시작했다. 소비자들은 대출 이자 걱정에서 벗어나 마음껏 돈을 빌려 쓸 수 있었다. 기업들은 정크 본드, 레버리지 매수 등 새로운 금융 도구를 이용해 전무후무한 인수 합병 붐을 일으켰다. 1980년대 미국의 정크 본드 발행 규모는 1,700억 달러에 달했다.

레버리지 매수의 치명적인 단점은 다른 게 아니었다. 기업이 다년간 힘들게 축적한 자본금이 채무에 의해 치환된다는 것이다. 대공황 이후 미국 기업의 부채 비율이 이토록 높은 것은 처음이었다. 그러나 더 큰 문제는 다른 데 있었다. 그것은 바로 줄어들 줄 모르는 미국 정부의 재정 적자였다. 재정 적자는 미국이 쥐고 흔드는 패권에 대한 복음이자 동시에 저주이기도 했다. 미국이 채무 화폐 중심의 성장 방식을 선택한 이상, 즉 채무가 '달러 채무 제국' 패권의 근간이 된 이상 재정 적자는 필연적인 결과일 수밖에 없었다. 정부 재정이 흑자로 돌아서서 채무를 다 상환하게 되면 '달러화 제국'의 패권이 흔들릴 수밖에 없으니 바보가 아닌 이상 근검절약하면서 흑자 재정을 기록하기 위해 아득바득 애를 쓸 이유가 있겠는가.

영국은 1979년 외환에 대한 규제를 풀었다. 일본 역시 1980년 외환 규제 완화 정책을 실시했다. 이렇게 유로달러의 최대 시장인 영국과 거액의 달러화 자산을 보유한 일본이 국제 자본의 자유로운 유입을 허용한 후부터 세계 금융 시장의 변화는 더욱 예측하기 어렵게 되었다. 미국은 저축이 심각하게 부족한 데 반해 일본은 저축 과잉 상태였으니 1980년대부터 세계 경제의 불균형 문제가 가시화되기 시작한 것은 당연한 일이었다.

폴 볼커는 과대평가된 달러화가 언젠가는 기초 경제 여건에 적합한 수준으로 폭락할 것이라는 사실을 알고 있었다. 그의 희망 사항은 바로 달러가 폭락하는 날이 오기 전에 필요한 예비 대책을 마련해 달러화의 연착륙을 실현하는 것이었다. 1986년 미국 경제는 재차 침체 국면에 진입했다. 그러나 워싱턴 정부는 문제의 심각성을 전혀 인식하지 못했다.

이 무렵 레이건 행정부의 재무장관은 한마디로 대단한 사람이었다. 미국 지배 엘리트 그룹의 신예로 일컫는 제임스 베이커(James Baker)였다. 베이커 가문은 록펠러 가문과 4대째 교분을 이어오고 있었다. 부시 가문과도 뿌리 깊은 관계를 유지하고 있었다. 자칭 타칭 명문세가라고 해도 좋았다. 원래 베이커는 레이건의 대통령 당선을 극력 반대했다. 그럼에도 레이건은 지난 일을 따지지 않고 그를 요직에 등용했다. 베이커는 맡은 바 소임을 완수하기 위해 전력투구했다. 그 역시 달러화 가치가 틀림없이 하락할 것이라는 데에는 이의가 없었다. 그러나 폴 볼커가 우려한 최악의 상황까지는 가지 않을 것이라고 낙관했다. 반면, 폴 볼커는 달랐다. 그가 예측한 최악의 상황은 달러화가 1978년처럼 전 세계의 버림을 받는 악몽을 재현하는 것이었다. 따라서 정말로 최악의 상황이 닥칠 경우 금리를 인상해 달러화 가치의 수직 하락을 막아야 한다는 입장을 견지했다. 문제는 베이커가 가장 금기시하는

것이 바로 금리 인상 조치였다는 사실이다. 그는 폴 볼커가 인플레이션을 잡기 위해 무지막지하게 금리를 인상한 탓에 미국 경제가 완전히 나락으로 떨어진 것이라고 굳게 믿었다. 더구나 이때는 베이커의 가장 친한 친구인 부시 부통령이 1988년의 대선에 출마하기로 결정한 상태였다. 경제가 침체에 빠진다면 부시는 말할 것도 없고 베이커 본인의 정치 생명 역시 끝장날 위험이 적지 않았다. 베이커는 나름대로 달러화의 점진적 평가 절하 방법을 모색하기 시작했다.

베이커는 그야말로 심사숙고 끝에 최종적으로 2단계 방안을 내놓았다. 그 내용은 다음과 같았다.

"우선 유럽환율제도, 곧 ERM의 확대판과 비슷한 제도를 구축해 달러에 대한 주요 화폐 환율의 변동 구간을 10~15%로 정한다. 이는 다른 국가들을 핍박해 달러의 대폭락을 미연에 방지하기 위한 것이다. 그런 다음 각국의 경제 정책을 조율할 수 있는 일종의 메커니즘을 구축해 미국과 유럽, 일본의 경제 불균형 상태를 해소한다."

베이커의 이런 구상은 한마디로 유로존보다 크고 복잡한 통화 블록을 구축하자는 것이었다. 유럽통화연맹을 설립하기까지 얼마나 파란만장한 과정을 겪었는지 너무나 잘 알고 있는 각국의 중앙 은행가들은 모두 머리를 가로저었다. 게다가 베이커는 G5 재무장관들을 앞세워 G5의 중앙 은행가들을 비서 노릇이나 하도록 하는 세계통화연맹을 세우겠다는 큰 계획을 갖고 있었다. 따라서 폴 볼커를 비롯한 그 누구도 그의 허황되고 터무니없는 계획을 지지할 리 없었다. 각국의 환율이 고정되지 않고 시장의 수급 상태에 따라 변동할 경우 각국 중앙은행은 반드시 환율의 움직임에 따라 화폐 정책과 금리 정책을 제정해야 한다. 그 때문에 베이커의 구상은 중앙은행이 재무장관의 지휘에 고분고분 복종하라는 것이나 진배없었다.

1985년 9월 15일 독선적이기 이를 데 없는 베이커는 아예 중앙은행 총재들을 따돌린 채 G5 재무장관들만 모아놓고 비밀회의를 개최했다. 그리고 일주일 후에 '플라자 합의(Plaza Agreement)'를 이끌어냈다. '플라자 합의'는 각국 중앙은행에 어떤 요구도 구체적으로 제기하지 않았다. 베이커 역시 그저 달러화의 평가 절하 추세가 나타나기만을 바랐을 뿐이다. 중앙은행 총재들은 한시름을 덜었다. 그러나 '플라자 합의'는 그 자체만으로도 시장에 엄청난 영향을 끼쳤다. 서독 마르크화는 '플라자 합의'가 채택되자 일주일 만에 달러화 대비 약 12% 상승했다. 엔화 역시 즉각 8%가 올랐다. 그리고 1986년 1월 달러화는 약 20% 평가 절하됐다.

첫 번째 '전투'에서 큰 승리를 거두고 자신감에 충만한 베이커는 1986년 1월 서독과 일본에 경기 부양책을 실시하고 미국과 같은 시기에 금리를 인하하라고 요구했다. 베이커의 속셈은 너무나도 뻔했다. 각국이 동시에 금리를 인하하면 달러 반등을 막을 수 있기 때문이다. 그러면 더불어 미국 경제에도 도움이 될 수 있었다. 또 서독과 일본이 경기 부양책을 실시할 경우 양국의 대미 수입을 늘릴 수도 있었다. 결과적으로 미국 경제와의 재균형을 실현할 수 있을 터였다. 서독과 일본은 베이커의 방안을 즉각 거절했다. 서독은 베이커의 방안이 인플레이션을 유발할지 모른다고 우려했다. 하이퍼인플레이션 때문에 큰 곤욕을 치른 적이 있는 서독은 9%의 높은 실업률은 감내할지언정 인플레이션이 재현되는 것은 절대 용납할 수 없었던 것이다.

서독과 일본으로부터 퇴짜를 맞은 베이커는 이번엔 폴 볼커에게 금리를 인하하라고 요구했다. 그러나 역시 거절을 당했다. 이에 베이커는 FRB 이사 2명을 교체하는 시기를 이용해 부시 부통령의 측근을 FRB에 심어놓는 꼼수를 부렸다. 그것도 폴 볼커에게 '아니오'라고 말할 수 있는 패기만만한 인물을 골라서 말이다. 그 결과 인사이동을 마쳤을 때 FRB 내에서는 레이건-부시 세력이 득세했다. 그리고 1986년 2월 24일 열린 FRB 회의에서 폴 볼커는 느닷없이 '퇴위'를 강요받았다. 다수의 이사들이 재할인율을 7.5%에서 7%로 낮출 것을 제의한 것이다. 마음의 준비를 전혀 못한 상황에서 뜻밖의 집중 공격을 당한 폴 볼커는 분노한 나머지 자리를 박차고 회의장을 떠났다.[14] FRB 설립 이후 최초의 '쿠데타'가 일어난 것이다. 베이커 역시 상황이 이 정도로 악화될 줄은 미처 생각하지 못했다. 더구나 폴 볼커를 '폐위'시킬 생각은 전혀 없었다. 단순히 폴 볼커에게 약간의 압력을 행사해 굴복하도록 만들려는 생각밖에는 없었다. 그러나 월스트리트에서도 난다긴다 하는 폴 볼커를 잘못 건드렸다가는 심각한 문제가 발생할 수 있었다. 당장 증시와 국채 시장이 대폭락할지도 모른다. 더 나아가 다른 국가의 중앙은행들이 먼 산 불구경하듯 달러 대폭락을 방관할 가능성도 있었다. 상황이 이렇게 되면 베이커 혼자 뒷수습을 한다는 것은 솔직히 역부족이었다. 베이커는 모든 이해득실을 면밀하게 따져본 다음, 폴 볼커에게 화해를 청했다. 폴 볼커는 겉으로는 별다른 말을 하지 않왔다. 그러나 속으로는 화를 삭이지 못해 이를 갈았을 것이다.

'플라자 합의' 채택 후 달러화 가치는 하락했다. 그러나 미국 경제의 연착륙으로는 이어지지 못했다. 달러화 평가 절하 압력이 갑자기 증가하면서 폴 볼커가 우려했던 대로 달러화 대폭락 조짐이 분명하게 나타나기 시작했다. 1986년 제2분기부터 외국 중앙은행들은 미국 국채 매입을 중단했다. 미국의 해외 자본 유입량 역시 감소하기 시작했다. 미국의 장기 채권 수익률에도 적색경보가 켜졌다.

베이커는 조바심이 들었다. 더구나 이때 서독은 일본보다 훨씬 더 완고한 입장이었다. 베이커는 궁여지책으로 미국이 재정 적자를 줄이겠다는 조건으로 서독에 재정 자극을 통한 경기 부양을 촉구했다. 그러나 서독은 여전히 말을 듣지 않았다. 달러화는 갈수록 높아지는 평가 절하 기대 심리 속에서 대폭 하락했다. 서독이 심혈을 기울여 경영한 ERM의 마지노선도 깨졌다. 대경실색한 독일 기업들은 너도 나도 서둘러 투자를 중단했다. 독일 경제는 삽시간에 성장을 멈췄다.

독일은 만부득이한 상황에서 1987년 2월 '루브르 합의'를 수락할 수밖에 없었다. 베이커는 각국의 금리를 미국 수준 이하로 낮출 것을 요구했다. 달러화의 수직 하락에 대비해 방패막이를 만들려는 생각이었다. 물론 그 대가로 미국의 재정 적자를 GNP의 2.3%로 줄이겠다고 약속했다. 이 말을 들은 폴 볼커는 코웃음을 쳤다.

"분명히 불가능할 줄 알면서 그렇게 꼭 집어서 목표치를 정할 건 뭡니까? 약속을 지키지 못하면 신용을 잃게 됩니다. 그럴 땐 목표를 두루뭉술하게 정해야지요."

베이커도 마음속으로는 볼커의 말에 일리가 있다고 생각했다. 그러나 레이건 대통령이 벌써 정부의 재정 적자 감축 목표를 2.3%로 정한 마당에 딴소리를 할 수도 없었다. 말할 것도 없이 미국은 이 목표를 달성하지 못했다. 베이커는 처음부터 이 목표를 달성하기 위해 노력할 생각도 하지 않았다. 그 때문에 영국의 한 언론은 '루브르 합의'를 다음과 같이 날카롭게 평가했다.

"루브르 합의는 플라자 합의의 업그레이드 버전에 불과하다. 우리는 그때 당시에는 달러화를 평가 절하해야 한다고 생각했으나 지금은 달러 가치가 안정돼야 한다는 데 의견을 같이하고 있다."

달러화는 루브르 합의 채택 후에도 계속 하락했다. 각국 중앙은행은 시중에 풀리는 달러를 회수하느라 허리가 꺾이다 못해 아예 휠 지경이었다. 어쨌거나 1987년 9월까지 각국 중앙은행은 자국 통화를 증발하는 방법으로 총 700억 달러를 흡수했다. 사실 중앙은행이 독립성을 고집하는 이유는 다른 데 있지 않다. 정부의 재정 적자를 메우기 위해 돈을 찍어내는 짓을 하고 싶지 않기 때문이다. 그러나 이번에는 원하든 원하지 않든 미국 정부를 위해 화폐를 마구 발행할 수밖에 없었다.

그러나 이런 노력에도 불구하고 달러 가치의 하락으로 인해 세계 증시는 1987년 대폭락을 면하지 못했다.


# 금융 시장 최후의 구원자 그린스펀

폴 볼커는 차기 대통령 부시의 신뢰를 완전히 잃었다. 자리를 보전하는 것은 거의 불가능에 가까웠다. 실제로도 그는 1987년 6월 FRB 의장 연임을 포기하고 자진 사퇴했다. 후임으로 임명된 앨런 그린스펀 (Alan Greenspan) 은 폴 볼커와 여러모로 달랐다. 무엇보다 노련하고 사교적인 사람이었다. 게다가 성격이 원만하고 순종적이었다. 월스트리트 금융가들과 워싱턴 정부의 대환영을 받기에 충분했다. 한마디로 폴 볼커가 융통성 없는 샌님 스타일이라면, 그린스펀은 노련한 정치가에 가까운 사람이었다. 폴 볼커는 달러화가 급속도로 폭락할 때 FRB 의장에 취임해 중임을 떠맡았다. 그러나 상황은 8년이 지났음에도 전혀 달라지지 않았다. 달러화는 여전히 심각한 위기에 처해 있었다. 과거 미친 듯한 속도로 가치가 상승하던 달러화는 그린스펀이 취임하자 그 기세 그대로 폭락하기 시작했다.

이 무렵 미국 재무장관 베이커는 화살에 놀란 새처럼 종일 불안에 떨었다. 그러던 중 1987년 9월 30일 열린 세계은행 및 IMF 연차총회에서 금을 비롯한 상품 가격을 인플레이션의 측정 지표로 삼아 환율 변동에 따른 리스크를 줄이자는 뜻밖의 제안을 내놓았다. 부시 지지자들 역시 금의 화폐화 방안을 다시 검토할 것을 적극 주장했다. 달러화가 휘청거리는 상황에서는 고정 환율과 강세 화폐가 정치인들의 이익에 더 부합하기 때문이었다. 영국 재무장관은 이때 한술 더 떴다. 아예 '영구적이고 조절 가능한 환율 메커니즘'을 구축하자고 제안한 것이다. 과거 브레턴우즈 체제 아래서는 각국 재무부가 권력의 중추를 장악했다. 따라서 중앙은행은 '조연' 역할만 할 수밖에 없었다. 이에 반해 ERM은 중앙은행에 환율 대권을 점차적으로 이양하는 제도였다. 이런 까닭에 유로화 출범 이후 유럽 각국의 중앙은행은 화폐 패권을 완전히 장악할 수 있었다. 그런데 영국 재무장관이 갑자기 브레턴우즈 체제의 '부활'을 주장했으니 각국 중앙은행들이 동의할 리 만무했다.

이때 미국의 무역 적자가 기대치를 훨씬 초과했다는 보고서가 나왔다. 그러자 '달러 채무 제국'의 가장 중요한 조력자인 일본에서도 달러화 자산 매각 붐이 형성됐다. 30년 만기 미국 국채 수익률은 즉각 심리적 방어선인 10%를 돌파했다. 당시 미국 국채의 수익이 주식 수익의 네 배까지 육박한 데는 다 이유가 있었다.

베이커가 생각한 최선의 방법은 다른 국가들이 금리를 낮추고 경기 부양책을 실시함으로써 달러화에 숨 돌릴 기회를 주는 것이었다. 물론 미국의 금리는 가급적 움직이지 않는 것이 좋았다. 거액의 부채를 떠안은 경제와 거품이 잔뜩 낀 증시에 금리 인상은 치명적인 독이 될 것이기 때문이었다. 가장 큰 골칫덩어리는 역시 서독이었다. 이때 서독은 경기 부양을 원하지 않을뿐더러 심지어 금리를 올릴 준비까지 하고 있었다. 당시 서독은 베이커에게 이렇게 충고했다. "미국도 한 차례의 경기 침체가 필요하다. 그래야 경제 불균형 문제를 해결할 수 있다." 이 말을 들은 베이커는 화가 머리끝까지 치솟았다.

1987년 10월 18일은 일요일이었다. 이날 전국에 방송되는 TV 프로그램에 출연한 베이커는 온통 서독을 구워삶을 생각만 하다 얼떨결에 이런 말을 내뱉었다.

"미국은 무역 흑자국들이 금리를 인상해 글로벌 경제의 성장이라는 희망을 누르도록 내버려두지 않을 것이다. 그들은 심지어 미국도 금리를 인상할 것을 기대하고 있다."[15]

시장 참가자들은 이 말을 심각하게 받아들였다. 더 정확하게 말하면, 루브르 합의에 따라 구축한 협력 관계가 곧 결렬될 것이라는 의미로 받아들였다. 미국이 서독과 일본을 따라 금리를 인상하지 않을 경우 달러화는 더 큰 폭으로 하락할 게 틀림없다. 이렇게 되면 누가 감히 달러화 자산을 보유하려 하겠는가. 미국 국채의 순매도가 지속되면 수익률이 급등할 것이고, 증시는 악재를 면치 못할 것 아닌가.

다음 날인 월요일, 뉴욕 증시는 역사상 최악의 대폭락을 시작했다. 주식 가격은 걷잡을 수 없이 하락했다. 다우존스지수는 이날 하루 사이 508.32포인트나 폭락했다. 낙폭이 무려 22.6%에 달했다. 1941년 이래의 최고 기록을 가볍게 경신했다. 6시간 30분 만에 주가지수 손실도 5,000억 달러에 달했다. 미국 GNP의 8분의 1에 상당하는 규모였다. 뉴욕발 악재는 빠른 속도로 전 세계에 확산됐다. 런던, 프랑크푸르트, 도쿄, 시드니, 홍콩, 싱가포르 등지의 주식 시장 역시 큰 타격을 입고 주가가 10% 정도씩 하락했다. 투자자들의 공포는 전염병처럼 서방 각국으로 퍼졌다. 수많은 백만장자들이 하룻밤 사이에 완전히 알거지가 되었다. 세계 각지에서 파산한 투자자들의 투신자살이 잇따랐다. 금융계에서는 이날을 '블랙 먼데이'라고 불렀다. 심지어 〈뉴욕 타임스〉는 "월스트리트 역사상 최악의 하루"라고 평가했다.

그린스펀은 바로 이런 위기의 순간에 FRB 의장에 취임했다. 따라서 사람들이 그를 폴 볼커와 비교하는 것은 당연할 수밖에

▌ 1987년 10월 19일의 블랙 먼데이 뉴욕 증시 대폭락

없었다. 그린스펀으로서는 실력을 발휘할 기회가 온 것이기는 했지만 말이다. 그는 우선 이사회를 대표해 다음과 같은 내용의 성명서를 발표했다.

"FRB는 미국 중앙은행으로서 미국 경제와 금융 시스템을 유지하기 위해 충분한 유동성을 공급할 준비가 돼 있음을 재차 천명한다."

그의 말이 뜻하는 것은 분명했다. 요컨대 중앙은행이 미국 증시를 구제하기 위해 늘 조폐기를 돌릴 준비가 되어 있다는 의미였다. 투자자들에게 FRB가 미국 은행 시스템의 최후 대출자이자 금융 시장의 최후 구원자임을 각인하기 위한 조치라고 해도 과언이 아니었다.

증시는 잠시 안정을 되찾는 듯했다. 그러나 FRB가 증시를 구제할 경우 미국의 장단기 금리가 모두 하락할 수밖에 없었다. 이렇게 되면 달러화 가치 역시 더 큰 폭으로 하락할 것이다. 전 세계의 관심이 갑자기 서독으로 집중되었다. 자연스럽게, 서독이 나서서 미국 달러와 세계 증시를 구원할 것인지 여부에 귀추가 주목된 것이다.

10월 22일 드디어 서독 중앙은행의 정례 회의가 열렸다. 이 회의에서 카를 오토 푈 총재는 먼저 "베이커가 일으킨 문제이니 우리는 그냥 적절하게 대응하기만 하면 된다"라고 아무렇지도 않게 말했다. 이 한마디로 회의 기조는 정해진 것이나 다름없었다. 계속된 회의에서 대부분의 이사들은 글로벌 증시 붕괴에 대해서는 아예 관심도 없다는 듯 서독 국내 경제 문제에 대해서만 거론했다. 요청을 받고 회의에 참석한 스톨텐베르크 재무장관은 다급해서 어쩔 줄을 몰라 했다. 그나마 발언 기회가 온 것이 다행이었다. 그는 기회를 놓치지 않고 "금리 인상은 우둔한 짓이다"라면서 국제 협력의 중요성을 극력 강조했다. 글로벌 증시 대폭락은 스톨텐베르크에게도 큰 충격을 주었기 때문이다. 사실 국제회의 참가 경험이 많은 그는 다른 국가들의 어려움을 누구보다 잘 이해하고 있었다. 그러나 카를 오토 푈은 정부가 증시를 구제할 수 있다는 말을 애당초 믿지 않았다. 회의 결과, 서독 중앙은행은 금리를 인하하지 않을 것이라고 선포했다. 심지어 상황이 여의치 않을 경우 금리를 인상할 가능성도 있음을 시사하기까지 했다.

전 세계 투자자들은 완전히 낙담했다. 베이커는 너무나도 분해서 남의 눈도 아랑곳하지 않고 이를 부득부득 갈았다. 그러나 그는 이 사건을 통해 서독 중앙은행이 얼마나 '독립적'인지 뼈저리게 깨달을 수 있었다. 이처럼 서독 중앙은행은 그 누구의 말도 듣지 않을 정도로 독선적이었다. 그린스펀이 지휘하는 FRB는 독일 중앙은행에 비하면 그야말로 '양'처럼 순했다고 해도 좋았다.

서독 중앙은행의 성명은 즉각 엄청난 파문을 일으켰다. 달러화는 그날로 다시 하락하기 시작했다. 유럽환율제도 역시 위기에 빠졌다. 그러나 상황은 곧 안정됐다. 일본이 미국 증시가 폭락하는 틈을 타 매일 20억 달러씩 달러화를 매입했기 때문이다. 그러나 미국 장단기 채권 금리와 국제 시장 금리의 격차는 점점 확대되었다. 국제 투기 세력은 먹이를 노리는 매처럼 호시탐탐 약세 달러의 움직임만 주시했다. 이론상으로 중앙은행은 시장 경제의 수호자로서 외환 시장에 직접 개입해 환율을 조정하는 권력이 없다. 따라서 그린스펀도 매도자와 매수자 간의 싸움에 끼어들지 않아야 했다. 미국은 걸핏하면 다른 국가들이 환율을 조종한다고 지적했다. 마치 미국의 중앙은행은 하늘이 무너져도 외환 시장에 직접 개입하지 않을 것처럼 말이다. 하지만 달러화가 위기에 빠지자 FRB는 조금도 주저하지 않고 행동을 개시했다.

달러 하락세는 여전히 지속됐다. 1987년 말 그린스펀은 드디어 '달러 매도 세력과의 대결전'을 선언했다. 총공격 시간은 1988년 1월 4일(월요일)로 정했다. 그린스펀이 총책임을 맡고 뉴욕연방준비은행을 필두로 일본과 서독 중앙은행까지 합세해 각국 외환 시장이 갓 개장한 틈을 타서 매도 세력을 기습 공격할 작정이었다. 관건은 어떤 방법으로 달러 가치 하락에 대한 시장의 기대를 역전시키느냐 하는 것이었다. 당시 국제 외환 시장의 일일 거래량은 6,400억 달러에 달했다. 만약 중앙은행이 억지로 시장에 유동성을 공급한다면 수십억에서 수백억 달러의 자금이 시장에 의해 순식간에 흔적도 없이 사라지고 말 터였다. 따라서 조금 더 융통성 있는 방법이 필요했다. 그린스펀은 환율 전쟁에서 승리하는 비결이 심리전에 있다고 판단했다. 거액의 유동성을 시기적절하게 외환 시장에 투입해 가장 중요한 달러 매도 세력에 치명적인 일격을 가한다면 이른바 '양떼 효과(The Effect of Sheep Flock)'에 의해 매도세가 매수세로 돌아설 가능성이 높았다. 나머지는 시장이 알아서 할 일이었다.

1월 4일 월요일, 아시아 외환 시장 개장 직전 갓 휴가를 마친 외환 딜러들이 속속 근무처로 복귀했다. 이들에게는 모두 아직 연휴의 여운이 남아 있는 듯했다. 시장의 흐름을 정확하게 판단하기 어려운 상태였다. 달러는 여전히 약세를 나타냈다. 이 시각 뉴욕은 일요일 밤이었다. 뉴욕연방준비은행 외환 딜러들은 해외 시장의 동향을 면밀하게 주시하고 있었다. 굳이 비유하자면, 마치 경마장에서 경기 시작을 기다리는 경주마들이 주변의 움직임을 불안하게 주시하는 것처럼 말이다.

외환 시장이 개장하자마자 뉴욕연방준비은행의 외환 딜러들은 즉시 일본을 비롯한 아시아 각국 은행에 전화로 매매 문의를 하기 시작했다. 아시아 외환 딜러들은 깜짝 놀랐다. 여태까지 뉴욕연방준비은행 외환 딜러들이 직접 매매 문의를 한 경우는 거의 없었기 때문이다. 더구나 달러 환율 급락에 아랑곳하지 않고 매도 물량을 모두 매수한 사례는 단 한 번도 없었다. 눈치 빠른 사람들은 각국 중앙은행이 협동 작전을 개시했다는 사실을 알 수 있었다. 그린스펀이 기대한 것은 바로 이처럼 기선을 잡아 분위기를 압도하는 효과였다. FRB의 매수 주문이 외환 선물과 현물 시장에 동시에 홍수처럼 밀려들면서 달러화의 강세를 주도했다. 사태가 심상치 않다는 사실을 눈치챈 매도 세력은 즉시 아시아 시장에서 철수했다. 영문을 모르는 개미 투자자들 역시 따라서 철수하거나 매수세로 돌아섰다. 순식간에 아시아 외환 시장은 아비규환의 수렁에 빠졌다. 아수라장이 따로 없었다. 대형 매체들이 잇따라 외환 시장에서 달러가 강한 반등을 시작했다며 앞다투어 바람을 잡았다. 시장 심리는 그린스펀이 예상한 것보다 훨씬 큰 혼조세를 보였다. 양떼 효과는 순식간에 역전됐다. FRB는 아시아 시장에서의 여세를 몰아 유럽과 미국 시장에서도 달러 매도 세력에게 큰 타격을 주었다. 월요일과 화요일 이틀 만에 국제 외환 시장에서 달러 매도 주문은 완전히 종적을 감췄다. 그리고 달러 가치는 엔화 대비 8.3%, 마르크 대비 10.4% 상승했다. 뉴욕 증시는 4% 상승했다. 30년 만기 미국 국채 가격 역시 큰 폭으로 올랐다.

훗날 FRB는 그린스펀에게 찬사를 퍼부었다. 심리전, 여론전, 함정, 아시아 시장 공략 전술 등을 총동원한 '창의적' 전략을 사용했기 때문에 큰 성과를 거둘 수 있었다면서 말이다. 한마디로 모든 공로를 그린스펀에게 돌렸다. 실제로 이 '달러 보위전'에 각국 중앙은행이 실제 투입한 자금은 모두 합처 40억 달러도 채 되지 않았다. 그중 일본 중앙은행이 10억 달러, 서독 중앙은행이 8억 달러, FRB가 6억 8,500만 달러 정도를 투입했다. 각국 중앙은행이 외환 시장에 개입하기 시작한 이후 이토록 적은 비용으로 큰 성과를 거두기는 처음이었다.[16]

그린스펀은 이 '달러 보위전'에서 훌륭한 능력을 남김없이 발휘했다. 이 때문에 폴 볼커보다 훨씬 유능하다는 평가를 받았다. 그린스펀은 폴 볼커처럼 달러 환율을 높이기 위해 금리를 인상하는 우둔한 방법을 쓰지 않았다. 대신 '외환 선물'이라는 금융 도구를 전략적으로 잘 이용해 달러 매도 세력의 배후에서 기습 공격을 감행했다. 또 외환, 주식, 채권 등 여러 시장에서 협동 작전을 펼치는 방법으로 저비용, 고수익의 혁혁한 전과를 거뒀다. 폴 볼커가 전개한 '달러 보위전'이 거액의 비용을 소모하면서 수많은 사상자를 낸 베트남 전쟁과 같다면, 그린스펀의 작전은 정밀 무기를 사용한 비접촉 방식의 걸프 전쟁에 비유할 수 있다. 이때부터 달러화의 세계 패권 지위를 강화하기 위한 전략은 전통적인 금리 인상 방식에 그치지 않았다. 외환, 선물, 주식, 채권, 벌크 스톡(대량 상품), 언론 매체, 신용 평가 기관, 경제학자, 연줄에 의한 정치·군사·외교 등 다양한 분야의 협동 작전을 요하는 이른바 무제한 전쟁의 양상을 보이기 시작했다. 이때의 경험을 통해 미국은 2011년 5월 달러가 약세를 나타내고 금 가격이 폭등할 때 똑같은 전략으로 또 한 차례의 '달러 보위전'을 발동할 수 있었다.

그러나 그린스펀의 정책에 대한 논란도 매우 많다. 쟁점은 자유시장경제 체제하에서 중앙은행의 외환 시장 개입이 적합한지 여부였다. 중앙은행은 외환 시장의 심판으로서 시장 참가자들의 다툼에 개입하지 않고 시장 질서를 유지하는 역할만 해야 마땅하다. 그런데 직접 시장에 개입해 어느 한쪽의 편을 들어주니 논란의 소지가 될 수밖에 없다.

아무튼 환율 조정에 관한 한 그린스펀을 따를 사람이 없다는 평가는 누가 뭐래도 사실이라고 해야 할 것 같다.

## 정보 혁명이 단명한 원인

레이건 대통령에서 부시 대통령까지 1980년대 전체를 통틀어 미국은 완전히 달러 채무에 의존해 경제 성장을 일궜다고 해도 과언이 아니다. 원래 자산 팽창은 채무 팽창을 불러온다. 또 채무 상환 자금은 결국 실물 경제에서 나온다. 그러나 실물 경제가 더 이상 충분한 현금 유동성을 만들어내지 못할 경우 자산 버블은 붕괴하게 마련이다. 외국 자금의 유입량까지 감소할 경우는 더 말할 필요조차 없다. 번영의 베일에 가려 보이지 않던 채무가 적나라하게 모습을 드러낸다. 최종적으로는 경제 침체라는 피할 수 없는 후폭풍으로 이어진다.

1990년, 일본 증시가 붕괴한 뒤 일본 경제는 장기 불황에 빠져들었다. 미국의 가장 중요한 자금 공급원이 막혀버린 것이다. 게다가 독일은 통일 준비에 몰두하느라 국내 자금 대부분을 동독 경제 회복에 투입했다. 그 때문에 미국에 자금을 수출할 여력이 없었다. 해외 저축에 심하게 의존하는 미국으로서는 그야말로 엎친 데 덮친 격이었다.

미국 기업들의 부채 증가 속도는 설비와 공장 등 유형 자산의 성장 속도를 훨씬 초과했다. 이에 따라 미국 기업의 GNP 대비 순자산 비중은 1980년 94.5%에서 1988년 74.3%로 하락했다. 이런 유형 자산으로 창출한 이윤은 거액의 채무를 부담하기에 역부족이었다. 자산 버블 붕괴 후 기업의 채무 원리금 상환 압력은 2배로 증가했다. 파산이나 디폴트를 선언한 기업은 1953~1980년 사이 2.5배 증가했다. 2,000억 달러 규모의 정크본드 시장은 유동성이 심각하게 고갈됐다. 상업용 부동산 시장은 불황에 빠졌다. 주거용 부동산 시장 역시 여의치 않기는 마찬가지였다. 규모가 1조 달러에 달하는 주택담보증권 시장은 치명적인 위기에 직면했다. 대출을 받아 과소비를 즐기던 소비자들은 채무를 빨리 갚기 위해 허리띠를 졸라매야 했다. 부동산 시장의 침체, 소비성 대출 연체, 기업들의 잇따른 디폴트 선언 등 연달은 악재로 인해 은행 시스템도 위험에 빠졌다. 실제로 약 4분의 1의 은행이 파산 직전에 이르렀다. 이들 은행이 보유하고 있는 7,500억 달러의 부실 자산은 당연히 FRB의 깊은 우려를 자아내기에 충분했다. 더 큰 문제는 미국 정부의 재정 적자가 4,000억 달러라는 엄청난 규모를 기록하면서 GNP의 6.5%를 차지한다는 사실이었다.

미국은 한때 세계 1위의 산업 강국으로서 타의 추종을 불허했다. 그러나 점차 국제 경쟁력을 잃고 '세계 경제의 환자'로 전락했다. 미국은 또 과거 세계 최대의 자본 수출국이기도 했다. 하지만 어느새 외국 자금의 도움 없이 연명하기 어려울 정도로 완전히 추락했다. 미국은 한때 99%의 하위층도 근면한 노동을 통해 부자의 꿈을 꿀 수 있는 '중산층의 천국'이었다. 그러나 어느덧 상위 1% 부자들이 투기와 모험을 통해 특권 세력으로 부상한 '금융가의 낙원'으로 변해버렸다.

이런 모습들은 바로 미국이 1980년대에 채무 주도형 경제 성장 모델을 선택한 이후부터 지금까지 남겨놓은 모든 '유산'이다.

그린스펀은 미국 경제가 종전 후 처음으로 채무 위기 때문에 심각한 침체에 빠졌을 때 FRB 의장에 부임했다. 사실 그 이전의 채무 위기는 2008년의 채무 위기에 비하면 새 발의 피였다. 당시 미국의 부채 규모는 GDP의 180%밖에 되지 않았으니 말이다. 이에 반해 1929년과 2008년 미국의 GDP 대비 부채 비중은 각각 300%와 350%에 달했다. 비교가 되지 않는다.

위기를 극복하는 유일한 출로는 부채 규모를 줄여 기업 생산과 국민 소비를 늘리는 길밖에 없었다. 그럼에도 불구하고 1990~1991년의 경기 침체는 종전 후 여느 위기 때보다도 더 오래 지속됐다. 심지어 1990년 바닥으로 추락한 부동산 가격은 10년이 지나서야 겨우 정상 수준을 회복했다. 이어 1990년대 중반에 이르러 경제 역시 다시 활성화되기 시작했다.

1990년대에 미국 경제의 빠른 회복을 이끈 원동력은 '정보 혁명'이었다. 과학기술의 진보는 기나긴 축적 과정을 필요로 한다. 각 영역에서 기술적인 폭발이 이뤄져 분산됐던 기술이 하나로 합쳐질 때 거대한 생산력을 구축할 수 있다. 정보 기술도 마찬가지로 급진적인 발전 과정을 거쳤다. 제2차 세계대전 종식 후 반도체의 출현은 정보 혁명의 서막을 열었다. 우선 1958년 집적 회로가 발명되면서 컴퓨터를 중심으로 하는 정보화 시대가 본격화되었다. 이후 마이크로프로세서, 네트워크, 위성, 광섬유, 레이저 등 각 분야별 기술이 통신 분야에서 하나

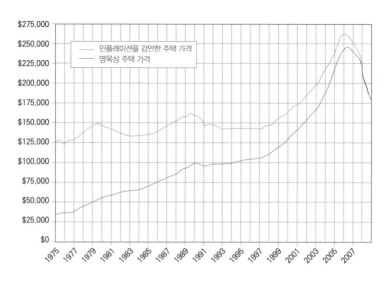

인플레이션을 감안한 주택 가격
명목상 주택 가격

| 1975～2007년 미국 주택 가격 추이

로 통합되어 인터넷 기술의 토대를 마련했다. 1995년에는 세계 최초의 웹브라우저 넷스케이프(Netscape)의 출시를 시작으로 정보 혁명은 첫 번째 단계에 진입했다.

이 과정은 종전 후 석유화학 산업이 급속한 산업화 진전의 원동력이 된 것과 매우 비슷하다. 사실 석유 산업과 화학 산업은 분야가 서로 다르다. 수십 년 동안 연구 성과도 각기 따로 축적했다. 그러나 이 성과는 중동에서 염가 석유가 발견된 후 기술적 통합을 거친 다음 새로운 산업인 석유화학 산업으로 모습을 갖추게 되었다. 이후 에너지와 원자재의 한계를 뛰어넘어 전후 20년 동안 구미와 일본 경제의 지속적인 번영을 이끌었다.

지난 100여 년 동안 이뤄진 두 차례의 정보 혁명은 미국의 경제 성장에 큰 기여를 했다. 1889년부터 2000년까지 111년 동안 미국의 노동 생산성은 세 차례의 고조기를 맞이했다. 우선 1917~1927년에 1차로 생산성이 3.8% 성장했다. 이어 1948~1973년에 2차로 생산성이 2.8%의 성장을 기록했다. 마지막으로 1995~2000년에 3차로 생산성이 2.4% 성장했다. 약 20~25년의 간격을 두고 생산력이 폭발적으로 성장한 것이다. 20~25년이면 한 세대가 다음 세대에 의해 교체되는 기간이기도 하다.[17]

석유화학 산업과 정보 기술은 인류 사회의 모든 방면에 직접적이고 깊은 영향을 끼쳤다. 석유화학 기술로 만들어낸 신소재는 인류가 사용하는 모든 물질에 기존에 없던 새로운 성능과 용도를 부여했다. 또 정보 기술이 구축한 대량의 정보는 인류에게 무한대에 가까운 새로운 경험을 하게끔 만들었다. 석유화학 기술과 정보 기술의 공통점은 모두 기존의 제약을 타파하고 일련의 새로운 산업을 탄생시키는 것이다. 더불어 전통 산업의 각 분야에 침투해 사회의 보편적인 인정을 받는 새로운 제품과 용역을 창출하는 것도 공통점이라고 할 수 있다. 석유화학 산업과 정보 기술이 다른 산업에 원료 및 설비와 용역을 제공하면 그 산업의 생산성이 대폭 향상된다. 또 석유화학 산업과 정보 기술을 토대로 형성된 새로운 산업은 무서운 성장 속도를 갖는다. 이 두 산업은 경제 영역에서는 새로운 성장, 과학기술 분야에서는 새로운 발명을 이끌며 인류 생활의 질을 개선하는 데 엄청난 기여를 했다.

그중 석유화학 산업은 장장 20년 동안 세계 경제 성장의 원동력 역할을 해왔다. 그러나 정보 기술이 세계 경제에 두드러지게 기여한 기간은 5년에 불과하다. 왜 정보 혁명은 단명했을까?

가장 중요한 원인은 바로 경제 성장 모델의 변화 때문이라고 볼 수 있다. 종전 후 세계 경제가 20년 동안 빠른 성장을 이룰 수 있었던 것은 브레턴우즈 체제 덕분이라고 해도 과언이 아니다. 이 체제에서 환율과 화폐의 내재적 가치가 안정됐다. 투자와 소비도 상대적으로 균형을 이뤘다. 각국 경제 역시 국내 저축을 원동력으로 빠르게 성장할 수 있었다. 국경을 초월한 자본이 '금융의 이도공간'을 형성하기는 했지만 그 규모는 무시해도 좋을 만큼 대단히 작았다. 투기 자본의 규모도 크지 않았다. 여기에 발명의 창조, 기술의 개량, 원료 및 에너지 절감 분야에 투자가 집중되었다. 경제 번영은 실물 경제의 안정적인 성장에 뿌리를 둘 수 있었다. 이런 투자 주도형 경제 성장은 안정적인 화폐 환경 아래서 거대한 사회적 부를 창출했다. 또 상대적으로 공평한 소득 분배 제도를 통해 가난한 사람과 부자, 지배 엘리트와 중산층은 공평하게 경제적 성과를 나눠 가졌다. 따라서 생산과 소비의 균형 발전이 가능했다. 더 나아가 경제의 장기적인 번영도 가능해졌다. 석유화학공업이 약 20년 동안 산업 경제의 빠른 성장을 지속적으로 추진할 수 있었던 것은 바로 이 투자 주도형 경제 성장 덕분이었다.

그러나 1980년 이후 미국과 영국이 앞장서서 투자 주도형의 건전한 경제 성장 모델을 채무 중심의 취약한 경제 성장 방식으로 바꿔버렸다. 달러화 과잉 공급이 장기화하면서 1980년대에 역사상 유례없는 '금융의 이도공간'이 형성되었다. 급기야 탐욕스럽기 그지없는 거대한 금융 괴물이 탄생했다. 실물 경제의 정상적인 수익으로는 이들의 무한대에 가까운 자가 팽창 욕구를 만족시킬 수 없었다. 급기야 이들은 '돈이 돈을 낳는' 방식으로 거대한 버블을 형성해 유형 자산을 치환하고, 높은 레버리지로 사회적 부를 약탈하기에 이르렀다. 이들에 의해 정상적인 산업의 수명 주기는 파괴되었다. 또 이들이 만들어낸 '금융 호르몬'은 아직 채 성숙하지도 않은 기술에 성과를 꾸며냈다. 이들은 산업 간 조화로운 성장이라는 경제적 논리를 완전히 무시한 채 오직 '빠르게, 더 빠르게' 돈을 버는 것만을 유일한 목적으로 삼았다.

정보 기술이 아직 성숙 단계에 진입하지 못한 상태에서 이 산업에 어마어마한 자본이 투입되었다. 이어 다른 산업에 침투한 정보 기술이 아직 만족할 만한 수익을 창출하지 못한 상태에서 정보 기술 산업 자체에 투자 과잉의 문제가 발생했다. 과잉 투자는 저축의 낭비라는 만회할 수 없는 결과를 초래했다. 버블 붕괴에 따른 피해는 정보 기술 혁명의 성과를 말살하고도 남을 만큼 막대했다. 시대를 역행한 인류의 섣부른 욕심 때문에 정보화 시대는 10년 이상 퇴행할 수밖에 없었다.

2000년 나스닥 시장 붕괴 후, 미국에서 1990~1991년의 채무 버블을 훨씬 능가하는 부동산 버블로 인한 금융위기가 발발했다. 이에 따라 정보 혁명의 완성에 대한 인류의 희망은 다시금 먼 미래로 밀려났다.

경제는 누가 뭐라 해도 계속 성장하기 마련이다. 기술 혁명도 걷잡을 수 없이 퍼져나갈 것이다. 그러나 계속 채무 주도형 경제 성장 모델을 고수하는 한 인류 경제의 번영은 언제나 신기루처럼 잠깐 나타났다가 곧바로 사라져버리고 말 것이다.

# 제8장

# '중국 모델 3.0'의 전망

'중국의 길'은 세계 경제 판도에 중대한 영향을 끼칠 개연성이 매우 농후하다. 또 중국의 경제 모델은 전 세계적으로 초미의 관심 대상이 될 수밖에 없다. 중국과 세계의 운명이 이토록 긴밀하게 연결된 적은 중국 근대사에서 단연 처음이라고 해도 과언이 아니다. 역사는 아마도 중국이 이번에 선택하게 될 경제 모델을 '중국 모델 3.0'이라고 일컫지 않을까 싶다.

# 들어가면서

중국은 개혁개방을 실시하기 전 30년 동안 소련식 경제 모델을 본뜬 산업화 정책을 추진했다. '중국 모델 1.0 시대'라 부를 수 있는 이 시기에 중국은 그야말로 열심히 소련의 계획 경제 모델을 잘도 흉내 냈다. 그러나 토대가 너무 약한 데다 국민의 자질도 틀에 박힌 계획 경제 체제의 요구 수준에 미달했기 때문에 그 당시 중국의 산업화 시도는 실패로 막을 내리고 말았다. 이로써 중국의 경제는 완전히 강시가 되다시피 했다.

개혁개방 이후 중국의 지식 엘리트는 자신들이 오래전부터 꿈꿔온 '천국'이 바로 서구 사회라는 새로운 사실을 발견했다. 그들의 눈에 비친 서방 국가는 세상에서 가장 진보적인 사상, 가장 선진적인 제품, 가장 합리적인 제도, 가장 트렌디한 문화를 양산하는 '온상'이었다. 급기야 과거에는 '스승'을 잘못 만나 중국이 발전을 하지 못하고 뒤처진 것이라는 결론을 내렸다. 그래서 이번에는 대외 개방이라는 좋은 기회를 이용해 서방 국가를 '스승'으로 모시기로 결심했다. 특히 미국식 경제 모델이 각별한 관심을 끌었다. 이렇게 해서 미국식 경제 모델을 모방한 '중국 모델 2.0'에 대한 대대적인 탐색이 기세 좋게 막을 올렸다. 중국은 미국 같은 '천국'으로 부상하겠다는 일념 하나로 주저 없이 글로벌화의 격류로 뛰어들었다. 동경하던 '천국'이 마치 피안의 세계처럼 점점 눈앞에 다가올수록 그들의 기쁨은 주체할 수 없이 커졌다. 목적지에 도달하면 모든 고생이 끝나고 모든 문제가 저절로 해결될 것 같은 느낌이 들었다.

그러나 중국이 지향하던 '천국 같은 세계'는 2008년 갑자기 들이닥친 금융 쓰나미에 완전히 매몰되고 말았다. 중국의 '스승' 미국도 예외 없이 금융위기 속에서 무기력하게 허우적거렸다. 중국의 지식 엘리트들은 선택의 기로에 섰다. 어떻게 해야 하는가? 그들 중 일부는 계속 '천국'을 향해 나아가야 한다고 주장했다. 그 피안의 세계에 도달하면 모든 것이 좋아질 거라고 고집을 부렸다. 그러나 더 많은 사람들은 가던 걸음을 멈추고 뒤돌아보는 길을 선택했다. 글로벌화 조류에 휩쓸려 온갖 고생을 한 끝에 드디어 중국이 나아가야 할 방향을 대략적으로나마 파악한 것이다. 그리고 여느 국가들과 다른, 완전히 새로운 '중국의 길'을 모색하기로 작심했다.

소련과 미국이 무너지자 중국은 졸지에 스승을 잃은 학생처럼 방향을 잃고 방황하는 신세가 되었다. 그러나 현실은 냉담했다. 중국은 원하든 원하지 않든 글로벌화 조류의 선두에 서서 리더 역할을 담당해야 하는 운명을 부여받았다. 경기 침체의 소용돌이에서 허덕이는 미국, 채무 위기로 몸살을 앓는 유럽 그리고 아시아의 무역 상대국들까지 전 세계가 중국만 바라보고 있다. 중국이 호쾌하게 돈주머니를 열고 재차 경기를 부양시켜 도탄에 빠진 세계를 구제하기만 기다리는 형세가 된 것이다.

중국은 과연 어떤 선택을 할 것인가?

# 다사다난하게 시작된 중국의 산업화

'중국의 30년 경제 기적'이 서구에서 회자되고 있다. 그러나 사실 이 기적이 시작될 당시 중국의 산업화 토대는 낙후하고 취약하기 이를 데 없었다.

1950년대까지만 해도 중국의 산업화 수준은 산업 기술 확산에 힘입어 세계적인 수준에 거의 근접했다. 그러나 이후 20년 동안은 정치적 혼란 속에서 더 이상 발전하지 못했다. 그저 제자리걸음만 했다. 중공업과 경공업 및 농업의 불균형한 발전, 저축과 소비의 격차 등과 같은 고질적인 문제는 해결되기는커녕 오히려 점점 더 악화일로만 걸었다. 게다가 중국은 미국에 의해 경제 봉쇄를 당하고 소련과도 반목한 이후부터는 산업화 기술을 낮은 가격에 빠르게 공급받을 수 있는 루트를 완전히 잃고 말았다. 중국인이 제아무리 총명하고 근면하다 한들 고작 30년 동안 자체적으로 축적한 기술만으로 서방 국가들이 200년 동안 구축한 산업 토대를 따라잡는다는 것은 결코 쉬운 일이 아니었다. 심하게 말하면 어불성설이었다. 서방 국가들의 산업 우위는 산업 기술 자체에만 있는 것이 아니었다. 인재·생산 조직·인프라·설비 제조·원자재 및 에너지 공급 등을 아우르는 산업 시스템, 산업 경제 발전에 순응해 구축한 금융 기관·자본 시장·법률 규범·과학기술 연구·교육·의료 등 사회 서비스 시스템 등에서도 중국을 압도적으로 앞서고 있었다. 심지어 농업 토대마저 중국을 훨씬 능가했다. 중국 단독으로 산업 발전을 추진할 경우 장기적 성장은 불가능했다. 그뿐만 아니라 수많은 부작용이 나타날 것이 자명했다. 신흥 산업국들이 산업화 추진 과정에서 흔히 고배를 마시는 원인은 분명하다. 산업 자체만 중시하고 그 산업의 발전을 뒷받침하는 사회 서비스 제도 건설을 간과하기 때문이다. 또 경제가 '벽'에 부딪쳐 앞으로 나아가지 못할 지경이 되어서야 다시 처음부터 시작하려는 경향이 있기 때문이다.

개혁개방 초기의 산업화 발전에 가장 큰 걸림돌이 된 것은 농업이었다. 중국 인구의 80%를 차지하는 농업 인구는 본인이 먹을 식량은 말할 것도 없고 도시 주민들의 양식도 생산해야 했다. 그뿐만 아니라 석유화학 기술이 발달하기 전에는 경공업 원료까지 제공해야 했다. 따라서 이 양대 산업의 발전에 필요한 자원 축적을 책임져야 할 농민의 부담은 날이 갈수록 커질 수밖에 없었다. 이런 부담 비율을 의미하는 자원 축적률이 25%에 달할 경우 농업 경제는 일반적으로 질식 상태에 빠지고 만다. 산업 경제 역시 마비되는 것은 말할 것도 없다. 그런데 중국 농업의 자원 축적률은 1970년 이후 10년 동안 해마다 30%를 초과했다. 두 번째 '대약진' 운동으로 일컫는 이른바 '양약진' 운동이 시작된 1978년에는 36.5%에 달했다. 이는 1958년부터 3년 동안 시행된 대약진 시기의 수준(39%)과 맞먹는 수치다![1]

양약진(洋躍進)
중국의 부족한 자본과 기술을 서구로부터 배우겠다는 방침.

이른바 '축적'이라는 것은 앞서 예로 든 '사냥꾼 이야기'에서 사냥꾼이 활을 만드는 데 투입한 '토끼(자원)'를 가리킨다. 이 축적률이 지나치게 높은 반면 저축이 부족할 경우 사냥꾼은 배를 곯으면서 일을 할 수밖에 없다. 중국 경제, 특히 농촌 경제는 1957년 이후부터 줄곧 심각한 적자에 시달렸다. 더불어 과잉 투자는 농촌의 저축 부족을 초래해 농민은 필요한 소비품을 제때 공급받을 수 없었다. 따라서 농민 생활의 질은 향상될 수 없었다. 농촌 시장 활성화 역시 불가능했다. 게다가 불합리한 가격 제도 때문에 농민의 노동 성과 또한 합리적인 보상을 받지 못했다. 따라서 생산성 제고에 대한 농민의 적극성이 크게 약화된 것은 당연한 귀결이었다.

농업을 죽이느냐, 살리느냐? 이것은 중국 개혁개방의 성패를 좌우하는 가장 중요한 요인이었다.

1979년 중국 정부는 농업 경제를 방치하던 오랫동안의 전례를 타파했다. 18종의 농산물 가격을 대폭 인상한 것이다. 그중에서 식량 가격은 30.5%, 목화 가격은 25%, 유지와 유류 가격은 38.7% 인상했다. 같은 해 다시 축산품과 수산물 및 채소 등 8종의 부식품 가격도 상향 조정했다. 이후 6년 동안 농산물 가격은 거의 해마다 상승했다. 이에 따라 농민의 소득 수준이 크게 향상했다. 더불어 농가의 '책임 경영제'를 핵심으로 하는 농촌 경제 개혁을 본격적으로 추진해 농민에게 토지 경작권과 농산물 판매 자주권을 부여했다. '생산량의 일정 부분을 국가와 단체에 바치고 나머지를 개인이 소유하는 정책'은 생산에 대한 농민의 적극성을 크게 제고했다. 농업 생산량의 지속적인 성장과 더불어 농민의 순수입도 빠르게 늘어났다. 농촌의 소비력이 급속히 확대되면서 경공업의 성장을 강력하게 이끌었다. 시장에는 언제 물자가 부족했던가 싶게 상품이 넘쳐났다.

1978년부터 시작한 '양약진' 운동은 1981년에 이르러 기세가 약간 수그러들었다. 이때 중국은 중공업 부문에 대한 투자를 줄이고, 경제 자원을 농업과 경공업 부문으로 대거 이전하기 시작했다. 축적률도 30% 미만으로 하락했다. 그 결과 1984년에는 중공업과 경공업 및 농업의 불균형 상태가 크게 호전됐다. 중국 경제는 개혁개방 이후 단연 최고의 전성기를 맞이했다. 중국 인구의 80%를 차지하는 농민에게 가장 먼저 개혁의 실리를 맛보게 한 것은 정말이지 탁월한 선택이었다. 농업 경제의 성장에 탄력을 받아 경공업 역시 따라서 성장하기 시작했다. 농촌과 도시가 함께 발전하면서 서민들은 개혁의 중요성과 혜택을 톡톡히 실감할 수 있었다. 중국의 개혁 정책이 서민들의 대대적인 환영을 받은 것은 당연했다.

중국 경제에 대한 장밋빛 전망이 넘쳐났다. 그런데 모두가 이런 전망을 하고 있을 때 중공업 부문에서 돌연 고질병인 '투자 기갈 증세'가 재발했다. 전민(全民) 소유제의 고정 자산 투자 성장률이 1984년 21.8%, 1985년 39.3%로 상승했다. 집체(集體) 소유제의 투자 규모도 더 빠른 속도로 증가했다. 생산과 판매 호황이 지속되면서 제조업체들은 노임과 상여금을 대폭 인상했다. 은행 역시 무절제하게 대출을 제공하기 시작했다. 1984년 4/4분기 대출 규모는 전년 동기 대비 164%

나 늘어났다. 상여금은 두 배 증가했다.[2] 지난 세월 동안 농업을 중시하지 못한 데 대한 보상 심리로 갑자기 농업에 대규모 정책적 지원을 쏟아붓다 보니 급기야 심각한 부작용이 나타났다. 농민 소득의 성장 속도가 농산품 생산량 증가 속도를 훨씬 앞서게 된 것이다. 그 밖에 여러 가지 요인이 겹친 결과, 저축과 소비의 총합이 국민소득을 초과하는 현상을 초래했다. 그러자 이번에는 재정 적자가 심각한 문제로 대두되었다. 재정 적자를 메우기 위해서는 특별한 방법이 없었다. 요컨대 화폐 공급을 늘리는 것이 최선의 방법이었다. 그 결과 1983~1988년 중국의 화폐 발행량은 2.5~3배 증가했다. 그리고 이것이 1988년 두 자리 수의 인플레이션을 유발하는 계기가 되었다.

물가를 잡아야 하는가, 아니면 물가를 풀어야 하는가? 이것이 매우 중요한 문제로 대두되었다.

심각한 유동성 과잉 상태에서 물가를 잡지 않고 풀어놓는다면 과연 어떻게 될까? 이는 이미 두 자리 수를 기록한 인플레이션 때문에 가뜩이나 불안해하는 국민에게 예금 인출과 물자 사재기를 부추기는 짓이나 다름없다.

이처럼 인플레이션은 언제 어디서나 실질 생산력의 영원한 천적이라고 할 수 있다.

화폐란 무엇인가? 화폐는 사회적 부에 대한 사회 구성원들의 약속을 실물화한 것이다. 사람들은 성실한 노동을 지불한 대가로 '화폐'라는 공인된 '계약서'를 갖게 된다. 또 필요할 때 이 계약서로 다른 사람이 갖고 있는 동등한 가치의 제품 혹은 서비스와 교환한다. 모든 시장 참가자들은 얼굴도 모르는 '거래 상대자'가 이런 약속을 어기지 않을 것이라는 전제를 토대로 이 계약서를 보유하거나 사용한다. 또 화폐라는 이 계약서를 매개체로 '얼굴은 모르지만 서로 신뢰하는' 관계를 형성한다. 안정적인 화폐는 거래 비용을 낮추고 사회 분업을 촉진한다. 재화 창출을 촉진하는 등 매우 신기한 역할도 한다. 화폐의 가치를 파괴하는 행위는 사회적 부에 대한 약속을 파괴하는 행위라고 할 수 있다. 이 경우 사회 구성원 간의 신뢰라는 토대가 무너진다. 요컨대 화폐 가치가 하락하면 시장의 거래 비용이 증가하고 재화 창출에 큰 타격을 입게 되는 것이다.

인플레이션은 화폐를 '사기'의 도구로 변질시키고 사회 구성원 간의 성실한 약속의 징표를 '빚을 떼먹는' 증서로 만들어버린다. 시장 참가자의 사기 행위는 또 다른 사기를 낳고 시장 질서를 교란한다. 이에 따라 투기가 성행하고 장기 계획보다 단기 투자를 선호하는 사람이 늘어난다. 저축보다 무절제한 과소비가 환영을 받는다. 한탕주의나 조급함 같은 나쁜 사회적 기풍이 나타나는 것은 모두 인플레이션의 필연적인 결과라고 할 수 있다.

'공평'과 '신의'와 '성실'을 지향하는 모든 사회에서는 인플레이션을 용인하지 않는다. 그 어떤 이유를 막론하고 무릇 인플레이션을 주창하는 사람은 모두 '성실한 화폐'를 짓밟고 화폐의 도덕적 마지노선을 파괴하는 사람이다. 대중의 질타를 받아 마땅하다.

인플레이션 억제와 관련해 서독 중앙은행의 집요함과 완고함을 따를 국가는 결코 없을 것이다. 서독의 인플레이션 억제 정책이 완전무결하다고 할 수는 없지만 그래도 다른 국가들의 귀감이 되는 것만은 틀림없는 사실이니 말이다.

혹자는 중국의 높은 경제 성장은 인플레이션을 동반할 수밖에 없다고 주장한다. 그리고 그 이유를 바로 경제의 화폐화 정도가 끊임없이 심화되기 때문이라고 분석한다. 그러나 이런 주장은 논리적으로 납득하기 어렵다. 상품이 시장에 유입되면 화폐에 대한 수요를 발생시킨다. 더불어 상품 공급량도 늘어난다. 따라서 이런 화폐화 과정은 정상적인 상황에서는 다른 상품의 거래 가격에 그다지 영향을 주지 않는다. 화폐 공급 과잉 현상은 다른 게 아니라 '재정 적자의 화폐화'와 '금융 자산의 화폐화' 때문에 초래되는 것이다.

중국의 1988년 인플레이션을 유발한 장본인은 다름 아닌 재정 적자였다. 그리고 재정 적자의 근원은 저금리와 낭비 및 중복 건설에 있었다. 아이러니컬하게도 중국 경제는 빠른 성장을 목표로 삼을 때마다 경제의 불균형 때문에 목적을 달성하지 못했다. 반면 성장 목표를 조금 낮추면 오히려 건전하고도 빠른 성장세를 보여주곤 했다. 이처럼 이상한 현상이 발생하는 이유는 산업화 진행 과정이 계획 경제 체제에 길들여진 정책 입안자들의 인식 범위를 훨씬 벗어날 정도로 복잡하고 변화무쌍하기 때문이다. 또 경기 과열과 급속 냉각의 악순환이 반복되는 현상은 중국의 낡은 체제에 극복할 수 없는 모순이 존재한다는 사실을 설명한다.

영화 〈쥐라기 공원〉에 "생명은 스스로 살길을 찾는다(Life Finds a Way)"라는 그야말로 심금을 울리는 명대사가 나온다. 이 말처럼 중국의 도시 경제 체제 개혁이 수렁에 빠져 나아갈 방향을 찾지 못하고 허우적댈 때, 지금까지 그 누구도 생각하지 못했던 참신한 경제 발전 전략이 조명을 받기 시작했다.

# 중국 경제의 첫 번째 성장 엔진, 농촌 산업화

중국 경제는 개혁개방 30년 동안 폭발적인 성장을 이뤘다. 두 가지 원동력이 무엇보다 이러한 성장에 크게 기여했다. 하나는 농촌의 산업화 전략이고, 또 다른 하나는 글로벌화 전략이라고 할 수 있다.

1980년대 초 경제 자원을 농업 부문에 몰아주는 국가 정책에 힘입어 중국의 농업 경제는 거대한 자본을 축적할 수 있었다. 사실 1950년대 중국의 산업화 초기 단계는 소련의 기술과 자본에 대한 의존도가 매우 컸다. 그러나 1980년대의 '농촌 산업화'는 도시 산업화의 연장선상에서 추진했다고 봐야 한다. 농촌 산업화는 산업혁명 이후 200년 동안 동서를 막론하고 그 어떤 국가도 시도해 보지 못한 전략이었다. 중국 농촌은 인구가 많고 땅이 넓다. 또 빈곤하다. 그뿐만 아니라 생기

▌ 과거 찢어지게 가난하던 장쑤 성 화시춘(華西村)을 지금은 '천하제일촌'이라 일컫는다.

가 넘치고 성장 잠재력도 무궁무진하다. 한마디로 신비의 땅이라고 해도 좋다. 중국 혁명도 농촌에서 시작되어 요원의 불길처럼 전국으로 번졌다. 중국 공산당은 서방 국가들이 상상조차 못한 '농촌으로 도시를 포위하는 전략'을 구사해 큰 성공을 거뒀다. 최종적으로는 정권까지 탈환했다.

사실 중국의 현실을 잘 아는 사람들은 이 모든 현상을 쉽게 이해할 수 있다. 중국 인구의 대다수가 농민이기 때문에 농촌과 전체 중국의 운명이 긴밀하게 연결되어 있는 것은 결코 이상한 일이 아니다. 고대 사회 때는 농민이 주력군 역할을 맡아 왕조의 세대 교체를 이뤄냈다. 근대 사회에서도 농민의 참여 없이는 철저한 혁명을 이루지 못했다. 또 경제를 건설할 때에도 농민의 실리를 우선하지 않고서는 지속적이고 건전한 성장을 담보할 수 없었다. 예컨대 농촌의 발전을 등한시하면 농촌 문제가 훗날 국가 전반의 발전을 가로막는 걸림돌이 된다는 얘기다. 이는 거꾸로 농촌의 발전을 중시하면 농촌 경제가 훗날 국가 경제 성장의 큰 원동력이 된다는 뜻이다. 따라서 중국이 발전하려면 농촌에 뿌리를 두어야 하고 '중국 파워'의 근원 역시 농촌에 있다. 이렇게 간단하면서도 심오한 이치가 바로 중국 경제의 비상을 이끈 원동력이었다.

계획 경제 체제는 산업 경제의 복잡성을 투철하고 전면적으로 이해하지 못한 토대 위에서 구축한 경제 제도라고 할 수 있다. 계획 경제 체제 아래서 이른바 '계획'에는 처음부터 끝까지 구조적인 불합리성이 존재한다. 이러한 불합리성은 제도 자체의 문제점 때문에 더욱 확대된다. 따라서 국영 산업의 범위는 '대도시와 교통 부문'으로 제한될 수밖에 없다. 이로 인해 자연스럽게 나머지 지역과 그 밖의 부문의 시장에 커다란 공백이 생긴다. 이른바 '결핍 경제(shortage economy)' 현상이 나타나는 것이다.

계획 경제 아래서 농촌에 미약하게나마 자본이 축적되자 각 지역의 특색에 맞는 '향진 기업(鄕鎭企業)'이라는 전혀 새로운 기업 형태가 생겨났다. 유연한 제도와 예민한 상업적 후각을 가진 이 향진 기업은 도시의 도태된 산업 설비를 도입하고 국유 기업의 퇴직 기술자를 초빙해 저가격·저품질의 소비재를 생산하기 시작했다. 이런 방법만으로도 농촌의 거대한 소비품 시장에서 매우 큰 점유율을 확보하는 것은 그다지 어렵지 않았다.

향진 기업은 대부분 많게는 수백 명, 적게는 몇 명의 직원을 두고 고정 자산 규모도 수만 위안 또는 수십만 위안밖에 안 되는 소기업이었다. 엄밀히 따지면 자영업자와 별반 차이가 없는 규모였다. 또 직원의 자질이 낮고 설비도 낙후했다. 자금은 말할 것도 없이 부족했다. 더구나 은행 대출도 받기 어려운 등 많은 애로 사항을 안고 있었다. 그래서 국영 기업을 '정규군'이라고 한다면, 향진 기업은 '게릴라'라고 할 수 있다. 그만큼 규모나 실력을 막론하고 모든 면에서 그야말로 하늘과 땅 차이였다. 그러나 사람들을 놀라게 한 것은 위풍당당한 '정규군'이 '게릴라'와 싸워 이기지 못한다는 사실이었다. 수백만 개에 달하는 향진 기업은 마치 개미가 나무를 갉아먹듯 다양한 영역에서 정규군들이 이미 확보한 시장을 조금씩 잠식해 들어갔다. 특히 건자재, 야금, 양조, 의류, 방직, 화학 등 시장 수요가 왕성한 산업들이 곳곳에서 발전하며 중국 경제의 주요 부문을 형성하기 시작했다.

향진 기업이 성공할 수 있었던 비결을 꼭 집어 말하라면 '유연한 전략과 전술'을 들 수 있다. 우선 향진 기업은 투자가 적고 회수가 빨랐다. 수익률이 높고 제품에 대한 시장 수요도 왕성했다. 일정한 자원 우위를 확보한 산업을 집중적으로 공략하기도 했다. 또한 기업 경영에서는 유연성을 비롯해 실용성과 효율성을 우선시했다. 경영자들은 시장 변화에 따라 제때 기업 정책을 조정했다. 또 기업의 실제 수요에 따라 기구를 설치하고 인원을 배치했다. 국영 기업처럼 틀에 박힌 편제와 인사 제도는 절대로 도입하지 않았다. 그 때문에 임원의 승진과 좌천, 직원들의 진입과 퇴출이 모두 자유로웠다. 고용 제도 측면에서는 노동자를 계약직, 임시직, 초빙직으로 나눠 모집하고 관리직을 대폭 감원했다. 일 잘하는 직원은 계속 남겨두고 못하는 직원은 집으로 돌려보냈다. 회사가 직원을 선택할 수 있을 뿐만 아니라 직원들도 회사를 선택할 수 있었다. 분배 제도를 살펴보면, 향진 기업은 생산과 수익을 기준으로 직원의 임금 수준을 결정했다. 개인별 기여도와 기업의 수익 상황에 따라 노임을 차등 지급한 것이다. 또 실효성을 무엇보다 중시했다. 많이 일한 사람에게는 많이 주고 누구도 특별 대우를 하지 않았다. 이로 인해 직원들로부터 노동에 대한 적극성을 최대한 이끌어낼 수 있었다. 더 중요한 사실은 향진 기업 대부분이 본토 사업체라 현지의 자원을 쉽게 이용할 수 있었다는 점이다. 사실 이것이야말로 대단한 장점이었다. 현지의 토지 자원과 저가 노동력을 충분히 이용하고 현지 정부와 끈끈한 이익 공동체를 형성했기 때문에 '근거지'에서 경영상 자유로운 공격과 방어, 진퇴와 우회가 얼마든지 가능할 수 있었다.

1980년부터 1996년까지 16년 동안 중국은 농촌 산업화를 통해 대략 1억 3,000만 개의 일자리를 창출했다. 농업 취업자의 3분의 1, 농촌 유휴 노동력의 2분의 1에 달하는 일자리 문제를 가볍게 해결한 것이다. 또 수출액은 6,008억 위안, 생산액은 무려 1조 8,000억 위안에 달했다. 1980년부터 1988년 사이에는 중국 경공업 제품의 시장 점유율 성장에 대한 향진 기업의 기여도가 32%에 육박했다. 1988년 주요 소비품 생산량을 보면 향진 기업이 생산한 선풍기, 견직물, 나일론은 각각 전국 총생산량의 45.5%, 68.7%, 52.1%를 차지했다. 1997년 향진 기업이 납부한 세금은 국가 재정 수입의 17.7%, 지방 재정 수입의 35.8%를 차지했다. 농촌 산업화를 잘 진행한 지방의 재정 수입은 당연히 다른 지역에 비해 상대적으로 높았다. 향진 기업은 이처럼 재정 수입 증대에 기여했을 뿐만 아니라 '공업으로 농업을 지원하고', '공업으로 농업을 건설하는' 방식을 통해 현지 농업 경제의 발전을 대대적으로 지원했다. 이는 1978년부터 1997년까지 향진 기업의 농촌 지원 자금이 누계 736억 6,000만 위안에 달한 것에서도 잘 알 수 있다. 농촌 산업화는 이처럼 피드백 효과를 통해 농업 경제의 성장에 크게 기여했다.[3]

　　농촌 산업화에 가속도가 붙을 무렵에는 향진 기업이 농민 소득의 3분의 1을 담당할 정도였다. 이 시기 농민 소득은 거의 5년에 한 번씩 두 배로 증가했다. 향진 기업의 국내총생산에 대한 기여도가 최고 50%를 넘은 적도 있었다.[4]

　　1980년대 초부터 1990년대 중반까지 농촌 산업화는 중국 경제 성장의 핵심 원동력이었다. 농촌이 부유해지고 농민의 구매력이 증가하면서 도시 경제에도 새로운 활기가 생겨났다. 이 시기 가전제품과 일용품을 중심으로 시작된 소비 혁명은 장장 10년 넘게 이어졌다.

사람들은 흔히 도시 경제가 먼저 번영한 다음 농촌 경제의 성장을 이끌었다고 생각하는데 사실은 전혀 그렇지 않다. 수억 명의 농민이 산업화의 격류 속에서 거대한 사회적 부를 우선적으로 창출했다. 이어 도시 경제가 농촌에서 새롭게 늘어난 '저축'과의 교환 수요에 의해 제품과 서비스 개선, 생산재 공급량 증대, 인프라 개선, 에너지와 전력 공급 확대 등의 결실을 얻었다. 당연히 이를 가능케 한 산업 부문이 크게 활성화되었다. 중국의 '농촌 산업화 전략'은 계획 경제 입안자들이 예상한 것보다 훨씬 더 큰 성공을 거뒀다.

산업화의 물결은 도시도 비껴가지 않았다. 도시의 산업화는 국유 기업 개혁을 중심으로 추진되었다. 중국의 경제 개혁은 1989년부터 1991년까지 짧은 조정 기간을 거친 다음 1992년 덩샤오핑의 남방 시찰, 곧 남순(南巡)을 계기로 한층 심화되었다. 시장 경제가 계획 경제를 대체해 중국의 기본 국책이 되었다. 현대 기업 제도를 구축함에 따라 도시 산업화에 가속도가 붙었고, 자본 시장의 형성 및 발달은 중국 경제의 비약적인 성장에 필요한 금융 지원을 제공했다. 그러던 중 1997~1998년의 아시아 금융위기를 겪으면서 중국 경제의 성장세도 잠깐 주춤했다.

이 무렵 중국 경제의 첫 번째 성장 엔진은 사명을 거의 완수하고 시동이 꺼지기 시작했다. 결핍 경제는 과거형이 되고 중국 기업 역시 국제 시장에서 치열한 경쟁에 직면했다. 문제는 상황이 이렇게 되면서 농촌 산업화의 약점이 적나라하게 드러나기 시작했다는 것이다. 그 결과 중국 기업은 규모, 기술, 자금, 인재, 정보, 유통, 제도 등 모든 분야에서 총체적인 난국에 빠졌다. 국제 경쟁에서 점차 열세에 몰리는 것은 당연했다. '게릴라전'은 졸지에 먼 옛날의 이야기가 되어버렸다. 기업 간 경쟁은 국경을 초월한 자본, 기술, 정보의 자유로운 이동을 특징으로 하는 '입체전'의 양상을 보이기 시작했다.

새로운 성장 원동력을 얻지 못한 중국 경제는 1990년대 말부터 뚜렷한 둔화세를 보였다. 농촌 산업화에 힘입은 생산성 성장은 한계에 이르렀다. 농민의 가처분 저축 역시 줄어들기 시작했다. 이에 반해 도시 산업화는 아직 새로운 성장 한계를 돌파하지 못한 상태였다. 도시와 농촌 사이에 좀 더 큰 규모의 교환이 불가능해지자 중국의 소비 시장은 빠르게 냉각되기 시작했다. 기업 이윤도 줄어들었다. 소비가 싸늘하게 식으면서 화폐 공급도 따라서 위축됐다. 게다가 금융 거래는 아직 화폐 공급의 주요 수요처가 되지 못한 상태에 있었다. 중국 경제에 디플레이션과 경기 침체의 조짐이 가시화되기 시작했다. 이때 마침 아시아 경제 위기가 터졌고, 이로 인해 엎친 데 덮친 격으로 중국의 대외 무역 환경도 급격히 악화됐다.

1997년 10월부터 중국의 소매물가지수는 연속 27개월 하락했다. 소비자물가지수 역시 1998년 3월부터 1999년 말까지 연속 22개월 하락세를 나타냈다. 흔히 디플레이션을 화폐 문제라고 생각하는데 사실은 그렇지 않다. 통화량 증가를 통해서는 디플레이션을 해결할 수 없다. 디플레이션의 근원은 생산성 침체에 있다. 중국의 경우, 농촌 산업화가 정체 위기에 빠진 1990년대 중반 디플레이션이 발생한 것도 이 같은 이유 때문이다.

요컨대 중국의 산업화는 한계에 부딪혔다. 외부에서의 강력한 기술적 확산이 뒷받침되지 않는 한 사회적 생산성의 한계를 돌파할 수 없었다.

이때 중국의 가계 저축 규모는 5조 위안에 달했다. 혹자는 이 저축을 부동산 시장에 투입하면 중국 경제가 다시 살아날 것이라고 주장했다. 다시 말해, 부동산의 상품화를 통해 부동산 산업의 방대한 사슬을 견인해 경제를 활성화하는 방안이었다. 이는 한마디로 부동산을 화폐화함으로써 주택담보부 대출 규모를 확장하는 것이었다. 화폐 증발을 통해 경제 규모를 확대해 디플레이션 효과를 상쇄하는 방안이기도 했다. 그러나 부동산 화폐화를 통한 경기 부양책은 중국 정부가 1980년대 초에 농산물 구매 가격을 인상하는 방법으로 농민 소득을 늘리고 농민의 소비력을 확대한 것보다는 효과가 약했다. 1980년대 초의 정책은 의도하지 않은 두 가지 효과를 가져왔다.

첫째, 농민 소득이 증가함에 따라 농업 생산량도 증가했다. 도농 간 생산물 교환을 통해 경공업 원료도 충분하게 공급할 수 있었다. 그뿐만 아니라 소비품 수요도 자연스럽게 증가했다. 둘째, 농촌에 자본이 축적되면서 예상치 않게 농촌 산업화 운동이 급물살을 탔다. 이후 10여 년 동안 1억 3,000만 명의 인구가 농촌 산업화 흐름에 합류해 노동 생산성을 대폭 향상시켰다. 이렇게 창출된 사회적 부는 피드백 효과를 통해 도시 경제의 번영을 이끌었다. 이 정책에 반해 부동산 화폐화 방안은 관련 산업의 성장을 견인해 경기 침체의 위험을 다소 완화할 수는 있을지 몰라도 사회적 노동 생산성 제고라는 효과는 기대할 수 없었다.

사회적 노동 생산성의 제2차 혁명을 촉발한 계기는 바로 1999년 중국의 세계무역기구, 곧 WTO 가입이었다.

## 중국 경제의 두 번째 성장 엔진, 글로벌화

개혁개방 실시 이후 1999년까지 20년 동안 중국의 산업화 범위는 좁은 국내 시장에 국한되었다. 생산성 저하로 인해 충분한 재화를 생산해 내지 못했기 때문에 내수 시장을 확대할 수 없었던 것이다.

그러나 WTO 가입을 계기로 중국의 눈앞에 끝없이 광활한 세계 시장이 펼쳐졌다. 종전 후 일본은 좁은 국내 시장의 한계 때문에 산업 생산성이 더 이상 올라가지 못했다. 그러다 글로벌화 전략을 실시한 이후부터 기업들의 생산 규모가 빠르게 증가했다. 생산 비용도 수직 하락했다. 이로 인해 노동 생산성이 사람들의 경탄을 자아낼 만큼 빠르게 올라갔다. 중국의 사회적 노동 생산성도 마찬가지였다. WTO 가입을 계기로 새로운 돌파구를 찾았다.

2000년 이후에 세계 500대 기업 대다수가 중국에 진출했다. 그리고 세계적으로 유명한 다국적 기업들도 거의 대부분 중국에 공장을 설립했다. 중국이 선진 기술을 배울 수 있는 절호의 기회가 마련된 것이다. 1950년대에 소련이 중국을 지원해 건설을 추진한 156개 중점 프로젝트는 중국 산업화의 튼튼한 토대로 작용했다. 소련 전문가 수만 명의 직접적인 가르침 덕분에 중국은 처음으로 현대 산업이라는 것이 무엇인지 깨달았다. 산업화 사회가 어떻게 운영되는지에 대해서도 감을 잡을 수 있었다. 당시 소련은 수천수만 건의 기술 특허를 거의 공짜로 중국에 제공했다. 상세한 도면과 풍부한 경험을 바탕으로 중국 엔지니어들을 도와 기술적 난제를 해결해 주었다. 아마도 이렇게 호박이 넝쿨째 굴러 떨어

| 1999년 중국의 WTO 가입

지는 것처럼 좋은 일은 100년에 한 번 생길까 말까 할 것이다.

다국적 기업들이 어떤 속셈으로 중국에 진출했는지는 알 수 없다. 그러나 일단 중국에 진출한 다음에는 중국 직원들을 대거 고용할 수밖에 없다. 이는 다국적 기업이 돈과 기술을 제공해 중국인 기술자에게 교육 기회를 마련해 준 것이나 다름없었다. 중국의 젊은 기술자들은 서구의 선진 기술을 속된 말로 '게걸스럽게' 받아들였다. 비록 핵심 기술은 배우지 못했지만 최소한 첨단 산업의 첨단 기술을 이해할 수는 있었다. 규범적인 과학 실험 방법에 대해서도 이해를 넓혔다. 첨단 기기와 도구 사용 방법, 표준 연구 보고서 작성 방법, 최첨단 과학 연구 성과 검색 방법, 각 분야별 연구를 조합해 시너지 효과를 얻어내는 방법 등은 더 말할 것도 없었다. 한마디로 기본기를 탄탄하게 쌓을 수 있었다. 이렇게 기술을 습득한 인재들은 다국적 기업을 떠난 다음 빠른 속도로 중국 본토 기업에 기술을 이전했다.

다국적 기업들이 이처럼 제 발로 중국에 진출하지 않았다면 중국

내 수백만 명의 과학 연구자들은 아마도 체계적이고 선진적인 교육을 받을 기회를 갖지 못했을 것이다. 이 사실만 보더라도 중국은 다국적 기업들이 중국에서 얻은 단기 이익보다 훨씬 많은 이득을 얻은 셈이다.

그 이전까지 중국의 기술은 세계 선진 수준과 격차가 매우 컸다. 국영 기업이나 민영 기업을 막론하고 중국 기업의 연구 개발(R&D) 수준 역시 다국적 기업에 비해 크게 뒤처져 있었다. 솔직히 말해, 기술 격차는 중국 경제의 지속적인 성장을 가로막는 최대 걸림돌이었다. 이런 상황에서는 철저한 개혁을 통해 기업 제도를 완벽하게 보완한다 해도 기술 격차로 인한 장애물을 제거하는 것이 사실상 거의 불가능했다. 예를 하나 들어보자. 중국에서 기술 혁신을 가장 중시하기로 소문난 화웨이(華爲)는 해마다 매출액의 10%를 R&D 부문에 투자한다. 회사에 소속된 과학자가 2만 5,000명에 달한다. 쏟아붓는 경비만 해도 연간 70~80억 위안에 이른다. 그러나 지금까지 몇 년이 지나도록 원천 기술을 단 한 건도 확보하지 못했다. 이 상태가 지속될 경우, 설령 중국의 경제 규모가 미국을 능가하고 중국 본토 기업들이 세계 500대 기업의 자리를 전부 차지한다 한들 중국은 여전히 미국의 지배에서 벗어나지 못할 것이다.

세계지적재산권기구(WIPO)의 통계에 따르면, 중국은 2008년 20만 3,481건의 특허를 신청했다. 일본의 50만 2,054건과 미국의 40만 769건 다음으로 특허 신청 건수가 많은 국가이다. 표면적으로는 중국의 기술이 비약적으로 발전했다는 사실을 말해주는 통계인 듯싶다. 그러나 실제로는 전혀 그렇지 않다. 중국의 특허 신청 건수 중 95% 이상은 중국 국가지식산권국(CHIPA)에 신청한 것이다. 또 그중 대다수는 '혁신'이라는 이름 아래 외관과 디자인만 약간 바꾼 것에 지나지 않는다. 중국 기술이 광범위한 인정을 받으려면 중국 이외의 국가, 특히 미국과 유럽 및 일본의 특허 기관에 특허를 신청하고 출원해야 한다. 그러나 2008년 중국이 신청한 20여만 개의 특허 중 이들 세 나라 특허 기관의 접수나 출원을 받은 건수는 고작 473건밖에 되지 않았다. 이에 반해 미국과 유럽 및 일본의 건수는 각각 1만 4,399건, 1만 4,525건 및 1만 5,446건에 달했다. 2010년에는 중국의 특허 신청 건수 중 약 1%만이 외국 특허 기관에 의해 접수 또는 출원되었다.

중국이 다국적 기업을 이용해 기술 인력을 육성하는 방식은 뻐꾸기가 남의 둥지에 알을 낳는 이른바 '탁란(託卵)'과 같은 원리라고 보면 된다. 과거 중국 정부가 기술 분야 인재들의 유학을 적극 장려하는 정책을 실시하자 많은 사람이 국내 인력의 유출을 매우 우려했다. 사실 인적 자원은 국외로 빠져나갈 수도 있고 다시 국내로 돌아올 수도 있다. 현재 중국 경제의 다양한 분야에서 리더 역할을 하는 인재 역시 대부분 외국 유학 경험을 갖고 있다. 그런데 다국적 기업을 이용해 기술 인력을 육성하는 방식은 '유학'을 지원하는 방식보다 훨씬 효과적이다. 이렇게 육성한 인재가 최종적으로 창업을 선택하든, 아니면 다른 경제 활동에 종사하든 어쨌거나 향후 중국 경제의 새로운 활력소로 부상할 것은 틀림없다.

글로벌화는 중국 본토 인재 육성의 계기로 작용하기도 했다. 인재가 가는 곳에는 기술도 따라가게 마련이다. 새로 육성한 인적 자원이 점차 경제 각 부문에 침투하면서 중국 역시 언젠가는 원천 기술을 확보하는 날이 올 것이다.

경제 글로벌화의 또 다른 혜택은 중국에 선진적인 기업 관리 제도와 비즈니스 모델을 가져다준 것이라고 할 수 있다. 중국은 국제 사회에 참여하고 협력하는 과정에서 낙후하고 효율 낮은 생산 조직 방식을 점차 도태시켰다. 또 경제의 빠른 운행을 장기간 제약해 온 장애물 역시 가차 없이 제거했다. 월마트, 까르푸 등 대형 할인 매장 체인점이 중국 방방곡곡에 들어서면서 전통적 상업 방식을 고집하던 상인들 역시 외국의 선진 비즈니스 모델을 접하게 되었다. 텔레비전이나 신문을 통해 선진적이고 효율적인 유통 시스템을 간접적으로 접촉하던 과거와 달리 오늘날에는 도처에 있는 까르푸나 월마트 같은 대형 할인 매장을 통해 직접 현대 비즈니스 모델의 편리함과 가격 메리트를 몸으로 체험할 수 있다. 더불어 복잡하고 현대적인 유통 체계가 어떤 방식으로 구축되고 운영되는지 가까운 거리에서 체득할 수 있게 되었다.

▌중국 곳곳에서 볼 수 있는 까르푸 매장

중국 기업들이 외국의 선진 비즈니스 모델을 모방·복제하면서 중국 경제의 면모가 크게 달라진 것은 당연한 일이다.

2000년부터 '메이드 인 차이나' 혁명이 시작된 것도 엄밀히 따지면 이런 기반 위에서 키운 능력 때문이라고 할 수 있다. 그 결과 외국인 투자 호조에 힘입어 환발해(環渤海), 창장(長江) 삼각주, 주장(珠江) 삼각주 등 3대 경제권이 세계 수준의 제조업 중심지로 급부상했다. 100여 개 생산 부문에서 '세계 1위' 자리를 차지한 것은 물론이다. '메이드 인 차이나' 제품은 전 세계로 신속히 퍼져나갔다. '경제 글로벌화'가 중국 경제를 새롭고 높은 단계로 발전시킨 것이다.

수출 주도형 경제의 폭발적 성장에 따른 무역 흑자와 외국 자본의 대규모 유입에 힘입어 중국의 외환보유고는 2000년 1,600억 달러에서 2011년 무려 3조 달러로 급증했다. 중국의 수출 주도형 경제는 '사냥꾼 이야기'에 비유해 설명하면 이해하기 쉽다. 사냥꾼은 사냥물에 대한 외부 수요가 대폭 증가한 상황에서 다른 사냥꾼의 기술을 도입해 활의 성능을 대폭 개선했다. 이에 따라 과거에 비해 훨씬 많은 사냥물을 수확할 수 있었다. 비록 수확물 중 절반을 다른 사냥꾼에게 바쳐야 했지만 그래도 신규 '저축'이 절반가량 되었다. 새로 늘어난 사냥꾼의 '저축'은 자연스럽게 다른 물품과의 교환에 이용되고, 시장은 크게 번성할 수밖에 없다.

마찬가지로 수출을 통해 새로 늘어난 '저축'이 국내 시장에 투입되면서 생산과 공급을 늘렸다. 또 소비를 촉진하는 연쇄 반응도 일으켰다. 모든 생산과 서비스 부문의 노동 생산성이 대폭 올라갔다. 일용품 및 가전제품, 인터넷 및 통신 서비스, 자동차 및 고급 사치품, 부동산 및 철강 콘크리트, 설비 제조 및 석유화학, 에너지 및 석탄, 야금, 교통 운송 및 인프라 산업에 이르기까지 산업화와 도시화에 동참한 모든 산업은 동시에 생산 풀가동 체제에 돌입해 빠르게 다양한 상품과 서비스를 생산해 냈다. 이렇게 창출된 거액의 이윤은 주식과 금융 시장의 레버리지 효과를 통해 무한대로 증폭되었다. 이로써 통화량과 환율, 부동산 가격과 물가가 동시다발적으로 상승했다. '중국 모델 2.0'은 마침내 큰 성공을 거뒀다. 2008년 글로벌 금융위기가 발발하기 전까지 중국 경제는 건국 이래 최고의 성장률을 기록할 수 있었다.

중국 경제를 이끄는 삼두마차는 누가 뭐래도 투자, 수출, 소비라고 할 수 있다. 이 세 가지는 내재적이고 논리적인 의존 관계를 맺고 있다. 수출은 경제 성장을 이끄는 진정한 원동력이다. 수출을 통해 형성된 높은 생산성과 넓은 시장이 저축 총량 증대에 기여하고 아울러 정부의 세수입도 늘려 투자의 토대를 마련한다. 소비는 일종의 교환 행위다. 소비 역시 저축 총량의 증가에 의해 이뤄진다. 따라서 생산성 높은 수출 산업이 경제 성장을 이끄는 진정한 원동력이라고 하는 편이 더 정확할 것이다.

2000년부터 시작된 중국 경제 글로벌화는 깊이, 범위, 지속성과 선진성(先進性) 등 거의 모든 면에서 1980년대에 시작한 농촌 산업화를 훨씬 능가했다. 농촌 산업화는 경제 글로벌화에 비해 차원이 낮았다. 또 과학기술의 진보에 의거해 생산성을 제고한 것도 아니었다. 단순히 계획 경제 체제에서 시장 경제 체제로 이행하는 과정에서 생긴 시장 공백 덕분에 큰 효과를 볼 수 있었을 뿐이다.

그러나 오늘날에는 중국 경제의 두 번째 성장 동력도 심각한 부작용을 드러내고 있다. 이는 주로 다음과 같은 몇 가지 이유 때문이다. 우선, 생산성은 대폭 제고되었지만 중국이 얻는 이윤은 극소 분야에 불과하다. 중국은 주지하다시피 문호를 활짝 개방했다. 그러나 다른 국가의 시장에 진출하는 것은 결코 쉬운 일이 아니다. 중국산 제품이 국제 시장에 범람하고 있기는 하지만 중국 자체 브랜드에 대한 인지도는 대단히 낮다. 중국은 경제 규모가 매우 크지만 원천 기술은 정말 적다. GDP 성장 속도는 대단히 빠르지만 가처분 소득은 비교하기 어려울 정도로 적다. 수출을 통해 거액의 외화를 벌어들였지만 사정이 이렇다 보니 보유하고 있는 거액의 달러로 전 세계를 돌아다녀도 좋은 중국산 물건을 살 수가 없다. 중국은 환경 파괴와 국민 생활의 질을 낮춘 대가로 전 세계를 위해 거대한 부를 창조했다. 그러나 서방 국가들은 단물만 빼먹고 적반하장으로 중국을 비난하고 있다. 한마디로 중국은 표면적으로는 부유해 보이지만 실제로는 매우 가난하다. 체면만 얻고 실속은 얻지 못했다.

글로벌화의 소용돌이 속에서 중국의 문제점이 적지 않게 드러났다. 그중 최대 문제점은 아무래도 다른 사람의 시선을 너무 의식하는 것 아닐까 싶다. "다른 사람을 만족시키기 위해서는 내가 어떻게 해야 하는가?"라는 질문은 그래서 중국의 최대 화두라고 해도 좋다. 이에 반해 미국은 제멋대로 하는 자유주의 성향이 강하다. "당신들이 만족하든 말든 나는 내가 하고 싶은 대로 한다"는 식이다.

승부욕과 자강심(自强心: 스스로 강해지고자 하는 마음-옮긴이)은 확연히 다른 개념이다. 승부 근성이 강한 사람은 타인의 평가에 연연한다. 반면 자강심이 강한 사람은 자체적인 평가를 중시한다. 승부욕이 강한 사람은 겉으로는 자신만만해 보이지만 실제로는 자신감이 결여되어 있다. 내면적인 가치 체계가 바로 서지 않았기 때문에 도리 없이 외부의 평가 기준에 의존한다. 이에 반해 자강심이 강한 사람은 누가 뭐라고 하든 전혀 개의치 않는다. 아무도 다른 사람을 평가할 자격이 없다는 것을 잘 알기 때문이다. 현재 중국은 다방면에서 승부 근성을 드러내고 있다. 다른 국가들 앞에서 체면을 구기지 않을까 대단히 조심한다. 국제적인 평가에도 연연해한다. 이 문제의 근원은 중국의 내재적 가치 체계가 아직 완숙하지 못했기 때문이다. 외국의 가치 기준이 중국의 존엄을 평가하는 잣대가 됐기 때문이라고도 할 수 있다. 개성 없는 사람은 매력도 없다. 마찬가지로 개성 부족한 국가는 감화력을 가질 수 없다.


## 중국의 양대 수출 품목, '상품'과 '저축'

1980년대에 한 미국 학자는 미국이 국채 수출에 비교우위를 갖고 있다고 신랄하게 꼬집었다. 당시 미국 국채의 주요 수입국은 일본이었다. 일본은 미국 국채를 수입하는 대가로 자국의 '저축'을 미국에 수출했다. 1950년대부터 지금까지 독일, 중동 산유국, 일본이 차례로 자국의 저축을 수출하면서 미국 국채를 수입하는 역할을 담당했다. 그러다 지금은 중국이 그 뒤를 잇고 있다.

수출 부문은 사냥꾼, 수출을 통해 벌어들이는 외화는 사냥물에 비유할 수 있다. 사냥물은 그것이 어떤 형태의 화폐든 상관이 없다. 모두가 중국의 새로 증가한 '저축'이다. 중국이 미국 국채를 구매하면 중국의 국내 저축이 미국으로 이동한다. 사냥꾼은 본래 이 저축을 가지고 활의 성능을 개선해 더 많은 사냥감을 사냥하고 시장에서 더 많은 상품을 교환해야 한다. 그리고 이를 통해 생활의 질을 높일 수 있다. 또 국내 소비를 활성화해 고용 증가에도 기여할 수 있다. 그러나 중국은 새로 증가한 저축 중 절반을 국채 매입의 형태로 다시 남에게 빌려주고 있다. 그러므로 이는 중국의 기술 제고 능력, 소비 규모와 취업 기회가 모두 절반가량 줄어드는 것이나 다름없다.

미국은 자국으로 유입된 중국의 저축을 실물 경제에 투입하지 않았다. 미국은 원래 이 돈으로 활의 성능을 개선해 더 많은 사냥감을 잡아 채무를 갚고 무역 수지 균형을 실현하는 쪽으로 노력해야 마땅했다. 하지만 전혀 그렇게 하지 않았다. 미국이 빌린 돈은 금융 부문에 직접 투입돼 자산 가격 상승을 부추겼다. '9·11 테러'가 발생한 2001년부터 이라크 전쟁이 발발한 2003년까지 FRB는 경기 부양을 목적으로 무려 연속 열세 번이나 금리를 인하했다. 그러나 경제가 살아나기는커녕 오히려 미국 건국 200년 이래 최대의 부동산 버블만 만들어냈다. 중국이 미국에 빌려준 저축은 걷잡을 수 없이 부풀려진 부동산 버블과 이라크 전쟁을 위한 천문학적인 전비에 투입되어 흔적도 없이 사라졌다.

부동산 버블은 엉뚱하게 금융 혁신 붐을 일으키는 데 일조했다. 새로운 금융 상품이 꼬리에 꼬리를 물면서 미국인들은 부동산 가치의 증가 부분을 쉽게 현금화해서 소비할 수 있었다. 예를 들어, 한 미국인 할머니가 지난해에 40만 달러에 구매한 집의 가격이 올해 50만 달러로 상승했다고 치자. 그러면 이 할머니는 새로 증가한 부동산 가치

10만 달러를 담보로 은행에서 '부가가치 담보부 대출' 7만 달러를 받을 수 있었다. 실제 수입은 한 푼도 증가하지 않았는데 7만 달러의 소비력이 공짜로 생긴 것이다. 할머니는 이 돈으로 주방을 리모델링했다. 또 정원을 가꾸고 영화도 봤다. 고급 레스토랑에는 당연히 드나들었고 여행과 쇼핑도 했다. 이런 소비 방식은 미국의 소비 시장 활성화, 고용 증가 및 경제 성장에 자극제 역할을 했다. 경제가 호황을 보이면서 부동산 버블과 증시의 버블은 점점 더 부풀려졌다. 이듬해에 이 미국인 할머니에게는 더 많은 소비를 할 수 있는 여유 자금이 생겼다. 이렇게 되자 미국인들은 더 이상 저축의 필요성을 느끼지 않게 되었다. 분에 넘치는 과소비에 맛을 들이기 시작했다. 2005년부터 2007년까지 미국의 저축률은 1930년대의 대공황 이래 처음으로 3년 연속 마이너스 성장을 기록했다. 저축을 할 필요가 있는가? 중국인들이 힘들게 일해서 저축한 돈이 어차피 미국으로 흘러들 테니 미국인들은 소비만 하면 될 것 아닌가? 중국인들이 저축하고 미국인들이 소비를 하는 방식이 중국과 미국의 경제 성장에 모두 도움을 주니 누이 좋고 매부 좋은 일 아니고 무엇인가?

중국의 수출 주도형 경제 성장 모델과 미국의 자산 팽창형 경제 모델은 그야말로 자연스럽게 완벽한 조화를 이뤘다. 본질적으로 보면, 중국 경제의 두 번째 성장 엔진에 '연료' 역할을 한 것은 미국의 자산 버블이었다. 그런데 여기에서 중요한 문제는 미국의 자산 버블이 무한대로 지속될 것이냐 하는 것이었다.

여기에서 잊지 말아야 할 것이 있다. 그것은 바로 이 미국인 할머니가 부동산의 부가가치 부분을 마음껏 소비할 때 부채 역시 그에 비례해 증가했다는 사실이다. 소득은 부채에 비해 상대적으로 증가 속도가 느리기 때문에 자산 버블은 실제로 채무 버블에 불과하다. 부채 증가에 따라 미국인 할머니의 대출 원리금 상환 부담도 함께 커졌다. 가계 재정이 최악의 상황에 이른 상태에서 미국인 할머니는 금리 인하에 마지막 희망을 걸 수밖에 없었다. 그런데도 FRB는 2004~2005년 연속 일곱 번이나 금리를 상향 조정했다.

만약 FRB가 계속 초저금리 정책을 유지한다면 어떤 상황이 벌어질까? 두말할 필요도 없이 미국의 부동산 버블은 더 큰 규모로 팽창할 것이다. 버블이 붕괴할 때의 살상력 역시 더 커질 수밖에 없다. 미국인 할머니의 '채무 언색호'는 2007년부터 붕괴하기 시작했다. 2008년에는 미국 가계의 디폴트 선언 건수가 급증했다. 이에 따라 자산 버블을 토대로 이룩한 경제 번영이 드디어 종지부를 찍게 되었다.

그럼에도 벤 버냉키 FRB 의장은 달러화 증발을 통해 '자산 재팽창'을 시도했다. 그러나 달러를 찍어낸다고 해서 실질 저축이 증가하는 것은 아니다. 실질 투자와 소비도 증가하지 않는다.

미국인들은 가계 부채 때문에 가뜩이나 허리가 휠 지경이 됐는데도 설상가상으로 월스트리트의 손실까지 함께 분담할 지경이 되었다. 당연히 고통지수가 1930년대의 대공황 이후 최고 수준으로 상승했다. 급기야 시민들은 부도덕하고 탐욕에 가득 찬 월스트리트에 대항해 시위를 단행했다. 반(反)월스트리트 운동은 신속하게 전 세계로 확산되었다. 실업률이 고공행진하고 채무 부담이 갈수록 증가하는 데다 연금 퇴직금 계정에 보관한 금융 자산까지 대폭 위축되면서 미국인들은 더 이상 무분별한 과소비를 엄두조차 내지 못했다. FRB의 계속적인 금리

인하 정책도, 수차례의 양적 완화 정책도 이미 위축된 대출 시장과 부동산 시장을 되살리기에는 역부족이었다.

미국식 경제 성장 모델의 종말과 더불어 미국의 시대도 종말을 고했다. 1980년대부터 시작된 미국식 채무 주도형 경제 성장 모델은 거대한 자산 버블을 만들어내면서 21세기의 처음 7년까지 미국의 경제 번영을 이끌었다. 그뿐만 아니라 중국 경제의 두 번째 성장 엔진에도 충분한 '연료'를 공급했다. 그러나 영원히 번영을 누릴 것처럼 보였던 미국 경제의 시동이 꺼지면서 '차이메리카(Chimerica)'의 분열도 불가피했다.

그렇다면 중국이 미국에 빌려준 저축은 어떻게 되는가? FRB의 대처 방법은 아주 간단했다. 이미 두 차례의 양적 완화(QE1과 QE2)를 단행했다. 곧이어 3차 양적 완화를 실시할 가능성도 농후하다. 이후에도 QE(n+1)로 쭉 이어질 것은 거의 자명하다. 이른바 양적 완화 정책은 화폐의 구매력을 희석시켜 부채 압력을 줄이기 위한 수단에 불과하다. 미국이 거듭 달러화 가치를 평가 절하하는 목적은 다른 국가의 저축을 착복하기 위한 것이라고 단언해도 틀리지 않는다.

중국 경제가 두 번째 성장 동력에 힘입어 창출해낸 거액의 실질 저축이 미국에 의해 큰 손실을 입는 것은 분명 큰 문제가 아닐 수 없다. 그러나 더 큰 문제는 따로 있다. 바로 이 두 번째 성장 엔진이 '연료' 부족으로 수명을 다했다는 사실이다. 사회적 생산성을 대폭 제고할 새로운 원동력이 나타나지 않는 한 신규 저축이 증가하지 못할 것이다. 더 나아가 실질 투자와 소비도 증가하지 못한다. 이런 상황에서 중국 정부의 경기 부양을 위한 재정 정책이나 투자 장려 정책은 인플레이션 압력만 가중시킨다. 기껏해야 경제를 더 나빠지지 않게 할 뿐이다. 반면 진정한 경제 성장 효과는 전혀 기대하기 어렵다.


## 중국은 세계 최대 소비 시장이 될까

중국은 경제 발전 모델을 반드시 전환해야 한다. 이것은 선택 사항이 아니다. 필수라고 단언해도 좋다. 중국 경제 자체의 필요 때문이기도 하거니와 더 중요한 것은 다른 선택의 여지가 없기 때문이다. 여기에서 여러 가지 의문이 생긴다. '중국 모델 3.0'의 최종 목표는 무엇인가? 중국은 어떤 방법으로 이 목표를 실현해야 하는가?

중국은 170년 동안 줄곧 근면하고 학구적인 '학생'의 역할만 감당해 왔다. 처음에는 서양을 따라 배웠다. 그러다 나중에는 일본, 더 나중에는 소련을 본받았다. 마지막에는 미국을 '스승'으로 삼았다. 이것저것 정말 많이도 배웠으나 결과는 신통치 않았다. 결국 외국의 경제 모델을 그대로 답습하는 것은 문제가 많다고 판단하기에 이르렀다. 외국의 경험을 참조해 중국 실정에 맞는 발전의 길을 모색해야 했던 것이다.

우선 짚고 넘어가야 할 사실이 있다. 중국은 독일이나 일본 또는 '아시아의 네 마리 용'과 다르다는 것이다. 중국이 미국을 '스승'으로 삼은 것은 나무랄 바가 없다. 그러나 수출 주도형 경제 성장 모델은 중국 같은 대국의 근본적인 출로가 될 수 없다. 미국이 1971년 이전, 특히 19세기에 산업화를 통해 비약적인 성장을 이룬 경험은 중국의 좋은 본보기가 될 수 있다. 그러나 미국이 1980년대 이후부터 추진한 채무 중심의 경제 성장 모델은 득보다 실이 훨씬 더 크다. 그 때문에 중국은 미국의 전철을 밟지 않도록 조심해야 한다.

미국의 부상에 결정적인 역할을 한 것은 "내 운명을 남에게 맡기지 않는다. 나 스스로 개척한다"는 미국식 신념이었다. 그래서 미국은 국내외 정책을 제정할 때에도 실용성이라는 원칙을 무엇보다 우선시했다. 항상 자국의 이익을 가장 먼저 생각해 필요한 것은 취하고 필요 없는 것은 버렸다. 미국은 전 세계를 통틀어 융통성과 리액션이 가장 강한 국가였다. 자국 이익에 득이 되는 것과 독이 되는 것을 분명히 구분할 줄 알았다. 얻고자 하는 것은 어떤 수단과 방법을 동원해서라도 반드시 획득했다. 또 자국의 이익에 부합하지 않는 것은 가차 없이 버리거나 갖가지 핑계를 대며 거절했다.

미국은 경제 성장을 추진하는 과정에서도 자국의 운명을 남에게 맡기지 않았다. 이를테면 영국이 자유무역 이론을 적극 권유하는데도 듣는 척하지 않았다. '높은 관세, 고임금, 막강 제조업, 과학기술 중시, 대시장(大市場)' 전략으로 자국 시장을 보호하고 경제 부흥을 이끈 것이 대표적인 예라고 할 수 있다. 세계 패권을 장악한 국가들은 어김없이 자유무역과 비교우위 이론을 주창한다. 그 목적은 단 하나밖에 없다. 기득권적인 우위를 영구히 제도화하기 위해서다. 경제 대국을 꿈꾸면서 후발 주자로 나선 국가들은 자유무역과 비교우위 이론에 현혹되지 말아야 한다. 그렇지 않으면 스스로 자국의 경제 동맥을 끊어버리는 끔찍한 결과를 초래할 수 있다. 중국도 경제 글로벌화를 추진하면서 반드시 '나에게 이득이 되는 것을 취하고 불리한 것은 버리는' 원칙을 고수해야 한다.

미국은 실용주의 원칙을 내세워 세계 최대 시장으로 부상한 다음 영향력이 높아졌다. 1933년 열린 런던세계경제회의는 프랭클린 루스벨트 미 대통령이 국제 통화 안정안을 반대하는 바람에 실패로 돌아갔다. 미국은 유럽 화폐의 안정 따위에는 전혀 신경 쓰지 않고 자국의 이익만을 위해 금본위제를 폐지하고 달러를 평가 절하했다. 당시 미국의 수출이 국민소득에서 차지하는 비중은 3%밖에 되지 않았다. 그 때문에 루스벨트의 관심은 외부 요인에 의한 달러화 안정에 있지 않았다. 국내 경제의 회복이었다. 그때부터 77년이 지난 2010년에도 미국의 GDP 대비 수출의 비중은 8.8%밖에 되지 않았다. 영국이 1930년대에 미국 세력을 유럽 대륙에서 쫓아낸 후, 미국은 '책임 있는 대국'이라는 헛된 명성을 벗어던질 좋은 구실을 찾았다. 미국의 진정한 의도는 '파운드 블록'을 무너뜨리는 것이었다. 제2차 세계대전 후 미국이 유럽 국가들의 통화 안정안에 별다른 관심을 갖지 않았던 이유는 다른 게 아니었다. 미국 국내 시장보다 훨씬 작은 유럽 시장에 흥미가 별로 없었기 때문이다. 화폐 안정은 유럽 국가들에게 매우 중요한 사안이었다. 하지만 미국 입장에서는 그렇지 않았다. 유럽 시장에 의존할 필요가 없었다. 그 때문에 누구의 눈치도 보지 않고 오직 자국의 이익만을 위해 달러를 평가 절하했던 것이다.

미국은 채권국일 때 채권을 '무기' 삼아 영국을 숨도 쉬기 어려울 정도로 몰아붙였다. 또 채권국에서 채무국으로 변한 다음에는 다시 채무를 권력 삼아 채권국들에게 압력을 가했다. 그래서 중국이 미국 국채 보유량을 줄이거나 미국이 요구하는 양보다 적게 매입할 때에는 어김없이 해괴망측한 일을 벌이곤 했다. 이를테면 미국 대통령이 갑자기 달라이 라마와의 회담을 선언하거나, 대만에 무기를 수출하거나 하는 등의 일이 생겼다. 그도 아니면 남중국해에서 사단을 일으키거나 일본을 부추겨 동중국해에서 중국과 무력 충돌을 빚게 하는 경우도 있었다. 그러다 중국이 미국 국채 보유량을 대폭 늘리면 언제 그랬냐 싶게 중국 주변의 상황이 한동안 안정을 찾곤 했다. 이는 미국이 국채를 이용해 중국으로부터 '보호비(保護費)'를 받는 것이나 다름없다. 조폭이 따로 없다. 그렇다면 중국이 '보호비'를 내지 않으면 어떻게 될까? 아마 미국의 등쌀에 못 이겨 발 편히 뻗고 잠도 자지 못할 것이다. 이것이 이른바 미국의 '채무 외교'다.

　그러면 미국은 도대체 무엇을 믿고 이토록 횡포를 부리는 것일까? 그 이유는 중국의 대미 수출 의존도가 미국의 중국에 대한 의존도보다 훨씬 더 크다는 약점을 미국이 틀어쥐고 있기 때문이다. 미국 시장이 없다면 중국산 제품은 졸지에 판로를 잃고 말 것이다. 당연히 중국 정부는 심각한 실업난 때문에 골머리를 앓을 수밖에 없다. 더 솔직히 말하면, 미국이 채권 혹은 채무 할 것 없이 모두 '몽둥이' 삼아 다른 국가를 휘어잡을 수 있는 이유는 세계 각국이 모두 미국 시장을 필요로 하기 때문이다. 미국 시장 밖으로 쫓겨나는 국가는 '경제 봉쇄'를 당한 것이나 진배없다. 결국 고립무원의 처지에 빠진다. 유로화가 감히 달러에 도전할 수 있었던 것도 유로화 자체에 힘이 있어서가 아니다. 유럽연합이라는 대규모 시장이 배후에 있었기 때문에 가능했다. 유럽연합 회원국들이 미국 시장에 의존하지 않아도 되는 날이 오면 유럽은 '자신의 운명을 스스로 지배'하게 될 것이다. 과거 루스벨트가 영국 중심의

'파운드 블록'을 경계하고 견제했던 것도 다 이 같은 이유 때문이다.

일본의 가장 큰 불행은 강대한 생산 능력을 갖춘 것에 비해 선천적으로 내수 시장 규모가 작은 것이라고 할 수 있다. 그래서 일본은 아시아의 거대한 시장과 원자재 기지를 점령하기 위해 전쟁을 벌였다. 그러나 실패했다. 나중에는 도리 없이 '세계의 지배자'인 미국에 들러붙을 수밖에 없었다. 국제 시장이 아니면 일본은 생존조차 하기 어려운 국가라고 단언해도 좋다.

중국 역시 국제 시장에 대한 의존도가 높은 것이 무엇보다 큰 약점이다. 2010년 GDP 대비 수출의 비중은 중국이 26.8%, 미국은 8.8%였다. 누가 누구에게 더 의존하는지 알 수 있는 대목이다. 이런 불균형 상태에서 중국이 미국의 제약을 받는 것은 당연한 일이다. 남에게 종속당한 자가 자기 운명을 스스로 장악하지 못하는 것 또한 너무나 당연한 일이다.

수출을 경제 성장의 원동력으로 삼는 국가는 자국의 운명을 오롯이 다른 국가에게 맡기는 것이나 다름없다. 이는 중국 같은 대국의 경우 더욱 피해야 할 사항이다. 외부 시장에 대한 의존도가 GDP의 26.8%나 되는 한 중국이 자국의 운명을 스스로 지배해 글로벌 강국으로 부상한다는 것은 어불성설이다.

중국의 대외 의존도가 높아질수록 경제는 점점 더 취약해질 것이다. 외교 문제에서도 제 목소리를 내기 어렵다. 국가 안보를 보장하기 어렵게 되는 것은 말할 필요도 없다. 또 다른 국가들과의 무역 마찰, 심지어 정치적 마찰도 유발할 수 있다. 게다가 외부 시장에 지나치게 의존하면 국내에서의 응집력과 감화력 역시 떨어지게 마련이다. 지금은 중국산 제품이 국제 시장에 범람하지만 10년 후에는 인도, 멕시코, 베트남 등의 제품이 가격 우위를 내세워 중국산 제품을 대체할지도 모른다. 장래에 위안화 가치가 상승하고 중국의 노동력 원가와 원자재 가격, 환경 오염 지수가 상승해 일정한 분기점에 이르게 되면 다국적 기업들은 헌신짝 버리듯 중국 시장을 떠나 다른 국가로 진출할 것이다. 따라서 중국의 운명을 수출 주도형 경제 모델에 맡기는 것은 매우 위험천만한 짓이다.

중국은 내수 시장 확대를 수출 주도 전략의 대안으로 제시할 필요가 있다. 수출 의존도를 GDP의 10% 미만으로 점차 낮춘 다음, 지금까지 주로 외국에 수출하던 국민 경제의 주요 자원을 국내 시장에 쏟아부어야 한다. 또 내수 소비 시장도 활성화해야 한다. 중국인들이 막대한 노동력, 시간, 에너지, 자원, 토지, 원자재, 식량과 전력을 소모해가면서 교통 체증과 환경 오염을 대가로 창출해낸 사회적 부를 중국 소비자가 우선 소비하도록 해야 하는 것이다.

과거 미국은 '높은 관세, 고임금, 막강 제조업, 과학기술 중시, 대시장' 전략으로 경제 부흥을 이끌었다. 여기에서 핵심은 '대시장'이다. 무엇보다 고관세 장벽이라는 보호 장치가 있었기 때문에 미국의 유치(幼稚) 산업은 강대한 영국 제조업과의 경쟁에서 밀리지 않을 수 있었다. 강대한 생산력을 갖지 못한 국가는 방대한 소비 시장으로 발전할 수 없다. 또한 임금 수준은 소비력과 직결된다. 임금이 낮으면 소비력이 증가하지 못한다. 소비 시장 역시 활성화될 수 없다. 영국의 경우 근로자의 임금을 낮춰 자본가의 이윤을 증대시키는 정책을 실시했다. 그 때문에 심각한 양극 분화를 초래했다. 이에 반해 미국은 임금 수준이 근로자의 자질, 건강, 정신 상태, 업무 열정과 혁신력에 중대한 영향을 끼친다는 사실을 깨달았다. 따라서 인적 자본을 매우 중시했다. 임금은 비용이자 자본이다. 인적 자본에 대한 투자를 아끼지 않으면 장래에 훨씬 더 큰 수익을 얻을 수 있다. 아울러 과학기술을 중시하면 기술 혁신을 이끌어 생산성을 신속하게 높일 수 있다. 더 많은 사회적 부를 창출할 수 있다. 더 나아가 저축과 소비 그리고 투자를 증대시킬 수 있다. 마지막으로 미국의 부상을 이끈 또 하나의 중요한 열쇠는 강대한 제조업이다. 강대한 산업 생산력은 방대한 시장을 형성하는 전제조건이다. 강대한 생산력이 뒷받침됐기 때문에 미국은 영국을 대체해 세계 최대 시장으로 부상할 수 있었다. 또 미국이 두 차례의 세계대전 기간 동안 '민주주의 국가들의 최고 무기고' 역할을 담당하고, 종전 후에는 '미국 지배하의 새로운 국제 질서'를 확립할 수 있었다. 이는 그야말로 강대한 산업 능력에 힘입은 것이다.

여기서 고관세 정책을 제외한 나머지 고임금, 막강 제조업, 과학기술 중시, 대시장 등의 전략은 오늘날 중국 실정에도 완전히 부합한다.

국제 시장보다 국내 시장을 우선해야 한다. 중국의 저축을 미국이 아닌 중국이 소비하도록 해야 한다. 중국의 경제 자원을 수출하지 않고 내수 시장에 투입할 경우 중국은 외국과의 관계를 크게 개선할 수 있다. 무역 마찰 대신 평화가 찾아오고, 치열한 다툼 대신 적극적인 협력을 이룰 수 있다. 중국을 적대시하던 국가들도 중국 시장에 대한 의존도가 커지면서 중국과 우호 관계를 맺고 싶어 할 것이다. 더불어 담합을 통해 정치적·군사적으로 중국을 견제하려던 세력도 스스로 무너지고 말 것이다. 최대 시장은 곧 최대 권력을 의미한다.

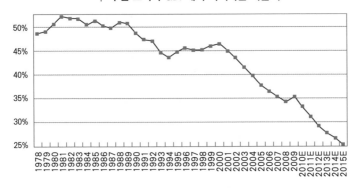

| 주민 소비가 GDP에서 차지하는 비율 |

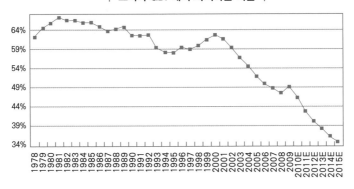

| 소비가 GDP에서 차지하는 비율 |

❚ 중국은 GDP 대비 소비 비중이 너무 낮고 내수 시장 규모도 작다(자료 출처: 2008년 중국통계연감).

중국이 세계 최대 소비 시장으로 부상하려면 어떻게 해야 할까? 전세계를 대상으로 하던 수출 주도형 경제 모델을 내수 주도형 방식으로 전환할 경우 중국의 내수 시장이 과잉 생산 능력을 과연 소화해낼 수 있을까?

대답은 간단하다. "일은 사람이 하기에 달렸다." 이는 불후의 진리이기도 하다.

# 중국 경제의 세 번째 성장 엔진,
# 농업의 2차 산업화

어떤 문제에 대한 해결책을 얻으려면 그 문제의 근원에서부터 출발해야 한다. 중국의 문제도 예외는 아니다.

중국은 건국 이래 농촌이 발전할 경우 국가도 번영했다. 또 농촌이 부유해지면 산업화도 순조롭게 진행되었다. 1950년대가 무엇보다 그 랬다. 1980년대에도 크게 다르지 않았다. 반대로 농촌이 빈곤해지면 국민 경제의 성장은 걸림돌에 직면할 수밖에 없다.

중국의 인구 구조는 향후에도 농민이 중국 사회의 주요 구성원이 될 것이라는 사실을 무엇보다 강력하게 의미한다. 따라서 농촌을 떠나서는 지속적인 경제 성장을 기대할 수 없을 뿐만 아니라 도덕적으로도 문제가 된다. 도농 간의 빈부 격차는 사회 불안정을 유발하는 요인이라고 할 수 있다. 중국 입장에서 너무나도 중요한 농업 경제의 성장세는 1990년대부터 둔화되기 시작했다. 이에 따라 5년 간격으로 두 배씩 늘어나던 농민 소득이 10년 간격으로 두 배씩 늘었다. 비록 정부가 농업세를 폐지하는 등 농촌에 대한 지원을 확대했지만 각종 부과금과 음성적 지출 때문에 농업 경제 자원은 줄곧 만성적인 부족 상태를 겪었다. 개혁개방을 실시하기 전 15년 동안 힘들게 축적한 농업 자본이 개혁개방 실시 후 15년 사이에 점차 줄어들어 바닥을 드러낸 것은 그다지 이상할 게 없다.

농촌 경제가 부진한 상황에서는 내수 소비가 진작될 수 없다. 중국 인구의 절대 다수를 차지하는 농민의 소득이 증가하지 않는 한 내수

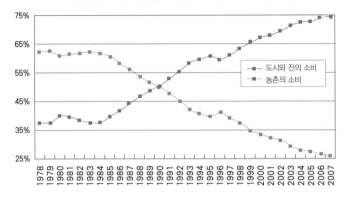

| 농촌과 도시, 진(鎭)이 주민 소비에서 차지하는 비율 |

시장 확대는 꿈도 꾸지 못할 것이다.

그러나 국고 보조나 이전(移轉) 지급을 통해 농민 소득 증대를 꾀해 서는 절대 안 된다. 이런 조치들은 급한 불은 끌 수 있어도 가난을 구 제할 수 없다. "가난을 구제한다"는 마인드로 농업 경제의 발전을 꾀한 다면 필연적으로 실패한다. 농업 경제의 효율적이고 지속적인 성장을 추진하려면 생산성을 제고하는 방법밖에 없다. 농민이 부유해지려면 역시 더 많은 부를 창조해 생활의 질을 높여야 하는 것이다.

구미 경제의 장기 불황이 예상되는 가운데 중국 농업 2차 산업화의 관건은 내수 활성화의 돌파구를 찾는 것이라고 해야 할 것 같다. 실제 로도 산업화를 통해서만 농업의 생산성을 제고할 수 있다. 또 1차 산 업화보다 더 철저하고 심도 있는 산업화를 해야만 농촌 경제를 진흥 시킬 수 있다.

이를 위해서는 도시의 현대적인 산업화 기술, 그중에서도 특히 정보화·첨단화 기술과 선진적인 비즈니스 모델을 다시 농촌으로 대거 확산해야 한다. 1980년대에는 농민이 자발적으로 도시에 진출해 농촌 산업화에 필요한 기술을 전수받았다면 2차 농촌 산업화에 필요한 기술은 정부에서 염가로 농촌에 공급해야 한다.

현재 중국 농촌에 가장 필요한 것은 무엇인가? 바로 농산물 유통 과정에 들어가는 불필요한 비용을 줄이는 것이다. 현대적인 농산품 판매 시스템을 구축해 중간업자를 통하지 않고 생산자가 소비자에게 직접 판매하는 직거래 방식으로 농민에게 정당한 생산 소득을 얻을 권리를 돌려줘야 한다. 농산물 직거래 유통 방식은 농민의 순수입 증대 및 소비력 제고에 큰 효과가 있다. 또 불필요한 유통 원가를 줄이고 식품 안전도 보장할 수 있다. 유사한 비즈니스 모델로 월마트의 체인점 방식을 참조할 수 있다. 민영 기업에 우선적으로 농산품 직거래 시장 진출을 허용한 다음, 기업 이윤에 상한선을 정함으로써 규모 성장의 선순환 고리를 만들어야 한다. 금융 시장과 자본 시장에서는 농업 기업을 대상으로 녹색 통로를 개설해 이들 기업의 상장을 적극 지원해야 한다. 이 경우 돈 냄새를 맡은 자본이 시장에 물밀듯 밀려들 것이다. 이때 치열한 경쟁을 통해 우수한 기업을 선택하면 된다.

중국의 전자 상거래 전문 업체 알리바바 닷컴은 600만 개의 중소기업에 국제 시장의 수요 정보를 제공하고 있다. 그렇다면 중국의 농민 수억 명에게도 시장 수요 정보를 제공하는 기업이 있어야 하지 않겠는가? 기업은 기업대로 고액의 이윤을 얻고 농민은 농민대로 필요한 정보를 얻을 수 있으니 누이 좋고 매부 좋은 일이다. 정보의 바다 속에서 잘만 경영하면 커다란 비즈니스 기회를 잡을 수도 있다. 따라서 전국의 각 농가에 대한 데이터를 수집, 정리, 분석한 자료가 중대한 전략적 가치를 지닌다고 할 수 있다. 정부, 연구 기관, 은행, 증권사, 펀드 회사들도 이런 자료에 관심이 많기 때문이다.

현재 중국 농촌 지역에서도 인터넷과 휴대전화 사용자가 빠르게 증가하고 있다. 따라서 형편이 되는 지역에서 먼저 농업 및 농촌의 정보화를 추진하면 된다. 또 형편이 안 되는 지역에서는 정부가 민간 자본을 끌어들여 여건을 만들면 된다. 사실 정부가 할 일은 별로 없다. 시장 통로만 잘 열어놓으면 그 후에는 민간 자본이 스스로 적극 시장에 밀려들 가능성이 크기 때문이다.

중국 농촌의 1차 산업화는 도시 산업화의 시장 공백을 메우기 위한 것이었다. 이런 태생적 한계 때문에 농업 생산, 유통, 정밀 가공 및 집약화에 대한 산업화로 이어지지 못했다. 따라서 2차 산업화는 반드시 '중국만의 특색 있는 식품 산업화'에 중점을 둬야 한다.

농업 기술이 선진적이고 현대적일수록 농업 생산성은 높아진다. 반면 물과 화학 비료 그리고 농약 사용량은 감소한다. 가장 유명한 것이 이스라엘의 점적관수(물방울 관수) 기술이다. 1962년 이스라엘의 한 농민이 호스에서 물이 새는 부위에 있는 곡식이 특별히 잘 자라는 것을 발견했다. 정밀한 양의 물을 똑같은 부위에 연속적으로 공급하면 토양의 수분 증발을 줄일 뿐 아니라 물과 비료 그리고 농약 사용량도 절약할 수 있다. 이 발견은 이스라엘 정부의 큰 관심을 불러일으켰다. 정부의 대폭적인 지원 아래 1964년 마침내 전 세계적으로 유명한 점적관수 농법이 개발됐다. 이후 30년 동안 이스라엘 농업용수 사용량은 별로 증가하지 않았다. 그러나 농산물 수확량은 무려 32배나 늘어났다. 사실 점적관수의 원리는 매우 간단하다. 그러나 정밀한 양의 물과 양분을 직접 모든 작물의 뿌리에 공급하려면 상당히 복잡한 기술이 필요하다. 이스라엘이 연구 개발한 점적관수농법 전용 플라스틱 호스, 노즐, 필터, 컨트롤러 등의 도구는 모두 첨단 과학기술의 결정체라 해도 과언이 아니다. 이처럼 '관개 수로는 농업의 생명선'이라고 할 수 있다. 그러나 물 부족 국가인 이스라엘은 관개 수로보다 과학 영농을 더 중시했다. 그랬기 때문에 농업 생산성을 대폭 늘릴 수 있었다. 전산화 시스템을 통해 물, 비료, 농약까지 모든 농업 과정을 통제하는 점적관수농법도 바로 이 첨단 기술을 농업 부문에 응용한 결과였다.

이스라엘은 점적 관개 기술을 이용해 사막을 농업 오아시스로 만들었다. 비슷한 사례는 일본에서도 찾을 수 있다. 일본은 마을마다 고유한 특산품을 만드는 이른바 '일촌일품(一村一品)' 운동을 통해 농촌을 환

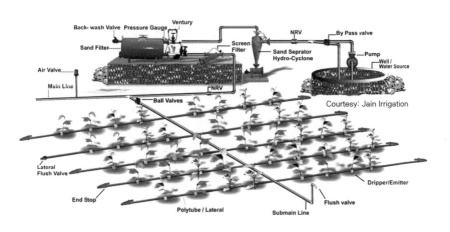

| 이스라엘은 점적관수 기술을 이용해 사막을 농업 오아시스로 만들었다.

경이 아름답고 경제가 발달한 '천국'으로 바꾸었다. 또 한국은 '새마을 운동'을 통해 도농 간의 소득 격차를 없앴다. 네덜란드는 인구 밀도가 세계 최대인 악조건에서도 집약된 건물 안에서 수직으로 식량을 재배하는 '토지 집약형 농법'으로 세계 3위 농산품 수출국의 기적을 이뤄낼 수 있었다. 이들 국가 역시 처음에는 모두 중국처럼 인구가 많고 땅은 적은 어려움에 직면해 있었다. 그러나 기술 확산, 정보화, 현대적인 비즈니스 모델의 적극적인 지원에 힘입어 농업 생산성의 폭발적인 성장을 이룩했다. 결과적으로 농민 소득이 도시 주민을 따라잡았다. 심지어 초과한 경우도 없지 않았다. 세상만사는 사람이 하기에 달렸다. 중국도 정부의 지도 아래 도시보다 농촌에 경제 자원을 집중한다면 농업 생산성이 대폭 늘어날 것이다.

농업 생산성이 높아지면 소비 수요가 증가한다. 농촌 서비스업도 발달하기 시작한다. 또 대량의 농촌 잉여 노동력을 흡수해 농업 인구를 농업, 농산업 클러스터, 도시 진출 노무 산업, 농촌 서비스업 등의 4대 산업으로 분산시킨다. 더불어 정부는 도시 건설 가속화, 호적 제도 폐지, 토지 경영권 양도와 유통 허용 등의 정책을 실시해 농업의 집약화 경영을 추진할 수 있다.

농촌의 낙후는 인프라 부족 때문이라고 해야 한다. 수리 부족, 전력 부족, 교통 불편 등이 농업 발전에 걸림돌로 작용하고 있다. 또 교육, 의료 위생, 장기간 뒤떨어진 상태를 벗어나지 못하는 문화 역시 농촌의 2차 산업화를 제약하는 악조건이다. 가장 심각한 문제는 그러나 구성원들의 자질이 낮다는 점이다. 자질이 낮은 인구는 '채무'에 가깝다. 반면 자질이 높은 인구는 '자산'이라고 할 수 있다. 미국은 19세기에 이 이치를 깨달았다. 일본 역시 그래서 메이지 유신 때부터 의무 교육을 실시했다. 그러나 중국은 달랐다. 농촌 인구의 자질을 중요하게 생각하지 않았다. 이런 폐단은 현재 점차 가시화되고 있다. 중국 정부가 아직도 농촌 인구 교육의 중요성을 인식하지 못하거나 농촌 인적 자본의 육성에 자원을 아낀다면 향후 그 대가를 톡톡히 치르게 될 것은 너무나도 자명하다.

중국 농촌의 2차 산업화에는 천문학적인 자금이 필요하다. 돈이 없으면 아무것도 이룰 수 없는 것이다. 중국 정부는 향후 5년 동안 농촌 수리 공사에만 약 2조 위안을 투입할 예정이다. 이는 지난 20년 동안 농촌 수리 시설을 방치한 데 따른 벌이나 마찬가지다. 농촌의 2차 산업화를 위한 자금은 적어도 이것의 몇 배는 될 것으로 추정된다.

이렇게 많은 돈을 과연 어떻게 조달할 것인가? 현재까지는 토지 양도금을 주요 자금원으로 생각하고 있다. 그러나 토지 양도금은 최선책이 아니다. 토지 가격을 올리는 것은 토지와 부동산을 화폐화하는 것이나 다름없다. 생산성을 대폭 제고하지 않은 상황에서 토지와 부동산의 화폐화는 화폐의 증발을 초래한다. 자산 거품과 투기 행위를 조장할 뿐이다. 더불어 인플레이션과 부동산 및 원자재 가격의 상승을 초래해 기업 이윤을 감소시킨다. 더 나아가서는 실질 재산 창조 능력을 약화시키고 경제 성장의 둔화를 초래한다. 땅값이 오르기만을 기다리면서 부자가 되는 꿈을 꾸는 사람들은 앞에서 예를 든, 부동산을 '현금 인출기'처럼 생각한 미국 할머니와 하등 다를 바가 없다. 미국인들은 그나마 중국에서 저축을 빌려 과소비를 할 수 있었지만 중국은 돈을 빌릴 데도 없다. 그러니 도리 없이 자국 통화를 증발하는 방법으로 '가짜 저축'을 만들어내야 한다.

일부 자금은 자본 시장의 힘을 빌려 해결할 수 있다. 투자 기간이 짧고 수익률이 높으면서도 상장 가능성 있는 사업은 정부가 직접 출자할 필요가 없다. 이익을 좇는 특성 때문에 이런 사업에는 자본이 쏠리게 마련이다. 정부는 정책적인 혜택만 제시하면 된다. 반면 농촌 인프라, 교육, 의료 등 투자 회수 기간이 긴 사업의 자금은 자본 시장에서 조달하기 어렵다. 단기 자본은 3년 안에 최소한 10배 이상의 수익을 올릴 수 있는 사업에만 몰려든다. 투자 회수 기간이 5~10년씩이나 되는 사업은 자본 시장에서 메리트가 거의 없다.

농촌 장기 투자 유치에는 토지 양도금보다 '특별 농업 공채'나 '지방 농업 채권'을 발행하는 것이 더 합리적인 방법이라고 할 수 있다. 농업 채권과 지방 정부의 융자 채무는 본질적인 차이가 있다. 농업 채권은 전형적인 생산형(生産型) 부채이지만 지방 정부의 융자 채무는 대부분 실속 없는 비생산 부문에 투입된다. 2010년 중국의 홍수와 가뭄으로 인한 직접 손실액은 수천억 위안에 달했다. 생산 중단, 판매 및 유통 차단 등으로 인한 간접적인 손실액은 아마 이보다 훨씬 더 많았을 것이다. 수리 시설을 설치하면 이런 재해로 인한 피해 규모를 크게 줄일 수 있다. 더 나아가 사회적 이윤을 직접 늘리고 생산성을 제고할 수 있다. 농업 수리 공사에 의해 발생하는 현금 흐름은 다른 사업에 비해 경제적 가치는 낮을 수 있다. 그러나 사회적 가치는 훨씬 더 크고 뚜렷할뿐더러 장기적이다. 정부가 농업 채권의 이자 명목으로 지불하는 재정 지출은 경제 이윤의 증가에 따라 세수 증대를 통해 충분히 보상받을 수 있다.

농촌의 교육이나 의료 같은 부문에 대한 투자 회수 기간은 10년 그 이상이 걸릴 수 있다. 그러나 장기적인 안목으로 보면 이런 투자는 농촌 인구의 자질을 높여 농촌 인적 자원을 '부채'에서 '자본'으로 전환할 수 있다. 따라서 시간이 지날수록 수익성이 더 뚜렷해지는 특징이 있다. 이런 부류의 투자 자금은 초장기(20년 만기 혹은 그 이상) 국채를 발행하는 방법으로 조달할 수 있다. 투자 수익에 대해 세금 감면 등 정책적 특혜를 제공함으로써 투자자들이 경제적 이익뿐만 아니라 사회적 가치도 창조하도록 적극 장려해야 한다.

부채는 기본적으로 크게 생산성 부채와 소비성 부채 두 종류로 나뉜다. 전자를 '근육'이라고 하면 후자는 '지방'에 비유할 수 있다. 특히 생산성 부채는 투자 전망이 명확하고 부채 비율이 안전 범위 안에 있기만 하면 경제 성장에 긍정적인 역할을 한다.

농업 채권을 발행하면 다음과 같은 두 가지 이점이 있다. 우선 최근 10년 동안 과잉 발행한 화폐를 대거 회수함으로써 유동성 범람에 의한 자산 버블과 투기의 악영향을 줄일 수 있다. 또 은행 간 거래 시장의 심도와 범위를 늘리고 금융 시스템을 보완할 수 있다. 당연히 주식 시장과 채권 시장의 균형적인 발전에도 도움이 된다. 농업 채권을 발행하면 아마 단기간에 국가 채무의 GDP 대비 비율이 대폭 상승할지도 모른다. 그러나 걱정할 필요 없다. 농업 부채는 양성(良性) 채무로서 구미 각국의 과소비형 채무와는 본질적으로 다르기 때문이다. 농업 투자를 통해서는 농촌 인프라 개선, 농업 경제 운용 비용 절감, 농업 생산성 향상, 농업 저축 증대, 도시 경제 활성화 추진, 수출 주도형 경제의 과잉 생산 능력 흡수, 내수 시장 확대, 재정 수입 증대 등의 다양한 효과를 기대할 수도 있다.

특히 내수 시장 규모를 꾸준히 확대해 중국이 스스로 자국 경제의 운명을 장악하도록 힘을 키울 수 있다는 게 가장 중요한 이점이 아닐까 싶다.

## 고용 창출은 내수 확대의 두 번째 지름길

중국의 중소기업은 늘 심각한 융자 어려움에 봉착한다. 이는 금융 자원의 불합리한 분배 실정을 여실히 반영한다고 해도 과언이 아니다. 이런 현상은 통화 긴축 정책을 실시할 때 더욱 두드러진다. 중소기업은 고용 창출과 세수 증대에 가장 크게 기여하고 국민 경제에서도 매우 중요한 역할을 담당한다. 그러나 은행 대출을 받기는 쉽지 않다. 그래서 위기에 빠지는 경우가 상당히 많다. 정상적인 루트를 통해 자금을 구하기 어렵게 되면 기댈 곳은 뻔하다. 요컨대 지하 금융(사채)을 통해 긴급하게 필요한 유동 자금이나 브리지론으로 해결할 수밖에 없다. 그러다 상황이 여의치 않아 채무를 제때 갚지 못하면 상황은 더욱 심각해진다. 수년 동안 심혈을 기울여 경영해 온 기업이 파산에 직면하게 되는 것이다. 이런 비극적인 일은 신용도 높은 기업이라도 피하기가 결코 쉽지 않다. 통상 사채의 연이율은 30~50%이다. 심지어는 100%에 달하기도 한다. 따라서 기업 하나를 망치는 것은 그다지 어려운 일도 아니다. 현재 중국에서는 지하 금융이 심각한 문제로 대두되

**브리지론(bridge loan)**
급히 필요할 때 일시적으로 조달하기 위해 도입하는 자금.

고 있다. 일각에서는 지하 금융이 중국식 '서브프라임 모기지론'으로 변화할지 모른다는 우려도 제기하고 있을 정도다.

그 때문에 중소기업의 융자난 해결을 촉구하는 목소리가 몇 년 전부터 줄기차게 이어졌다. 그럼에도 불구하고 이 문제는 지금까지 해결되지 않고 있다. 이유는 간단하다. 비즈니스에만 신경 쓰는 은행은 가난한 자를 싫어하고 부자만 좋아하기 때문이다. 또 리스크를 회피하고자 하는 천부적인 특성을 갖고 있기 때문이 아닌가 싶다. 글로벌 금융위기 발발 후 미국 상업은행들이 차용인의 대출 조건이 적합함에도 불구하고 대출을 꺼린 것과 같은 이치다. 미국의 소비 시장과 모기지론 시장이 위축된 원인은 대출 수요자들이 줄어들어서가 아니었다. 본능적으로 위험을 회피하고자 하는 은행의 심리적 요인 때문이었다고 하는 것이 더 정답에 가깝다.

조금 더 과거의 예를 들면, 1930년대 독일의 대공황 시기를 꼽을 수 있다. 당시 독일의 실업률은 30%에 달했다. 엄청난 자원과 산업 시설이 방치되었다. 따라서 '화폐'라는 도구를 이용해 이 두 가지를 결합할 수만 있다면 경제 엔진이 곧 재작동을 시작할 수도 있었다. 또 새로운 저축을 창출하고 더 나아가 다른 영역까지 생산을 확장하면서 시장 거래를 활성화할 수도 있었다. 독일 경제를 기사회생시키는 데 큰 어려움은 없었다. 그러나 독일 상업은행들은 신용 대출을 거부했다. 위기 상황에서는 지나친 조심성 때문에 대출을 꺼리다 거품 경제 상태에서는 대출을 남발하는 것이 상업은행의 버릇이니 이상할 것은 없었다. 갓 정권을 잡은 나치 정부는 국가 경제를 살리기 위해 개인 은행의 도움을 기대하는 것은 우둔한 짓이라고 판단했다. 이때 나치 정부 당국자들은 다음과 같이 생각했다.

"독일 경제의 문제점은 생산재 부족이 아니다. 현재 있는 생산재를 충분히 활용하지 못하는 데 있다. 실업률을 낮추려면 기존에 있는 유휴 상태의 생산재를 빨리 이용하는 것이 급선무다."

유일한 방법은 생산 자금 대출을 제공하는 것이었다. 독일 정부는 "은행만 신용을 창조할 수 있다"는 고정관념을 깨기로 결정했다. 정부가 직접 금과 외화의 제약을 받지 않는 새로운 화폐를 발행하기로 용단을 내린 것이다. 그래서 발행한 것이 바로 저 유명한 '메포 어음(Mefo Bill)'이다. 메포 어음은 독일 정부가 직접 구매상들에게 제공한 금리 4.5%, 3개월 만기의 단기 어음으로서 독일 역내의 모든 은행에서 '할인'이 가능했다. 시중 은행들은 인수한 메포 어음을 중앙은행으로 가져가 '재할인'하거나 만기일까지 직접 보유할 수 있었다. 이 조치는 독일 정부가 '메포 어음'을 담보물 삼아 법정 통화(라이히스마르크)를 직접 발행한 것이나 다름없었다. 정부는 이처럼 위험을 싫어하는 은행 시스템을 거치지 않고 직접 메포 어음을 발행하는 방식으로 고용 창출에 대한 굳은 의지를 시장에 전달했다. 유휴 상태의 노동력과 유휴 상태의 생산재가 결합하자 독일의 경제 엔진은 활발하게 작동하기 시작했다. 이 정책에 힘입어 독일은 5년 만에 실업률을 1.3%로 낮췄다. 거의 완전 고용을 실현했다고 할 수 있다. 국민총생산액도 두 배나 증가했다. 다시 유럽의 산업 강국으로 부상하는 것은 일도 아니었다.

독일의 예에서 알 수 있듯 상업은행이 이런저런 이유로 고용 창출을 위한 대출을 제공하려 하지 않을 때는 정부가 은행 시스템을 거치지 않고 새로운 금융 도구를 이용할 수 있다. 요컨대 고용 창출에 대한 의지를 직접 시장에 전달하면 되는 것이다.

현재 중국도 비슷한 곤경에 처해 있다. 일자리를 대량 창출하는 중소기업은 심각한 자금난으로 파산 직전에 이르렀다. 그런데도 상업은행들은 위험을 회피하기 위해 대형 국영 기업에만 대출을 제공하려 하고 중소기업의 자금난을 나 몰라라 하고 있다. 말할 것도 없이 여기에서 문제가 발생한다.

정부는 상업은행의 의지를 존중해야 하기 때문에 은행이 중소기업에 대출을 제공하도록 강요할 수 없다. 안 그러면 향후 은행과 정부 사이에 갈등이 생기기 때문이다. 그러나 중소기업은 규모가 작다. 따라서 채권 발행을 통해 자금을 조달할 수도 없다. 더구나 중소기업의 채권 발행은 법적으로 금지되어 있다. 그뿐만 아니라 설령 채권을 발행한다 한들 고작 수만 위안을 벌겠다고 위탁 판매에 나설 증권업자가 있을 까닭이 만무하다. 여러 중소기업이 공동으로 '세트 채권(set debt)'을 발행하는 방법도 타당하지 않다. 이런 채권은 신용도 책정이 어려울 뿐만 아니라 그중 어느 한 기업이 디폴트를 선언하면 문제가 복잡해진다. 또 리스크가 높기 때문에 투자자들에게 메리트도 별로 없다.

이런 상황에서는 정부의 전략적 분석이 필요하다. 내수 확대가 최우선 목표라면 고용 창출을 통해 직접 국내 시장의 소비 능력을 늘리면 된다. 그리고 중소기업의 융자난을 해결하려면 반드시 금융 혁신을 단행해야 한다. 금융을 혁신할 때 지켜야 할 원칙은 은행 시스템을 거치지 않는 것과 정부의 지원을 뒷받침하는 것 등 두 가지가 있다. 또 고용 증가에 크게 기여할 것으로 기대되는 중소기업 위주로 저원가성 자금을 제공해야 한다.

또한 금융 혁신을 할 때 '고용 창출 어음', '단기 상업어음', '정크 본드'를 발행하는 방법도 검토해 볼 수 있다.

외국인 직접 투자는 중국에 고용 증가, 세수입 창출, 기술 이전 등의 이득을 가져다줄 수 있다. 따라서 허용하는 것이 마땅하다. 그러나 방법 면에서 약간의 조절이 필요하다. 중국의 외환보유고는 현재도 이미 과잉 상태이다. 지금 보유하고 있는 것도 마땅히 쓸 곳을 찾지 못한 상황에서 외국인 직접 투자를 통해 더 많은 외화가 유입되면 외환보유고 운영 부담만 가중시킬 뿐이다. 결론적으로, 중국에 필요한 것은 외국 기업의 자금이 아니다. 필요한 것은 기술, 관리, 브랜드 및 국제 시장 마케팅 채널이다.

물론 외국 자본의 중국 진출을 일부러 막을 필요는 없다. 이 경우 중국 국내의 외환 투자 회사가 대주주를 맡아 자금을 대고, 외국 기업은 소주주로서 기술·관리·브랜드·마케팅 채널 등을 제공할 수 있다.

수익성 높은 프로젝트에는 국내 외환 투자 회사나 일반 투자 회사들이 앞다퉈 투자할 가능성이 높다. 이는 중국의 외환보유고를 국내에서 사용할 수 있는 한 가지 방법이기도 하다. 외국 기업들은 무엇 때문에 중국에 진출하려 할까? 중국의 방대한 시장을 이용해 돈을 벌기 위해서라고 단언해도 좋다. 30년 전만 해도 중국은 외환보유고가 매우 부족했다. 따라서 당연히 외국인 직접 투자를 대대적으로 환영했다. 그러나 변화무쌍한 인간사는 아무도 예측할 수 없다고 했던가? 30년이 지난 지금은 외환보유고가 너무 많아 걱정을 하고 있다. 중국의 막대한 외환보유고를 국내에서 활용할 수 있는 가장 좋은 방법은 외화로 외자 기업의 경영권을 인수하는 것이다. 해외에서 좋은 자산을 확보하기는 매우 어려우므로 중국에 제 발로 찾아온 외국 기업을 내 것으로 만드는 편이 훨씬 낫다. 노골적으로 얘기해서, 중국 기업이 '마부', 외국 기업이 '말' 역할을 하도록 하면 된다.

이미 중국에 진출해 높은 수익성을 자랑하며 특정 산업에서 독점적 지위를 확보한 다국적 기업에 대해서는 기회를 봐서 경영권을 회수해야 한다. 외국 기업이 계속 독점적 지위를 누리도록 내버려두어서는 절대로 안 된다. 외국 자본을 '대주주'에서 '소주주'로 강등시켜야 한다. 중국은 외환보유고가 너무 많아서 걱정이 아닌가? 해외에서는 우량 자산을 확보하기 어려우니 국내에서 '양털 깎기'를 한다고 뭐랄 사람도 없다. 게다가 외국 기업은 중국에서 많은 돈을 벌었으니 그중 일부를 중국 사회에 환원하는 것이 당연하다.

물론 중국은 외환보유고를 활용해 다국적 기업의 경영권을 인수할 때 자발성의 원칙을 위반해서는 안 된다. 즉 외국 자본이 스스로 합리적인 가격에 지분을 양도하도록 하는 것이 중요하다. 중국 정부는 국가 안보, 환경 보호, 세무 검사 등 다양한 핑계를 댈 수도 있다. 해외에 진출한 중국 기업들도 사실상 이런 이유로 인해 현지 기업에 인수 합병되지 않았던가? 그들에게 배운 방법을 그대로 써먹으면 된다.


# 부동산 산업은 경제 성장의 버팀목인가, 단순한 거품인가

이 문제에 대한 답을 쉽게 이해하려면 역시 '사냥꾼 이야기'의 사례가 가장 적합하다.

사냥꾼은 전통 방식으로 사냥을 해서 사냥물을 일정량 '저축'했다. 그런 다음 이 사냥물을 활 제조에 '투자'해 생산성을 크게 올렸다. 생산성이 높아진 후에는 더 많은 사냥물을 '저축'할 수 있었다. 사냥꾼은 이어 시장에서 다른 사람의 물품을 이 잉여 저축과 교환했다. 이때 사냥꾼에게 옷이 가장 필요하다고 가정하자. 옷을 만드는 사람은 사냥꾼의 수요를 만족시키기 위해 옷 생산에 박차를 가했다. 따라서 의류 산업의 생산성도 크게 올라갔다. 사냥꾼과 의류 제조업자는 잉여 저축을 이용해 시장 거래를 하는 과정에서 더 많은 산업의 생산을 촉진했다. 최종적으로는 사회적 생산성을 대폭 올릴 수 있었다.

요컨대 경제 성장은 생산성을 가장 먼저 제고한 산업 부문에서 시작되어 점차 주변 산업으로 '확산'된다. 그리고 마지막에는 전반적인 사회 생산성의 상승을 이끈다. 이 과정에서 생산성이 높은 부문은 경제 성장을 이끄는 '견인차' 역할을 한다. 또 생산성이 낮은 부문은 생산성이 높은 부문의 수요를 만족시키기 위해 점차 생산성을 올리게 된다.

만약 사냥꾼을 '경제 견인차'라고 한다면 의류 산업과 그 외 다른 산업 부문은 '견인차'의 견인 작용에 의해 성장하는 '화물차'라고 할 수 있다. 전반적인 사회 생산성 제고를 통해 대량의 잉여 자산이 창출되면 곧 '자산 저장' 수요가 생겨난다. 사냥꾼이 활을 만들기 전에는 사회에 잉여 자산이 없었다. 마을의 토지 역시 값이 나가지 않았다. 생계를 유지하기도 힘든 상황에서 누가 하릴없이 토지 개발에 관심을 가지려 하겠는가? 그러나 사회 생산성이 대폭 올라 '자산 저장' 수요가 생긴 후에는 금은보화, 진주, 토지 등이 과잉 자산을 저장하는 '그릇' 역할을 하게 된다. 이때부터 땅값도 오르기 시작한다. 사냥꾼과 의류 제조업자들이 점점 부유해지면서 주택에 대한 수요를 만들어낸다. 이것이 부동산 개발 산업의 성장을 이끈다. 부동산 개발 산업은 또한 벽돌, 목재, 가구 등 관련 산업의 성장을 유발한다.

전반적인 산업 사슬을 보면 사냥꾼은 수요의 원천이다. 그리고 활 제조업은 원동력의 근원이다. 생산성의 폭발적인 제고는 사회적 부 창출의 진정한 원천이다.

땅값 상승과 부동산 개발 산업을 경제 성장의 원동력으로 삼는다는 구상은 상당히 회의적이다. 땅값 상승과 부동산의 호황은 생산성 제고에 따른 자연스러운 결과이지 원인이 아니다. 이것이 뒤바뀌면 경제 착란 현상이 나타난다.

생산성이 폭발적으로 제고되지 않은 상황에서 단편적으로 토지 가격의 상승만 추구할 경우 실물 부문의 비용 상승을 초래한다. 토지와 부동산의 화폐화는 화폐 공급 과잉을 가져올 가능성이 높다. 더 나아가서는 물가 상승도 유발한다. 토지, 원자재, 에너지 가격과 인건비가 상승할 경우 생산성이 아직 폭발적으로 제고되지 않은 실물 부문의 이윤은 감소할 수밖에 없다. 그 결과 이윤이 부족한 실물 부문의 생산성 제고 능력과 성장 잠재력은 불필요한 저축 때문에 약화될 수밖에 없다.

토지 재정이 토지 가격의 상승을 부추기고, 토지 가격의 상승이 부동산 시장을 자극해 폭리를 취하도록 하는 방식의 성장 모델은 분명 기형적이다. 최종적으로는 실물 부문의 생산성 제고 토대를 무너뜨리고 사회적 부의 창출을 억제하게 된다. GDP 총량의 증가를 경제 성장의 궁극적인 목표로 삼아서는 안 된다. 경제가 건전하게 성장하려면 생산성 제고가 선행되어야 한다. 부동산 및 관련 산업은 GDP 증가를 이끌 수는 있지만, 그것은 생산성 제고에 의한 결과가 결코 아니다. 부동산업은 오히려 생산성 증대를 억제하는 요인으로 작용한다. 부동산 투기가 성행하면 수억 톤에 달하는 철강을 비롯해 원자재, 시멘트가 생산에 투입되지 못하고 방치된다. 이는 1950년대의 '철강 증산' 운동과 1970년대의 '양약진' 운동 때 그랬던 것처럼 귀중한 경제 자원을 그냥 낭비하는 짓이나 다름없다. 마치 사냥꾼이 활을 만드는 데 사용해야 하는 저축을 그냥 낭비하거나 유휴 상태로 방치하는 것과 같다.

토지와 부동산의 화폐화는 신용 확장을 크게 부추긴다. 화폐 구매력이 지속적으로 하락하면서 사회적 부의 불합리한 분배 역시 초래한다. 사회적 부는 소수의 주머니로 이동하고 너도나도 '벼락부자'를 꿈꾸는 나쁜 풍조가 성행한다. 실물 부문에서는 매우 적은 이윤밖에 얻지 못하는데 땅값은 천정부지로 치솟으니 열심히 일하던 기업가들이 동요하는 것은 당연하다. 단조롭고 힘들면서 리스크가 높은 기술 혁신에 애를 써봤자 땅을 사놓고 앉아서 기다리는 것보다 돈을 더 벌지 못하니 열심히 일할 사람이 어디 있겠는가. 실제로 이처럼 한탕주의와 조급함 등의 나쁜 기풍이 사회에 만연하면서 중국은 '메이드 인 차이나'의 근간이 점점 흔들렸다. 중국산 제품의 리스크 대처 능력도 약해지기 시작했다.

토지 가격의 급상승과 부동산업의 기형적인 발달은 물질적·정신적으로 동시에 실물 경제의 성장 저력에 큰 충격을 주었다. 토지와 부동

산업에 의해 창출된 GDP는 거품이 많고 부작용이 크면서도 건전하지 못하니 당연한 현상이다.

부동산업의 건전하고 정상적인 발전은 전 국민의 생활의 질을 향상시킨다. 경제의 건전한 성장도 추진한다. 나아가 사회 소비를 활성화하고 내수 시장 확대에 기여한다. 이점도 상당히 많다. 그 때문에 정부의 적극적인 지원을 받아 마땅하다. 그러나 부동산업의 기형적인 발달은 중국에 득이 아닌 독으로 작용한다.

2001년의 '9·11 사태' 이후 미국의 정보 기술 혁명은 과도한 투기로 인해 꽃도 피우기 전에 시들어버렸다. 사회적 생산성도 더 이상 향상되지 못한 채 멈춰버렸다. 생산성 성장을 이끌 신기술을 확보하지 못한 상황에서 미국은 부동산업을 통해 국민 경제의 성장을 이끈다는 이른바 '자산 거품형' 경제 모델을 선택했다. 그러나 과도한 신용 팽창과 금융 혁신은 결과적으로 1930년대 대공황 이래 최악의 경제 위기를 몰고 왔다. 일본의 경우 1980년대 중반 이후 형성된 부동산 버블 때문에 20년간 심각한 경기 불황을 겪었다. 아시아의 네 마리 작은 용역시 부동산 버블을 방치한 결과 1997년 아시아 외환 위기 때 큰 대가를 치러야 했다. 중국은 이들의 전철을 밟지 않도록 해야 한다. 그러기 위해서는 부동산 버블 억제 정책의 고삐를 단단히 죄어야 한다.

중국의 부동산 버블이 금융위기로 번질 것이라는 서구 학자들의 주장에 대해서는 그다지 걱정하지 않아도 될 것 같다. 모든 금융위기는 디폴트 증가-유동성 고갈-금융 기관의 자산 부족 등의 순서로 생기는 도미노식 연쇄 반응이다. 사실 부족한 유동성을 보충하고 금융 기관을 구제하면서 디폴트 증가 추세를 억제하는 것은 그다지 어렵지 않다.

미국이 그렇게 했다. 유럽도 그렇게 할 준비를 하고 있다. 문제는 부채 위기가 장기화되면서 소비자의 신용 확장 욕구와 능력이 한계를 벗어나지 못하는 것이다. 신용 확장이 이뤄지지 않으면 경제의 지속적 성장은 불가능하다. 또 생산과 고용이 모두 증가하는 선순환을 이끌어낼 수 없다. 그러나 정부가 직접 사회적인 채권 채무 관계에 개입할 수는 없는 노릇이니 이것이 가장 어려운 문제가 아닐까 싶다.

'금권 천하'인 미국에서 워싱턴 정부는 단순한 꼭두각시에 불과하다. 실질적인 권력은 월스트리트의 금융가들이 장악하고 있다. 따라서 미국에서 은행의 핵심 자산인 채권이 '신성불가침'으로 인정받는 것은 당연하다. 미국 정부가 금융위기 대처 방안으로 가장 불합리하고 가장 소모적인 해법을 제시한 것도 모두 이 때문이다.

은행의 부실 채권은 대출자들이 과중한 채무 압력을 견디지 못해 디폴트를 선언하면서 생긴 것이다. 따라서 가장 간단하고 효과적인 방법은 다른 게 아니다. 즉 미국 정부가 직접 자금을 지원해 은행의 부실 채권을 무효화하는 것이다. 채무 부담이 사라지면 소비자는 심리적 부담을 떨치고 일에 매진할 수 있다. 따라서 경제도 빠르게 정상적인 성장 궤도에 올라설 수 있다. 그런데 이 방법은 은행가들의 반대에 직면했다. 소비자의 부채를 감면해 주면 은행이 무엇으로 돈을 벌겠는가? 은행들이 진정으로 원하는 것은 정부의 돈으로 자본금을 늘리고 소비자를 영원히 '채무의 노예'로 만드는 것이다. 채무 변제가 도저히 불가능할 때에는 정부가 재정 보조금을 지원하면 될 것이다. 대표적인 사례로 패니메이(Fannie Mae)와 프레디맥(Freddie Mac)에 대한 금융 구제를 들 수 있다. 그 결과 정부의 돈은 은행 손실을 미봉하는 데 사용되었다. 채무자들의 부담은 조금도 줄어들지 않았다. 정부의 자금은 모두 미래에서 꾸어온 것이다. 적자 국채는 나중에 미래의 후손이 갚아야 할 빚이라는 얘기다. 미국의 GDP 대비 부채 비율은 줄어들기는커녕 점점 더 상승했다. 소비자의 부채 부담이 가중될수록 소비 능력은 점점 위축되고 경제는 수렁 속으로 빠져든다. 고용 회복도 둔화될 수밖에 없다.

중국이 그나마 다행인 것은 서방 국가들과 달리 정부가 직접 나서서 채무 채권 관계를 강제로 조절할 수 있다는 사실이다. 중국 공산당의 홍군(紅軍)이 장시성(江西省) 징강산(井岡山)에 갓 혁명의 근거지를 마련했을 때 현지 경제는 농민들의 과중한 채무 부담 때문에 매우 쇠퇴해 있었다. 이에 홍군은 '노동자와 농민이 전주(田主)에게 진 빚을 모두 무효화하는' 정책을 실시했다. 무거운 채무의 속박에서 벗어난 농민들은 생산에 전례 없는 열의를 나타냈다. 이후 혁명 근거지의 경제는 빠르

▌반(反)월스트리트 운동에 참여한 미국 시민

게 회복되기 시작했다.

공권력에 의해 채권 채무 관계를 강제로 청산하는 행위는 사회적 부의 재분배를 유인하는 일종의 '사회 혁명'이라고 일컬어도 좋다. 물론 서구 사회에서는 금융 집단의 이익이 통치권의 근간을 이루기 때문에 지배 계급이 채권 채무 관계의 변화를 용인하지 않는 것이 당연하지만 말이다.

그러나 중국은 정부가 권력의 중심인 사회이므로 위급한 상황에서 모든 것을 바꿀 수 있다. 물론 필요할 때에 채무 채권 관계도 강제로 청산할 수 있다. 서구에서 심심찮게 발생하는 금융위기가 중국에서는 자주 나타나지 않는 것은 모두 이 때문이라고 할 수 있다. 이런 제도적 차이는 서구 학자들이 이해하기 어려운 부분이다. 만약 중국의 부동산 버블이 붕괴하면 정부가 직접 최저 가격으로 부동산을 일괄 구매해서 저소득층에게 염가로 임대해 주면 된다. 이렇게 하면 부동산 시장 안정에도 도움이 될뿐더러 염가 임대주택 건설 비용도 크게 절감할 수 있다. 일석이조가 따로 없다. 그러다 경제가 회복되면 부동산 가격도 점차 건전하게 상승할 것이다. 따라서 은행의 부실 채권 부담도 점차 완화될 개연성이 높다.

## 달러의 지배에서 벗어나기 위해 각고의 노력이 필요한 위안화

1922년 열린 제노바 회의에서 노먼 잉글랜드은행 총재는 최초로 외환보유고라는 개념을 제시했다. 영국은 종전 후 금이 부족했다. 그래서 파운드화와 달러화를 함께 각국 화폐 발행의 담보물로 삼자는 기상천외한 발상을 내놓았다. 파운드화와 달러화를 세계 중심 통화로 만들어 각국 통화와 연계하고 중심 통화와 금과의 자유로운 태환을 가능하도록 하는 것이 바로 금환본위제의 실질적인 목적이었다. 그러나 금환본위제는 처음부터 회의적이었다. 실패할 것이 분명한 통화 제도였다. 이 금환본위제 때문에 1920년대에 전 세계적으로 유동성이 범람했고 결국에는 1930년대의 대공황으로 이어졌다.

1944년 확립된 브레턴우즈 체제는 사실상 금환본위제의 업그레이드 버전에 지나지 않았다. 이에 따라 달러화는 단독으로 세계 중심 통화가 되고 각국은 달러 보유고를 담보로 자국 화폐를 발행했다. 그러나 브레턴우즈 체제 역시 1971년 실패로 막을 내렸다.

달러화는 1971년 '달러 채무 제국'이 탄생한 다음, 특히 1979년 폴 볼커 FRB 의장에 의해 세계 통화 패권 지위를 확보한 이후부터 유로화가 탄생하기 전까지 각국의 외화 포지션에서 단연 부동의 1위 자리를 고수해 왔다.

특정 국가의 화폐와 국채를 세계 각국의 통화 발행 담보물로 삼을 경우 극복할 수 없는 내재적 모순이 생긴다. 바로 저 유명한 '트리펜 딜레마'가 그것이다. 트리펜 딜레마는 현재의 달러화 중심 통화 제도에도 적용된다. 논리적으로 보면 달러 체제는 언젠가 재차 붕괴하게 마련이다. 또 달러와 미국 국채를 핵심 자산으로 보유한 국가들은 재앙을 비껴가기 어렵다. 이것은 가능성이 있느냐 없느냐의 문제가 아니라 단지 시간문제일 뿐이다.

이러한 이치를 잘 알면서도 중국이 달러 준비금을 위안화 발행의 담보물로 삼는다면 "군자는 위험한 곳에 가지 않는다"는 옛 성인들의 가르침을 무시하는 짓이나 다름없다. 미국 국채 유입은 국내 저축의 유출을 의미한다. 달러 보유고가 증가할수록 내수 확대는 점점 불가능 해진다. 달러화 자산 역시 크게 다르지 않다. 달러화 자산을 보유하는 것은 미국 국채를 보유하는 것과 마찬가지로 미국의 적자에 융자를 제공하는 바보 같은 짓이다.

그렇다면 중국이 보유한 천문학적인 달러 자산으로 무엇을 살 수 있을까? 따지고 보면 미국 국채를 제외하고 마땅히 살 만한 것도 없다. 돈은 많으나 좋은 물건을 살 수는 없는 것이다. 이쯤 되면 중국도 반성할 필요가 있다. 수출을 통해 계속 달러를 벌어들이는 것이 과연 의미가 있는가? 달러 자산의 실질 구매력은 하루가 다르게 하락하고 있는데, 계속 수출 지향형 경제를 고집하는 것은 수출 상품을 태평양 에 그냥 쏟아붓는 짓이나 다름없다. 비록 고용 창출을 위해서라고는 하지만 대량의 자원, 에너지와 인력, 물력을 동원해 생산한 제품을 그 냥 바다에 쏟아 넣는다고 생각하면 안타깝지 않을 수 없다. 수출을 통 해 외화를 벌어들이는 것 말고 좀 더 의미 있는 일을 할 수는 없을까? 혹자는 중국이 미국 국채를 계속 매입해야 한다고 주장한다. 안 그러 면 이미 보유하고 있는 달러화 자산의 가치가 줄어들 것이라면서 말 이다. 참으로 논리에 맞지 않는 터무니없는 주장이다. 간단한 예로, 당 신이 한 적자 기업의 주식을 보유하고 있다고 하자. 또 이 기업이 앞으 로도 계속 적자를 볼 것으로 예상된다고 가정하자. 이런 상황에서 당 신은 이 기업의 주가를 유지하기 위해 계속 주식을 매입할 것인가? 주가를 올려 수중의 주식을 팔아치울 생각이 아니라면 아마 누구도 그런 바보 같은 짓을 하지는 않을 것이다. 그러나 중국은 가장 마지막에 가장 큰 바보 역할이라는 바통을 넘겨받았다. 불행이 아닐 수 없다.

중국은 재대출, 재할인, 재정 적자, 외국환 평형 기금 등의 네 가지 경로를 통해 본원 통화를 공급해 왔다. 특히 1994년 이전까지는 주로 재대출을 통해 위안화를 공급했다. 1983년부터 1993년까지 재대출 방식이 본원 통화 공급량에서 차지하는 비중이 70~90%에 달할 정도였다. 재대출은 시중 금융 기관이 중앙은행으로부터 받은 대출을 다시 경제 부문에 투입하는 것이다. 따라서 이 기간 동안에는 위안화와 중국 경제의 상관성이 매우 높았다. 그런데 1994년 환율 단일화 조치 실시 이후 위안화 발행 메커니즘에 변화가 생겼다. 위안화 발행 담보 자산에서 외국환 평형 기금의 비중이 점점 커진 것이다. 외환준비금에 대한 의존도가 높아지면서 중국 통화 정책의 독립성은 오히려 점점 약화됐다.

위안화 발행이 자국 경제 수준과 점점 무관해지고 대신 외국 화폐, 특히 외국 정부 신용의 영향을 크게 받으면서 중국의 경제 성장 모델도 내수 주도형에서 수출 주도형으로 바뀌었다. 중국의 금융계 원로들이 알면 통탄할 일이지만 '자주 독립적인 위안화'는 이제 옛말이 돼버렸다. 1950년대에 천원은 위안화를 달러, 파운드, 루블 및 금과 연계하지 않는다는 기본 원칙을 제시했다. 장제스가 법폐(法幣)를 파운드화와 달러화에 귀속시킨 다음 화폐 주권을 상실하고 국가 경제의 식민지화를 초래한 교훈을 잘 알고 있었기 때문이다.

세계 화폐사를 깊숙이 들여다보면 대국들은 공통점을 갖고 있다.

모두 자국의 자산을 담보물로 본원 통화를 발행하고 자국 경제나 자국 주도 아래 세계 경제에 유동성을 공급했다. 영국은 세계를 지배할 때 금을 본위 화폐로 삼았다. 미국 달러는 세계 중심 통화가 된 다음 미국 국채를 발행 담보물로 삼았다. 유로화는 유럽 국채를 담보물로 삼았다. 그러니 위안화도 세계의 중심 통화로 부상하기 위해서는 먼저 미국 국채의 속박에서 벗어나야 한다.

외환보유고는 세계 중심 통화가 화폐 '주변국'을 대상으로 펼치는 강권 정치를 의미한다. 외환보유고의 많고 적음은 화폐 주권의 강약을 의미하는 것이 아니다. 그저 화폐의 의존성 수위를 반영할 뿐이다. 외환보유고가 많을수록 자국 화폐의 독립성과 자주성은 약화된다.

중국의 천문학적 외환보유고 문제는 단순한 기술적 문제가 아니다. 중국 화폐 전략의 기본 방향을 가늠하는 중대한 문제라고 단언해도 좋다. 위안화가 화폐 발행 주도권을 되찾고 오로지 중국 경제 시스템을 위해 신용을 창조하려면 외환이 중앙은행에 유입되지 못하도록 관리를 강화해야 한다. 구체적으로 말하면, 외국환 평형 기금 설립 방안을 생각해 볼 수 있다. 외국환 평형 기금이 국가 신용을 담보로 외환 공채를 발행해 위안화 자금을 모집한 다음 이 돈으로 은행 간 시장에서 외환을 흡수하도록 하는 것이다. 외국환 평형 기금이 중앙은행을 대체해 '최후의 구매자' 역할을 하면 외환의 중앙은행 유입 경로를 차단할 수 있다. 이렇게 되면 중앙은행이 그저 외환 흡수를 목적으로 본원 통화 공급을 늘리는 현상을 막을 수 있다. 더불어 외환 공채가 출시되면 채권 시장에서 거래되는 채권의 종류도 다양해진다. 보험 회사, 은행, 펀드 회사 등 투자 기관의 선택 범위 역시 넓어진다.

외국환 평형 기금에는 다음과 같은 역할을 부여할 수도 있다. 우선 환율 시장에 개입해 위안화 환율 안정을 꾀하도록 할 수 있다. 다음으로, 외환 수요 기관에 대출을 제공하도록 할 수 있다. 대출 수익이 외환 공채 발행 비용보다 높기만 하면 이윤을 얻을 수 있다. 외국환 평형 기금은 외환 투자를 직접 할 필요가 없다. 투자는 중국투자공사나 기타 신설 외환 투자 회사에 맡겨두고 외국환 평형 기금은 그냥 대금업자 역할만 감당하면 된다.

그렇다면 중앙은행이 이미 보유하고 있는 외환 자산은 어떻게 처분해야 할까? 몇 차례에 걸쳐 다른 자산으로 치환하면 된다. 이를테면 농촌의 2차 산업화 자금을 조달하기 위해 국가 신용을 담보로 초장기 농업 채권을 발행하고 이 채권으로 외환 자산을 치환하는 것이다. 이렇게 하면 위안화가 중국의 경제 성장 모델 전환 과정에서 본원 통화로서의 역할을 충분히 발휘할 수 있다. 이 밖에 취업난 해결을 위한 '고용 창출 어음', 기술 혁신 장려를 위한 '국가 혁신 채권', 중국의 의료 환경과 의료 서비스 개선을 위한 '의료 보건 공채', 서민의 주택난을 해결하기 위한 '염가 주택 공채', 경제 성장에 필요한 원자재 공급을 보장하는 '국가 자원 비축 공채' 등 다양한 종류의 채권을 발행해 중앙은행의 외환 자산으로 치환할 수도 있다. 이때가 되면 위안화는 이름 그대로 '인민의 화폐', '인민을 위한 화폐'로 중국 경제 발전에 크게 기여할 것이다.

요컨대 위안화는 달러화의 속박에서 철저히 벗어나야만 탄탄한 경제적 토대 위에서 글로벌화에 박차를 가할 수 있다. 자신의 운명을 스스로 장악할 수 있게 되는 것이다.

# 제9장

# 화폐 전국시대,
# 지평선 위에 선 야위안

중국을 주축으로 아시아 각국이 단결해 야위안을 출범하는 것
이 중국이 나아가야 할 길이다. 야위안의 레버리지 효과를 이용
해 아시아의 대동단결을 도모해야 한다. 궁극적으로는 야위안,
달러, 유로의 정립(鼎立) 국면을 만드는 것이 중국이 나아가야 할
길이 아닌가 싶다.

중국과 미국은 지난 10년 동안 상호 이익을 바탕으로 차이메리카라는 공생관계를 구축해 경제의 공동 성장을 이룩했다. 미국이 중국 경제의 급성장을 용인한 것은 '중국 생산 및 미국 소비', '중국 저축 및 미국 차입'의 공존 방식을 전제로 했을 때였다. 그러나 향후 10년 안에 거액의 빚으로 지탱되던 레버리지 경제의 붕괴 주기, '베이비붐 세대'의 은퇴로 인한 소비 감소 주기, 생산성 증가의 슬럼프 주기 등 세 가지 주기가 겹치면서 미국 경제는 장기 불황기에 접어들 것이다. 미국식 채무 주도형 경제 성장 모델은 필연적으로 붕괴할 것이다. 유럽과 일본도 이에 따른 재앙을 비껴가지 못할 가능성이 높다. 선진국 경제의 침체가 장기화되면 중국의 수출 주도형 경제 성장 모델 역시 더 이상 유지될 수 없다. 따라서 중국도 반드시 경제 성장 모델을 전환해야 한다. 중국 국내의 저축 증가세가 둔화되고 해외 수출 위주의 경제 자원이 내수 소비 중심으로 전환되면 차이메리카의 균열도 불가피해진다. 미국 입장에서는 이용 가치가 점점 줄어드는 중국과 더 이상 협력할 필요가 없기 때문이다.

경기 부진은 자신감 하락을 초래한다. 자신감을 잃은 패권은 흔히 매우 큰 예민성과 공격성을 드러낸다. 중국 경제가 계속 호황을 누릴 경우, 미국은 중국의 국력을 쇠퇴시키기 위해 동중국해와 남중국해에서 끊임없이 도발을 일으킬 것이다. 심지어 국부적인 전쟁도 불사할 가능성이 있다. 따라서 만약 중국 경제가 경착륙을 하게 된다면 미국은 불난 집에 부채질하는 식으로 최대 라이벌인 중국을 사지에 몰아넣으려 할 것이다. 미국 정부가 최근 제시한 '미국의 태평양 시대'는 미국의 대중국 전략의 근본적인 변화를 암시한다고 단언해도 좋다.

사실 중국의 경제 성장 토대는 대단히 취약하다. 미국이 세계의 석유 및 원자재 공급과 주요 해상 무역 통로를 거의 독점한 데다 중국은 수출 주도형 경제 성장 모델의 특성상 미국과 유럽 시장에 크게 의존할 수밖에 없기 때문이다. 중국과 미국이 이익 공동체를 구축해 공생할 때에는 아무런 문제가 없다. 그러나 일단 공동체 이익의 토대가 약화되어 공생관계에 균열이 생기면 문제가 심각해진다.

외부 환경이 더 악화하기 전에 중국은 철저한 사전 대비를 해야 한다. 유럽의 경험을 토대로 아시아 경제 공동체를 적극 추진해 아시아의 잠재적 라이벌을 모두 맹우로 만들어야 한다. 또 아시아 단일 통화인 야위안亞元, ACU을 도입해 아시아의 정치 경제 자원을 통합해야 한다. 더불어 위안화의 글로벌화 전략을 점진적으로 추진해야 한다. 외향성 경제 체제를 고수하는 국가의 통화는 세계 중심 통화로 부상할 수 없다. 엔화와 마르크화가 그 대표적인 사례다. 중국을 주축으로 아시아 각국이 단결해 야위안을 출범하는 것이 중국이 나아가야 할 길이다. 야위안의 레버리지 효과를 이용해 아시아의 대동단결을 도모해야 한다. 궁극적으로는 야위안, 달러, 유로의 정립 국면을 만드는 것이 중국이 나아가야 할 길이 아닌가 싶다.

# 차이메리카의 딜레마

'차이메리카'는 경제적으로 상호 의존 관계에 있는 미국과 중국을 가리키는 신조어다. 미국의 유명한 금융사학자 니얼 퍼거슨(Niall Ferguson)이 자신의 저서 《금융의 지배(The Ascent of Money)》에서 처음 사용했다. 그의 주장에 따르면 차이메리카의 동부 지역(중국)은 저축을 한다. 그 저축을 서부 지역(미국)에서 소비한다. 이렇게 하면 중국의 상품과 자금 그리고 저가 노동력이 계속 서부 지역으로 유입된다. 이 경우 미국은 낮은 물가상승률, 저금리 및 낮은 인건비의 노동 시장을 계속 유지할 수 있다. 궁극적으로는 중미 양국 경제가 함께 성장한다. 그럴듯한 논리라고 해야 할 것 같다.

물론 중국이 차이메리카 공생관계를 통해 경제적으로 상당한 이득을 얻은 것은 부인할 수 없는 사실이다. 우선 중국 제품이 미국 시장과 미국 주도하의 국제 시장에 마음껏 진출했다. 또 다국적 기업의 자금,

기술, 경영 노하우, 시장, 브랜드가 중국에 밀려들면서 중국의 사회적 생산성이 크게 올라갔다. 이것이 중국 경제의 두 번째 성장 엔진에 충분한 연료를 공급해 주었다. 그러나 중국이 지불한 대가도 만만치 않았다. 중국은 대미 수출을 통해 달성한 경상수지 흑자 중 상당 부분을 미국 국채 매입에 사용해야 했다. 중국의 저축은 미국 자본 시장에 흘러들어 미국 자산의 가치 상승과 금리 인하에 일조했다. 자산 가치 증식 부분은 금융 혁신을 통해 소비 여력 증가로 이어졌다. 최종적으로는 중국 제품에 대한 소비 수요를 증대시켜 중미 양국 간의 의존적 공생관계를 구축했다.

그러나 차이메리카 공생관계는 견고하지 않다. 따라서 오래 지속될 수 없다. 미국은 시장을 개방하는 대가로 중국의 저축을 빌렸다. 이 때문에 전체 부채 규모가 필연적으로 꾸준히 증가할 수밖에 없다. 미국식 채무 주도형 경제 성장 모델은 소비자의 소득 대비 부채 비율이 점점 상승할 수밖에 없는 구조적 모순 때문에 언젠가는 붕괴하게 마련이다. 이른바 '세계 경제의 불균형'은 선진국들의 채무 주도형 경제 성장 모델이 한꺼번에 붕괴함으로써 촉발된 것이다.

지난 10년 동안 월스트리트에는 엄청난 규모의 자산 버블이 형성됐다. 상위 1% 부자들이 국민소득의 20%를 점유하고 있다. 이는 레이건 대통령이 신자유주의 정책을 도입한 1980년대에 비해 약 두 배 상승한 수치다. 상위 1% 부자들은 또 사회적 부의 43%를 점유하고 있다. 미국의 이와 같은 부의 불균형 현상은 건국 이래 가장 심각한 수준이다. 현재 전 세계로 확산되고 있는 이른바 반(反)월스트리트 운동도 불합리한 소득 분배 제도에 대한 불만이 표출된 것이라고 볼 수 있다. 현재 이러한 자산 효과에 의해 미국 명문 이공대 졸업생들이 앞다 퉈 월스트리트로 진출하고 있다. 미국의 거의 모든 기술 분야에서 발명 특허 신청 건수가 20% 이상 마이너스 성장을 기록한 것은 결코 이상한 일이 아니다. 미국 기업 이윤의 40%가 금융 부문에서 창출되는 것은 더 말할 필요도 없다. 미국의 첨단 기술 제조업은 이처럼 장기적인 성장 둔화세를 나타내고 있다. 미국 '사냥꾼'들은 '활'을 만드는 데 흥미를 잃고 다른 '사냥꾼'의 저축을 빼앗는 데만 혈안이 되어 있다. 그 수단과 방법도 갈수록 교묘해지고 있다. 가만히 살펴보면 미국의 이런 행태는 달러화를 빌미로 다른 국가들로부터 강제로 '세금'을 징수하는 짓이나 다름없다. 미국 경제가 어려워질수록 개도국들의 '납세 부담'도 그에 상응해 증가할 수밖에 없다.

금융위기 발발 후 버락 오바마 미 대통령은 "경제를 반석 위에 세운다"는 경제 부흥 전략을 제시했다. 이 전략의 핵심은 '모래 더미(금융)'가 아닌 '반석(실물 부문)'을 미국 경제의 기초로 삼아 제조업과 혁신 그리고 수출 중심의 성장 모델을 새로 확립하는 것이다. 오바마는 2009년 조지타운 대학 연설에서 이 '반석 위의 경제' 이념을 처음 제시했다. 그는 이때 《성경》에 나오는 모래 위에 집을 짓는 사람과 반석 위에 집을 짓는 사람의 비유를 언급하면서 "미국 경제를 모래 더미에 다시 세울 수는 없다. 반석 위에 올려놓아야 한다"고 강조했다. 오바마의 구상은 물론 나무랄 바 없이 훌륭하다. 그러나 경제 성장 모델의 전환은 곧 사회적 부의 분배 제도를 새로 바꾸는 것을 의미한다. 분배 제도가 바뀌면 금융 세력 집단은 자신들이 얻은 이익 중 일부를 도로 토해내야 한다. '금권 천하'인 미국에서 워싱턴 정부는 꼭두각시에 불과하다. 월스트리트 금융가들이 실질적인 권력을 쥐고 있다. 이런 상황에서 오바마의 구상은 과연 현실로 이뤄질 가능성이 있을까. 솔직히 거의 없다고 봐야 한다.

미국이 경제 성장 모델을 전환하려면 강력한 정치적 의지와 지배 엘리트들의 공통된 인식이 거의 필수적이다. 이 밖에도 현실적 여건과 경제 자원도 마련해야 한다. 그러나 적어도 향후 10년 안에는 미국의 경제 성장 모델 전환을 뒷받침할 여건을 준비하기 어려울 것 같다. 불행하게도 향후 10년 사이 미국 경제에 악영향을 끼칠 세 가지 경제 주기가 겹칠 것으로 보이기 때문이다.

첫째, 빚으로 지탱하는 레버리지 경제가 붕괴하는 데 걸리는 시간

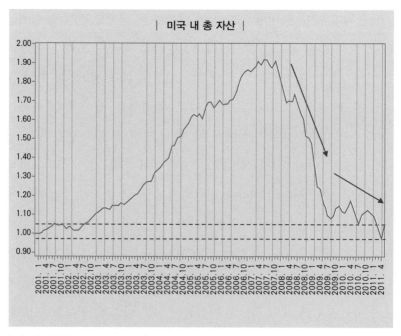

| 미국 내 총 자산 |

▌ 미국의 자산 버블 붕괴로 인해 금융 시스템이 심각한 손실을 입었다.

이 적어도 10년은 걸릴 것으로 보인다. 레버리지가 붕괴하지 않으면 '채무 언색호'로 인해 생성된 거대한 자산 버블도 없어지지 않는다. 1996년부터 시작된 정보 기술 혁명은 미국의 사회적 생산성을 대폭 향상시켰다. 엄청난 규모의 자산 효과를 창출했다. 더 나아가 부동산업의 회복과 번영을 이끌었다. 미국의 부동산업 및 하위 산업은 2001년까지 기본적으로 합리적인 성장세를 유지했다. 그러나 미국은 2002년부터 정보 기술 혁명을 대체해 새로운 성장 엔진을 가동했다. 그 전기는 '9·11 테러' 사태라고 할 수 있다. 이후 '반(反)테러 전쟁'까지 발동함에 따라 경제 자원에 대한 수요가 급증했다. 이에 미국 정부는 부동산 거품 조장 정책 도입, 양적 완화 실시, 금융 혁신 강화 등의 수단으로 다른 국가의 저축을 대거 유입해 인위적으로 경제를 부양했다.

2007년 자산 버블 붕괴 이후 미국의 부동산 가격은 최고 33%까지 폭락했다. 이는 1930년대의 대공황 시기보다 더 큰 하락세였다. 그리고 향후 5년 사이 추가로 10~25% 더 하락할 것으로 예측된다. 미국의 금융 시스템이 가장 먼저 자산 버블 붕괴로 인한 직격탄을 맞았다. 은행의 재무제표상 자산과 부외(簿外) 자산 모두 심각한 손실을 입었다. 주식, 채권, 벌크 스톡, 파생 금융 상품 거래 시장도 큰 타격을 입었다. 양로 보험 기금, 의료 보험 기금, 개인 투자금과 퇴직금 및 연금 계좌의 자산 가치 역시 대폭 하락했다. 미국 금융 시스템의 손실액은 무려 9조 달러에 달했다.

1980년대 말에 형성된 부동산 투기 버블이 붕괴하면서 미국 경제가 저점을 벗어나 회복하기까지 약 6~7년이라는 시간이 걸렸다. 그런데 2007년의 부동산 위기는 규모, 범위, 강도, 위험성, 손실액, 지속성 등의 모든 측면에서 1990년대 초의 위기보다 훨씬 더 심각하다. 따라서 이번에는 밑바닥에서 헤어 나오는 데 적어도 10년 이상은 걸릴 것으로 예측된다. 미국의 금융 시스템이 부실 채권과 부실 자산을 깨끗하게 청산하는 것은 길고도 고통스러운 과정이 될 것이다.

FRB의 양적 완화 정책은 '자산 재팽창'을 통해 금융 시스템의 악성 자산을 청산하려는 시도에 불과하다. 미국의 악성 자산 중 일부는 미국 국채를 통해 해외로 수출되었다. 나머지는 모두 미국의 경제 부문에 흘러들어 재정 적자 급증, 고실업 사태 장기화, 소비 수요 위축, 경제 회복 취약 등의 엄청난 재앙을 초래했다. 요컨대 금융 시스템 내부의 부실 자산을 정리하는 데도 긴 과정이 필요하다는 얘기다.

미국이 채무의 거대한 압력에서 벗어나는 과정은 '레버리지 경제의 붕괴'로 풀이할 수 있다. 1930년대 대공황 시기의 경험에 비춰볼 때 GDP 대비 부채 비율 299.8%는 한 나라의 경제가 버텨낼 수 있는 한계 '수위'라고 단언해도 좋다. 부채 비율이 이 수위를 넘으면 국가의 경제 엔진이 정상적으로 작동할 수 없다. 미국의 GDP 대비 부채 비율은 1933년 299.8%에 달했다. 그러다 약 10년 후 제2차 세계대전이 끝난 후에는 120~150%의 안전 구간으로 진입했다. 하지만 2008년 미국의 부채 비율은 80년 만에 재차 위험 수위(358.2%)를 넘어섰다.

일각에서는 미국의 경기 부양책이 잘못되었다는 주장을 제기하고 있다. 미국의 경제 정책은 GDP 대비 부채 비율을 낮추지 못했다. 그뿐만 아니라 미국 국채 규모를 GDP와 비슷한 수준으로 늘리는 데 일조했다. '채무 언색호' 수위가 위기 발발 전보다 오히려 더 높아진 것이다. GDP 대비 부채 비율을 150% 미만으로 낮추지 않는 한 미국 경제 엔진은 정상적이고 지속적인 운행이 불가능하다. 적어도 10년 이상의 '경제 레버리지 붕괴' 기간을 거쳐야 미국의 총부채 규모도 안전 수위에 도달할 수 있다.

두 번째 주기는 미국 인구의 연령 구조를 살펴보면 알기 쉽다. 향후 10년 넘게 소비 활동 쇠퇴기가 나타날 것으로 예측된다. 실제로 1960년대 초에 태어난 7,700만 명의 베이비붐 세대는 현재 소비 활동의 쇠퇴기에 접어들었다(사람들은 대개 47세를 전후로 소득 및 소비가 정점에 이른다).

미국의 베이비붐 세대는 기본적으로 저축에 관심이 없다. 이들은 이미 절반의 세월을 '세계 1위 패권 국가'라는 그늘 밑에서 살았다. 그래서 미래에 대해서도 대단히 낙관적이다. 사치와 과소비 및 방종의 생활에 길들여져 있다. 이들에게는 윗세대처럼 암울한 대공황의 기억도 없을 뿐 아니라 참혹한 제2차 세계대전의 아픔도 없다. 요컨대 태어나면서부터 순탄하고 휘황찬란한 삶을 살았다.

미국발 서브프라임 금융위기가 터진 2008년은 공교롭게도 미국 베이비붐 세대의 은퇴 시기와 맞아떨어졌다. 1960년대 초에 출생한 미국의 베이비붐 세대는 이 무렵 소득 및 소비가 정점에 이르렀다 서서히 하락하는 47세 전후 나이가 되었다. 그런데 갑자기 금융위기가 터지면서 경제가 쇠퇴하고 실업률이 고공 행진을 거듭했다. 이들이 주식시장에 투자한 퇴직금은 큰 손실을 입었다. 다년간의 사치스러운 생활로 인해 예금 잔고는 바닥을 드러냈다. 게다가 과소비와 향락적 생활에 탐닉하느라 쌓인 빚도 그야말로 산더미 같았다. 이런 상황에서 미국 베이비붐 세대의 소비 활동은 갑자기 쇠퇴기로 접어들었다. 이후의 경제 한파에 대비해 소비를 급속하게 줄인 것이다.

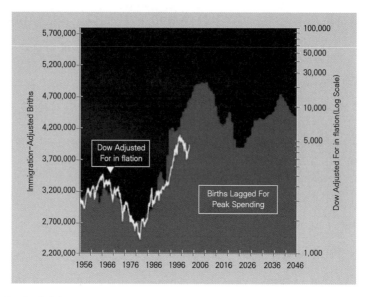

미국 인구의 연령 구조를 보면 향후 10년 이상 소비 활동 쇠퇴기가 나타날 것으로 예측된다(자료 출처: HS Dent Foundation).

미국 인구의 소비 활동 그래프를 보면 2009년은 소비 시장이 벼랑 끝에 몰린 시점이라는 것을 알 수 있다. 이 시점부터 베이비붐 세대의 소비 전성기가 막을 내리고 급격한 침체 주기로 접어들었다. 이 소비 침체는 아마도 2024년까지 이어질 개연성이 농후하다. 장장 14년 동안 '소비의 빙하기'가 지속될 것이라는 얘기다.

그 어떤 통화 정책과 재정 정책도 노쇠기에 접어든 세대에는 별로 큰 효과를 발휘하지 못한다. 세상이 두 쪽 나더라도 사람은 다시 젊어질 수 없으니 말이다. 따라서 노인들을 대상으로 소비 진작 정책을 실시하는 것은 현실적으로 타당하지 않은 방안이다. 또 아직까지는 미국 경제의 회복 조짐이 매우 뚜렷해 보이기는 하지만 소비 시장의 점진적인 위축에 따라 이런 상태는 오래 지속되지 못할 것이 분명하다. 이 경우 신용 대출 역시 지지부진한 상태를 벗어나지 못할 가능성이 높다. 물론 현재 미국의 민간 소비가 GDP의 72%를 차지할 정도로 높은 비중을 차지하고 있기는 하지만 말이다. 더 심각한 문제는 유럽의 인구 구조 변화 주기 역시 미국과 일치한다는 사실이다. 글로벌 경제의 양대 축인 유럽과 미국에 동시에 긴 '소비 빙하기'가 찾아온다는 얘기다. 유럽과 미국을 주요 수출 상대국으로 삼고 있는, 생산 능력 과잉이 심각한 신흥 공업국들에게는 유례없는 악재가 아닐 수 없다.

이제 세 번째 주기를 살펴보자. 새로운 생산성 혁명을 완성하는 데도 마찬가지로 시간과 기술의 축적이 필요하다. 1889년부터 2000년까지 111년 동안 미국의 사회적 생산성은 세 차례의 고조기를 맞이했다. 1917~1927년 1차로 생산성이 3.8% 성장했다. 1948~1973년에는 2차로 2.8%의 생산성 성장을 실현했다. 그리고 1995~2000년에는 3차로 생산성이 2.4% 성장했다. 약 20~25년의 간격을 두고 생산력이 폭발한 것이다. 20~25년이면 한 세대가 다음 세대에 의해 교체되는 기간이기도 하다. 생산성 혁명이 폭발하는 주기와 인구 구조 변화 주기가 겹치는 현상은 절대로 우연이 아니다. 사람의 소비력이 나이와 관계가 있다면 사람의 창조력도 마찬가지로 나이의 제약을 받는다.

보통 사회 구성원 중에서 창조력이 가장 왕성한 인구의 비율은 상대적으로 고정돼 있다. 사람들의 평균 학력 수준이 상승한다고 해서 이 비율이 증가하는 것은 아니다. 단순히 혁신 활동에 종사할 수 있는 연령이 앞당겨질 뿐이다. 사람의 일생에서 창조력이 가장 왕성한 시기는 25~40세라고 할 수 있다. 또 평균적으로 보면 30대 초반에 경험과 지력 그리고 체력이 정점에 달한다. 예컨대 1960년대 초에 출생한 미

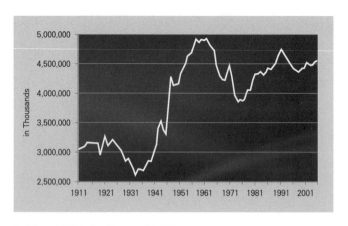

| 지난 100년 동안의 미국 인구 구조 변화 상황

국 베이비붐 세대는 1990년대 초에 창조력이 절정에 이르렀다. 2011년에는 이들의 나이가 50대에 접어들었으니 혁신 능력도 대폭 하락할 수밖에 없다. 그리고 1990년을 전후해 태어난 다음 베이비붐 세대는 2020~2025년에 새로운 생산성 혁명을 이끌게 될 것으로 보인다.

요컨대 지금은 레버리지 경제의 붕괴 주기, 소비 감소 주기 및 생산성 슬럼프 주기의 세 가지 주기가 겹치고 있다. 이런 현실을 전체적으로 감안할 경우 미국 경제가 다시 번영을 누리는 주기는 아마도 2020년 이후에나 오지 않을까 싶다. 특히 2024년은 결정적인 전환점이 될 가능성이 농후하다. 그러나 이때까지 10년 동안 미국 경제는 '잃어버린 10년'에 빠질 개연성이 높다. 이때가 바로 중국이 미국을 추월할 수 있는 유일한 기회다. 이후부터는 중국 역시 급속히 고령화 사회로 진입하기 때문이다.

중국이 세계적 강대국으로 부상하는 것은 아무 때나 되는 일이 아니다. 적절한 타이밍이 있다는 얘기다. 마치 로켓을 발사할 때 순식간의 차이로 최적의 타이밍을 놓칠 경우 실패하는 것과 크게 다를 바 없다. 중국은 이번에 실패할 경우 21세기 후반까지 기다려야 다시금 새로운 기회를 맞이할 수 있다.

중국에 주어진 시간은 그다지 많지 않다. 중국은 유럽과 미국 경제가 지속적으로 하강하는 10~15년 사이 서구 세력의 속박에서 벗어나야 한다. 이어 '제3 우주 속도'로 경제 부흥을 이뤄내야 한다. 그렇지 않으면 2025년 이후에는 재차 유럽과 미국에 경제 패권을 고스란히 바칠 수밖에 없다. 그리고 다시 30~50년을 더 기다려야 새로운 도약을 꿈꿀 수 있다.

# 2012년 이후의 10년 위험기

2012년 이후의 10년은 세계 강대국의 판도에 중대한 변화가 생기는 기간이 될 것이다. 또 위기와 도전으로 점철된 기간이 될 가능성도 높다. 차이메리카가 지난 30년 동안 지연(地緣) 정치와 경제적 이익을 토대로 유지해 온 공생 협력 관계는 향후 10년 안에 무너질 것이다.

향후 10년 안에 거액의 빚으로 지탱하던 레버리지 경제는 반드시 붕괴한다. 또 고령화 문제가 심각해질 것이 분명하다. 더불어 생산성 정체로 인해 사회적 부의 증가세 역시 둔화될 가능성이 농후하다. 따라서 이 기간 동안 미국 경제는 채무 부담 가중, 취업률 부진, 소비 위축, 재정 악화, 적자 증가 등의 심각한 불황에 빠질 것이다. 유럽과 일본도

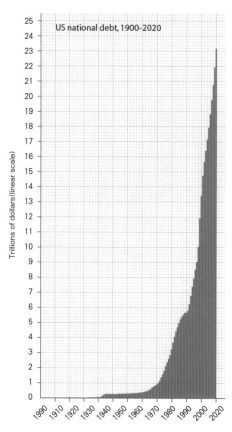

2020년 미국의 부채는 상상하기 힘든 규모인 4,414조
원에 이르렀다.

비슷한 곤경에 처할 가능성이 높다. 생산성을 제고하지 않는 한 저축도 증가할 수 없다. 따라서 실질 소비와 투자도 활성화될 수 없다.

미국 앞에는 두 갈래 길이 있다. 하나는 경제 성장 모델을 전환해 '반석 위에 경제를 새로 세우는 것'이다. 그러나 이 전략은 정치적 압박과 경제적 어려움 때문에 실시하기 어렵다. 그뿐만 아니라 설령 실시한다 해도 효과를 내기까지 상당히 오랜 시간이 걸린다. 다른 하나는 지난 30년 동안 그래왔듯이 자산 재팽창 전략을 통해 채무 주도형 경제 성장 모델을 유지하는 것이다. 이 방법은 다른 것에 비해 정치적 저항이 적다. 그뿐만 아니라 다른 국가를 '희생양'으로 삼을 수 있기 때문에 미국 경제의 고통지수도 줄일 수 있다.

두말할 필요도 없이 '금권 천하'인 미국의 지배 계층은 두 번째 전략을 선택할 수밖에 없다. 그러나 여기서 문제가 생긴다. 이미 채무 규모가 한계 수준에 이른 미국이 자산 팽창과 채무 버블의 압력을 견뎌낼 수 있을지 의문스럽기 때문이다.

이것이 미국 지배 엘리트들의 꿈과 현실 사이의 필연적인 모순이다. 미국이 자산 재팽창을 실현하려면 반드시 예전보다 더 크게, 더 세게 중국을 비롯한 개발도상국들의 저축을 거둬들여야 한다. 중국의 지속적인 수출은 미국이 중국 경제의 급성장을 용인한 전제 조건이자 차이메리카 공생관계의 기본 토대였다.

하지만 여기엔 논리적 오류가 있다. 중국 국내 저축을 생성하는 원동력은 미국의 소비이고, 미국의 소비는 또 중국의 저축에 의존한다. 그런데 미국이 자산 팽창을 지속하지 못하는 상황이 되면 차이메리카 이익 공동체 역시 파경으로 치달을 수밖에 없는 것이다.

중국이 경제 성장 모델을 전환하려면 우선 해외에 수출하던 경제 자원을 내수 시장에 공급하는 쪽으로 방향을 틀어야 한다. 반드시 이렇게 해야 한다. 그러면 상품과 저축의 수출을 중심으로 이뤄지던 경제 성장이 내수 주도형의 질적인 성장으로 바뀔 것이다. 내수 시장이 확대되면서 중국의 대미 수출 의존도와 미국 국채 수요량은 필연적으로 줄어든다. 이는 '달러 채무 제국'의 전략적 이익을 심각하게 위협하는 것과 다름없다. 물론 중국 내수 시장이 활성화되면 미국의 수출을 일정하게 자극할 수는 있다. 그러나 미국의 경제 규모에 비하면 이런 자극은 상대적으로 너무 미약하다.

유로존의 출범으로 말미암아 유럽 대륙에서 달러화 유통량이 대폭 감소했다. '달러 채무 제국'의 판도 역시 크게 축소됐다. 더불어 달러 유동성 과잉 현상도 나날이 심각해졌다. 이것이 2000년 이후 국제 유가와 벌크 스톡 가격이 폭등한 원인이다.

FRB는 미국 국채 수요자가 점점 줄어들자 부득불 직접 나서서 미국 국채를 매입할 수밖에 없었다. 그 결과 FRB는 현재 미국 국채의 최대 구매자가 되었다. 이런 상황에서 중국이 미국 국채 보유량을 줄일 경우 미국의 금융 환경은 걷잡을 수 없이 악화될 것이다.

7,700만 명에 달하는 미국의 베이비붐 세대는 향후 10년에 걸쳐 은퇴를 하게 된다. 그러면 미국의 사회 보장 시스템과 의료 보험 시스템은 붕괴를 면치 못할 것이다. 미국 정부가 사회보장연금, 노인의료보험 수혜자에게 지급해야 할 약 100조 달러는 그대로 '음성적 부채'로 전환된다. 의료 복지 재정의 폭발적 증가로 인해 미국의 재정 지출 압력은 전례 없이 증가할 것이다. 이 경우 향후 10년간 거액의 재정 적자를 기록할 것이라는 전망이 가능하다. 최대한 낙관적으로 추산해도 2020년에는 이로 인한 미국의 부채 규모가 23조 달러를 가볍게 넘어설 것으로 예측된다. 게다가 미국 경제의 회복 속도가 정부의 예상보다 늦어질 경우 부채 규모는 더 늘어날 가능성이 크다.

향후 10년 사이 미국이 재정 적자를 메우려면 천문학적인 자금이 필요하다. 아마 각국의 저축을 다 거둬들여도 이 자금을 마련하기는 어렵지 않을까 싶다.

미국 경제의 최대 문제점은 다른 게 아니다. 국내 저축이 부족한 것이다. 실질 저축이 없는 상황에서 FRB는 조폐기를 신 나게 돌려 '가상의 부'를 만들어냈다. 급기야 달러 구매력 하락과 신용 실추라는 후폭풍을 초래했다. 이런 자기 패배적 악순환은 계속됐다. 미국은 부족한 저축을 보충하기 위해 점점 더 많은 달러를 찍어냈고 달러 유동성 과잉은 자본과 달러 자산의 괴리를 부추겼다. 다른 국가의 저축을 흡수하는 능력을 약화시킨 것은 두말할 나위가 없다.

미국에 제2의 폴 볼커가 나타난다면 고금리와 고환율 정책으로 달러화를 위기에서 구해낼 가능성이 있을까? 대답은 분명히 단언하건대 '아니오'다. 1980년대 초 미국은 세계 최대 채권국이자 최대 저축국이었다. 그래서 금리와 환율의 급격한 변동을 잘 버텨낼 수 있었다. 그러나 세계 최대 채무국이 된 지금 상황에서 향후 10년 사이에 고금리와 고환율 정책을 실시할 경우 가장 먼저 미국 경제 자체가 그 타격을 견뎌내지 못하고 무너질 가능성이 크다. 이는 미국 경제가 스스로 죽음의 길로 나아가는 것과 하등 다를 바 없다.

결국 1970년대와 똑같은 세계적인 통화 혼란이 재현될 것이다. 미국 국채 중심의 국제 통화 시스템이 '반석 위'가 아닌 '모래 더미 위'에 세워졌기 때문이다. 이런 점에서 보면 문제의 근원까지 그때와 완전히 똑같다. 당시에도 그랬던 것처럼 지금도 세계 통화 제도는 '트리펜 딜레마'에서 벗어나지 못하고 있는 것이다.

현재 달러화는 세계 준비통화 및 결제통화의 역할을 하고 있다. 또 미국 국채는 세계 각국의 주요 준비 자산이다. 브레턴우즈 체제가 붕괴한 것은 달러와 금 사이의 내재적 모순 때문이었다. 그런데 지금은 달러와 국채 자산 사이에도 똑같이 극복 불가능한 모순이 존재한다. 달러와 국채 자산은 무한대로 팽창하려는 특성이 있지만 재정 세수입 증가에는 한계가 있기 때문이다.

세계 경제와 무역이 지속적으로 성장하기 위해서는 무엇보다 충분한 달러 유동성이 필요하다. 그런데 달러화 배후의 핵심 자산은 미국 국채다. 달러 증발에 따라 미국 국채도 증가할 수밖에 없다. 달러는 미국의 법정 화폐이고 미국 국채는 미국 정부의 부채다. 부채의 증가 규모는 정부 재정의 제약을 받는다. 따라서 미국의 부채 규모가 정부 재정 세수입의 한계를 벗어날 때 전 세계의 화폐 시스템은 붕괴를 면치 못하게 된다.

그렇다면 미국 부채의 최대 한도는 어디까지일까? 바로 부채 이자의 상환에 들어가는 재정 지출의 재정 수입 대비 비중이 임계점을 넘지 않는 선이라고 보면 된다.

하버드 대학의 교수 니얼 퍼거슨은 저서《금융의 지배》에서 이렇게 주장했다.

"역사 경험으로 알 수 있듯 국가는 재정 수입의 20%를 채무 이자 상환에 사용할 때 심각한 경제 위기에 빠진다. 또 하이퍼인플레이션을 면치 못한다. 이 비율이 50%를 넘으면 국가는 몰락할 위험에 처한다."

스페인의 경우 1557~1696년 심각한 채무 부담 때문에 무려 열네 번이나 국채 디폴트를 선언한 경험이 있다. 이는 스페인 제국을 몰락으로 이끈 계기가 됐다. 프랑스의 경우 1788년 부르주아 혁명이 발발하기 전 국채 원리금 상환에 재정 수입의 62%를 지출했다. 그 결과 부르봉 왕조의 몰락을 초래했다. 오스만 제국의 경우 1875년 재정 수입의 50%를 국채 원리금 상환에 지출했다. 그 결과 국가 경제가 거의 붕괴 직전에 이르렀다. 영국의 경우 제2차 세계대전이 발발하기 직전인 1939년 국채 원리금 상환에 재정 수입의 44%를 지출했다. 그 결과 나치 독일의 도발에 대항할 힘을 완전히 잃고 말았다.

미국도 국채 이자 지급에 재정 수입의 상당액을 지출하고 있다. 그런데 이제는 거의 한계 수위에 도달했다고 해도 과언이 아니다. 미국의회의 예산위원회 보고서에 따르면, 2011년 재정 세수의 9%가 국채 이자 상환에 지출되었다. 이 비율은 2020년 20%, 2030년 36%, 2040년 58%에 달할 것으로 우려된다.

국가 재정 수입의 절반 이상이 국채 이자 상환에 지출되는 국가는 당연히 신용 등급이 떨어질 수밖에 없다. 미국 의회는 그나마 낙관적인 예측을 했다고 할 수 있다. 게다가 미국은 초저금리 정책에 한술 더 떠서 FRB가 직접 국채를 구매하는 인위적 노력으로 10년 만기 국채 이자율을 2%대로 낮췄다. 그럼에도 지난 30년 동안 미국 국채의 평균 수익률 5.7%를 기준으로 계산해 보면, 달러화 중심의 세계 통화 시스템에 치명적 위기가 발발하는 시기는 대략 2020~2030년 사이로 추정된다.

요컨대 향후 10여 년은 중국에 기회와 위기가 공존하는 시기라고 말해도 좋다. 사람은 자신감을 잃게 되면 상당히 예민해지고 공격성을 드러낸다. 마찬가지로 세계 패권적 지위에 있던 국가도 국력과 자신감이 점점 떨어지면 공격적으로 변한다. 미국은 '아시아 회귀 정책'을 선언했다. 그런데 이는 결코 그냥 하는 말이 아니다. 어쩌면 미국 대외 전략의 중대한 변화를 의미할 수도 있다.

향후 중국이 경제 성장 모델 전환을 시도하지 않고 계속 국내 저축을 미국에 '공납'한다면 미국은 아마도 중국에 대해 '포위만 하고 공격하지 않는' 전략을 실시할 것이다. 이를테면 중국의 지속적인 성장을 용인하지 않을까 싶다. 그러나 만약 중국이 미국 국채 보유량을 줄일 경우 미국은 위협적인 공격을 개시할 개연성이 농후하다. 중국 주변에서 끊임없이 리스크를 조장하고 중국을 한 차례 또는 몇 차례 국부적인 전쟁에 몰아넣을 수도 있다. 이때가 되면 총성 없는 화폐 전쟁이 초연 자욱한 진짜 전쟁으로 변할지도 모른다.

## 유로의 '구세주'는 누가 될까

미국의 문제가 경제에 있다면 유럽의 문제는 정치에 있다.

유럽연합의 양대 주축인 독일과 프랑스는 이념 차이 때문에 줄곧 화목하지 못했다. 양국의 정치적 입장을 보면, 프랑스는 시종일관 유럽연합의 '마부'를 자처했다. 대신 독일에게는 유럽연합의 경제를 견인하는 '말'의 역할을 강요했다. 독일의 경우 제2차 세계대전에 대한 죄책감 때문에 종전 후 반세기 동안 줄곧 '말'처럼 불평 한마디 없이 열심히 유럽 경제 부흥에 모든 책임을 다했다. 그러나 이것은 독일인들의 천성과 본심이 절대 아니었다. 독일은 통일 대업을 완성하고 유럽중앙은행의 화폐 발행권을 장악한 다음 점차 '마부' 역할에 눈독을 들이기 시작했다. 반면 프랑스는 화폐 대권을 빼앗긴 후 정치적 우위도 점차 약화되기 시작했다. 유럽중앙은행의 후원을 잃은 뒤에는 거의 모든 문제에서 발언권을 행사하지 못했다. 이에 니콜라 사르코지(Nicolas Sarkozy) 프랑스 대통령은 독일과 프랑스의 권력 균형을 도모하기 위해 유로그룹(유로존 재무장관 회의)을 유럽 통일 재무부로 격상시키는 문제와 관련한 제안을 내놓았다. 유럽중앙은행 내부의 독일 세력을 약화시키기 위한 시도였다. 그러나 사르코지의 제안이 효과를 발휘할지는 아직 두고 봐야 할 것 같다.

이와 관련해 장 클로드 융커(Jean-Claude Juncker) 룩셈부르크 국무총리 겸 유로그룹 의장은 다음과 같은 입장을 표명했다.

"나는 유로그룹이 유럽중앙은행의 권력을 크게 제약하지 않는 선에서 본직에 충실할 것이라고 믿는다. …… 통화 정책과 유럽중앙은행을 둘러싼 논쟁은 그야말로 시간 낭비라고 할 수 있다. 프랑스의 아이디어는 현실화되지 못했다. 사르코지 프랑스 대통령은 유럽중앙은행에 대한 좀 더 강력한 정치적 통제를 원했다. 그러나 유럽 재무장관 중 아무도 그의 제안을 지지하지 않았다. 일부 국가 수뇌들은 처음엔 사르코지를 지지했다가 독일의 완고한 태도에 눌려 유야무야하는 태도를 보이고 말았다."

경제적 측면에서 보면 독일은 '사냥꾼에게 가장 중요한 것은 활'이라는 인식을 고수하는 입장이다. 또 독일은 부의 근원이 생산에 있다고 주장한다. 이에 반해 프랑스는 실물 생산 증가보다 부의 합리적 분배를 더 중시하는 경향이 있다. 프랑스 금융계의 막후 실력자 장 페를르바드(Jean Peyrelevade)는 이런 말을 했다.

"독일 국민은 건전한 산업 구조가 국가의 경제 성장과 구매력 향상에 매우 중요한 역할을 한다는 인식을 갖고 있다. 그러나 프랑스에서는 생산력 제고를 주창하는 관점이 별로 환영받지 못한다. 독일 기업의 이윤율은 프랑스에 비해 20% 높다. 사르코지의 정책은 그의 일관적인 관점을 반영한다. 즉 국가 경제 성장의 관건은 소득의 합리적 분배와 가계 세금 부담 경감을 통해 구매력을 향상시키는 데 있다는 관점이다. 사르코지는 자기 정책의 정확성을 믿어 의심치 않는다. 그러나 이것이 엄청나게 잘못된 정책이라는 사실을 언젠가는 반드시 깨달게 될 것이다."

더 많은 재화를 생산하려면 생산성 제고를 선행해야 한다. 소득 분배 문제는 생산력이 향상된 후에나 고려할 문제다. 이런 점에서 보면 사르코지는 케이크를 크게 만드는 것을 케이크를 고르게 분배하는 것보다 우선해야 한다는 이치를 모르고 있는 셈이다. 삶을 즐길 줄 아는 프랑스인이 다른 사람들의 부러움의 대상이라면, 일에 대한 독일인의 근면한 태도는 만인의 탄복을 받아야 마땅하다. 따라서 유럽연합 지배권을 둘러싼 독일과 프랑스의 쟁탈전에서 프랑스의 패배는 처음부터 예정된 것이라고 할 수 있다. 이에 대처 영국 총리는 프랑스는 독일을 위해 혼수를 장만해 주는 역할만 할 뿐 궁극적으로는 유럽을 두 손으로 독일에 넘겨주게 될 것이라고 예언한 바 있다. 게르하르트 슈뢰더 (Gerhard Schröder) 독일 총리도 거리낌 없이 이런 말을 했다.

"프랑스의 정치적 목표가 유로화를 출범해 독일의 국력을 약화시키고 더 나아가 독일의 경제 주도권을 약화시키는 것이라면 프랑스는 정반대의 결과를 얻게 될 가능성이 크다. 독일 경쟁력의 증가는 독일 국력이 약화된 것이 아니라 더 강대해졌음을 의미한다. 이것은 필연적인 결과다. 그 이유는 독일이 유럽에서 가장 강대한 경제체이기 때문이다."

유럽연합과 유로화를 배경으로 하는 스토리 속에서 주권 국가들 사이의 권력 다툼이 겉으로 드러나는 실마리라면, 보이지 않는 곳에는 복선도 깔려 있었다. 표면적으로 보이는 정치·경제 권력 다툼의 배후에서는 유럽을 '유럽합중국' 형태로 통합하려는 움직임이 조용히 일어나고 있었다. 그중 유럽 통일 재무부는 겉으로는 유럽중앙은행과 독일의 세력을 견제하기 위해 추진되는 것으로처럼 보였다. 이렇게 해야 유럽 각국의 독일에 대한 우려와 경계심을 증폭하고 유럽 통일 재무부에 대한 거부감을 줄일 수 있기 때문이다. 이 상태에서 조금만 더 '구슬린다면' 유럽 각국은 자국의 재정 주권과 세수 주권을 고분고분 초국가적 성격의 유럽연합에 '바칠' 터였다. 유럽 통일 재무부 설립을 추진하는 정치가들은 어쨌거나 연기인지 진짜인지 헷갈릴 정도로 그럴듯하게 자신들의 계획을 열심히 밀고 나갔다.

사실 유럽합중국 음모자들은 전략적 실수를 범했다. 자신들이 추진하는 유럽통화연맹이 규모가 클수록 좋은 것이 아니라 연맹 가맹국들의 경제 수준이 비슷할수록 좋다는 사실을 간과한 것이다. 시작 단계에는 유로 가맹국을 독일, 프랑스, 네덜란드, 룩셈부르크 등 4개국으로 제한해 우선 역내 경제 통합을 완성한 다음 통일 재무부를 출범하는 것이 정확한 수순이었다. 경제 수준이 비슷하고 상호 협력 비용이 상대적으로 낮은 이 4개국으로 먼저 소규모 연맹을 구성하면 성공할 가능성도 상대적으로 높았다. 그리고 이 소규모 연맹이 정상적인 운영 궤도에 진입하고 관련 규칙을 정비한 후 이탈리아와 벨기에를 연맹에 포함시켜야 마땅했다. 이탈리아와 벨기에는 재정 적자와 채무 문제가 비교적 심각해 이것을 해결하는 데에만 최소 몇 년은 걸려야 했기 때문이다. 유럽통화연맹은 마땅히 이런 방식으로 점진적인 확장을 이루는 것이 정석이었지만 실제로는 그렇지 못했다. 지금의 유로존을 보면 완전 잡탕이 따로 없다. 경제 수준이 들쭉날쭉하고 입장 차이도 다양한 온갖 국가들이 복잡하게 섞여 있다. 독일은 유로존의 안정과 통합을 지켜내기 위해 엄청난 시간을 투입하고 있다. 그러나 시간도 비용이다. 유로존이 강대해지기를 진정으로 원한다면 버릴 것은 버리고 포기할 것은 포기하는 과단성이 필요하다. 취사선택의 지혜를 발휘하지 않고서는 스스로 혼란을 자초하는 결과밖에 생기지 않는다.

차이메리카 공생관계가 동부 지역(中國)은 생산을 책임지고 서부 지역(美國)은 소비를 책임지는 구도로 이뤄진 것처럼 유럽연합에도 '남북' 관계가 존재한다. 즉 독일과 네덜란드를 필두로 하는 북유럽 가맹국들은 생산을 책임지고 그리스와 이탈리아 그리고 스페인을 대표로 하는 남유럽 가맹국들은 소비를 책임진다. 남유럽 재정 위기의 근원은 미국과 같다. 채무 주도형 경제 성장을 고집하다 자산 버블이 붕괴하면서 위기가 터진 것이다. 남유럽 국가들은 유로존의 저금리 및 저인플레이션 환경을 이용해 부동산 거품을 만들어냈다. 자산 버블로 소비를 진작해 경제 번영을 이끌었다. 그 결과 유로존이 탄생한 후 처음 10년 동안 스페인의 연평균 경제 성장률은 3.6%, 그리스는 4%, 아일랜드는 6%에 달했다. 북유럽 국가들을 훨씬 초과했다. 자산 가격의 상승은 부채 규모를 확장시켰다. 표면적으로 보이는 소비 활성화 국면은 생산성 제고에 의한 것이 아니라 자산 팽창의 결과였다. 이들 국가의 소비 수요가 증가한 덕분에 독일 경제는 2004~2008년 큰 폭으로 성장했다. 그 결과 유럽연합 내부에서 경제 불균형 문제가 심각하게 대두됐다. 스페인과 그리스 그리고 이탈리아의 무역 및 재정 적자는 심각하게 악화된 데 반해 독일과 네덜란드는 거액의 무역 흑자를 기록했다.

2008년 전 세계적인 자산 버블 붕괴가 시작되면서 남유럽 국가들의 채무 주도형 경제 성장 모델도 파경으로 치달았다. 번영이 사라진 후 남은 것은 만신창이가 된 실물 경제와 천문학적인 부채뿐이었다.

자산 거품이 팽창하고 소비 시장이 활기를 띠던 시기에 이들 국가는 실물 부문을 완전히 포기하고 북유럽의 값싸고 질 좋은 공산품 수입에 의존했다. 결과적으로 자국 내 생산 능력이 크게 약화되었다. 심지어 완전히 괴멸했다고 해도 과언이 아니다. 잘못된 경제 성장 방식은 급기야 천문학적인 부채, 경기 불황, 높은 실업률, 세수입 고갈, 재정 파탄이라는 참혹한 결과를 초래하고 말았다.

그렇다면 누가 나서서 남유럽 국가들을 구원해 줄 것인가? 모두의 관심은 돈주머니가 두둑한 독일에 쏠리고 있다. 독일이 수출을 통해 축적한 저축을 시원스럽게 내놓으며 유로존을 위기에서 구해내기를 눈 빠지게 기다리고 있다. 그러나 영리하고 이해타산이 빠른 독일이 유로존의 '구세주' 역할을 자임할 가능성은 별로 크지 않다.

지난 50여 년에 걸친 유럽연합의 역사를 돌이켜 보면 독일은 한 번도 감정적으로 행동한 적이 없다. 자국의 이익이 어떤 것인지 정확하게 판단할 줄 알고 그것을 야무지게 지킬 줄 아는 국가가 바로 독일이었다. 독일은 위기에 빠진 누군가를 구원할 때 다른 국가들이 먼저 자국의 금융 자원을 깡그리 소모하면서 지원하기 전까지는 기본적으로 주머니를 열지 않았다. 영국과 프랑스는 독일로부터 뭔가를 얻어내려고 누차 다양한 시도를 펼쳤지만 그때마다 아무런 수확도 없이 실패만 거듭했다.

영국은 1972년 스네이크 체제에 가입했으나 투기 자본의 공격을 견디지 못하고 얼마 지나지 않아 물러났다. 1973년 에드워드 히스 영국 총리는 서독의 본으로 달려가 다시 파운드화의 스네이크 체제 가입을 요구했다. 서독은 당연히 두 손 들어 환영했다. 영국 파운드화와 프랑스 프랑화를 마르크화의 오른팔과 왼팔로 삼으면 달러화 투기 자본에 대항하는 힘이 몇 배로 증폭되기 때문이었다. 그러나 영국이 제시한 조건은 서독을 주저하게 만들었다. 영국은 주요 유럽 통화들과의 환율 연계를 몇 번 시도했다가 전부 실패한 경험이 있었다. 게다가 영국의 역대 정부도 환율 정책 문제 때문에 해산된 경우가 많았다. 이에 히스는 서독에 그 어떤 상황에서도 파운드화 가치 안정을 담보해 달라고 요구했다. 서독 입장에서 영국의 요구는 서독의 외환보유액을 이용해 영국에 백지수표를 발행해 달라는 것이나 다름없었다. 그리고 영국이 서독의 지원을 등에 업은 후 재정 적자를 제멋대로 무한정 확장할 가능성도 배제할 수 없었다. 서독은 이해관계를 따져본 다음 영국의 요구 조건을 직접 거절하지 않고 먼저 스네이크 체제에 가입할 것을 주장했다. 영국에 유럽 환율을 안정시키기 위해 배수진을 치고 최선의 노력을 다하겠다는 결심을 보여달라는 요구였다. 결과적으로 영국은 스네이크 체제 가입을 거부했다.

1978년 유럽통화제도, 곧 EMS를 제안할 당시 프랑스는 복합 통화 형태의 '바스켓 통화'로 유럽통화단위, 곧 ECU를 설정할 것을 주장했다. 각 회원국 통화와 ECU 사이에 ECU 중심 환율을 결정하고 이들 ECU 중심 환율을 통해 양국 간의 환율 변동 폭을 2.25% 이내로 유지한다는 방안이었다. 프랑스의 이와 같은 구상은 마르크화 강세, 프랑화 약세인 당시 상황에서 각 회원국 통화와 ECU 사이에 변동 환율을 정하는 것보다 프랑스의 이익에 훨씬 유리했다. 각 회원국 화폐의 바스켓 구성비를 5년에 한 번씩 조정하기 때문에 만약 이 기간에 서독 마르크화 가치가 폭등할 경우 서독은 부득불 외환 시장에 개입해 자국의 외환보유액을 풀어 마르크 가치를 낮출 수밖에 없다. 이렇게 되면 독일의 외환준비금은 유럽통화제도의 공동 자산이 될 터였다. 또 ECU는 각 회원국의 외환 시장 개입 도구로 활용될 가능성이 높았다. 더불어 환율 변동에 의해 발생한 외채를 자국 통화로 상환할 수도 있었다.

프랑스의 속셈을 한눈에 간파한 서독은 반드시 스네이크 체제를 답습한 방식으로 환율 안정을 꾀할 것을 주장했다. 각국 통화를 ECU에 따라 변동하는 방안은 옳지 않다는 입장이었다. 또 양국 간 상대 환율의 변동 폭이 상한선을 넘지 않도록 해야 한다는 주장이기도 했다. 이렇게 하면 각 회원국은 자국 통화 가치가 변동할 경우 자국의 외환준비금으로 환율을 조정해야 한다. 서독의 외환준비금을 노리던 프랑스의 음모는 산산이 부서졌다. 서독은 또 각 회원국이 환율 조정으로 인해 발생한 채무를 상환할 때 반드시 달러와 마르크 또는 금을 지불 수단으로 사용할 것도 주장했다. 이 밖에 서독은 각 회원국의 외환보유액을 공유하자는 프랑스의 제의도 거절했다. 최종적으로 프랑스는 서독의 고집을 꺾지 못하고 양보할 수밖에 없었다.

유럽통화연맹 결성은 서독이 이익 극대화를 위해 선택한 하나의 전략일 뿐이었다. 그리고 영국과 독일을 유럽통화연맹에 끌어들이는 것이 이 전략의 핵심 포인트였다. 그런데 영국과 프랑스가 겁도 없이 서독의 국내 저축을 노렸으니 서독이 가만히 있을 리 만무했다. "너희들이 자국 내 금융 자원을 깡그리 소모하기 전에는 내 돈을 한 푼도 얻을 생각은 하지 마라!" 이것이 바로 서독의 기본적인 원칙이었다.

남유럽 국가들의 위기는 두 단계에 걸쳐 해결해야 한다. 우선, 유럽 금융 시스템을 안정시켜야 한다. 그다음에는 경제 엔진을 활성화함으로써 경기를 부양해야 한다.

남유럽 국가들의 자산 거품 붕괴로 인한 자산 손실액은 적어도 2조 유로에 달할 것으로 추정된다. 이 악성 채무 중 일부는 이들 국가의 은행 시스템에 남아 있다. 나머지는 국채와 회사채를 통해 유로존 전체로 확산되었다. 유럽에는 미국처럼 방대한 파생 금융 상품 시장이 없다. 따라서 유럽의 금융 문제는 레버리지화되지 않았다. 그러나 이토록 큰 규모의 부실 채권을 소화하려면 상당한 어려움이 따를 것으로 예상된다.

**대손상각(貸損償却)**
채권자가 보유한 채권 중 채무자의 상환 능력이 없거나 사실상 회수 불가능한 채권을 기업 회계 기준에 따라 대손 충당금과 상계해 손비로 처리하는 것을 일컬음.

방법은 두 가지가 있다. 하나는 유럽중앙은행에서 화폐를 증발해 부실 채권을 대손상각하는 것이다. 그런데 이 방법은 인플레이션에 유달리 예민한 독일의 동의를 얻을 수 없다. 게다가 이 방법을 사용하면 독일 국내 저축의 손실을 초래할 수 있다. 다른 하나는 유럽재정안정기금(EFSF)을 설립하는 방법이다.

문제는 EFSF 운영과 관련해 독일과 프랑스 사이에 다시 분쟁이 발생했다는 사실이다. 논쟁의 초점은 대체 누구의 저축으로 빈 구멍을 메우느냐는 것이었다. 프랑스는 EFSF를 은행으로 개편할 것을 요구했다. 과거 영국의 경제학자 케인스가 세계중앙은행 창설을 주창한 바 있듯 프랑스 역시 이런 주장을 펼친 것이다. 요컨대 저축이 부족한 국가들은 항상 신용 창조 기능이 있는 은행 설립을 최선의 대안으로 생각한다. 프랑스의 타산은 다음과 같이 요약할 수 있다.

"EFSF가 직접 나서서 부실 자산을 인수한 후 이 자산을 담보로 유럽중앙은행으로부터 자금을 얻는다. 이 자금으로 계속 부실 채권을 매입함으로써 각국의 은행 시스템에 있는 부실 채권을 점차 유럽중앙은행으로 이전한다."

이는 사실상 유럽중앙은행을 통해 악성 채무를 화폐화하는 것이나 다름없다. 결국 최종적으로 손실을 입는 것은 독일을 비롯한 저축국들이 될 수밖에 없다.

물론 프랑스의 제안은 독일의 격렬한 반대에 봉착했다. 독일은 EFSF 레버리지 안을 제시했다. 즉 EFSF가 20%의 손실을 부담하고 모집한 자금을 몇 배로 레버리지화함으로써 시장에서 다른 국가들의 저축을 흡수하는 방안이었다. 이렇게 하면 독일에는 별로 손해가 없지만 다른 국가들의 저축은 손실 위험에 처한다. 그리스 채무를 50% 탕감할 경우 EFSF가 20%의 손실만 부담하는 것은 투자 리스크가 상당히 높은 방안임에 틀림없다.

단기 금융 투자의 리스크가 높은 것도 문제지만 더 큰 문제는 남유럽 국가들의 경제 엔진이 이미 작동을 멈추고 경기 불황이 장기화되면서 채무 상환 능력이 대폭 약화되었다는 사실이다. "급한 불은 끌 수 있어도 가난은 구제할 수 없다"는 속담처럼 금융 시스템을 안정시키는 일은 비교적 쉽다. 그러나 이들 국가의 경제 엔진을 다시 작동시키는 것은 결코 쉬운 일이 아니다. 남유럽 국가들이 자국 화폐의 평가 절하를 통해 수출 증대를 꾀하는 방안은 유로존 체제 아래서는 현실성이 없다. 독일의 산업 부문이 압도적 우위를 차지해 남유럽 국가들의 실물 부문은 경쟁력을 상실한 상태에 있기 때문이다. 실제로 이들 국가의 국내 소비재 수요는 거의 대부분 독일산 수입품에 의존하고 있는 상황이다. 환율과 관세를 보호막으로 삼지 않고 재정과 세수의 지원도 부족한 상황에서 남유럽 국가들이 지금 다시 생산력 제고에 총력을 기울인들 강대한 독일 공산품과의 경쟁에서 이길 가능성은 거의 없는 것이다. 이들이 유일하게 할 수 있는 것은 재정 지출을 줄이고 소비 수요를 억제하는 것밖에 없다. 결국 유럽 경제는 긴축과 성장 약화의 악순환을 벗어날 수 없다.

지금은 미국과 유럽이 모두 탐욕스러운 눈으로 중국의 저축을 노리고 있다. 이들의 눈에 중국의 외환보유액은 한 입만 먹어도 불로장생할 수 있는 '당승육(唐僧肉: 귀신들의 맛있는 고기-옮긴이)'과 크게 다를 바 없다. 중국으로부터 어떻게든 한 푼이라도 더 뜯어내려고 유혹의 손길을 내미는 국가도 많다. 이를테면 위안화 융자를 신청하겠다든지, 중국의 시장 경제 지위를 인정하겠다든지, 중국을 도와 미국의 패권을 저지하겠다든지 하는 등 유혹의 내용도 무척 다양하다. 그러나 이들의 제안이 모두 빛 좋은 개살구에 불과하다는 것을 중국은 너무도 잘 알고 있다.

제1차 세계대전 종식 후 채무국에서 채권국으로 탈바꿈한 미국은 기세등등하게 달러화의 세계 정복을 목표로 1차 원정을 시도했다. 그러나 결국 실패하고 말았다. 그럴 수밖에 없었다. 기본적으로 화폐 패권의 토대는 시장이 아니던가. '파운드 블록'과 '프랑 블록'이 떡하니 할거해 있는 상황에서 달러화의 입지는 좁을 수밖에 없었다. 그러던 중 미국은 제2차 세계대전으로 인해 유럽 각국의 국력이 소진된 틈을 타서 마침내 달러화 독주 체제를 확립하는 데 성공했다. 그러나 지금 유로존의 세력 범위는 과거의 '파운드 블록'보다 훨씬 크다. 따라서 해외에 있는 위안화 자산은 유로존과 경쟁할 만한 할거 세력으로 성장하기 어렵다. 중국의 내수 시장이 일정한 규모를 형성하기 전까지 중국의 저축은 마땅히 국내에서 더 큰 역할을 감당해야 한다. 중국의 중소기업이 자금난으로 무더기 도산 위기에 처한 상황에서 저축을 유럽으로 수출한다면 필연적으로 '도덕적 위험'을 낳게 될 가능성이 높다.

더구나 중국이 시장 경제 지위를 인정받는다 해도 반덤핑 문제 해결에는 별로 도움이 안 된다. 1980년대에 일본은 시장 경제 국가였음에도 불구하고 구미 각국과 무역 충돌이 빈번했다. 무역 분쟁은 결국 이익 다툼이다. 시장 경제 지위 인정 여부는 결국 무역 전쟁을 발동하기 위한 수많은 구실 중 하나일 뿐이다.

유럽이 중국을 도와 미국의 패권을 견제하겠다는 것도 믿을 게 못 된다. 현재 유럽과 미국의 금융 시스템은 지난 200년 동안 수많은 마찰과 분쟁을 겪으며 겨우 달성한 이익 균형의 결과물이다. 유럽과 미국 사이에는 모순과 이익의 충돌도 있지만 필요할 때에는 공동 이익을 토대로 상호 협력하는 측면도 있다. 아마 중국 같은 '제3자'를 대할 때에는 내부 모순보다 공동 이익을 우선시할 게 틀림없다.

중국은 유럽 채무 위기와 관련해 어떤 역할을 해야 하는가? 이 문제에 대해서는 총명한 독일인들에게 배우는 것이 가장 중요할 것 같다.


## 사면초가에 처한 중국

중국 경제도 2012년 이후에는 유럽, 미국, 일본발 경제 한파로 인해 상당히 큰 몸살을 앓게 될 것이다. 중국 경제의 두 번째 성장 엔진인 글로벌화도 이미 시동이 꺼진 상태다. 성장 원동력을 잃은 중국 경제는 곧 내리막길로 들어설 것이다. 마치 1997~1999년 첫 번째 성장 엔진인 농촌 산업화의 시동이 꺼졌을 때처럼 말이다. 중국 경제는 단기간에 외부 수요 감소, 신용 확장 능력 약화, 소비 위축, 물가 하락, 기업 이윤 감소, 채무 증가, 자산 상황 악화 등 여러 가지 문제에 직면할 것이다. 2011년에 인플레이션 때문에 몸살을 앓았다면 2012년 이후에는 인플레이션보다 더 무서운 디플레이션에 시달리게 될 것이다.

중국 경제를 이끄는 삼두마차는 누가 뭐래도 투자, 수출, 소비다. 혹자는 이 세 가지 중 수출에 문제가 생기더라도 투자와 소비만으로 중국 경제의 지속적이고 빠른 성장을 이끌 수 있을 것이라고 주장한다. 하지만 이는 정말 잘못된 관점이다. 투자와 수출과 소비는 논리적 의존 관계를 갖고 있다. 경제 성장의 원동력은 높은 생산성이다. 생산성 향상 속도가 가장 빠른 산업이 생산성이 늦은 산업으로 수요 확장을 하는 과정에서 저축을 증대시켜 소비와 투자 활성화에 경제적 토대를 마련하며 경제 성장을 이끈다. 삼두마차 중에서 생산성을 가장 빨리 증가시키는 부문은 단연 수출 산업이다. 중국의 수출 부문은 세계 수준에 근접한 기술, 설비, 저가 노동력과 자원, 지방 정부의 전폭적인 지원, 가장 우수한 생산 조직 모델, 나아가 산업 클러스터 등의 효과에 힘입어 값싸고 질 좋은 제품을 전 세계에 공급했다. 그럼으로써 국제 시장에서 '메이드 인 차이나'의 성공이라는 기적을 창조했다. 이처럼 수출 부문이 생산성 향상에 크게 기여하지 않았더라면 중국의 저축은 대폭 증가하지 못했을 것이다. 또 정부 인프라 투자와 소비 진작을 위해 충분한 자금도 공급하지 못했을 것이다. 이런 점에서 보면 중국 경제의 성장을 이끄는 '기관차' 역할을 하는 것은 수출 부문이라고 해야 옳다. 투자와 소비는 '기관차'에 의해 끌려간다고 하는 표현이 더 정확할 것이다.

유럽과 미국 그리고 일본의 채무 문제, 인구 고령화에 따른 소비 위축 및 생산성 저하 슬럼프 등의 문제는 단기간에 해결할 수 없는 것들이다. 이들 국가의 경제 엔진이 다시 활발하게 작동하려면 최소한 10년은 더 기다려야 한다. 선진국들의 경제에 빨간불이 켜지면서 중국의 수출 부문도 큰 타격을 입었다. 이는 중국이 개혁개방 30년 이래 처음으로 직면한 새로운 난제라고 할 수 있다. 설상가상으로 위안화의 평가 절상도 수출에 부정적인 영향을 미치고 있다.

중국의 수출 부문은 신흥 시장을 전면적으로 공략해 이미 상당한 성과를 거두었다. 또 선진국의 중저가품 시장도 아직까지는 중국의 수출품을 어느 정도 소화하고 있다. 따라서 중국의 수출 부문은 여전히 방대한 규모를 유지할 수 있다. 그러나 수출량 증가세는 점점 둔화하고 있다. 더불어 경제 성장을 이끄는 엔진으로서 수출의 기능도 점점 약해지고 있다.

생산성 제고는 사회의 진보를 의미한다. 그리고 생산성에 가속도가 붙었다는 것은 중대한 기술적 돌파 또는 생산 방식의 진보가 이뤄졌다는 사실을 의미한다. 따라서 경제 규모보다 중요한 것은 생산성의 가속도라고 단언해도 좋다. 중국이 18세기에 전 세계의 3분의 1에 달하는 GDP를 창출했음에도 다른 국가들로부터 능욕을 당할 수밖에 없었던 이유는 모두 여기에 있다.

경제 성장에 대한 수출의 기여도가 낮아지면서 국내 실질 저축 증가 속도도 점차 늦어지고 있다. 앞으로는 소비 수요도 위축될 것이다. 소비에 대해 많은 사람들이 오해하는 부분이 있다. 즉 소비 자극 정책이 경제 성장에 큰 도움이 될 것이라는 생각이다. 이는 앞뒤가 뒤바뀐 논리다. 소비란 무엇일까? 예를 들어보자. 한 농민이 달걀 100개로 시장에서 옷 한 벌을 교환했다면, 이는 농민이 자신의 저축을 이용해 소비 행위를 한 것이다. 요컨대 소비는 일종의 교환 행위다. 소비는 생산을 전제로 한다. 생산이 없으면 소비도 없다. 소비량을 늘리려면 반드시 생산량을 먼저 늘려야 한다. 농민은 생산성을 제고해 달걀 200개를 생산한 후 이 200개의 달걀로 시장에서 옷 한 벌과 기타 등등의 상품을 교환할 수 있다. 이 과정에서 시장 공급을 늘리고 시장 거래 역시 활성화시킨다. 더 나아가 경제 성장에도 기여한다. 소비를 자극한다고 해서 경제가 꾸준히 성장하는 것은 아니다. 생산성 제고만이 소비를 늘리고 지속적인 경제 성장을 이끌 수 있다.

그렇다면 중국은 거액의 주민 예금을 소비로 전환하면 경제 성장을 이끌 수 있을까? 대답은 단언컨대 '아니오'라고 할 수 있다. 예금은 저축의 화폐적 형태다. 예금이 아닌 농민이 생산한 달걀만이 실질 저축이다. 저축은 저축자가 생산을 그만둔 후 얼마나 오랫동안 생활을 유지할 수 있는지 보여주는 척도이기도 하다. 예금은 장래의 소비를 의미한다. 따라서 예금도 사실은 일종의 교환 행위에 불과하다. 생산성이 제고되지 않은 상황에서 은행의 예금을 소비하는 것은 향후의 '생활 수명'을 단축시키는 짓이나 다름이 없다. 따라서 예금을 소비로 전환하면 현재의 경제 상태를 유지할 수는 있어도 진정한 경제 성장을 이끌 수는 없다.

특정 경제 부문의 생산성을 대폭 제고해 가격 우위가 있는 신제품을 대량 생산하고 그것을 시장에 출시할 때 다른 산업의 성장도 이끌 수 있다. 신규 산업의 출현은 경제의 폭발적 성장을 이끄는 계기로 작용한다. 1950년대에 나타난 석유화학 산업도 그렇고, 1990년대에 전 세계를 휩쓴 정보 기술 혁명도 그렇다. 신제품과 서비스는 시장 거래 과정에 새로운 소비 수요를 만들어내면서 경제 성장을 이끈다. 신규 산업은 '무'에서 '유'를 창조한 것이기 때문에 다른 산업에 비해 생산성 증가 속도가 훨씬 더 빠르다.

중국은 소비 위축이 우려된다고 해서 단순한 소비 진작 정책을 맹목적으로 도입해서는 안 된다. 소비를 진작해 경제를 활성화하는 아이디어는 상당히 그럴듯해 보인다. 그러나 문제의 근원을 해결하는 좋은 해결책은 아니다.

그렇다면 정부가 아무것도 하지 않은 채 손을 놓고 앉아 있으면 모든 문제가 저절로 해결될까? 그것도 아니다. 오히려 경제는 더욱 냉각되고 디플레이션은 훨씬 심각해질 것이다. 정부에 재정 자극 정책을 요구하는 목소리도 높아진다. 그렇다면 중국 정부는 경기 부양을 위해 어떤 조치를 취해야 하는가? 중국 정부는 2009년부터 다양한 경기 부양책을 도입했다. 그러나 이러한 조치는 두 번째 성장 엔진의 '수명'을 연장할 수는 있어도 지속적인 효과를 기대하기 어렵다. 정부 투자를 확대하는 방법으로 경제 성장세를 유지하는 것은 가능하다. 그러나 만약 정부 투자가 생산성 제고를 기대할 수 없는 부문이나 단기 수익을 기대할 수 없는 부문에 유입될 경우 오히려 채무 규모만 늘리는 결과를 초래할 것이다. 이때 중국 정부는 채무 압력을 줄이기 위해 통화량을 늘릴 수밖에 없다. 이는 경제가 냉각된 상황에서 인플레이션 압력만 가중시킬 뿐이다. 인플레이션과 디플레이션은 서로 다른 경제 부문에서 동시에 나타날 수 있다. 소비 가격은 지속적으로 하락하는 데 반해 자산 가격은 지속적으로 팽창하면서 중국 경제는 이중고에 시달리게 될 것이다.

경제 성장 모델을 성공적으로 전환하는 관건은 세 번째 성장 엔진을 가동하는 데 있다. 정부 투자는 정확한 부문에 정확하게 투입해야 지속적인 효과를 볼 수 있다. 요컨대 다음과 같은 몇 가지 조건에 부합하는 부문만이 중국 경제의 지속적인 성장을 이끌 수 있다. 우선, 거대한 생산성 증가 잠재력을 갖춘 부문이어야 한다. 다음으로, 중국의 대다수 인구에게 혜택을 줄 수 있는 부문, 즉 규모 효과 우위가 있는 부문이어야 한다. 마지막으로, 다른 산업과의 연동성이 클 뿐 아니라 제반 경제 부문의 성장을 견인할 수 있는 산업이어야 한다.

이 세 가지 조건을 만족하는 산업은 단연 농업이다. 2차 농촌 산업화의 핵심은 정보화, 집약화, 첨단 기술화 및 도시화라고 할 수 있다. 현재 중국의 농촌 생산성은 대단히 낮다. 그러나 이는 상대적으로 향후 거대한 성장 잠재력을 갖고 있다는 사실을 의미하기도 한다. 현재 정부 투자는 농촌과 농업 인프라 분야에 집중되고 있다. 이를 통해 농업 경제 토대가 크게 개선되고 있다. 생산 원가도 절감되고 있다. 농업 경제 이윤 역시 증가하고 있다. 더불어 자본 시장의 경제 자원도 농업 부문에 대거 유입되었다. 그 때문에 농업 생산성 증가에 다른 경제 부문보다 훨씬 큰 가속도가 붙고 있다. 중국 인구의 절반 이상이 아직도 농촌에 거주하고 있다. 앞으로 농업 생산성이 대폭 제고되면 이들에 의해 농촌의 신규 저축이 크게 증가할 전망이다. 농민은 영양가 높고 안전하면서도 다양한 친환경 농산품을 도시 시장에 대거 공급하는 대가로 값싸면서도 질 좋고 다양한 새로운 에너지 절감형 공산품에 대한 소비 수요를 대폭 확장할 것이다. 이는 경공업 부문의 생산성을 향상시키는 계기로 작용할 가능성이 높다. 이 경우 경공업 생산성 증가에 따라 원자재와 장비 수요가 급증할 가능성이 크다. 동시에 중화학 산업의 성장을 이끌게 될 것이다. 또 농촌이 부유해지고 농민의 생활의 질이 향상되면서 농촌의 도시화 진척을 가속화할 수 있다. 따라서 인구가 도시에만 집중되는 기형적인 인구 분포 구조도 개선할지 모른다. 제반 산업 부문에 대해 더 크고 지속적인 수요를 형성하는 것은 두말할 것도 없다.

중국은 세 번째 경제 성장 엔진인 '농촌의 2차 산업화'에 힘입어 세계 최대 소비 시장으로 부상할 것이다. 그리고 대국으로서 자국의 운명을 스스로 지배하게 될 것이다.


## 아시아 경제 공동체

미국의 문제가 경제에 있고 유럽의 문제가 정치에 있다면, 아시아의 문제는 역사에 있다고 할 수 있다.

아시아의 역사는 유럽 역사보다 결코 짧지 않다. 또 아시아의 정치적 지혜는 줄곧 아시아인들의 자긍심의 원천이었다. 풍부하고 심오한 문화, 긴 세월이 지나도 쇠퇴하지 않는 유교 전통, 너그럽고 포용력 있는 불교 정신 등 아시아 경제 공동체 결성을 위한 문명과 신앙의 기틀은 이미 마련되어 있다고 해도 좋다.

중국은 향후 10년 안에 경제 성장 모델을 반드시 전환해야 하는 중대한 도전에 직면해 있다. 동아시아 지역의 안정과 협력은 바로 이런 중국 경제의 안정적 성장을 담보하는 필수불가결한 요인이다. 유럽의 양대 숙적인 독일과 프랑스는 과거의 앙금을 털어버리고 화해했다. 이렇게 함으로써 유럽공동체의 양대 주축이 될 수 있었다. 그렇다면 지난 100년 동안 원수처럼 지내온 중국과 일본 그리고 한국도 과거의 해묵은 감정을 씻어버리고 아시아 경제 공동체의 '선구자'가 될 수 있지 않을까.

독일과 프랑스로 하여금 화해의 물꼬를 트게 만든 것은 유럽석탄철강공동체 설립이었다. 석탄과 철강은 오래전부터 국가의 중요한 전쟁 물자였다. 1950년대에는 특히 산업 발전에 가장 중요한 에너지 및 원자재였다. 따라서 독일과 프랑스 양국은 자신들의 경제 명맥인 석탄과 철강 산업을 초국가적 기구인 유럽석탄철강공동체에 맡겨 관리하게 함으로써 스스로 전쟁을 일으킬 생각도, 능력도 없게 만들 수 있었다. 한마디로 쉬망 플랜의 목적은 '프랑스와 독일이 장차 어떤 전쟁도 일으킬 수 없게 만들 뿐만 아니라 물리적으로도 불가능하게 만드는 것'이었다. 요컨대 공동의 이익이 독일과 프랑스 양국을 한데 뭉치게 만들었다. 유럽석탄철강공동체는 또 현실적으로 가능한 '초국가적' 경제 모델을 제시함으로써 유럽 공동 시장의 토대를 마련했다. 유럽이 미국에 견줄 수 있는 방대한 시장을 형성하지 못했다면 아마도 아직까지 자신의 운명을 스스로 지배하지 못했을 것이다.

제2차 세계대전 종식 후 유럽에서는 단 한 번도 대규모 전쟁이 발발하지 않았다. 이로써 유럽인들은 자기편끼리 서로 죽이던 500년 역사를 끝내고 지금은 평화 속에서 여유로운 삶을 영위하고 있다. 평화는 전쟁에 비해 언제 어디서나 문명의 진보를 의미한다.

아시아는 유럽인들이 60여 년 전 결성한 유럽석탄철강공동체를 벤치마킹해 당면한 현실적 문제를 해결할 필요가 있다. 아직까지 아시아는 평화로운 상태를 유지하는 것처럼 보인다. 그러나 전쟁의 위협이 완전히 제거된 것은 아니다. 중국과 일본 그리고 한국 3개국은 조금 심하게 말하면 역사적 원한 관계를 가지고 있다. 서로를 향한 악감정은 세월이 흐름에 따라 풀리기는커녕 오히려 더 깊어지고 있다. 이로 인해 민간 차원의 분쟁과 충돌도 심심찮게 나타나고 있다. 3개국이 이처럼 서로를 향한 경계와 방어 태세를 풀지 않고 있기 때문에 대량의 외교, 군사, 정치 자원 낭비를 초래하고 있다.

영국의 외교 전략을 살펴보면 흥미로운 사실을 발견할 수 있다. 바로 유럽 대륙 각국의 권력을 적절하게 견제하면서 균형을 이루도록 전쟁을 선동했다는 사실이다. 영국은 프랑스가 강대해지자 러시아와 독일을 끌어들여 이른바 '프랑스 포위권'을 형성했다. 또 독일이 강대해지자 다른 유럽 대국들을 선동해 독일을 봉쇄했다. 영국은 유럽 국가들이 자기끼리 쓸데없는 소모전을 하는 사이 자국의 실력을 강화했다. 궁극적으로는 세계 패권 지위를 견고하게 굳힐 수 있었다. 이후 '약자들을 긁어모아 강자를 공격하는' 영국 스타일의 전략은 미국에서 더 한층 빛을 발했다. 우선 냉전 체제 아래서 미국은 유럽을 '제일선'

으로 삼아 소련을 봉쇄할 수 있었다. 유럽도 통제하고 소련도 약화시킬 수 있어 일석이조의 효과까지 거뒀다. 또 후발 주자로 등장한 중국을 고립시키기 위해 일본, 한국, 마카오, 필리핀, 대만 등을 규합해 중국의 해상 통로를 철통같이 차단했다. 다른 국가들 사이의 분쟁을 조성해 라이벌 세력을 약화시키는 것은 패권 국가들의 상투적인 수법이 아닌가 싶다.

중국의 경제 규모는 '불행하게도' 세계 2위에 머무르고 있다. 둘째라는 위치는 맏이의 견제와 셋째의 질투를 한몸에 받는 상당히 애매한 자리라고 할 수 있다. 맏이와 셋째가 통일전선을 형성해 둘째를 견제하는 경우도 매우 많다. 동서고금의 역사를 살펴보면 세계 2위의 강국이 오래 버티지 못하고 그 자리에서 미끄러진 사례 역시 대단히 많다. 20세기 초에는 독일, 냉전 체제에서는 소련 그리고 1980년대에는 일본까지, 세계 2위로 부상했던 강국들은 모두 예외 없이 앵글로색슨족에 의해 패배의 비운을 면치 못했다. 실패의 내적 요인이 두각을 너무 드러내 맏이의 지위를 위협했기 때문이라면, 외적 요인은 맏이가 셋째들을 규합해 형성한 군사·정치·경제적 봉쇄를 뚫지 못했기 때문이라고 할 수 있다.

미국이 발동한 이라크 전쟁과 아프간 전쟁은 이미 막을 내렸다. 그리고 북아프리카와 중동 각국의 정권 교체에 힘입어 미국의 글로벌 석유 자원에 대한 통제력은 더욱 강화되고 있다. 중국의 석유 수입 의존도는 50%를 웃돈다. 따라서 중국의 경제 명맥은 미국의 손에 꽉 잡혀 있다고 해도 과언이 아니다. 게다가 중국은 해외 시장, 그중에서도 구미 시장에 대한 의존도가 매우 높다. 요컨대 중국 경제의 화려함 이면에는 매우 취약한 토대가 숨어 있다.

힐러리 클린턴(Hillary Clinton) 미 국무장관은 2011년 10월 11일 〈외교 정책(Foreign Policy)〉에 기고한 글에서 '미국의 태평양 시대'라는 새로운 외교 전략을 시사했다. 그녀는 이 글에서 다음과 같이 주장했다.

"아시아를 이용하는 것은 향후 미국 정책의 최우선순위다. 향후 10년 동안 미국의 주요 임무는 태평양의 패권 국가로서 아시아태평양 지역에 집중적인 투자를 하는 것이다. 또 중미 관계는 미국 건국 이래 가장 큰 노력과 관리를 요하는, 가장 중요한 쌍무 관계이다. 당연히 중미 양국의 이익과 긴밀히 연결돼 있기 때문에 반드시 잘 처리해야 한다."

미국이 글로벌 전략의 중심을 중국 주변으로 이전한 데는 분명한 의도가 있다. 중국을 견제하고 나아가 봉쇄하려는 심산인 것이다. 이렇게 되자 일본, 인도, 오스트레일리아와 남중국해의 각국이 자국 이익을 위해 미국과 통일전선을 형성하기 시작했다. 일부는 미국의 꼬드김에 넘어가기도 했다. 이에 따라 동아시아 각국이 동중국해와 남중국해의 석유 자원을 둘러싸고 피 터지는 쟁탈전을 벌이는 광경이 결코 먼 훗날의 얘기가 아니게 되었다. 조금 극단적으로 말하면 지금 이 순간에도 충분히 발생할 수 있는 일이다. 만약 중국이 어쩔 수 없이 국부적인 전쟁에 휘말려든다면 이는 미국의 올가미에 보기 좋게 걸려드는 것이나 다름없다. 과거 프랑스와 독일이 싸우는 틈을 타서 영국이 어부지리를 얻었던 것처럼 미국에 좋은 일만 해주는 꼴이 되는 것이다.

동아시아 국가들은 이 같은 역사적 숙명을 타파해야 한다. 그러기 위해서는 전통적인 사고방식에서 벗어날 필요가 있다. 유럽 단일 화폐와 유럽 경제 연맹의 성공 경험을 과감하게 받아들여야 한다. 적대 관계를 우호 관계로 전환해 아태 지역의 영원한 평화를 실현해야 한다.

동아시아의 주요 국가인 중국과 일본 그리고 한국은 각자 치명적인 약점을 갖고 있다. 중국의 최대 약점은 경제, 일본의 최대 약점은 정치, 한국의 최대 약점은 군사 분야에 있다. 3개국의 약점은 모두 미국으로 인해 조성된 것이다. 그러나 중국, 일본, 한국이 뭉친다면 각자의 약점 따위는 전혀 문제가 안 된다. 한중일 삼국을 중심으로 아시아 공동 시장을 결성해 유럽과 미국의 지배에서 벗어나는 것. 이것이 모든 아시아 국가들의 소망이 아닐까 싶다.

국가 간 분쟁은 결국 이익 다툼이다. 누구에게도 이득이 되지 않는 제로섬 게임을 하느니 차라리 기존의 이익을 함께 공유하는 편이 낫다. 덩샤오핑은 일찍이 "주권 문제는 토론을 보류하고 공동 발전을 도모하자"는 이념을 제시했다. 이는 아시아 각국의 근본 이익에 부합하는 전략적 원칙이기도 하다. 지금은 이 이념을 구체화하고 행동으로 실천해야 할 때가 아닌가 싶다.

중일 양국 간의 댜오위다오 분쟁과 한일 양국 간의 독도 분쟁은 영유권뿐만 아니라 거대한 지하 석유 자원의 점유권과 관련된 민감한 사안이다. 분쟁 당사자들이 서로 한 치의 양보도 하지 않아 전쟁 발발 직전의 위기 상황까지 치달은 적도 있다. 이런 분쟁 때문에 아태 지역의 평화가 깨지고 각국의 경제가 파경을 맞는 것은 아무도 원치 않는 결과일 것이다. 남중국해에서도 비슷한 분쟁 때문에 위기감이 고조되고 있다.

아시아도 유럽석탄철강공동체 같은 초국가적 공동 발전의 모델을 벤치마킹할 수 있다. 유럽연합과 비슷한 성격의 아시아 경제 공동체를 출범해 아시아 지역에서 분쟁의 소지가 되는 해저 석유 자원을 '석유 공동체' 같은 '초국가적' 기구 아래 통합해야 한다. 더불어 공동 투자, 공동 개발, 이익 공유를 실현함으로써 아시아 지역에서의 모든 전쟁 위협을 제거하는 것도 필요하다. 전쟁은 당연히 물리적으로도 불가능하게 만들어야 한다. 영유권 분쟁 같은 민감한 사안을 근본적으로 해결하면 아시아 각국은 영원한 평화를 누릴 수 있다.

아시아 경제 공동체를 출범할 경우 중국은 미국의 정치·경제·군사 봉쇄에서 가볍게 벗어날 수 있다. 일본은 충분한 석유를 공급받을 수 있다. 또 한국은 중국과 일본에 의해 국방의 안전을 100% 보장받는 것이 가능하다. 아세안과 인도는 아시아 공동 시장이라는 더 큰 시장을 얻을 수 있다. 한마디로 아시아 경제 공동체는 아시아 지역 모든 국가에 큰 이익을 가져다주는 전략적 구상이라 해도 과언이 아니다.

아시아인들은 유독 역사에 민감하다. 사실 역사를 잊지 말라는 것은 과거 속에 묻혀 살라는 얘기가 아니다. 불운한 역사를 되풀이하지 말라는 의미다. 아시아인들은 또 주권에 민감하다. 사실 주권이라 함은 국가가 자국의 운명을 스스로 지배할 수 있는 권력을 의미한다. 아시아인들은 이 밖에 개인의 이익에 유난히 집착한다. 이익 공유를 통해 얻는 이득이 이익 쟁탈을 통해 얻는 것보다 훨씬 더 많은데도 이런 집착에서 벗어나지 못한다.

아시아는 인류 문명의 발상지이다. 아시아인들의 지혜도 유럽인들에게 결코 뒤질 이유가 없다. 아시아는 무자비한 열강에 의해 굴욕과 고난을 당한 침통한 역사를 가지고 있다. 따라서 지금부터는 자신의 운명을 남에게 내주는 일이 절대로 없어야 한다.

아시아가 하나의 공동체로 대동단결한다면 국제적 지위와 독립성이 그 어느 때보다 향상될 것이다. 더불어 미국 및 유럽과 더불어 이른바 삼족정립(三足鼎立)의 절묘한 균형을 이룰 수 있지 않을까 싶다.

## 홍콩은 아시아달러 시장 형성의 '교두보'

아시아 경제 공동체의 최우선 과제는 석유 공동체를 중심으로 아시아 지역의 전쟁 도화선을 완전히 제거하는 것이다. 해저 석유 자원을 매개로 아시아 각국의 이익을 긴밀히 연결해 아시아 경제의 일체화를 실현해야 한다. 아시아 경제 공동체를 출범하려면 높은 위험을 가진 막대한 투자가 필요하다. 그렇다면 이 자금은 어떻게 마련해야 할까?

정답은 아시아달러 시장에 있다.

오늘날 사람들에게 익숙한 유로달러는 처음에는 유럽에 유입되어 어느 나라의 통제도 받지 않았다. 예금 및 대출이 모두 국경을 넘어 자유롭게 이뤄지는 달러 자금을 지칭하는 용어였다. 초기에는 주로 유럽 각국의 대미 무역 흑자와 미국이 유럽 군사 기지에 지출한 달러화 군비(軍費)로 구성되었다. 이 달러는 다년간의 축적을 거쳐 규모가 크게 증가했다. 나중에는 소련과 중동 국가들이 유럽은행에 맡긴 오일달러도 유로달러의 중요한 부분을 구성했다. 더 훗날에는 다른 국가와 지역의 달러까지 대량 유럽에 흘러들면서 미국 이외의 은행, 주로 유럽의 은행에 예금된 달러 자금을 통틀어 유로달러라고 불렀다.

국제 은행가 지그문트 바르부르크는 이 방대한 유휴 자본이 미국 국채를 구입해 소액의 이자 소득을 얻는 것 외에는 다른 투자 경로를 찾지 못한다는 사실을 발견했다. 그래서 가장 먼저 유로달러를 활용하는 아이디어를 내놓았다. 그는 1960년대 초반 '유로달러채'라는 새로운 투자 도구를 개발해 방치되어 있거나 수익성 낮은 유로달러를 유럽의 기업 및 유럽공동체 사업에 투자하기 시작했다. 유로달러채 발행은 유럽이 미국 국채의 저수익 함정에 빠지지 않고 미국 재정 적자의 '희생양'이 되지 않으면서 달러 자산을 이용해 자체적인 힘을 키우게 된 좋은 계기였다는 점에서 매우 중요한 의미를 지닌다.

최근 10년 동안 아시아 지역의 달러 보유액은 세계 1위로 부상했다. 해마다 무역 흑자를 기록하면서 달러화가 홍수처럼 아시아로 밀려들고 있다. 그러나 갈수록 증가하는 달러 보유액은 미국 국채와 그 외 다른 주권 국가들의 저수익 채권을 구매하는 것 말고 더 좋은 투자 경로를 찾지 못하고 있다. 사실 이것은 그다지 어려운 문제가 아니다. 1960년대에 유럽인들이 처음 개발한 '유로달러채' 발행 경험을 참조하면 된다.

아시아달러를 미국과 유럽 금융 시장에만 투자해야 한다는 법은 없다. 또 아시아달러로 저수익 구미 국채만 매입해야 한다는 법도 없다. 아시아 경제의 성장 속도가 유럽이나 미국을 훨씬 초과하면 아시아달러가 아시아 지역에서 더 많은 고수익 투자 기회를 얻을 수 있지 않겠는가?

고수익, 저위험, 국가 신용 등급을 확실히 담보하는 사업이 없는 것도 아니다. 바로 석유 공동체가 이 몇 가지 조건에 완전히 부합한다. 과거 지그문트 바르부르크도 처음에는 유럽석탄철강공동체를 통해 유로달러채를 발행하려 했다. 따라서 아시아의 경우도 아시아 경제 공동체에서 직접 달러채를 발행하면 된다. 그리고 달러채 발행을 통해 확보한 자금을 아시아 지역 해저 석유 자원의 탐사 및 개발에 사용하는 것이다. 이와 같은 비즈니스 모델은 유럽연합도 아직까지 시도해보지 못했다. 아시아 경제 공동체가 발행하는 달러채는 아시아 각국의 외환보유액을 담보로 아시아 각국의 주권 신용과 동등한 신용 등급을 부여받아야 한다. 이 채권은 장래 아시아 다른 국가와 지역의 사업에도 융자를 제공할 것이다. 또 아시아 지역의 방대한 달러화 자산을 활성화함으로써 아시아의 경제 발전을 위해 직접 기여하며 높은 수익을 얻게 될 것이다.

그렇다면 아시아달러채는 어디에서 발행해야 할까? 최적의 장소는 아마도 홍콩일 것이다. 홍콩은 지리적 위치가 매우 좋다. 완벽한 법률 시스템과 충분한 금융 인재를 확보하고 있는 도시이기도 하다. 또 종전 후 60년 동안 국제 금융 시장으로서 풍부한 경험을 축적했다. 그 때문에 '아시아의 런던'으로 일컬어도 전혀 손색이 없다. 그러나 홍콩은 아직까지 세계 금융 중심지로 부상하기 위해 어떤 분야에 중점을 둬야 할지 명확한 목표를 세우지 못한 상태에 있다. 주식 시장, 부동산 금융 시장, 무역 융자 시장 또는 위안화 역외 금융 시장에 중점을 두어야 할지 여부에 대해 홍콩 정부는 아무런 결정도 내리지 못한 채 어찌할 바를 모르고 있다. 단도직입적으로 말하면, 아시아달러 축적의 중심 및 아시아달러채 발행 그리고 거래 센터로 발전하는 게 홍콩이 마땅히 나아가야 할 길이 아닌가 싶다. 현재 아시아 지역의 달러 보유고는 수조 달러에 달한다. 얼마 지나지 않아 10조 달러를 가볍게 넘을 것으로 예측된다. 이렇게 큰 장사를 하지 않고 다른 하찮은 사업에 관심을 가질 필요가 있겠는가.

홍콩의 잠재적 라이벌은 도쿄와 싱가포르가 될 수 있다. 물론 중국이 아시아 경제 공동체 출범을 주도할 경우에는 두말할 필요 없이 홍콩이 최후의 승자가 될 가능성이 높다. 유럽공동체가 서독과 프랑스 주도 아래 탄생했음에도 영국 런던이 파리와 프랑크푸르트를 제치고 유로달러 집산지로 부상한 이유는 다른 데 있지 않다. 런던이 파리나 프랑크푸르트에 비해 금융 규제가 느슨하고 국제화 수준이 높았기 때문이다. 마찬가지로 홍콩, 도쿄, 베이징, 서울, 상하이, 싱가포르 등 아시아의 주요 도시 중에서 국제화 수준이 가장 높고 금융 시장 운영 경험이 가장 많은 도시는 단연 홍콩이라고 할 수 있다.

아시아달러채를 중심으로 위안화, 엔화, 한화로 표시된 다른 채권까지 곁들여 발행·거래한다면 홍콩도 머지않은 장래에 뉴욕이나 런던에 견줄 만한 국제 금융 시장으로 부상할 것으로 전망된다.

중국이 홍콩에 적용한 '일국양제' 체제는 동서고금을 통틀어 유례가 없는 참신한 제도라고 불러도 좋다. 이 제도 덕분에 홍콩은 아시아 지역의 다른 도시들과 차별화된 독특한 매력과 색깔을 갖출 수 있었다. 아시아 각국과도 심리적·지리적으로 적당한 거리를 유지할 수 있었다. 따라서 홍콩에 초국가적 기구인 아시아 경제 공동체 본부를 두는 것은 모두의 뜻에 부합하는 절묘한 구상이라고 하겠다.

# '아시아통화연맹'은
# 아시아통화기금의 전략적 방향

1997년 아시아 외환 위기는 아시아 각국에 경제적으로 큰 고통을 안겨주었다. 아시아 금융 시장에도 치명적인 타격을 입혔다. 아시아 국가의 경제는 대부분 수출 주도형 성장 모델에 의존하고 있다. 따라서 국제 무역 리스크를 피하기 위해서는 환율 시장 안정이 무엇보다 중요하다. 아직 아시아 단일 통화 기금이 출범하지 않은 상황에서는 국제통화기금, 곧 IMF가 아시아 각국의 '최후 구원자' 역할을 담당하고 있다. 그러나 아시아 국가들은 1997~1998년 금융 쓰나미의 공포를 경험한 후 IMF의 본질을 분명하게 파악했다. 유럽과 미국이 주도하는 IMF는 표면상으로만 외환 위기를 겪고 있는 나라에 구제 금융을 제공하는 '구세주'일 뿐 실제로는 불난 틈을 타서 도둑질하는 '강도'에 불과하다는 사실을 분명하게 인식한 것이다.

실패의 교훈을 종합한 다음, 아시아 전역에서는 아시아통화기금(AMF) 출범을 주창하는 목소리가 높아지기 시작했다. 물론 예상했던 대로 이러한 주장은 IMF와 미국 재무부의 완강한 반대에 부딪혔다. 그러나 다행히 선례가 있다. 아랍통화기금과 라틴아메리카기금(FLAR) 역시 갖은 우여곡절 끝에 출범해 활동하고 있기 때문이다. 이런 상황에서 아시아통화기금의 설립은 시간문제일 따름이다. 더불어 2008년 글로벌 금융위기와 2011년 유럽 채무 위기로 인해 아시아통화기금의 필요성은 더욱 화급을 다투고 있다.

아직까지 아시아통화기금은 단순히 환율 안정을 위한 수단으로 논의되고 있을 뿐이다. 유럽환율제도처럼 장구한 계획을 포함하지 않고 있다. AMF가 아시아 각국으로부터 중요하게 인식되지 못하는 이유도 바로 여기에 있다. 요컨대 AMF는 일종의 위기 대처 수단일 뿐 향후 출범할 아시아통화제도의 핵심을 구성하지 못하고 있다. 아시아 공동 시장을 세우려면 아시아 단일 통화 출범은 반드시 필요한 수순이다. 환율 안정은 그중 한 가지 절차에 불과하다.

아시아통화기금 설립이라는 장기적 목표는 다음과 같은 3단계를 통해 실현할 수 있다. 첫 번째 단계는 유럽의 스네이크 체제와 유사한 아시아공동환율제(AERM, Asian Exchange Rate Mechanism)를 출범하는 것이다. 그 주요 목적은 참가국 상호 간에 고정적인 평가를 유지함으로써 역 내 통화 간 환율 안정을 꾀하는 것이다. 이 목적을 달성하려면 아시아 공동 기금을 조성할 필요가 있다. 사실 아시아 외환 위기 발발 이후 아 시아 각국은 2000년 5월 열린 'ASEAN+3 재무장관 회의'에서 역내 외환 위기 재발 방지를 위해 '치앙마이 이니셔티브(CMI)' 기금을 조성 하기로 결정했다. 이때 합의한 CMI 기금의 규모는 총 1,200억 달러였 다. 분담금은 중국 32%, 일본 32%, 한국 16%, 아세안 20%였다. 아세 안 각국의 출자금 액수는 서로 달랐다. 인도네시아·말레이시아·태국 및 싱가포르가 각각 47억 7,000만 달러, 필리핀이 26억 4,000만 달러 를 출자하기로 했다. 또 위기가 발생할 때 '아세안 빅 5' 국가의 분담 금 대비 인출 배수를 2.5배로 정했다. 그러나 2008년 금융위기가 발 발해 아세안 지역의 일부 국가에서 유동성 위기가 발생했을 때 이 계 획은 제대로 실시되지 못했다. 역내에 독립적인 모니터링을 할 수 있 는 실체가 없었기 때문이다.

2011년 발발한 유럽 채무 위기는 향후 몇 년에 걸쳐 다시금 아시아 금융 시스템에 큰 충격을 줄 가능성이 크다. 따라서 아시아 환율 제도의 구축이 그야말로 시급하다. 물론 이 제도의 진척 속도는 아시아 각국의 정치적 태도에 달려 있다. 만약 아시아 공동체 설립과 관련해 각국이 전략적 측면에서 의견 일치를 볼 수 있다면 향후 5년 안에 출범할 가능성도 있다.

이 제도의 핵심은 각 가입국의 환율 변동을 제한된 범위 내에서만 허용함으로써 역내의 환율 안정을 꾀하는 것이다. 역내 환율이 안정되어야 국제 무역의 성장을 추진할 수 있고 최종적으로 아시아 공동 시장 출범의 토대를 마련할 수 있기 때문이다. 요컨대 이 제도는 각국 통화 상호 간 환율의 변동 폭을 일정 범위 이내로 제한하는 것이다. 가입국의 환율이 변동 허용 폭을 넘을 위험이 있을 경우 양국의 통화 당국이 즉각 외환 시장에 개입해 자국의 외환보유고로 환율을 안정시키는 개념이라고 보면 된다. 그래도 환율이 안정되지 않으면 AMF에 구제 금융을 요청할 수 있다. AMF에서 자금을 지원받은 국가는 위기를 벗어난 다음 이 자금을 상환해야 할 의무가 있다.

AMF의 두 번째 단계는 아시아통화제도(AMS, Asian Monetary System)를 설립하는 것이라고 할 수 있다. 이 제도는 아시아 공동체와 아시아 공동 시장이 이미 구축되었다는 전제 아래 추진해야 한다. 아시아 각국이 관세, 보조금, 농업, 자본 및 인적 자원의 자유 이동에 대해 공통된 인식을 가진 다음 아시아단일통화(ACU, Asian Currency Unit)를 도입해 역내 결제통화로 사용하면 된다. ACU는 바스켓 통화 방식으로 참가국의 국내총생산과 무역액 등을 반영해 가중치를 결정한다. 각 회원국 화폐의 바스켓 구성 비율은 각국의 경제적 지위 변화에 근거해 5년마다 조정한다.

ACU 도입 후에는 각국 통화 상호 간 환율의 변동 폭을 제한하던 방법을 지양해야 한다. 대신 각 회원국 통화와 ACU 사이에 ACU 중심 환율을 결정한 다음 여기에 기초해 각국 통화 환율의 변동 폭을 제한하는 방식을 쓰면 된다. 이렇게 하면 외환보유고가 많은 대국이 더 큰 책임을 부담하게 된다. 자연스럽게 더 많은 국가의 참여를 유도할 수 있다.

ACU는 아시아 각국의 화폐 가치를 반영하는 역사적 중임을 충분히 맡을 수 있다. 또 향후 야위안(亞元)의 출범 토대로도 작용할 수 있다.

AMF의 세 번째 단계이자 가장 중요한 단계는 아시아 각국 통화와 ACU 간 환율을 고정하는 것이다. 이를 위해서는 우선 일정한 준비 기간을 거칠 필요가 있다. 이어 정치·경제적 여건을 마련한 다음 ACU를 야위안의 본원 통화로 삼는다. 마지막으로, 조건이 성숙된 국가에서 먼저 자국 통화와 야위안의 태환을 허용한다. 이렇게 되면 AMF는 아시아중앙은행으로 자연스럽게 탈바꿈할 수 있다.

AMF는 처음부터 야위안을 도입하고 아시아중앙은행을 설립하는 등 목표를 길고 크게 설정해야 한다. 단순히 외환 위기 구제 기금 또는 IMF의 보조 기구 역할만 감당하려고 해서는 절대로 안 된다. AMF는 또 아시아의 정치·경제적 통합을 추진하는 주체가 되어야 한다. 피동적으로 타의에 의해 끌려 다니는 기구가 되어서는 결코 안 된다. 그러기 위해 AMF는 각국 정부, 중앙은행, 재무부, 연구 기관, 학술 조직, 언론 매체 및 대중들과 효율적으로 소통하는 기구가 되어야 한다. 이러한 소통은 적극적일수록 좋다.

이 밖에 야위안 출범과 관련해 유로화의 경험에서 얻을 수 있는 교훈을 적극 참조해야 한다. 조금 늦어지는 한이 있더라도 절대 서두르지 말아야 한다. 먼저 한중일 3국간의 환율 안정 메커니즘을 구축하는 방안을 검토해 볼 수 있다. 중국과 일본의 외환보유고는 막상막하라고 할 수 있다. 한국의 외환보유고도 절대로 적지 않다. 따라서 이 3개국이 환율 연맹을 결성하면 이해득실 때문에 서로 다툴 일이 없다. 과거 유럽환율제도가 출범할 당시 서독은 자국보다 외환보유고가 적은 프랑스와 다른 국가들 때문에 손해를 볼까 봐 노심초사했다. 그러나 아시아에서는 독일의 전철을 밟지 말아야 한다. 사실 유럽환율제도가 발의에서 출범까지 상당히 오랜 시간이 소요된 것은 따지고 보면 독일의 의심과 우려 그리고 끝없는 논쟁 때문이었다. 쓸데없이 귀중한 시간을 낭비한 탓이었다. 그러나 한중일 3국 사이에 일단 아시아 환율 동맹 설립과 관련한 정치적 공감대가 형성된다면 문제는 복잡하지 않게 풀릴 것이다. 구체적인 절차 면에서도 유럽의 경험을 참조할 수 있기 때문에 유럽보다 시간을 훨씬 단축할 수 있을 것이다.

한중일 3국 화폐 동맹은 일정 기간 안정적으로 운영한 다음 점차 아세안 10개국 및 기타 아시아 국가들을 끌어들여 범위를 확장할 수 있다. 이들 국가는 모두 두 가지 이득이 있기 때문에 아시아 화폐 동맹에 가입하려 할 것이다. 우선 자국에 외환 위기가 닥쳤을 때 아시아환율제도의 지원을 받을 수 있다. 또 아시아 공동 시장이라는 더 큰 시장에 진출할 수도 있다. 따라서 적절한 시기에 가입 문턱을 적절히 높이는 방법도 괜찮다.

아마 가장 어려운 시기는 환율 동맹을 가동하는 초기가 아닐까 싶다. 예상되는 어려움은 구체적인 운영 문제 때문도 아니고 한중일 3국 간 정치적 마찰 때문도 아닐 것이다. 아마도 미국의 거대한 압력이 가장 큰 문제일 것이다. 따라서 아시아 각국이 아시아의 운명을 스스로 장악하기 위해 이 압력을 꿋꿋이 버텨내느냐 마느냐가 아시아통화연맹의 성패를 가르는 관건이 될 것이다.

## 위안화냐 야위안이냐, 그것이 문제로다

위안화의 글로벌화를 추진하는 것과 야위안의 출범을 추진하는 것 중에서 어떤 것이 중국에 더 이득이 될까? 이는 많은 사람이 관심을 기울이고 있는 문제이기도 하다.

역사적으로 보면, 파운드화와 달러화는 모두 세계 중심 통화 역할을 담당한 적이 있다. 그러나 마르크화와 엔화는 가장 강세를 나타내던 시기에도 국제 준비통화에서 차지하는 비중이 10%를 넘지 못했다. 이는 독일과 일본의 수출 주도형 경제 성장 모델의 특성상 운명적으로 정해진 것이기도 했다.

독일과 일본은 자국 시장의 제약 때문에 싫든 좋든 세계 시장에 의존할 수밖에 없다. 외국에 제품을 수출하면 당연히 외국 화폐가 국내로 유입된다. 반대로 한 국가가 자국 통화를 국제 결제통화 및 준비통화로 만들려면 상품 대신 화폐를 수출하는 길밖에 없다. 주로 무역 적자와 해외 투자 방식으로 화폐를 수출할 수 있다. 독일과 일본이 만약 무역 적자 국가였다면 이들이 대량의 마르크화와 엔화를 해외에 수출한 대가로 외국산 제품이 이들 국가에 홍수처럼 밀려들 것이다. 가뜩이나 작은 시장에 외국산 제품이 범람하면 이들 국가의 산업 능력은 완전히 붕괴할 것이다. 더 나아가 경제 강국이라는 타이틀도 계속 유지하기 어려울 것이다. 일본은 1980년대부터 엔화의 국제화를 추진했다. 이후 해외 투자와 대출을 적극 격려했다. 그러나 30년이 지난 지금까지 이렇다 할 수확을 거두지 못한 상태다. 단도직입적으로 말해 엔화는 해외 시장에서 경쟁력을 확보하기 어렵다. 사람들이 엔화를 보유하는 이유는 향후 일본 시장에서 상품을 구매하기 위한 것 이상도 이하도 아니다. 따라서 일본이 해외 진출에만 주력하고 국내 시장 규모 확장에 신경 쓰지 않는다면 엔화의 메리트는 오히려 떨어질 것이다.

요컨대 경제 규모는 크지만 내수 시장이 작은 국가의 화폐는 국제 통화로 부상할 수 없다. 방대한 내수 시장을 확보한 국가의 화폐만이 국제 통화로 부상할 수 있다.

영국은 전성기일 때 세계 5분의 1의 영토와 4분의 1의 인구를 보유하면서 파운드화를 전 세계로 수출했다. 당시 영국의 무역 적자는 절대 규모 면에서 엄청났지만 경제 총량 대비 비중은 그다지 크지 않았다. 미국도 1930년대에 GDP 대비 무역의 비중이 3~5%밖에 되지 않았다. 또 국내 시장 규모가 엄청난 덕분에 환율 변동에도 민감하게 반응하지 않았다. 자국의 화폐를 수출하려면 우선 밑천이 두둑해야 한다. 재산이 넉넉한 국가는 화폐 수출에 따르는 압력과 리스크를 감수할 수 있기 때문에 그만큼 큰 수익을 얻을 수 있다.

이제 중국을 살펴보자. 중국의 국내 소비는 GDP의 3분의 1에 불과하다. 해외 시장에 대한 의존도도 대단히 높다. 이와 같은 외향성 경제 구조와 아직까지 크다고 할 수 없는 내수 시장 규모는 중국이 경제 성장 모델을 성공적으로 전환하기 전까지 위안화의 국제화로 실질적인 성과를 거둘 수 없다는 것을 시사한다. 기껏해야 과거의 마르크화와 엔화처럼 국제적인 위상만 약간 올라갈 수 있을 뿐 중국에 현실적인 이익을 가져다주지 못할 것이라는 얘기다.

중국 경제의 고속 성장은 석유와 원자재 수입, 대미 및 대유럽 수출에 힘입은 바 크다. 따라서 중국 경제의 성장 토대는 대단히 취약하다고 말해도 과언이 아니다. 만약 유럽과 미국의 채무 주도형 경제 성장 모델이 지속되지 못하거나 국부적인 전쟁으로 인해 석유와 원자재 공급이 중단된다면 중국 경제는 고속 성장을 계속하기 어렵다. 또 위안화와 달러화의 연결 고리를 끊어버리지 않는 한 '위안화의 글로벌화'는 궁극적으로 위안화의 '탈'을 쓴 달러화의 재수출에 불과하다. 경제적 토대가 취약하고 국내 시장 규모도 상대적으로 작은 상황에서 글로벌화를 추진한들 위안화를 진정한 강세 화폐로 만드는 것은 쉽지 않은 일이다. 위안화 가치가 상승하면 가장 기뻐하는 것은 당연히 투기꾼들이다. 그러나 위안화를 평가 절상한다고 해서 세계 각국의 위안화에 대한 신뢰가 높아지는 것은 아니다.

중국이 위안화의 글로벌화에 박차를 가할수록 미국은 중국을 향한 경계심과 공격성을 강화할 가능성이 크다. 또 유로존 국가들은 중국의 불행을 즐기는 태도를 보일 개연성이 농후하다. 어쩌면 이들은 위안화가 미국의 공격 대상이 되는 것을 원하고 있는지도 모른다. 아시아 국가들도 예외는 아니다. 중국이 혹시라도 '위안화의 신질서'를 구축하지나 않을까 눈에 불을 켜고 중국의 움직임을 예의 주시하고 있다.

위안화는 따라서 충분한 실력을 갖춘 상태에서 행동을 개시해야 한다. 그렇지 못한 상황에서 서둘러 앞서 나가려 하면 오히려 고립무원의 처지를 자초할 것이다. 이 경우 동맹국도 없는 상황에서 화폐 패권 국가들의 봉쇄와 포위망에 빠져들지 말라는 법은 없다. 아마도 쉽게 빠져 들어갈 가능성이 더 크다.

요컨대 중국이 경제 성장 모델을 성공적으로 전환하기 전에 위안화의 글로벌화를 추진하는 것은 이른바 '급진주의 전략'이라고 할 수 있다.

이에 반해 중국 주도 아래 야위안의 출범을 추진하는 것은 표면적으로는 급진적으로 보여도 실제로는 매우 보수적인 전략이다.

유럽과 미국 경제가 장기 불황기에 접어들고 중국이 어쩔 수 없이 경제 모델을 전환할 경우 중국은 더 이상 국내 저축을 미국에 수출할 수 없게 된다. 실용주의를 우선하는 미국 입장에서 중국은 이용 가치가 완전히 없어지게 되는 것이다. 솔직히 지난 10년 동안 미국이 중국 경제의 급성장을 용인한 것은 '중국 생산 및 미국 소비', '중국 저축 및 미국 차입'의 공생관계가 가능했기 때문이다. 그러나 일단 양국이 함께 추구할 만한 이익이 없어지면 상황은 완전히 달라진다. 경제적 이득을 목적으로 구축했던 중미 간의 정략적 혼인 관계 역시 파경으로 치달을 수밖에 없다.

미국의 새로운 '태평양 시대' 전략은 아무래도 중국을 겨냥한 것임에 틀림없어 보인다. 비록 직접 지목하지는 않았으되 중국을 전략적 라이벌로 확정한 것이 분명하다. 최근 아시아 지역에서 새롭게 격화되고 있는 영해 분쟁도 미국이 기선을 제압하기 위해 의도적으로 획책한 것이 아니라고 하기 어렵다. 미국이 아시아 국가들을 부추겨 자기편끼리 싸우게 해놓고 느긋하게 앉아 최저 비용으로 최대 수익을 얻으려 한다는 얘기다. 미국은 각론의 전략에서도 중국을 겨냥하고 있다. 우선 은연중에 중국의 석유 수입, 해상 통로와 수출 시장을 단단히 통제하는 행보를 취하고 있다. 그러면서 아시아 각국이 중국과 이익 다툼을 벌이도록 선동하는 것도 잊지 않는다. 한마디로 중국을 싸우기도 어렵고 화해하기도 어려운 진퇴양난의 상황으로 몰아넣고 있는 것이다. 미국이 전개할 향후 전략도 그다지 좋지 않다. 최소 10년 동안은 경제의 장기 침체에 따른 자신감 추락으로 인해 예전보다 훨씬 더 예민하고 공격적으로 중국을 대할 가능성이 높다.

중미 양국 간의 첨예하고 복잡한 대립이 예상되는 상황에서 그렇다면 중국은 어떻게 해야 할까? 중국의 급선무는 '적'을 줄이고 '아군'을 더 많이 만드는 것이다. 아시아의 잠재적 라이벌 국가들을 '내 편'으로 만들어 통일전선을 형성하면 미국의 봉쇄를 효과적으로 돌파할 수 있다. 이 점에서 중국이 야위안 출범을 추진하는 것은 화폐 전략일 뿐만 아니라 일종의 정치 및 군사 전략이기도 하다.

중국은 한국과 일본 및 아세안 10개국과 연합해 '석유 공동체'를 시작으로 아시아통화연맹과 아시아 공동 시장 구축을 목표로 삼아야 한다. 아시아 지역에서 경쟁 대신 협력, 이익 충돌 대신 이익 공유를 실현하도록 노력해야 한다. 아시아 공동 시장은 아시아단일통화를 필요로 하고 아시아단일통화는 아시아 공동 시장의 규모 확대에 기여할 것이다. 일본의 기술, 중국의 생산, 한국의 혁신 및 아세안의 자원 우위 등이 하나로 뭉쳐 거대한 공동 시장을 형성하면 야위안도 세계 3대 중심 화폐 중 하나로 부상할 가능성이 높다.

솔직히 말해, 미국이 위안화를 공격하는 것은 어렵지 않다. 중국하고만 겨루면 되니까 말이다. 그러나 야위안을 공격하려면 비용 대비 수익 등 여러 가지 사항을 고려하지 않을 수 없다. 자칫하면 아시아의 모든 국가와 원수가 될 수 있기 때문이다. 아시아 공동체와 야위안은 아시아 각국에 더욱 큰 발전 공간을 제공하고 더욱 큰 자주권을 부여할 수 있다. 더불어 중국의 든든한 방패막이가 될 수도 있다. 정치적 효과를 보면, 중국은 아시아 전체를 근거지로 더욱 강력해질 수 있다. 경제적 효과도 예사롭지 않다. 중국은 아시아 공동 시장이라는 더 큰 공간에서 경제 성장 모델을 전환할 수 있다. 군사적 효과도 언급하지 않을 수 없다. 아시아의 모든 국가가 중국의 '적'이 아닌 '아군'이기 때문에 미국도 중국을 함부로 대하지 못할 것이라는 얘기다.

'야위안 전략'은 중국이 스스로를 보호하는 데 가장 적합한 수단이다. 따라서 시간이 얼마나 오래 걸리든, 또 그 과정에서 얼마나 많은 우여곡절을 겪든 반드시 이 전략을 견지해야 한다. 이에 반해 '위안화의 글로벌화' 전략은 단기적으로 긍정적인 효과보다 심각한 부작용을 초래할 수 있다. 물론 급진적인 전략과 보수적인 전략을 병행해도 별 문제가 없다. 다시 말해, 위안화의 글로벌화를 안정적으로 추진하면서 야위안의 출범을 가속화해도 좋다는 뜻이다.

독일은 자국 통화를 포기한 대가로 더 강대한 유로화를 지배할 수 있었다. 또 자국 시장을 보호하지 않고 과감하게 포기함으로써 국내 시장보다 훨씬 넓은 유럽 공동 시장을 확보할 수 있었다. 버리는 것이 없으면 얻는 것도 없다. 작은 이익을 버리지 않으면 큰 이익을 얻지 못한다. 중국은 어떤 이익을 어떤 방법으로 얻을지 독일에서 배울 필요가 있다.


## 달러, 유로, 야위안의 전국시대

주권 통화는 세계 기축통화의 중임을 영원히 맡기에는 자격이 부족하다. 달러화도 예외는 아니다. 주권 국가의 채무를 핵심 자산으로 삼아 구축한 국제 통화 시스템은 주권 국가의 재정 세수 시스템이 붕괴하면 따라서 붕괴하게 마련이다. 이 이치를 증명하는 역사적 사례는 대단히 많다. 따라서 달러화 기축통화 체제의 붕괴도 필연적인 결과라고 할 수 있다.

그렇다면 달러화 체제 붕괴 이후 유로화, 위안화, 엔화 등 다양한 통화 중에서 어떤 것이 새로운 세계 기축통화가 될까? 분명한 것은 주권 국가의 통화는 더 이상 세계 기축통화가 될 수 없다는 사실이다. 달러화 체제 붕괴와 더불어 주권 통화가 세계 기축통화 배역을 담당한 역사도 종지부를 찍게 될 것이라는 얘기다.

물론 이 경우 어느 정도의 혼란은 불가피하다. 무엇보다 달러화 체제의 붕괴를 앞둔 몇 십 년 사이 전 세계에 화폐 위기가 반복적으로 나타날 수 있다. 세계 경제도 심하게 흔들릴 것이다. 유로화를 시작으로 아시아, 중동, 아프리카, 남미주 등에서 지역 단일 화폐 출범 역시 가속화될 가능성이 크다. 달러화는 더욱 치명적인 위협에 시달릴 수밖에 없다.

당연히 미국이 달러화 제국의 몰락을 수수방관할 까닭이 없다. 역사상 '마지막 황제'들이 정권을 빼앗기지 않기 위해 최후의 발악을 한 것처럼 미국도 가능한 모든 정치, 경제, 군사 수단을 동원해 '화폐 반란'을 진압하려 할 것이다. 어쩌면 미국의 무자비한 진압이 잠깐이나마 효과를 볼 수 있을지도 모른다. 그러나 짧은 고요함 뒤에는 언제나 더 큰 폭풍우가 도사리고 있는 법이다. 미국의 진압에 대항해 화폐 반란의 규모도 점점 더 커질 것이다. 또 달러화 제국이 힘을 잃고 무너질 때까지 반란은 그치지 않을 가능성이 크다. 이때쯤이면 달러화 제국 내부에서 주권 통화파와 세계 단일 화폐파 간의 모순이 점차 치열해질 것이다. 최종적으로 정치의 저울추는 아마도 후자 쪽으로 기울지 않을까 싶다.

미국은 사실 달러화가 기축통화 위치에서 '하야'하는 최악의 상황에 대비하고 있다. '비장의 카드'를 이미 준비해 놓고 있는 것이다. IMF의 특별인출권, 곧 SDR로 달러화의 기축통화 지위를 대체하는 것이 바로 이 비장의 카드다. 달러화가 최악의 위기에 몰린 1970년대 말 SDR를 중심으로 국제 통화 시스템을 개편하자는 목소리가 높았던 적이 있었다. 다행히 이때 폴 볼커 FRB 의장이 과단성 있는 조치로 궁지에 몰린 달러화를 기사회생시켰다. 안 그랬다면 아마 세계 통화 판도는 지금과 완전히 다른 모습으로 바뀌었을 것이다.

SDR는 유럽통화단위, 곧 ECU와 마찬가지로 바스켓 통화로 구성된 화폐 교환 단위다. 각국 화폐와 SDR 간의 환율만 고정한다면 SDR로 각국의 주권 통화를 대체하는 과정은 유로로 유럽 각국의 화폐를 대체하는 것처럼 간단하면서도 쉬울 것이다. 미국이 여전히 IMF를 장악하고 있는 한 달러화나 SDR나 모두 미국이 천하를 호령하기 위해 사용하는 수단이라는 점에서 본질적인 차이는 없다. 오히려 달러화를 포기하는 대가로 달러화보다 더 강력한 SDR를 가질 수 있어 미국 입장에서는 이득이 될 수 있다. 물론 미국이 이 권력을 혼자 독점할 수는 없다. 유럽이 유로를 포기하고 SDR를 선택한 것에 대한 보상으로 권력을 나눠줘야 할 테니 말이다. 이는 미국의 독주 체제에 길들여진 주권 화폐파가 용인할 수 없는 일이다.

현재 SDR의 최대 결점은 통화 바스켓에 위안화가 포함되어 있지 않다는 사실이다. 중국의 경제 규모와 저력을 감안할 때 위안화의 SDR 편입 문제는 대단히 중요한 사안일 수밖에 없다. 만약의 경우 중국이 자체적으로 위안화 중심의 새로운 통화 시스템을 구축하려 하면 문제가 매우 복잡해지기 때문이다. 위안화가 SDR에 가입하려면 반드시 완전 자유 태환을 실현해야 한다. 아마도 머지않아 미국과 유럽은 위안화의 SDR 편입을 촉구하기 위해 위안화 자유 태환의 여러 가지 좋은 점을 중국에 강력하게 선전할 것이다.

그렇다면 위안화의 SDR 편입이 중국에 어떤 이득을 가져다줄 수 있을까? 유럽과 미국의 계획에 따르면, 향후 IMF가 세계 중앙은행이 될 가능성이 높다. 또 SDR는 세계 각국의 주권 통화를 대체해 세계 단일 화폐가 될 것으로 보인다. 이렇게 되면 미국과 유럽은 자연히 IMF의 대주주가 된다. 중국을 비롯한 다른 국가들은 소주주가 될 수밖에 없다. 한마디로 중국은 화폐 발행권을 빼앗길 뿐 얻을 것이 별로 없다. 게다가 중국의 운명을 유럽과 미국이 장악하게 된다.

한마디로 미국과 유럽은 달러화와 유로화를 버리는 대가로 더 큰 지배권을 얻을 수 있다. 버리는 것보다 얻는 것이 더 많다. 그러나 중국을 비롯한 다른 국가들은 버리는 대가로 얻는 게 아무것도 없다.

"피하지 못하면 즐겨라"는 말이 있다. 세계 단일 화폐의 출범이 거역할 수 없는 시대의 흐름이라면 중국은 수동적으로 이 흐름에 묻어가지 말아야 한다. 요컨대 흐름의 주도권을 장악하기 위해 노력해야 한다.

위안화는 주권 통화인 까닭에 달러화를 대체해 세계 기축통화가 될 수 없다. 설령 기축통화가 된다 한들 다른 국가들의 인정을 받지 못한다. 또 위안화 혼자만의 힘으로는 달러화와 유로화에 대항하기 어렵다. 그 때문이라도 중국은 아시아 국가들과 단결해 야위안을 출범시켜야만 한다. 그래야 달러 및 유로와 정립 국면을 형성할 수 있다. 야위안이 없으면 아시아 각국의 화폐는 미국이 주도하는 IMF에 의해 각개 격파될 게 틀림없다. 그러나 야위안을 출범시켜 남미, 아프리카, 중동 등 지역의 화폐 연맹과 함께 언제든지 출동 태세를 갖춘다면 달러 및 유로와의 싸움에서 이길 승산이 높아진다.

만약 세계 단일 화폐가 출범하는 날이 정말로 온다면 아시아는 최소한 세계 통화 패권의 3분의 1을 장악해야 한다. 미국이나 유럽과 똑같은 지분과 권력을 가지고 '화폐 천하'를 함께 다스려야 한다.

이렇게 하기 위해서는 세계화폐의 현주소를 정확히 파악해야 한다. 여기서 위안화와 중국, 더 나아가 아시아의 운명이 결정될 것이다.

강자는 언제나 자신의 운명을 스스로 지배한다는 사실을 잊지 말아야 한다.

초겨울. 드디어 원고를 마무리했다. 긴 대장정을 마치고 나니 오만가
지 상념이 머릿속을 떠돈다. 샹산(香山)의 밤은 길고도 고요하다. 눈을
감으니 역사의 단편들이 기억 속을 배회한다. 불쑥불쑥 튀어나오는 영
감이 휴식을 원하는 뇌세포를 찌릿찌릿 자극하고 있다. 머릿속에서 격
정적인 어휘들이 서로 쫓고 부딪치고 밀어내다가 마지막에는 통제를
잃은 의식 속에 모여 끈적끈적한 표현 욕구로 승화된다. 상반된 논리
를 주장하는 양측은 치열한 찬반 논쟁을 벌인다. 아침 햇살이 두꺼운
커튼을 뚫고 방 안에 들어올 때쯤에야 기진맥진한 뇌세포들은 서서히
안정을 찾기 시작한다. 장장 반년 동안 이어온 철야 작업을 마치려니
마치 정신이 무중력 상태에 빠져든 것 같다. 홀가분함보다는 말 못할
아쉬움이랄까, 아픔이 더 큰 것 같다.

　스티브 잡스는 이런 말을 했다.

　"매일 매일을 당신의 마지막 날처럼 사세요. 매일 아침 거울을 보면
서 자기 자신에게 '오늘이 내 생애 마지막 날이라면 내가 오늘 하고자

하는 일을 하길 원하는가?'라고 자문하세요. 그리고 매일 이 물음에 '예'라고 대답하게 된다면 그 일은 바로 당신이 태어나면서부터 부여받은 사명인 것입니다."

필자는 어릴 때 부모님과 선생님들로부터 승부욕 없는 아이라는 말을 많이 들었다. 그러나 필자는 이런 평가에 전혀 개의치 않았다. 그리고 어른이 된 다음 승부욕과 자강(自强)은 서로 완전히 다른 개념이라는 것을 알았다. 승부욕이 강한 사람은 다른 사람의 평가에 연연한다. 그러나 자강하는 사람은 자체 평가만 중요하게 생각한다. 승부욕이 강한 사람은 표면적으로는 자신감이 넘치는 것처럼 보이지만 실제로는 열등감에 절어 있다. 그 이유는 이들의 내면에 자신만의 가치 체계가 잡혀 있지 않기 때문이다. 요컨대 외부의 평가 기준에 의존할 수밖에 없기 때문이다. 이에 반해 자강하는 사람은 타인의 평가 따위에 전혀 개의치 않는다. 이들은 자기만의 고유한 가치관과 주관을 갖고 있다. 그래서 사회가 자신의 가치를 높이 평가할 때에는 마치 살얼음판을 걷듯 언행을 조심한다. 또한 자신의 가치가 제대로 평가받지 못할 때에도 태연하고 여유 있게 현실을 그대로 받아들일 줄 안다.

"하고자 하는 일은 끝까지 견지하라. 타인의 조롱과 비웃음에 개의치 말고 유언비어에 휘둘리지 말라. 만용을 부리지 말고 눈앞의 이익을 탐하지 말라. 어영부영하는 사람, 무골호인이 되지 말라."

이것이 필자의 신념이다. 필자는 이 신념 때문에 샹산에 있는 동안 더 굳건해질 수 있었다.

필자는 본인의 연구와 창작이 사회를 위해 일종의 가치를 창조하는 활동이라고 확신한다. 사람의 가치는 사회를 위해 얼마나 많은 기여를 했는지에 따라 결정되는 것이지 얼마나 많은 것을 갖고 있는지에 의해 결정되지 않는다.

이 책의 탄생은 많은 벗들의 관심과 도움을 빼놓고 논할 수 없다. 이들이 없었다면 필자는 어쩌면 아무것도 이루지 못했을 것이다.

우선 이 책을 출판하기까지 잡다하고 번거로운 준비 작업을 도맡아 해준 정잉옌(鄭鶯燕) 씨에게 감사를 표한다. 그녀와 출판사 측의 효율적인 소통이 없었다면 아마 필자는 자질구레한 업무에 얽매어 연구와 창작에 몰두하지 못했을 것이다. 정잉옌 씨는 출판사의 편집 담당자와 함께 100개가 넘는 표지 디자인 초안 가운데에서 저자의 개성에 가장 부합하는 컬러와 도안을 찾아냈다. 그녀가 선택한 표지 디자인은 중국 국내의 여느 경제 도서들이 선호하는 것처럼 화려하거나 복잡하지 않고 클래식하면서도 대범한 것이 특징이다. 또 표지 글을 가급적 줄여 간결함과 우아함을 강조했다. 정잉옌 씨는 이 책의 디자인, 종이 질감, 가격 책정, 홍보, 스케줄 안배 등 디테일한 문제와 관련해 출판사 측과 수개월 동안 끈질긴 협상을 이어왔다. 이 책의 성공적인 출판을 위해 피나는 노력을 한 것이다. 창장문예출판사 관계자도 정잉옌 씨가 만약 출판 전문직에 종사한다면 큰 도움이 될 것이라고 극찬했을 정도다.

다음으로, 필자를 적극 지지하고 격려해 주신 창장문예출판사 진(金) 사장님과 리(黎) 사장님께도 큰 고마움을 표한다. 이분들의 열정적이고 세심한 배려는 필자가 힘든 과정을 헤쳐 나가는 데 큰 도움이 되었다. 출판사의 랑스밍(郎世溟) 선생은 필자가 지금까지 만나본 이들 중에서 가장 프로다운 편집자였다. 이분과 정잉옌 두 사람의 환상적인 협력 덕분에 필자는 자질구레한 일에서 완전히 해방되어 집필에만 전

넘할 수 있었다. 출판업은 서비스 업종이다. 그런 면에서 창장문예출판사는 필자에게 거의 완벽에 가까운 양질의 서비스를 제공했다.

전문 분야에서는 수많은 박학다식한 선생님과 선배님들이 많은 가르침을 베풀었다.

어느 금융 세미나에서 필자는 왕융리(王永利) 중국은행 부총재의 "(달러화) 실질 자금은 영원히 미국 은행 시스템 밖으로 흘러나가지 않는다"라는 요지의 연설을 들었다. 이때 정말 중요한 것을 배웠다. 이후 사석에서 왕융리 선생은 필자에게 달러화 가상 자금의 미국 밖에서의 유통과 결제 과정에 대해 자세히 설명해 주셨다. 필자는 또 왕융리 선생의 논문도 반복해서 읽었다. 이후 필자는 프랑스의 유명한 경제학자 자크 뤼프의 《서방 화폐의 원죄》라는 책을 읽었다. 그런 다음에야 왕융리 선생의 관점이 자크 뤼프의 주장을 현대판으로 해석한 것이라는 사실을 알 수 있었다. 이러한 관점은 이 책 제1장에 등장한다.

사회과학원 세계경제연구소의 장위옌(張宇燕) 선생은 필자가 오래전부터 주목한 학자 중 한 분이다. 이분의 화폐 유통 영역, 은화의 유통이 유럽의 부흥에 끼친 영향, 중국 고대 정권의 흥망과 화폐의 관계, 위안화의 글로벌화 등에 관한 독창적인 관점은 필자에게 많은 가르침을 주었다. 이 책의 내용에도 중요한 영향을 끼친 것은 물론이다.

국무원 발전연구센터의 샤빈(夏斌) 선생도 필자가 매우 존경하는 분이다. 다른 사람들이 집에서 명절을 즐기는 섣달 그믐날 밤, 필자와 샤빈 선생은 어느 한산한 카페에서 그분의 저서 《중국의 금융 전략 2020년》을 놓고 마음껏 이야기를 나눴다. 샤빈 선생의 예리한 안목과 깊이 있는 분석은 필자의 감탄을 자아내기에 충분했다. 샤빈 선생의 관점은 필자가 중국의 미래 금융 전략 구상을 정리하는 데 큰 도움이 되었다.

필자는 사회과학원 위융딩(余永定) 선생의 글은 한 편도 빼놓지 않고 읽는다. 아시아 경제 통화 협력과 관련한 추진 사업에 10년 넘게 몸담은 분이다. 그분이 최근 주최한 세미나에서 필자는 '야위안'에 대한 구상을 제기했다. 그랬더니 야위안의 출범이 말처럼 쉬운 일은 아니라면서 고개를 저었다. 야위안과 관련해 의견이 엇갈려 아쉽긴 했지만 이 일 덕분에 필자는 야위안의 당면한 곤경에 대해 더 큰 흥미를 갖게 되었다.

나에게 가장 고맙고 미안한 사람은 멀리 외국에 있는 아내와 딸이다. 내 성과는 가족의 무한한 희생을 대가로 얻은 것이다. 내가 그들에게 해줄 수 있는 것은 내가 받은 것에 비하면 그야말로 아무것도 아니다. 딸 진진(津津)은 예전에는 중국어를 한 글자도 몰랐다. 그러나 아빠의 책을 직접 읽겠다는 일념으로 열심히 공부했다. 그 결과 지금은 매일 나에게 중국어 메일을 보낼 수 있을 정도로 실력이 늘었다. 딸의 노력이 눈물겹게 고마울 뿐이다. 아빠는 딸의 영원한 우상이다. 딸을 실망시키지 않기 위해서라도 항상 노력하고 정진할 것을 다짐해 본다.

옮긴이가 작가 쑹훙빙의 《화폐전쟁 1》을 처음 접한 것은 6년여 전이었다. 나름 감이라는 것이 있었던 모양인지 느낌이 상당히 괜찮았다. 시장에서의 평가가 대단할 것이라는 생각도 들었다. 아니나 다를까 출판하자마자 베스트셀러 조짐이 보였다. 당시만 해도 무명이었던 쑹훙빙은 이 책 하나로 일거에 주목받는 작가가 됐다. 40대 중반 시절까지 소설을 비롯해 온갖 종류의 책을 쓰고 번역한 탓에 그래도 자칭타칭 무명소졸의 작가 및 번역가로 불린 옮긴이와는 시쳇말로 완전히 '노는 물'이 달라졌다.

당시 옮긴이는 언론사 베이징 특파원 생활 9년과 언론인 생활 23년을 마감하고 본격적으로 젊은 시절 놀던 물로 돌아갈 생각을 하고 있었다. 당연히 《화폐전쟁 1》을 번역하고픈 생각이 굴뚝같았다. 그러나 따로 임자가 있었다. 또 번역 역시 훌륭했다. 인연이 아니라고 생각한 것은 너무나 당연했다. 하지만 운이 좋았던 모양이다. 작가가 《화폐전쟁 2》를 발간한 것이다. 게다가 전작의 역자가 개인 사정으로 번역 작업을 하기 어렵게 되었다. 그리고 희한하게 옮긴이에게 번역 의뢰가 들어왔다. 다시금 '인연'이라는 생각을 할 수밖에 없었다. 이후 옮긴이는 3권에 이어 이 책 《화폐전쟁 4》까지 번역을 하게 되었다. 첫 번째 책부터 시작하지는 못했으나 그래도 아름다운 마무리는 하게 된 셈이다. 그래서인지 감회가 남다르다.

물론 도저히 숙명적으로 어쩌지 못할, 혹 있을지 모를 매끄럽지 못한 번역 또는 비문이 옮긴이의 감회에 찬물을 끼얹을 수도 있다고 생각한다. 또 독자들의 질책도 마땅히 받아야 할 것이다. 그러나 옮긴이로서는 주어진 능력 이상으로 최선을 다한 만큼 부끄럽지는 않다. 만약 지적할 부분이 있다면 그것은 번역의 영역에서는 진짜 운명일 수밖에 없다고 감히 생각한다.

옮긴이 입장에서 저자의 주장에 대해 왈가왈부하는 것은 권한 밖의 일이다. 그러나 굳이 한마디 한다면 저자가 이 책에서 필요하다고 주장한 아시아달러, 다시 말해 야위안은 진짜 언젠가는 탄생해야 할 아시아의 미래 단일 통화가 아닐까 싶다. 한중일의 경제를 사실상 하나로 통합할 수밖에 없는 상황에서 이는 솔직히 누구라도 할 수 있는 말이다. 그러나 쑹훙빙은 신념을 가지고 누구보다 먼저 공공연하게 이런 주장을 피력했다. 바로 이 점이 그를 '경제 예언가'로 일컫게 만든 단연 탁월한 식견일 것이다. 옮긴이 역시 저자의 주장에 전적으로 동감한다.

"미국의 문제는 경제에 있고 유럽의 문제가 정치에 있다면 아시아의 문제는 역사에 있다"는 말 역시 그만이 언급할 수 있는 탁견이 아닌가 여겨진다. 이는 미국이 9월 13일 발표한 3차 양적 완화를 통해 앞으로 달러를 마구 찍어내 휴지조각이 되게 만들 가능성을 열어놨다는 사실에서도 잘 알 수 있지 않나 싶다. 또 최근 중일 간에 문제가 되고 있는 댜오위댜오의 영유권 분쟁이 기본적으로 완전히 정리되지 않은 동북아시아의 역사 문제에 기인한다는 사실 역시 그의 견해가 나름 진지한 연구의 결과라는 점을 잘 말해준다고 하겠다.

그는 이 책에서 "모든 위기의 원흉은 미국의 채무다"라는 결론도 내리고 있다. 또 "달러 체제의 붕괴는 가능성이 있느냐 없느냐의 문제가 아니라 단지 시간문제일 뿐이다"라면서 미국의 쇠퇴와 함께 달러의 몰락까지 전망하고 있다. 최근 미국 내외에서 전개되는 상황을 보면 단순한 예언의 차원을 넘어서는 것 같다. 4권까지 책을 쓰면서 쌓인 내공이 무섭다는 생각이 들지 않을 수 없다.

옮긴이는 최근 길다면 긴 6년여에 걸친 작가 및 번역가로서의 프리랜서 생활을 뒤로하고 다시 언론계에 복귀해 모 언론사의 베이징 특파원으로 일하고 있다. 인생뿐 아니라 직업 생애에서도 마지막 불꽃을 태우게 된 것이다. 예기치 않은 기회를 준 하늘에 그저 감사할 따름이다. 그러나 한 가지 분명한 것은 언제일지는 몰라도 옮긴이가 곧 다시 과거의 놀던 물로 돌아갈 수밖에 없다는 사실이 아닐까 싶다. 그때가 되면 더욱 원숙한 번역가, 작가로서 독자 여러분들을 다시 뵙게 되기를 기대할 뿐이다.


홍순도

제 1 장_____

1 Liaquat Ahamed, Lords of Finance, The Penguin Press, New York, 2009. p. 162.

2 Michael Hudson, Super Imperialism-New Edition: The Origin and Fundamentals of Us World Dominance, Pluto Press; New Edition edition (March 21, 2003), Chapter 1.

3 Ibid.

4 Jacques Rueff, The Monetary Sin of The West, THE MACMILLAN COMPANY, 1972. p. 22

5 Charles Gates Dawes, Wikipedia, World War I Participation.

6 Ron Chernow, The House of Morgan, An American Banking Dynasty and the Rise of Modern Finance, Grove Press, New York, 1990. p. 197.

7 Michael Hudson, Super Imperialism-New Edition: The Origin and Fundamentals of Us World Dominance, Pluto Press; New Edition edition (March 21, 2003), Chapter 1.

8 John Maynard Keynes, The General Theory of Employment, Interest and Money.

9 John Maynard Keynes, A Tract on Monetary Reform, 1923.

10 Barry Eichengreen, Exorbitant Privilege, The Rise and Fall of the Dollar and the Future of the International Monetary System, Oxford University Press, 2011. p. 27-28.

11 Ibid.

12 Ibid.

13 Liaquat Ahamed, Lords of Finance, The Penguin Press, New York, 2009. p. 225.

14 Jacques Rueff, The Monetary Sin of The West, THE MACMILLAN COMPANY, 1972

15 Liaquat Ahamed, Lords of Finance, The Penguin Press, New York, 2009. P. 245-246.

16 Michael Hudson, Super Imperialism-New Edition: The Origin and Fundamentals of Us World Dominance, Pluto Press; New Edition edition (March 21, 2003), Chapter 3.


제 2 장_____

1 Liaquat Ahamed, Lords of Finance, The Penguin Press, New York, 2009. p. 427.

2 British Empire, Wikipedia.

3 화폐전쟁, 제5장.

4 Liaquat Ahamed, Lords of Finance, The Penguin Press, New York, 2009. P. 448.

5 Ron Chernow, The Warburgs, The Twenty Century Odyssey of a Remarkable Jewish Family, Random House, New York, 1993. Chapter 27.

6 Michael Hudson, Super Imperialism-New Edition: The Origin and Fundamentals of Us World Dominance, Pluto Press; New Edition edition (March 21, 2003), Chapter 3.

7 Ron Chernow, The Warburgs, The Twenty Century Odyssey of a Remarkable Jewish Family, Random House, New York, 1993. Chapter 27.

8 Michael Hudson, America's Protectionist Takeoff 1815-1914, The

Neglected American School of Political Economy, Garland Publishing, Inc., New York & London, 1975.

9 Ibid.

10 Ron Chernow, The House of Morgan, An American Banking Dynasty and the Rise of Mordern Finance, Grove Press, New York, 1990, p. 462-463.

11 Armand Hammer, Hammer, G. P. Putnam's Sons, New York, 1987, Chapter 16.

12 Ibid.

13 Michael Hudson, Super Imperialism-New Edition: The Origin and Fundamentals of Us World Dominance, Pluto Press; New Edition edition (March 21, 2003), Chapter 3.

14 Ibid.

15 Economist, 1945.

16 Ibid.

17 Barry Eichengreen, Exorbitant Privilege, The Rise and Fall of the Dollar and the Future of the International Monetary System, Oxford University Press, 2011. p. 40-41.

## 제 3 장_____

1 Edward S. Mason and Robert E. Asher, The World Bank since Bretton Woods, The Brookings Institution, Washington D. C, 1973. p. 29.

2 George F. Kennan, George F. Kennan Memoirs 1925-1950, Pantheon Books, New York, 1967. p. 292-295.

3 Michael Hudson, Super Imperialism-New Edition: The Origin and Fundamentals of Us World Dominance, Pluto Press; New Edition edition (March 21, 2003), Chapter 6.

4 Ibid.

5 George F. Kennan and John Lukacs, George F. Kennan and the Origins of Containment, 1944-1946, Universiy of Missouri Press Columbia, 1997. p. 9-10.

6  Armand Hammer, Hammer, G. P. Putnam's Sons, New York, 1987, Chapter 12.

7  HSBC Bank의 백년사, 모리스 크리스 지음, 중화서국(中華書局), 1979년, p. 109.

8  쉬샹하이(徐向海), 러시아 은행제도 변천사에 대한 연구, 중국금융출판사, 2005년, p. 33-37.

9  Armand Hammer, Hammer, G. P. Putnam's Sons, New York, 1987.

10 Carroll Quigley, Tragedy and Hope: A History of The World in Our Time, The Macmillan Company, New York, 1966. p. 392-402.

11 League of Nations Treaty Series, Volume 19 327L 1923.

12 Wheeler-Bennett John, The Nemesis of Power, London: Macmillan, 1967, p. 133.

13 Ibid.

14 Michael Hudson, Super Imperialism-New Edition: The Origin and Fundamentals of Us World Dominancs, Pluto Press; New Edition edition (March 21, 2003), Chapter 6.

15 Howard K. Smith, The Rubble War: A Study of Russia's Economic Penetration versus US Foreign Aid, Columbia Broadcasting System, Inc, 1958.

16 Ibid.

17 Ibid.

18 Ibid.

19 E. T. 카다르, 제국의 멸망: 당대 러시아의 교훈, 사회과학문헌출판사, 2006년, 제4장.

20 Ibid.

21 CIA, Intelligence Memorandum: The Impending Soviet Oil Crisis, March 1977.

22 쉬샹하이, 러시아 은행제도 변천사에 대한 연구, 중국금융출판사, 2005년, p. 26.

제 4 장_____

1 Jacques Cheminade, F.D.R. and Jean Monnet, Summer-Fall 20000 of FIDELIO Magazine.

2 Elliott Roosevelt, As he saw it, Duell, Sloan and Pearce, 1946.

3 Frederick H. Gareau, Morgenthau's Plan for Industrial Disarmament in Germany The Western Political Quartely, Vol. 14, No. 2(Jun, 1961), p. 517-534.

4 Vincent Bignon, Cigarette Money and Black-Market Prices during the 1948 German Miracle, February 2009.

5 Martin Pontzen and Franziska Schobertm Episodes in German Monetary History-Lessons for Transition Countries, April 13, 2007.

6 Hjalmar Schacht, The Magic of Money, Oldbourne, 1967.

7 Treaty establishing the European Coal and Steel Community, ECSC Treaty.

8 화폐전쟁 2, '금권 천하', 제8장.

9 Jacques Cheminade, F.D.R. and Jean Monnet, Summer-Fall 20000 of FIDELIO Magazine.

10 BALINT SZELE, THE EUROPEAN LOBBY: THE ACTION COMMITTEE FOR THE UNITED STATES OF EUROPE, European Integration Studies, Miskolc, Volume 4. Number 2(2005) p. 109-119.

11 David Rockefeller, Memoirs, Random House Trade Paperbacks, New York, 2003. p. 412-413.

12 Nail Ferguson, High Finance: The Lives and Time of Siegmund Warburg, The Penguin Press, New York, 2010, p. 201-212.

13 Ibid.

14 Martin Pontzen and Franziska Schobertm Episodes in German Monetary History-Lessons for Transition Countries, April 13, 2007.

15 Michael Hudson, Super Imperialism-New Edition: The Origin and Fundamentals of U.S World Dominanc, Pluto Press; New Edition edition(March 21, 2003), Chapter 12.

16 Charles A. Coombs, The Arena of International Finance, John Wiley&Sons, New York, 1976. p. 177-178.

## 제 5 장_____

1  선즈화(沈志華), 1953-1959년 소련의 중국에 대한 경제 원조-최근 비밀이 해제된 러시아 문서.

2  선즈화, 신중국 건국 초기 소련의 중국 경제 원조 기본 상황, 러시아 연구, 2001년 1호.

3  쉐무차오(薛暮橋), 쉐무차오 경제문선, 중국시대경제출판사, 2010년, p. 130.

4  Ibid.

5  Ibid.

6  고바야시 요시오(小林義雄), 전후일본경제사, 상우인서관, 1958년, p. 18.

7  즈루 시게토, 일본 경제 기적의 종결, 상우인서관, 1979년, p. 36.

8  Ibid. p. 16.


## 제 6 장_____

1  Georges Pompidou, Wikipedia, Biography.

2  Dogan, Mattei, How Civil War Was Avoided in France. International Political Science Review/Revue internationale de science politique 5(3): p. 245-277.

3  데이비드 마쉬(David Marsh), 유로화의 이야기: 새로운 글로벌 통화가 겪어온 격동의 세월, 기계공업출판사, 2011, 2장.

4  Ibid.

5  Michael Hudson, Global Fracture: The New International Economic Order, Pluto Press, 1977. p7. 0-73.

6  Michael Hudson, Global Fracture: The New International Economic Order, Pluto Press, Chapter 5.

7  Research Department of Federal Reserve Bank of San Francisco, Substitution Account, March 1980

8  Pascaline Winand, Monnet's Action Committee for the United Nations of Europe, It's Successor and the Network of Europeanists.

9  Ibid.

10  데이비드 마쉬, 유로화의 이야기: 새로운 글로벌 통화가 겪어온 격동의 세월,

기계공업출판사, 2011, p. 68-69.

11 Pascaline Winand, Monnet's Action Committee for the United Nations of Europe, It's Successor and the Network of Europeanists.

12 Ibid.

13 데이비드 마쉬, 유로화의 이야기: 새로운 글로벌 통화가 겪어온 격동의 세월, 기계공업출판사, 2011, 4장.

14 Ibid.

15 Ibid.

16 Ibid.

17 Jonathan R. Zatlin, Rethinking Reunification: German Monetary Union and European Integration.

18 Ibid.


제 7 장_____

1 Research Department of Federal Reserve Bank of San Francisco, Substitution Account, March 1980.

2 데이비드 마쉬, 유로화의 이야기: 새로운 글로벌 통화가 겪어온 격동의 세월, 기계공업출판사, 2011, p. 77.

3 Research Department of Federal Reserve Bank of San Francisco, Substitution Account, March 1980.

4 Ibid.

5 F. William Engdahl, Gods of Money: Wall Street and The Death of the American Century, Wiesbaden, Germany, 2009. p. 276-279.

6 Ibid.

7 Joseph B. Treaster, Paul Volcker: the making of a financial legend, John Wiley & Sons, Inc., Hoboken, New Jersey(2004).

8 Steve Solomon, The Confidence Game: How Unelected Central Bankers Are Governing the Changed World Economy, Simon & Schuster, 1995. p. 139-140.

9 Steve Solomon, The Confidence Game: How Unelected Central Bankers

Are Governing the Changed World Economy, Simon & Schuster, 1995. p. 148.

10 F. William Engdahl, Gods of Money: Wall Street and The Death of the American Century, Wiesbaden, Germany, 2009. p. 292.

11 E. T. 카다르, 제국의 멸망: 당대 러시아의 교훈, 사회과학문헌출판사, 2006년, p. 143.

12 F. William Engdahl, Gods of Money: Wall Street and The Death of the American Century, Wiesbaden, Germany, 2009. p. 295-296.

13 Ibid.

14 Steve Solomon, The Confidence Game: How Unelected Central Bankers Are Governing the Changed World Economy, Simon & Schuster, 1995. p. 309-310.

15 Ibid.

16 Steve Solomon, The Confidence Game: How Unelected Central Bankers Are Governing the Changed World Economy, Simon & Schuster, 1995. p. 391-393.

17 Laurence H. Meyer, A Term At the Fed: An Insider's View, Harper Business, 2004. Chapter 9.

## 제 8 장 _____

1 쉬무차오, 쉬무차오 경제문선, 중국시대경제출판사, 2010년, p. 181.

2 Ibid.

3 류빈(劉斌) · 장자오강(張兆剛) · 훠궁(霍功), 중국 삼농(三農) 문제 보고서, 2004, 11장.

4 Ibid.

**기타__**

# 화폐전쟁 4

| 전국시대 |

**1판 1쇄 발행** 2008년 7월 28일
**2판 1쇄 발행** 2020년 9월 15일
**2판 5쇄 발행** 2024년 1월 3일

**지은이** 쑹훙빙
**옮긴이** 홍순도

**발행인** 양원석
**편집장** 김건희
**영업마케팅** 조아라, 정다은, 이지원, 한혜원
**펴낸 곳** ㈜알에이치코리아
**주소** 서울시 금천구 가산디지털2로 53, 20층 (가산동, 한라시그마밸리)
**편집문의** 02-6443-8902 **도서문의** 02-6443-8800
**홈페이지** http://rhk.co.kr
**등록** 2004년 1월 15일 등록 제2-3726호

ISBN 978-89-255-8987-9 (03320)
ISBN 978-89-255-8984-8 (set)